인　　성

-이론과 실제-

이 대 희

도서출판 대영문화사

머리말

현대 한국은 물질 문명이 세계 최고 수준에 도달해 있다. 국가 경제는 세계 10위 이내의 선진국이 되었고 과학 기술, 농업 생산, 제조업, 생명 공학도 세계 최고 수준이다. 대한민국 5천년 역사에서 가장 잘 사는 시대가 도래해 있다. 국민 생활 수준 향상과 더불어 자유롭고 살기 좋은 민주 시대가 활짝 열려 있다. 더없이 자유롭고 풍요로운 세상에 살고 있다. 모두가 행복한 미래를 꿈꾸며 살아가고 있다. 그런데…

한국 전통의 가족이 빠른 속도로 해체되고, 전통 예절이 사라지고 있다. 국민 행복도는 좀체로 높아지지 않고 불평 불만을 가진 사람이 줄어들지 않고 있다. 과학 기술과 외적인 물질적 풍요와는 달리 한국인의 정신은 결코 편안치 않다. 왜 그럴까? 여러 가지 요인이 있겠지만 경제 발전, 정치 민주, 자율 만능 시대에 나타나는 목표 실종, 자아 상실 현상 때문일 수 있다. 이에 대한 대비책으로 곳곳에서 예절, 인성, 도덕, 윤리에 대한 논의가 활발하게 전개되고 있다.

인성은 인간 본연의 선한 성품에 대한 것이다. 한국인의 풀어지는 인성을 다시금 선한 상태로 되돌리기 위해서 인성이 논의되고 있다. 인성 교육법이 만들어지고 학교와 공공 기관, 기업, 사회 단체 곳곳에서 인성 교육이 한창이다. 그런데 참된 인성 교육은 주로 청소년, 학교 학생을 중심으로 이루어지고 다른 조직이나 기관에서는 인문학 교육 정도로 진행될 뿐이다. 인성 학습, 교재 개발도 주로 청소년, 학교 학생에 집중되어 있다. 하지만, 인성 교육은 청장년은 물론 노인, 기업인, 노동자, 공무원, 정치인 모두에게 필요하다.

인성이 중요하고, 인성 교육이 필요하다고 하지만, 현실에서는 인성이 무엇이고,

각 연령층에 필요한 인성이 어떤 것이며, 과학 기술과 경제 발전에 따라 인성이 어떻게 변모해 가는지에 대한 논리적인 교재가 없다. 여러 분야에서 각각의 필요에 따라 산발적으로 교육 내용이 만들어지고 교육을 시행하고 있는 중이다. 인성학적인 관점에서 체계적으로 정리된 교재가 없는 실정이다.

이 책은 인성학 원론 수준에서 편찬되었다. 인성의 개념 정의를 시작으로 인성론의 체계를 수립한 뒤, 모든 연령층의 인간에게 필요한 인성 관련 이론과 실제를 다루었다. 가장 먼저 인성이 무엇인가에 대해 철저히 이론적으로 정리하고, 이어서 인성과 자아, 인성과 가족, 인성과 사회, 인성과 국가, 인성과 경제, 인성과 건강, 인성과 문화, 인성과 교육, 인성과 과학 기술, 인성과 이상 심리, 인성과 범죄에 대해 서술하였다. 각 장별로는 우선 해당 분야의 이론과 현실 상황에 대해 서술한 뒤, 이어서 인성과 관련시켜 구체적으로 내용을 정리하였다.

각 장의 말미에는 인성 교육법에 인성의 덕목으로 소개된 8개 덕목을 포함하여 12개의 주요 인성 덕목을 정리하여 수록하였다. 정직, 효, 예, 충성, 공익, 책임, 행복, 존중, 협동, 소통, 배려, 안전이 그것이다. 각각에 대해서 정확한 개념 정의, 관련 이론 소개와 함께 선현의 말씀을 추출하여 제시하였다. 이어서 인성 덕목에 대한 교육과 실천 지표를 개발하여 소개하였다.

저자는 누구보다도 인성, 가치, 감성, 문화, 한국 전통 철학에 대해 관심이 많다. 학자로서 꾸준히 책을 읽고, 토론하며, 논문을 작성하고, 책을 편찬해 왔다. 관련 분야의 학자들과 지속적으로 학술 연구와 토론을 이어오며 학력을 높여 왔다. 동양 고전과 인성, 도덕, 문화, 행정과 관련된 학자 집단의 대표자로 학회를 이끌어 오기도 하였다. 이 책 『인성: 이론과 실제』는 40여 년 학자로서의 공부 내용을 집약한 것이다.

이 책이 인성에 대한 고민과 교육을 담당하고 있는 모든 분께 도움이 되었으면 좋겠다. 새롭게 도전적으로 인성학을 체계화한 것인 만큼 적지 않은 허점과 부적절한 내용이 없지 않을 것이다. 하지만, 인성학 자체가 다학문적이고, 모든 인간에 관련되어 있기 때문에 이런 첫 시도 자체도 의미가 있다고 생각한다. 좀 더 좋은 책이 되기 위해서는 독자와 인성 교육 현장의 냉정한 평가를 수용하여 지속적으로 다듬어가야만 할 것이다. 좋은 책을 만들어 주신 대영문화사의 임춘환 사장님을 비롯한 임직원 여러분께 진심으로 감사를 드리고 싶다.

2017년 5월. 광교산 골짜기에서
정이(精而)

차 례

Chapter 1 인 성

인성 논의는 '도대체 인성이란 무엇인가?'로부터 시작해야 한다. 가장 기본이 되는 개념을 정확히 이해해야만 생각의 실타래를 풀어 다음 단계로 들어설 수 있다. 아울러 인성과 함께 사용되는 도덕, 인품, 성격 등에 대한 명확한 정의도 필요하다.

인성의 주재자, 소재지, 구성 요소에 대해 살펴보는 것도 필요하다. 우리는 마음과 두뇌에 대해 얼마나 정확히 알고 있는가? 마음을 더욱 세분하면 그 속에는 이성과 감성, 자아, 가치관, 정보가 자리하고 있다. 이들 사이의 관계를 상세히 살펴보고 이들이 어떻게 인성으로 나타나는가 알아야 한다.

인간의 삶과 관련하여 인성은 다양한 형태로 작용한다. 태어나면서부터 몸담게 되는 가족에서부터 출발하여 사회, 국가, 경제, 문화, 교육 등 다방면에 걸쳐 인성이 작용한다. 인간의 건강과 이상 심리, 범죄에도 인성이 연결되어 있다. 인성은 과학 기술 발전에 의해 전혀 새로운 국면으로 전환되고 있다.

Ⅰ 인성이란 무엇인가?

1. 인 성

인성(人性, human nature)은 인간의 바람직한 성품이다. 인성이란 사람(人)이 갖추고 있어야 할 성품(性品) 중 바람직한 것을 말한다. 이를 토대로 인성의 특성에 대해 살펴보기로 한다.

첫째, 인성은 사람과 관련된 것이다. 사람이 아닌 동물이나 식물의 성질에 대한 것이 아니다. 또 국가나 정부, 사회나 조직, 기업체 등의 성질에 대한 것도 아니다. 그러나 이런 것들은 인성의 형성, 발전에 중요한 영향을 미치는 존재다.

둘째, 인성은 사람의 '성품'에 대한 것이다. 성품은 사람의 본성(本性, nature)과 품위가 합쳐진 단어다. 사람의 본성은 태어날 때부터 주어져 있는 것도 있고, 삶을 영위해 가는 동안에 환경과 상호작용하면서 생성되는 것도 있다. 성(性)은 사람과 관련된 진리로서, 인간이 태어날 때부터 갖추고 있는 '사람다움'은 물론 인간 사회의 '바람직한 진리'도 포함한다. 사물이나 동식물이 각각의 물질적 특성인 물성(物性)을 지니고 있듯 사람은 인성을 지니고 있다. 두뇌와 심장, 팔다리를 갖춘 모습도 인성이고, 배고프면 먹고 싶고, 졸리면 자는 것도 인성이다. 태어나서 자라고, 활동하면서 성장하며, 늙어서 죽음을 맞이하는 것이 바로 사람다움이고 인성이다.

셋째, 인성은 어느 정도 품위(品位, dignity) 있는 상태를 지향한다. 사람의 속성 중에는 좋으면 웃고 즐거워하며, 슬프면 울고, 화나면 화풀이를 하는 것도 포함된다. 그러나 상갓집에 가서 웃고 떠들며, 화가 난다고 해서 아무에게나 화풀이하는 것은 문제가 있다. 돈을 벌어 부자가 되고 싶은 것이 인간의 본성이지만, 강도짓을 하거나 사기를 쳐서는 곤란하다. 인성은 '비인간적(非人間的, inhuman)'이거나 저질(低質, low-quality)스러운 것을 배제한다.

넷째, 인성은 자기 계발을 통해서, 또는 주변 환경과 상호작용 과정에서 생성되고, 변화하며, 발전해 간다. 인간은 성장 과정을 통해, 많은 경험을 하고, 자기 성찰과 계발을 하면서 인성을 함양해 간다. 또 가족이나 직장, 사회 속에서 상호작용하면서 살아가는 동안 인성을 함양해 간다.

다섯째, 인성은 외부로부터 강요된 것보다는 자기 스스로 선택, 학습, 축적한 것이 중요하다. 물론 외부로부터 강요된 법규, 거절이 불가능한 예절, 압도적인 신앙이나 문화가 마음 속으로 들어와 영향을 미칠 수 있다. 하지만, 이런 것들이 인성화되기 위해서는 당사자의 현명한 선택 과정이 개재되어야만 한다.

여섯째, 인성은 인간의 육체적인 부분에 관련된 것도 있고, 정신적인 부분에 관련된 것도 있다. 인간 육체는 머리, 가슴, 배, 팔, 다리, 오장육부로 이루어진 물질이다. 생화학 물질로 만들어진 모든 구성 요소들이 생명 현상의 물리적 역할을 수행하는 유기체(有機體)다. 유기체 생물 중에서 식물보다는 동물에 속한다.[1] 유기체로서의 인간 육체가 삶을 영위하고 환경과 상호작용하는 과정에서 인성이 생겨난다. 힘든 일을 오랫동안 하고 난 뒤에 심한 피로감을 느끼는 것, 그래서 깊은 잠에 빠져 드는 것 등이 인간 육체와 관련하여 생성된 인성이다. 마라톤을 즐기는 사람이 뛰는 도중에 생성되는 도파민의 호르몬 작용에 취하는 것도 같은 예다. 정신적 인성은 인간이 생각하고, 판단하며, 느끼고, 반응하는 마음 작용과 관련이 되어 있다. 마음(心)의 주관에 따라 감성(感性, emotion)과 이성(理性, reason)이 복합적으로 작용하는 것 또는 그 결과로 생성된 것이 인성이다. 경험과 지각, 그리고 이성적 판단을 통해 축적된 각종 정보나 지식, 가치관, 태도가 인성이다. 이런 마음 작용이 인성의 핵심적 요소다.

일곱째, 인성은 한 인간이 갖추고 있는 '경험, 지식, 정보, 가치관, 태도 등의 총합'을 말한다. 육체적이기보다는 정신적인 것이고, 재산과 같은 유형의 물질이 아니라 무형적인 것이다. 물론 이런 것들 중 '바람직하고 사람다운 것'만을 말한다.

표 1-1 인성의 특징

- 인성은 사람과 관련된 것
- 인성은 사람의 '성품'에 대한 것
- 인성은 어느 정도 품위 있는 상태를 지향
- 인성은 선천적인 것도 있고 후천적으로 형성된 것도 있음
- 인성은 변화, 발전해 감
- 인성은 강요된 것이 아니라, 스스로 선택 과정을 거쳐 형성된 것

1) 현재 생명 공학의 발전에 힘입어 복제 인간(複製 人間)이 만들어지는 시점에 와 있다. 복제 인간은 생화학 물질로 만들어져, 물리적 생명 현상을 수행한다는 면에서 보면 우리의 육체적 인성과 똑같다. 하지만, 전자 기술을 토대로 만들어지는 인간 모습의 로봇은 우리와 다른 육체적 인성을 가지고 있다. 물론 과학이 더욱 발전하여 로봇이 생화학 물질로 만들어진다면 복제 인간처럼 우리와 비슷한 육체적 인성을 가질 수 있을 것이다.

- 인성에는 육체 관련적인 것도 있고, 정신 관련적인 것도 있음
- 인성은 경험, 지식, 정보, 가치관 태도의 종합

■ 인성은 선천적인가? 후천적인가?

인성은 선천적(先天的, native, inborn, inherited)으로 태어날 때부터 인간에게 부여되어 있는 것도 있지만, 후천적(後天的, acquired, learned)으로 살아가면서 생성되는 부분도 있다. 인간이 출생과 동시에 갖추게 된 육체, 육체의 유기체 작용, 기본적 감성, 사고와 판단 능력 등이 전자에 속한다. 이에 비해 살아가는 동안 경험이나 학습을 통해 얻게 되는 인성은 후자에 속한다.

인간의 선천적 본성에 대한 논의는 오랜 역사를 가지고 있다. 성리학에서는 사단칠정, 인심－도심, 주리－주기 논쟁을 통해 인성의 실체 파악에 노력했다. 성리학에서 성(性)은 곧 리(理) 중의 하나로 본다(性卽理)(이대희, 1999: 173－174). 음양이 쉴 새 없는 작용을 하여 만물을 만들어내고 변화시켜 가는 까닭이 리(理)라고 보았는데,[2] 리가 사람 속으로 들어와서는 인성(人性)이 되고, 사물에 들어가서는 물성(物性)이 된다. 이 인성과 물성은 여러 가지 다양한 사람과 사물(人·物)의 근원으로 작용한다. 인성은 천리(天理)를 함축하고 있는데 이것이 발동하여 희로애락(喜怒哀樂)이 생겨난다. 이런 성(性), 리(理)에 관한 논의는 태어날 때부터 인간이 소유하고 있는 선천적인 인성에 대한 것이다. 갓 태어난 어린 아이가 엄마를 찾고, 울고 보채는 행동이 이에 해당한다. 선천적 인성은 모든 인간이 공통적으로 갖추고 있는 부분이다.

후천적 인성은 인간이 살아가면서 획득하여 갖추게 되는 인성이다. 선천적 인성을 토대로 하면서 개인적 역량이나 환경 여건에 맞춰 다양하게 형성된다. 선천적 인성면에서는 모든 인간이 비슷한 양상을 보이지만, 인간이 성장하고 사회 생활을 하면서 나타나는 후천적 인성은 매우 다양한 모습을 띤다. 다양하게 차이가 나타나면

2) 리(理)는 이치이다. 길 도(道)와 같은 의미로 쓰이고, 요즈음의 용어로 말하면 진리, 법칙을 총칭하는 말이다. 이는 사물들의 어떠한 활동이나 작용이 있게 하는 근원이다. 그렇지만, 그 스스로 작용을 하지는 못하고, 다른 기운의 흐름에 동행하면서 사물이 있게 만드는 존재다. 이는 무형의 형이상학적인 것이다. 보고 듣고 만질 수는 없지만 기의 흐름을 주재하는 존재로서의 리(理)는 인식될 수 있다. 기(氣)는 기운, 에너지, 힘으로 스스로 작용하면서 무엇인가를 만들어낼 수 있는 존재다. 기는 유형의 형이하학적인 기(器)로, 이치(理致)에 따라 만물을 생성, 소멸시키는 존재다. 한국학에서 기는 음양의 작용으로 이해한다. 음양이란 뭔가 작용의 힘을 가진 것인데 이를 토대로 사물의 세계가 창조되고, 변화해 간다(이대희, 1999: 172－173).

서 개성(個性, individuality), 성격(性格, personality)이 달라진다. 후천적 인성과 관련하여 가정 환경, 인성 교육의 필요성이 논의될 수 있다.

인간은 타고난 선천적 인성 중 바람직한 것을 꾸준히 발전시키고, 삶을 영위해 가는 과정에서 환경과 상호작용하면서 바람직한 인성을 만들어가야 한다.

■ 인성은 선하고 좋은 것인가?

선천적 인성과 관련하여 '인성은 본래 선한 것인가, 아니면 악한 것인가?' 논쟁이 일어난다. 성선설(性善說), 성악설(性惡說) 논쟁이 그것이다. 또 후천적 인성과 관련해서는 사람의 개성, 성격이 어떻게 형성되며, '인성을 선하게 이끌 수 있는가?' 논쟁이 펼쳐진다.

모든 인간은 선하게 태어난다고 주장하는 성선설은 맹자(孟子)로부터 시작된다. 맹자의 말씀 중에 다음과 같이 사단(四端)에 대한 것이 있다.

> "惻隱之心은 仁之端이요, 羞惡之心은 義之端이며, 辭讓之心은 禮之端이고, 是非之心은 知之端이라."
>
> (惻: 슬퍼할 측. 隱: 가엾어 할 은. 之: ~의. 端: 실마리 단. 첫 단. 羞: 부끄러워할 수. 惡: 미워할 오. 辭 : 양보할 사. 讓: 겸손할 양. 是: 옳을 시. 非: 그를 비)
>
> 슬퍼하고 가엾어 하는 마음은 어짐의 실마리요, 부끄러워하고 미워하는 마음은 의로움의 실마리며, 양보하고 겸양하는 마음은 예의 실마리요, 옳고 그름을 가리는 마음은 지의 실마리다.

여기에 나오는 인의예지 네 가지를 사덕(四德)이라 하는데 이것이 이런저런 실마리를 통해 겉으로 드러난다. 마음 속 깊이 내재해 있는 인(仁)이 측은지심을 통해 나타나고, 의(義)가 수오지심을 통해, 예(禮)가 사양지심을 통해, 지(知)가 시비지심을 통해 모습을 보인다. 마음 속 깊이 잠재해 있는 4덕이 4단을 통해 나타나는 것이다(이대희, 1999: 175－176). 4단은 더욱 발전하여 온갖 사람들의 행태로 나타나는데, 그것을 도몰아 몇 가지로 구분하면 7정이다. 칠정(七情)은 희(喜), 노(怒), 애(哀), 구(懼), 애(愛), 오(惡), 욕(欲)을 말한다(예기, 예운편).

맹자는 성선의 입장에서 모든 사람이 이 사덕을 마음 속에 갖추고 있다고 보았는데 이는 결국 사덕, 사단을 사람의 타고난 성(性)으로 본 것이다. 그에 비해 칠정은 사람마다 기질의 차이가 있어 나타나는 것이다. 성과 정을 사단과 칠정으로 대비시키면 주리론 입장에서는 성으로서의 사단은 순선하고, 정으로서의 칠정은 선악이 있다. 그러나 이에 대한 반론이 제기되면서 이기 논쟁이 불이 붙었다. 사람의 경우에 성은 '마땅히 따라야 할 법칙(所當然之則)'으로서의 리인데 주리론 입장의 학자들은 순선(純善)한 것으로 본다(이대희, 1999: 174). 왜냐하면, 사람의 사적인 감정이나 편견이 개입되지 않은 천리 그대로 이기 때문이다. 소당연(所當然)의 천리를 품부해 받은 것을 도덕심(道德心)이라 한다. 이 속에는 인·의·예·지 사단의 본체가 조용히 웅크리고 들어 있다. 이런 도덕심의 본체인 성이 밖의 외물에 접해서 움직여 비로소 정(情)으로 나타난다. 일곱 가지 정은 근원에 있는 성으로부터 나타난 개별적인 마음이다. 주리론 입장에서 보면 성이 순선인 데 비해 정에는 선과 악이 있다.

그러나 주기설(主氣說) 입장을 취하는 율곡은 성리(性理)에도 선악이 있다고 한다. 현상계에 나타나는 여러 가지 차별은 어차피 내재하는 리의 현현(顯現)이므로 리에 선악이 있는 것이다. 율곡은 '성은 곧 기요, 기가 곧 성이다(性卽氣 氣卽性)'는 입장을 취하면서 기품(氣稟)에 청탁(淸濁)이 있으므로 리에도 선악이 있다. 다만, 이때의 리는 본연의 순선한 리가 아니라 기를 타고 유행하는 리로서, 기품의 선악에 따라 만 가지로 나뉘어지는 리다. 성악설은 순자(荀子)와 홉스(T. Hobbes)의 견해가 대표적이다. 이들의 주장은 사람의 인성은 기본적으로 자기 이익을 추구하게 되어 있어서, 남을 질시하고 다툼을 일삼는다고 보았다.

순자는 인간은 이기심을 가지고 태어나기 때문에 항상 싸우게 되어 있고, 또 미워하고 싫어하는 마음을 지니고 있어 잔인하게 남을 해치는 존재다. 그래서 인간에게는 근본적으로 사양하는 마음, 충성이나 미더움이 있을 수 없다. 또한 태어날 때부터 이목의 욕심(生而有耳目之欲), 호성색(好聲色)이 있어서 인간이 이에 따르다 보면 음란해지고 예의나 문리(文理)가 사라진다(순자, 성악편). 홉스도 자연 상태의 인간은 이기적 욕구에 따라 행동하기 때문에 결국 모든 사람이 서로서로 싸우는 '만인의 만인에 대한 투쟁 상태'가 초래된다고 걱정하였다.

성악설을 주장하는 이들은 기본적으로 악한 인성을 지닌 인간이 사회 생활을 원만히 수행하기 위해서는 예절이나 법규, 통치력으로 인간 이성의 이익 추구 동기를 절제시켜야만 한다고 생각했다. 순자의 교육이나 예절에 의한 인성 순화나 홉스가 꿈꿨던 개인 권리의 양도를 통한 거대한 '리바이어던(Leviathan)'이라는 인조 국가가 필요하게 된다.

공자의 인덕(仁德)에 대한 논의를 계승하여, 맹자가 인성의 선함을 믿고 더욱더 어진 덕성을 높일 것을 주장한 데 비해, 순자는 사악해질 수 있는 인성의 문제점을 시정하기 위해서는 예절을 통한 교정이 필요하고 경우에 따라서 강렬한 법적 제재가 필요함을 주장하였다.

리바이어던
(출처: 위키백과, 토머스 홉스)

인성에 대한 성선설, 성악설 논의가 비록 기본 인성에 대한 생각이 다르기는 하지만, '잘못될 수 있는 인성'에 대한 교화나 교육의 필요성에 대해서는 모두가 공감하고 있다. 성선설적 입장에서는 자율적 의지를 가진 군자의 경우에는 수신(修身)을 통해 스스로 선한 인성을 기를 수 있고, 예절을 통해 선한 인성이 활약하는 좋은 사회를 만들 수 있다. 그렇지 못한 소인(小人)에 대해서는 군자가 교육을 통해 선한 인성을 구현토록 해야 한다. 그래서 먼저 깨달은 군자가 소인배를 잘 가르쳐야만 한다. 이에 비해 성악설적 입장에서는 인간은 누구나 잘못될 수 있기 때문에 엄격한 예절이나 교육, 법적 제재를 통해 선한 인성을 구현해 가야만 한다.

2. 도덕, 인품

좋은 인성을 잘 갖춘 사람을 두고 도덕적 인간이라고 하고, 인성을 논할 때 품위와 인격을 말하는 사람이 많다. 우리가 인성을 정확히 이해하기 위해서는 인성과 관련되어 있는 유사 용어에 대한 이해가 병행되어야만 한다.

■ 도덕(道德)

도덕은 참된 진리(=道)를 깨우쳐 얻은(=德) 것을 말한다. 덕은 '얻을 득(得)'과 같은 말로서 대상에 관한 지식을 잘 습득하여 갖춘 상태를 말한다. 원래 덕은 가치중립적인 용어로서 좋은 것, 나쁜 것에 대한 구별이 없다. 유학에서는 사람을 사랑하고 보듬는 어진 인성인 인덕(仁德)을 최고의 덕목으로 쳤다. 그러면서 사악한 사람들의 악덕(惡德)이나 잔인한 사람들의 포덕(暴德)을 싫어하고 경계했다.

우리가 도덕이라고 말할 때 도(道)가 무엇인가에 따라 도덕에 대한 판단이 달라질 수 있다. 인성에서 말하는 도덕은 인간 본성과 관련된 선한 진리, 도를 잘 갖춘 상태를 지향한다. 가족을 예로 들면 '부모는 자식을 자애(慈愛)로 대해야 한다', '자식은 부모에게 효도해야 한다', '형제끼리는 도와야 한다' 등이 선한 도일 수 있다. 이런 가족 관련 도를 잘 갖춘 인성이 '가족 도덕'이다. 이와는 반대로 조직 폭력배들은 '두목의 명령은 무조건 따라야만 한다', '죽으라면 죽어야 한다'는 식의 규칙에 순종하고 있다. 이런 식의 규칙, 행동의 길인 도는 악한 것이다.

우리가 도덕이라고 말할 때, 도는 선한 것임을 전제로 한다. 초등학교에서 배우는 도덕은 '반듯한 마음가짐', '바른 생활'과 관련된 것이다. 선한 도덕을 만들고 유지하기 위해 필요한 덕목, 행동 지침을 배우는 것이 도덕 과목이다. 마찬가지로 인성을 논할 때도 선한 인성을 지향하고 있다.

어떤 사람이 '인간다운' 삶에 필요한 지식, 진리, 도를 잘 갖추고 있다면 그는 도덕적인 사람이다. 도덕적인 사람은 품위 있는 인성을 가지고 있는 사람이다. 도덕인이 갖추어야 할 '인간다운' 삶에 필요한 지식, 진리에는 여러 가지가 있다. 개인 차원의 생리 현상에 관한 것, 가족, 집단, 사회, 국가 속에서 살아가는 방법에 대한 것, 경제 활동과 관련된 것 등 수없이 많은 지식, 진리가 있다.

영어로 morality라는 말도 우아한 예절(manner), 인품(character), 멋있는 행태(proper behavior)와 같은 뜻으로 사용되고 있다(위키백과, morality). 도덕은 어떤 수준 높은 표준이나 원리를 말하는데, 이는 이상적인 행동 원칙이나 특정한 사상 철학, 종교, 문화, 또는 사람들이 보편적 진리라고 믿는 것으로부터 도출되는 것이다.[3] 도덕은 또한 선(善, goodness)이나 정의(正義, rightness)와 동의어로 쓰이기도 한다.

칸트(I. Kant)는 그의 『실천 이성 비판』에서 주관이나 환경 여건에 따라 차이가 나는 도덕이 아니라 모두가 인정하는 보편적이고 객관적인 도덕을 주장하였다. 이런 도덕은 인간이 무조건 따라야만 하는 정언 명령(定言 命令)의 도덕 법칙이라고 보았다. 이런 도덕 법칙이나 기독교의 10계(十戒)처럼 우리의 인성 중에도 인간이 반드시 따라야만 하는 것들이 있다.

---

3) Morality can be a body of standards or principles derived from a code of conduct from a particular philosophy, religion, or culture, or it can derive from a standard that a person believes should be universal. Morality may also be specifically synonymous with "goodness" or "rightness." A code of conduct is a set of rules outlining the social norms and rules and responsibilities of, or proper practices for, an individual, party or organization. Related concepts include ethical, honor, moral codes and religious laws(Wikipedia).

▪ 인품, 성품

인품은 사람의 사람다움을 뜻하는 인품(人品)으로도 쓰이고, 어질고 우아한 인성을 뜻하는 인품(仁品)으로도 사용된다. 전자의 경우는 성격이나 개성, personality, character와 관련이 있고 후자는 성인(聖人), 군자(君子), noble character, nobility와 관련이 있다. 그렇지만, 품(品)의 의미를 고려해 보면,[4] 인품은 대체로 사람의 수준 높은 인성으로 두 가지 경우를 모두 포함하는 것으로 보아야 한다. 인품, 또는 성품은 '인품이 좋은 사람 또는 그런 상태(a good natured human or character)'를 말한다.

「인성교육법」 제2조를 보면 "인성 교육이란 인간다운 성품과 역량을 기르는 것을 목적으로 한다."고 되어 있다. 이때 '인간다운 성품(性品)'이란 1차적으로는 성선설적인 인성을 말하는 것으로 보면 좋을 듯 싶다. 하지만, '기르는' 목적을 고려해 보면 인품에 해당하는 어질고 우아한 군자를 지향하고 있다.

인격(人格)은 '인간의 반듯함'을 뜻하는 말로 인품이나 성품과 섞여서 쓰인다.[5] 심리학적으로는 성격이라는 용어와 함께 쓰이고, 법적 용어로는 권리 주체가 될 수 있는 지위나 자격을 말한다.

▪ 성격, 개성

심리학에서 성격(性格, personality)은 어떤 인간이 환경에 반응하는 독특한 심리 행동 체계를 말한다. 성격은 첫째, (모든 인간에게 나타나는 보편적인 행동 특성이 아닌) 개인 차원의 독특하고 개별적인 것이다. 둘째, 개인의 독특한 행동이지만 그에게는 어느 정도 지속적이고 안정적으로 나타나는 것이다. 셋째, 그의 행동은 어느 정도 일관성이 있다. 이런 성격은 개성(個性)과 같은 의미로 볼 수 있다.

성격을 개인 차원의 것으로 이해한다고 하더라도, 그 속에는 선천적으로 타고난 인성과 살아가는 과정에서 후천적으로 형성된 인성이 가미되어 있다.

---

4) 품(品)은 등급, 차별을 나타내기도 하지만 다른 한편으로는 품격(品格)이나 품위(品位)처럼 수준 높은 어떤 상태를 나타내기도 한다.

5) 격(格)은 '바르다', '바로잡다'는 뜻이다.

Ⅱ 인성의 구성 요소

1. 마음: 인성의 주재자

인성을 총괄하는 주재자(主宰者)는 우리의 마음(心)이다. 마음은 사람의 모든 감각, 의식, 판단 작용을 관장한다. 또 우리의 행동을 주관하는 것도 마음이다. 마음은 우리의 심장 가까운 곳에 자리하고 있다고 생각하지만, 실은 지적 작용을 담당하는 두뇌 속에 위치한다. 마음은 무엇이고, 어떤 특성을 지녔을까?

마음은 첫째, 보고 듣고 만질 수 없는 것(=虛한 존재)이지만, 신통방통한 능력(=靈적 능력)을 가지고서, 앎(知)과 깨달음(覺)의 활동을 한다.[6] 참으로 묘한 존재로서 사람의 제반 활동을 주재한다.

둘째, 사람의 마음은 스스로 온갖 사물의 이치를 알아 낼 수 있는 능력을 갖추고 있다. 즉, 능지(能知)의 존재로서, 다른 무생물이나 인지 대상으로서의 사물, 지적 능력이 낮은 동물과 구별된다. 사람들 속에서도 능지의 수준은 서로 다를 수 있지만 기본적으로 모든 사람들은 '능지의 역량을 갖춘 마음'을 가지고 있다. 마음은 밖의 사물이 있는 그대로 모사되는 정도의 수동적 존재만이 아니다. 능동적으로 사물에 작용하면서 잣대를 들이대고 이해력을 높이려고 하는 존재다. 자신이 가지고 있는 기존 개념과 이론을 토대로 현상에 접근한다.

셋째, 마음은 그 안에 모든 사물의 진리를 가지고 있다(=具 衆理). 사물의 진리(物理=物性), 사람의 인성(人性)을 동시에 지니고 있다. 객관적인 실재에 관한 이치(=所以然之理)와 사람이 마땅히 갖추어야 할 도리(=所當然之理)를 함께 갖추고 있다. 텅 빈 그 마음은 태극이나 무극(無極)의 존재처럼 온갖 진리를 함축하고 있는, 마르지 않는 진리의 샘이다. 다만, 스스로 갖추고 있는 진리를 깨달아 알아보는 정도는 사람마다 다르다. 지적 능력에 차이가 있다.[7]

6) 이 부분은 이대희(1999: 87-88)에서 인용하였음.

7) 현대의 과학주의적 사고에 의하면 수많은 경험을 통해 개념과 이론을 마음 속에 집어넣음으로써 이것이 축적되어 그 사람의 지적 능력이 성장해 간다. 많은 공부를 하고 경험이 많은 사람이 지적 역량이 높아진다. 그렇지만, 전통의 심학(心學)에서는 마음 스스로 이미 모든 진리를 갖추고 있다. 다만, 그것을 구현하는 시차와 수준의 차이만 있을 뿐이다(이대희, 199: 88).

인성과 관련하여 '마음이 어떤 상태에 있는가?', '마음 씀씀이가 어떠한가?' '마음이 착한가?' 등의 말을 많이 한다. 이때 마음은 인성의 총체적인 모습을 전제로 이야기되는 것이다.

2. 두뇌: 인성의 소재지?

마음이 자리 잡고 있는 육체의 일부가 두뇌(頭腦, brain)다. 두뇌는 물리적 세포로 만들어졌으며, 끊임없이 화학 작용과 전기 작용을 수행한다. 세포 중에서 정보처리에 적합하게 변형된 세포가 뉴런(neuron)이라는 신경계(神經系, nervous system)이다(한국심리학회, 2004: 60－61). 감성 경험을 통해 지각 현상이 일어나면 뉴런으로 전달되고 이것이 또 다시 다른 뉴런으로 전달되면서 인식과 판단 작용이 일어난다. 뉴런과 뉴런 사이의 연결 부위가 시냅스(synapse)인데, 여기서 화학 또는 전기 작용이 일어나며, 이것이 바로 인식, 기억이나 정보의 전달이다.

신경계는 중추신경계(中樞神經系, central nervous system)와 말초신경계(末梢神經系, peripheral nervous system)로 구성된다. 두뇌는 중추신경계에 속하고, 전뇌(前腦), 중뇌(中腦), 후뇌(後腦)로 구성된다. 두뇌의 각 부위는 담당 기능이 나뉘어져 있다.

인성과 관련하여, '두뇌가 정상적인가?', '특정 두뇌 부분이 얼마나 활성화되어 있는가?', '뉴런의 상태가 어떠한가?' 등이 영향을 미칠 수 있다. 두뇌의 용량이나 질적 수준에 따라 지혜나 판단력 등에 차이가 날 수 있다. 뇌의 일부가 손상될 경우 그 곳에서 관장하던 인성 작용에 제한이 일어날 수 있다.

3. 이성, 지성

두뇌가 하는 일은 지각과 판단, 기억 등 이성 작용이다. 이성(理性, reason)은 인간의 논리적 사고 능력을 의미한다. 논리적이라는 말과 함께 계산적이고, 비주관적이며, 비감각적인 특성을 포함한다. 사고 능력은 감성의 감각 작용과는 다르게 인간의 감각 기관과 1차적으로 관련되어 있지는 않다. 인간은 이성을 통해 주변 환경을 인식하고, 이해하며, 대응 방식을 찾아낸다. 어떤 경우에는 인간의 생각할 수 있는 능력 자체를 이성으로 보기도 한다(이대희, 2007: 68－70에서 인용). 이성과 비슷한 말로 지성(知性, intelligence)이 있는데, 이는 어떤 목표 달성이나 문제 해결 또는 학습을 위해 인지 능력과 지식을 활용하는 것을 말한다(Westen, 2002: 280). 지성은 지식을 얻고 사용하는 능력을 말한다. 지혜(知慧)도 비슷한 말이다.

지성은 크게 생물학적 정의와 심리학적 정의로 나누어 볼 수 있다(Gross, 2005: 709-710). 전자의 경우에 지성은 환경에 적응하는 능력이다. 지성은 사람이 환경의 변화에 대응하여 동적으로 안정적 균형 상태를 유지하는 능력을 가리킨다(Piaget, 1950). 정적 개념이 아니라 동적으로 환경에 대응하는 능력으로 정의를 내린 것으로 지성 자체에 대해 질적으로 접근한 것이다. 후자의 경우에 지성은 한 사람이 가지고 있는 합리적 추리, 판단, 인지, 환경 대응 능력의 총체를 말한다(Wechsler, 1944). 지성 자체에 대해 질적으로 판단하기보다는 지적 활동 능력의 총체를 통계적 입장에서 정의한 것이다. IQ 측정 시에 지성을 정의내리는 방식이다.

지성을 단순, 독립적인 형태로 정의내리기보다는 좀 더 넓고 체계적인 관점에서 정의내리는 수도 있다. 즉, 한 사람이 특정한 환경 상태 속에서, 문제를 풀거나 일정한 반응 결과를 낳는, 일단의 능력 체계를 지성으로 본다(Garder, 1983). 가드너(H. Gardner)는 지성을 언어적 지성, 논리 수학적 지성, 공간적 지성, 음악적 지성, 육체 근육적 지성, 대인 관계적 지성, 인간 내적 지성으로 나누고 있다.

인성의 구성 요소 중 한 부분이 바로 이성(과 지성) 영역이다. 옳고, 바름에 대한 판단을 할 수 있고, 정의로운 도덕에 대한 판단을 할 수 있는 역량이 바로 이것과 관련되어 있다. 사람답고 올바른 대상이나 도덕적 목표에 합리적으로 접근하기 위해서는 이성이 제대로 작동해야만 한다. 또 인간이 주변 환경에 제대로 적응해 살아가기 위해서는 이성의 지혜로운 활약이 필요하다.

4. 감성, 감정

후천적 인성은 현상에 대한 감성 작용에 의해 촉발된다. 감성(感性)은 인간이 감관 지각(感官知覺)을 통해 어떤 대상을 느끼고, 이해하며, 반응하는 성질을 말한다(이대희, 2007: 65-68에서 인용). 감관을 통해 얻어진 감각 정보를 이해하고, 해석하는 일이 지각(知覺, perception)이다(한국심리학회, 2004: 107). 사람은 지각을 통해 감각을 선택하고, 조직화하며, 해석함으로써 경험을 쌓고 대응 방법을 찾아갈 수 있다. 지각 작용은 구성주의적 접근 방법(constructive approach)과 생태학적 접근 방법

(ecological approach)으로 나눌 수 있는데, 전자는 감각 작용에 의식적, 무의식적 사고나 고차원의 추리 작업이 필요하다는 것이고, 후자는 감각 내용을 이해하고 해석할 수 있는 능력을 태어날 때부터 지니고 있다는 입장이다. 전자는 의식적인 사고 과정을 수반하지만, 후자는 본능적으로 이해할 수 있다는 입장이다.

감성과 감정(感情)의 구별이 필요하다. 정(情)은 사물에 감촉되어 일어나는 마음의 작용으로 매우 다양한 양상을 띠는 데 비해, 성(性)은 근원적인 마음 속의 진리로 여겨진다. 한국 철학 사상 속에서 많은 논란을 겪어 온 성(性)과 정(情)의 심론(心論)이 그것이다. 정은 많은 사람들에게서 다양한 형태로 나타나는 희로애구애오욕(喜, 怒, 哀, 懼, 愛, 惡, 欲) 등을 말한다. 정은 사람마다, 위치에 따라, 상황에 따라 다양한 모습을 보인다. 매우 주관적인 것으로서, 예측하기 어려울 정도로 변화무쌍하고, 조금은 제멋대로인 것이다. 이에 비해 성은 이런 다양한 모습의 정 속에 자리하고 있는 근본 원리나 법칙을 말한다. 오상(五常), 인의예지신(仁, 義, 禮, 智, 信)의 다섯 가지 떳떳하고 변하지 않는 성질을 가리킨다.

감정이 감각 기관을 통해 알게 되는 정에 대한 것이라면, 감성은 그런 감정에 내포된 성에 대한 것이다. 결론적으로 감성이란 감정 속에 내포된 마음 작용의 원리를 말한다. 감정 속에는 좋은 것과 나쁜 것이 섞여 있을 수 있다. 그중 주기론자(主氣論者)인 율곡류의 학설에서는 전자를 감성이라고 표현한다. 하지만, 감성이란 좋은 마음 씀씀이는 물론 나쁜 마음 씀씀이에도 포함되어 있는 마음 작용의 법칙성을 동시에 말하는 것으로 새겨야 한다(현실적으로 감성과 감정을 엄격히 구별하는 것은 별로 실익이 없다. 지금부터는 감성 속에 감정까지도 모두 포함되는 것으로 새기고자 한다).

감성은 한 인간이 주위의 사회나 물질 환경과 상호작용하는 관계 속에서 나타나는 것인데, 그것은 대상에 대한 평가, 생리학적 관계성, 표현, 의도적이거나 기꺼이 하려는 동기, 주관적 감각 상태 등을 포함하고 있다(Scherer, 1984: 293-317). 작가들이 상황이나 관계를 묘사하여 등장 인물에 대한 독자의 감성을 부각시키는 것처럼, 어떤 권력 상태나 지위는 관계인의 감성을 자극한다. 즉, 내 마음 속에서 일어나는 감성은 나와 외부의 다른 무엇과의 상호작용에서 비롯된다. 감성은 사회 구조와 행위자 사이의 관계에 의해 생겨난다(Barbalet, 2002: 4-5).

감성이 작동하면 사람의 심리적 균형 상태가 흐트러지고 행동이 수반된다. 마음 속에는 감성을 유발한 외부 자극에 대한 잠재적 반응 가능성이 생기고 얼굴이나 표정에 반응이 나타난다(Bantock, 1967: 65-86). 감성은 일종의 에너지로서, 이동하고 흐르기 때문에, 필요에 따라 적절히 통제되고 규제될 필요성을 수반한다. 이런 생각은 감성이 종종 거칠게 표출될 수 있음을 전제로 한 것이다.

감성은 인성의 또 한 부분이다. '옳다-그르다'에 대한 판단이 이성과 관련된 것이라면 '좋다-나쁘다'에 대한 판단은 감성과 관련되어 있다. 인성 내용 중, 행복이나 사랑, 자애로움과 효도하는 마음, 상관에 대한 존경심, 부하 직원에 대한 포용력 등이 모두 감성이다.

5. 자아(자기), 본능

인성은 인간의 자기 자신에 대한 생각, 즉 자아(자기)에 크게 영향을 받는다. 자아(自我) 또는 자기(自己, self)는 '나는 이러이러한 사람이다'라는 생각으로, 인간의 스스로에 대한 총체적인 믿음 체계(a set of beliefs), 정체성 의식(sense of identity)을 말한다(Feldman, 2001: 114). 이것은 인간이 외부 환경과의 관계 속에서 자신을 해석하고 판단함으로써 성립된다. 자아(자기)는 이성적 판단은 물론 감성적 판단에 의해서도 영향을 받는다. 사회 속에서 자신의 위치와 역할, 지각된 문화, 다른 사람의 요구나 평가에 대한 생각 등이 복합적으로 영향을 미친다.

자아(자기)에 대한 총체적인 신념 체계를 자기 스키마(self-schema)로 표현하는 사람도 있다(Myers, 2015: 46). 이는 자기가 자기 세상을 조직화하는 정신 판형(精神版型)이다. 자기 스키마는 자신의 태도나 가치 정향에 영향을 미칠 수 있고, 인성의 형성이나 작용에 대해서도 영향을 미칠 수 있다. 그래서 자기 스키마를 알게 되면 행동 예측이나 감정 예측이 가능하고 미래 행동을 알 수 있다. 특정한 노력에 대한 성취감을 뜻하는 자기 효능감(自己效能感, self-efficacy)도 어느 정도 예상 가능하다. 자기 효능감이란 자신이 능력 있고 효과적으로 일을 해낼 수 있다는 믿음이다.

자아(자기)에 대한 자긍심(自矜心, pride), 자존심(自尊心, self-respect)은 인성에 큰 영향을 미친다. 인성이 인간의 바람직한 성품임을 고려할 때 옳고, 반듯한, 도덕에 대한 인성 내용은 자긍심이나 자존심의 핵심 요소가 될 것이다.

프로이트(Sigmund Freud)는 성격 연구를 통해 우리의 자아(자기)의 구조를 원초적 본능(原初的 本能, id), 자아(自我, Ego), 초자아(超自我, Super-ego)로 나누고 있다(Freud, 1984; Reichenberg, 2014: 53-54). 이 중에서 id는 인간이 태어날 때부터

가지고 있는 생물학적 에너지로서 긴장이나 고통을 피하려 하고, 쾌락을 추구한다. Ego는 합리적이고 자의식적인 정신의 주체로서, id와 Super-ego를 중재하고 주관한다. Super-ego는 일종의 '엄격한 양심'으로서 개인이 몸담고 있는 외부 세계의 법규와 도덕, 강요된 것, 교육 내용을 내재화한 것이다.

프로이트의 성격 구조를 인성에 적용해 보자. 인성의 주재자인 마음은 Ego가 바람직한 인성을 잘 주재할 수 있도록 해야만 한다. Ego는 원초적 본능인 id를 잘 순화시켜 바람직하게 작용하도록 해야만 한다. 자신의 쾌락만을 쫓는다거나 무작정 고통을 회피하려는 태도는 바람직한 인성이 아니다.

6. 가치관, 태도

인성은 한 인간의 가치관이나 태도를 담고 있다. 태도(態度, attitudes)는 인간의 어떤 대상에 대한 성향이나 기억, 행동 특성을 말한다. 태도는 세 가지 차원으로 나누어 정의할 수 있다(Feldman, 2001: 330-332). 첫째, 태도란 특정한 사람, 대상, 생각에 대해 호의적 또는 비호의적으로 대응하는 학습된 성향(learned predispositions)을 말한다(평가적 접근방법). 이는 태도를 개인, 행동, 믿음, 대상에 대한 긍정적, 또는 부정적인 평가로 본다. 둘째, 태도란 특정한 사람, 대상, 생각에 관한 상호 연관된 기억 체계(a set of interrelated memories)를 말한다(인지적 접근 방법). 셋째, 태도란 어떤 대상에 대한 정서적 반응(emotional reactions), 행태적 성향이나 의도(behavioral predisposition or intention), 인지적 믿음이나 생각(cognitive beliefs and thoughts)을 말한다.

가치관(價値觀, sense of value)은 가치에 대한 관점인데, 한 인간이 특정한 가치에 대해 어떻게 생각하고 있는가 하는 관점을 말한다. 가치 체계(value system)라고 할 때는 여러 가치의 조합, 위계 질서를 말하는 것이다.

인간의 가치관과 태도는 인성을 구성하는 핵심 요소 중 하나다. 한 인간의 가치관과 태도는 그가 외부 대상과 관계할 때 인성이 어떤 모습으로 발현될 것인가를 결정한다.

7. 정보, 지식

인성 속에는 많은 정보와 지식이 포함되어 있다. 정보(지식)는 인간이 살아가는 동안에 형성된 것으로 끊임없이 만들어져서 우리의 두뇌 속에 축적된다. 정보는 1차적으로 감관 지각을 통해 얻어지지만, 합리적 사고 과정을 통해 새로 창조되거나 숙성되기도 한다. 인간의 인성도 감각적 지각 과정은 물론 합리적 사고 과정을 통해서 만들어지고 숙성되며, 두뇌 속에 축적된다.

인성 속 정보(지식) 중에는 대상의 사실에 관한 것도 있지만, 가치 평가에 관한 것도 있다. 어떤 대상에 관한 가치 평가 정보는 가치관이나 태도에 영향을 미치고, 인성의 발현에 작용한다.

표 1-2 인성의 구성 요소

구 분	인성의 구성 요소
마음(心)	인성의 주재자
두뇌	인성의 소재지
이성, 지성, 지혜	인성의 합리적 판단자
감성, 감정	인성의 정서적 판단자
자아(자기), 나	마음(心)의 핵심 주체
가치관, 태도	마음(心)의 성향
정보, 지식	인성의 내용물

Ⅲ 인성과 삶

1. 인성과 자아

인성의 주재자는 마음이고, 좀 더 학술적으로 표현하면 자아(My Mind+Self+I)이다. 자아는 사람의 마음 속에서 1차적으로는 본능이나 도덕적 가치 등과 상호작용하면서 모두를 총괄한다. 자아는 유형의 실체는 없지만, 분명하게 '정신적 실체'로 존재한다. 외부의 타자에 대해 감관 지각이나 이성적 인지를 할 수 있고, 스스로 생각하고 판단하며, 기억할 수 있는 역량을 지니고 있다.

프로이트는 자아(Ego)를 '나'로 보면서, 마음(정신)의 또 다른 구성 요소인 원초적 본능(id)과 초자아(Super-ego)를 적절히 중재하면서 마음을 주관하는 존재로 여겼다. Ego는 id의 본능을 외부 환경 여건과 S.Ego의 내용에 맞춰 조정하고 통제한다.

불교의 유식 사상(唯識思想)은 인간의 마음에 관한 내용이다. 유식이란 현상적인 존재는 모두 식에 지나지 않는다는 생각인데, 여기서 식은 인식의 주체인 식이 자기 자신에게 인식 대상, 즉 경을 알게 하는 것이다. 아는 것(knowing)이 식이다. 식은 곧 우리 마음의 작용이다. 유식 사상을 이해하기 위해서는 기본적으로 심·의·식의 구조를 이해해야만 한다.

현대 뇌 과학에서는 인간의 두뇌 작용이 마음이고, 바로 자아다. 자아는 두뇌 활동을 주관하는 존재로서, 뉴런과 신경계를 총괄 지휘하며 타자의 자극 수용과 반응, 합리적 판단에 의해 육체적 행동을 하게 만든다. 두뇌 속에 저장된 각종 정보 지식과 기억, 가치관, 신념, 도덕적 지혜와 판단 논리는 자아의 활동 근거를 제공한다. 인성은 결국 두뇌 활동이다. 그래서 바람직한 인성을 위해서는 생리적인 두뇌 활동이 정상적이어야 하고, 두뇌 속에 자리하고 있는 자아의 제반 내용물이 건전해야만 한다.

자아는 인간이 자라나면서 발달하고 성장해 간다. 경험과 인지 학습, 교육을 통해 지속적으로 발전한다. 어릴 적에는 가족 내에서 부모 형제에 의해 교육이 이루어지지만, 일정한 나이가 되면 가족 교육만으로는 한계가 있어 공식적인 정규 교육 과정으로 진입해야 한다. 정규 학교를 떠나 일반 사회 속으로 진출하면서 직장과 사회 현장에서 필요한 학습, 교육을 받는다. 전문 교육, 사회 교육을 통해 성년으로 살아가는 데 필요한 자아를 기르고 인성을 함양하게 된다.

인성 논의에 있어서 무엇보다도 중요한 출발점은 한 인간이 자기 자신을 어떻게 인식하는가에 대한 것이다. 자아의 자기 자신에 대한 인식, 자아의 실체에 대한 판단은 인성 논의의 기초가 된다. 인성이 다른 사람에 의해 규정되고 판단되는 것에 우선하여 자기 스스로 형성하고, 판단하며, 실천하는 것이 중요하기 때문이다.

인성의 발달 수준을 자아의 욕구 단계에 맞춰 고려해 볼 수 있다. 자아는 외부의 타자, 환경과 상호작용하면서 인간의 삶을 영위해 가는데, 상황에 맞춰 욕구를 추구한다. 매슬로우(A. H. Maslw)는 인간의 욕구를 6개의 계층으로 분류한 뒤, 낮은 차원으로부터 높은 차원으로 욕구 충족이 단계적으로 전환해 간다고 주장하였다.

한국 전통에서는 자기 자신의 인성 함양을 위해 수신을 강조하였다. 수신은 자기 스스로 인성을 닦는 것이다. 인간이 출생하는 순간부터 타고난 인성을 토대로 정신적 · 육체적으로 올바른 인성을 계발해 가는 것이 수신이다. 어려서는 부모로부터 배워서 인성을 기르고, 조금 자라서는 학교로 진출하여 좋은 스승을 통해 인성을 기르게 된다. 가족 생활과 사회 생활을 하면서 스스로 체험하고 배워서 인성을 길러간다. 수신을 통해 인성을 잘 닦고 기르면 성인, 군자, 선인이 될 수 있다.

2. 인성과 가족

인간이 태어나면서 바로 소속하는 곳이 가족이다. 가족은 한 인간의 보금자리로서 육체적 성장에 필요한 의식주 제공, 안전 확보, 정신적 성장에 필요한 교육, 삶에 필요한 지식 습득 등이 모두 이 속에서 이루어진다. 자아 형성 및 지속적 인성 함양도 가족과 함께 이루어진다. 가족 내에는 부모 형제 사이의 예절이 있고 위계 질서가 존재한다.

가족 예절은 부부 사랑, 부모 사랑, 자녀 효도, 형제 우애, 노인 공경이 기본 골격이다. 부부는 가족의 출발이고 인간 사회의 핵심 원자이다. 결혼을 전제로 한 만남에서 남자도, 여자도 건강하고 반듯한 인성을 소유하고 있어야 한다. 건전한 남녀가 건전한 부부로 발전하고 건전한 가족으로 확대된다.

가족 예절의 핵심은 자효(慈孝)다. 부모가 자식을 진정으로 사랑하는 것이 자, 자식이 부모를 진심으로 공경하는 것이 효다. 자와 효는 방향성이 정반대이지만 밑바탕의 기본 정신은 '가족을 진정으로 아끼고 사랑하는 마음'이다. 부모의 자녀 사랑, 즉 자애는 끝이 없다. 출산, 양육, 교육에 대가를 바라지 않는다. 이해 타산적이지 않고, 헌신적이다. 하지만, 부모의 자녀 사랑은 현실적으로는 한계가 있을 수밖에 없다. 부모의 경제력에 의해 제한을 받고, 부모의 성격이나 건강에 의해 제한을 받는다.

바람직한 인성을 소유한 자녀의 효도는 항시 공손함, 진실성, 최선을 다하려는 마음이 함께해야만 한다. 부모의 자애에 대응하여 무한의 효도를 선보여야 한다. 형제-자매는 같은 부모 밑에서 순차적으로 태어난 사람들이다. 부모에 이어서 가장 가까운 사이로 지내야 하는 사람들이다. 형제-자매는 우애가 돈독해야 하며, 서로 서로 도와야 하고, 이끌어주고 지원해야 하는 사이여야 한다. 바람직한 인성을 지닌 사람은 우애하는 형제(자매) 관계를 가지고 있다. 상대방을 시기하고 경쟁하는 사이로 여겨서는 곤란하다. 가족의 안정과 평화를 유지하기 위해 꼭 필요하다.

현대 한국은 평균 수명 100세 시대를 넘어서고 있다. 가족마다 노인 공경이 매우 중요한 관심이 되어 있다. 확대된 연령층 가족, 소득이 없는 노인 가족, 병약한 노인 가족에 대한 고민이 필요하다. 노인의 공경도 자녀의 인성이 어떠한가에 따라 영향을 받는다.

좋은 가풍을 가지고 있는 가문에서 태어나 성장한 사람의 인성은 그 가풍의 영향을 많이 받는다. 가풍에 의해 교육되고, 성장하며, 가문의 자부심을 가지고 사고하고 행동하게 된다. 또한 가족의 구성원은 가족 내에 존재하는 생활 규범의 영향을 받는다. 생활 규범은 먹고 자고 하는 일상적인 생활 습관으로부터 사고 방식이나 행동 규칙에 관한 것들까지 다양한 내용을 담고 있다.

자녀의 인성 교육은 가족 생활로부터 시작하여 청소년기 학교 생활 기간에도 지속된다. 일상 생활 속에서 부모, 가족 내 어른이 자녀에게 하는 잔소리가 곧 부모 교육이고 가정 교육이다. 부모의 잔소리는 자녀의 성장과 일상 생활에 관한 것으로 모든 영역에 걸쳐 전방위적으로 이루어진다. 자녀가 가족과 사회에서 필요로 하는 생활 습관과 인성, 예절을 제대로 갖출 때까지 지속적으로 이루어져야 한다.

부모 교육이 얼마나 진지하게 잘 이루어지는가 여부는 부모의 인성에 달려 있다. 부모의 지적 능력, 감성 역량, 덕성, 재산과 같은 물질적 능력 등이 큰 영향을 미친다. 부모 입장에서는 자신의 교육 역량을 잘 감안하여, 적당한 시점에서는 자녀 교육을 다른 우수한 교육자에게로, 정규 학교 교육으로 전환시켜야 한다. 자녀의 잠재 역량을 잘 계발시킬 수 있고, 교육 내용과 방법이 우수한 교육자에게로 자녀를 내보내야 한다.

유전자가 부모로부터 자녀에게 유전되듯, 인성도 부모로부터 자녀에게로 유전된다. 자녀의 인성도 조상 대대로, 그리고 부모로부터 물려받은 것이다. 훌륭한 가풍이 있고 반듯한 가문 규범이 있는 가족 구성원의 인성은 바람직하게 형성될 수 있을 것이다. 하지만, 문제 있는 가족일 경우에는 구성원의 인성에 나쁜 영향을 미친다. 가족 문제는 구성원 사이의 폭력, 부부의 이혼과 재혼으로 인한 변화, 환자가 있는 경우, 빈곤 가족, 다문화 가족 등에서 나타날 수 있다.

3. 인성과 사회

인간은 가족을 벗어나면 곧바로 사회 속으로 진입하고 사회의 일원이 된다. 가장 먼저 만나게 되는 가족 사회는 현재 우리가 몸담고 있는 국가, 사회의 기본 출발점이다. 가족 속에서 자아가 형성되고, 생존의 법을 익히며, 더 큰 사회로의 진입 방법에 대해 배운다.

인간은 외부 대상을 인식할 때 자기 나름대로 보는 시각이 있고, 준거틀을 사용한다. 이런 시각, 준거틀은 이전 경험이나 인식, 축적된 개념과 지식을 토대로 만들어진다. 이는 특정한 대상에 관련된 개념들을, 적절한 논리와 맥락으로 연결하여 만든 것이다. 이와는 달리 수많은 관찰과 경험을 통해 일반적 진리를 깨닫기도 한다.

사람은 일상 생활에서 수시로 자신의 태도를 드러낸다. 태도는 인간 마음의 경계선상에 존재하면서 바깥 세상인 외부로 행동을 표출하는 작용을 한다. 인간이 어떤 행동을 했을 때 이는 태도에서 비롯된 것이다. 그런데 이 태도는 또한 인간 내면의 자아나 무의식, 신념이나 가치관의 영향을 받는다.

가족을 벗어나 사회 속으로 진입하면서 가족 이상으로 친밀하게 교류하는 사람이 친구다. 친구는 어릴 적 삶의 공간인 마을에서 만나기 시작하여 학교에서, 그리고 그 이후 군대나 직장을 통해 만난다. 친구는 인간의 삶의 여정에서 가족 다음으로 친밀한 관계를 형성한다. 친구 사이에는 우정과 함께 경쟁심도 작용한다. 우정이 친구 사이의 좋은 감정을 총체적으로 말한 것이라면, 경쟁은 친구 사이의 '선의의 경쟁'을 말한다. 좋은 친구 사이에는 이 두 가지가 동시에 작용하는 수가 많다.

친구 사이의 우정이 더욱 발전하여 애인 사이가 될 수 있다. 적당한 한계를 지켜야만 하는 우정이 일정한 수준을 넘어설 때 애인 관계가 이루어진다. 애인 사이의 사랑의 감정은 끝없이 넘쳐흐르기가 쉽다. 감성적 지성을 지닌 사람이라면 감정의 흐름을 적절히 절제할 수 있어야 한다. 애인 사이의 사랑의 감정도 시간과 장소에 맞춰 발현되어야 한다.

사회적 동물인 인간은 수많은 사람들과 '관계'를 맺으며 살아간다. 가족과 친구, 애인을 넘어서 이웃, 마을, 고향, 지역 사회 사람, 국민과 함께 살아간다. 인간은 다양한 형태의 사회적 관계를 형성하면서 살아간다. 인맥, 혼맥, 학맥, 정치 관계, 경제 관계, 취미 동호인 관계 등 다양하게 얽혀 있다. 사회적 관계는 외부 타자에 대한 자아의 태도, 타자의 반응, 주변 환경이 복합적으로 상호작용하는 속에서 형성된다.

사회적 태도는 한 인간의 주변 사회에 대한 인지적, 감성적, 행동적 성향이다. 사회적 태도는 당사자의 사회적 관계와 행동에 영향을 미친다. 인지적 측면에서 인간 스스로 얼마나 자기 자신을 신뢰하는가는 사회적 태도에 중요한 영향을 미친다. 마찬가지로 감성적 측면에서 외부 타자에 대한 호감도와 자신의 열정이 중요하고, 행동적 측면에서 개방성 여부가 중요한 영향을 미친다.

인간은 가족을 벗어나서 사회로 들어서는 순간 자연스럽게 또는 의도적으로 집단 생활을 시작하게 되어 있다. 사람들이 형성하게 되는 집단은 세 가지 유형으로 나누어 볼 수 있다. 자연스럽게 형성되는 군중 집단, 자발적으로 참여하는 선호 집단, 소득을 목적으로 참여하는 직업 집단 등이다. 군중 속의 개인은 군중 심리에 포섭당하지 않도록 유의해야 한다. 축구 대표팀의 우승에 환호하는 정도의 군중이라면 문제가 심각하지 않을 수 있지만, 성난 시위대라면 문제가 생길 수 있다. 비록 군중 속에 있더라도 자아의 현명한 판단력을 최대한 살려서 사나운 폭도로 변하는 것을 경계해야 한다. 사람은 수없이 많은 집단에 참여하여 활동한다. 조직화된 집단에, 참여 의사를 밝히고, 요구되는 책임과 의무를 수행한다. 직업 집단은 삶에 필요한 소득을 얻기 위해 근무하는 직장이다. 직장은 일의 종류, 봉급 수준, 근무 환경, 근무 기간 등 고려할 것이 많아서 매우 신중하게 참여해야 한다. 직업 집단에도 직업 윤리가 있고, 상도의가 있다. 집단 내에서 사람들은 집단 전체는 물론 다른 집단 구성원과 다양한 상호작용 관계를 갖게 된다.

인간은 자기가 참여하고 있는 집단 내에서 주어진 역할을 충실히 수행해야만 한다. 역할은 특정한 사람에게 기대되는 행동으로, 집단 내에서의 위치나 담당 업무에 따라 달라진다.

집단에는 집단을 리드하는 지도자와 그의 리드를 받는 구성원이 있다. 지도자의 지도력은 조직의 운명을 결정할 정도로 중요하다. 일반 구성원은 조직에서 필요로 하는 역할을 수행하면서 지도자의 지도를 받는다. 리더는 조직의 비전을 제시하고, 구성원을 조직화하며, 목적을 향해 동기화하고, 충실히 업무를 수행하도록 만들어야 한다. 집단 구성원 개개인도 이성 능력과 감성 능력을 균형 있게 갖추고 적절히 구사할 수 있는 사람이어야 한다.

집단 내에서는 다양한 상호작용이 이루어진다. 개인과 개인, 개인과 다른 소집단, 소집단과 소집단, 개인과 전체 집단 등 다양하다. 복종, 순응, 동조, 독립, 자기주장, 저항, 몰입과 만족, 갈등 등 다양한 관계가 있다.

4. 인성과 국가

국가는 통치를 목적으로 만들어진 공동체이다. 이 공동체는 국경이라는 경계선으로 나눠진 땅(영토)에 사는 국민이라고 불리는 사람들의 모임이다. 그래서 국가가 되기 위해서는 국민, 영토, 자율적인 통치력, 즉 주권이 있어야 한다. 국가는 왜 필요하고, 정부는 국민을 위해 어떠한 일을 해야만 하는가? 국민이 정부에 대해 의무를 지듯, 정부도 주권자인 국민을 향한 일정한 의무를 지니고 있다.

정부의 역할은 그 국가가 처해 있는 시간적·공간적 사정에 따라 달라질 수 있다. 정부는 주권자인 국민으로부터 통치와 행정에 관한 권한을 부여받고 제반 업무를 수행한다. 국가, 정부에 대하여 국민은 정부의 결정을 존중하고, 정부의 지시에 따라 삶을 영위해야 한다. 국가의 흥망 성쇠, 국민 생활 수준의 향상, 문화 발전은 모두 정부의 역량에 달려 있다.

현대 한국인의 삶의 수준은 양적으로, 질적으로 매우 좋아져 있고, 앞으로도 더욱 나아질 것이다. 모든 국민이 자유 만끽 시대에 살고 있다. 경제적으로 윤택해져 하고 싶은 많은 일을 할 수 있게 되고, 정치적 규제와 속박이 없어 누구나 자유로운 사고와 행동을 할 수 있다. 과학 기술, 전자 통신의 발전에 힘입어 큰 고민 없이, 육체적 고통 없이 생활할 수 있다. 한국의 민주화는 최고 수준에 도달해 있다. 민주란 '모든 국민이 주인'이 되는 것이다. 민주 시대에는 모든 것이 '국민의 뜻'에 의해 결정되고, '국민의 손'에 의해 실천되어야 한다. 국민의 힘은 엄청나다.

개인의 자유는 민주 사회의 근본이고, 이를 전제로 정부와 국가가 형성된다. 개인이 홀로 존재할 경우에는 별 문제가 없지만, 단체와 조직 및 사회 속에서 다른 사람들과 어울리게 될 때는 문제가 있다. 다른 사람의 자유와 대립하면서 갈등을 빚고, 국가와 조직의 생존을 위해 자유가 제한되기도 한다. 현대 사회는 정치적 속박이 적어지고, 개개인의 활동 역량이 커지면서 자유에 대한 기대나 추구 수준이 커져 있다. 전과는 달리 발달한 경제 역량 속에서 무엇이든 원하는 대로 하고 싶어한다. 민주 시대가 활짝 열려 있는 상황에서 국민은 최상의 자유를 원하고 있다.

국가에 속해 있는 국민에게는 자유, 권리와 함께 반드시 '해야 할 의무'가 있다. 국민의 전제 조건은 국가를 인정하는 것이고, 국가에 충성과 헌신을 하는 것이다. 국가를 존재하게 하고 국가를 국가답게 하기 위한 전제가 영토 내에 살고 있는 국민의 충성과 헌신이다.

모든 국민은 국회에서 제정한 헌법, 법률과 각종 정부의 규칙들을 지켜야만 한다. 법규는 국가가 국민의 삶을 위해 만든 것이다. 그래서 국민은 법을 지켜야만 국가 내에서 살아갈 수 있다. 법을 잘 지키는 준법 정신은 국민의 필수 의무다. 국민이 반드시 수행해야만 하는 핵심 4대 의무로, 국방, 납세, 교육, 근로의 의무라는 것이 있다. 이런 의무들은 대개가 '주권자로서의 국민'이 정당하게 만들어 놓은 국가, 정부가 통치 행위를 수행하기 위해 필요한 사항들이다.

국민은 국가에 대해 의무를 다하고, 그에 상응하는 권리를 가져야 한다. 헌법 속에는 국민의 권리에 대해 표현하고 있다. 이런 것들은 국민이 영토 내에서 국민답게 살 수 있도록 해주는 것으로 정부의 모든 통치 및 행정의 근간이 된다.

공직자는 어떤 사람이어야 할까? 「헌법」 제7조를 보면 "공무원은 국민 전체에 대한 봉사자이며, 국민에 대하여 책임을 진다. 공무원의 신분과 정치적 중립성은 법률이 정하는 바에 의하여 보장된다."고 되어 있다. 공무원은 정년이 보장되는 경우가 대부분이어서, 안정적인 직장을 원하는 사람들이 매우 좋아한다.

공무원, 공직자는 공무원 헌장, 공무원 신조, 실천 강령 속의 내용에 충실한 인성을 갖추어야만 한다. 일반 국민이 국가를 전제로 지녀야 할 인성에 비해 더욱더 수준과 강도가 높은 인성을 갖추어야 한다. 공직자가 갖추어야 할 바람직한 가치관이 공직 윤리다. 공직이라는 특수한 직업에서 기본적으로 요구되는 윤리로서, '국민에 대한 봉사자'로서 지켜야 할 규범적 행동 기준을 말한다. 공직 윤리에는 공직자이기 때문에 항상 지켜야만 하는 불변의 윤리가 있는 반면에, 시대와 장소에 따라 변하는 윤리도 있다. 국민에게 요구되는 국가에 대한 충성과 헌신은 공직자에게는 더욱더 강조된다.

공직자는 봉사 정신이 투철해야 한다. 공직자 특히 공무원은 국민의 주권 위임에 따라 구성되는 국가에 고용된 사람으로, 주권자인 국민에게 봉사해야 할 책임을 지고 있다. 비록 근무에 대한 대가로서 봉급을 받고 있지만 기본적으로 국민을 위한 봉사자라는 위치를 잊어서는 안된다. 공직자는 기본적으로 청렴해야 한다. 또 공직자는 정직해야 한다. 법과 양심에 따라, 항상 옳게 생각하고 바르게 처신해야 한다. 공직자의 윤리적 인성은 도덕적 결의와 양심의 명령에서 출발한다.

공직자 책임은 공직자가 업무를 수행할 때 법률적, 도덕적 규범에 따라 행동해야 하는 임무다. 광범위한 도의적, 자율적 책임을 의미하는 책임성, 법률적이며 제도적 책임인 책무성, 국민에 대한 반응인 대응성으로 나눌 수 있다. 정치인, 선출직 공직자는 임기제 공직을 지향한다는 점에서 평생 직업으로 근무하는 일반 공무원과 책임의 성격이 다르다.

국가는 국민 통합을 위해 다양한 상징물을 활용한다. 이를 통해 국민 감성에 호소하고 국민을 진정으로 '하나'로 융화시켜 간다. 국기에 대한 경례는 국가에 대한 존중감의 표현이며, 국민으로서 충성심을 내보이는 행동이다. 애국가를 부르면서 국민은 국가를 생각하고 존경심과 충성심을 스스로 느낀다. 애국가의 내용을 통해, 또 부르면서 귀로 듣는 음률을 통해 국민은 국가를 생각한다.

국민은 국가 업무를 수행하는 정부와 관료의 행정 업무 수행을 존중하고 지원하며 협조해야 한다. 국민이 주권자이긴 하지만 정치적으로, 법적으로 국가 통치 권한을 위임받은 정부와 관료의 업무 수행을 인정하고 수용하여야 한다. 관료 공무원이 곧 정부이고 국가라는 사실을 알아야 한다. 이들의 행정, 정책을 믿고 따라야 한다.

5. 인성과 경제

경제 활동의 주체인 인간은 경제인이기 때문에 가능한 한 자기가 부담하게 되는 비용을 줄이려 하고, 이익은 극대화하려고 노력한다. 일은 적게 하고, 이익이나 소득은 많은 것을 찾는다. 적게 일하려는 노동자와 많은 이익을 내고자 하는 기업가, 자본가는 종종 반대 방향으로 치달리곤 한다. 높은 가격을 받고자 하는 생산자와 적은 비용을 지불하고자 하는 소비자가 시장에서 신경전을 편다. 각자 자기 위치에서 최선의 경제인, 합리적 행위를 하고 있는 것이다.

국가는 국민의 경제 활동을 조장하고, 보호하며, 지원해야 한다. 자유민주주의 원칙, 자본주의 시장 경제 원칙에 맞춰 자유로운 국민의 경제 활동을 지원해야 한다. 경제 정책, 경제 관련 법규, 조세 제도, 국내·외 상행위, 국제 무역 등 모든 영역에 걸쳐서 국가는 책임 있는 경제 활동을 해야만 한다.

일은 사람이 삶을 영위하기 위하여 행하는 활동으로 사람이 어떤 목적을 추구하기 위해 벌이는 의도적인 활동이다. 목적 추구 활동으로서의 일은 인간에게 꼭 필요한 수단이다. 기초 욕구인 의식주 해결을 위해 필요한 일, 즐거움, 즉 쾌락을 추구하기 위해 하는 일, 이런 목적 추구 수단으로서의 일은 대체로 능동적으로 즐겁게 시도될 것이다. 일상 생활에서 일은 어렵고, 힘들고, 귀찮은, 육체적으로 괴로움을 동반하는 것으로 이해되기도 한다. 하지만, 일을 하면서 재미있고 만족스러우며, 적당히 흥분되고 열정적일 때가 있다. 노력과 힘이 들지만 일 자체에 몰입하면서 힘든 줄도 모르고, 에너지가 넘친다. 일을 즐겁고 신나게 하는 사람의 인성은 긍정적이고 열정적이며 밝다. 몸에도 좋은 긍정의 호르몬이 샘솟는다. 일의 성과도 높다. 하고 싶지 않은 일을 할 때는 남달리 힘이 들고, 정신적으로 심한 스트레스를 겪는다. 기분이 나쁘다. 일을 하면서도 툴툴대고 불평불만을 늘어놓는다. 일에 몰입이 되지 않고 언제든 그만두고 싶어진다. 몸도 쉽게 지치고, 부정의 호르몬이 넘쳐나며, 잦다른 실수도 연발한다. 성과는 좋지 않고 승진도 어렵다.

직업에 따라, 그 일에 종사하는 사람의 인성이 달라진다. 인간은 자기가 종사하는 직업에 맞춰 적합한 인성을 길러가야 한다. 직업에 적합한 인성이 형성되지 않으면 일이 즐겁고 신나게 되지 않는다. 같은 직업에 종사하는 기간이 길어지면 길어질수록 그 직업에서 요구하는 인성이 길러질 것이다. 직업 초년생과 경력이 긴 고참의 인성이 사뭇 다를 것이다.

직장은 직업 활동이 이루어지는 곳이다. 비슷한 인성을 소유한 직업인들이 함께 생활하면서 일을 하는 곳이다. 직장인은 좀 더 많은 봉급을 받고 싶어하고, 빠른 승진을 위해 노력한다. 직장 동료는 같은 직업에 종사하는 동료이면서 동시에 많은 봉급과 빠른 승진을 위해 경쟁을 해야 하는 사람들이다. 직장은 조직이라는 형태로 인적 연결망이 형성되어 있다. 이 조직 속에서 자신의 직위가 있고, 해야 할 직무가 있으며, 상관과 부하의 지시-복종 관계가 설정되어 있다. 상관은 상관다운 인성을 지녀야 하고 부하 직원은 그 위치에 합당한 인성을 갖추어야 한다.

기업은 이윤 추구를 목적으로, 재화와 서비스를 생산, 유통, 소비하는 단체다. 기업은 정당한 방법으로, 정당한 이윤을 추구하며, 정당하게 성장하고 발전해 가야 한다. 법규에 맞게 활동해야 하고, 기업으로서 요구되는 윤리, 기업인이나 노동자로서 요구되는 윤리를 철저히 지켜야만 한다. 이를 기업 윤리라고 한다. 기업 윤리는 기업이 지켜야 할 윤리로서, 특별법 형태로 법규에 정해져 있는 것뿐만 아니라 자율적으로 지켜야만 한다고 생각되는 바른 도리도 모두 포함한다.

윤리 경영은 윤리를 토대로 하여 이루어지는 기업 경영을 말한다. 기업 경영은 기업의 목표를 달성하기 위해 인적 · 물적 자원을 효과적으로 관리하는 활동이다. 이 관리 활동이 모두 윤리에 근거하여 이루어지는 것이 윤리 경영이다. 관리 활동 속에는 최고 경영자의 의사 결정, 조직 관리, 생산 관리, 유통 및 판매 관리, 재무 · 금융 · 회계 관리, 고객 관리, 외부 환경 관리 등이 모두 포함된다. 윤리 경영은 경영

관리 모두가 윤리적이고 도덕적이어야 한다는 말이다. 윤리 경영은 경영 관리의 모든 영역에 걸쳐 윤리적 판단을 하면서, 기업이 지켜야 할 윤리 내용을 실천해야 한다. 윤리 경영은 기업 책임자에 의해 주도되지만 기업 내 모든 구성원이 기업 윤리 실천에 함께 나서야 한다. 윤리적 의사 결정은 기업의 의사 결정이 윤리적 기반 위에서 이루어지는 것이다. 의사 결정의 전 단계에 걸쳐서 합리적 접근을 하는 것과 동시에 모든 단계마다 기업 윤리를 고려하는 것이다.

기업에서 자금을 담당하는 경영자나 회계 책임자, 또 지출 행위자들은 다른 분야보다도 더욱 법을 지켜야 하고 기업 윤리를 지켜야만 한다. 기업은 '돈'과 관련되어 있기 때문에 반듯한 마음이 흔들리기 쉽고 부정에 빠져들기 쉽다. 기업의 재무, 금융, 회계 분야에서 비윤리적 행위가 나타나면 곧바로 기업의 생명에 치명적인 영향을 끼칠 수 있다. 기업은 가장 기본으로 기업의 이윤 창출에 노력하면서 여러 관계 집단에 대하여도 윤리적 책임을 다해야 한다.

기업은 우리 국가 사회를 구성하는 집단 중 '경제'를 책임지는 존재다. 기업의 첫 번째 사회적 책임은 우리 삶에 필요한 재화와 서비스를 충실히 생산, 유통, 판매하는 것이다. 둘째는, 기업에 종사하는 모든 구성원들에게 책임을 다하는 것이다. 셋째는, 국가의 입장을 대변하여 창조 경제를 실현하고, 경기 침체 시에 투자를 늘려 국가 경제를 살아나게 해야 하며, 인플레이션이나 호황기에 제품 수요, 공급, 가격을 적절히 조절하여야 한다. 또 국가를 위해 법인세 등 적절한 세금을 납부하고 국가가 필요로 할 경우에 성금 출연, 자진 납세를 실현하여야 한다. 넷째는, 지역 사회는 물론 환경과 긍정적 상호작용을 하면서 사회와 자연의 발전에 힘써야 한다.

기업의 사회적 책임을 절감하는 경영자나 기업 종사자의 인성은 내부 관계자는 물론 외부 관계자 더 나아가서 국가와 사회, 지역 사회와 자연 환경 모두를 동시에 고려하여 활동하고 발전해 가는 존재로 여겨야 한다. 기업가는 새로운 사업 내용을 가지고 창업하고, 인적·물적 자원을 동원하고 관리하며, 재화와 서비스를 생산·유통·판매하여 이윤을 창출하는 사람이다. 이 과정에서 기업가는 새로운 사업 내용 창출, 비전 제시, 창의와 혁신, 위험 부담을 감수하고 이를 극복해 내는 능력, 강렬한 열정과 노력, 인적·물적 자원을 능률적으로 관리하는 능력 등 뛰어난 기업가 정신을 발휘하게 된다. 기업가의 사회적 책임은 기업가가 기업 경영을 통해 사회가 요구하는 기대를 충족시키는 것이다. 기업가가 기업 경영과 관련하여 기업 내부 경영 및 외부 경제 환경에 대해 지는 책임과 의무를 말한다. 노동자도 자신이 맡은 일에 대한 책임과 의무를 다해야만 한다.

기업 문화는 기업이 가지고 있는 독특한 생활 양식으로, 기업이 가지고 있는 독특한 이미지나 상징 체계, 구성원 전체의 가치관이나 행동 특성이다. 일단 형성된 기업 문화는 구성원들에게 영향을 미친다.

지도자와 통치권은 국민의 가난 극복을 위해 노력해야 한다. 가난 극복을 위해 최선의 정책을 만들어 시행해야 하고, 국민의 경제 활동을 선도해야만 한다. 경제가 발달한 국가계는 가난한 사람이 적다. 모두가 의식주 문제를 해결하고 일상 생활이 가능하기 때문이다. 하지만, 이런 속에도 상대적 빈곤을 느끼는 사람이 적지 않다. 더없이 살기 좋아진 한국 사회에 여전히 노숙자가 보이고, 청년 실업을 걱정하며, 부자를 향해 독설을 내뿜는 사람이 적지 않다. 열심히 일하며 이렇게 살기 좋아졌는데 또다시 은퇴 후의 노령 사회를 걱정하고 있다. '가난'을 걱정하고 미래를 불안해하는 사람이 적지 않다.

6. 인성과 건강

좋은 건강은 인간 행복과 웰빙의 핵심으로, 개인 및 가족의 발전은 물론 국가 경제 발전의 원동력이다. 건강한 사람은 더 오래 살고, 생산적이며, 저축도 많이 한다. 건강에 영향을 미치는 요인에는 부모로부터 이어지는 유전적 요인, 영양 상태, 운동을 통한 신체 능력 향상 여부, 주변 환경, 경제·사회적 요인 등이 있다.

건강한 사람은 무엇보다도 건강과 관련하여 걱정이 없다. 정서적으로 안정되어 있으며 긍정적인 마음을 가졌다. 자신의 육체나 정신과 관련하여 특별한 걱정이 없으니 편안하다. 자기 자신에 대한 긍정이 강하면 강할수록 열정적으로 일에 임하고, 높은 목표를 향해 돌진한다. 건강한 사람은 그렇지 않은 사람에 비해 만족감이나 행복감을 더 잘 느낄 수 있다. 건강한 사람은 스스로 창조적 사고와 행동을 함으로써 생산적 행복을 만들어낼 수 있는 역량을 지니고 있다. 좋은 체력은 좋은 정신 건강을 유도할 수 있다. '건전한 신체에 건전한 정신이 깃든다'는 격언은 체력이 좋을수록 긍정적이고 열정적인 정신을 창출하며, 바람직한 인성을 만들어낼 수 있음을 의미한다.

'체력이 약하다'는 것은 신체적 역량이 상대적으로 미약하여 힘든 일을 하지 못하거나 좋아하는 스포츠를 즐기기 어렵고, 자칫 다치거나 질병에 빠져들 수가 있음을 의미한다. 체력이 약한 사람은 의욕이 떨어지고, 긍정적 도전을 하기가 쉽지 않다. 동적인 움직임보다는 정적인 활동을 선호하게 된다. 신체 장애인은 건강상 문제가 있기 때문에 정상적인 생활이 쉽지 않다. 그래서 국가에서는 법적으로 장애인을 배려하고 지원하는 각종 규정을 두어 실천하고 있다.

현대는 장애인과 더불어 살아가는 시대다. 각종 주택, 공공기관의 시설, 교통과 통신 등이 장애인 친화적으로 변화하고 있다. 장애인의 '장애'를 극복시켜줄 수 있는 과학 기술과 의술이 놀랍게 발전하였다. 부강한 국가와 지방자치단체, 공공기관은 장애인 지원에 적극적이다. 국민의 장애인에 대한 인성도 점점 더 긍정적으로 변모해 가고 있다. 하지만, 다른 한편으로 전자파나 환경 오염 등으로 인해 새로운 장애가 발생하고 있고, 노령 인구의 증대로 인한 신체 장애가 꾸준히 늘어나고 있다. 젊은 사람의 신체 장애는 빠른 속도로 극복되어 가고 있는 반면에, 노령화로 인한 장애는 점점 더 늘어나는 추세에 있다. 노인 장애가 큰 문제로 등장하고 있다.

운동을 즐겨 하는 사람은 기본적으로 부지런하다. 이를 거꾸로 생각해 보면 게으른 사람은 운동을 즐겨 하지 않는다는 말이다. 또 운동에 필요한 시간을 내기 어려운 사람도 마찬가지다. 운동을 좋아하는 사람은 운동이 자신에게 주는 효과를 긍정적으로 생각하고 열정적으로 운동을 하려고 한다. 운동 부족도, 과다 운동도, 정도가 지나치면 문제가 발생한다. 운동 부족은 동맥 경화나 고혈압, 고지혈증 등 심혈관계 질환을 유발할 수 있고 비만, 당뇨병, 골다공증을 촉진할 수 있다.

스포츠 영역에는 직접 참여하여 운동을 하는 사람만이 아니라 관객으로서 즐기는 사람이 더욱 많다. 사람은 자신이 선호하는 스포츠에 능동적으로 참여한다. 자기 돈으로 입장권을 사고 가족 친지와 함께 즐긴다.

정신 장애는 정신에 장애가 있어 건강하지 못한 상태를 말한다. 아이의 학습 능력 부족, 가벼운 건망증 수준으로부터 심한 정신병까지 다양한 정신 장애가 있다. 피로와 스트레스는 정신적 건강에 영향을 미친다. 정신 장애가 정신에 문제가 발생한 것이라면 피로와 스트레스는 정신에 부담을 주는 것이다.

적절한 영양은 사람이 음식물 섭취를 통해 정상적인 세포의 성장, 회복, 유지에 필요한 영양소를 충실히 공급하는 것을 말한다. 이를 통해 일이나 신체 활동, 휴식에 필요한 에너지 공급이 이루어진다.

건강에 이상이 생겨 질병이 나타나면 인간의 삶은 크게 변화를 겪는다. 건강한 사람의 일상적인 생활이 불가능해진다. 일상 생활에 앞서, 또는 병행하여 질병 치료와 관리가 필요해진다. 질병이 생기면 사람은 일단 정신적, 육체적 고통을 느끼고, 불안해하며, 치료나 극복 방법을 찾는다. 질병에 걸린 사람의 인성은 질병의 종류, 수준, 치료 가능성에 따라 달라질 것이다. 질병의 수준이 깊지 않고, 치료 가능성이 높은 경우라면 비교적 희망적이고 치료 의욕이 높다. 하지만, 그 반대의 경우라면 낙담하기 쉽고 극단적으로는 사망까지도 걱정한다.

7. 인성과 문화

문화와 인성은 서로 밀접하게 상호작용한다. 인간이 속해 있는 외부 국가, 사회, 조직, 공동체의 문화는 인성에 큰 영향을 미친다. 이런 문화는 초자아(Super-ego)로 자리매김하여 자아(Ego)의 판단에 영향을 준다. 문화는 인간의 이성, 자아, 가치관, 인성의 중요한 영향 변수이다. 한 인간이 몸담고 있는 문화는 그의 사고와 판단, 행위에 큰 영향을 미친다. 반대로, 인간의 인성도 문화에 영향을 미친다. 문화가 개인 차원에서 비롯된다는 점을 생각하면 이해가 쉽다. 한국 전통 문화를 선호하는 인성의 소유자는 가족을 존중하고, 부모에 효도하며, 설과 추석 명절을 좋아한다. 공부를 좋아하고 부모 말씀을 잘 따르는 아이는 선생님과 함께하는 학교 문화를 사랑한다.

인성을 올바르고 반듯한 상태로 만들기 위해서는 당사자의 문화 역량을 멋있고, 아름다우며, 수준 높은 상태로 만들어야만 한다. 집단 차원의 문화 역량은 구성원의 문화 역량과 인성에 큰 영향을 미친다. 경제적 용어로 문화 역량을 문화 자본으로 표현하는데, 체화된 문화 자본은 외부의 사회 환경 특성이 개인의 자아와 사고, 가치관, 행동에 아로새겨져 있는 것을 말한다. 문화 자본은 국가, 공동체, 조직이나 집단의 문화 역량을 경제학적 용어로 표현한 것이다. 우수한 생활 문화, 다양한 지적 재산권, 문화 예술의 높은 수준, 스포츠 역량, 훌륭한 문화재 등을 문화 자본으로 이해할 수 있다. 이런 문화 자본은 경제 발전에 기여할 수 있고 관광 산업을 활성화할 수 있다.

인간이 어떤 음식을 선택하고 어떻게 먹느냐는 그의 욕구와 합리적 사고, 주변 상황을 고려하여 이루어진다. 음식 문화는 인간의 자아, 인성과 밀접한 관련이 있다. 일반적으로 논할 때 음식을 선택하는 것이나 먹는 행위는 주린 배를 채워 배고픔을 벗어나거나 삶에 필요한 영양소를 보충하는 저차원의 생리적 활동으로 이해할 수 있다. 하지만, 이런 생리적 활동도 우리의 음식과 먹는 행위와 관련된 다양한 정치,

사회, 경제, 문화적 맥락과 관련되어 있다. 음식은 상징적 매체이고, 생물학적 욕구 수준을 넘어 사회 문화 특성과 관련되어 있다. 음식 문화를 이해하기 위해서는 생리학적, 영양학적, 사회구조적, 경제학적 맥락을 동시에 고려해야 한다.

음식 윤리는 음식에 관한 윤리로서, 인간이 바람직하고 좋은 음식을 찾아 반듯하게 먹는 이치를 말한다. '무엇을 먹을 것인가?'에 관한 음식의 윤리와 '어떻게 먹을 것인가?'에 관한 식사의 윤리를 동시에 포함한다.

관광, 레저와 놀이는 인간에게 '즐겁고 기분 좋은' 감성을 북돋워준다. 삶에 필요한 소득 창출이 목적이 아닌 관광, 레저와 놀이는 모든 인간이 추구하는 일이다.

종교는 문화의 중요한 일부분이다. 종교 교리는 절대적 신앙과 관련된 것으로, 이성적으로나 감성적으로 종교 공동체 구성원 모두의 신앙심을 높여줄 수 있으므로 도덕적으로 바람직하고, 수준이 높은 것이면서 동시에 종교인 누구에게나 절실한 관심의 대상이어야 한다. 종교 교리는 교회와 성직자에 의해 신도에게 전파되고, 부모나 선배에 의해 자녀와 후배에게 전해진다. 그래서 개인적으로 신성한 종교적 체험을 경험하지 못했거나 감성적으로 공감하지 못하는 경우에는 교회나 성직자, 교리의 가르침에 무비판적으로 따르게 되어 있다. 종교 집단이 거대화하고 안정화되면 될수록 기존 교리나 경전에 비춰 이질적인 종교 체험이 불가능해진다. 교회가 공동체 내의 종교인을 교육하고 관리하기 때문이다. 한 공동체 내의 종교인은 '항상 같은 생각과 감정, 행위를 공유해야 하는 사람'이어야만 한다.

종교는 선한 인성을 추구하고 종교인은 선한 사람인가? 대부분의 종교는 인간의 바람직한 도덕 규범 내용을 교리에 담고 있다. 종교는 선한 내용의 교리를 배우고, 체득하면서 살아가는 진실한 종교인을 바르게 인도한다. 종교는 선한 인성을 지향하는 긍정적인 면이 많지만, 적지 않은 한계점을 지니고 있기도 한다. 종교인은 교리, 신앙의 세속화를 반대한다.

국민의 한 사람으로 인간은 정치 문화에 영향을 미치면서 동시에 정치 문화로부터 영향을 받는다. 정치는 주권자인 국민으로부터 부여되는 통치 권력을 획득하고, 유지하며, 행사하기 위한 활동이기 때문에 기본적으로 국민과 함께하고 있다. 국민의 인구학적 특성, 생활 수준, 지배적인 가치 체계와 신념, 정치적 견해는 정치 문화에 근본적인 영향을 미친다. 정치 문화는 개인보다는 집합적 군중, 시민, 국민 형태로 정치 문화에 영향을 미친다.

자유민주주의 국가인 한국은 국민 대표 기관인 국회, 지방의회가 가장 큰 권력을 가지고 있다. 국민 투표로 선발된 대통령이 있지만 현대는 '정치가 행정을 압도하는' 상황이 전개되어 있다. 정치는 국민을 대표하고, 국민을 위해 정책을 펼쳐야 한다. 민주 정치는 자유와 평등, 보통 선거, 대의제, 다수결 원칙이 기본이다. 교과서처럼 이상적으로 펼쳐지는 민주 정치는 모든 사람의 꿈이다. 그런데 현실의 민주 정치는 여러 가지 취약한 면을 가지고 있다.

예술은 우리의 삶을 윤택하게 만든다. 예술이 발달한 지역, 국가일수록 국민의 삶이 즐겁고 기분 좋다. 물론 예술 활동을 뒷받침하는 안정된 정치, 풍부한 경제, 우수한 과학 기술이 동반 조건으로 필요하다. 선진국일수록 예술이 발전한다. 한국은 세계 7위권의 선진국으로서 어느 나라 못지않게 예술이 발달하고 있다. 영화, 방송 드라마, 음악, 미술, 건축, 사진, 문학이 세계적으로 유명해지고 있다. 다양한 미디어 매체, 과학 기술의 도움을 받아 전 국민이 예술 향수자, 창작 예술인이 되고 있다. 예술 문화는 우리의 삶 속에 함께하며 적당히 녹아들어 있다. '문화' 생활을 즐기듯 '예술'을 가까이하고 있다.

사회적 동물로서 인간은 다른 사람과 여러 가지 방법으로 상호작용을 하면서 살아간다. 인간은 사회와 접촉하는 순간 언론 미디어 속으로 들어서게 된다. 언론 미디어는 인간 삶 자체가 되어 있다.

미디어 리터러시는 다양한 형태의 미디어 메시지에 주체적으로 접근하여 분석하며, 평가하는 능력이다. 미디어 리터러시는 경험이 많은 사람, 미디어에 대한 교육을 많이 받은 사람, 미디어를 활용한 이익 추구에 밝은 사람, 그리하여 미디어 관련 능력과 기술이 뛰어난 사람일수록 발달해 있을 것이다.

현대인은 네트워크로 연결된 사회 속에 살고 있다. 네트워크 사회, 소셜은 매우 다양한 모습을 띠고 있다. 네트워크상의 정보, 지식, 메시지에 대해서는 창출자나 관리자에 의해 철저히 관리되는 것이 필요하다. 참여자의 상호 감시, 정부의 사이버 보안 담당이나 사이버 사령부 등에 의한 감사, 유무선 통신망이나 운영 체제, 포털 사이트 관리 기구에 의한 감독, 민간의 안티 바이러스나 해킹 방지 전문 업체에 의한 보안 관리도 필요하다.

미디어와 혼화된 사회를 살아가는 인간에게는 언론 미디어 윤리가 절실히 요구된다. 한국인 모두는 헌법에 보장된 언론, 출판, 집회, 결사의 자유를 누리고 있고, ICT 과학 기술의 도움을 받아 누구나, 언제, 어디서나 자유롭게 자신의 의견을 말과 글로 표현할 수 있다. 또 여럿이 함께 행동을 하고 의견을 표출할 수 있다. 여기에 더해서 정보공개법 등에 의해 거의 모든 기관과 단체의 정보에 접근할 수 있게 되었다. 언론 미디어와 관련하여 현대인이 갖추고 지켜야 할 윤리가 더없이 많아졌고 중요해졌다.

8. 인성과 교육

후천적 인성은 교육을 통해 길러진다. 어릴 적 교육은 가족 내에서 부모 교육 형태로 시작된다. 아이가 성장하면 가족 교육과 병행해서 어린이집이나 유치원 교육이 추가되고 더욱 자라면 정규 학교 교육이 시작된다. 상급 학교로 진학하면서 교과 내용은 좀 더 세분화되고, 전문 직업 교육과 함께 인성 교육이 이루어진다.

교육은 인간을 지혜롭게 만드는 것과 동시에 인간 본연의 인성을 계발시키는 것에도 힘을 쓴다. 인간의 품성은 태어날 때부터 선한 것인가 아니면 악한 것인가와 관계없이 교육을 통해 다듬어지고 선한 상태로 유도되어야 한다.

국가 건설과 경제 발전 기간의 교육은 주로 과학적 지식 교육, 능률과 효과성 추구 교육, 발전을 위한 우위 경쟁 교육 위주였다. 하지만, 정치 민주 시대가 전개되면서 인간 개개인의 자유와 평등, 존중과 배려, 소통의 교육이 전개되고 있다. 더욱 발전하여 이제는 문화와 복지, 행복 교육이 이루어지고 있다. 국가나 조직, 과학, 자연에 대한 것보다도 '인간'에 촛점을 둔 교육이 필요해졌다. 인성 교육에 대한 관심은 바로 이 인간주의 교육과 맥을 같이하고 있다.

교육의 시기와 내용을 인간 성장 과정에 따라 살펴보는 것이 중요하다. 인간의 육체적 성장과 함께 지성적, 감성적 성장이 함께 이루어져야만 하기 때문이다. 발달한 이성과 감성이 융합하여 인간의 인성을 구성한다.

유아기에는 교육의 주도권이 부모와 가족에게 있다. 부모에 의한 교육이 유아 교육의 출발점이다. 유아는 부모의 말과 행동, 사고 방식을 모방하고 흉내 내며, 따라 배운다. 유아기의 부모 교육은 유아의 인격, 인성, 지성과 감성 형성에 큰 영향을 미친다. 청소년기 학교 교육에서는 무엇보다도 삶에 필요한 지식 교육이 기반이 되어야 한다. 국어나 영어와 같은 언어 능력, 산수나 통계와 같은 수학 능력, 사회나 윤리·도덕과 같은 지식, 생물·물리·화학과 같은 자연 과학 지식 등을 배운다. 대학 교육을 통해서는 각종 전문 지식을 공부한다. 지식 교육은 행복하고 안전한 삶에 꼭 필요함과 동시에 소득 창출에 필요한 직업 활동에 도움이 된다.

학교에서는 지식 교육 이외에도 인성 교육을 한다. 인성 교육은 지식 관련 인성 이외에 인간 본성, 사회 윤리, 도덕과 관련된 것이다. 학생은 전통적 삼강오륜이나 사회 생활 관련 규칙, 공동체 질서, 예절을 배운다. '더불어' 살아가는 방법과 마음가짐, 의사소통과 대화 방법, 상대방 존중과 배려, 사회적 헌신과 봉사 등을 배워 함양한다.

정규 교육을 끝내고 결혼, 직업 활동이 시작되는 장년기에도 교육이 필요하다. 인간은 지속적인 배움에 의해 개인적으로 필요한 지식이 완벽해지고, 온전한 인격체로서의 인성도 더욱더 잘 다듬어진다. 직장 은퇴 이후의 노인도 교육이 필요하다. 노인은 육체적으로 늙었고, 정신적으로도 쉬고 싶은 나이다. 높은 소득, 사회적 권위, 승진 등보다는 건강과 행복, '삶 자체'에 대한 공부가 필요하다.

교사, 스승은 교육 중 가르치는 일을 책임지는 사람이다. 교사의 능력, 인품, 가르치는 방법에 따라 학생의 학습이 크게 영향을 받는다. 지식 교육은 물론 인성 교육도 이들에 의해 촉진된다. 교사가 인성 교육을 충실히 진행하기 위해서는 스스로도 모범적인 인성 함양자가 되어야만 한다. 교사로서, 어른으로서, 지도자로서, 부모로서 갖추어야 할 바른 인성을 지녀야만 한다. 스스로 수신을 하고 선한 교육자가 되어야 한다. 인성 교육의 방법에 대해서 잘 이해하고 효과적으로 교육을 시행할 수 있어야 한다.

학생은 타고난 이성과 감성, 인성 역량이 참으로 다양하다. 학습 능력, 부모나 교사의 말을 경청하고 실천하는 능력, 말하고 행동하는 능력, 동료나 사회와 조화롭게 지내는 능력, 인성과 도덕 능력이 모두 다르다. 다양한 역량을 가진 학생을 가르치고 교육하여 일정한 수준의 인성을 갖추게 하기 위해서는 부모나 교사의 남다른 노력이 필요하다. 각자의 역량과 특성에 맞춰 교육이 이루어져야만 한다.

학생이 어릴 경우에는 가족 단위로 가정 생활이나 사회 생활, 문화 예술 활동이 이루어지면서 인성 교육이 진행된다. 이때는 학부모의 주도적 역할이 매우 중요하다. 가정을 중심으로 이루어지는 부모 형제 사이의 배려와 존중, 이웃 간의 관계, 친인척 관계가 학생의 초기 인성 형성에 매우 큰 영향을 미친다.

학습 방법 중 자기 조절 학습을 통한 인성 교육은 학습자의 자아를 일깨워 스스로 인성 함양에 나서게 한다. 독립된 자아를 가지고 있는 사람은 외부로부터 일방적으로 주입되는 인성 교육 내용을 무분별하게 받아들이려고 하지 않는다. 스스로 이해하고, 확신이 설 때 비로소 지식을 받아들이고 사고나 행동 수정에 나선다.

인성 교육에서도 어떤 교육 매체를 활용하는가는 중요하다. 교육 매체는 교육자와 학습자 사이에 교수 목표 달성을 위해 사용되는 수단인데, 여기에는 인적 자원, 학습 내용, 학습 환경, 시설, 기자재 등 모두가 포함된다. 전에는 교재나 자료, 전달 매개체만을 이야기했지만 현재는 자료나 매체의 활용, 설계, 실행, 평가까지 모두를 포함한다.

사람은 아이나 어른이나 관계없이 정보 통신 기기를 이용하여 세상과 접하고 있다. 인간의 사고와 행동, 가치관, 정서, 인성에 영향을 미칠 수 있는 모든 것이 이런 기기를 통해 접하고 공부하며 경험하고 있다. 인간에게 긍정적인 것은 물론 부정적인 것도 모두 포함된다. 인성 교육은 이제 부모나 교사, 가정과 학교에 의해서만 이루어질 수 없게 되었다.

9. 인성과 과학 기술

인성은 과학 기술 발전과 상호작용하면서 변화하고 발전해 왔다. 인간은 자연 속에서 적응을 하면서 생존해 왔다. 자연의 이치를 깨닫기 위해 과학적으로 두뇌를 사용하였고, 의식주를 위해 다양한 도구를 사용하며 적응 솜씨를 발휘하였다. 과학 활동은 자연에 관한 정보나 지식을 풍부하게 해주었고, 이를 활용한 기술 발전이 이루어짐으로써 도구 사용과 적응 솜씨를 더욱더 수준 높은 상태로 진화시켰다. 과학이 발달한 사회는 그렇지 못한 사회에 비해서 기술 발전이 더욱 촉진되었고, 문명화가 이루어졌다.

인성은 과학 기술과 문명에 영향을 크게 받는다. 의식주 생활, 교통과 통신, 생명공학, 전자 기술 발전은 농업 경제 시기의 인간 인성을 근본적으로 변화시켰다. 공업화, 산업화, 3차 산업과 4차 산업의 발전이 지속적으로 이루어지고, 로봇과 인공지능의 대두는 전혀 새로운 인간 세상을 유도하고 있다.

현대 사회는 컴퓨터와 통신 기기, 각종 미디어 매체를 통해 네트워크로 얽혀져 있다. 이 소셜 네트워크, 네트워크 사회는 각종 소셜 미디어 기기와 인터넷망으로 연결된 웹사이트를 기반으로 사용자들이 의사소통, 정보의 생산과 공유, 자유로운 삶을 영위하는 가상 공간 또는 공동체다. 소셜 네트워크는 컴퓨터 운영 시스템이나 모바일 시스템처럼 사용자들의 접근 기회, 운영 규칙, 업무나 정보 처리 과정 등 특정한 네트워크 구조로 이루어진 사회다. 소셜 네트워크를 통해 인간 관계가 형성되고, 직업 활동과 사회 활동이 이루어지며, 정보와 지식 공유, 상호 감시와 통제가 이루어진다.

소셜 네트워크 시스템은 네트워크화된 개인주의를 지향한다. 네트워크화된 개인주의 상태에서 인간의 모습, 인성은 어떤 특성을 지니고 있을까? 긍정적인 측면을 살펴보면, 능력 있는 사용자는 무한의 역량을 발휘할 수 있고, 자유롭게 자기의 욕망을 추구하고, 정치 · 경제 · 사회 · 문화적 이익을 추구할 수 있다. 시공을 뛰어넘어 '필요에 의해' 누구와도 연결할 수 있고, 정보와 지식의 창출과 이용에 나설 수 있다. 소셜 네트워크상에서는 수직적 관계보다는 수평적이고, 엄격한 규율에 얽매이기보다는 사고와 활동이 자유롭다.

생명 공학은 생명체를 활용하여 인간에 필요한 정보, 물질과 서비스를 창출하는 학문 또는 기술을 말하는데 유전자 연구, 생명 복제, 인공 지능 연구에 활용되고 있다. 유전자 변형은 최첨단의 과학 기술로서 인간의 먹거리를 획기적으로 좋게 만들었고, 건강 향상과 질병 치료를 통해 인간 수명을 연장하였다. 유전 공학 덕분에 적은 노력으로, 질 좋고, 맛깔스런 식료품을 풍성하게 먹을 수 있게 되었다. 전 세계 수많은 인구의 가난 극복, 먹거리 문제를 해소할 수 있게 되었다. 생명 의학, 바이오센서와 나노 기술은 인간 신체의 질병 진단, 신체 장기의 실상과 작동 상황, 질병 치료약의 개발과 효과성 판단, 미세하고 정확한 수술 등에 활용되고 있다.

인간 복제는 생식 세포나 체세포 복제를 통하여 똑같은 인간을 만들어내는 생명 유전 공학이다. 인간 배아 복제는 부부의 만남으로부터 시작되는 유성 생식 대신에 성교가 필요 없는 무성 생식을 가능케 하였다. 복제 인간이 등장하는 순간 지금까지의 인간, 사회는 근본적으로 변모하게 될 것이다. 복제 인간은 로봇처럼 찍어내듯 만들어지고, 언제라도 쓰레기처럼 버려질 것이다. 그 속에 함께 존재하는 인간도 조만간 같은 위치로 전락할 것이다.

로봇(robot)은 인간과 비슷한 기능을 가지고 인간 노동을 대체하는 기계다. 로봇은 더욱 발전하여 인공 지능(artificial intelligence)을 탑재한 전자 인간(electronic person)이다.[8] 과학 발전, 공장 노동 자동화와 병행하여 단순 작업으로부터 점차 고난도의 작업까지 로봇이 대행하게 되었다. 스스로 인공 지능을 갖고 인간의 판단 작업, 행동까지도 대신(예, 무인 정찰기, 무인 우주 탐사선, 자율 행동 로봇)할 수 있게

8) 2017년 1월 12일, 유럽 연합 의회에서 인공 지능을 탑재한 로봇을 전자 인간으로 정의하였다.

되었다. 인공 지능에 이어 인간의 감정까지도 표현하고 갖춘 로봇이 되었다. 이제는 로봇이 인간 노동을 대체하는 기계 수준을 넘어서서 인간 대체품, 복제된 인간 수준이 되었다. 빠른 속도로 지능형 로봇이 만들어지고 있다. 인공 지능은 인간의 두뇌 연구, 마음 연구, 지능 연구와 병행하여 이루어진 디지털 컴퓨터 과학의 발전과 맥을 같이한다. 인공 지능은 인간 지능의 완전 정복을 목표로 현재도 꾸준히 발전해 가고 있다.

과학 분야에도 반듯한 윤리와 인성을 필요로 한다. 과학의 윤리는 연구를 담당하는 과학자의 인성, 과학 연구를 지원하고 이익을 추구하는 과학 산업 종사자의 인성, 과학 기술자의 인성, 과학 기술 이용자의 인성과 관련이 있다.

과학자의 연구 활동 전체는 정직하고 바람직하게 이루어져야 한다. 연구 주제 선정, 연구 활동, 연구 결과 발표에 바람직한 인성을 보여야 한다. 어느 한 단계라도 부정직하고, 비윤리적이면 문제가 된다. 과학을 산업적으로 이용하여 경제적 이익을 추구하는 사람에게 요구되는 도덕과 윤리가 있다. 이들도 바람직한 인성을 소유해야 하고 이들의 산업 활동도 국가 사회와 인류 발전, 과학의 문명화에 기여할 수 있어야 한다. 일반적으로 기업에게 요구되는 윤리나 도덕에 더하여 '과학'과 관련하여 요구되는 도덕과 윤리가 있다. 과학 기술 이용자는 우수한 과학 기술을 나쁜 목적으로 사용해서는 안된다. 자신의 행복한 삶은 물론 인류 발전을 위해서 바람직하게 사용하여야 한다.

10. 인성과 이상 심리

보통 사람이라면 정도의 차이가 있겠지만 인간이 갖추고 있어야 할 자아, 이성과 감성, 가치관과 성격, 적절한 지혜를 가지고 있다. 성별, 연령, 경제 사회 여건, 자연 환경 등에 따라 정신, 인성의 양상이 달라질 수 있지만 기본적인 여건은 모두 갖추고 있다. 인간의 자연스런 차이에 따른 인성 차이는 충분히 인정하고 받아들일 수 있다. 그런데 사람 중에는 비정상적인 인성을 가진 사람도 있다. 이는 바른 인성이 갖추고 있어야 할 요소 중 일부에 문제가 생김으로써 발생한다.

이상 심리는 인간 심리에 이상이 생긴 상태를 말한다. 인간 심리의 자아, 이성과 감성, 가치관과 성격, 이에 수반된 행동에 이상이 생긴 것이다. 정신의 소재지인 두뇌에 문제가 생겼거나 지적 판단이나 감성적 조절 장애, 왜곡된 가치관 등으로 인해 생겨난다.

이상 심리, 정신 질환을 유발하는 원인이나 경과에 대한 연구는 심리학이나 의학, 정신 과학 분야에서 꾸준히 이루어지고 있다. 사회심리학적 관점에서는 보편적인 인간과 색다른 특성이 나타나면 이를 이상한 것으로 보고 있다. 의학적인 관점에서는 인간이 병적 증상을 보이거나 고통을 수반할 때 정상적이지 않고 이상한 상태로 본다. 또 범죄심리학에서는 남에게 해를 끼치는 정신 상태를 이상 심리로 본다.

이상 심리의 요인으로는 생물학적 요인, 심리적 요인, 사회 경제적 요인, 문화적 요인, 이상 여러 가지가 복합된 요인을 들 수 있다. 현대 사회의 복잡성이 증대하면서, 또 과학 발전에 힘입어 이상 심리의 정확한 원인을 밝혀감에 따라 복합적 요인의 중요성이 대두되고 있다.

이상 심리의 종류로는 신경 발달 장애, 조현 장애, 양극 장애, 우울 장애, 불안 장애, 강박 장애, 외상 및 스트레스 관련 장애, 해리 장애, 신체 증상 장애, 거식과 폭식증, 수면 각성 장애, 성기능 장애, 이성 혐오증, 파괴적 충동 조절 장애, 물질 중독 장애, 신경 인지 장애, 변태 성욕 장애, 성격 장애 등이 있다.

11. 인성과 범죄

인성은 '법 없이도 살 수 있는 사람'을 지향한다. 하지만, 현실은 법으로 제재하지 않으면 안될 정도로 사악한 사람이 적지 않다. 바른 인성을 가진 사람은 예절을 잘 지키기 때문에 추가적인 법이 필요치 않는 경우가 많다. 법이 강력한 제재를 전제로 하는 강요된 질서를 추구하는데 비해, 예는 인간 스스로 자율적으로 지키는 질서를 추구한다. 예는 이성적 자아가 잘 발달하고, 스스로 합리적 판단을 할 수 있으며, 국가와 사회의 공익을 위해 자신의 사고와 행동을 잘 절제할 수 있는 사람에게서나 가능한 일이다. 가정 내에서의 가족 관계, 학교에서의 교사와 학생, 학생 사이의 관계, 직장 내에서의 인간 관계, 공공 장소에서의 인간 행동은 대부분 자발적인 예절 관계로 이루어지고 있다.

자율적이고 절제력 있는 예절이 사라진 곳에 강력한 법규와 처벌이 자리한다. 예절이 지켜지지 않으면 질서가 파괴되고 평화로운 사회가 사라진다. 법적 뒷받침이 필요해진다. 점점 더 구체적으로 법 조항을 만들고 철저히 강제적으로 집행해야만 한다. 현대 사회는 예절보다도 법이 주도적 역할을 하는 시기다. 인간의 삶과 관련된 법이 많아지고, 조항이 구체화하면 할수록 법 적용에 한계가 생겨난다.

범죄는 시대와 장소에 따라 상대적으로 적용된다. 강력 범죄는 물론 처벌을 전제로 하지 않는 자발적인 예절을 위반한 행위도 시대와 장소에 따라 '죄'가 되기도 하고 안되기도 한다. 똑같은 강력 범죄 행위에 대해서도 형법의 내용이 국가마다 서로 다르다. 같은 국가 내에서도 시대에 따라 처벌 여부와 강도가 달라진다. 마찬가지로 자발적인 예절, 관행적으로 여겨지는 행위도 시대와 장소에 따라 달라진다.

범죄학에서는 '범죄를 유발하는 사람은 어떤 사람인가?'에 대해 관심을 갖는다. 범죄를 일으키는 사람의 생물학적, 심리적, 경제 사회적 특징을 분석한다. 어느 시대, 어느 장소이건 관계없이 범죄자가 될 가능성이 높은 사람이 있다. 일탈 행동을 즐기는 사람, 인성 발달이 덜된 청소년은 범죄 가능성이 높은 사람이다. 범죄자의 범죄 행위를 사전에 막기 위해서, 또 범죄 이후에 재범을 막기 위해서는 인성 교육이 절대적이다.

범죄 원인은 신체적 생리적 요인, 개인 환경적 요인, 사회 환경적 요인으로 나누고 있다. 이는 범죄자 개인을 중심으로 신체 생리, 심리, 사회 환경으로 구분하는 것이다. 사회 환경을 좀 더 세분하여 개인의 가족과 경제 사회 환경, 국가 사회 환경으로 나누어 볼 수 있다. 범죄의 원인이 다양하듯 어떤 특정한 사람의 범죄 여부는 범죄 촉진 요인과 범죄 억제 요인의 상호작용에 달려 있다. 범죄 촉진 요인이 범죄 행위에 긍정적으로 작용하는 것을 잘 차단하고, 범죄 억제 요인을 잘 살려야만 해당되는 범죄를 줄일 수 있다. 또 범죄 원인에 대한 관심과 함께 범죄 기회를 줄이는 것도 필요하다.

범죄가 일단 발생한 경우라면 더 이상 심화되지 않게 하거나 재범, 3범 식으로 반복되지 않게 해야만 한다. 범죄의 진행이 빠르지 않게 하고, 더 이상 악화되지 않게 하는 것이 중요하다. 1차 범죄가 2차 범죄, 3차 범죄로 확산되거나 악화되지 않게 하는 것이 중요하다.

범죄는 발생 자체를 막는 것이 최우선이다. 인간이라면 누구나 범법 행위에 빠져들 가능성을 안은 채 살아가고 있다. 우연이나 과실로 인한 범죄를 최대한 경계하면서, 이에 수반하여 의도된, 계획적 범죄가 일어나지 않게 해야만 한다. 이를 위해서는 범법 가능성이 높은 사람을 대상으로 범죄의 심각성을 인식케 하고, 인간의 선한 측면을 활성화하도록 만들어야 한다. 비행, 탈법 가능성이 높은 사람으로 하여금 범죄 가능성에 가까이 가지 않도록 차단하고 예방 교육, 가족과 사회, 국가의 감시 체제를 강화하여 범죄 시도를 미리 막아야 한다. 범죄 가능성이 매우 높은 집단인 청소년에 대한 비행 방지 교육이 중요하다. 비행을 저지르기 이전에, 비행 중에, 회복과 재범 방지를 위해 철저한 교육이 필요하다. 적절한 시점에, 적절한 내용을, 적절한 방법으로 교육해야 한다. 이런 교육의 근본적 문제는 비행 청소년이 적극적으로 교육에 참여하고, 교육 내용을 잘 인지하며, 스스로 반성할 의도를 가지고 있어야만 효과가 있다는 점이다. 대체로 비행 청소년의 경우에는 부모나 교사의 가르침에 잘 따르지 않고, 일탈 행동을 하는 경우가 많기 때문이다.

현대에 와서는 범죄 피해자 자체에도 많은 관심을 기울이고 있다. 그만큼 범죄 피해가 심각해졌기 때문이다. 범죄 피해자 유형에 따라 범죄를 사전에 예방하는 방법을 교육해야 한다. 남을 자극하는 말을 자주 하는 사람은 범죄 도발 피해자가 되는 것을 조심해야 하고, 신체적 약자나 사회적 약자는 자신이 언제라도 다수 집단에 의해 범죄 대상이 될 수 있음을 인지하고 미리 대처해야 한다. 아무 관계 없는 사람일지라도 언제라도 범죄 대상이 될 수 있음을 간과해서는 안된다. 범죄 피해를 당하게 되는 원인은 범죄 유형에 따라, 범죄 환경에 따라, 또 범죄 피해자 상황에 따라 달라질 수 있다. 범죄 장소, 그로 인한 범죄 피해 장소도 범죄 유형에 따라 달라진다.

범죄 안전 생활 자체가 바로 범죄 예방이다. 하지만, 각종 범죄 유형에 따라 더욱 구체적으로 실천해야 할 범죄 예방 수칙이 있다. 학교 폭력 방지 대책, 주택가 도둑 방지 요령, 성범죄 안전 수칙, 금융 범죄 예방 수칙, 사이버 범죄 방지 대책, 가정 폭력 방지 요령, 교통 안전 수칙, 국제 테러 방지 대책 등 상세한 범죄 예방 대책이 있다. 이런 내용은 관계자에게 지속적으로 교육되어야 하고, 당사자는 이를 잘 체득하여 실생활에 활용할 수 있어야 한다. 방범 환경 설계는 지역 사회를 물리적으로 범죄 발생이 어려운 공간으로 만들고, 생활 속에서 자연스럽게 방범 활동이 이루어지도록 하는 것이다.

인성과 관련하여 범죄 피해자의 정신적 피해는 심각한 후유증을 유발할 수 있다. 신체적 피해는 치료가 가능하고 물질적 피해는 달리 보충할 방법이 있을 수 있다. 하지만, 정신적 피해는 피해자의 정상적인 생활에 치명적일 수 있다. 정신적 충격과 상실감, 2차적 스트레스로 인한 정신적 피해는 자연적으로 치유될 수도 있다. 하지만, 피해가 심하면 심리적 상담이나 교육, 행정적 지원이 있어야만 치유가 가능하다. 쉽사리 치유가 되지 않을 때는 ASD, PTSD, 불안 장애, 해리 장애, 심신증, 알코올이나 마약 중독에 빠져들 수 있다.

범죄 피해자의 정신적 충격은 피해자의 인성 역량에 따라 회복력이 달라질 수 있다. 시간이 다소 걸리더라도 자연 치유가 가능한 사람에 대해서는 당사자의 회복 능력을 믿어야 할 것이다. 이 과정에서 가족이나 이웃, 친지의 정신적, 물질적 지원이 있다면 훨씬 수월하게 인성 회복을 이룩할 수 있을 것이다. 정부나 지방자치단체에서도 범죄 피해자 보호 정책이나 제도를 통해 이를 지원할 수 있고, 민간 단체에서도 상담, 치유 등을 통해 인성 회복에 기여하는 수가 있다.

용 어

인성, 선천적 인성, 후천적 인성, 성선설, 성악설, 도덕, 인품, 성격, 개성, 마음, 두뇌, 이성, 지성, 감성, 감정, 자아(자기), 자기 스키마, 원초적 본능 가치관, 태도

요 약

- 인성: 인간의 바람직한 성품
- 인성의 특징: (1) 인성은 사람과 관련된 것, (2) 인성은 성품에 대한 것, (3) 인성은 어느 정도 품위 있는 상태, (4) 인성은 자기 계발, 주변 환경과 상호작용 과정에서 생성, 변화, 발전, (5) 자기 스스로 선택, 학습, 축적한 것, (6) 육체는 물론 정신에 관련된 것, (7) 경험, 지식, 정보, 가치관, 태도의 총합
- 선천적 인성: 태어날 때부터 인간에게 부여된 성품. 본성
- 후천적 인성: 살아가면서 생성된 인성
- 성선설: 인간의 본성은 선하다는 주장. '모든 인간은 선하게 태어난다.' 맹자의 사단
- 성악설: 인간 본성은 악하다는 주장. '모든 인간은 이기적 욕심이 있고 남과 다투는 성질이 있다.' 순자, 홉스
- 도덕: 참된 진리를 깨우쳐 얻은 것. 대상에 관한 지식을 잘 습득하여 갖춘 상태. 도덕은 인간 본성과 관련된 선한 진리(=도)를 잘 갖춘 상태를 지향
- 인품, 성품: 어질고 우아한 인성. 수준 높은 인성
- 인격: 인간의 반듯함. 인품, 성품
- 성격: 어떤 인간이 환경에 반응하는 독특한 심리 행동 체계. (1) 개인 차원의 독특하고 개별적인 것, (2) 어느 정도 지속적이고 안정적, (3) 행동의 일관성
- 인성의 구성 요소:

구 분	인성의 구성 요소
마음(心)	인성의 주재자
두뇌	인성의 소재지
이성, 지성, 지혜	인성의 합리적 판단자
감성, 감정	인성의 정서적 판단자
자아(자기), 나	마음(心)의 핵심 주체
가치관, 태도	마음(心)의 성향
정보, 지식	인성의 내용물

- 마음: 인성의 주재자. (1) 허령지각의 존재, (2) 능지의 존재, (3) 모든 사물의 이치를 갖춘 존재

- 두뇌: 인성, 마음의 소재지. 뉴런이라는 신경계 물리적 세포로서, 끊임없이 화학 작용과 전기 작용을 수행
- 이성: 인간의 논리적 사고 능력
- 지성: 목표 달성이나 문제 해결 또는 학습을 위해 인지 능력과 지식을 활용하는 것. 지혜
- 감성: 인간이 감관 지각을 통해 어떤 대상을 느끼고, 이해하며, 반응하는 성질
- 감정: 사물에 감촉되어 일어나는 마음의 작용. 칠정(七情)
- 자아(자기): 인간의 자기 자신에 대한 생각. 인간의 스스로에 대한 총체적인 믿음 체계, 정체성 의식
- 자기 스키마: 자아(자기)에 대한 총체적인 신념 체계. 정신 판형
- 자기 효능감: 자신이 능력 있고 효과적으로 일을 해낼 수 있다는 믿음
- 프로이트의 성격 구조: 자아(자기)의 구조를 원초적 본능(id), 자아(Ego), 초자아(Super-ego)로 구분
- 태도: 인간의 어떤 대상에 대한 성향이나 기억, 행동 특성. 태도는 (1) 특정한 사람, 대상, 생각에 대해 호의적 또는 비호의적으로 대응하는 학습된 성향, (2) 상호 연관된 기억 체계, (3) 정서적 반응, 행태적 성향이나 의도, 인지적 믿음이나 생각을 말함
- 가치관: 가치에 대한 관점. '특정한 가치에 대해 어떻게 생각하고 있는가?'

Chapter 2

인성과 자아

인성의 주재자인 마음, 자아가 무엇인지를 정확히 아는 것이 중요하다. 마음은 우리가 눈으로 보거나 귀로 들을 수 있는 존재가 아니기 때문이다. 프로이트는 꿈 분석을 통해 마음 속 자아의 존재를 확인하였다. 불교의 유식론은 '깨달음'의 경지에 도달하기 위해 마음 공부에 집착한다. 불교의 유식은 오관에 의한 인식으로부터 깊숙한 심층 심리인 아뢰야식까지 마음을 분석해 들어간다. 이런 심리적 마음 연구를 현대 뇌 과학에서는 실증적 분해, 탐색 작업을 통해 놀라운 성과를 내고 있다.

자아는 선천적으로 타고나는 부분도 있고 후천적 경험에 의해 성장・발달시켜 가는 것도 있다. 교육과 학습을 통해서도 자아를 형성시킬 수 있다.

자아는 인성을 주관한다. 자아 스스로 자존감, 자신감, 도덕심을 가짐으로써 인간 인성이 옳고 바른 방향으로 전환되어진다. 인성의 실제 모습은 욕구 단계에 따라 차원이 달라질 수 있다. 전통 한국학에서 인성 논의는 성인, 군자가 되기 위한 수신으로부터 출발한다. 바른 인성을 위해서는 무엇이 옳은 지를 정확히 알아야 하는데 이에 관한 공부가 '격물치지'다. 격물치지의 수신은 '거경궁리'의 공부 방법을 통해 이루어진다.

Ⅰ 마음과 자아: 인성 논의의 출발점

앞에서 인성의 주재자는 마음(心)이라 하였고, 인성은 당사자의 자기 자신에 대한 생각, 즉 자아(자기)에 크게 영향을 받는다고 하였다. 용어는 비록 다르지만 마음이나 자아(自我), 나(I), 자기(自己, self)는 개념적으로는 비슷하다. 전문 학술 용어로서 엄밀하게 구분하는 것도 좋겠지만 현실적으로는 구별의 실익이 별로 없다. 마음이라는 용어가 비록 우리에게 친숙하고 편하지만, 어느 한 인간 인성의 주재자를 논할 때는 자아, 나, 자기로 표현하는 것이 좋다. 이 책에서는 좀 더 학술적이고 보편적인 용어로 자아를 인성의 주재자로 표현하고자 한다. 영어로는 (My Mind+Self+I)로서 프로이트의 Ego 수준을 넘어 id와 Super-ego를 모두 포함하며, Self까지도 동시에 포괄하는 용어로 새기고자 한다.

자아, 나(I) 이외의 존재는 모두 타자(他者)다. 다른 사람, 물건, 대상, 세계가 모두 여기에 속한다. 자아는 이런 타자와의 관계 속에 존재한다. 자아는 타자에게 영향을 미치기도 하고 타자에 의해 영향을 받기도 한다.(우리 마음의 내부로 들어가면, 즉 프로이트의 자아인 Ego에 대해서 id나 Super-ego도 타자의 의미가 된다). 인성의 주재자로 보는 자아는 사람의 마음 속에서 1차적으로는 본능이나 도덕적 가치 등과 상호작용하면서 모두를 총괄한다. 그리고 외부 타자에 대해서는 자아가 주도적으로 대응해 간다.

자아는 유형의 실체는 없지만, 분명하게 '정신적 실체'로 존재한다. 인간 내부의 본능이나 도덕적 가치를 인지하고 총괄하는 것은 물론 타자에 대해서도 인지, 반응할 수 있는 오묘한 능력을 가지고 있다. 외부의 타자에 대해 감관 지각이나 이성적 인지를 할 수 있고, 스스로 생각하고 판단하며, 기억할 수 있는 역량을 지니고 있다.

1. 프로이트의 자아

프로이트(S. Freud)는 그의 『정신분석 입문』(1917)에서 인간의 마음, 정신 영역을 의식(意識), 전의식(前意識), 무의식(無意識)으로 구분하여 설명하였다. 그리고 1923년, 「자아와 이드」라는 논문을 통해서 자아(自我, Ego), 원초적 본능(原初的 本能,

그림 2-1 프로이트의 마음(정신 또는 성격) 구조

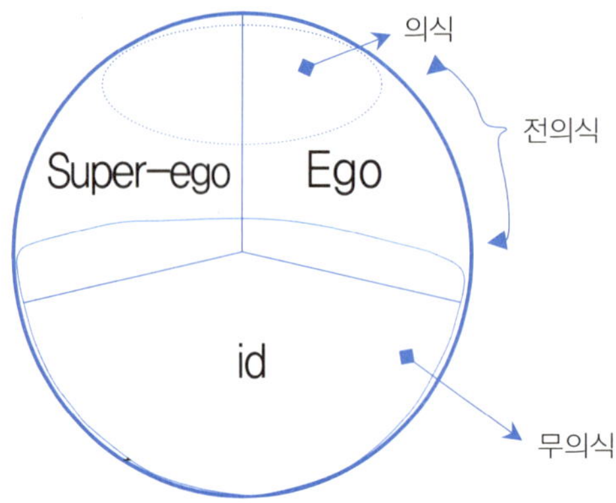

마음(정신, 성격)

id), 초자아(超自我, Super-ego) 개념을 도입하였다. 이들을 종합적으로 표현하면 [그림 2-1]과 같다. 그림 속에서 점선으로 표현된 무의식의 영역이 가장 큰데, id의 모든 영역이 이에 포함되고, S.Ego와 Ego의 많은 부분도 이에 포함된다. 의식 영역은 수시로 면적이 변화하는 데 상대적으로 작은 영역을 차지하고 있다.

프로이트는 인간의 정신 활동을 에너지의 역동적인 움직임이라고 보고, 이 에너지를 '생(生)의 본능'과 '죽음(死)의 본능'으로 구분하였다(김성태, 1984: 12-52 내용 참조). 생의 본능인 에로스(Eros)는 자기 자신과 삶을 사랑하는 본능이고, 죽음의 본능은 생물체를 무생물체로 바꾸고자 하는 공격, 저주, 파괴 본능을 말한다. 프로이트는 생의 본능인 에로스의 에너지(생물학적 에너지가 아니고 정신적 에너지)를 리비도(Libido)라고 명명하였다. 리비도는 인간이 생활하는 동안에 쾌락 추구 활동 에너지로 표출된다.

리비도는 인간이 출생하는 순간부터 정신 속에 내재화되어 있으면서 아이의 성격과 행동에 영향을 미친다. 리비도는 생존 본능, 힘, 에너지로서 인간마다 일정한 양을 지니고 있으면서, 외부 환경과 관계 속에 매우 역동적으로 움직인다. 리비도의 움직임은 일정한 양상으로 습성화(習性化)하는 특성이 있다. 고착(fixation), 퇴행(退行, repression), 억압(抑壓, sublimation), 자기애(自己愛, narcissism), 대상애(對象愛, objective-love), 내향성(內向性, introversion) 등이 그것이다(김형태, 1984: 22).

프로이트는 자아(Ego)를 '나'로 보면서, 마음(정신)의 또 다른 구성 요소인 원초적 본능(id)과 초자아(Super-ego)를 적절히 중재하면서 마음을 주관하는 존재로 여겼다. 자아는 의식 작용을 주관하면서 마음 내부와 외부로 작용한다. 의식은 불교 유식론에서 6의식처럼 식(識, knowing) 작용을 한다. 의식은 현재 진행형으로 외부 자극을 감각하며 인지하고, 분석하며, 판단하고, 반응을 고려한다. 마찬가지로 내부 무의식으로부터 솟구쳐 전의식에 저장되어 있는 것을 토대로 작용하기도 한다. 전의식은 의식된 것이 저장되는 곳이면서 동시에 무의식에서 솟아오른 내용물이 저장되기도 한다. 의식에는 자아인 Ego의 능동성이 함께하면서 동시에 S.Ego의 내용물이나 지시도 포함된다.

원초적 본능인 id는 독일어로 '그것(es)'이라고도 표현하는 것으로 원초아(原超我), 원욕(原欲)으로 새긴다(한국심리학회, 2004: 422-426). id는 유전적 요인이나 신체적 여건에 의해 비롯되는 것으로 리비도의 원천이며, 욕구나 충동, 에너지의 원동력이다. id는 무의식 속에 자리 잡고 있는데, 사려 깊은 사고 과정을 거치기보다는 즉각적인 욕구 충족을 통해 쾌락을 얻거나 고통을 회피하려는 성향이 있다.

S.Ego는 타자의 영향을 받아 마음 속에 도덕률 형태로 축적된 것으로 자아에 영향을 미치는 존재다. 인간이 출생과 성장 과정에서 스스로 또는 교육, 외부 강요에 의해 받아들여서, 마음 속에 옳은 것으로 내면화해 놓은 것을 말한다. 가족과 사회의 예절이나 규범, 국가의 법규 등은 자아가 반드시 존중하고 따라야만 하는 것들로서 S.Ego로 자리 잡게 되고, 자아의 판단과 행동에 영향을 미친다. S.Ego는 id의 원초적 본능 작용을 우려하여 Ego에게 적절한 규제를 가하도록 압력을 행사한다. 초자아는 양심(良心)과 자아 이상(自我 理想, ego-ideal) 원칙에 따라 작동한다(김형태, 1984: 26). 전자는 도덕률에 비춰 잘못된 행동을 비난하고 처벌하는 것이며, 후자는 바람직한 행동을 칭찬하고 촉진하는 것이다.

Ego는 id의 본능을 외부 환경 여건과 S.Ego의 내용에 맞춰 조정하고 통제한다. 또 타자, 외부 환경과 상호작용하는 과정에서 Ego는 자신의 실상을 잘 파악하고, 기존에 구축되어 있는 S.Ego의 내용을 참작하여 반응한다. id가 Ego의 통제를 벗어나거나, S.Ego의 내용이 새로운 환경 여건에 부합하지 못할 때 불안해하고 걱정에 휩싸인다. 어릴 때는 Ego의 힘이 약해 부모를 모방하고 동일시하면서 자기의 자아로 받아들이고, 부모의 교육 내용이 S.Ego로 자리 잡게 된다. 자아는 현실 원리에 따라, 현실을 있는 그대로 합리적으로 인식하고 판단하려고 노력한다(김형태, 1984: 24).

자아는 무의식 속에서도 id와 함께 작용하면서 본능을 억압하거나 통제하고, 또 적절히 지원하기도 한다.

원초적 본능인 id는 선천적인 자율신경계의 작용을 통해 즉각적으로 고통을 피하고 쾌락을 추구하는 반사 활동(反射 活動, reflex action)을 할 수 있다. 또 현실적으로는 욕구 충족이 쉽지 않을 경우에는, 환각 작용이나 망상 등 나름대로의 반응 과정을 통해 욕구를 충족해 간다. 그렇지만, 이런 식으로는 완전한 욕구 충족이 불가능하므로 2차적으로 자아를 발전시켜 가면서 목적 달성에 나선다. id는 자아가 욕구 충족에 맞는 대상을 찾아낼 때까지 참고 기다린다. 자아는 id의 생의 본능, 사랑 욕구 에너지로부터 힘을 얻어 작동한다.

2. 불교의 유식: '오직 마음 뿐!'

불교의 유식(唯識) 사상은 인간의 마음에 관한 내용이다. 불교인의 명상이나 수련은 마음의 존재를 찾고, 이를 어떻게 잘 다스릴 것인가에 대한 공부다. 마음 작용인 식이 어떻게 구성되어 있고 작동하는지에 대해 살펴볼 필요가 있다.

부처님이 말씀하셨다고 하는 "천상천하 유아독존(天上天下 唯我獨尊)!"은 '이 세상에서 내가 가장 존귀하고 잘난 존재다'라는 주장이 결코 아니다. 그보다는 '이 세상이란 것은 오직 내가 있음으로서만 존재한다.' '내가 그렇게 의식하기 때문에 그렇게 보이고 만들어질 뿐'이라는 유식론적인 외침이다. 나에게 의식이 없다면 세상은 내게 존재하지 않는다(이대희, 1999: 154-170에서 인용).

유식이란 현상적인 존재는 모두 식에 지나지 않는다는 생각이다(識 一元論). 여기서 식은 인식의 주체인 식이 자기 자신에게 인식 대상, 즉 경(境)을 알게 하는 것이다(横山紘一, 1989: 30). 아는 것(knowing)이 식이다. 식은 곧 우리 마음의 작용이다. 넓게 보면 유식이라는 말은 곧 '세상은 오직 내 마음뿐'이라고 하는 것과 비슷하다. 마음 저 밑바닥으로부터 성장해 나온 상념의 씨앗이 마음의 작용을 통해 바깥 세상으로 표출되면 거기에 세상이 있다. 자기가 보는 대로 세상이 영글어진다. 마음 상태가 어떠하냐에 따라 자기가 보는, 살아가는 세상이 정해진다. 그래서 중요한 것은 내 스스로 마음을 좋고, 선하며, 착하게 만드는 작업이다. 그래야만 세상이 그렇게 되기 때문이다.

유식 사상을 이해하기 위해서는 기본적으로 심·의·식의 구조를 이해해야만 한

그림 2-2 심-의-식의 구조

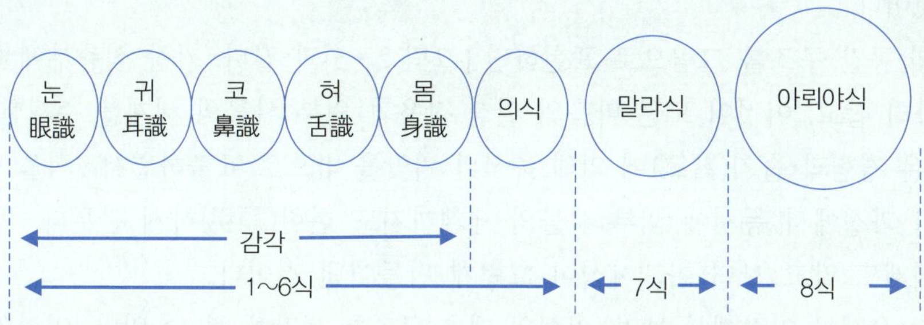

다. 인식을 하는 마음은 8개의 계층으로 이루어졌다. 가장 심층 심리인 아뢰야식으로부터 현현(顯現)된 다른 일곱 가지 식에 의해 인식 작용이 일어난다.

가장 기초적이고 표면적 인식 작용은 앞의 여섯 가지 식의 활동에 의해 일어난다. 이 중 앞의 다섯 가지는 오감에 의해 일어나는 인식이다. 눈을 통해 봄으로써 순간적으로 일어나는 안식(眼識), 귀를 통해 듣는 순간 일어나는 이식(耳識), 코를 통해 냄새를 맡음으로써 일어나는 비식(鼻識), 혀로 냄새를 맡는 순간 일어나는 설식(舌識), 몸으로 부딪치고 느끼면서 알게 되는 신식(身識) 등이 가장 초보적인 인식이다. 이것은 과학주의에서 말하는 것처럼 감각 기관을 이용하여 직접 체험을 통한 인식이다.

여섯 번째 의식(意識)은 앞의 감각 기관을 통한 식들과 함께, 또는 스스로 지각하는 마음 작용이다. 음식을 맛보는 순간 '맵구나!'라고 느끼는 설식과 함께 작용해서 '어제 먹은 국보다 훨씬 더 맵구나!'라는 인식을 할 수가 있다. 이럴 때는 의식이 다른 5식과 함께하면서 인식을 한다. 그러나 의식은 자기 마음대로 상상을 통해 '이 국은 먹어보나 마나 굉장히 매울 거야!' 하는 판단을 할 수가 있다. 이때는 홀로 작용하는 것이다.

말라식, 7식은 앞의 여섯 가지 식들을 바라보면서 자신이 이런 인식 작용의 뿌리라고 여기는 자아 의식이다. "'국물이 맵다'고 생각하는 내 판단은 옳다. 왜냐하면, 나는 음식 맛을 잘 식별할 수 있는 능력이 있고, 나의 판단은 비교적 정확하기 때문이다." 이런 종류의 생각과 관련 있는 식이다. 나는 자존심도 있고, 어느 정도 지적이며, 사물에 대한 판단력이 정확하다는 자아 의식이다. 8식인 아뢰야식은 심층 심리로서 사람의 모든 인식 작용의 근간이면서도 좀체로 알기 어려운 존재이다. 이 아뢰야식이 사람의 인식을 가능하게 하고, 외부 세계로의 적극적인 표상 작용까지도 하는 것이다.

식의 공간 구조를 그림으로 표현하면 [그림 2-3]과 같다. 가장 심층부에 아뢰야식이 자리 잡고, 이것이 모든 마음의 인식 작용과 외부 사물의 세계를 주재한다. 아뢰야식은 경험과 습기(習氣)에 의해 축적된 씨앗을 밖으로 표출하면서 7식을 만들어 내고 이 과정에서 동시에 외부 사물의 세계까지도 현현(顯現)하게 만든다. 외부 사물의 세계도 알고 보면 아뢰야식이 그렇게 만들어낸 것이다.

불교 유식론 입장에서 보면, 인성의 계층 구조를 생각해 볼 수 있다. 인성의 가장 깊숙한 곳에 심층 심리인 아뢰야식이 자리 잡고, 그 바로 바깥층에 자아 의식인 7식 말라식이 자리 잡고 있다. 타자 또는 환경과 상호작용하는 과정에서 6식이 작동한다.

그림 2-3 불교의 마음과 유식 사상

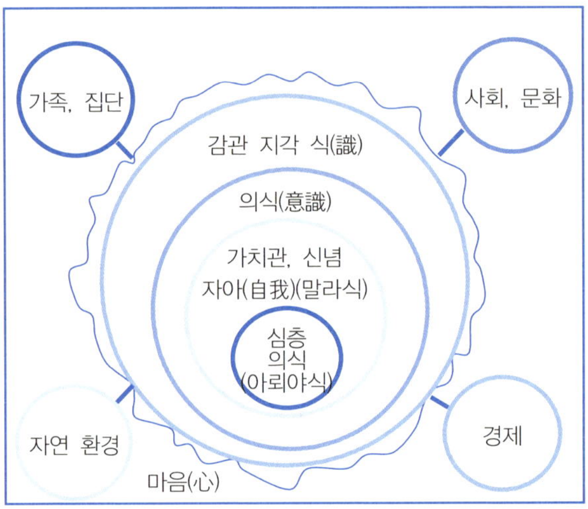

3. 두뇌: '마음이란 두뇌가 하는 일'

인간의 두뇌 작용이 마음이고, 바로 자아다. 과학 기술이 발달하기 전에는 두뇌 구조나 작용에 대해 잘 몰랐기 때문에, 생명과 직결되어 있는 심장(心臟)에 마음이 자리하고 있다고 여겼었다. 하지만, 새롭게 뇌 과학(neuro science)이 발달하고 생리학, 심리학이 발전하면서 두뇌 작용이 마음이라는 생각이 짙어졌다.

뇌 과학은 신경세포인 뉴런(neuron), 이들의 집결체인 신경계, 그리고 총괄 지휘 본부인 두뇌 순으로 이해할 필요가 있다. 뉴런은 다음 [그림 2-4]에서 보는 바와 같이 가장 말단의 수상돌기(dendrite)가 타자와의 접촉에서 일어나는 정보를 수집하여 세포체(cell body)로 전달하는 것으로부터 감관 지각이 시작된다. 이 정보는 전기 신호화하여 축색(axon)을 따라 뉴런(=감각 뉴런, sensory neuron)의 끝으로 전해지고, 이곳에서 다시 이웃하는 다른 뉴런의 수상돌기로 전달된다. 뉴런과 뉴런 사이에는 시냅스(synapse)라는 간극의 접점이 있는데, 신경 전달 물질(神經傳達物質, neurotransmitter)이라는 화학 물질로 채워져 있다.[1] 이 물질을 통해 전기 신호가 다시 이웃하는 다른 뉴런으로 전달되면서 정보가 이어진다. 이 감각 뉴런(sensory neuron)의 정보는 말초신경계(末梢神經系, peripheral nervous system)를 거쳐 중추신경계(中樞神經系, central NS)로 전달된다. 중추신경계는 뇌(腦)와 척수(脊髓, spinal code)인데 이곳에서 정보를 해독해 대응 정보를 보내면 다시 말초신경계를 거쳐 운동 뉴런(motor neuron)으로 전달되어 타자에게 반응하게 된다. 척수에 있는 간뉴런(inter neuron)을 통해 두뇌를 거치지 않고 척수 반응(spinal reflex)이 나타나기도 한다(한

그림 2-4 운동 뉴런

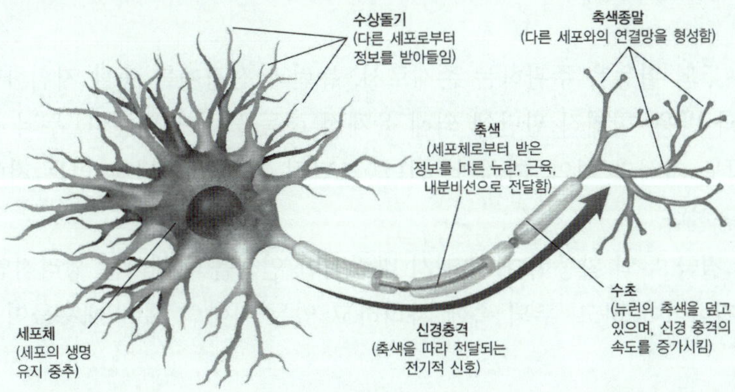

출처: Myers et al.(2016: 47).

1) 신경 전달 물질로는 아세틸콜렌(근육 운동, 학습, 기억 관련), 도파민(움직임, 학습, 정서), 세로토닌(수면, 기분, 각성, 배고픔) 등이 있다(Myers et al., 2016: 51).

국심리학회, 2004: 59-86).

뇌는 뇌간(腦幹, brainstem), 변연계(邊緣系, limbic system), 대뇌 피질(大腦 皮質, cerebral cortex) 등으로 구성되어 있다. 각 부분의 세부적인 구성 요소와 기능에 대해서는 [그림 2-5]를 참조하면 된다.

그림 2-5 두뇌의 구조와 기능

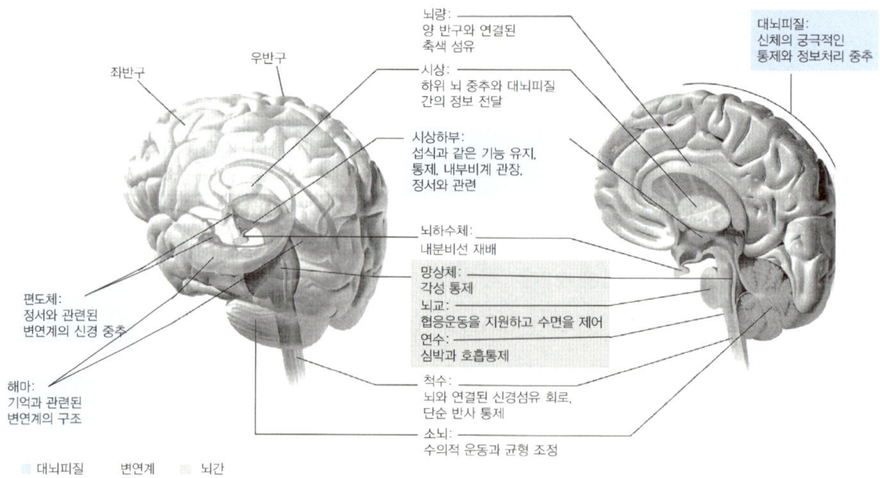

출처: Myers et al.(2016: 61).

자아는 두뇌 활동을 주관하는 존재로서, 뉴런과 신경계를 총괄 지휘하며 타자의 자극 수용과 반응, 합리적 판단에 의해 육체적 행동을 하게 만든다. 두뇌 속에 저장된 각종 정보 지식과 기억, 가치관, 신념, 도덕적 지혜와 판단 논리는 자아의 활동 근거를 제공한다.

인성은 결국 두뇌 활동이다. 그래서 바람직한 인성을 위해서는 생리적인 두뇌 활동이 정상적이어야 하고, 두뇌 속에 자리하고 있는 자아의 제반 내용물이 건전해야만 한다.

Ⅱ 자아 형성

1. 타고나는 자아

인간은 육체와 함께 두뇌를 가지고 태어난다. 두뇌의 작용이 마음이고, 그 한가운데 자아가 자리하고 있다. 인간의 자아는 태어나는 순간부터 기본적으로 형성되어 있다. 앞서 논의한 프로이트 이론이나 불교 유식론은 타고난 이성의 존재를 피력하고 있다.

■ 선천적 이성

사람은 태어나는 순간부터 '생각하고 인식하는 능력', 즉 이성을 가지고 있다. 갓 태어난 어린 아이가 숨을 쉬고, 몸을 움직이며, 우는 행위는 본능적인 것으로 보이지만, 어린 아이 자아의 이성적 판단에 따른 행동이다. 어린 아이가 아직 경험이나 학습을 통한 후천적 자아를 형성하기 이전에 거의 본능 수준으로 반응할 수 있는 것은 그가 기본적으로 이성적 자아를 지니고 태어났기 때문이다. 데카르트(R. Descartes)는 인간의 사유(思惟)하는 실체를 자아라고 보았다. 그는 모든 감각 작용이나 현실 지식이 참인가를 알기 위해서는, 일단 의심으로부터 출발해야 한다고 하면서, 가장 밑바탕에 자리하고 있는 확실한 '참'의 존재인 사유하는 자아를 발견하였다. 가장 단순하면서도 확실한 지식인 "Cogito ergo sum."은 '나는 생각한다'와 '나는 존재한다'라는 동시적 참의 진리를 담고 있다. 여기에 바로 "사유하는 실체=자아"가 등장한다(Descartes, 1984).

한국 속담에 "부부 잠자리를 연습해 보고 결혼하지 않아도 된다."는 말이 있다. 이는 남녀가 성행위를 하고 아이를 출산하는 것은 인간이 태어날 때부터 선천적 이성 속에 갖추고 있기 때문이다. 이는 인간의 사고나 판단, 행동이 학습이나 경험이 없이도 사전에 존재할 수 있다는 사실을 말하는 것이다. 칸트(I. Kant)도 『순수 이성 비판』에서 타자에 대한 감관 지각과는 다른 차원에서, 인간의 이성 속에 자리하고 있는 선천적인 사유의 기본 형식인 카테고리(범주)의 존재를 설명하고 있다.

선천적 이성은 사람으로 하여금 생각하고, 인지하며, 판단하고, 반응할 수 있게 한다. 외부 환경에 적절히 반응하여 생존할 수 있게 하고, 사람이 성장해 갈 수 있게 한다. 사람은 성장하면서 학습과 경험, 인지 작용을 통해 선천적 이성을 넘어 더욱 발달한 이성을 갖게 된다. 태어날 때의 순진하고 낮은 차원의 자아가 복잡하고 수준 높은 종합적인 자아로 발전해 간다.

■ 선천적 감성

사람은 선천적 이성과 함께 선천적 감성도 지니고 태어난다. 앞서 논의한 사단칠정론 중 4단, 7정에 대한 부분이 그것이다. 4단은 인자하게 남을 보살피는 마음(惻隱之心＝仁), 옳은 것을 추구하는 마음(羞惡之心＝義), 겸손하게 질서를 지키는 마음(辭讓之心＝禮), 잘잘못을 분별하여 가리는 마음(是非之心＝智)을 말한다. 맹자는 성선의 입장에서 모든 사람이 이 사단을 태어날 때부터 마음 속에 갖추고 있다고 보았다. 4단은 더욱 발전하여 온갖 사람의 행태로 나타나는데, 그것을 도몰아 몇 가지로 구분하면 7정이다. 칠정은 기쁨(熹), 분노(怒), 사랑(愛), 두려움(懼), 슬픔(哀), 미움(惡), 욕심(欲)을 말하는데, 사람이 배우지 않았어도 저절로 나타나는 것이다(예기, 예운편).[2)]

서구의 감성학에서도 타고나는 기본적 감성에 대해 논하고 있다. 기본적 감성(basic emotions)은 기쁨(joy), 고민(distress), 분노(anger), 두려움(fear), 놀람(surprise), 역겨움(disgust)과 같은 것들이다. 이런 기본적 감성은 인간이 선천적으로 지니고 있는 것인데, 살아가는 과정에서 자연스럽게 나타난다. 언어나 습관, 개인적 품성에 따라 다르게 나타날 수 있지만, 이는 같은 음악을 듣고 다르게 느끼는 것과 같은 차원이다(Dylan, 2001: 6). 이런 것들은 학습된 것이 아니라 인류 보편적으로, 원래부터 지니고 있는 것이다. 철학자 그리피스(Paul Griffths)는 기본적 감성에 더해서 고인지 차원의 감성(higher cognitive emotion)이라는 것을 든다. 이는 생래적인 이성과 감성의 발현 작용과 동반하여 나타난다. 사랑(love), 죄의식(guilt), 부끄러움(shame), 당황(embarrassment), 자부심(pride), 시기심(envy), 질투(jealously) 등이 포함된다. 행복감, 한(恨), 평안함, 성실함, 자애로움, 게으름, 스트레스, 쾌활 등도 이 속에 포함될 것이다(Dylan, 2001: 27－30).

---

2) 『예기(禮記)』 악기편(樂記篇)에는 인심이 외부 사물에 감응해서 애심(哀心), 락심(樂心), 희심(喜心), 노심(怒心), 경심(敬心), 애심(愛心) 여섯 가지 정이 나타난다고 한다. 그러면서 이 여섯 가지는 타고난 본성이 아니라고 하였다. 『순자(荀子)』 정명편(正名篇)에는 7정 중 두려움(懼) 대신 즐거움(樂)을 들고 있다.

■ 유전, 신체 여건

타고나는 자아는 유전적 요인이나 신체 여건에 따라서 차이가 날 수 있다. 조상 대대로 이어져 오는 유전적 요인은 태어나는 인간의 염색체에 영향을 미치고, 그에 수반되어 일어날 수 있는 지적 사고 능력이나 판단력에 영향을 미칠 수 있다. 각종 질병을 통해 유전적 요인이 아이에게 영향을 미치고 있음을 볼 때, 지적 역량이나 신체 발달에 있어서도 유전적 요인이 작용할 수 있다. 가족사나 쌍생아에 대한 연구를 통해 유전적 요인의 중요성을 발견하고 있다. 하지만, 타고난 유전적 요인이 후천적인 환경 요인과 상호작용하면서 변화할 수 있다.

신체 여건의 차이도 자아 형성에 영향을 미칠 수 있다. 우선, 남자와 여자의 차이를 보면 신체 여건에 따라 자아 형성이 달라짐을 알 수 있다. 남자와 여자의 염색체가 다르고, 호르몬 작용이 다르기 때문에 자아 형성에 차이가 난다. 프로이트는 3~5세 아이가 생식기에 대해 인식하는 시점부터 남성과 여성의 성격 차이가 비롯된다는 견해를 밝혔다.

■ 몸은 기억하고, 공유한다!

- 가족의 역사는 어머니가 자녀를 임신하기 전에 이미 시작된다. 최초의 생물학적 형태, 즉 미수정란 상태에서 자녀는 어머니와 외할머니의 분자 환경을 공유한다. 태아인 어머니의 난소에 자녀의 전구 세포(precursor cell)가 들어 있다(53).
- 부모의 긍정적, 부정적 생각이나 믿음 또 감성은 아버지의 정자와 어머니의 난자 DNA에 영향을 미친다. 부모가 처한 환경에서 오는 신호가 세포막을 뚫고 들어가 세포의 행동과 생리를 통제하고 이것이 다시 유전자를 활성화하거나 침묵시킨다(54-55).
- 어머니가 만성적이고 반복적으로 느낀 분노나 두려움 같은 감정은 태아에게 각인되어 아이가 환경에 적응할 방식을 준비하거나 사전 프로그램화한다(56). 그래서 스트레스가 심한 자궁 내 환경을 경험한 아이는 그와 유사한 스트레스 상황을 만나면 과민한 반응을 보일 수 있다.
- 우리가 알고 있는 신체 특징을 결정짓는 DNA는 전체의 2%밖에 안되고, 나머지 98%의 비부호 DNA(noncoding DNA, '정크 DNA')는 자녀가 부모로부터 물려받는 다양한 감정, 행동, 성격 특성을 담당한다(58). (숫자는 쪽 수)

(출처: Wolynn, M. 2016. *It Didn't Start With You*. 정지인 옮김)

2. 성장 발달과 자아 형성

자아는 인간이 자라나면서 발달하고 성장해 간다. 경험과 인지 학습을 통해 지속적으로 발전한다.

■ 프로이트, 에릭슨의 발달 이론

프로이트는 아동 시기부터 형성되어지는 자아를 단계별로 설명하고 있다. 그는 성적 심리 만족에 초점을 맞춰 유아기(0세에서 5~6세), 잠재기(5~6세에서 12~13세), 성욕기(12~13세에서 사춘기), 성년기(사춘기 이후)로 나누어 자아 발달 단계를 구분하였다(김형태, 1984). 이 중에서도 자아 발달에 가장 중요한 유아기를 다시 구순기(口脣期, 0~2세), 항문기(肛門期, 2~3세), 성기기(性器期, 3~5세)로 나누었다. 그는 쾌락 추구 에너지인 리비도(Libido)가 특정한 부위에 고착되고, 이 고착 부위가 성장에 따라 변모해감을 설명하였다. 아이는 태어난 직후에는 자신의 신체 자체가 쾌락 추구의 대상이다. 처음에는 입으로 먹고 빠는 순간에 기쁨을 느끼고, 다음에는 항문으로 배설하면서, 또 성기를 만지고 느끼면서 기쁨을 얻는다. 아이는 부모에 의한 배변 훈련을 거치면서 서서히 id를 억제하는 법을 배우고, Ego와 S.Ego를 형성해 간다. 인간의 자아는 유아기에 기초가 확립된다. 성년기로 전환해 가면서 완전한 형태로 자아가 성숙해 간다.

에릭슨(E. Erikson)은 프로이트가 id에 초점을 맞춘데 비해 Ego에 중점을 두어 자아 발전에 대해 정리하였다. 인간이 다른 타자와 사회 관계를 형성해 가면서 사회적 요구에 대응하는 위기 해결 과정을 통해 자아가 발달해 간다고 보았다. 그는 자아 발달 과정을 8단계로 구분하여 설명하였다(Wikipedia, Erik Erikson). 각 단계별로 위기 해결을 통해 획득하게 되는 덕목(德目, virtues)이 있는데, 이는 두 가지 극단적으로 대립되는 정서 가치들을 동시에 자아 속으로 받아들여야만 가능해진다. (1) 희망(Hope): Basic trust vs. basic mistrust, (2) 의지(Will): Autonomy vs. Shame, (3) 목적(Purpose): Initiative vs. Guilt, (4) 능력(Competence): Industry vs. Inferiority, (5) 성실(Fidelity): Identity vs. Role Confusion, (6) 사랑(Love): Intimacy vs. Isolation, (7) 배려(Care): Generativity vs. Stagnation, (8) 지혜(Wisdom): Ego integrity vs. Despair

■ **콜버그의 도덕성 발달 단계론**

콜버그(L. Kohlgerg)는 인간의 도덕성이 3수준(level), 6단계(stages)를 거쳐 발달해 간다고 주장했다(Wikipedia, Lawrence Kohlberg's stages of moral development). 인간 성장 과정에서 기존의 도덕적 인습을 수용하고 재창조해 가면서 자아가 형성되어감을 주장하였다.

(제1수준) 전 인습적(Pre-Conventional): 다른 사람의 도덕 규범에 지배받음
- (1단계) 복종과 처벌 지향(Obedience and punishment orientation)
  "어떻게 처벌을 피할 것인가?"
- (2단계) 이익 지향(Self-interest orientation): "내게 무슨 이익이 되지?"

(제2수준) 인습적(Conventional): 기존 도덕 규범을 자아 속에 받아들임
- (3단계) 사람 사이의 조화와 동조(Interpersonal accord and conformity)
  '사회 규범', '착한 아이 태도'
- (4단계) 권위와 사회 질서 유지 지향(Authority and social-order maintaining orientation): '법률과 지시 순응의 도덕성'

(제3수준) 후 인습적(Post-Conventional): 도덕 규범을 수정, 재창조
- (5단계) 사회적 계약 지향(Social contract orientation)
- (6단계) 보편적 윤리 원칙(Universal ethical principles): 원칙화된 양심 (Principled conscience)

3. 교육, 학습을 통한 자아 형성

인간은 경험을 통해 인지하고 학습할 수 있는 능력을 가지고 있다. 자아는 다양한 경험과 함께 이루어지는 학습을 통해 성장 발달해 간다. 이런 자기 주도적인 경험, 학습과는 달리 기존에 구축되어 있는 여러 교육 방법에 의해 학습이 이루어지기도 한다. 교육이란 부모나 스승, 선각자에 의해 아이나 학생, 일반인이 가르침을 받는 것이다. 교육은 자기 체험이나 직접 경험을 통한 자아 형성을 넘어 이미 구축되어진 다른 많은 사람의 경험과 지혜를 배우는 것이다. 교육 공간을 중심으로 가족 교육, 학교 교육, 사회 교육으로 나눌 수 있다.

자아 형성 초기에 가장 중요한 것은 가족으로부터 배우는 것이다. 출생한 어린

아이는 부모로부터 양육을 받으며 성장하는데 앞서 살펴본 바와 같이 유아기에서부터 자아 형성이 시작된다. 부모와 상호작용하는 법을 익히고, 부모에 의해 주입되는 교육 내용을 받아들여 가면서 자아가 형성된다. 부모 교육이 그만큼 중요하다. 좀 더 성장하면서 형제 관계로 발전하고 소집단 관계가 형성된다. 가족은 작은 사회로서 다양한 상호작용 관계를 학습하게 된다.

일정한 나이가 되면 가족 교육만으로는 한계가 있어 공식적인 정규 교육 과정으로 진입하여야 한다. 아이는 가족이라는 소집단 차원에서는 배우기가 어려운 다양한 분야의 소양 교육, 전문 교육을 받게 된다. 정규 학교에서는 좀 더 큰 사회, 복잡한 사회 속에서 적응해 살아가는 방법에 관한 지혜를 교육한다. 학교에서는 삶에 필요한 지식뿐만 아니라 도덕적 인성 함양을 위한 교육도 실시한다. 정규 학교 이외에도 다양한 교육 기관에서 여러 종류의 교육을 시행하고 있다. 정규 교육 이외에도 필요에 따라 선택하여 공부할 수 있다.

일정한 시기가 되면 사람은 정규 학교를 떠나 일반 사회 속으로 진출한다. 직장, 기관, 단체에 근무하면서 현장에서 필요한 학습, 교육을 받게 되어 있다. 전문 교육, 사회 교육을 통해 성년으로 살아가는 데 필요한 자아를 기르고 인성을 함양하게 된다.

Ⅲ 인성과 자아

1. 자아의 인성 의식

인성 논의에 있어서 무엇보다도 중요한 출발점은 한 인간이 자기 자신을 어떻게 인식하는가 여부다. 사유 주체인 자아가 스스로를 어떻게 보고 있는가에 대한 것이다.

"나는 누구인가?"

"나는 좋은 사람인가?"

"나는 과연 도덕적 인간인가?"

이런 질문은 건전한 인성 논의의 시작점이 될 수 있다. 앞서 자아 자체에 대한 논의를 했었는데 여기서는 인성과 관련하여 자아의 실체를 살펴보도록 하자.

사람은 스스로 '나는 ~~한 사람'이라고 자기 개념(自己 槪念, self-concept)화 하는 경향이 있다. 자기 개념은 '자신에 대한 대체적인 생각'으로 '자신에 대한 일체감(a sense of identity) 또는 신념 체계(a set of belief)'를 말한다(Feldman, 2001: 114). 자기 개념은 자기 인지론(self-perception theory)에서 말하는 것처럼 인간이 다른 사람을 인지하는 것과 같은 방식으로 자신의 성향, 감성, 태도, 심리 상태를 이해하면서 만들어진다(Feldman, 2001: 120).

자기를 제대로 이해하기 위해서는 (1) 자기 신체나 정신에 대한 인식, (2) 사회적 위치와 역할에 대한 판단, (3) 다른 사람의 나에 대한 평가 인식, (4) 도덕적 신념, (5) 가능한 미래에 대한 생각 등을 종합적으로 고려해야만 한다. 좀 더 자세히 살펴보자.

첫째, 자기 신체나 정신에 대한 인식은 자기 신체의 특성을 잘 알고, 가치관이나 신념에 대해 이해하는 것이다. 남성이냐 여성이냐? 키가 크냐 작으냐? 신체 장애 부분이 있는가? 육체적 힘이 어떠한가? 이런 신체적 특징은 자기의 모습을 규정하는 데 필요하다. 여성이라면, '과연 군대를 지원하여 입대할 것인가?'에 대한 고민이 남성에 비해 클 것이다. 허리가 약해 디스크 증상이 있는 사람은 역도 선수가 되는 것을 포기하는 것이 좋다. 자신이 수학 능력이 탁월한지 아니면 어학 능력이 뛰어난지, 나는 무엇을 좋아하고 또 싫어하는지 여부에 따라 자기 개념이 달라질 것이다.

둘째, 사회적 위치와 역할에 대한 판단도 중요하다. 가정이나 학교, 집단, 기업체에서 자신이 어떤 위치에 있으며 어떤 역할을 해야만 하는가는 자기 개념 형성에 중요한 영향을 미친다. '아버지니까, 형님이니까, 장관이니까, 노동자니까, 운전기사니까, 나는 어떠해야 한다'는 의식이 형성된다. 자기 스스로 인지한 지위나 역할도 있지만, 어느 경우에는 다른 사람이 내게 원하는 위치와 역할도 있을 수 있다. 침몰하는 세월호의 선장은 스스로 생각하는 자신의 역할이 있을 수 있겠지만, 다른 한편으로는 세상의 여러 사람이 원하는 역할도 있을 수 있다. 이 두 가지가 서로 일치하는 수도 있겠고 서로 다를 수도 있다. 후자의 경우에는 고민과 갈등이 일어난다.

셋째, 다른 사람의 나에 대한 평가 인식도 자기 개념 형성에 작용한다. 자기 자신에 대한 스스로의 평가와는 달리 다른 사람의 나에 대한 평가는 더욱 신경써야만 할 경우가 많다. 인간은 사회적 동물이기 때문에 항상 다른 사람과 상호작용하면서, 수시로 평가를 당하면서 살아가게 되어 있다. 학교 성적 평가도 있고, 근무 성적 평가도 있으며, 인간성에 대한 주관적 평가도 있다. 평가를 당한 입장에서 무시해 버릴 부분도 있겠지만 적지 않은 경우는 자기 스스로 인지하여 개념 형성에 반영해야만 한다.

넷째, 도덕적 신념도 자기 개념 형성에 작용한다. 도덕적 신념은 태도나 행동과 밀접하게 관련되어 있다. 정의로운 태도, 선한 마음, 올바른 행동 기준은 자기 인성 형성에 중요하다. 인성이 인간의 바람직한 성품임을 고려할 때 도덕적 신념은 매우 중요하다. 도덕적 신념은 부모 교육, 학교 교육, 사회 교육 등을 통해 형성되거나 스스로 경험을 하면서 체득하여 만들어지기도 한다.

다섯째, 자기 개념 속에는 '현재 나는 누구인가?'에 대한 자기 도식(自己 圖式, self-schema)뿐만 아니라 자신의 가능한 미래에 대한 생각도 포함된다(Myers, 2015: 46-47). 스스로 희망하고 꿈꾸는 것, 목표는 물론 '실패할까 두려워하는 미래 자신의 모습'도 역시 포함된다. 공무원 시험에 합격하여 자랑스럽게 근무하는 것도 포함되지만, '은퇴 후에 어떻게 될 것인가'에 대한 고민도 자기 개념 형성에 포함된다.

자아의 자기 자신에 대한 인식, 자아의 실체에 대한 판단은 인성 논의의 기초가 된다. 인성이 다른 사람에 의해 규정되고 판단되는 것에 우선하여 자기 스스로 형성하고, 판단하며, 실천하는 것이 중요하기 때문이다.

■ 자존심, 자신감

자존심(自尊心, self-esteem)은 자기 스스로를 존중하고 높이는 마음이다. 자존심은 감성적으로 자신을 긍정하는 마음이다. '자기' 개념이 다소 중립적인 용어라면 자존심은 자기 호의적이고, 긍정적 평가를 동반하는 개념이다. 자신감(自信感)은 자기 효능감(自己 效能感, self-efficacy)으로도 표현되는데, 자기 능력에 대한 긍정적 신뢰감이다. 이는 인간이 어떤 상황에서 원하는 목표를 잘 달성할 수 있을 것으로 기대하는 정도를 말한다(Feldman, 2001: 125). 자기 효능감은 오랜 경험과 학습을 통해 만들어진다.

자존심이 높은(강한) 사람은, 자기 자신을 긍정함으로써 적극적 의지를 불러일으키고 열정을 불사를 수 있게 되며, 어려움을 극복하여 성과를 창출해 내는 능력을 발휘한다. 자존심이 강한 사람은 주인 의식을 가지고 있고, 리더십을 발휘하고자 하며, 쉽게 포기하지 않고, 원하는 목표를 꼭 달성하고야 만다. 자존심이 강한 사람은 자기 자신을 긍정하기 때문에 실패에 대해 부끄러움을 느끼며, 스스로 책임감이 강하다. 상대적으로 자존심이 약한(낮은) 사람은, 주인 의식이 없고, '부끄러운 짓'을 수시로 저지르며, 책임감도 약하다. 실패에 대한 두려움이 커서 적극적으로 일을 추진해 가지 못한다.

자존심이 강한 것이 '건전한 인성의 인간'으로서는 바람직한 모습이다. 하지만, 지나치게 강한 자존심이나 무분별한 자존심은 오히려 문제가 있다. 메이어와 드웰(Myers & DeWall, 2016: 368-369)은 첫째, 자존심이 강한 사람의 과도한 낙관성(樂觀性)이 자칫 낭패를 낳을 수도 있다고 걱정한다. 둘째, 정신적 자존심은 높지만 자신의 실체를 정확히 파악치 못한다면 문제가 심각해진다. 셋째, 자기 위주의 편향(selfserving bias)이 작용하여 모든 것을 자기에게 유리하게 해석하려는 성향을 보일 수가 있다. 다른 사람의 관점까지 고려하는 치밀함을 잃을 수가 있다.

▪ 도덕심, 양심

도덕심(道德心)은 자기 스스로 도덕적인 사람이라고 생각하는 마음이다. 앞서 논의한 바와 같이 도덕적인 사람은 품위 있는 인성을 가지고 있는 사람이다. 인간적으로, 사회적으로 '옳다', '바르다'는 것을 추구하고 스스로 그렇게 되려고 노력하는 마음이 도덕심이다. 도덕심과 비슷한 말이 양심(良心)이다. 양(良)은 좋음, 곧음, 어짐, 아름다움을 뜻하는 말로써 양심이 바로 도덕심이다.

도덕심을 가진 사람은 나쁜 일을 하지 않으려 노력하고, 설령 잘못을 한 경우라면 바로 뉘우치고 바로잡으려고 노력한다. '허물이 있으면 고치는 것을 두려워하지 않는(=過則勿憚改)' 사람이다. 인간은 살아가는 과정에서 몰라서 잘못을 하기도 하고, 불가피하다고 생각해서 잘못을 하기도 한다. 도덕심을 지니고 있는 사람이라면 자기의 잘못을 곧바로 반성하고, 다시는 잘못을 저지르지 않으려 노력해야 한다.

2. 욕구 단계와 인성

인성의 발달 수준을 자아의 욕구 단계에 맞춰 고려해 볼 수 있다. 자아는 외부의 타자, 환경과 상호작용하면서 인간의 삶을 영위(營爲)해 가는데, 상황에 맞춰 욕구(欲求, needs)를 추구한다. 매슬로우(Maslow, 1954)는 인간의 욕구를 6개의 계층으로 분류한 뒤, 낮은 차원으로부터 높은 차원으로 욕구 충족이 단계적으로 전환해 간다고 주장하였다.

그림 2-6 매슬로우의 욕구 단계

고차원	자기 승화 욕구	성장 욕구
↑	자아 실현 욕구	
	자존 욕구	결핍 욕구
	애정, 소속 욕구	
↓	안전 욕구	
기본적	생리 욕구	

매슬로우(A. H. Maslow)가 제시하는 욕구는 생리 욕구(生理欲求, physiological needs), 안전 욕구(安全欲求, safety needs), 애정 및 소속 욕구(愛情, 所屬欲求, love and belonging needs), 자존 욕구(自尊欲求, self-esteem needs), 자아 실현 욕구(自我實現欲求, self-actualization needs), 자기 승화 욕구(自己昇華欲求, self-transcendence needs) 등이다.[3] 순서상 앞쪽에 위치한 것이 기본적인 욕구에 해당하고, 나중에 제시된 것일수록 고차원의 욕구이다. 또 앞의 4가지 욕구는 원하는 욕구가 제대로 충족되지 않을 경우에 심한 긴장과 갈등을 유발하는 것이기 때문에 결핍 욕구(缺乏欲求, deficiency needs, D-needs)라 하고, 나머지 2개 욕구는 능동적으로 설정한 고차원의 욕구를 스스로 추구해 간다는 의미에서 성장 욕구(成長欲求, development needs)라고 부른다.

보통의 사람은 앞쪽의 4가지 욕구 충족으로 동기화된다. 이를 결핍 동기화(deficiency motivation, D-motivation)라고 부른다. 기본적인 생리적, 심리적 욕구 충족이 되지 않으면 사람은 걱정과 고민을 하고, 평상심을 잃는다. 그래서 이 욕구 충족에 노력하고, 욕구 충족 이후의 평온 상태를 회복하려고 한다. 대부분의 보통 사람은 이 기본적 욕구 충족에 만족하면서 살아간다.

하지만, 사회적으로 크게 기여하고 성공을 하는 사람 중에는 기본적 욕구 충족에 만족하지 않고 자아가 목표로 하는 대상이나 인류애적인 목적을 위해 더욱더 정진

3) 매슬로우는 처음에 제시했던 5가지 욕구에 추가해서, 자기 승화 욕구를 제시하였다(위키백과에서 인용). A. H. Maslow(1969). "The farther reaches of human nature", in: *Journal of Transpersonal Psychology*, 1(1): 1-9; A. Maslow(1971). The farther reaches of human nature(New York: The Viking Press); Mark E. Koltko-Rivera(2006). "Rediscovering the Later Version of Maslow's Hierarchy of Needs: Self-Transcendence and Opportunities for Theory, Research, and Unification", in: *Review of General Psychology*, 10(4): 302-317(PDF).

한다. 이런 욕구를 메타 욕구(meta-needs)라 하고, 이를 추구하는 노력을 메타 동기화(meta-motivation)라고 부른다(위키백과, meta-motivation). 자아 실현 욕구나 자기 승화 욕구가 바로 메타 욕구에 해당한다. 결핍 욕구에 대비해서 being needs(=B-needs)라고 부른다.

매슬로우의 욕구 단계 이론은 엄밀한 과학적 통계를 토대로 한 것이 아니라 사례 연구와 함께 다소 주관적인 면이 있다. 또 인간 욕구는 반드시 이런 단계를 거쳐 동기화되고 충족되는 것만은 아니다. 여러 욕구가 동시적으로 작용하는 경우가 적지 않고, 상황 여건에 따라 욕구의 강도가 달라질 수 있으며, 순서도 뒤집혀질 수 있다. 매슬로우의 주장에서 중요한 것은 그가 실패한 사례보다는 성공한 사례 분석을 통해 이론화한 자아 실현 욕구, 자기 승화 욕구에 대한 부분이다. 이 부분은 이 책의 주제인 바람직한 인성과 맥을 함께하고 있기 때문이다.

욕구 단계를 고려하면서 인성 형성에 대해 살펴보기로 한다.

(1) 생리 욕구와 인성

인간의 가장 기본적인 욕구는 생리적인 것이다. 먹고, 자고, 움직이고, 이성을 찾는 등 신체와 관련된 것들이다. 이런 것은 인간이 육체적 생존을 위해 필요한 것이다. 먹는 것을 예로 들면, 음식을 먹고, 소화시키며, 배설하고, 영양분을 섭취하는 모든 일이 이 욕구와 관련된다. 생리적 욕구 충족은 육체의 생존과 성장을 위해 꼭 필요하다. 인간은 기본적으로 이런 생리적 욕구 충족에 매달리게 되어 있다. 어느 한 가지가 부족하거나 탈이 나면 불안해하고, 무엇보다도 우선적으로 이를 충당하기 위한 욕구가 발동한다.

생리적 욕구의 정상적 충족은 인성의 가장 기본 요건이 된다. 생리적 욕구 충족에 문제가 생기면 우리의 자아는 일단 이 욕구 충족에 매달리게 되어 있다. 그래서 인성도 생리적 욕구 충족 수준에 머무르게 된다. 허리를 다쳐 꼼짝을 못하는 사람은 다른 고차원의 인성 함양에 나설 수 없다. 오로지 다친 허리 치료에 매진하려 할 뿐이다.

생리적 욕구 충족 수준의 인성 함양에서 중요한 것은 첫째, 육체적, 생리적으로 고장나거나 부족한 부분이 없도록 하는 일이다. 인간의 기본 생존 요건에 맞게 정상적인 상태를 유지하는 것이 필요하다. 둘째, 욕구 충족에 지나침이 없게 절제하는 인성이 필요하다. 맛있는 음식도 지나치게 많이 먹으면 탈이 날 수 있고 몸에 좋지 않다. 그래서 음식량을 적절히 통제하여 정상 수준을 유지하도록 해야 한다. 셋째, 생리적 욕구 충족이 불가능할 경우라도 지나치게 불안해하거나 사납게 남과 다투어서는 안된다. 상황에 맞춰 참을 줄 알아야 하고, 욕구 충족 수준을 낮추는 등 조화롭게 처신해야 한다.

(2) 안전 욕구와 인성

생리적 욕구 수준에서 한 단계 더 나아가서 신체 안전, 의식주의 안정적 공급, 건강, 가족의 안전, 직업 안정 등에 관한 욕구다. 범죄로부터 안전을 위한 경찰, 국가 안보를 위한 군대, 소득 안정을 위한 직업, 건강보험 등은 안전 욕구와 관련이 있다. 안전이 위협받게 되면 기본적인 생리적 욕구 충족을 어렵게 하는 것은 물론, 인간의 목숨까지도 위협할 가능성이 있다. 안전 확보는 언제 어디서나 중요한 부분이다.

안전 욕구와 관련해서 첫째, 항상 '안전 제일!'의 인성 함양이 필요하다. 신체적, 재정적, 사회적 안전이 생활화되어야 한다. 어려서부터 신체 관리를 신중히 하여 다치지 않게 하고, 사회 생활이나 직장 근무 중에도 안전이 몸에 배어 있어야 한다. 둘째, 안전의 방법에 대한 지혜가 있어야 한다. '어떻게 해야 안전한가?'에 대해 학습하고 적합한 지식을 축적해야 한다. 예를 들면, 분진이나 미세 먼지가 건강에 얼마나 치명적이고, 이를 막기 위해 어떤 마스크를 써야 하며, 공기 청정을 위해 어떤 방법이 있는가에 대해 배워 알아야 한다. 셋째, 개인적 안전을 위해 필요한 국가, 기업, 사회, 집단의 정책이나 지시에 적절히 순응해야 한다. 정부의 안전 벨트 착용, 음주운전 금지, 흡연 금지, 국방을 위한 입대, 경찰의 범죄 예방 조치 등에 대해서는 잘 순응하고 따라야 한다. 건강을 위한 건강보험 가입, 퇴직 후 소득 안정을 위한 국민연금 가입, 절약과 저축도 안전을 위해 필요하다.

(3) 애정 및 소속 욕구와 인성

인간이 육체적, 생리적으로 욕구 충족이 원활히 이루어지게 되면 다음 단계로 등장하는 것이 사회적 욕구다. 사회적 욕구는 개인 차원이 아니라 외부의 다른 사회 구성원과 함께 살아가는 데 필요한 것으로 심리적인 욕구다. 가족이나 직장, 사회 속에서 관계하는 사람과 사이좋게 지내는 것이다. 우리 전통의 삼강오륜(三綱五倫)과 관련이 있다. 친소 관계(親疏關係)에 맞게 아끼고 사랑하며, 사랑을 받고 싶은 욕구가 이것이다.

애정 및 소속 욕구와 관련하여 첫째, 외톨이보다는 사회 구성원으로 참여하려는 자세가 필요하다. 처음에는 가족 구성원으로 출발하여 학교, 집단, 직장, 사회 구성원으로 참여 확대가 자연스럽게 이루어져야 한다. 둘째, 다른 구성원을 배려하고 사랑하는 마음이 중요하다. 지나치게 이기적이거나 무시하는 자세는 좋지 않다. 셋째. 다른 사람과 상호작용하는 올바른 방법을 배우고 실천해 가야 한다. 대화하는 방법이나 공동체 생활하는 방법, 올바른 친구 관계나 조직 내 상하 관계를 알아야 한다. 넷째, 조직의 규칙이나 문화를 잘 이해하고 따라야만 한다.

(4) 자존 욕구와 인성

자존 욕구는 높은 지위나 성과, 성공, 신뢰감, 존경 등을 받고 싶은 욕구다. '나는 대단한 사람이다, 그래서 존경받아야만 한다'는 마음과 함께한다. 좋은 성적을 받아 일등을 하고 싶고, 승진에 앞장서고 싶으며, 남들로부터 '좋은 사람'이라는 칭찬을 받고 싶어하는 욕구다. 자존 욕구 속에는 '자기 스스로를 존경하는 부분'도 있지만, 다음 단계의 자아 실현 욕구와 달리 '남으로부터 존경을 받고 싶은' 부분이 강조된다.

자존 욕구의 전제 조건은 당사자의 자아가 얼마나 긍정적인가 여부다. 자기 이성을 존중하고 자기의 행동 결과에 대해 긍정적으로 생각하는 자아가 중요하다. 자아를 부정하거나, 열등감(劣等感, inferiority complex)에 사로잡혀 있는 사람, 우울증(mental depression)을 앓고 있는 사람에게는 자존 욕구를 기대하기 어렵다. 자존 욕구는 좋은 성과를 내기 위해 노력하고, 다른 사람으로부터 존경을 받기 위해 무단히 애를 쓰는 건전한 자아와 관련되어 있다.

자존 욕구와 관련된 인성 함양에서 중요한 것은 첫째, 자기 자신에 대한 긍정이다. 자존의 기본은 자기 존중, 자기 긍정이다. 자기 부정을 일삼는 사람에게는 자존감을 기대하기 어렵다. 둘째, 경쟁이나 좋은 결과 창출은 정당한 방법으로 이루어져야 한다. 좋은 성적을 받기 위해 부정 행위를 한다거나 부자가 되기 위해 탈세를 하는 일, 폭력을 사용한 승리는 있어서는 안된다. 셋째, 자존 욕구의 대상은 사회적으로 건전하고 바람직한 것이어야 한다.

(5) 자아 실현 욕구와 인성

매슬로우가 가장 중요시했던 것이 바로 자아 실현 욕구다. 자아 실현은 한 인간이 자신의 내면에 가지고 있는 역량을 최대한 발휘하는 것을 말한다. 자신의 잠재력(potential) 또는 진정한 자아(true self)를 완벽하게 구현하는 것(the full realization)이 자아 실현이다. '인간이 할 수 있는 것이라면, 내가 반드시 해낼 것(What a man can do, he must do)'이라는 신념 속에 자발적으로, 창의적으로, 열정적으로 욕구 충족에 나선다. 자아 실현은 자기 발견, 자기 성찰, 자기 탐구와 동의어로 사용된다.[4)]

앞서 논의한 하위 단계의 욕구들과 비교해서 설명해 보면 이해가 쉽다. 기본적 욕구 수준에서 집이 필요하다고 할 때, 자아 실현자의 입장에서는 최고로 아름답고 편안한 집을 지어 살고 싶어한다. 보통 사람이 그저 그만한 집을 원한다고 할 때 자아 실현자는 이런 최고 수준의 집을 추구한다. 자기 신체에 대해서도 스스로 최고라고 생각하는 수준으로 멋진 몸매와 건강을 추구한다(이와 반대로 신체 장애가 있는 사람이 자신의 육체적 역량을 최고로 발휘하며 멋진 삶을 영위하는 수도 있다). 애정 욕구면에서도 가족 사랑을 헌신적으로 구현해 가는 어머니나 아버지에게서 자아 실현 욕구를 볼 수 있고, 어떤 단체를 진정으로 사랑하며 혼신을 다해 운영해 가는 사람에게서도 자아 실현 현상을 볼 수 있다. 예술인이 내면의 미적 감각을 창조적 작품으로 만들어내는 작업도 자아 실현의 일종이다.

자아 실현 욕구와 관련하여 인성 함양을 살펴 보면, 첫째, 자존 욕구에서처럼 자기 자신에 대한 긍정, 자기 역량에 대한 신뢰가 중요하다. 자아를 의심하거나 자기 역량을 믿지 못해서는 자아 실현이 어렵다. 둘째, 자유 의지와 판단, 이를 토대로 한 자유로운 목표 설정, 창의적인 실천 전략 구현이 동시에 필요하다. 기존의 틀에 얽매여 있거나 자유 의지력이 약한 사람에게서는 자아 실현을 기대하기가 쉽지 않다. 셋째, 열정과 에너지가 수반되어야 한다. 자아 실현은 인간의 내적・외적 에너지가 충만할 때 일어날 수 있다. 넷째, 건강하지 않거나 안전이 위협받을 때, 또 기본적 욕구 충족이 안되어 있는 사람은 자아 실현에 나서기가 어렵다.

(6) 자기 승화 욕구와 인성

매슬로우가 나중에 추가한 최상위의 욕구로 자기 승화 욕구가 있다. 이는 개인 차원의, 자아 실현 수준을 넘어 자기 스스로를 '인류의 최고 지성인'으로 격상시키고자 하는 욕구다. 자기 승화는 심리적인 극적 경험(peak experience), 종교적 환희, 극적인 성취로 인해 행복감을 느낄 때 나타난다. 살신성인(殺身成仁)의 의인(義人), 애타주의(愛他主義)로 평생을 살며 봉사한 성인(聖人), 평생 득도의 경지를 개척해 간 종교인 중에 이런 사람이 있다. 세계적인 축구 스타나 연예인, 헛된 공상에 빠져 하

4) Self-actualization can be seen as similar to words and concepts such as self-discovery, self-reflection, self-realisation and self-exploration(Wikipedia, Self-actualization).

느님처럼 행동하는 종교인은 결코 자기 승화자가 될 수 없다.

3. 수신: 성인, 군자

수신(修身)은 자기 스스로 인성을 닦는 것이다. 인간이 출생하는 순간부터 타고난 인성을 토대로 정신적, 육체적으로 올바른 인성을 계발해 가는 것이 수신이다. 어려서는 부모로부터 배워서 인성을 기르고, 조금 자라서는 학교로 진출하여 좋은 스승을 통해 인성을 기르게 된다. 가족 생활과 사회 생활을 하면서 스스로 체험하고 배워서 인성을 길러간다.

수신을 통해 인성을 잘 닦고 기르면 성인(聖人), 군자(君子), 선인(善人)의 반열에 들어설 수 있다. 인성을 잘 길러 진정으로 착한 사람이 된 경우를 선인이라고 부른다. 여기서 더욱 발전하여 인성 수준이 높아지고, 다른 사람까지 잘 교화시킬 수 있는 역량을 갖추게 되면 군자의 반열에 들어설 수 있다. 성인은 온 세계를 교화할 수 있는 최고 높은 수준에 도달한 극소수의 사람을 지칭한다.

현대 사회에서 인성이 풍부한 좋은 스승님 중에는 군자가 많다. 후덕(厚德)한 가문의 존장자(尊長者), 즉 어른 중에도 군자가 적지 않다. 사심 없는 종교 지도자, 남을 향해 진심으로 봉사하는 시민 단체나 봉사 단체 지도자, 자기 전공 분야에서 차분히 연구에 종사하는 학자 중에 군자가 적지 않다. 하지만, 높은 지위나 지도자가 되었더라도 자신의 업적을 과시하며 행세하고, 정치 지도자가 되려고 애쓰는 사람은 진정한 군자로 부르기가 어렵다. 수신을 통해 쌓은 인성을 결국 자기 과시나 성취를 목적으로 하고 있기 때문이다.

■ 격물치지(格物致知): 무엇이 옳은 것인지 알아야 한다!

수신의 첫 단계는 세상 이치를 정확히 이해하는 것으로부터 출발해야 한다. 무엇이 맞는 것이고, 무엇이 옳은 일인지 정확히 아는 것이 인성 형성의 첫걸음이다. 하지만, 복잡한 세상사(世上事)를 정확히 이해한다는 것이 쉽지 않고, 더욱이 무엇이 옳은가에 대한 판단은 어렵기만 하다.

격물치지(格物致知)란 사물의 이치를 깨달아 알아내는 것을 말한다. 사물에 접근하여 합리적이고 과학적인 방법으로, 완벽하게 정확한 진리를 알아내는 것이다.[5] 격물은 다음 단계의 치지에 이르고자 하는 것이다. 어설프게 접근하고 마는 것이 아니라 확실한 지점까지 추구해 가야 한다. 격물은 곧 사사물물(事事物物)의 가장 근원까지 들어가 이치를 탐구하는 행위다. 격물은 경험적인 탐구 행위이다. 즉물궁리(卽物窮理)로서 사물에 나아가 그것의 이치를 끝까지 알려는 행위이다. 경험적인 탐구 행위는 기본적으로 우리의 오감(五感)을 사용한다. 이 과정에서 개념이나 언어, 도구들이 사용된다. 책상의 높이를 알기 위해 자를 이용하거나 뼘으로 재보는 작업이 경험적인 격물 행위이다. 무게를 달아보고, 직접 눈으로 확인하는 작업이다(이대희, 1999).

격물(格物)은 사물 자체에 내재해 있는 진리를 객관적으로 탐색하려고 한다. 객관적이라는 말은 지식 추구자의 주관이 배제된다는 뜻이다. 도구를 사용하는 것도 객관화하기 위한 노력의 일환이다. 어떤 사물의 이치를 알고자 하는 데 주관이 개입한다는 말은 지식 추구자의 욕심이나 편견, 선입견이 들어가거나 그의 역량에 따라 지식의 내용이 달라질 수 있음을 뜻한다. 격물에서는 이러한 위험성을 최대한 없게 하고자 한다.

치지(致知)는 지금까지 자기가 알고 있는 지식을 토대로, 다시 더 알고 싶은 대상의 이치를 완벽히 알아내고자 하는 행위이다. 연구자의 마음을 최대로 활용하여 지(知)가 다하지 않은 곳이 없도록 힘써 구하는 것이다. 치지를 위해서는 격물이 필수적이다. 격물과 치지는 결국 같은 용어로 보아도 된다. 격물이 곧 치지를 하기 위함이요, 치지를 위해서는 반드시 격물해야 하기 때문이다. 격물치지는 한마디로 말해서 '사물의 이치를 끝까지 완벽히 알아내는 것'이다.

여기서 앎에는 두 가지 종류가 있다(양승무 1987: 58－59). 즉, 문견지지(聞見之知)와 덕성지지(德性之知)다. 문견지지는 경험에 의한 지식으로 경험을 많이 쌓고 많이 얻어들으면 알 수 있는(즉, 博物多能에 의한) 것이다. 이는 아직 완전한 앎(知)에는 이르지 못한 것으로 보아야 한다. 그에 비해 덕성지지는 덕성에 의해 내적으로 아는 것으로 인격을 이루는 본질과 관련되어 있다. 현대 용어로 설명하면 견문지지는 오감에 의한 일차적 경험이라고 볼 수 있다. 이 지식은 아직 완전하지 않을 수 있

5) 朱子의 견해에 따르면 格은 '이르다(至)'로 새긴다. 物은 '물건 물'로 새기지만 사람 사회의 일(事)과 자연의 물건(物)을 동시에 이야기한다. 그래서 格物은 모든 사물의 근본 이치를 끝까지 탐구해 들어가는 것을 말한다. 물에 이르러(卽物) 그 이치를 탐구하는 것(窮理, 窮究)이다. 致에는 이르름(至), 끝까지 미루어 감(推極), 미루어 궁구함(推究), 학을 구함(求學)의 뜻이 들어 있다. 또 知는 알다(knowing, 識)는 뜻이다. 결과물로서의 지식이 아니라 과정으로서의 행위다. 합쳐서 이해하자면 치지는 '앎에 이르른다', '알아낸다', '끝까지 알아낸다'는 뜻이다.

다. 왜냐하면, 사람들의 접근 방법에 따라 앎의 결과가 다 다를 수 있기 때문이다. 참 진리의 발견은 여기서 한 단계 더 나아가야 한다. 연구자는 문견지지를 놓고 다시금 곰곰이 연구하여 참된 진리를 발견해 가야 한다. 사람 중에는 단 한번에 직접 진리를 꿰뚫어 아는 사람도 있지만, 많은 경우는 수많은 사고 과정을 통해 진리에 접근해 간다. 같은 사람의 경우에도 때마다 사정은 달라진다. 덕성지지도 견문지지와 마찬가지로 견문과 경험을 토대로 한다. 견문지지와 다른 것은 사물의 객관적인 질과 양 등에 머물러 있는 것이 아니라 여기서 한 차원 더 나아가서 견문과 경험을 초월한 진리를 터득하여 얻어진다.

양명학에서는 마음을 모든 진리를 함축하고 있는 양지(良知)로 본다[치양지설(致良知說)]. 도덕적인 당연지리(當然之理)가 모든 사람의 마음 속에 함축되어 있다. 이 양지를 잘 구현하면 사람의 마음 씀씀이가 악에 빠지지 않고 바른 사회를 만들어 갈 수 있다.[6] 모든 진리, 도덕의 기초가 각자의 마음 속에 자리 잡고 있으니 이것이 사사로운 욕심에 의해 가려지지 않게 하면 도심이 밖으로 구현될 수 있다. 리(理)는 사람 마음 속에 있을 뿐 밖으로 격물하여 얻어지는 것이 아니다.

모든 사람이 각자 가지고 있는 마음 속의 리를 잘 보듬어서 행동하면 스스로 성인이 될 수 있다. 선천적으로 타고난 양지를 근거로 행동하고, 이를 토대로 행동의 결과를 평가하여야 한다. 성인 군자와 범인의 차이는 양지의 구현 정도에 따라 나타난다. 양명학에서는 마음의 리가 행동으로 나타나면 바른 도덕 사회가 될 수 있다는 논리로 지행 합일설(知行合一說)을 주장한다. 치양지설은 이기론쟁을 심일원론(心一元論), 유심론(唯心論)으로 변화시켰다. 이 부분을 두고 유학자로부터 양명학은 불교의 유심 사상에 빠졌다는 비판을 감내해야 했다.

양명학의 치양지설은 당시의 양반 체계의 이론적 기반을 이루고 있던 이기 논쟁에 새로운 충격파를 주었다. 격물을 할 수 있는 능력에 따라 치지의 정도가 달라지고, 그 결과에 따라 먼저 리를 체득한 사람이 그렇지 못한 사람을 계도해야 한다는 생각이 기존 성리학자의 논리였다. 그런데 양명학에서는 누구나 마음 속에 양지를 지니고 있기 때문에 꾸준히 자신의 내면으로 천착해 들어가면 양지를 얻을 수 있다는 논리를 전개하였다. 이런 사고 방식은 당시의 엄격한 양반 체제와는 다른 인도주

---

6) "都只在此心하니 心卽理也라. 此心無私欲之蔽면 卽是天理라. 不須外面添一分이라(傳習錄, 상. 3). 모두가 다만 이 마음에 있으니 마음이 곧 리다. 이 마음에 사사로운 욕심으로 인한 가리움이 없으면 곧 이것이 천리다. 모름지기 밖으로부터 일푼이라도 보탤 것이 없다.

의적 평등주의 사상을 지니고 있었다.

■ 거경궁리(居敬窮理): 공부하는 방법, 인성을 쌓는 방법

학문을 하려면 우선 산만한 생각을 버리고 일념으로 한 곳에 집중을 해야 한다. 생각을 하나로 집중하여 (내가 알고자 하는 학문의 목적에 생각을 두고) 흔들림이 없을 때 마음이 고요하고 평안해진다. 그리고 모르는 것을 끝까지 붙들고 늘어져 깨우쳐야만 진리를 터득할 수 있다. 공부하는 도중에 생각이 허공을 떠돌고, 이것저것 산만하면 그만큼 성과가 없다. 고요하고 편안해진다는 말속에는 쓸데없는 상념이 없어야 하는 것과 아울러 잘못된 편견이나 선입견도 없어야 한다는 내용이 동시에 들어 있다. 그렇다고 그냥 편안하기만 해서는 안되고, 알고자 하는 대상에 집착하여 완벽히 이해할 수 있을 때까지 궁구(窮究)해야 한다. 이렇게 정진할 때 진리, 도(道)를 깨우칠 수 있다.

공부할 때 하고자 하는 공부 내용에 온 정신을 다 쏟아 집중하는 것을 거경(居敬)이라고 한다. 경은 '삼가할 경', '온 마음을 다 쏟을 경'으로 경계하여 조심하고 근신(勤愼)하면서 집중하는 것이다. 마음을 하나로 모아 추구하는 대상에 집중하여 흔들리지 않는 것(=主一之謂 敬, 無適之謂 敬)을 말한다. 밖으로 달려나가려는 마음을 몸 안에 수렴하여, 마음을 바로잡아 중(中)하고 정(正)하게 해야 한다. 그래야만 진리를 꿰뚫어 볼 수 있고, 관조할 수 있으며, 자신 속에 내재해있는 성(性)・리(理)와 마음을 일치시킬 수 있다.

정자는 마음의 사특해짐을 막아(閑邪), 성스러운 상태를 유지하는 것(誠自存)에서부터 공부가 시작된다고 한다.7) 그리하여 용모를 가다듬고 사려를 바르게 하여야만(動容貌 正思慮) 경이 생기고 마음이 전일해질 수 있다. 마음을 곧게 하기 위해 잡스런 생각을 삼가고(閑邪), 진실된 마음을 갖춰야 하며(存誠), 정신을 집중하여 흔들리지 말아야(居敬) 한다. 일단 생기기 시작한 경을 끊임없이 받아들여 길러가야(=涵養) 한다. 그리하여 최종 목적지인 치지에 이를 수 있고, 도덕을 갖추게 된다.

궁리(窮理)는 거경을 통해 공부하는 목적인 관심 대상 사물의 이치를 알고자 하는 것이다. 이것이 인지(認知, knowing) 작용인데 반드시 물에 격해서, 뜻을 모아(集義), 끝까지 궁리해야 한다. 격물 궁리(格物 窮理)하여야만 지(知)에 이를 수 있다. 궁리는 허령 지각한 마음을 이용하여 사물의 옳고 그름(是非)를 확실히 가려내는 일

7) 誠: 진실로 성, 참되게 할 성, 참 성. 공평 무사하고 순일한 상태를 가리킴.

이다. 지(知)의 능력은 내 안에 스스로 가지고 있는 것인데, 사람에 따라서는 이것을 잘 구현하는 사람이 있는 반면에 그렇지 못한 사람도 있다. 이것이 지혜롭거나 둔함(賢愚)의 차이다. 지의 능력을 잘 활용하여 사물의 이치를 잘 알 수 있을 때 군자, 성인의 위치로 접근해 간다.

인지 작용은 사물에 접하는 것에서부터 시작된다. 마음 바깥 사물의 세계는 수시로 변화하여 인지자에게 항상 진실만을 보여주고 있지 않다. 그래서 인지자가 어느 것이 참된 이치인지를 알기 위해서는 뼈를 깎는(刻苦) 노력이 필요하다. 격물을 통해 일차적인 문견지지가 이루어지고 나면 다음 단계의 덕성지지를 얻고자 하는 노력이 필요하다. 우리가 오감을 가지고 사물에 접하여 얻는 지식은 매우 한계가 있다. 각 사람이 때에 따라, 장소에 따라 얻는 지식은 진실이라기보다는 많은 경우 잘못된 편견이다. 그 속에서 참된 진리를 얻기 위해서는 다시금 냉정한 마음의 인지 작용이 필요하다. 끝까지 추극(推極)하고, 궁리하며, 되새겨 보는(反躬) 노력이 필요하다. 반궁은 문견지지의 내용이 참된 것인가를 끊임없이 스스로 묻고 답하며 참 이치의 세계로 들어가는 행위다. 자신의 편견, 잘못된 지식, 잘못된 판단에 의해 천리가 가려져 있지는 않는가를 살피는 행위다. 자기가 지금 옳다고 생각하는 것이 틀린 것일 수도 있다는 반성을 해가면서 시비를 끝까지 가려내려는 노력이다. 그리하여 활연관통(豁然貫通)의 경지에 다다라 진리를 얻게 된다. 이것이 덕성지지를 얻는 노력이다. 덕성지지는 한 차원 높은 인지 작용이지만 항상 격물(格物), 즉물(即物), 지어물(至於物)의 상태를 토대로 하고 있다. 현실 초월의 진리를 얻는 작업도 격물로부터 출발한다. 하지만, 양명학에서처럼 마음 작용을 통해 마음 속에 애초부터 가지고 있던 성리(性理)를 깨우치는 수도 있다.

■ 수기(修己)와 치인(治人): 인성 함양과 실천

수기는 자기의 인성을 충실히 하는 것이고, 치인은 앞서 수기가 이루어진 사람이 다른 사람을 계도(啓導)하는 것이다. 하지만, 인성 형성이 어느 한 순간에 끝마무리될 수 있는 것이 아니기 때문에 어느 정도 수준에 도달한 순간부터는 남을 계도하는 일을 해야만 한다.

한국 전통 유학에서는 인간이 진리를 터득하고, 이를 토대로 마음과 몸을 닦아, 훌륭한 인성을 갖춘 지도자가 되는 길을 다음과 같이 설명하고 있다. 이는 인성 형성과 실천을 하나의 연결선상에서 생각하는 것이다.

"物格 – 知至 – 意誠 – 心正 – 身修 – 家齊 – 國治 – 天下平"
(물격 – 지지 – 의성 – 심정 – 신수 – 가제 – 국치 – 천하평)

사물의 이치를 반듯하게 안 연후에 앎이 이루어질 수 있다. 앎이 이루어지고 나면 의식 작용이 진실되고, 마음이 바른 상태가 된다. 그때 비로소 몸이 닦여지고(= 인성이 잘 갖춰지고), 나아가서 집을 가지런히 할 수 있다. 나라를 다스리고 천하를 평정하는 일은 그 다음이다.

자신의 인성을 함양하는 일과 사회를 바로잡는 일은 군자로서 동시에 해야 하는 일인데 무엇보다도 전자가 우선이다. 자신의 인성 함양이 잘 이루어져야만 남을 계도할 수 있기 때문이다. 그런데 자신의 인성 함양은 사물의 이치를 완벽히 아는 일에서부터 시작된다. 그래서 올바른 지식이 많아지면 질수록 몸가짐을 바르게 할 수 있고, 집안이나 나라의 일을 볼 수 있다. 무엇이 옳은 일인가를 알아야만 그쪽으로 사람들을 이끌 수 있다.

유가에서는 올바른 진리, 참된 앎을 이루기 위해 무진장 애를 썼다. 그중에서 자연의 진리보다도 사람과 사회에 대한 진리를 아는 일은 무척이나 힘든 일이었다. 수많은 논쟁의 시작과 끝은 '사람이란 무엇인가?', '사람의 본성은 무엇인가?', '무엇이 선한 것인가?' 등 사람이라는 주제를 놓고 펼쳐졌다.

(1) 진리의 밝은 모습을 알아낸다(明 明德)

앞서 논의한 격물치지는 자연의 진리, 인성의 진리를 깨우치는 방법이다. 진리는 스스로 작용하면서 온갖 세상 현상을 만들어내고 있는데, 사람이 보기에 매우 은미하여 모습을 잘 드러내지 않는 경우가 많다. 현명한 사람은 진리의 모습을 잘 밝혀내지만 인욕(人慾)으로 오염된 많은 사람은 그 본 모습을 보지 못한다. 사물 하나하나에 밀착해 진리의 모습을 아는 것에서부터 사람의 수기(修己)가 시작된다. 이치를 정확히 알면 자신이 나아가야 할 방향을 정할 수 있다. 갈 방향을 정하고 나면 쓸데없이 이리저리 흔들리는 마음이 없어지고, 냉정하게 현실을 직시할 수 있는 상태가 된다. 그리고 편안하게 자리하고는 깊이깊이 생각함으로써 자신이 해야 할 일을 할 수 있다.

'몸이 닦였다'는 것은 마음이 진리의 세계에 편안히 머물면서, 반듯하게 처신하는 것이다. 사물이 만들어내는 그때그때의 현상을 대하면서 언제나 진리의 쪽에 설 수 있는 사람이 수기가 이루어진 사람이다. 수기가 완벽히 이루어진 사람은 성인이요, 그 가까이 가 있는 사람은 군자며 선인이고, 무단히 노력하면서 자신의 행동을 바로 잡아 가고자 하는 사람들은 공부하는 학자다. 현실에 바쁜 일반 사람은 진리 탐구의 노력을 할 새가 없어 학자나 군자가 해놓은 결과를 교육을 통해 받아들여야 한다.

(2) 도에 맞는 중용의 행동

덕을 닦은 군자는 항상 도의 세계에 머물러 중용을 실천해야 한다. 중용(中庸)에서 중(中)은 치우침이 없고 지나침이 없는 것으로 천하의 바른 도를 일컫고, 용(庸)은 떳떳하고 변함이 없는 것으로 천하의 정해진 이치다(중용, 주자 주). 중용의 실천은 곧 진리의 도를 현실에 구현하는 것을 말한다. 진리의 도는 잠시라도 몸에서 떨어지지 않게 해야 한다. 그래서 덕을 닦은 군자는 항상 조심하여, 남이 보고 있을 때는 당연히 남의 본보기로 행동하고, 홀로 있을 때도 도가 몸에서 떨어지지 않게 삼가한다. 이런 노력은 스스로 정신을 가다듬고 뜻이 제멋대로 흐르는 것을 막는 것이다.

깨달은 진리를 가지고 그렇지 못한 많은 사람을 교육하고, 이끌어나가야 하는 것이 깨달은 사람의 사명이다. 실천궁행(實踐躬行)의 자세는 격물수기의 연장선상에 위치한다. 진리가 아닌 반(反) 중용의 상태에 빠져 있는 국민을 진리의 세계로 이끌어야 한다.

(3) 집안을 다스림(齊家)

인성이 잘 갖춰진 군자가 처음으로 부닥치는 사회는 바로 가족이다. 가족은 사회의 축소판으로 사회가 갖추고 있는 모든 요소를 고스란히 간직하고 있다. 부부, 부자, 형제, 주인과 노복, 집, 재물, 수입과 지출, 도둑 경비, 교육, 효제(孝悌), 예절 등은 모두 일반 세계의 축소판이다. 가족은 사회의 가장 작은 단위의 조직체로 볼 수 있다. 어느 사회를 알고자 할 때는 그 사회를 구성하고 있는 하나하나의 가족을 살펴보면 된다. 그것이 모여 전체 사회를 이루기 때문이다.

집안을 잘 건사할 수 있어야 그 밖으로 연장된 사회를 잘 다스릴 수 있다. 부부 사이의 평등과 역할 분담, 부자・형제 사이의 상하 관계와 상호작용, 적절한 구조와 기능을 갖춘 집, 가족이라는 존재의 생명력을 위해 필요한 수입과 지출, 안전 보장, 집안 내에서의 질서와 공동체 생활 등이 정서 함양의 군자가 최초로 마주치는 현실이다. 이 가정을 평화롭게 잘 관리하기 위해서 군자는 모두가 납득 가능한 진리의 모습으로 존재해야 한다. 가족 구성원 사이의 관계 설정도 정당한 도리에 의하지 않으면 안된다. 이런 구체적인 진리는 격물치지를 통해 이미 알고 있어야 한다.

부부 관계가 무엇인가를 확실히 알기 전에 결혼을 하면 어쭙잖은 가족이 형성되고, 부자 관계를 어떻게 설정해야 하는지 아는 게 없는 사람은 아들 교육을 어디까지 시켜야 할지 망설일 수밖에 없다. 집안의 수지(收支)를 다룰 수 없는 사람은 더 큰 회계 처리를 할 수 없다. 이처럼 집안을 다스리는 일은 아무나 아무렇게 할 수 있는 일이 아니다. 집안을 먼저 다스려야 한다는 말을 '마누라 바람나는 것을 확실히 막아야 한다', '마누라는 확실히 휘어잡아야 한다', '집안에서는 모든 사람이 가장(家長) 말에 꼼짝 못하게 해야 한다', '자식은 부모님 말씀에 항상 순종해야 한다'는 정도로 이해해서는 안된다. 가족을 평안히 하기 위해서는 모든 구성원이 각각의 위치에서, 각자의 역할을 충실히 해나갈 수 있도록 하는 것이다. 중용과 정도를 모르면 곤란한 일이다.

(4) 나라를 잘 다스림(治國)

큰 사회나 국가를 잘 다스리기 위해서는 수기를 이룬 뒤에 집안을 평화롭게 건사할 수 있는 사람이어야만 한다. 집안 다스림조차도 안된 사람은 더 큰 사회, 더 큰 조직을 관장할 역량이 없다. 그 속에서 다른 많은 사람과 공존하며 살아갈 수가 없다. 치국의 도는 격물로부터 알아낸 지식이다. 홍수 조절하는 능력에서부터 전쟁을 치르는 요령까지 모두 격물치지로부터 얻을 수 있다. 또 가족을 제가하는 과정에서 얻게 된 지식이 치국의 밑거름이 된다. 격물 없이 제가를 하거나, 격물 없이 치국을 하는 것은 생각할 수 없다. 또 제가 없이 치국으로 건너뛰기도 어렵다. 물론 있을 수는 있지만 그건 엉터리 제가요, 치국이 될 뿐이다.

수기가 완벽하지는 않지만 그래도 현실 구제가 급한 만큼 적당한 시기에 관료로, 지도자로, 교육자로 등단한 사람은 지속적인 공부가 필수다. 그리하여 새롭게 전개되는 현상을 이해하고, 사건에 대처해 나갈 능력이 생긴다. 인성 함양이 덜된 사람은 자기 잇속만 챙기기 바쁘고, 당장 눈앞의 즐거움만 쫓는 데 비해, 수기를 이룬 지성인은 항상 진리의 세계에 나아가서 그 곳에 머무르고자 애쓴다. 마음이 가는 지향점이 항상 참되기 때문에 자신을 속이는 일이 없고, 뭇 사람들이 바라보는 바가 되기 때문에 태도를 함부로 할 수 없다. 자신을 속이는 일이 없다는 것은 진리의 세계에 발맞추려는 의지를 약화시키지 않음이다. 진리의 정도에 맞춰 치국을 하기 때문에 비겁하거나 부패하지 않다.

군자의 행동은 온 국민이 바라보고 본받는다. 그래서 그의 행동을 수많은 사람이 따라 하고, 그가 집안에서 하는 효(孝), 제(悌), 충(忠), 신(信)을 흉내 내면서 따라 한다. 이것이 혈구지도(絜矩之道)이다.[8] 남을 '이래라, 저리 해라!' 가르치는 것 이전에 몸소 실천하면서 다른 사람이 보고 배우게 만들어야 한다. 거동이 항시 진리의 법에 어긋나지 아니하여, 일거수일투족(一擧手一投足)이 그대로 진리의 모습이 되어야 한다. 부부 사이의 관계는 동료 사회, 동업자끼리 하는 행동의 표본이 되고, 부자 · 형제 관계는 상관과 부하 직원 사이 관계의 표준이 되어야 한다. 군자의 가족은 온 국민의 본보기가 된다. 이것이 제가가 치국에 우선하는 이유다. 어버이를 공경하고 형님과 어른을 존중하며, 자식을 사랑하고 동생을 애틋하게 여김은 인성의 진리다. 이런 가족 내에서의 관계가 사회 속으로 연장된다.

■ 또 하나의 본성(?): 화

사람은 왜 화를 낼까?

사람은 화를 잘 낸다. 좋은 사람이나 나쁜 사람이나 정도의 차이는 있지만 모두가 화를 내면서 살아간다. 사랑하는 부부 사이에도, 부자 지간에도, 스승과 제자 사이에도 '벌컥벌컥' 화를 낸다. 상대를 거꾸러뜨려야만 직성이 풀리는 정치인, '돈 놓고 돈 먹기'에 혈안이 되어 있는 도박꾼, 불평불만이 많은 '약자', '패배주의자' 등은 특히 화를 잘 내고 상대방을 향해 욕을 해댄다. 왜 화를 낼까?

화(火)는 몹시 못마땅하거나 언짢아서 생기는 노엽고 답답한 감정(Daum 사전)이다. 화는 불의 뜨거운 기운으로서 인간의 자아로 하여금 냉정함을 잃게 만든다. 인간의 바람직한 인성, 합리적 자아를 헝클어뜨리고 망가뜨린다. 불교에서는 번뇌를 유발하는 탐(貪) · 진(瞋) · 치(癡)의 3화(三火)를 경계한다. 욕심, 성냄, 부끄러움이 화를 불러일으키는 원흉이다. 화의 기운(火氣)이 솟구치면 평화로움(和)이 깨지고 좋지 않은 화(禍)를 낳고 만다.

평소에 좋은 인성을 가진 사람이 화를 내는 원인은 무엇일까?

- 자신의 계획이나 목표를 제대로 성취하지 못할 때 화를 낸다. 당연히 뜻대로 될 것이라 생각했는데 '일이 뜻대로 되지 않았기' 때문이다. 이럴 때는 계획과 목표를 다소 낮춰 성취 가능한 형태로 설정하면 좋다. 화를 잘 내고, 불만이 많은 사람 중에는 자기 역량은

8) 혈구란 건축에서 쓰이는 목골(木骨), 거푸집의 의미로 본보기라는 뜻이다.

고려치 않고 지나치게 높은 목표를 세워, 번번이 실패를 답습하는 사람이 많다. '작은 성취감이 바로 행복의 지름길'이다.

- 욕심이 너무 많으면 실패가 잦고, 불만도 많으며 화를 잘 내게 되어 있다. 인간의 삶에서 욕심을 버릴 수는 없다. 그래서 적당한 욕심이 바람직하다.
- 자신이 '좋은 사람', '완벽한 사람'이라는 생각을 하고 있다가 이것이 어긋날 때 화를 낸다. 이럴 경우에는 자기 자신을 '남들과 같이 실수도 할 수 있는' 사람이라고 생각하면 화를 삭일 수 있다. 자기 자신에 대한 '여유 공간'을 갖는 것이다(물론 엄밀하게 수치를 다루고, 법규를 시행하는 사람이라면 이래서는 안될 것이지만). 일반 사회 생활의 경우에는 스스로의 잘못을 용납할 수 있는 자기만의 여유 공간을 가져야 한다.
- 말이나 행동이 화를 초래하는 수가 있다. 항시 툴툴대고, 빈정대며, 부정적인 사람은 화를 잘 내게 되어 있다. 이런 말투나 습성을 가진 사람은 상대방의 역겨움을 유발하여 수시로 봉변을 당하게 되어 있다. 예를 들어, 한적한 시골에 살던 사람이 대도시 출근길 지하철역 문간에 서 있다가는 수없이 많은 사람과 부딪치고 결국에는 화를 내게 되어 있다.
- 남의 잘못을 참지 못하는 사람도 화를 잘 낸다. 너그러운 사람은 남의 잘못을 안타까워하며 보듬어주고 싶어한다. 남의 잘못을 타산지석(他山之石)으로 삼아 스스로 겸손해지는 것이 착한 사람이다. 하지만, 화를 잘 내는 사람은 다른 사람의 조그만 잘못에 대해서도 비난하고 화를 낸다.

용 어

마음, 자아, 의식, 전의식, 무의식, 리비도, 원초적 본능, 초자아, 유식, 오식, 말라식, 아뢰야식, 뉴런, 시냅스, 선천적 이성, 선천적 감성, 자기 개념, 자존심, 자기 효능감, 도덕심, 양심, 욕구 단계, 수신, 격물치지, 거경궁리, 수기치인

요 약

- 마음, 자아, 자기: 'My Mind+Self+I'로서 Ego, id, Super-ego, Self까지도 동시에 포괄하는 용어. 정신적 실체
- 리비도(Libido): 생의 본능인 에로스의 에너지. 인간이 생활하는 동안에 쾌락 추구 활동 에너지로 표출됨. 고착, 퇴행, 억압, 자기애, 대상애, 내향성 등의 작용
- 자아(Ego): '나'. 원초적 본능(id)과 초자아(Super-ego)를 적절히 중재하면서 마음을 주관하는 존재. 자아는 의식 작용을 주관하면서 마음 내부와 외부로 작용
- 의식(프로이트): 자아가 외부 자극을 감각하며 인지하고, 분석, 판단, 반응하는 것
- 무의식: 마음 내면의 잠재 의식
- 전의식: 의식의 앞 단계로서, 의식된 것이 저장되는 곳이면서 동시에 무의식에서 솟아오른 내용물이 저장되는 곳
- 원초적 본능(id): 유전적 요인이나 신체적 여건에 의해 비롯되는 것으로 리비도의 원천이며, 욕구나 충동, 에너지의 원동력. id는 무의식 속에 내재. 즉각적인 욕구 충족을 통해 쾌락을 얻거나 고통을 회피하려는 성향
- 초자아(Ssuper-ego): 타자의 영향을 받아 마음 속에 도덕률 형태로 축적된 것
- 유식: 현상적인 존재는 모두 식에 지나지 않는다는 생각
- 오식: 오감에 의해 일어나는 인식. 안식, 이식, 비식, 설식, 신식
- 의식(불교): (오식과 함께, 또는 스스로) 지각하는 마음 작용
- 말라식: 자아 의식
- 아뢰야식: 심층 심리
- 뉴런: 신경세포. 말단의 수상돌기가 타자와의 접촉에서 일어나는 정보를 수집하여 세포체로 전달하는 것으로부터 감관 지각이 시작됨
- 시냅스: 뉴런과 뉴런 사이에 존재하는 신경 전달 물질
- 타고나는 자아: 태어나는 순간부터 기본적으로 형성되어 있는 자아
- 선천적 이성: 인간이 태어나는 순간부터 지니고 있는 '생각하고 인식하는 능력'
- 선천적 감성: 인간의 타고난 감성, 사단 칠정

- 프로이트의 자아 발달이론: 아동 시기부터 형성되어지는 자아를 단계별로 설명. 아기(0세에서 5~6세), 잠재기(5~6세에서 12~13세), 성욕기(12~13세에서 사춘기), 성년기(사춘기 이후)
- 에릭슨의 자아 발달 이론: 타자와 사회 관계를 형성해 가면서 사회적 요구에 대응하는 위기 해결 과정을 통해 자아가 발달한다고 주장. (1) 희망, (2) 의지, (3) 목적, (4) 능력, (5) 성실, (6) 사랑, (7) 배려, (8) 지혜
- 콜버그의 도덕성 발달 단계론: 인간의 도덕성이 3수준, 6단계를 거쳐 발달해 간다고 주장. 전인습적, 인습적, 후인습적 수준과 6단계로 구분
- 자아의 인성 의식: 사유 주체인 자아가 스스로를 어떻게 보고 있는가에 대한 것
- 자기 개념: 자신에 대한 대체적인 생각. 자신에 대한 일체감, 신념 체계
- 자존심: 자기 스스로를 존중하고 높이는 마음. 자신을 긍정하는 마음
- 자기 효능감: 자기 능력에 대한 긍정적 신뢰감. 인간이 어떤 상황에서 원하는 목표를 잘 달성할 수 있을 것으로 기대되는 정도
- 도덕심: 자기 스스로 도덕적인 사람이라고 생각하는 마음
- 양심: 옳고 바른 마음
- 욕구 단계(매슬로우): 생리 욕구, 안전 욕구, 애정 및 소속 욕구, 자존 욕구, 자아 실현 욕구, 자기 승화 욕구
- 수신: 자기 스스로 인성을 닦는 것
- 격물치지: 사물의 이치를 깨달아 알아내는 것
- 거경궁리: 거경은 온 정신을 다 쏟아 집중하는 것이고, 궁리는 관심 대상 사물의 이치를 끝까지 알고자 하는 것
- 수기치인: 수기는 자기의 인성을 충실히 하는 것이고, 치인은 다른 사람을 계도하는 것

[인성의 덕목 1] 정 직

1) 개념 정의	■ 정직(正直): 바르고 곧음. honesty, truthfulness – 거짓, 가식(假飾), 굽음이 없음
2) 개념 해석, 뜻풀이	■ 정직의 주체: 인간 ■ 정직의 내용 – 올바른 마음을 갖는다(그릇된 마음을 갖지 않는다). – 올바른 행동을 한다(그릇된 행동을 하지 않는다). – 올바른 말을 한다(거짓을 말하지 않는다). – 곧다(굽히지 않는다). – 곧 바로 한다(주저하지 않는다). – (정도와 권도) 정도(正道)는 어떤 상황이나 조건에서도 변함없이 반드시 옳아야 하는 길이라면, 권도(權道)는 상황에 맞춰, 시의적절하게 변용되어야만 좋은 길을 말한다(예, '시험을 볼 때 부정행위를 해서는 안된다'는 것은 정도다. 하지만, 전쟁에 이기기 위해 적을 속이는 전략은 권도다). – 정직을 실천할 때는 반드시 정도와 권도를 잘 고려해야 한다. – ('선의의 거짓말'이 필요할 때가 있는가?) 거짓말로 인한 '잘못이나 폐해'에 비해 상대방에게 미치는 '좋은 효과'가 월등하게 클 때 가능할 수 있다(예, 약을 먹을 때 플라시보 효과[9]). – (정직의 실행에서 고려할 점) 내가 옳다고 해서 상대방을 고려치 않고 큰소리를 내거나 윽박질러서는 안된다. '내가 옳고 상대방이 잘못된 것'을 확인한 경우에도 이를 이용하여 상대방을 괴롭히거나 해코지해서는 안된다. 공손하고, 정당한 방법으로 정직을 실천할 수 있어야 한다.
3) 관련 이론	■『서경(書經)』 – 자식을 교육할 때는, 곧으면서도 따스한 심성을 갖도록 해야 한다.[10] (사람이 곧기만 하면 따뜻한 인간미가 없어지기 때문이다). – 목수가 나무를 자를 때, 반듯한 잣대(繩, 먹줄)를 사용하면 수월하게 반듯함(正)을 얻을 수 있다(惟木從繩則正, 後從諫則聖). – 떳떳함(常)이 무너지지 않고 기울림이 없어야 정직하다(無反無側 正直). – 삼덕(三德): 정직(正直), 강극(剛克), 유극(柔克) (설명: 정직은 반듯하고 곧음에 익숙하고 편안한 것이다. 굳셈이나 부드러움은 상황에 맞게 정당해야 한다).[11] ■『논어(論語)』 – 사람의 삶이란 본래 곧은 것이다. 곧지 않은 채 살아갈 수 있는 것은 어쩌다 만난 요행일 뿐이다.[12] (설명: 삶의 이치가 곧 인간의 윤리이기 때문)

9) 위약(僞藥) 또는 플라시보(placebo)는 심리적 효과를 얻기 위하여 환자가 의학이나 치료법으로 받아들이지만 치료에 전혀 도움이 되지 않는 가짜 약제를 말한다(위키백과).

10) 教胄子, 直而溫, 寬而栗, 剛而無虐, 簡而無傲. (서경, 순전편). 皐陶日寬而栗。柔而立, 愿而恭, 亂而敬, 擾而毅, 直而溫, 簡而廉, 剛而塞, 彊而義, 彰厥有。(서경, 고요모편)

11) 三德: 一日正直, 二日剛克, 三日柔克。平康正直, 強弗友剛克, 燮友柔克; 沈潛剛克, 高明柔克. (서경, 홍범편)

12) 人之生也 直, 罔之生也 幸而免。(논어, 옹야편)

- 뜻만 높고 곧지 않으면(狂而不直) 문제가 심각해진다.
- 공자님은 반듯한 것이 아니면 먹지 않으셨고, 반듯한 자리가 아니면 앉지 않으셨다(향당편).
- 정사(政事)란 국민을 바르게 인도하는 것이다(政者 正也). (안연편) 정사를 하려면 무엇보다도 먼저 해야 할 일은 (모두가 자기 이름, 직책, 직위에 맞게) 이름을 바르게 하는 것(正名)이다. (자로편)
- 이름이 (그 실상에 맞게) 바르지 않으면 말이 순로롭지 못하고, 일이 이뤄질 수 없다.[13]
- 속마음이 곧고, 밖으로 표출되는 행동이 옳아야 한다(質直而好義). (안연편)
- 곧은 사람을 들어 잘못된 사람 위에 놓아야, 잘못된 사람을 바로잡을 수 있다.[14]
- 자신의 몸이 바르면 명령하고 시키지 않아도 (사람들이) 알아서 하고, 몸이 바르지 않으면 시키고 명령해도 (남들이) 따르지 않는다.[15]
- (아버지가 잘못한 것을 고자질하는 것이 반듯한 것이 아니다. 그것보다는) 아들은 아버지의 잘못을 감싸되, 다시는 잘못을 하지 못하게 잘 말씀드리고, 아버지는 아들의 잘못을 숨기되 반드시 바른 길로 가도록 교육해야 한다.[16] 남을 고자질하는 것을 곧다고 여기는 것을 싫어한다(惡訐以爲直).
- 군자(=훌륭한 사람)는 복장을 단정히 하며, 바라보면 존경스럽고 우뚝하여 사람들이 두려워하나니, 이는 위엄이 있으면서도 사납지 않은 모습이다.[17]

■ 『맹자(孟子)』
- 안목으로 최선을 다한 뒤에는 반드시 규구준승 잣대를 사용해야만 반듯함을 얻을 수 있다. 청력으로 최선을 다한 뒤에는 반드시 육률로 다스려야 바른 음을 얻을 수 있다. 마음의 사고를 다한 뒤에는 차마 어쩌지 못하는 마음으로 정사를 펼쳐야 한다.[18]

■ 『한비자(韓非子)』
- 곧다(直)는 말은 의로움이 반드시 공변되고 바른 것이며, 마음이 치우치거나 편당을 짓지 않는 것이다.[19]
- 마음에 두려움이 있으면, 행동이 단정하고 곧으며, 사려 깊어지고, 사리를 깨달아 알게 된다. 그리하여 화나 해가 없어지며, 성공하고, 천수를 누린다.[20]

■ 조선 시대의 간쟁(諫爭) 제도: 최고 통치자나 상관이 잘못을 저질렀거나 저지를 가능성이 있을 때, (비교적 젊은 올곧은 사람이) 간쟁 책임자가 되어 적극적으로 시정토록 한 제도를 말한다.

---

13) 名不正, 則言不順, 言不順, 則事不成. (논어, 자로편)
14) 擧直錯諸枉, 能使枉者直.…知(也). (논어, 안연편)
15) 其身正, 不令而行; 其身不正, 雖令不從. (논어, 자로편)
16) 葉公語孔子曰 吾黨有直躬者, 其父攘羊而子證之。孔子曰吾黨之直者異於是, 父為子隱, 子為父隱, 直在其中矣. (논어, 자로편)
17) 君子正其衣冠, 尊其瞻視, 儼然人望而畏之, 斯不亦威而不猛乎! (논어, 요왈편)
18) 聖人既竭目力焉, 繼之以規矩準繩, 以為方員平直, 不可勝用也。既竭耳力焉, 繼之以六律正五音, 不可勝用也。既竭心思焉, 繼之以不忍人之政而仁覆天下矣. (맹자, 이루장 상편)
19) 所謂直者, 義必公正, 公心不偏黨也. (한비자, 해로편)
20) 人有禍, 則心畏恐; 心畏恐, 則行端直; 行端直, 則思慮熟; 思慮熟, 則得事理。行端直, 則無禍害; 無禍害, 則盡天年。得事理, 則必成功。盡天年, 則全而壽。必成功, 則富與貴. (한비자, 해로편)

<table>
<tr><td rowspan="8">4) 정직
실천 지표</td><td rowspan="4">(1) 정직한
마음</td><td>'바름'에 대한 지식</td><td>때와 장소에 맞는 '바름'이 무엇인가를 잘 알아야 함</td></tr>
<tr><td>'바름'에 대한 믿음</td><td>'바름'을 믿고 실천하고자 하는 믿음, 의지력</td></tr>
<tr><td>'곧음'에 대한 지식</td><td>시의적절한 '곧음'이 어떤 것인가를 잘 이해함</td></tr>
<tr><td>'곧음'에 대한 믿음</td><td>'곧음'을 실천하고자 하는 믿음, 의지력</td></tr>
<tr><td rowspan="2">(2) 정직한
언어</td><td>정직하게 말하기</td><td>옳고 바르게 말함
허위, 거짓을 말하지 않음</td></tr>
<tr><td>정직하게 글쓰기</td><td>옳고 바르게 글을 씀
허위, 거짓으로 글쓰지 않음</td></tr>
<tr><td rowspan="2">(3) 정직한
행위</td><td>옳고 반듯한 행동</td><td>옳은 일 찾아하기</td></tr>
<tr><td>곧게 처신하기</td><td>굽히지 않고 곧게 처신</td></tr>
<tr><td>5) 정직
가르치기</td><td colspan="3">■ 가족 내 교육:
– 부모: 자녀에게 '바름'과 '곧음'에 대해 이해시키고, 왜 필요한가를 교육함
– 부모가 모범 보이기: 거짓 언어와 행동을 하지 않기
■ 학교 교육:
– 도덕, 윤리 교과를 통한 교육
– 정직한 모범 사례 교육
– 거짓, 왜곡의 폐해 교육
– 정도(正道)와 권도(權道)에 대한 교육
■ 직장, 단체 교육:
– 직업 윤리, 직장 윤리 교육</td></tr>
<tr><td>6) 정직
배우기</td><td colspan="3">■ 가정에서
– 부모를 보고 따라가면서 배움
– 부모의 밥상머리 교육을 통해 배움
– 가정 내 정직, 거짓 사례를 통한 학습
■ 학교에서
– 교과 내용을 통해 학습, – 선생님의 가르침을 통한 배움
– 국가 사회의 모범 사례 학습을 통해 배우기
■ 직장, 단체 교육을 통해 배우기: 정기 윤리 교육, 특강 형태</td></tr>
<tr><td colspan="4">7) 정직 실행하기</td></tr>
<tr><td>■ 가정에서</td><td colspan="3">– 속이지 않기
– 바른 말과 행동하기</td></tr>
<tr><td>■ 학교에서</td><td colspan="3">– 바른 말을 하고 바른 글쓰기
– 거짓말 하는 학생을 교화하기
– 다른 학생의 비위, 범죄 행위를 신고하기</td></tr>
<tr><td>■ 사회에서</td><td colspan="3">– 옳고 바른 일을 찾아서 실천하기
– 직업 윤리, 직장 도덕 실천하기
– 법규 잘 지키기
– 이웃의 부정부패 바로잡고, 심할 경우에는 신고하기</td></tr>
</table>

Chapter 3

인성과 가족

인간이 태어나 자연스럽게 처음 소속하는 곳이 가족이다. 인간은 가족을 통해 인성을 함양하고, 다른 가족의 인성에 영향을 미친다. 가족은 다양한 요인에 의해 변화하고 이를 통해 인성도 영향을 받아 변모한다.

가족 예절이 인성의 내면 자아, 초자아, 마음, 가치관에 영향을 미친다. 부부, 부자, 형제 자매, 노인에 대한 예절이 인간의 초기 인성 형성에 작용하고 성장 과정에서 다양한 형태로 영향을 미친다. 가족 예절은 가문의 가풍이나 생활 규범 형태로 관습화하여 인성과 함께한다. 농업 경제 시대의 가부장제 전통, 현대 소프트 시대의 모계 중심화 사회는 가족 관계의 전반에 상당한 변화를 유발한다.

'올바른 가족'은 구성원 모두가 정상적인 인간일 때 가능하다. 하지만, 가정 폭력이 있거나, 이혼과 재혼이 있거나, 가족 구성원의 이탈이 생겼을 때는 구성원 전체의 인성에 변화가 발생한다. 현대 한국의 경우에 외국으로부터 결혼 이주하는 사람이 많아졌는데, 이로 인한 다문화 가족은 인성 연구에 새로운 영역을 제공하기 시작했다.

I 가 족

1. 가 족

가족(家族, the family)이란 혈연을 중심으로 이루어진 삶의 공동체이다.[1] 가족 구성의 출발은 남녀가 부부(夫婦, 남편과 아내)로 만나 하나로 화합하는 것이다. 화합(化合)이라는 말은 둘이 만나 하나로 완전히 융화하는 것을 일컫는데, 우리말로 '살을 섞는 것(性交)'으로부터 시작하여 마음을 맞추고, 삶 자체를 하나로 함께하는 것까지 모두 포함한다. 부모에서 자식으로 이어져 가는 '피(血)'의 연속성, 유전성을 중요시하여 혈연 공동체로 가족을 이해한다.

부부에게서 자녀가 태어나면 그때부터 부모–자식으로 이루어진 가족이 형성된다. 부모는 자녀의 성장을 돕고, 가족 전체의 생활을 영위하기 위해 노력한다. 자녀가 성장하여 성인이 되면 이성의 짝(=배우자, 配偶者)을 만나 새로운 가족 단위가 시작된다. 배우자를 다른 가족에서 구하게 되면 피가 섞이면서 가족 확대가 이루어진다. 옛날에 여성 중심의 공동체가 중요시되었을 경우에는 남자가 여자 집으로 '장가를 들거나' 데릴사위가 되었었다. 하지만, 힘이 센 남자 중심으로 공동체가 운영되면서 여자가 남자 가족 속으로 '시집오는' 형태로 가족 확장이 이루어졌다. 한국을 비롯한 동양권에서는 남성 중심의 혈족 개념이 가족의 기본틀을 구성하였다.

가족이 확대되면 조부모–부모–자녀가 모두 함께 모여 사는 대가족(大家族, a large family)이 된다. 옛날 농경 사회에서는 농토를 중심으로 삶이 이루어졌기 때문에 자녀가 혼인을 하더라도 같은 집이나 이웃집에서 사는 경우가 많았다. 세월이 가면서 큰 마을 전체가 한 가족으로 뭉쳐 사는 경우가 생겨났다. 확대된 가족은 가문(家門, clan), 씨족(氏族)으로 발전한다. 가족에는 가장(家長)이 있고 씨족에는 씨족장이 있다. 그리고 이들을 중심으로 계층이 형성된다.

결혼한 자녀가 독립 가구를 구성하여 분가(分家)하면 새로운 가족으로 탄생한다.

---

1) 「건강 가정 기본법」 제3조에 가족과 가정에 대한 정의가 나와 있다. '가족'이라 함은 혼인·혈연·입양으로 이루어진 사회의 기본 단위를 말한다. '가정'이라 함은 가족 구성원이 생계 또는 주거를 함께하는 생활 공동체로서 구성원의 일상적인 부양·양육·보호·교육 등이 이루어지는 생활 단위를 말한다.

「민법」 제779조에 가족의 범위가 정의되어 있다. 즉, 나를 중심으로 배우자, 직계 혈족(예를 들면, 부모, 아버지 형제 자매) 및 형제 자매를 기본으로 하고, 여기에 생계를 같이하는 직계 혈족의 배우자(예를 들면, 며느리나 사위), 배우자의 직계 혈족(예를 들면 장인, 장모) 및 배우자의 형제 자매(예를 들면, 처남, 처제)가 포함된다. 또 「가족 관계의 등록 등에 관한 법률」 제15조의 가족 관계 증명서에 포함되는 사람은 본인, 부모, 배우자, 자녀가 포함된다. 즉, 부부−부모−자녀가 가족의 기본 단위가 된다.

이상적인 결혼 연령은 남자와 여자가 정신적으로, 육체적으로 가장 원숙한 상태인 30세 전후가 최적이다. 그래서 옛날부터 30년을 1세대라고 여기고, 세대(世代)를 정리하였다. 최초로 만나 가족을 이룬 부부를 1세(世)라고 한다면 그의 자녀는 2세가 되고, 또 그의 자녀가 결혼하여 아들딸을 낳으면(이들은 1세의 손자, 손녀가 됨) 3세가 된다. 그렇지만, 부모에 대해서 자녀는 1대(代)가 되기 때문에, 3세 손자는 할아버지로부터 2대가 된다. 그리고 부부는 '살을 섞고 사는 사이'이기 때문에 거리가 없고 무촌(無寸)이다. 그런데 여기서부터 파생되는 아들딸은 부모와 일촌, 형과 아우는 각기 부모와 일촌이기 때문에 합해서 2촌, 손자는 할아버지와 2촌, 형제의 아들딸 사이는 4촌 식으로 위계질서가 만들어진다.

가족은 첫출발부터 자연스럽게 위계질서가 형성된다. 형제 사이를 예로 들어보면 먼저 태어나 성장해 가는 형은 항상 힘이 세고, 지혜도 앞서가게 되어 있다. 인간 자아가 형성되는 초기 과정에서 형은 형답게, 아우는 아우답게 길들여지고 만들어진다. 육체적 성장이 멈추게 되는 20대 중반부터, 또 지식 성장 추세가 서서히 정점에 도달해 가는 30대 중반이 되면 아우가 형을 능가하는 순간이 생겨날 수 있다. 하지만, 이때쯤 되면 형도, 아우도 성인이 되어 서로 이해하고 존중하는 사이로 변하게 되어 있다. 그래서 가족의 위계질서는 평생 지속된다. 가족의 위계질서는 가까운 가문으로 확대되고 종래에는 씨족 전체로 확대된다.

부부는 일심동체(一心同體)로서 차별이 없고 동등하다. 힘을 쓰는 데는 남편이 우월하고 사랑을 베푸는 데는 아내가 앞서지만 기본적으로 상호 존중하면서 가족을 이끌어가는 데는 평등하다. 그러나 현실적 필요에 의해 대외적 활동이 많은 남편을 가족의 장으로 하여 위계질서를 세우는 경우가 대부분이다.

가족은 한 인간이 태어나서 안전하게 성장해 갈 수 있도록 해주는 공간이다. 육체적 성장에 필요한 의식주 제공, 안전 확보, 정신적 성장에 필요한 교육, 삶에 필요한 지식 습득 등이 가족 속에서 이루어진다. 자아 형성 및 지속적 인성 함양도 가족과 함께 이루어진다.

이러한 전반적인 가족 관계를 현실적인 배우자, 자녀, 그리고 자기 부모와의 관계에서 가족 관계 만족도를 살펴보면, 배우자와의 관계에서는 부부 중에 여성의 만족도가 낮은 편이며, 전반적인 가족 관계에서도 개선의 여지가 많은 것으로 나타났다(<표 3-1> 참조).

표 3-1 가족 관계 만족도(2014년 현재)

(단위: %)

	전반적인 가족 관계			배우자와의 관계			자녀와의 관계			자기 부모와의 관계		
	만족	보통	불만족	만족	보통	불만족	만족	보통	불만족	만족	보통	불만족
평균	55.2	40.5	4.3	65.2	27.3	7.6	73.0	23.0	3.9	63.5	31.5	5.0
남자	56.6	39.6	3.9	70.6	24.9	4.5	72.3	23.8	3.8	63.1	32.1	4.9
여자	53.9	41.5	4.7	59.8	29.6	10.6	73.6	22.3	4.0	63.9	30.9	5.2

출처: 통계청(2014). 『사회 조사 보고서』.

2. 가족의 기능

가족은 어떤 기능(또는 역할)을 하는가? 시대와 환경 여건에 따라 가족 구성이 달라지고 가족의 기능이 달라질 수밖에 없다. 박주현과 최덕경(2016: 52-56)은 가족의 기능으로 (1) 성 관계의 허용과 통제, (2) 자녀 양육과 사회화, (3) 정서적 안정의 제공, (4) 사회 구성원의 충원, (5) 경제적 협동 기능, (6) 사회 보장 기능, (7) 기타 기능을 들고 있다. 또 박희숙 외(2014: 26-28)는 (1) 고유 기능: 대내적인 기능으로 애정, 성 기능, 생식, 양육, (2) 기초 기능: 경제적 생산과 소비 활동, (3) 부차적 기능: 교육, 보호, 휴식, 오락, 종교적 기능 등을 들고 있다. 여기서는 보편적인 가족의 기능에 대해 살펴보고자 한다.

첫째, 부부 성생활이 이루어진다. 남자와 여자가 육체적으로 성장하여 '정상적인' 성행위가 부부란 이름으로 이루어진다. 남녀의 성행위는 육체적으로 성장하면 언제라도 이루어질 수 있지만 '정상적인' 성교는 절차적 화합을 통해 가족 내에서 이루어진다. 부부 성생활은 가족 내 행복과 평화, 자녀 출산의 출발점이다. 성생활이 정상적으로 이루어지지 못하는 경우에는 가족의 화합이 깨지고, 출산이 이루어지기 어렵다. 결혼 이전의 성행위, 가족 밖의 성매매, 근친혼(近親婚), 조루(早漏)나 성교 불능, 성병 등으로 인해 '정상적인' 부부 성생활이 위협받아서는 안된다.

둘째, 출산이 이루어진다. 부부 성행위의 자연스러운 결과로서 자녀가 탄생한다. 동물적 본능 행위로서 부부 성행위는 '출산을 통한 종족 보존 본능'과 밀접하게 연결되어 있다. 밀림 지대의 원주민은 외부로부터 남자나 여자를 수입해 올 수 없기 때문에 부족 내에서 근친혼하는 경우가 매우 많다. 옛 문헌을 보면 티베트, 신장 지역의 어떤 부족은 외부 손님이 오면 자기 안방을 내주고 아내와 성행위를 할 수 있도록 허락했다고 한다. 새로운 정자를 공급받으려는 행위의 일종일 수 있다. 조선 시대 때, 본 부인이 자식을 낳지 못하는 경우에 첩(妾)을 새로 들여 자녀를 출산하는 경우, 다른 형제 친척의 아들을 양자로 들여 대(代)를 잇게 하는 행위 등도 종족 보존의 일부로 볼 수 있다. 출산이 정상적으로 이루어지지 않는 가족의 경우에 심각한 고민에 빠져드는 수가 많다.

셋째, 가족적 경제 활동이 이루어진다. 경제란 삶에 필요한 재화나 서비스를 생산, 유통, 소비하는 활동을 총체적으로 표현한 말이다. 가족 구성원은 가족의 삶에 필요한 물자를 만들어내고, 사고 팔며, 소비하는 경제 활동을 함께한다. '가족적'이라는 말은 (일반 경제 활동이 '이기적인 경제인 가정'에 입각해 이루어지는 데 비해) 헌신적이고, 이해타산(利害打算)을 덜 따지며, 가족 경제에 대해 무한책임(無限責任)을 지고자 하는 속성을 말한다. 가족적인 경제 활동에서는 공동 생산, 공동 소비 원칙이 중요시된다.

넷째, 자녀 양육이 이루어진다. 어린 자녀는 스스로 성장해 가기 어렵다. 일정한 단계에 이르기까지는 부모의 양육 지원이 있어야 하고 이 과정에서 지속적으로 교육이 이루어진다. 양육(養育)은 의식주를 지원하는 일(養, bringing up)과 가르치는 일(育, education)이 합쳐진 말이다. 가족 교육을 '밥상머리 교육'이라고 하는데 먹고 마시는 행위와 동시에 가르침이 이루어진다는 말이다. 가족 내에서는 부모가 자녀를, 형님이 아우를 기르고 가르친다. 자녀 양육은 '신뢰(信賴)'를 토대로 '무상(無償)'으로 이루어진다.

다섯째, 가족 공동체 사회가 형성된다. 사회는 어떤 목적을 가지고 만들어진 사람들의 모임이다. 공동체란 말도 비슷한 용어다. 가족은 '가족의 삶', '가문 발전'을 위해 모든 구성원이 노력하는 공동체 사회다. 공동체 사회처럼 가족 내에도 위계질서가 있고, 상호작용하는 방법이 있으며, 삶의 방식이 있다. 가족 구성원 관계에서 한걸음 더 나아가서 가족과 다른 가족, 가족과 다른 사회 단체, 국가와 교류하고 상호작용을 한다.

여섯째, 가족은 문화를 공유한다. 문화는 삶의 양식을 말하는데 가족은 의식주 활동, 사고 방식, 경제 사회 활동에서 나타나는 문화적 특성을 공유한다. 삼강오륜(三綱五倫)에 나타나 있는 가족 관계, 가족 예절도 공유하는 문화에 해당한다. 가족 문화는 가족의 특성에 반영되고, 구성원의 사고 방식이나 태도, 가치관에 영향을 미친다. '문채(文彩) 나고 멋있는' 문화로서 수준 높은 예절이나 가풍(家風), 예술도 가족 구성원이 공유한다. 유교적 제사 의식이나 종교 활동도 공유하는 경유가 많다.

일곱째, 가족은 안전 공동체이기도 하다. 안전은 의식주 생활 궁핍, 범죄 피해, 질병, 노약, 자연 재해로부터 보호되는 상태를 말한다. 가족은 안전을 위협하는 내·외부 요인에 공동으로 대처한다. 외부 적의 침입에 공동 대응하고, 홍수나 가뭄, 지진에 대비한다. 의식주 생활 궁핍에 공동 대응하고, 질병 치료나 노약화에 함께 대응한다. 어린 자녀 보호와 함께 노약한 부모 공양에 모두가 노력한다. 가족 구성원 모두에게 안식처를 제공하고, 사회 보장 기능을 담당하는 곳이 바로 가족이다.

3. 가족의 변화

가족의 변화를 설명할 때 결혼 이후에 자녀의 출생과 독립을 중심으로 설명하는 수가 많다. 가족 구성원의 숫자가 어떻게 변화하는가와 관련이 있다. 남녀가 결혼하여 가족을 형성하고(가족 형성기), 자녀를 1~10명 정도까지 낳아 기르는 시기(가족 확대기 또는 자녀 양육기), 자녀를 교육하는 시기(자녀 교육기), 자녀가 결혼하여 독립하는 시기(자녀 독립기, 가족 축소기), 노인 부부만이 남는 시기(가족 해체기) 등으로 나눌 수 있다. 박주현과 최덕경(2016: 65-75)은 가족 생활 주기의 변화를 (1단계) 새롭게 출발하는 가족, (2단계) 어린 자녀를 둔 가족, (3단계) 청소년기 자녀를 둔 가족, (4단계) 자립하는 자녀를 둔 가족, (5단계) 인생의 만년을 보내는 가족으로 구분하였다.

가족에서 자녀의 출산과 그 숫자가 몇 명인가는 중요한 변수다. 임신과 출산은 부부 모두에게 매우 중요하다. 부부의 사랑과 행복, 산모의 건강은 물론 생활 패턴이 바뀐다. 자녀가 출생함으로써 가족 경제나 가족 구성원 간의 인간 관계에도 새로운 부담이 생겨난다. 어린 자녀 보호와 육성은 자녀 출생 이후에 부모가 담당해야 할 가장 큰 관심사다. 이어지는 자녀 교육은 정규 학교 교육으로 이어지며 가족의 핵심 목표로 자리 잡는다.

가족 변화가 자녀의 출생으로부터 시작되고, 이후 교육 단계에서 자녀의 유학이나 기숙사 생활 등으로 인해 다시 변화가 일어난다. 더욱 큰 변화는 자녀가 결혼하여 독립 가구를 구성하는 것이다. 자녀의 결혼과 독립은 자녀 스스로 경제 활동을 할 수 있게 되었음을 말해준다. 경제적 독립이 이루어지지 못하는 경우에는 결혼한 자녀는 여전히 부모가 이끄는 '원래의 둥지'에 머물러야만 한다.

가족의 획기적 변화는 부부의 이혼이나 사망으로 초래된다. 이혼은 기존 가족을 본질적으로 파괴한다. 가족이 부부의 결속으로 시작됨을 전제로 보면 부부의 이혼은 이제 이들을 중심으로 한 가족이 사라졌음을 말하는 것이다. 물론 어느 한 사람이 남아 있는 가족 전체를 잘 관장하며 혈연 관계를 유지해 간다면 가족이 존재할 수 있다. 부부 중 누군가가 사망하는 경우에도 마찬가지다.

가족 중 누군가가 병에 걸렸을 경우나 부부가 나이가 들어 정신적, 육체적으로 매우 나약해졌을 경우에도 가족 변화가 일어난다. 가족 중 병에 걸린 사람이 있게 되면 다른 가족 중 누군가가 이를 보살펴야 하고, 치료비는 가족 경제에 큰 부담으로 작용한다. 노인이 치매에 걸렸거나 거동이 불편해질 경우도 마찬가지다.

한국여성정책연구원, '2015년 한 부모 가족 실태 조사' 결과를 보면 다음과 같다. 가구주 평균 연령은 43.1세, 자녀 수는 평균 1.6명이며, 모자 가구 비율이 47.3%로 가장 많았다. 연령을 보면 30대 이하 25.3%, 40대가 61.2%, 50대 이상 13.5%였고, 혼인 상태를 보면 이혼 77.1%, 사별(死別) 15.8%, 기타 7.1%였다. 자녀 수는 1명 49%, 2명 44.8%, 3명 이상 6.1%로 나타났다. 가구 구성을 보면 모자(母子) 가구(47.3%), 부자(父子) 가구(19.8%), 모자+기타 가구(17.8%), 부자+기타 가구(15.1%)순이었다. 한 부모 가족의 월평균 소득은 월 189.6만 원으로, 전체 가구 평균 389.7만 원의 48.7% 수준이었다.

Ⅱ 가족 예절과 인성

1. 부부 사랑(愛)

성장한 남녀가 만나 좋은 감정으로 사랑을 하고, 결혼하여, 자식을 낳고, 평생을 살아간다. 정상적인 부부의 가족이다. 옛말에, "함화항도(咸化恒道). 남녀가 만나 정을 느끼고 하나로 화합하여, 영원토록 길을 간다."는 말이 있다. 함(咸)은 느낄 감(感)의 뜻으로 젊은 남녀가 만나 좋아하고 사랑하는 감정을 말한다. 이런 남녀가 결혼을 하여 완전히 한 몸으로 융화하는 것이 화(化)다. 둘이 따로따로 존재하는 것이 아니라 몸을 섞어 하나로 되고, 마음도 하나로 녹아드는 것을 의미한다. 그리고 '검은 머리 파뿌리 되도록' 영원한 길을 가는 것이 부부다. 부부는 좋게 만나서, 한 가족을 이뤄 아들딸 낳고 평안히 살아가야 한다. 만남에서부터 자식 출산, 양육, 죽을 때까지 함께 붙어 살아가야만 한다.

■ 청춘 남녀의 만남 → 결혼

결혼을 전제로 한 만남에서 남자도, 여자도 건강하고 반듯한 인성을 소유하고 있어야 한다. 병이 있거나 인성에 문제가 있는 사람이어서는 곤란하다. 인간이 갖추어야 할 건강한 육체와 건전한 이성을 동시에 지니고 있는 남녀가 만나야 한다. 병이 있거나 인성에 결격 사유가 있을 경우에는 미리 알리고 이해를 구해야 한다.

결혼은 인간적, 사회적 적령기에 하는 것이 좋다. 너무 이른 시기에 하면 육체적 성장이 잘 안되어 있고, 재정 능력도 부족하다. 너무 늦으면 이성 찾기에 너무 많은 시간과 정력을 낭비하게 되고 자녀 출산이 어려워진다. 인간의 육체적, 정신적 성장을 고려해 볼 때 첫 아기 출산은 30세 전후에 하는 것이 좋다. 인간 육체의 성장이 25세 전후에 정상에 도달하고 정신적 성장은 35세 전후까지 지속된다고 볼 때 30세 전후가 결혼 적령기다. 물론 시대와 당사자의 여건에 따라 달라질 수 있다.

청춘 남녀의 사귐이 사랑으로 발전하고 결혼까지 도달하는 데는 적당한 시간이 필요하다. 이 기간 동안에 상대방에 대한 정보 수집과 상황 파악, 건강 점검, 친화적 감정의 고양이 필요하다. 사랑의 감정이 중요하지만 결혼에는 냉철한 이성적 판단이 꼭 필요하다. 결혼의 시기, 재정 여건, 다른 가족과의 관계 등을 잘 살펴야 한다.

사귀는 기간 동안 반드시 지켜야 할 것은 혼전 성교(婚前性交)다. 공식적으로 결혼식을 하기 전까지는 언제라도 헤어질 수 있음을 고려해서 반드시 참아야 한다. 결혼하는 순간 동정남(童貞男), 동정녀(童貞女)로 만나는 것이 중요하다. 남녀의 성기는 처음 만나는 사람을 기억하기 때문이다. '첫 정'은 반드시 부부 사이에 이루어져야 한다. 현대 사회에서는 무분별한 혼전 성교가 적지 않다지만, '나의 경우는 반드시 동정을 유지하겠다'는 믿음을 가져야 하고 그런 상태에서 짝을 기다려야 한다.

■ 부부 관계

삼강오륜(三綱五倫)의 덕목 중에 가장 중심에 있고 중요한 것이 부부유별(夫婦有別)이다. 부부 사이에 상대방의 존재를 잘 가늠하여 존중해야 한다는 말이다. 남편은 남편답고, 부인은 부인다워야 하며, 각자의 역할이 있고, 서로 존중하며 무시하지 말아야 한다.

부부는 남자와 여자 차이, 살아온 배경 차이, 가치관과 사고의 차이 때문에 살면서 아웅다웅하게 마련이다. 민주적으로 상대방의 의견을 존중하고, 배려와 사랑으로 차이를 극복해 가야 한다. 부부 사이에 말을 함부로 해서는 안된다. 존칭을 쓰고, 화가 났다고 해서 함부로 상대방을 하대하거나 모욕해서는 안된다. 싸울 경우가 있지만 언제나 '화가 풀린 이후'를 생각하여 극단적인 말을 해서는 곤란하다. 한번 내뱉은 말은 평생 상처로 남는다. 서로 부를 때 '당신'이라는 호칭은 가장 존경하고 존중하는 부모님이나 스승님께 하는 말로서 극존칭이다.

자녀 출산, 자녀 양육과 교육, 가족 소득, 부모 봉양 등 모든 일은 부부 공동의 노력을 필요로 한다. 둘 사이에 의견 차가 심하거나 어느 한 사람이라도 건강이 나빠지면 큰 문제다. 극단적으로 부부 이혼은 가족 자체를 파괴해버리는 일이다. 마지막 순간까지 참을 수 있어야 한다. 물론 폭력 가장, 경제 파산자, 성문란 등 문제가 있을 때도 신중하게 판단해야 한다.

2. 부모 자애(慈)

가족 예절의 핵심은 자효(慈孝)다. 부모가 자식을 진정으로 사랑하는 것이 자(慈), 자식이 부모를 진심으로 공경하는 것이 효(孝)다. 자와 효는 방향성이 정반대이지만 밑바탕의 기본 정신은 '가족을 진정으로 아끼고 사랑하는 마음'이다.

부모는 자녀를 잉태하는 순간부터 자녀를 아끼고, 사랑하며 보살펴야 한다. 임신 중인 어머니는 먹는 것, 움직이는 것은 물론 생각하는 것도 조심하여 태아에 미치는 영향에 신경써야 한다.[2] 이와 동시에 태아에게 유익한 영양 공급에 힘쓰고, 호르몬 작용 등에 의해 아이에게 긍정적 영향을 미칠 수 있는 '좋은 생각'을 많이 하여야 한다. 남편으로서는 임신부를 안전하게 보호하고, 필요한 영양 공급, 정신적 평안을 유지해주어야 한다.

아이가 태어나면, 그 아이가 무엇이든 스스로 할 수 있을 때까지 보호를 해주어야 한다. 먹는 것, 똥 싸는 것, 걷는 것, 말하는 것, 위험한 것을 피하는 것, 다른 사람과 교류하는 것 등 모든 것을 대신해주어야 한다. 아이가 걷지 못할 때는 장소를 이동하고자 할 때 부모의 도움을 받아야만 한다. 스스로 걸을 수 있어야 생존을 위해 스스로 무엇인가를 할 수 있게 된다. 다른 것도 마찬가지다. 그래서 부모는 아이가 스스로 하지 못하는 부분에 대해 지속적으로 살피고 도와주어야 한다.

부모의 자녀 도움은 '진정으로 자녀를 사랑하는 마음'으로, 안정적이고 신뢰성 있게 이루어져야 한다. 부모가 아이를 방치하거나, 변덕(變德)이 심하거나, 야단치는 데 급급하면 아이는 부모를 신뢰하지 않고 부모에 대해 적대감이 일 수 있다. 초기 단계의 인성 형성에 매우 나쁜 영향을 미친다.

부모의 자녀 사랑, 즉 자애(慈愛)는 원칙적으로 한계가 정해져 있지 않다. 자신의 역량이 허락하는 한 무한대로 펼쳐지는 속성이 있다. 출산, 양육, 교육에 대가(代價)를 바라지 않는다. 이해 타산적이지 않고, 헌신적이다. 부모의 자녀 교훈과 교육은 아이가 잉태되고, 태어나는 순간부터 시작하여 운명을 다할 때까지 지속된다.

부모의 자녀 사랑은 현실적으로는 한계가 있을 수밖에 없다. 부모의 경제력에 의해 제한을 받고, 부모의 성격이나 건강에 의해 제한을 받는다. 부모로서는 자녀를 무한대로 지원하고 돕기 위해, 자신이 경제적으로 빈털터리가 되거나 건강을 해치거나 억지를 부려서는 안된다. 오히려 자녀로 하여금 부모를 걱정하게 만들고 돌봐야 하는 부담스런 존재가 될 수 있기 때문이다.

바람직한 인성을 소유한 부모의 자녀 사랑은 어떠해야 할까?

---

2) 『소학』 입교편. 부인이 아이를 잉태하면, 기우뚱한 자세로 눕지 않고, 가장자리에 위태하게 앉지 않으며, 외발로 서지 않아야 한다. 이상한 음식을 먹지 않고, 반듯한 음식을 먹는다. 자리가 바르지 않으면 앉지 말아야 한다. 눈으로는 사악한 것을 보지 말아야 하고, 귀로는 음란한 소리를 듣지 말아야 한다. 밤에는 조용히 앉아 좋은 시를 읊고 반듯한 일을 생각한다.

첫째, '자녀 사랑의 마음'이 전제되어야 한다. 진정으로 사랑하는 마음이 없다면, 자녀는 걸림돌이요 거추장스러운 존재가 될 뿐이다. 아이의 존재 자체를 행복해하고, 아이가 커가는 모습에서 행복을 느낄 수 있어야 한다.

둘째, 헌신적이어야 한다. 대가를 전제로 하지 않는다. 헌신적이라는 말은 온 정성을 다해 자녀를 기르고 양육해야 하며 특별한 반대 급부를 바라지 않는다는 말이다[물론 인지상정(人之常情)대로 자녀가 부모의 노력을 이해해주고 후에 효도로 보답해주기를 바랄 수 있다].

셋째, 절제(節制)할 수 있어야 한다. 부모의 자녀 사랑이 헌신적으로 이루어지는 것은 바람직하지만, 지나쳐서는 곤란하다. 자녀의 성장과 독립해 가는 수준에 맞춰 적절히 이루어져야 한다. 부모의 부적절하고 넘치는 사랑이 자칫 자녀를 망치게 할 수도 있기 때문이다. 자녀를 보살피고 지원해주는 것도 좋지만, 잘못하면 자녀의 '공짜 심리'를 유발할 수 있고, 생활력이나 경쟁심을 약화시킬 수도 있다. 끝내는 자녀를 망치게 할 수 있다.

넷째, 자녀의 입장에서도 살펴야 한다. 사랑을 베푼다고 해서 막무가내식이어서는 곤란하다. 항상 자녀 입장에서 그들이 '어떻게 생각하고, 무엇을 원하는지'에 대해서 살펴야 한다. '주고도 뺨맞는 식'이 되어서는 곤란하다. 자녀가 원하지 않는 도움에 대해서는 이유를 살피고, 꼭 필요한 도움이라면 잘 설득하여야 한다.

다섯째, 가족의 경제 여건에 맞게 조화로워야 한다. 자녀 사랑도 부모 자신은 물론 가족 전체의 경제 여건을 잘 살펴 이루어져야 한다. 예를 들어, 자녀 사업 자금을 잘못 대주었다가 집안 전체가 망하는 일은 금해야 한다.

여섯째, 새롭게 재혼을 하여 피가 섞이지 않은 자녀를 기르게 되는 경우에 특히 신경을 써야 한다. 부모 이혼으로 상처를 입은 자녀는 속내가 복잡하고, 부모 지시와 다르게 생각하고 행동할 수 있기 때문이다. 쉽게 화내고, 포기하는 태도를 가져서는 안된다. 상처받은 자녀를 잘 보살펴 건전하게 자라나게 해야만 한다.

일곱째, 자녀의 결혼으로 인해 새롭게 가족 구성원이 된 며느리, 사위에 대한 배려가 필요하다. 같은 성씨가 아닌 타성(他姓) 사람이 가족 내 혈족으로 진입하여 가족이 된 것이다. 이들은 대개 성인이 되어 가족이 되었기 때문에 어린 자녀를 다루고 교육하듯이 관계해서는 안된다. 새로 결혼한 자녀 부부는 둘 사이의 '부부 사랑' 실천도 쉽지 않다. 전혀 새로운 환경에서 자라났고, 남녀 음양의 차이도 크기 때문이다. 여기에 새로운 법적 부모, 형제 자매 관계가 복잡하게 얽혀든다. 가족 구성원 모두가 '새 식구'를 진정으로 존중하고, 도우며, 배려하지 않으면 불협화음과 갈등이 발생한다. 예로부터 시어머니와 며느리 갈등, 장모와 사위 갈등, 시누이와 새색시의 갈등은 어느 곳에나 존재해 왔다.

■ 부모의 자녀 학대

부모의 자애가 부모로서의 인성으로 바람직한 것이지만, 오히려 자녀를 학대(虐待)하는 경우가 있어 문제다. 성격이 모나고 급한 부모 중에는 아이가 제대로 하지 못하거나 말을 듣지 않으면 금방 화를 내고 학대를 하는 사람이 있다. 큰 소리로 몰아치고, 경우에 따라서는 매질을 하기도 한다. 좋은 의미에서 새겨보면 아이로 하여금 빠른 시간 내에 집중하게 하고, 잘못을 고치게 할 수도 있다. 하지만, 어린 자녀 입장에서는 무서워하거나 당황해 하며, 반발심이 생겨날 수도 있다. 무기력하고 어릴 때에는 부모에게 무조건적으로 순종하려고 하겠지만 속으로는 적개심과 반발심을 키워갈 수도 있다. 아이가 자라나서 스스로 힘을 갖게 되면 부모에게 반항하고 대드는 경우가 생겨난다.

부모가 술주정뱅이이거나 포악한 사람의 경우에도 마찬가지다. 또 지혜롭지 못해 잘못된 지식으로 자녀를 윽박지를 수도 있다. 재혼한 부부 가족의 경우에 피가 섞이지 않은 자녀에 대해 소외시키기, 학대하기가 나타날 수 있다.

최근에 부모에 의한 자녀 학대가 사회 문제로 부각되어 있다. 부모에 의한 자녀 매질, 복종 강요, 화풀이 대상 삼기, 살인 등 다양한 형태의 자녀 학대가 나타나고 있다. 최근에 언론에 보도된 몇 가지 사례를 들어보자.

■ '때리고 학교 안 보내고'… 천륜 흔드는 아동 학대 사례들

(사례 1) 보건복지부 산하 경기도 아동보호전문기관에 따르면 A(41 · 여)씨는 시부모에게 인사하지 않는다는 이유로 친딸(10)을 화장실로 끌고 가 얼굴을 수차례 때리고 11월 추운 날씨에 맨발로 아파트 복도로 내보내는 등 학대했다. 조사 결과 A씨는 수시로 친딸의 얼굴을 손과 자 등으로 때리고 흉기로 머리카락을 자르겠다고 위협한 것으로 나타났다.

A씨의 남편(41)은 A씨가 친딸을 학대하는 사실을 알면서도 그대로 두고 자신도 친딸의 얼굴 등을 폭행하기도 했다. A씨는 친딸에 대한 자신의 학대가 문제가 있다고 판단, 스스로 기관에 신고한 뒤 상담 과정에서 "딸의 행동이 느려 공부를 못할 것 같다는 생각에 화가 나 자주 때렸다"고 털어놨다.

(출처: 수원 연합뉴스. 이우성 · 최종호 기자. 2016.3.11.)

(사례 2) '내 딸 아니다. 나가라' 친딸 정서 학대한 친부 처벌 전주지법 형사 3단독은 아동복지법위반(아동학대) 혐의로 기소된 B(54)씨에게 징역 6월에 집행유예 2년을 선고하고 보호관찰 및 80시간의 사회봉사를 명했다고 27일 밝혔다. B씨는 2016년 11월 18일 오전 2시 20분께 전주시 인후동 자신의 집에서 딸인 영서(11) 양에게 집에서 내쫓으려 한 혐의로 기소되었다. 이날 술주정을 한 B씨에게 영서 양이 "그만 해라"고 하자 B씨는 "나는 네 아빠가 아니다. 앞으로는 아저씨라고 불러라"며 화를 내고 말리던 아내까지 내쫓으려 하는 등 1시간 넘게 소란을 피운 것으로 조사되었다.

(출처: 전북도민일보. 2017.5.28.)

(사례 3) 충북 아동학대 매년 증가 청주시와 중부 4군에서 아동학대 의심신고 건수는 2016년의 경우 706건으로 2015년에 비해 무려 58.7%나 크게 늘어났다.… 아동학대 유형 중 정서적 학대가 331건으로 가장 많았고, 신체적 학대 266건, 방임 196건이었다. 아동학대를 저지른 행위자로는 친아버지가 36.4%로 가장 높은 비율을 보였다. 특히, 친부모에 의해 발생한 아동학대는 59.2%로 계부모 또는 양부모에 의해 발생한 아동학대 6.2%에 비해 월등히 많아 친부모가 계부모나 양부모보다 자식을 소중하게 대하지 않고 있다는 것을 입증했다.

(출처: 충청일보. 2017.5.10. 김규철 기자. 내용 일부 수정)

3. 자녀 효도(孝)

부모 자애에 대응하는 것이 자녀 효도다.[3] 효(孝)는 부모를 잘 모시는 것이다.[4] 부모를 모시는 것은 부모님 뜻을 잘 새기고, 순종하며, 음식 봉양을 잘하고, 편안하게 해드리는 것을 말한다. 조선 중기 학자 율곡은 학습서인 『격몽요결(擊蒙要訣)』 속에서 효의 실천 방법에 대해 다섯 가지를 들고 있다. 공손히 순종하는 것(恭順), 조용히 따르며 돕는 것(隨從), 지성으로 봉양하는 것(扶養), 편안하게 해드리는 것(安樂), 돌아가신 뒤에도 유지를 받들고 제사를 모시는 것(祭祀, 遺志繼承) 등이다.

효도하는 방법에 대해서는 여러 사람이, 다양한 이야기를 하고 있다. 몇 가지 중요한 항목에 대해서만 간략히 들어보기로 한다.

3) 『격몽요결』. "爲父當慈 爲子當孝 爲臣當忠."

4) 효(孝)라는 글자를 분해해 보면, 땅(土)을 이어받은(丿) 자식(子)으로 되어 있다. 이는 가문을 이어받은 아들이라는 뜻으로 부모를 이어받는 의미가 있다. 오른쪽으로 글월 문(文), 또는 칠 복(攵) 자를 더하면 가르칠 교(教, 敎)가 된다.

첫째, 어려서는 부모의 지시와 교육을 잘 따르는 것이 필요하다. 어린 나이에는 아직 육체적으로, 정신적으로 성숙이 덜 되어 있다. 이때는 모든 면에서 부모의 도움을 받아야 하고 부모의 선도를 따라야 할 필요가 있다. '밥 먹어라', '장난치지 마라', '공부하라', '선생님 말씀 잘 들어라'와 같은 지시나 권유는 따르는 것이 현명하다. 아직 무엇이 옳고 그른지 잘 모르는 상황에서 부모의 지시를 어기는 것은 문제가 있다. 아이가 원하는 대로 '눈높이 교육'을 하는 것이 좋다고 하지만, 아이는 아직 옳고 그름에 대해 잘 모르고 미래 상황에 대해 가늠해 본 적이 없다. '이렇게 공부 안하면 나중에 대학 졸업하고, 취직도 잘 안되고, 먹고 살기 어렵단다'고 해 봐야 어린 아이는 아직 그런 상황을 상상하기조차 어렵다.

둘째, 부모의 뜻에 순종해야 한다. 불가피하게 부모의 뜻에 어긋나는 결정을 하고 행동할 때는 부모님 마음이 상하지 않도록 조심해야 한다. 부모의 뜻을 거스르는 순간은 자녀가 성장하여 독립해 가는 과정에서 자연스럽게 나타나는 현상이다. 자칫 '내가 옳고, 부모님이 잘못'이라는 생각에, 큰 목소리로 성난 것처럼 부모에게 대들 수 있다. 부모 앞에서는 목소리를 낮추고, 조용조용 이야기해야 한다. 부모님이 편안한 마음으로 이해하고 자녀의 뜻을 따를 수 있도록 권유해야 한다.

셋째, 부모 봉양에 최선을 다해야 한다. 특히, 부모가 병약해지고 능력이 떨어지는 순간이 되면 자녀는 온 정성을 다해 부모 봉양에 힘써야 한다. 병든 부모, 노인 부모에 대해서 끝까지 책임을 져야만 한다. 이는 부모가 자녀에 대해 무한 책임을 지는 것과 마찬가지다.

넷째, 자녀는 자신의 몸을 잘 돌보아 탈이 나지 않게 해야 한다. 부모는 항상 자녀를 지켜보면서 걱정하고 있다. 남과 싸워 다치거나 몸에 문신을 하고 코뚜레를 하는 행위, 위험천만의 스포츠를 즐기는 행위 등은 부모를 힘들게 하고 괴롭히는 것이 될 수 있다. '효도의 첫 번째 순서는 내 몸 간수(看守)를 잘하는 것이다'는 생각을 잊어버리지 말아야 한다.

다섯째, 효도는 자녀의 현실을 잘 고려하여 적합하게 이루어져야 한다. 경제 형편, 가족 상황, 사회 여건 등을 잘 생각하여 무리하지 않도록 조심해야 한다. 무리한 효도는 오히려 자신을 망치고 부모님을 걱정케 할 수 있기 때문이다.

여섯째, 물질적 효도 못지않게 중요한 것이 정신적 효도다. 돈으로, 물질로 하는 효도도 중요하지만 자칫 허울뿐인 효도가 되어서는 안된다. 효도는 정신적으로 진정성이 동반되어야만 한다.

■『명심보감(明心寶鑑)』 효행편(孝行篇)

- 아버지는 나를 낳으시고 어머니는 나를 기르셨으니. 아, 부모님의 고생이여. 은혜를 갚으려니 끝이 없구나![5]
- 효자는 부모님을 온 정성을 다하여 모시고, 즐겁게 봉양하며, 병드실까 걱정하고, 돌아가심에 슬퍼하며, 제사를 잘 받든다.[6]
- 부모님이 살아계실 적에는 멀리 출타하지 말 것이며, 어디에 있는지 꼭 알려드려야 한다.(子曰 父母在 不遠遊 遊必有方)
- 부모님이 부르면 곧바로 "예!"라고 응대해야 한다(子曰 父命召 唯而不諾).
- 내가 부모께 효도하면 자식도 내게 효도하게 된다.[7]
- 내가 효도하고 부모에게 순종하면 내 자식도 내게 효도하고 순응하겠지만, 내가 부모님을 거스르면 내 자식도 나를 거스를 것이다.[8]

바람직한 인성을 소유한 자녀의 효도는 항시 공손함, 진실성, 최선을 다하려는 마음이 함께해야만 한다. 부모의 자애에 대응하여 무한의 효도를 선보여야 한다.

하지만, 부모에 효도하는 데도 권도(權道)가 있다. 무한도의 정성이 필요하지만, 가족의 삶을 망가뜨릴 정도로 잘못된 효도는 절제해야 한다. 중요한 몇 가지 잘못될 수 있는 효도에 대해 살펴보자.

첫째, 부모가 현명하지 못해 잘못된 요구를 하는 수가 있다. 이때는 부모가 화내지 않는 수준에서 잘 설득해야만 한다. 부모가 잘못된 길을 가서 낭패를 보는 것을 막지 못하는 것은 불효(不孝)다.

둘째, 부모가 패악(悖惡)스럽거나 사악(邪惡)하여 감당이 안될 경우도 있다. 이럴 경우에는 진심으로 설득하는 것과 동시에 친척이나 이웃, 경찰의 도움을 받아야 한다. 어린이나 약한 여성의 경우에는 학대를 당할 가능성도 높기 때문에 더욱 조심해야 하고 다른 사람이나 공공기관의 도움을 받아야만 한다.

셋째, 자녀가 직장 생활이나 사회 활동이 불가능해질 정도, 또 소득 수준을 초과하는 수준의 지출로 효도에 매달리는 것도 조심해야 한다. 자녀와 손자녀의 현재 및

5) 詩曰 父兮生我 母兮鞠我 哀哀父母 生我劬勞 欲報深恩 昊天罔極.
6) 子曰 孝子之事親也 居則致其敬 養則致其樂 病則致其憂 喪則致其哀 祭則致其嚴.
7) 太公曰 孝於親 子亦孝之 身旣不孝 子何孝焉.
8) 孝順은 還生孝順子요 忤逆은 還生忤逆子하나니 不信커든 但看簷頭水하라 點點滴滴不差移니라.

미래의 삶에 치명적인 손상을 줄 수 있는 상태라면 효도에 신중해야 한다. 치매에 걸린 부모, 장기 요양을 필요로 하는 노인이 있을 경우에 효도의 문제는 심각해진다. 이런 상황이라면 정부 공공기관이나 지역 사회단체, 종교단체 등과 진지하게 상담해야만 한다. 현재는 국가 복지 수준이 발전하여 많은 도움을 받을 수가 있다.

넷째, 부모의 자애에 상응하여 무한대의 효를 하는 것이 바람직하지만, 어디까지나 현실 여건을 고려하여 현명한 효도가 이루어져야 한다. 부모의 말씀을 들을 때도 무엇이 옳은 길인가에 대해 판단을 해야 하고, 효로써 부모를 모실 때도 자녀의 현실 여건을 잘 생각해야만 한다. 효의 방법이나 수단에 대해서 일률적으로 무엇이 옳다고 하기는 어렵기 때문에 상황에 맞춰 온 정성을 다하려는 자세가 필요하다.

다섯째, 부모를 새로 만나게 된 경우에는 더욱더 조심해야 한다. 어린 시절에 부모의 재혼으로 인해 새롭게 가족이 형성되었을 경우에는 낳아 주신 부모와의 관계 때문에 서먹하고 불편할 수 있다. 예전의 부모를 들먹여 새 부모를 힘들게 하지 말아야 하고, 새로 조성된 가족의 일원으로 융화되어야 한다. 이전의 가족 문화와 다른 현재의 가족 문화를 존중하고 따라야만 한다.

4. 형제 우애(友)

형제(자매) 우애는 가족의 일원인 형과 아우가 '사랑스런 벗'의 관계로 지내는 것이다. 우(友)는 절친한 벗이라는 뜻이다.[9] 여기에 사랑(愛)이 더해진 말이 우애다. 사실 아우가 형을 대할 때는 공경하는 마음(悌)이 있어야 한다. 웃어른(長) 대하는 태도로 정성을 다하고 진심으로 존경해야 한다는 말이다.

가족 내에는 부모-자식 관계와 함께 형제-자매(兄弟姉妹) 관계가 존재한다. 1촌에서 2촌 관계로 영역이 넓혀지는 순간이다. 인간이 점차 사회화를 시작하는 지점이다.

형제-자매는 같은 부모 밑에서 순차적으로 태어난 사람들이다. 부모에 이어서 가장 가까운 사이로 지내야 하는 사람들이다. 형제-자매는 우애가 돈독해야 하며, 서로서로 도와야 하고, 이끌어주고 지원해야 하는 사이여야 한다. 하지만, 다른 한편

9) 붕우유신(朋友有信)이라는 말이 있다. 붕과 우 사이에는 믿음이 있어야 한다는 말이다. 여기서 붕은 같은 무리, 류(類)의 뜻인데 비해 우는 '절친한 벗'이라는 말이다. 형제 사이의 우애는 '사랑을 나누는 절친한 친구 같아야 한다'는 뜻이다.

으로 보면 형제-자매는 부모 사랑을 놓고 서로 경쟁하는 사이가 되기도 한다.

형제는 같은 남자로서 비슷한 생각을 가지고 있다. 형은 부모의 뜻과 함께 아우를 보살피려는 마음이 있다. 태어날 때부터 익숙해진 '어리고 나약한' 동생 이미지가 오래 지속된다. 동생들이 많을 경우 맏이는 부모의 자녀 양육 노력의 일부를 감당해야 하는 수가 많다. 상대적으로 먼저 직업을 갖게 되는 형은 부모의 가족 소득에 보탬을 주게 된다. 대체로 형은 동생에 비해 부모의 지원과 돌봄을 더 많이 받는다. 특히, 부모의 경제 사정이 좋지 않거나 사회적으로 열악한 위치에 있는 경우에는 잘 교육된 장남의 도움이 절실하다. 그래서 부모의 형에 대한 지원이 각별하다. 우리 전통에 새해 초 설날에 부모님에게 세배를 드린다. 그런데 부모가 돌아가신 뒤에는 큰형을 향해 다른 동생들이 세배를 드리는 것이 예법이다. 그만큼 맏이는 부모를 대신하는 위치가 되기도 한다.

남자 동생은 부모는 물론 형의 도움과 지원을 받으며 성장해 간다. 동생은 형을 몹시 따르고 보고 배운다. 하지만, 일정한 시기가 되어 동생의 힘이 커지고, 독립이 기대되는 시기가 되면 은근히 형과 경쟁하는 사이가 될 수 있다. 서부 영화에서 형제 사이에 엎치락뒤치락 싸우는 장면을 볼 수 있는데 이는 형제 사이의 갈등 구조를 보여주는 것이다. 동생은 자라나는 과정에서 부모의 형에 대한 믿음과 신뢰, 지원에 대해 시기하기도 한다.

자매 사이는 형제 사이에 비해 더욱 친밀하다. 여성스러운 부드러움, 쉽게 속내를 터놓는 대화, 자잘한 일상 생활의 도움 주고받기 등으로 사이가 좋다. 자와 매 사이에는 일상 생활 속에 서로서로 챙겨줄 수 있는 일들이 많이 있다. 결혼을 해서 분가하는 경우에도 친밀한 생활 관계를 유지하는 수가 많다.

이성(異性) 형제 사이는 형제나 자매 사이와는 다르게 또 다른 친밀함이 존재한

■『사자소학(四字小學)』 형제 이야기

형제 자매는 한 기운을 타고 태어났다. 형은 우애하고 동생은 공손하며 서로 원망하고 화를 내서는 안된다. 육신은 비록 다르나 같은 피를 타고 났다. 형제가 서로 화합하여 먹고 자고 입는 것을 함께한다. 한 잔의 물도 나눠 마시고 한 톨의 곡식도 나눠 먹는다. 형제가 어려우면 서로 구원하고 좋은 점은 따라한다. 기쁨과 괴로움을 함께하니, 부모님께서 기뻐하신다.

다. 성장 과정에서 누이는 오빠를 보면서 '남자'에 대해 알게 되고, 남동생은 누나를 보면서 '여자'를 알아간다. 서로 이끌어주고, 챙겨주는 사이이다.

바람직한 인성을 지닌 사람은 우애하는 형제(자매) 관계를 가지고 있다. 상대방을 시기하고 경쟁하는 사이로 여겨서는 곤란하다. 가족의 안정과 평화를 유지하기 위해 꼭 필요하다.

첫째, '형은 형답고, 아우는 아우다워야 한다.' 형은 아우를 보살피고 어른의 입장에서 챙겨야 한다. 아우와 경쟁하려는 마음은 항시 조심해야만 한다. 아우는 형을 부모님처럼 존중하고 따라야 한다. 시기나 질투로 형과 대립하는 것은 금물이다.

둘째, 부모의 사랑을 놓고, 또는 효도 행위와 관련하여 형제 사이에 다툼이 일 수 있다. 이럴 경우에는 서로 양보하고, 긴장 관계가 확산되지 않도록 힘써야 한다. 최근 현실에서는 부모 모시기, 상속 문제를 놓고 형제 사이에 다투는 일이 많아졌다. 이전의 관례가 새롭게 정리되는 과정에서 갈등이 빚어지고 있다. 가족의 화합을 위해 노력하지 않는 한 소송으로 치닫게 되어 있다.

셋째, 형제-자매 사이에도 '상호 존중의 인간 관계'가 성립되어야 한다. 말 한마디, 행동거지 하나가 상대방에게 부담을 주거나 상처를 안길 수 있다. 배려하는 마음, 존중하는 마음, 그리고 사랑하는 마음이 함께해야만 건전한 형제-자매 관계가 유지될 수 있다.

5. 노인 공경(悌)

현대 한국은 평균 수명 100세 시대를 넘어서고 있다. 가족마다 노인이 많아지고 있다. 80세 넘은 노인 부모, 90세 넘은 할머니 할아버지가 많기만 하다. 육십갑자(六十甲子), 환갑(還甲) 인생 시대와는 전혀 다른 가족 예절, 가족 인성을 필요로 하고 있다. 확대된 연령층 가족, 소득이 없는 노인 가족, 병약한 노인 가족에 대한 고민이 필요하다.

(1) 확대된 연령층 가족

가족 내 어른의 연령이 많아지면서 4세대 가족이 늘고 있다. 나이 많은 할아버지 할머니와 손자 손녀 사이의 나이 차이가 80살 이상 나기도 한다. 가족 내에 60세 이상 노인이 여러 명 존재한다. 비록 다른 집에 살고 있을 수 있지만 '노인의 존재감',

'노인에 대한 배려'는 더욱더 중요해졌다. 인성과 관련하여 다음과 같은 고려가 필요하다.

- 가계를 책임지는 가장(家長)의 경제적 부담이 엄청나게 늘어나고 있다. 부모의 주거비, 생활비, 활동비 중 상당 부분이 가장의 몫이다. 노령 부모의 연금이나 재산 소득이 있는 경우라면 다소 완화될 수 있다. 가장의 부담을 여러 구성원이 나누어지려는 노력을 해야 한다.
- 어린 손자녀, 대학 청년, 은퇴 전후의 가장, 90세 노인 사이에 의사소통, 관계 설정이 어려워졌다. 언제, 어느 순간이나 한두 계층의 불만, 소외가 나타날 수 있다. 가족 화합이 점차 어려워진다. 가족 구성원 중 어느 한두 사람이 일탈 행동을 하고, 불만을 제기하면 순식간에 가족 화합이 무너지고, '가족이 아닌 웬수' 관계로 발전할 수 있다. 이런 상황에서는 모두가 자기 위치만을 고집해서는 안된다. 배려하고 양보하는 자효, 우애의 관계를 잘 유지해야 한다.
- 축적되어 있는 경험, 생활 방식, 사고 방식과 가치관, 취미 활동이 모두 다르다. 살아 온 시대가 다르기 때문에 아무리 합치고 함께하려고 해도 불가능하다. 가족끼리 부딪치는 것을 막기 위해 집을 달리하고, 무분별한 '가족 집합'을 자제할 필요가 있다. 모두가 서로서로 인정해주고, 간섭을 줄이며, '적당한 간격'을 유지할 필요가 있다.

(2) 소득이 없는 노인 가족

어느 가정에나 소득이 없는 사람이 있다. 취학 전 아이, 공부 중인 학생, 취업 직전의 청년, 은퇴한 가장, 나이든 노인이 그들이다. 이들을 제외하고 직업 소득이 있거나 재산 소득이 있는 사람 숫자는 상대적으로 적다. 가족 총소득이 전체 가족의 생계비를 충당할 수 있어야 한다.

- 소득이 없는 노인은 가족에 큰 부담을 줄 수 있다. 그래서 노인 스스로 연금, 부동산 소득, 현금 자산을 미리미리 준비해 두어야 한다. 직업 활동을 하는 기간 동안에 자신의 노령 시대를 계산하여 충분하게 재산을 축적해두어야 한다.
- 노인으로서는 자기 재산을 함부로 자식에게 증여하거나 상속하지 않아야 한다. '돈이 효자', '믿을 것은 내 돈 뿐'이라는 생각을 내려놓지 말아야 한다. 재산이 없으면 방치되고 외면받아 힘들고, 재산을 안 나눠주면 '졸여서 죽을 지경'이고, 재산을 나눠주고 나면 버려질 수 있다. 긍정적으로 보면 노령 시대에

자식에게 지나치게 부담을 주거나 의존하지 않는 방법이기도 하다.

- 자녀들에 의한 재산 상속 경쟁에 신경을 써야 한다. 돈이 개입되면 자녀와 손자도 서로 원수가 되기 일쑤다. 법적으로 안정적인 재산 상속 방법을 생각하고, 가풍이나 가족 규범을 존중하여 정해야 한다.
- 50대 후반에서 60세 전후에 은퇴하는 사람도 소득 없는 노인 세대로 진입한다. 자녀가 충분한 소득이 있어 부모를 봉양할 수 있거나 인정적인 연금이나 재산 소득, 현금이 있는 경우라면 괜찮다. 하지만, 그렇지 못할 경우에는 또다시 재취업의 길을 걸어야 한다. 재취업은 매우 어렵고, 전문 직업보다는 단순 노무직이 많다. 재취업으로 얻게 되는 소득은 기존 소득에 비해 형편없이 적다.
- 소득이 없는 노인은 씀씀이를 줄여야만 한다. 집을 줄이고, 먹는 것을 줄이며, 이런저런 활동비를 줄여야 한다. 먹거리 비용을 줄이기 위해 '텃밭 가꾸기'를 하고, 싸게 파는 식재료를 사기 위해 발 빠르게 나서야 한다.

(3) 병약한 노인 가족

노인은 병을 끼고 산다. 육체 기능이 떨어지고 곳곳에서 병이 나타난다. 병원을 찾는 일이 잦아지고, 병원을 끼고 살아야만 한다. 문제는 병원비고, 가족에게 주는 부담이다.

- 건강보험과 함께 병원 치료비를 보상해주는 실손 보험(實損保險), 의료 실비 보험에 미리미리 들어두어야 한다.
- 치매, 거동 불편 등 장기 요양이 필요할 경우에는 장기 요양 등급 판정을 받아 장기 요양비 지원 신청을 할 수 있어야 한다.
- 병약한 노인이 있는 가족의 경우에는 가족 구성원의 각별한 봉양, 병수발이 필요하다. 자녀 중 한 사람이 주도적으로 봉양하면서 다른 자녀들이 적극적으로 지원하는 방법이 좋다. 부담을 균등하게 한다고 해서 돌아가면서 봉양하고 모시는 방법은 각별한 주의가 필요하다. 봉양을 받는 노인의 정신 감성을 불편하게 할 수 있고, 자칫 잘못하면 '서로 책임 떠넘기기'가 될 수 있다.
- 자녀의 직장 생활 등으로 인해 노인 병수발이 어려울 경우에는 요양원 등 노인 복지 시설을 이용할 수 있다. 이럴 경우에도 병약한 노인의 정신 감성을 잘 살펴서 불편하지 않게 해야 한다. 또 병원비나 시설 이용료를 자녀들 사이에서 형편에 맞춰 형평성 있게 분담할 수 있어야 한다. 물론 병수발의 노력도 잘 분

담해야 한다. 이때는 '한번 요양원에 들어가면 죽어서야 나온다'는 노인들의 격언을 유념해야 한다.

■ **'친구가 보약'… 말 상대 많은 할아버지 고혈압 덜 걸린다**

강화도 어느 마을, 30평 남짓인 경로당 풍경에서 연세대 사회학과 염유식 교수 연구팀은 '관계망'을 파악했다. 지난해부터 마을 어르신들이 누구와 친하게 지내고, 어떤 커뮤니티 안에 속해 있는지를 관찰했다. 인간 관계와 신체 건강의 연관성을 찾기 위해서다. 앞서 연구팀은 이 마을의 이웃 마을 노인 814명의 관계망을 6년여 동안 추적해 지난 2016년 7월, 노인들의 관계망과 고혈압 사이의 상관 관계를 발견했다. 60세 이상 주민 중 고혈압을 앓고 있는 이는 총 394명. 연구팀은 조사 대상자들에게 '고민이 있을 때 자주 이야기하는 지인'을 최대 6명(배우자 포함)까지 꼽게 했다. 그리고 음주 · 흡연 · 당뇨 등 혈압에 영향을 미칠 외부 요인을 동일한 조건으로 설정한 뒤 이들이 꼽은 지인 수와 혈압을 비교했다.

그 결과 친한 지인이 최대 6명에 가까운 할아버지들이 고혈압을 앓는 사례가 적었다. 고민을 나누는 친구가 1명 더 많은 이들은 고혈압 유병률이 4분의 3 수준으로 줄었다. 스스로 고혈압을 인지해 관리하는 경우도 친구가 1명이라도 더 많은 노인들이 1.9배 많았다. 할머니들은 서로 잘 알고 지내는 '친목 집단'에 속해 있을 경우 고혈압을 더 많이(1.72배) 인지 · 관리하고 있었다. 연구팀은 "할아버지들은 친구가 많을수록, 할머니들은 깊은 인간 관계를 유지할수록 혈압 관리에 더 신경을 기울였다. 이런 관계를 통해 정보를 얻고 자존감을 높이면서 건강에도 관심을 갖는 것으로 분석된다"고 밝혔다.

(출처: 중앙일보. 2017.02.07.)

Ⅲ 가족 규범과 인성

1. 가 풍

가풍(家風)은 가족이 소유하고 있는 좋은 규범이나 분위기를 말한다. 가풍은 당대에 만들어진 것도 있지만 오래 전 선조 때 만들어져서 꾸준히 이어져 내려오는 것도 있다. 우리 주변에서 종종 이런 말을 하는 가족을 볼 수 있다.

'우리 집은 양반 가문이다.' ← 고위 공직자를 낸 적이 있는 집이라는 뜻

'우리 집은 대대로 정승 가문이다.' ← 정부 최고위 총리를 여럿 낸 집안이라는 뜻
'우리 집은 최고의 장인 집안이다.' ← 특정 분야의 전문가 집안이라는 뜻
'우리 집은 절대 그런 일을 하지 않는다.' ← 항상 선행을 하고, 악행을 안했다는 뜻
'우리는 항상 남을 도우며 살아오고 있다.' ← 남을 돕는 선행의 집안이라는 뜻

가풍은 한 가족이 대외적으로 자랑스럽게 내세울 수 있는 좋은 덕목을 포함하고 있다. 조상으로부터 현재 가족까지 중에 훌륭한 사람이 있었거나 좋은 업적을 낸 역사가 있거나 사회에 본보기가 될 수 있는 일이 있는 가문은 스스로 자부심을 갖게 된다.

고위 공직자를 지낸 귀족 집안이라는 뜻을 담고 있는 '양반 집안'이라는 말은 가족에게 매우 큰 자부심을 준다. 양반(兩班)은 문무 관료를 뜻하면서 동시에 그 일을 담당할 만한 군자(君子)를 뜻하는데, 이는 학덕이 높고 인품이 좋은 사람을 가리킨다. 그런 사람이 있는 좋은 집안이라는 뜻이다. 양반, 군자는 지혜롭고, 품위 있으며, 어진 성품을 지닌 사람이다. 스스로의 행동에 책임을 지고 신중하게 행동한다. '양반'이란 자부심이 대단하다. 농경 사회에서 농사를 짓지 않고 여유롭게 사는 사람은 소수 관료층이었다. 관료가 되면 부귀영화(富貴榮華)를 누릴 수 있다.

사실 양반 집안이 되려면 지속적으로 문무 관료를 낸 귀족 집안이어야만 한다. 지속적으로 3대 동안 관료를 내지 못하면 그때부터는 보통 집안이 되는 것이다. 그런데 조선 시대 말기부터 20세기 초반에 이를 때까지 우리나라 전체 가문 중 거의 70% 이상이 스스로 양반 집안이라고 여겼다고 한다(조선 시대 당시에 관료 숫자는 매우 적어서 불과 1% 정도도 안되었을 것이지만). 이는 지나친 허세가 지속되는 것으로 볼 수 있지만, 다른 한편으로는 국민 대다수가 '양반이라는 자부심'을 가지고 살았음을 말해준다.

공부를 하여 관료로 진출하기도 하지만 학문 탐구 자체에 충실하여 우뚝한 학자로서 가풍을 세운 사람도 많다. 학자와 관료 세계를 넘나든 퇴계나 율곡에 비해 남명 조식, 반계 유형원, 육당 최남선 등은 학자로서 우뚝한 존재였다. 유도회 권우 홍찬유, 오늘날의 대학 교수들 중에 학술원 회원인 강신택 서울대 명예교수 등 학자로서 우뚝한 가문을 이룬 사람들이 많이 있다. 중요한 것은 이들의 후손이 가업을 이어받아 지속적으로 성장해 가느냐다.

양반 계층과 달리 부(富)를 소유한 사람도 귀(貴)하게 될 수 있다. 농토가 많은

사람, 상공업에 종사하여 부자가 된 사람, 재산이 많은 사람도 여유롭고 자부심 있는 가풍을 가지고 있다. 삼성 이병철 가문, 현대 정주영 가문 등이 여기에 속한다. 이들은 부를 이용하여 기업을 발전시켜 고용 창출을 하는 것은 물론 자선 사업이나 국가 사회를 지원하는 일, 재능 있는 어려운 사람을 돕는 일에 앞장서고 있다. 경주 최부자집 가훈은 타의 모범 사례로 이야기되어 온다.

■ 경주 최부자집 가훈

1. 과거를 보되 진사(進士) 이상의 벼슬은 하지 마라.
2. 재산은 만석(萬石) 이상 지니지 마라.
3. 과객(過客)을 후하게 대접하라.
4. 흉년기(凶年期)에는 땅을 사지 마라.
5. 며느리는 시집 온 후 3년 동안 무명옷을 입어라.
6. 사방 100리 안에 굶어 죽는 사람이 없게 하라.[10]

(출처: 경주교촌마을 홈페이지)

서구에서는 노블레스 오블리주(noblesse oblige)라는 말을 쓰는데, 이 말은 부(wealth), 권력(power), 특권(prestige)을 가진 사람의 책임성에 대한 것이다. 윤리적 관점에서 부자, 유명 인사, 권력자는 일정한 수준 이상의 예의 범절(to exceed minimal standards of decency)을 지녀야 함을 뜻한다. 권한을 가진 만큼 국가 사회나 약자에 대한 의무가 있음을 강조한 것이다.

장인이나 전문가, 예술인으로서 우뚝한 가문을 이룩하는 수도 있다. 훌륭한 화가나 서예가, 음악가, 도자기나 유기(鍮器, 놋그릇) 등 전문 기술을 가진 장인 중에 많

10) (설명) 진사는 지금의 행정고시 1차 시험 합격자 수준이다. 진사(또는 생원)라 부르는데, 이후에 고시 2차, 3차 시험에 응시할 수 있다. 그래서 진사는 '양반'이 될 가능성이 높은 사람이다. 일반 농사꾼이나 보통 사람 단계를 벗어난 사람이다. 지역에서는 유지(有志)로 통한다. 과거에 합격하여 고위직 관료가 되면 좋기도 하지만, 당쟁에 휘둘릴 가능성이 높다. 그러면 현재의 부도 지키기 어려워진다. 사방 몇십 리 안은 대부분 자신의 농토를 소작하는 사람들이다. 이들이 굶지 않게 해야 하고, 이들이 어려울 때 땅을 사들이지 말아야 한다(그들의 땅을 헐값에 사들이는 대신, 그들의 어려움을 도와주어야 한다). 사방 백리는 자신이 살고 있는 군(郡) 크기다. 정부에서 하는 일을 도와 주민 복지를 담당하는 것이다. 만석 정도는 가문을 유지하는 데 충분한 재산이다. 이보다 많으면 (벼, 쌀이기 때문에) 저장도 어렵고, 자칫 이자놀이를 하게 될 수가 있다. 이를 경계하였다. 지나가는 과객은 관내 소작인이거나 정부 관료, 종교인, 훌륭한 지식인일 가능성이 높다. 모두가 내 능력껏 챙겨야 할 사람이다.

이 있다.

가풍이 한 사람, 한 세대로써 완성되기는 쉽지 않다. 오랜 기간을 거치면서 형성되고 유지되는 것이 바람직하다. 부모에서 자식으로, 다시 손자로 이어져 가면서 가풍이 만들어지고 가문이 우뚝 존재하게 된다.

좋은 가풍을 가지고 있는 가문에서 태어나 성장한 사람의 인성은 그 가풍의 영향을 많이 받는다. 양반 가문에서 양반이 나오고, 부귀한 집안에서 부귀한 인재가 만들어진다. 훌륭한 지식인, 학자, 장인, 예술가 집안에서 비슷한 종류의 인성을 가진 인물이 등장하게 되어 있다. 가풍과 가문의 긍정적 효과다. 가풍에 의해 교육되고, 성장하며, 가문의 자부심을 가지고 사고하고 행동하게 된다. 물론 좋은 가풍을 지니고 있는 가문에서도 '엉덩이에 뿔난 녀석', '돌연변이 같이 못된 인간'이 태어나고 자랄 수 있다. 이런 인성을 가진 후손이 태어나면 그 가문은 쇠락하고 가풍도 사라진다.

다른 관점에서, 새로운 가문이 갑작스럽게 우뚝 등장하기란 쉽지 않다. 현실적으로 '개천에서 용나기'가 어렵다. 보통 사람의 갑작스런 신분 향상은 어렵게, 고급 관료가 되기 위한 고등고시 시험에 합격하여 관직에 진출하거나, 로또 복권에 당첨되어 일확천금(一攫千金)을 거머쥐는 식으로 이루어질 수도 있다. 또 현대에서는 벤처 창업을 하여 크게 성공하는 식으로도 신분 상승, 가문 확대가 이루어질 수 있다. 현대 민주주의 자유 시장 경제에서는 누구나 노력에 의해 가문 확대를 꾀할 수 있다.

2. 생활 규범

가족의 구성원은 가족 내에 존재하는 생활 규범의 영향을 받는다. 생활 규범은 먹고 자고 하는 일상적인 생활 습관으로부터 사고 방식이나 행동 규칙에 관한 것까지 다양한 내용을 담고 있다.

부부 사이에 규약을 정하는 수도 있다. 부부 사이의 호칭과 상호 존중 방식, 자녀 교육 분담, 재산 관리, 직업 활동 분담 등 규약을 정해 실천할 수 있다.

자녀의 생활 규칙을 정해두는 수도 있다. 기상 시간, 공부 시간, 텔레비전 시청 시간, 게임 시간, 스포츠 놀이 시간, 행동 규칙, 가정 내에서 형제-자매 사이의 관계 등에 관한 것이다. 자녀들이 어린 경우에는 좀 더 구체적인 규칙이 바람직하고 이들이 성장해감에 따라 대강(大綱)의 원칙만을 정하는 것이 필요하다.

가족원 전체에 해당하는 행동 규칙을 정해두고 실천해 갈 수도 있다. 행동 규칙의 예를 몇 가지 들어 보면,

- 모든 가족은 아침을 함께 먹는다.
- 저녁 귀가 시간은 밤 10시 이전으로 한다.
- 물 한 방울도 아껴 쓰고, 종이 한 장도 낭비하지 않는다.
- 외출할 때는 가능한 한 전기 코드를 빼놓는다.
- 일확천금을 얻기 위해 도박을 하거나 주식 투자를 하지 않는다.
- 정치에 관여하지 않는다.

우리 전통의 『소학(小學)』, 『사자소학(四字小學)』에는 아이들이 성장하는 과정에서 배워 익히고 생활화해야 할 내용이 담겨 있다. 「내칙(內則)」에는 가정 내에서 부녀자가 해야 할 규범이 담겨 있다.

우리 전통의 유학(儒學)은 성격이 다른 법가(法家), 유가(儒家), 도가(道家) 사상이 복합된 것이다. 법가에서는 생활 규범을 비교적 구체적으로 성문화할 것을 요구한다. 식사 예절을 토대로 예를 들면, '7시에 아침 식사, 12시에 점심 식사, 오후 5시에 저녁 식사를 가족 모두가 함께한다' 식으로 구체적으로 정한다. 유가에서는 '아침, 점심, 저녁 식사를 규칙적으로 한다' 정도로 정해 놓고 어느 정도 융통성을 갖는다. 식구들이 가족 상황에 맞춰 적절히 조정해 가면서 식사를 하게 하는 것이다. 이에 비해 도가에서는 '각자 알아서 식사한다'는 식이다. 훨씬 자유롭고 비통제적이다.

자녀가 어려서 자율적 통제 능력이 부족할 경우에는 부모의 뜻이 많이 반영된 법가 형태의 생활 규칙이 필요하다. 하지만, 자아가 충분히 형성된 청소년기에 도달하면 이제는 어느 정도 자율성이 보장되는 유가 형태의 생활 규범이 바람직하다. 가족 모두가 각자 대학 공부와 직장 생활을 하는 단계에 이르면 '각자 알아서 먹는다'는 정도로 도가 형태의 생활 규범이 적당하다.

■ 부모 잔소리 → 가정 교육 → 자녀 인성 형성

일상 생활 속에서 부모, 가족 내 어른이 자녀에게 하는 잔소리가 곧 부모 교육이고 가정 교육이다. 부모의 잔소리는 자녀의 성장과 일상 생활에 관한 것으로 모든 영역에 걸쳐 전방위적으로 이루어진다. 자녀가 가족과 사회에서 필요로 하는 생활 습관과 인성, 예절을 제대로 갖출 때까지 지속적으로 이루어진다.

부모 잔소리, 좀 더 우아하게 표현하면 부모 교육의 대상은 자라나는 자녀가 '아직 가보지 않은 미래, 미지의 세계'에 대한 것이 많다. 나이가 어릴수록 경험이 적고 지식도 별로 없기 때문에 자녀는 부모와 어른의 말씀을 듣고 따라야 한다. 어릴 적에 부모 말씀을 잘 듣는 자녀일수록 기본 인성이 잘 만들어지고 삶과 교육이 안정화된다. 자녀의 활동 반경이 제한되어 있고, 만나는 사람도 적으며, 체험하는 사건과 사물이 한정되고, 이를 통해 얻는 산 지식이 별로 없다. 어린 자녀에게 부모 교육은 꼭 필요하다.

자녀의 인성이 제대로 형성되어 가면서 부모의 잔소리도 줄어든다. '혼자서도 잘하는' 자녀는 점차 잔소리 대상, 부모 교육 대상에서 벗어난다. 자녀가 자라나서 정규 학교 공부를 시작하면 부모의 관여 부분이 현저히 줄어든다. 자녀의 관심이 학교생활과 학업으로 쏠리면서 부모 잔소리 영역에서 벗어난다. 『논어(論語)』에 나오는 '15세에 자신이 뭐를 배울 것인가를 터득했다(15歲 志于學)'는 말은 이 시점부터는 부모의 가르침보다는 스스로 공부하고 경험을 쌓을 수 있게 되었다는 뜻이다.

부모 교육이 얼마나 진지하게 잘 이루어지는가 여부는 '부모의 인성'에 달려 있다. 부모의 지적 능력, 감성 역량, 덕성, 재산과 같은 물질적 능력 등이 큰 영향을 미친다. 그래서 '부모의 능력이 자녀의 능력'이고, '개천에서 용 나기가 어려운 상태'가 전개된다. '자녀를 보면 그 부모를 알 수 있다.' 적지 않은 부모는 자녀 교육 방법을 배워본 적이 없다. 그래서 자기 마음대로, 주먹구구 방식으로 자녀 교육을 한다. 아주 기본적인 차원의 의식주 인간 본능에 관한 것이라면 어떤 부모라도 자녀를 가르칠 수 있다. 하지만, 조금 복잡하고, 수준 높은 차원의 교육 내용은 보통의 부모가 가르칠 수 없다. 잘못하면 엉터리 자녀 교육이 될 수 있다.

부모 입장에서는 자신의 교육 역량을 잘 감안하여, (자녀를 언제나 자신의 통제하에만 두려하지 말고), 적당한 시점에는 다른 우수한 교육자에게로, 정규 학교 교육으로 전환시켜야 한다. 자녀의 잠재 역량을 잘 계발시킬 수 있고, 교육 내용과 방법이 우수한 교육자에게 자녀를 내보내야 한다. 자녀를 학교에 보내지 않는 것, 자녀를 산골 속으로 데려가 가족 교육에만 치중하는 것은 심각한 문제를 낳을 수 있다.

■ 인성도 유전된다!

유전자가 부모로부터 자녀에게 유전되듯, 인성도 부모로부터 자녀에게로 유전된다. 덩치가 큰 부모 밑에서 덩치가 큰 아들이 태어나 자라나듯, 좋은 인성을 가진 부모에 의해서 좋은 인성을 가진 자녀가 태어나고 만들어진다. 선천적으로 부모 인성을 지니고 태어나고, 자라나면서 부모의 인성을 그대로 닮아간다. 어찌 보면 '자녀가 공부를 잘하는 것도 부모 덕이고, 자녀가 공부를 잘 못하는 것도 부모 탓이다.' 부모가 그렇게 낳고, 그렇게 길렀기 때문이다.

영화 배우 아놀드 슈왈제네거(A. Schwarzenegger)가 말했다던가? "내 몸매는 3대에 걸쳐서 만들어졌다. 할아버지가 좋은 몸매를 가지셨고, 아버지가 몸매를 더욱 키웠으며, 내가 완벽할 정도로 만들었다." 자녀의 인성도 조상 대대로, 그리고 부모로부터 물려받은 것이다. 자녀의 인성을 훌륭하게 만들기 위해서는 모든 부모가 정신 차리고 자신의 인성을 좋게 만들어야 한다.

3. 가부장제

가부장제(家父長制, patriarchy)는 아버지가 가족의 대표가 되어 가족을 이끄는 체제를 말한다. 전통적으로 아버지는 가족 내에서 가장 나이가 많고, 힘이 세며, 돈벌이를 잘하는 사람이다. 사회 경험도 많고, 정보나 지식도 풍부하며, 가족을 안전하게 보호할 수 있고, 가족 내에서 가장 올바른 결정을 할 수 있는 사람이 아버지다. 그래서 가족을 통솔하고 가족을 대외적으로 대표한다. 가부장제 가족에서는 아버지가 가족을 위해 헌신적으로 앞장서고, 어머니가 뒤에서 지원한다. 한국 전통에서는 엄부 자모(嚴父慈母) 형태의 아버지와 어머니 역할 분담을 해오고 있다. 가부장을 중심으로 성씨(姓氏), 가계(家系)가 이어진다.

현명하고 민주적인 가부장은 부인의 의견을 존중하고, 가족 구성원인 노부모와 자녀를 배려하며 존중한다. 부부 일심 동체(夫婦一心同體), 부부 평등, 가족 구성원의 자유와 자율을 보장하는 사람이다. 이런 가부장은 가족을 향해 무한 책임을 지려 한다.

사납고 독선적(獨善的)인 가부장은 부인과 자녀의 의견을 무시하고 자기 멋대로 결정하며 가족을 자기 뜻대로 이끌려 한다. 가족 구성원을 윽박지르고 수시로 화를 내며, 잘난 체를 한다. 오만한 가부장은 가족에게 불행을 초래하기 쉽다.

현대는 매우 민주적인 사회이고 이와 병행하여 가족 민주화도 많이 촉진되었다. 그래서 사납고 독선적인 가부장이 설 곳이 좁아져 있다. 언제라도 가족에게 외면당할 수 있다. 그래서 현명한 가부장은 가족의 의견을 존중하고 오만스럽지 않다.

가부장도 이제는 부인, 자녀의 눈치를 보아야 한다. 엄부 자모에 만족하지 않고 스스로 '자애로운 아버지', '아이들에게 인심 쓰는 아버지'로 변모해 있다. 오랜 기간의 노령 기간을 편안히 살아가기 위해서는 평소에 자녀에게 인심을 써놔야만 한다. 아이들 뜻을 거스르지 않고 동조하며 이들의 동정(同情)을 사려고 애를 쓴다. 그러다 보니 '야단치는 엄마'가 생겨나고 있다.

4. 모계 사회

모계 사회(母系社會, matriarchy)는 출산(出産)과 육아(育兒)를 담당하는 어머니 중심으로 가족이 이루어지는 체제를 말한다. 고대 사회에는 한 여자가 여러 남자를 데리고 사는 형태, 여성이 부족한 시대에는 한 여성을 여럿이 공유하는 형태, 종족 번식을 위해 개미나 벌처럼 여왕이 되어 남성을 거느리는 형태의 모계 사회가 존재하였다.

현대 사회는 점차 모계 사회로 전이되고 있다. 육체 노동이 필요하고, 전투로부터 가족 안전을 책임져야 하는 시대에는 가부장제가 적합하였다. 하지만, 현대는 소프트 파워(soft power)가 주름잡는 사회가 되었다. 육체적 힘보다는 지적 사고력과 부드러운 감성이 위력을 발휘하는 시대로서, 여성이 훨씬 유리하다. 여성은 언어 능력이 뛰어나고 섬세하며, 감성적 판단을 잘한다. 각종 시험에 여성이 두각을 나타내고 있다.

가족 내에서도 어머니의 판단과 역할이 중요해졌다. 자녀 교육, 부동산 투자, 의식주 생활, 노인 봉양 등 여러 면에서 어머니의 능력이 탁월하다. 가부장 시대에서 모계 사회로 전이되고 있다. 가부장 중심의 호적 제도가 사라지고 가족관계증명서가 나타났다.

'아들 우선' 시대가 가고, '딸을 나면 비행기 타는' 시대가 전개되고 있다. 결혼한 아들은 며느리를 따라 처가살이를 시작한다. 가족 내에서 여성의 목소리가 커졌기 때문에 부인, 어머니 뜻대로 가정 생활이 펼쳐진다. 자녀를 낳으면 처가, 친정 어머니가 키우고 아이들은 '외할머니를 할머니'로 부르며 자란다. 남성에게 처가(妻家)가 가까운 만큼 친가(親家)는 점점 멀어진다.

모계 사회의 진전은 남성 소외(男性疏外)를 만들고 있다. 소외된 남성은 위축되고, 버려진다. 이런 남성은 불쑥 성범죄를 저지르고, 약한 여성과 노인, 아이를 대상으로 폭력과 살인을 저지른다.

모계 사회 속의 남성 소외를 막기 위해서는 어머니, 여성의 역할이 중요하다. 부부 사랑을 적극 실천하고, 공동의 취미 활동, 균형 잡힌 처가-친가 관계를 회복해야 한다. 남성(특히, 노인, 홀로된 남자)의 성적 욕구 해결 방법을 찾아야 하고, 함부로 남성을 자극하지 않아야 한다.

Ⅳ 가족 문제와 인성

가풍이 있고 반듯한 가문 규범이 있는 가족 구성원의 인성은 바람직하게 형성될 수 있을 것이다. 하지만, 문제 있는 가족일 경우에는 구성원의 인성에 좋지 않은 영향을 미친다. 가족 문제는 구성원 사이의 폭력, 부부의 이혼과 재혼으로 인한 변화, 환자가 있는 경우, 빈곤 가족, 다문화 가족 등에서 나타날 수 있다.

1. 가정 폭력

가정 폭력(家庭暴力)은 인간 존엄성을 근본적으로 무너뜨리는 것으로서 구성원의 인성에 큰 문제를 일으킨다. 폭력 행사자는 물론 피해자 모두에게 영향을 미치고 더 나아가서 가족 전체에 피해를 준다. 폭력 행사는 육체적 폭력은 물론 정서적 폭력, 신체적 방치 등 여러 형태가 있을 수 있다.

가정 폭력은 우선 물리적 폭력으로서, 거친 남편에 의한 아내 폭력, 부모에 의한 자녀 폭력, 자녀에 의한 노인 부모 폭력, 형제 자매 간 폭력이 있을 수 있다. 부모 자식 간의 자효(慈孝) 관계가 사라지고, 형제 사이의 우애가 없어진 상황에서 생겨날 수 있다. 하지만, 자효나 우애가 살아 있는 상황에서도 일시적으로 화가 폭발하여 폭력으로 진행되기도 한다.

일시적 폭력의 경우에는 화가 풀리면 다시금 반성하고 종전의 자효, 우애 관계를 회복할 수 있다. 이럴 경우에는 폭력 행사자가 진심으로 용서를 구하고 재발 방지를 약속해야 한다. 하지만, 폭력 피해를 당한 사람에게 육체적 상처나 심리적 앙금이 남아 있을 수 있다. 폭력 행사자에 대한 신뢰가 무너지고 두려운 존재로 남을 수 있

그림 3-1 가정 폭력 방지 및 피해자 지원 체계(여성가족부)

1년 365일 + 1일 = 1366

가정 폭력 · 성폭력 · 성매매 등으로 긴급한 구조 · 보호 또는 상담을 필요로 하는 여성을 위해 특수 전화 「1366」을 365일 · 24시간 운영. 중앙센터 및 광역자치단체(시 · 도)에 설치.

• 가정 폭력 피해에 대한 상담	여성 긴급전화 1366센터, 가정 폭력 상담소
• 가정 폭력 피해자 숙식제공 등 보호	가정 폭력 피해자 보호시설
• 가정 폭력 피해자 치료	보건에 관한 상담 및 지도, 신체적 · 정신적 피해에 대한 치료, 임산부 및 태아 보호
• 가정 폭력 피해자 피해 회복, 재발 방지	가정 폭력 피해자 치료 · 회복 프로그램, 가정 폭력 가해자 교정 · 치료 프로그램
• 여성 폭력 피해자 주거 지원 시설	자립 지원, 주거 공간 제공
• 가정 폭력 피해자 무료 법률 지원	무료 법률 구조 지원, 피해자의 권익 보호
• 폭력 피해 이주 여성 보호 · 지원	보호 시설, 인권 보호 및 자립 지원

출처: 한국여성인권진흥원.

다. 그래서 폭력 피해의 정도에 따라 단순한 사과(謝過) 수준에서 정신 치료까지 정밀하게 마무리를 해야만 한다.

상습적 폭력 행사일 경우에는 문제가 심각하다. 일차적으로는 가족 구성원 내부에서 문제를 해결해야 하지만, 이것이 불가능할 경우에는 사회 공공기관이나 정부기관의 도움을 받아야만 한다. 폭력 근절 방법으로는 가족 구성원의 분리 거주, 경찰에 의한 감시와 법적 처벌, 상담과 심리 치료 등이 있다. 상습 폭력 행사자의 경우에는 대개 정신적 문제가 있거나 알코올 중독이나 게임 중독 등 병적 증상이 있을 수 있다.

아동 폭력, 학대는 인성 형성 과정에서 일어나기 때문에 인격 형성은 물론 육체적, 정신적으로 심각한 문제를 유발할 수 있다.

부모의 아동 학대 원인을 들어보면, 부모의 미성숙, 아동 양육에 대한 지식 부족, 지나친 기대, 잦은 가정의 위기, 정서적 욕구 불만, 사회적 고립, 어릴 적에 학대받은

그림 3-2 아동 학대 현황(2014)

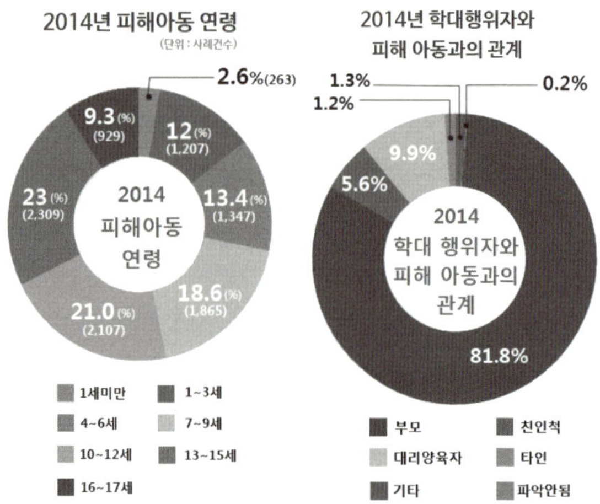

출처: 교육통계 서비스.

경험, 알코올 중독, 약물 중독, 부모의 그릇된 아동관 및 양육관 등이다. 또 부모의 낮은 자아 존중감, 낮은 감성, 의기소침, 부모의 분노, 좌절 혹은 성적 욕구와 같은 충동과 감정 조절의 무능력, 원치 않는 아동, 부모의 불안, 우울증, 기타 정신 질환 등도 있다.

부모 문제도 있지만 아동 자체의 문제도 있을 수 있다. 예를 들어, 아이가 말을 듣지 않고 억세거나, 미숙아나 기형아일 경우, 발달이 더딘 저능아일 경우에 부모의 인내력을 잃게 만들어 폭력을 부르는 수가 있다.

■ 인내, 분노 참기

가정 폭력은 대개 순간적인 분노를 참지 못해 일어난다. 인간, 특히 남성의 무의식 깊숙한 곳에는 '동물적 본능'이 자리하고 있는데 이것이 인간 본성의 분노와 함께 밖으로 표출되어 가정 폭력을 만들어낸다. 평상시에는 이 동물적 본능, 분노가 지혜로운 자아의 통제를 받아 긍정적인 에너지, 활력으로 순화되어 인간과 함께한다. 하지만, 어떤 순간에는 외부 환경의 자극을 받게 되고, 에너지가 분출하면서 자아의 통제를 벗어난다. 자아의 통제를 벗어난 분노의 에너지가 가정 폭력을 유발한다.

가정 폭력 행사자의 인내, 분노 참기가 관건이다. 인내(忍耐)란 마음(心)에 일어나는 칼(刀) 같은 마음을 참는(耐) 것이다. 참을 인(忍)은 '잔인하다'는 뜻과 함께 '차마 어찌지 못한다'는 뜻을 동시에 지니고 있다. 화를 내는 당사자는 폭력의 대상이 바로 자기 가족임을 생각해야 한다. 평소에 예쁘고 사랑하던 가족에게 폭력을 행사하는 일은 '차마 할 수 없는 일'임을 순간적으로 깨달아야 한다. 이런 마음은 평소에 단단히 새겨두어야만 한다. 가족 사랑의 마음을 단단히 구축하여 동물적 분노가 밖으로 표출되지 않도록 만들어야 한다. 분노를 참지 못해 사랑스런 가족에게 표출하는 순간 그는 '인간이 아닌 동물' 수준으로 전락하는 것이다.

■ 폭력의 원인 찾아 해결하기

가정 폭력에는 폭력을 유발하는 원인이 있다. 이 원인 찾기를 심리학에서는 귀인(歸因, attribution) 추론(推論, inference)이라고 부른다. 귀인은 인간이 사건, 자신 또는 다른 사람의 행동의 원인을 추론하는 것이다(Weiten, 1992: 524－525). 폭력 행위자의 분노의 원인이 무엇인가를 찾아가는 것이다.

폭력 행위의 원인은 (1) 내부(internal)－외부(external), (2) 안정(stable)－불안정(unstable), (3) 구체적(specific)－일반적(global) 요인으로 나누어 살펴볼 수 있다

표 3-2 폭력의 원인 규명(예, 술 취한 가장의 폭력)

		안정성 차원(stability dimension)			
		불안정 원인(일시적)		안정적 원인(지속적)	
내부－외부 차원	내부 원인	구체적	일반적	구체적	일반적
		김씨는 술이 취해 자신도 모르게 아들을 때렸다(설명: 평소에는 아들을 사랑하는데, 이 날은 술이 취해 자신도 모르게 폭력을 행사).	김씨는 이날 술이 곤드레만드레 취해 이성을 잃었다(설명: 술이 이성을 잃게 만드는데, 김씨는 이날 너무 많이 먹었음).	이날 아들이 방에서 공부 대신 게임에 열중해 있는 것을 보고 화가 났다(설명: 게임하는 아들이 싫었음).	김씨는 평소에도 게임이 아들의 공부 시간을 뺏는 것이 마음에 들지 않았다(설명: 김씨 마음속에는 아들의 게임 시간이 너무 길다고 생각하고 있었음).
	외부 원인	구체적	일반적	구체적	일반적
		아들이 게임을 못하게 하자 김씨에 막말을 하면서 대들었다(설명: 아들이 욕하고 대들었음).	아들은 게임을 못하게 하면 화를 내는 버릇이 있었다(설명: 아들은 불만이 있으면 아버지에게 대드는 버릇이 있었다).	아들은 '술 취한' 아버지가 싫었다(설명: 평소에는 너그러운데, 술만 취하면 그렇지 않음).	아들은 평소에도 은근히 아버지를 '능력 없다'고 싫어하고 있었다(설명: 아들의 아버지를 낮춰보는 생각).

(Weiten, 1992: 524-525). <표 3-2>를 살펴보자.

가정 폭력을 막기 위해서는 폭력 행위자의 분노 원인을 찾아내서 이를 사전에 막는 것이 필요하다. 폭력 행위자 내부 정신적 요인은 스스로 인성을 가다듬어 이해심과 인내력을 길러야 한다. 분노가 치밀 때 '크게 숨을 들이마시고', '한 번 더 생각'하는 것이 필요하다. 화가 치미는 바로 그 순간, '사랑하는 가족'임을 상기하고 끝까지 참아야 한다.

폭력의 원인을 제공하는 대상자나 환경 요인에 대한 대비도 필요하다. 분노를 일으킬 일을 만들지 않는 것이 최선이겠지만, 일단 그런 일이 발생하면 조심스럽게 용서를 구하고 해결책을 강구해야 한다. 분노를 일으키는 가족에 대해 맞대응을 하는 것은 바람직하지 않다. 싸움을 키우고 좋지 않은 결과를 낳기 쉽다.

2. 이혼, 재혼 부모가 있는 가족

이혼으로 인한 가족 파괴와 재혼으로 인한 새 가족 구성은 부부 당사자는 물론 자녀, 부모에게 큰 변화를 발생시킨다. 이혼은 당사자의 심리적 충격과 변화는 물론 의식주 문제를 유발하고, 가계 소득의 변화를 초래한다. 이혼 후 재혼을 하지 않는 경우에 단독 가구로 남게 되며 당사자와 자녀에게 경제적 어려움 등을 유발한다.

이혼이 부부 당사자의 인성에 미치는 영향을 보면 무엇보다도 상대방에 대한 배

그림 3-3 혼인, 이혼 건수 및 초혼 연령

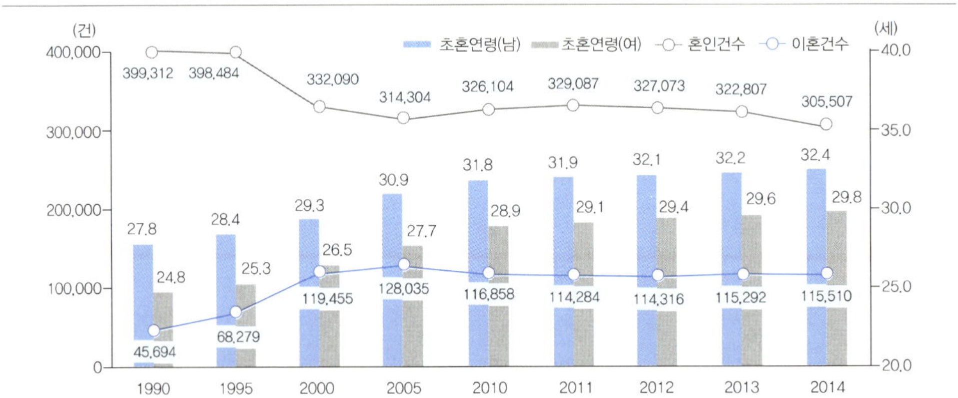

출처: 통계청. 『인구동태통계연보(혼인 · 이혼편)』.

반감과 자기 자신에 대한 상실감이 크다. 이혼 사유가 있고 각자 자기 정당성을 가지고 있겠지만 정상적인 부부 가족에 비춰보면 어느 정도 '부끄럽고 실망스런 자신'을 발견하게 된다. 가족 관계가 모두 파괴되고, 그로 인해 부부를 중심으로 단계 단계 구축되어 있던 모든 사회 관계도 무너져버린다. 자칫 자신감을 잃게 되고, 이혼 후 생활의 어려움을 겪다 보면 급격히 무너져 내릴 수가 있다. 병에 걸리거나 정신적, 육체적으로 피폐해질 수 있다.

이혼한 부모 밑에 딸려 있는 자녀는 부나 모와 이별하는 순간이 나타난다. 출생 후 지금까지 형성되어 왔던 자아, 인성, 가치관이 근본적으로 흔들리게 된다. 부모에 대한 실망감, 당혹스러움, '앞으로 어찌 살 것인가?'에 대한 생각, 친구에 대해 느낄 수 있는 창피함 등이 엄습해 온다. 자녀가 아주 어려서 상황을 잘 모르는 경우에는 이혼 직후의 문제가 비교적 외부적으로 덜 나타날 수 있다. 하지만, 아이 내면에서는 어른이 느낄 수 있는 것과 똑같은 정신 변화가 일어난다. 이것이 알게 모르게 아이에게 작용하여 병적 이상 행동으로 나타날 수 있다. 청소년기의 자녀에게도 이혼 당사자 못지않게 충격적 영향을 미칠 수 있다.

이혼 후 재혼은 새로운 짝을 만나는 일로서 초혼에 비해 어려울 수 있다. 이혼의 상처가 있는 만큼 새로 만나게 되는 배우자에 대한 신뢰가 구축되기 어렵고 의심스런 마음을 가지고 접근하게 된다. 처음 구성한 가족의 경우에는 서로 무한 책임 원칙을 따르는 수가 많지만 재혼의 경우에는 '다시 헤어질 수도 있겠다'는 관점에서 정신적 사랑이나 경제적 자산면에서 좀 더 이기적인 마음이 작용한다.

자녀의 경우에는 새로 만나는 부 또는 모와 새로운 관계를 설정해야 하고 새로운 자녀와도 어울려야만 한다. 성격이 활달하여 적응을 잘하는 사람일 경우에는 그런대로 괜찮을 수 있겠지만 대개는 서먹서먹하고 불편해한다. 새로운 부모에 대한 효도도 그렇지만 새로운 형제와 가족 내 사회 관계를 설정하는 일 또한 어렵다. 부모로서는 자녀의 가족 형성에 신경을 많이 써야 한다. 너무 서두르지 말고, 자녀의 성격을 잘 고려하여 단계적으로 추진해 가야 한다. 새로운 형제-자매 위계 질서를 조심스럽게 구축해 가야 한다. 혹시라도 소외감을 느끼는 자녀가 있을 경우에는 특히 더 신경을 써야 한다.

■ 재가족화

새로운 가족 구성원 모두가 합심하여 재가족화(再家族化)하려는 노력이 필요하다. 모두가 상처를 안고 새롭게 출발하는 만큼 자신의 입장만을 고집해서는 안된다. 이제는 돌이킬 수 없는 과거에 얽매여 앞으로 전개될 미래를 옥죄어서는 안된다. 재가족화는 새로운 출발이다. 부부가 생애 첫 결혼처럼 만나기는 쉽지 않지만, 새로운 공동체, 집단을 구성하는 것으로 이해할 수도 있다. 가족 구성원 모두가 얼마나 '가족'이라는 울타리 속으로 융화되느냐가 관건이다.

3. 편부, 편모, 조부모 가족

부모 중 한쪽이 없는 편부(偏父), 편모(偏母) 가족도 자녀의 인성에 영향을 미칠 수 있다. 부부 이혼이나 사별로 인해 이런 가정이 생겨난다. 부모 중 어느 한쪽이 없는 경우에 자녀들은 다른 정상 가정에 비해 외로움이나 상실감을 겪는다. 부나 모는 직업 활동을 해야 하기 때문에 자녀와 함께 지내는 시간이 적을 수밖에 없다. 부모가 다 있는 경우에는 부 또는 모와 번갈아 가면서 만나고 부모의 자애를 받을 수 있다. 하지만, 한쪽만 있는 경우에는 이런 시간이 대폭 줄어든다. 아버지가 없는 경우에는 가족 내 '남성 영역'이 사라진다. 남성의 역할, 남성의 강인함 등에 대한 결핍이 일어날 수 있다. 어머니가 없는 경우에는 어머니의 자상함, 여성스러움에 대한 동경이 일어날 수 있다.

조부모 가족은 부모가 아이를 버렸거나 부모가 일찍 사망한 경우, 불가피하게 부모가 자녀와 떨어져 살아야만 하는 경우에 나타난다. 앞의 두 경우에는 자녀의 인성에 좋지 않은 영향을 미친다. 부모의 죽음 또는 부모로부터 버림받음은 자녀에게 절망감을 줄 것이다. 정신적 충격은 물론 향후에 부모의 자애를 전혀 받지 못하게 됨으로써 나타날 수 있는 문제가 심각하다. 이럴 경우에는 조부모나 주변 친인척의 도움이 절대적으로 필요하다. 의식주 문제 해결, 학교 교육, 경제적 지원, 향후 인생 설계 등 모든 것이 염려스러워진다.

어린 아이의 경우에는 부모와 떨어져 사는 것 자체가 인성 형성에 좋지 않은 영향을 끼칠 수 있다. 조부모가 부모 대신 사랑을 베풀 수 있겠지만 나이 많은 할아버지 할머니가 감당하기에는 벅찬 부분이 적지 않다. 세대 차이로 인한 의사소통의 어려움, 외부 사회 환경 적응에 필요한 가정 교육의 부재 등 문제가 심각하다. 조부모의 건강이나 경제력에 한계가 있을 경우에는 매우 어려운 삶이 된다. 손자 손녀는 다른 친구의 부모와 너무 나이 차이가 나기 때문에 창피해하거나 불편해 할 수 있다. 자녀도 조부모를 부모처럼 여기고 효도에 충실해야 할 것이다.

4. 다문화 가족

한국이 발전함에 따라 최근에는 다문화 가정이 많아졌다. 다문화 가족이란 성장 단계의 문화가 서로 다른 사람, 즉 국적이 다른 사람이 모여 한 가족을 구성한 경우를 말한다. 다음 <표 3-3>에서 보는 바와 같이 결혼 이민자, 귀화자가 꾸준히 증가하고 있다. 여기에 탈북자 가족, 노동자로서 유입되어 정착하는 사람, 국제 이동의 증가로 인한 외국인 국내 정착인의 증가 등으로 인한 다문화 가정 형성도 늘고 있다.

표 3-3 국적별 결혼 이민자 및 인지, 귀화자 현황

(단위: 명)

국적별	2007	2010	2013	2015
합계	142,015	221,548	281,295	305,446
중국(한국계)	59,902	87,565	100,524	98,037
중국	33,577	60,183	67,944	81,010
베트남	16,305	34,913	52,323	58,761
필리핀	7,146	10,868	15,256	17,353
일본	6,742	5,594	12,338	13,239
캄보디아	–	3,354	5,684	6,468
몽골	1,605	2,665	3,186	3,305
태국	1,566	2,350	2,975	3,208
미국	1,436	1,890	3,081	3,473
러시아	997	1,279	2,025	1,898
대만	5,696	1,856	2,661	3,170
기타	7,043	9,031	13,298	15,524

* 캄보디아의 경우 2007년은 '기타'에 포함.

출처: 행정자치부 홈페이지(2017.3.1).

다문화 가족의 경우에는 언어 소통의 불편함, 사고 방식과 문화 차이로 인한 갈등, 피부색이나 모습의 차이로 인한 생경(生硬)함이 존재할 수밖에 없다. 한국어가 서툰 결혼 이주자의 경우에는 자신의 생각을 제대로 표현하지 못하기 때문에 가정 생활의 어려움을 제대로 해소하지 못할 수가 있다. 또 생활 방식과 문화의 차이를 극복치 못할 경우에는 가족 생활 자체가 불가능해지기도 한다.

결혼 이주자의 경우에 사기 결혼으로 쉽게 이혼하는 수도 있다. 정상적인 결혼의 경우에도 생활 방식과 문화 차이, 의사소통 불가능, 남편의 폭행 등에 의해 이혼하는 수가 있다. 이혼한, 또는 이혼당한 결혼 이주자의 경우에는 금방 어려운 상황에 처하게 된다. 직업을 구해 국내에 체류할 수도 있고 곧장 모국으로 돌아가게 될 수도 있다.

다문화 부부 사이에서 태어난 자녀가 빠른 속도로 늘어나고 있다. 이들은 모습과 피부색이 한국 어린이와 다르다. 이런 부분이 혹시라도 그들에게 충격을 주고 창피함을 줄 수도 있다. 이와 아울러 가족 내에서도 부모의 언어, 생활 문화의 차이로 인해 영향을 받는다.

표 3-4 다문화 가족 자녀 연령별 현황

(단위: 명)

연 도	연령별 현황				
	계	만 6세 이하	만 7~12세	만 13~15세	만 16~18세
2015	207,693	117,877	56,108	18,827	14,881
2013	191,328	116,696	45,156	18,395	11,081
2010	121,935	75,776	30,587	8,688	6,884
2007	44,258	26,445	14,392	2,080	1,341

출처: 행정자치부 홈페이지(2017.3.1).

다문화 가족의 자녀가 보통의 한국 학생, 국민으로 자라나서 생활해 갈 수 있게 적극 지원해야만 한다. 부모에 대한 한국어 및 한국 문화 교육, 자녀에 대한 교육 지원이 적절히 이루어져야 한다. 결혼 이주 여성의 한국 내 부적응이나 이혼, 자녀의 부적응으로 인해 여성의 모국으로 귀환하는 수가 적지 않다. 정부와 사회, 다문화 가족 모두가 책임지고 풀어야 할 숙제다.

포용과 적응

다문화 가족에 대해서는 다수의 포용(包容)과 당사자의 적응(適應)이 동시에 필요하다. 같은 국민, 새로운 동족(同族)이 되었는데 말이 어눌하고 피부색이 다르다고 거리를 두어서는 곤란하다. 한국인이 그동안 자랑스럽게 여겨왔던 '단일 민족' 생각은 이제 '세계 일류 국가'라는 관점으로 승화시켜 가야만 한다. 다문화 가족, 다인종 국민은 한번이라도 세계 일류 국가가 되어 본 적이 있는 나라의 특징이다. 한국도 이제 교류하는 이웃 나라로부터 많은 사람이 몰려드는 나라가 되었다. 우리 한국을 좋아해서 온 사람도 있고, 우리 한국이 부르고 초청해서 온 사람도 있다. 이 모두를 '우리'라는 공동체로 포용해 들여야 한다. 법을 바꾸고, 생활 규범을 다듬어서 다문화 가족을 우리에게 융화시켜야 한다. 물론 그들의 고유 문화를 존중하는 것을 전제로 해야 할 것이다.

귀화나 이민으로 한국인이 된 사람 입장에서는 적극적으로 참여하고, 순화하며, 하나로 거듭나야 한다. 한국어를 배우고, 한국인의 철학과 사상, 생활 방식을 이해하고 받아들여야 한다.

5. 이별과 죽음

가족 구성원이 서로 헤어지는 것이 이별이고, 사람이 삶을 마감하는 것이 죽음이다. 이별과 죽음은 가족 구성에 변화를 초래하고 구성원에게 다양한 형태의 정신적, 경제사회적 영향을 미친다. 이별과 죽음이 갑자기 일어날 경우에는 그 충격이 제법 크다. 이별하는 두 당사자들 사이에, 또 죽음을 맞는 사람과 보내는 사람에게 주는 영향과 파급 효과가 엄청나다.

이별의 원인이 직장 생활이나 학업을 위해 또는 군 복무를 위해 능동적으로, 예측 가능하게 일어나는 경우에는 어느 정도 이별에 대비할 여유가 있어 가족 구성원에게 주는 충격이 적다. 하지만, 서로 헤어져 사는 일 자체가 가족에게 주는 영향도 만만치 않다. 부부가 별거할 경우에는 식생활의 어려움, 성생활 곤란, 자녀 교육의 어려움, 경제적 부담 가중 등의 문제가 발생한다. '보지 않으면 멀어진다'는 속담도 있듯이 가족끼리의 의사소통이나 사랑의 감정이나 행위, 친밀감이나 유대감이 적어진다. 부부 싸움, 부모 자식 간 다툼으로 별거하는 경우에는 더욱 심각한 문제가 발생한다. 별거 기간이 길어지면 질수록 사이가 벌어지고 무감각한 가족이 되고 끝내 이혼으로 치닫기도 한다. 삶을 위해 불가피한 별거가 이루어질 경우에는 가족 소통의 끈을 놓지 않아야 한다. 수시로 상호 방문하고 전화 등을 통해 안부를 묻고 정보를 교류하여야 한다.

죽음은 다양한 원인에 의해 일어난다. 정상적인 수명을 다해 죽는 경우도 있고,

오랜 기간의 투병 생활 끝에 죽는 경우도 있으며, 돌연사나 자살, 교통 사고나 자연 재해로 인한 죽음도 있다. 어느 경우든 죽음은 남은 가족에게 충격을 주고 적지 않은 고통을 유발한다. 사별은 정신적 고통, 신체적 고통, 사회 경제적 고통, 영적 고통을 유발한다(노혜경, 2009: 70). 어린 자녀의 부모 사망, 배우자의 사망, 사랑하는 자식의 사망은 남은 가족에게 큰 고통을 남긴다. 혹시라도 남겨진 가족이 죽음에 대한 죄책감이라도 갖게 되는 경우라면 더욱 심각해진다. 배우자의 사망에 정신적 충격을 받은 남은 배우자가 뒤따라 자살하는 경우라든가, 자녀의 죽음에 충격을 받아 정상적인 일상 생활을 하지 못하고 슬픔 속에 빠져 지내는 부모도 많이 있다.

가족은 갑작스러운 죽음이 남은 가족에게 큰 충격을 준다는 점을 항상 염두에 두고 생활해야만 한다. 싸움이나 음주 운전, 지나치게 위험한 스포츠 등 위험한 행동을 하지 않아야 하고, 자연 재해를 당하지 않도록 조심해야 한다. 주기적으로 건강 검진을 해야 하고, 질병이 발생했을 경우에는 병원 치료와 섭생에 노력해야 한다.

최근에는 질병으로 장기 투병 생활을 하는 사람이 많아졌다. 만성 질병을 앓는 사람, 노령화로 인해 장기 요양을 해야 하는 노인은 당사자는 물론 간호하는 가족에게도 힘든 일상을 제공한다. 의식이 없이 병상에 누워 죽을 날만 기다리는 환자는 치료비는 물론 간호하는 가족의 정상적인 생활을 어렵게 만든다. 병상에 누워 억지로 연명하는 기간이 길어지면 질수록 남은 가족은 피폐해지고 서로서로 다투는 일도 생기며, 경제적 여건도 나빠지는 경우가 많다. 이런 경우에 대하여 존엄사(尊嚴死, death with dignity), 안락사(安樂死, euthanasia) 논의가 활발하고 '편안한 죽음'을 위해 호스피스(hospice) 활동이 일어나고 있다. 안락사는 적극적 안락사와 소극적 안락사, 자의적 안락사와 타의적 안락사로 구분할 수 있다.

■ 호스피스 철학은?

- 호스피스는 말기 환자와 임종 환자, 그리고 그 가족을 돌보고 지지한다.
- 호스피스 대상자의 여생을 가능한 한 편안하게 하고 충만한 삶을 살게 해준다.
- 호스피스 대상자가 삶을 긍정적으로 수용하게 하고 죽음을 삶의 일부로 자연스럽게 받아들여 죽음에 대한 두려움으로부터 해방되게 한다.
- 환자와 가족의 요구에 맞춰 가능한 모든 자원을 이용하여 신체적, 사회적, 심리적, 영적 요구를 충족시키고 지지하여 죽음을 잘 준비하도록 한다.

[출처: 노혜경(2009: 165-166)]

■ 곡기(穀氣)를 끊는 사람, 그를 따라 가는 사람

관재는 추레한 자기 모습이 너무 싫어졌다. 요양원에 들어 온 이후로, 어렵긴 했지만 그래도 애들이나 간병인의 도움을 받아 일어나 휠체어를 타고 병원 바깥으로 바람도 쐬곤 했었는데, 며칠 전부터는 일어날 수도 없고 설 수도 없어졌다. '고추'에 박아놓은 고무줄을 통해 오줌은 그냥 줄줄 새어 옆에 있는 비닐통으로 들어갔지만 똥은 그대로 기저귀에 싸야만 했다. 간병인 아줌마가 날 이리저리 뒤척이며 어렵게 기저귀와 똥을 치우는데 창피하기만 했다. 갑자기 '이렇게 살아 무슨 소용이 있나?' 생각이 들었다. '이제 내가 갈 때가 되었구나!'

그로부터 간병인이나 애들이 떠먹여 주는 죽이나 음료수를 일체 거부하기로 작심하였다. 억지로 입에 음식을 떠 넣어주면 입에 물고 있다가 그냥 뱉어 냈다. 링거 주사를 팔뚝에 놓았지만 억지로 잡아 빼 패대기쳤다. 애들과 의사가 고무 호스를 입에 넣으려는 것을 죽기살기로 거부했다. 하루 이틀 지나면서 날로 힘이 빠지고 말라 가는 것이 느껴졌다. 서서히 주변의 말소리도 들리지 않게 되었다(그렇게 관재는 세상을 떠났다).

칠석(七夕)은 관재(觀齋)가 죽기로 작심하고 곡기를 끊었음을 알고 있었다. 남편을 장례 치르고 그래도 마음을 추슬러보려고 애를 썼다. 텅빈 시골집이 너무나 쓸쓸했건만. 그렇게 1년은 버틸 수 있었다. 그러던 어느 추석날, 차례상을 물리고 난 뒤에 방안에 있으려니까 바깥 마루에서 애들이 다투는 소리가 들렸다. '내가 여태 모셨으니까 이제는 셋째 네가 모시고 가라.' '형님 그러는 게 어디 있어요. 나도 바빠요.' '아버지께서 돌아가셨으니 이제는 유산 분배도 해야지. 어머니 모시는 사람에게 좀 더 몫을 더해줘야지 않겠니?' 신경이 거슬렸다.

6 · 25 전쟁 직전에 새로 지은 기와집이 이제는 다 허물어져 간다. 일곱 자식 낳아 죽을 둥살둥 농사 지으며 길러놨더니, '이제는 늙은 내가 귀찮다고 서로 떠넘기고 있구나'는 생각이 울컥 솟는다. '이제 남편 따라 갈 때가 되었구나!' 칠석은 아침을 굶고 복지관에서 보낸 차로 요양 복지관에 갔다. 이것저것 재미가 없었다. 간식을 주면 옆 노인에게 주어버렸다. 점심은 속이 안 좋다고 하고는 먹지 않았다. 복지사가 온갖 걱정을 다했지만 모른 척했다. 연락 받은 애들이 와서 큰 목소리로 '안드시면 정말로 죽어요!'라고 나무랐지만 모른 척 했다. 서서히 다리에 힘이 없어지고 서 있기가 힘들어졌다(그렇게 칠석은 일주일 만에 아침잠에서 깨어나지 못하고 세상을 떴다).

(*사례: 88세, 90세에 세상을 떠난 텃골 노부부 이야기)

■ **곰탕집 남매가 치매 부친(父親) 재산 싸움 그친 까닭은?**

생긴 지 수십 년 된 서울의 유명 곰탕집은 반으로 쪼개진 상태다. 사장인 팔순 아버지가 치매에 걸리자 아들, 딸이 서로 '왜 아버지 재산을 빼돌리냐'며 소송을 하고 있기 때문이다. 2012년 아버지가 치매 증세를 보이자 아들이 "동생(딸)이 정신이 없는 아버지를 은행에 데리고 가 현금 5억 원을 찾아갔다"고 동생을 상대로 소송을 내면서 가족 간 분쟁이 시작되었다. 딸은 딸대로 "오빠가 분점을 자기 명의로 돌린 것으로도 모자라 본점까지 가지려 한다"며 맞섰다.

한 치 물러섬 없이 다투는 남매에게 2014년 법원은 '둘이 똑같이 돈을 내서 아버지 병원비와 생활비를 대고, 아버지가 돌아가실 때까지 재산은 건드리지 않는다'는 중재안을 제안했다. 아들은 받아들였지만 딸은 거부했다. 그러자 법원은 싸우는 남매 대신 치매 걸린 아버지의 법률행위를 대신할 성년후견인으로 변호사를 지정해 남매가 마음대로 아버지의 재산을 처분하지 못하도록 했다.

2013년 도입된 성년후견 제도를 활용하기 위해 법원 문을 두드리는 사례가 매년 급증하고 있다. 고령화 추세와 맞물리면서 이 추세는 계속 이어질 가능성이 높다. 첫해인 2013년 637건의 후견 신청이 전국 법원에 접수되었지만 지난해에는 3,209건으로 5배나 뛰었다. 법원에 따르면 성년후견 사건의 64.1%는 부모의 재산 등을 놓고 자녀끼리 싸우다 신청하고, 자녀와 배우자(12.8%), 친척들(11.5%) 간 분쟁도 신청의 원인이다.

(출처: http://news.chosun.com/ 2017.05.25.)

용 어

가족. 부부 사랑, 부모 사랑, 자녀 효도, 형제 우애, 노인 공경, 가풍, 노블레스 오블리주, 생활 규범, 가부장제, 모계 사회, 가정 폭력, 아동 학대, 재가족화, 다문화 가족, 이별, 죽음

요 약

- 가족: 혈연을 중심으로 이루어진 삶의 공동체
- 가족의 기능: 부부 성생활, 출산, 가족적 경제 활동, 자녀 양육, 가족 공동체 사회 형성, 가족 문화 공유, 안전 공동체
- 가족의 변화 주기: 가족 형성기, 가족 확대기 또는 자녀 양육기, 자녀 교육기, 자녀 독립기 또는 가족 축소기, 가족 해체기
- 부부 사랑(愛): 부부가 서로 아끼고 좋아하는 마음과 행동
- 부모 자애(慈): 부모가 자식을 아끼고 좋아하는 마음과 행동
- 바람직한 부모의 자녀 사랑: (1) '자녀 사랑의 마음'이 전제되어야 함, (2) 헌신적이어야 함, (3) 절제할 수 있어야 함, (4) 자녀의 입장에서도 살펴야 함, (5) 가족의 경제 여건에 맞게 조화로와야 함, (6) 재혼 자녀 보호
- 자녀 효도(孝): 부모를 잘 모시는 것. 부모님 뜻을 잘 새기고, 순종하며, 음식 봉양을 잘하고, 편안하게 해드리는 것
- 형제 우애(友): 형과 아우가 '사랑스런 벗'의 관계로 지내는 것
- 노인 공경(悌): 노인을 공손하고 정성껏 대하는 것
- 가풍: 가족이 소유하고 있는 좋은 규범이나 분위기
- 노블레스 오블리주: 부, 권력, 특권을 가진 사람의 책임성
- 생활 규범: 일상 생활에 관한 사고 방식이나 행동 규칙
- 부모 잔소리 → 가정 교육: 일상 생활 속에서 부모, 가족 내 어른이 자녀에게 하는 잔소리가 곧 부모 교육이고 가정 교육
- 인성도 유전: 유전자가 부모로부터 자녀에게 유전되듯, 인성도 부모로부터 자녀에게로 유전됨
- 가부장제: 아버지가 가족의 대표가 되어 가족을 이끄는 체제
- 모계 사회: 출산과 육아를 담당하는 어머니 중심으로 가족이 이루어지는 체제
- 가정 폭력: 가족 내에서 구성원 사이에 일어나는 폭력. 육체적 폭력, 정서적 폭력, 신체적 방치 등 여러 형태
- 아동 학대: 부모 등 가족 구성원이나 주변 인물이 아동을 폭력, 학대하는 것
- 재가족화: 새롭게 만난 가족 구성원이 다시 조화롭게 사는 것

- 다문화 가족: 성장 단계의 문화가 서로 다른 사람, 즉 국적이 다른 사람이 모여 한 가족을 구성한 가족
- 이별: 가족이 서로 헤어짐

[인성의 덕목 2] 효

1) 개념 정의	■ 효(孝)=효도(孝道): 부모를 잘 모시는 일 – 자식이 어버이를 섬기는 도리 ■ 효행(孝行): 부모를 잘 모시는 행위 – 효성(孝誠): 진심으로 부모를 잘 받들어 모심
2) 개념 해석, 뜻풀이	■ 효의 대상: 부모(아버지, 어머니), 조부모(할아버지, 할머니) ■ 효의 주체: 자녀(아들, 딸), 손자 손녀 ■ 효의 내용 – 부모님 뜻을 잘 새기고, 순종하며, 음식 봉양을 잘하고, 마음을 편안하게 해드림 – 봉양(奉養), 존경(尊敬), 복종(服從) – (돌아가신 부모, 조상) 살아 계실 때처럼 존중함. 추효(追孝) – 자녀의 생활 여건과 부모의 생활 여건을 동시에 고려하여, 합리적인 방법으로 효도를 해야 함(일방적인 자녀의 희생이나 자녀의 정상적인 생활을 불가능하게 하는 정도는 진정한 효가 될 수 없음) – 효도는 자녀가 생활 능력이 없고, 공부를 해야만 하는 기간 동안 무한대로 부모 지원을 받은 것에 대한 보답으로도 볼 수 있음 –(정신적 효도) 부모를 걱정시키는 신체 훼손, 무직자 생활, 불혼(不婚), 경제적 파산이 없도록 노력함. 부모가 자녀에게 바라는 것을 잘 알아 새겨 뜻을 어기지 않고 따름 –(물질적 효도) 자녀의 경제 여건이 허용하는 범위 내에서 용돈, 생활 자금, 주택 등을 제공함 –(질병 수발) 부모가 노령화할수록 질병 발생 가능성이 높고, 이에 대한 대책이 필요함(필요할 경우에는 노인 요양 보호와 같은 정부 지원 요청) –(노후 대책) 부모가 소득 창출 활동에서 은퇴한 이후, 생활비, 병원비, 건강 활동비에 대한 보장이 필요함. 부모가 마련한 연금, 재산, 저축을 고려하여 자녀가 지원해야 함 ■ 효의 시기: 평생, 언제, 어디서나
3) 관련 이론	■ 부모 사랑과 자녀 효도(=慈孝) – 부모는 자녀를 낳기 위해 최선을 다하고, 어린 자녀가 홀로 살아갈 수 있도록 모든 노력을 기울인다. 자녀는 어릴 적에는 무한대의 부모 사랑 속에 성장해야만 한다. 자녀는 성장한 이후에 점점 노쇠화 하는 부모를 향해 무한대의 효도를 해야만 한다. ■『논어(論語)』 – 효와 공경은 인의 근본(孝弟, 仁之本) – 젊은이는 집에 들어와서는 효하고, 나가서는 공경한다(入則孝出則弟). – 부모를 섬김에, 힘을 다 쏟아야 한다(事父母 能竭其力). – 부모의 뜻을 어기지 않는다. – 봉양하되, 온 정성을 다하라. – 살아 계실 때도, 돌아가셨을 때도 예로써 모셔라. – 자녀로서, 다치거나 병 들지 않는 것이 효도다. – 부모에게 화내지 말고, 온화한 안색으로 대하라. – 부모가 살아 계실 때는 멀리 노닐지 않으며, 노닐 때는 반드시 가는 곳을 알려 드려야 한다. (위정편) – 부모의 나이를 잘 챙겨라.

- 부모의 도를 함부로 바꾸지 않는다.
- 부모는 예로써 섬기고, 예로써 제사지낸다. (위정편)

■『맹자(孟子)』
- 젊은이는 효제충신을 잘 닦아, 집에서는 부모와 어른에게 효도를 해야 한다.
- 증자는 아버지인 증석을 모실 때, 먹거리 봉양(=養口)뿐만 아니라 뜻을 편안하게 하는데(=養志) 힘썼다.
- 불효(不孝) 세 가지 중에 후손을 잇지 못하는 것이 가장 나쁘다.
  (불효 3가지: 나쁜 짓을 해서 부모를 의롭지 못하게 하는 일, 가난해서 부모를 굶주리게 하는 일, 자식이 없어 가계를 끊는 일) (이루장구, 상편)
- 순 임금의 대효(大孝): 부모를 원망하지 않음. 못난 아버지를 참고 기다려 기쁘게 하려 노력함
- 5가지 불효: (1) 사지를 게으르게 하여 부모를 봉양치 못하는 것, (2) 술과 취미에 빠져 부모를 모시지 않는 것, (3) 재물과 자기 부인이나 자식만을 챙기고 부모를 방치하는 것, (4) 감각적 욕심에 빠져 부모를 욕되게 하는 것, (5) 사납고 싸움을 즐겨 부모를 위험에 빠뜨리는 것
- 어버이를 친하게 대하는 것이 인이다(親親 仁也).

■『효경(孝敬)』: 공자와 증자의 말씀. "효가 덕이나 교화의 근본"
- 고구려 태학이나 신라의 국학에서 필수 과목
- 효는 덕의 근본이요 교육의 시초다. 내 육체는 부모로부터 받은 것이니 함부로 상하지 않게 하는 것이 효의 시작이다. 자식이 잘되서 성공하여 부모를 빛나게 하는 것이 효의 목표다.[11]
- 몸을 조심하고, 물건을 아껴 부모 봉양해야 한다(謹身節用 以養父母).
- 부모를 사랑하지 않고 남을 더 사랑하는 것은 잘못된 것이고, 부모에게 온 정성을 다하지 않으면서 남에게 더 잘하는 것은 예에 어긋난다.[12]
- 효자가 부모를 섬길 때는 평소에 온 정성을 다하고, 항상 즐겁게 해드리며, 병이 들면 근심하고, 돌아가시면 슬퍼하는 것이다.[13]

■『예기(禮記)』
- 자식은 (부모를 챙김에) 겨울에 따뜻하고 여름에 서늘한가, 저녁 잠자리와 아침 평안을 살펴야 한다. 부모의 잘못을 볼 때는 얼굴색을 평안히 하며 함부로 언쟁을 해서는 안된다. (곡례편)
- 자식은 나갈 때 말씀드리고 돌아오면 얼굴을 보고 보고해야 한다. 놀 때는 평상심을 잃지 않고, 익숙하게 생업에 임해야 한다.
- (부모가 계실 때) 함부로 아랫목이나 한가운데 앉지 않고, 길 가운데로 걷지 않으며, 대문 가운데 서지 않는다.

11) 子曰夫孝, 德之本也, 教之所由生也。身體髮膚, 受之父母, 不敢毁傷, 孝之始也; 立身行道, 揚名於后世, 以顯父母, 孝之終也。夫孝, 始於事親, 中於事君, 終於立身. (효경, 開宗明義章, 1)
12) 故不愛其親, 而愛他人者, 謂之悖德; 不敬其親, 而敬他人者, 謂之悖禮. (효경, 성치장, 9)
13) 子曰孝子之事親也, 居則致其敬, 養則致其樂, 病則致其憂, 喪則致其哀, 祭則致其嚴, 五者備矣, 然後能事親。(효경, 紀孝行章, 10)

	– 부모님의 소리 없는 가르침을 듣고, 무형의 존재를 살펴봐야 한다. – 함부로 높은 데 오르지 않고, 깊은 데 가지 말며, 비난받아 구차해지지 말고, 억지웃음을 웃지 말아야 한다. ■ 원광법사의 세속오계(世俗五戒)(신라): 효로써 부모를 섬기어야 한다(事親 以孝). ■ 삼강행실도(三綱行實圖)(세종 때): "가정에서는 충효(忠孝)를 전하고 대대로 인경(仁敬)을 지킨다." 효행을 소개 – 오륜(五倫): 부모와 자식은 가까워야 한다(父子有親).		
4) 효 실천 지표	(1) 부모 건강 챙기기	식사 챙기기	부모의 식사량, 식사 행태, 음식의 질과 양 점검
		육체적 건강 챙기기	육체 건강, 운동, 취미 활동, 노쇠 현상 점검
		정신적 건강 챙기기	행복과 만족, 애로사항 여부, 고민과 갈등 점검
		질병 챙기기	각종 질병 유무, 질병 진행, 복약, 치매 점검
	(2) 부모 마음 헤아리기	삶의 가치관	삶의 목적 가치, 감성과 지성, 종교와 철학 점검
		재물에 대한 생각	토지, 집, 동산과 부동산, 재산 증여와 상속에 대한 생각 점검
		자녀에 대한 생각	자녀 생각, 지원 여부, 고민 여부 점검
		희망과 애로사항	하고 싶은 일, 취미, 성, 고민거리, 힘든 일 점검
	(3) 자기 자신 돌아보기	삶에 최선을 다하고 있는가?	공부나 직업, 사회 활동에 최선을 다하고 있는가 반성
		질병은 없는가?	다친데, 질병 없는가 반성
		부모 뜻을 잘 따르는가?	부모 뜻을 거스르거나 부모와 다툰 적 없는가 반성
		부모와 잘 소통하고 있는가?	부모와 대화, 전화, 의사소통을 잘하고 있는가 반성
	(4) 형제 자매 챙기기	형제 자매와 소통	대화, 소통, 관계 점검
		형제 자매 돕기	물적, 정신적 상부상조 점검
		일가친척 챙기기	조부모, 친척 관계 점검
		가문 챙기기	가문, 친지 챙기기 점검
	(5) 부모 기억하기	제사, 묘소 챙기기	정기적, 부정기적 행위 점검
		유품, 기억 관리	유품 보존, 기억 활동 점검

5) 효 가르치기	■ 가족 내 교육 (1) 모범 보이기: 부모 스스로 자신의 부모, 즉 조부모에게 효를 실천함 자녀가 보고 따라함. 불언지교(不言之教) (2) 밥상머리 교육: 가족이 모두 모일 수 있는, 즐거운 식사 시간에 자연스럽게 효 교육 지나치게 교훈적으로 하여 식사를 재미없게 해서는 안됨 한꺼번에 많은 것을 가르치지 않아야함. 일상 교육 (3) 자녀 성장 단계에 맞춤형 교육: 나이가 어릴 때는 가장 기본적인 것만 가르치고, 성장하면서 좀 더 복합적이고 차원 높은 항목 교육. 단계별 교육 (4) 선조, 역사 교육과 병행: 가문의 역사, 우수한 선조 사례를 들면서 자부심을 주면서 교육, 가문(家門)과 역사 교육 ■ 학교 교육: – 학교의 교과 과정을 통한 효 교육 – 효 문화 관련 박물관, 역사 박물관 등을 현장 학습하면서 교육 ■ 전문 단체 및 기관 교육: 효 관련 단체나 기관의 전문가를 통한 교육
6) 효 배우기	■ 가정에서: – 부모를 보고 따라가면서 배움 – 부모의 밥상머리 교육을 통해 배움 – 가문의 역사, 자랑스런 선조 사례를 통해 배움 ■ 학교에서: – 교과 내용을 통해 학습. – 선생님의 가르침을 통한 배움
7) 효 실행하기	
■ 가정에서	– 아침 문안 인사: 함께 살 경우에는 매일. 떨어져 살 경우에는 수시로 – 봉양(奉養): 식사 점검, 건강 챙겨 묻기, 질병 점검 – 양지(養志): 행복 만족도 점검, 고민과 애로사항 묻기, 희망사항 점검
■ 학교에서	– 학교 생활 잘하기, 공부 열중, 교우 관계 원활, 일탈 행동 금하기 – 몸 관리 잘하기 – 장래 진로를 부모와 상의
■ 사회에서	– 안정된 직장 생활, 안정된 소득 창출 노력 – 몸 관리, 건강 유지 철저 – 부모를 욕되게 하는 일 금지

Chapter 4

인성과 사회

인간은 가족으로부터 출발하여 사회를 이루고, 국가를 만들어 그 구성원이 된다. 사회적 인간이라는 말은 다른 인간과 공동으로 삶을 영위해 가는 존재라는 뜻이다. 사회적 인간은 자기 나름으로 다른 사람이나 사회를 바라보는 방법이 있고 준거틀이 있다. 또 많은 관찰과 경험을 통해 정보를 획득하고 인성을 만들어 간다. 특정한 인간의 인성은 그가 어떤 준거틀, 지식 획득 방법을 사용하는가에 따라 영향을 받는다. 좀 더 구체적으로 한 사람, 한 사회를 대면하면서 첫인상을 만들고, 알아가기 행동을 지속한다.

인간의 대인 관계의 시작은 가족을 넘어 친구, 애인, 사회 관계인으로 확대된다. 친구 간에 우정과 경쟁, 사랑을 통해 인성을 함양하고 다양한 공동체 사회를 통해 사회적 태도와 관계 설정, 행동을 하게 된다.

사회적 동물로서 인간은 군집, 집단 활동을 한다. 집단을 형성하는 형태는 일반 군중, 자발적 참여 집단, 직업 집단이 있다. 참여 집단 형태에 따라 참여하는 사람의 인성이 달라진다. 또 집단 속에서 어떤 역할을 하는가 여부에 따라 인성 함양, 인성 작용이 달라진다. 지도자와 구성원의 인성에 차이가 있다.

집단 내 행동을 좀 더 구체적으로 살펴보면 동조, 순종, 자기 주장, 복종, 저항 등 다양한 형태의 인성 작용을 보인다. 권력과 정치 작용, 개혁, 내부 고발이라는 능동적 행위도 있고 직무 몰입, 직무 만족처럼 직무 관련 활동도 있다.

Ⅰ. 인간과 사회

1. 사회적 인간
   - 사회 인식: 방법과 준거틀
   - 관찰(과 경험) → 일반화
2. 대인 지각: 사람 알아가기
   - 첫인상
   - 속성 탐구: 태도와 귀인

Ⅱ. 대인 관계와 인성

1. 친 구
   - 우정과 경쟁
2. 애 인
   - 사랑과 절제
3. 사회 관계인
   - 사회적 태도
   - 사회적 관계
   - 사회적 행동

Ⅲ. 집단과 인성

1. 집단 형성
   - 군중
   - 자발적 참여 집단
   - 직업 집단
2. 집단 사회 관계
   - 역할
   - 지도자와 구성원
   - 동료 관계
3. 집단 내 행동
   1) 동조와 독립
   2) 순종과 자기 주장
   3) 복종과 저항
   4) 권력과 정치 작용
   5) 개혁, 내부 고발
   6) 직무 몰입, 직무 만족
   7) 갈등 관리

[인성의 덕목 3: 예]

I 인간과 사회

1. 사회적 인간

그리스 철학자 아리스토텔레스(Aristoteles)는 가족으로부터 국가에 이르는 과정을 설명하면서 다음과 같이 이야기하고 있다.

"인간은 자연적으로 가족을 형성하고, 촌락이라는 자족적인 공동체를 만들어 간다. 공동 사회를 만들고자 하는 것은 인간의 본성이다. 인간은 본성상 사회적 동물이다. 모여 사는 다른 동물 집단에 비해 인간은 언어 능력을 가지고 있고, 옳고 그름을 판단할 줄 안다. 인간만이 공동 사회를 만들 수 있는 유일한 존재다(Aristoteles, Politica)."

인간은 홀로 살아갈 수가 없다. 인간의 탄생이나 자손 번식은 필연적으로 남녀의 성교로부터 시작되기 때문이다. 부부로부터 시작되는 가족이 인간 사회의 첫 출발이다. 단출한 가족이 자체적으로 자급자족을 하면서 살아갈 수 있다면 바람직하다. 하지만, 의식주 해결이나 재난이나 다른 동식물의 공격으로부터 안전하기 위해서는 군집 생활이 필요하다. 이 군집 생활을 사회라고 부른다.

사회(社會, society)란 어떤 목적을 가지고 모여 사는 사람 집단이다. 사회는 지속적인 상호작용을 하는 사람 집단인데, 좀 더 크게 보면 같은 영역에서, 같은 정치적 권위나 지배적인 문화를 가지고 있는 사람 집단이다.[1] 가장 작은 단위의 사회가 가족이고, 가족이 모여 마을, 도시, 국가로 발전해 간다.

인간은 태어나는 순간부터, 또 땅에 발을 딛고 서는 그 시점부터 사회 속으로 진입하고 사회의 일원이 된다. 가장 먼저 만나게 되는 가족 사회는 현재 우리가 몸담고 있는 국가, 사회의 기본 출발점이다. 가족 속에서 자아가 형성되고, 생존의 법을 익히며, 더 큰 사회로의 진입 방법에 대해 배운다.

사회는 다양한 형태로 분류될 수 있다. 목적에 따라, 군집 형태에 따라, 내부 조직 형태에 따라, 지역에 따라 다양한 이름의 사회를 말할 수 있다. 학교 사회, 계급

1) A society is a group of people involved in persistent social interaction, or a large social grouping sharing the same geographical or social territory, typically subject to the same political authority and dominant cultural expectations(Wikipedia).

사회, 시민 사회, 군인 사회 등…. '사회'라는 말이 보통 명사로 쓸 수 있기 때문에 앞에 어떤 용어가 첨부된 사회를 생각할 수 있다.

우리가 상식적으로 정치, 행정, 경제, 사회, 문화, 과학 등으로 말할 때 '사회'는 다른 영역을 제외한 것만으로 보아야 한다. '정치 사회'라는 말을 정치 작용이 일어나는 사람 집단에 대한 것으로 새긴다면, '정치와 사회'라고 구분해서 말할 때의 사회는 정치 영역을 제외한 나머지 사람들의 모임이다. 행정과 사회, 경제와 사회, 문화와 사회, 과학 기술과 사회라고 구분해 말할 때도, 앞의 특수 목적 집단을 제외한 '일반 사회'만을 이야기하는 것으로 보아야 한다.

■ 사회 인식: 방법과 준거틀

독립된 인간으로서, 우리의 자아는 외부 대상인 사회를 끊임없이 인식하고 있다.

"가족은 내게 무엇인가?"

"그녀는 정말 좋은 사람인가?"

"친목 산악회에 들어야만 하는가?"

"내가 왜, 그 사람 모임에 가야 하지?"

"국가란 무엇인가? 국가는 정말로 내게 필요한가?"

인간은 다른 사람과 사회를 어떻게 인식할까? 기본적으로는 자아가 외부 타자를 인식하는 방식으로 진행된다. 감각 기관에 의한 감각과 두뇌의 지각이 어우러져 인식이 일어난다. 이런 심리학적 인식에 대해서는 앞 장에서 설명하였다. 여기서는 인식 대상이 인간이나 사회인 사회심리학적 관점에서 논의를 해보기로 한다.

인간은 외부 대상을 인식할 때 자기 나름대로 보는 시각이 있고, 준거틀을 사용한다. 세상을 보는 시각은 사람이 대상을 어떤 관점에서 바라보느냐에 대한 것이다. 예를 들어, 푸른색 안경을 쓰고 보면 온 세상이 푸르게 보이고, 빨간색 안경을 쓰고 세상을 보면 빨갛게 보이게 되어 있다. 이때 '푸른 안경', '빨간 안경'이 바로 세상을 보는 시각이다. 내 마음 속 자아가 푸른 안경 또는 빨간 안경 상태에서 외부 세상을 보는 셈이다. 대상 사회를 긍정적으로 보느냐 부정적으로 보느냐에 따라 달라 보이고, 희망적으로 보느냐 비관적으로 보느냐에 따라 달라 보인다. 보는 관점에 따라 이어지는 행동도 달라진다.

보는 시각을 전문 학술 용어로 접근 방법(接近方法, approach)이라고 부른다. 접근 방법은 대상에 관한 자료의 수집과 판단 근거로 작용한다. 접근 방법 중 몇 가지를 예로 들어보자.

- 역사적 접근 방법(historical approach): 사회 현상을 역사적 발전 과정으로 이해하고자 한다. 예를 들면, 현재의 남한과 북한 관계는 1945년 이후 변화 발전해 오면서 형성된 것이다. 시대 흐름에 맞춰 시작과 전개, 현재와 미래 전개 방향을 가늠해 볼 수 있다.
- 행태적 접근 방법(behavioral approach): 겉으로 드러난 인간의 행태를 과학적, 통계적 방법으로 이해한다.
- 심리적 접근 방법(psychological approach): 심리적 자아, 인식, 감관 지각 등의 관점에서 이해한다.
- 인간 관계적 접근 방법(personal relationship approach): 사람들 사이의 상호작용 관계를 중심으로 이해한다.
- 지정학적 연구 방법(geological approach): 지정학적 여건을 분석하여 설명하고자 한다.
- 생태적 접근 방법(ecological approach): 환경 생태를 탐색하여 그 속에서 살아가는 모습을 이해한다.
- 문화적 접근 방법(cultural approach): 문화적 특성을 탐구하여 사회를 이해한다.

이런 여러 접근 방법은 인간이 다른 대상, 사회를 이해하는 데 중요한 출발점을 제공한다.

접근 방법은 좀 더 구체적인 말로 표현하면 준거틀(準據틀, framework), 분석틀이라고도 부를 수 있다. 조금 차별화를 시도한다면 접근 방법이 좀 더 광의의, 너른 시각을 제공하는 것이라면 준거틀이나 분석틀은 좀 더 구체적인 것으로 보려고 한다. 사회심리학에서는 이를 도식(圖式)이라고 부르는데(한국심리학회, 2004: 372-374), 영어로는 스키마(schema)다. 스키마는 사람의 기억 속에 저장되어 있는 체계적인 준거틀이다.[2] 스키마는 주요 개념과 정보, 논리로 구성되어 있는데 사람이 외부 대상을 단순화시켜 이해하는 데 도움을 준다. 사람은 이 스키마를 이용하여 외부 대상에 관한 새로운 정보를 이해하고 해석한다.

---

2) Schema are organized bodies of information stored in memory(Feldman, 2001: 61).

이런 스키마, 준거틀은 이전 경험이나 인식, 축적된 개념과 지식을 토대로 만들어진다. 이는 특정한 대상에 관련된 개념들을, 적절한 논리와 맥락으로 연결하여 만든 것이다. 개념 연결은 경험을 통해 얻은 법칙성이나 학습을 통해 받아들여진 합리적 논리를 토대로 한다.

사람 마음 속의 준거틀은 매우 자의적(恣意的)이다. 자신의 경험과 축적되어 있는 지식을 토대로 자아에 의해 '스스로 만든 것'이기 때문이다. 좋은 경험 상태에서 만들어진 준거틀과 나쁜 상황에서 만들어진 준거틀은 대상 인식에서 큰 차이를 유발한다. 예를 들어, 손흥민의 멋진 골을 기억하고 있는 사람은 상대편 골문 앞에서 손흥민이 골을 잡는 순간, '골을 넣을 것!'으로 확신하고 기대감을 갖는다. 하지만, 손흥민의 실수를 기억하고, 그를 나쁘게 보고 있는 사람은 '또 헛발질할 것'이라고 믿어버린다. 똑같은 사람을 놓고 전혀 다른 준거틀이 작동하고 있다.

준거틀, 스키마와 관련하여 항시 유의할 점이 있다.

첫째, 선입견(先入見)이나 편견(偏見)이 개재되어 있을 수 있다. 잘못된 경험이나 지식으로 인해 편견이 생겼고 이것이 그대로 준거틀화하는 경우에 문제가 있다. 예를 들어, '환경 운동하는 사람 중에는 정부 비판적인 야당 성향의 정치인이 많다'는 준거틀을 가진 사람이 있다. 사실 정부 비판적인 야당 정치인으로는 문화 예술 분야, 노동자 빈곤 분야에도 많이 있다. 또 여당 성향의 정치인 중에도 환경 보존에 적극적인 사람이 많다. 그렇다면, 이 사람은 왜 지금과 같은 준거틀을 가지게 되었을까? 알고 보니 그는 자기 지역의 환경 운동가 출신 야당 정치인을 사례로 그렇게 생각하게 되었던 것이다. 어린 시절의 경험을 자아 깊숙한 곳에 새겨 넣은 사람은 나중에 노인이 되어서도 자신의 경험에 근거한 생각이 옳다고 여기는 성향이 있다. 이런 고정 관념, 선입견이 준거틀에 작용한다.

둘째, 정확하지 않고 잘못된 오류(誤謬)가 있을 수 있다. 정확하지 않은 지식, 논리를 토대로 준거틀을 구성하는 수가 있다. 정확한 인과 관계 설정, 진리의 발견은 일반 사람으로서는 쉽지 않다. 전문 연구자로서도 수없이 많은 관찰과 실험을 통해서나 겨우겨우 알아낼 수 있는 진리가 많다. 일반인으로서는 부정확한 정보, 오류가 있는 지식을 토대로 준거틀을 만드는 수가 많다. 예를 들어, '산속의 물은 깨끗하고 맑으니 마음껏 먹어도 좋다'는 준거틀을 가진 사람이 있다. 산에 살면서, 또 어린 시절 경험을 토대로 이런 생각을 갖게 된 것이다. 이 사람은 어린 자녀에게 산속 물을 마음껏 먹도록 권유한다. 그런데 최근에 과학적 연구 결과를 보면 산속의 물속에는 적지 않은 미생물과 세균, 기생충, 석회석, 광물질이 들어 있어 함부로 마시면 좋지 않다고 한다. 오류의 준거틀은 후에 큰 부작용을 낳을 수 있다.

셋째, 준거틀이 의도적으로 변형되어 적용되는 수도 있다. 긍정적인 사람은 대상 이해에 있어서 더욱더 긍정적인 방향으로 준거틀을 작동시킴으로써 오류를 증폭시키기도 한다. 부정적인 준거틀을 가진 사람도 마찬가지다. 이와는 달리 긍정적인 준거틀을 의도적으로 부정적인 방향으로 변형시키는 경우도 있다. 예를 들면, '여름에 낮은 구름이 북쪽 방향으로 흐르면 비가 오고, 구름이 남쪽 방향으로 흐르면 비가 그친다'는 경험칙을 가진 사람이 있다. 이런 사람은 구름이 동북 방향이나 서북 방향으로 조금만 움직여도 비가 올 것으로 예견하고, 어떤 때는 구름이 서쪽으로 움직였는데도 북으로 움직이는 것이라고 우길 수 있다. 그는 (당시에) 비가 오는 것을 몹시 기다리고 있는 사람이었기 때문이다.

넷째, 준거틀이 이해하고자 하는 대상에 적합지 않을 수가 있다. 준거틀은 인식하고자 하는 대상과 분야나 성질 등이 비슷해야만 한다. 그래야만 정확한 인식을 할 수 있다. 전혀 이질적인 준거틀을 엉뚱한 대상에 적용해서는 곤란하다. 예를 들면, '이웃집에 있는 다문화 가정의 가장은 이란에서 온 사람이다. 그래서 그 집은 이슬람교를 믿을 것이기 때문에 돼지고기를 먹지 않을 것이다.'는 생각을 가진 사람이 있었다. 그런데 이웃집 사람은 돼지고기 삼겹살을 맛있게 먹곤 했다. 왜 그럴까? 알고 보니 그 이웃 사람은 기독교도였다. 준거틀이 잘못되어 있었다.

■ 관찰(과 경험) → 일반화

사람은 수많은 관찰을 하고 경험을 한다. 귀납적 접근 방법(歸納的 接近方法, inductive approach)에서는 (백지 상태에서 출발하여) 수많은 관찰(과 경험)의 일반화를 통해 정확한 진리를 찾아간다. 한 번, 두 번 … 여러 번 같은 관찰(경험)을 하여 결과가 하나로 몰아지면 그것을 참된 진리로 받아들인다. 이에 비해 연역적 접근 방법(演繹的 接近方法, deductive approach)은 (기존의 준거틀을 활용해) '내 생각대로 맞을 것'이라는 관점에서 현실을 살펴보고 맞는가 여부를 측정한다.

어떤 경우든 단 한번만의 관찰(이나 경험) 또는 측정 결과만을 가지고 '참된 진리'라고 결론을 내는 것은 어렵다. [물론 면벽하고 수십 년 도를 닦은 끝에 직관(直觀)을 통해 깨달음을 이뤄내는 고승도 있긴 하다. 하지만] 보통 사람은 단 한번만에 진리를 찾아내기가 쉽지 않다. 그래서 수없이 많은 시행착오(試行錯誤, trial and error) 과정을 거쳐 '참된 진리'를 찾아간다.

사람 중에는 한번만의 관찰(또는 경험)을 통해 알아낸 지식을 '참'이라고 여기는 사람도 있다. 그러나 이는 매우 위험한 행위다. 예를 들어, '내 친구 영희가 오늘 욕을 했다. 그녀는 욕쟁이가 틀림없다'는 식으로 단 한번에 결론을 내려 참된 진리로 만드는 경우다(사실 이날 영희는 아버지한테 매우 혼나서 기분이 상해 있었고, 시험 성적도 떨어져 낙담하고 있었다. 그래서 누가 조금만 건드려도 화를 내는 중이었다). 사람은 자신의 관찰(또는 경험)을 여러 번 반복해 가는 과정을 통해 참된 진리를 찾아간다. 이를 휴리스틱 접근 방법(heuristic approach)이라고 부른다. 이 방법은 자기 발견 학습적 접근 방법이다. 복잡한 대상을 이해하기 위해서 처음에는 가장 근접하다고 생각되는 비교적 단순한 준거틀을 사용하여 대응한다. 이후에 자료와 정보를 수집해 가면서 추가적으로 정확도를 높여 가고, 최종적으로 완벽한 이해 수준까지 도달하고자 한다. 대상에 대한 정보가 부족하고 불확실성이 높은 경우에는 전문가는 물론 보통 사람도 이런 방법을 사용한다.

2. 대인 지각: 사람 알아가기

사회적 인간은 반드시 다른 사람을 만나게 되어 있다. 다른 사람을 만나 교류하고, 상호작용하면서 삶을 살아간다. 가족 내에서도 그렇지만 가족을 벗어나 사회 속으로 진출하는 인간은 가장 우선으로 해야 할 일이 접촉하는 사람을 이해하는 일이다. 다른 사람을 이해하는 일이 대인 지각(對人知覺, interpersonal perception)인데, 이는 상대하는 사람을 감관을 통해 지각하는 것이다. 이것이 더욱 확대되면 사람과 집단, 사회를 지각하는 사회 지각(社會知覺, social perception)이 된다. 사회 지각은 한 인간이 다른 인간을 이해하는 과정이다(Brehm, Kassin & Fein, 2002: 93).

일반적으로 우리는 다른 사람을 처음 대할 때 첫인상을 갖게 된다. 아무런 지식이 없는 상황에서 처음 보고 듣는 그대로 상대방을 이해하는데 이것이 바로 '첫인상(first impression)'이다. 첫인상 후에는 지속적인 접촉이나 대화, 또 이어지는 사고 과정을 통해 당사자를 좀 더 정확하게 알아간다. 상대방의 모습이나 태도, 행동을 대하면서 우리는 그 속내를 깊이 있게 알아간다. 당사자의 속성(屬性, attribution), 특성(特性, characteristics), 성격(personality) 탐구가 진행된다. 이를 어느 정도 정확히 알면 그의 미래 행동을 예측할 수 있다. 사회 지각에 있어서도 비슷한 경로를 거친다.

■ 첫인상

대인 지각의 첫걸음은 상대방의 복장과 용모를 챙겨보는 것이다. 복장(服裝)이란 사람이 입는 의복과 모자, 신발, 허리띠 및 여러 장식물을 총칭하고, 용모(容貌)란 얼굴을 중심으로 머리, 손발 등의 모습을 총체적으로 표현한 말이다(이대희, 2007: 205). 복장(clothed apparel or attire)은 피복을 정상적으로 입음으로써 나타나는 사람의 외관(外觀)을 말한다(심부자, 2004: 6-8). 피복이 객관적인 물체만을 의미하는 데 비해, 복장은 그것을 착용한 사람의 인간적인 요소까지를 총체적으로 고려한 개념이다. 복장을 보면 그 사람의 소득 수준, 생활상, 사고 방식, 성격을 대강 가늠할 수 있다.

복장을 보고 나면 다음 단계로 그의 용모를 챙겨보게 된다. 용모 중 으뜸은 무엇보다도 얼굴이다. 얼굴을 살피는 일이 바로 관상(觀相, physiognomy)이고, 사람의 얼굴을 보고 그 사람의 과거, 현재, 미래의 상황을 판단하는 것이 관상학이다. 인상학이라고도 하는데 이는 사람의 얼굴이 그 사람의 운명과 건강, 기(氣)를 잘 표현하고 있다는 점에 착안하여 사람을 인식하는 방법이다. 관상을 통한 사람의 운명 판단, 태도 판단, 성격 판단은 많은 사람이 고개를 끄덕거릴 정도로 의미 있는 지식을 우리에게 제공한다. 판단자 마음대로 결론적 지식을 내는 것이 아니라 수천 년 동안 축적되어 온 경험의 산물이다. 많은 사람의 인상과 그 사람의 운명, 성격, 건강 등을 통계화하여 오늘에 이른 만큼 우리에게 주는 시사점이 적지 않다(이대희, 1999: 144-153에서 인용).

관상에서 가장 먼저 보아야 하는 것은 첫인상이다. 첫인상에서 머리, 두 눈, 코, 입, 귀가 제자리에 반듯하게 자리 잡고 있으면 바람직하다. 구성 요소들이 다 잘 갖추어져 있는가를 보고 난 뒤에는 이것들이 잘 조화를 이루고 있고, 균형 있게 자리하고 있는지를 살펴야 한다. 눈이나 입, 코 등 어느 하나가 지나치게 크거나 작으면 얼굴의 아름다움을 깨친다. 이런 얼굴은 조화와 균형의 미덕을 잃고 있다. 관상은 끊임없이 변해 간다. 타고난 것은 어렵지만 열심히 노력하여 부귀를 얻게 되면 그때부터 여유로워져서 얼굴이 밝게 변한다. 부귀가 있으니 자연히 인심도 후해지고, 여러 사람으로부터 사랑도 받는다. 자주 웃으면 저절로 얼굴에 화기가 돌고 입술도 잘 벌어져 명랑한 성격이 될 수 있다.

현대인 중에는 성형 수술을 하는 사람이 적지 않다. 이들의 관상은 어떨까? 얼굴 성형을 통해 좋은 얼굴로 개선한 사람의 인상은 전보다 나아진다. 일단은 본인 스스로 자기 자신에 대해 긍정적인 마음이 많아지고 부정적인 의식이 적어진다. 그런 만큼 자신감도 생기고 대인 관계도 좋아지며 직장은 물론 여러 면에서 향상된다. 좋은 예로써, 초범의 여성 죄수에게 자신이 원하는 여배우의 얼굴을 선택하게 하고, 이런 모습으로 성형 수술을 시켜주었더니 재범률이 현격히 떨어졌다는 미국 이야기가 있다. 성형으로 좋아진 얼굴을 대하면서 스스로 긍정적으로 변모했고, 안정적인 사회생활을 하게 된 것이다.

사람을 판단할 때는 관상이 필요하지만 그것보다 우선하고 중요한 것은 심상(心相)이다. 마음을 어떻게 쓰느냐가 얼굴에 나타난 관상보다 우선한다는 이야기다. 또 마음을 어떻게 쓰느냐에 따라 얼굴로 나타나는 관상도 변한다. 이는 첫인상으로 본 얼굴에 이어서 당사자의 언어, 태도, 행동을 추가적으로 살펴보아야 한다는 말이다.

상대방의 몸짓, 제스처(gesture)를 살피는 것도 중요하다. 몸짓을 통한 의사소통을 음성 언어에 대한 대칭적 의미로 '보디 랭귀지(body language)', '동작 언어'로 표현한다.[3] 이는 어느 순간, 그 사람이 가지고 있는 감성을 외부로 표현하고 있는 것인데(Pease, 2004: 11), 음성 언어로 표현되는 양보다도 훨씬 더 풍부한 양의 메시지를 표현하고 있다. 사실적 정보를 주고받을 때는 음성적 언어 표현 방식이 좋지만, 감성을 교환하고자 할 때는 몸짓을 통한 의사소통이 훨씬 더 효과적이다(Bolton, 1986). 사람이 음성 언어는 쉽게 통제할 수 있는 경우에도 몸짓은 잘 통제하기 어렵다. 그래서 은연중에 심리 상태가 밖으로 표출되는 수가 많다.

몸짓을 통한 의사소통은 심층 의식이나 감성을 은연중 진실에 가깝게 표현하고 있어 의도적으로 기획된 생각을 표현하는 음성 언어보다도 정확하다. 몸짓은 그 사람이 가지고 있는 내부의 태도, 마음 상태를 나타낸다. 얼굴 표정이나 눈빛, 행동거지에 나타난 내적 마음 상태가 의도적으로 만들어져 나타난 음성 언어보다도 진솔하다. 물론 비언어적 신호에 의한 의사 표현과 실제 해석에는 차이가 있을 수 있다. 현실적으로 매우 조심해야 하는 부분이다.

몸짓을 통한 의사소통은 부분부분으로 이해하기보다는 일단의 연관된 동작 모두를 아우르는 제스처 클러스터(gesture clusters)를 총체적으로 이해해야만 오류가 없

3) 이 부분은 이대희(2007: 315–325)에서 인용하였음.

다(Braysich, 1979: 5). 얼굴, 머리, 팔, 몸의 기울임, 다리 상태 등 모두를 복합적으로 새겨야만 한다. 제스처 클러스터를 이해하기 위해서는 다음과 같은 요소를 잘 고려해야만 한다(Pease, 2000: 14－19).

첫째, 말과 몸짓의 일치(congruence) 여부를 살펴야 한다. 어떤 상황에 대해 다섯 번 정도 물어 보았을 때, 두 번 정도 말과 몸짓이 다르게 표현될 경우에는 말을 믿지 말고 몸짓의 표현을 믿어야 한다.

둘째, 몸짓이 어떤 맥락 속에서 일어나고 있는가를 고려하여 뜻하는 내용을 파악해야만 한다. 거부의 자세처럼 얼굴을 조금 숙이고, 팔짱을 끼었으며, 두 다리를 꼬고 앉아 있는 것처럼 보이지만, 한겨울철 버스 정류장 의자에 앉아 있는 사람은 '거부 자세라기보다는 춥기 때문'이다.

셋째, 다른 영향 요인이 있는가를 살펴야 한다. 손목 관절염이 있는 사람은 악수할 때 뻣뻣하고 살살할 수밖에 없는데, 이를 잘 알지 못하면 친분 관계를 맺고 싶지 않은 사람과 악수하는 것처럼 보일 수 있다.

넷째, 지위와 권력을 고려해야만 한다. 사회에서 지위가 높은 사람은 그렇지 않은 사람에 비해 언어적 표현을 많이 하려 하고, 그 반대로 지위가 낮은 사람은 몸짓을 통한 비언어적 의사 표현을 선호하는 성향이 있다. 지위, 권력, 교육 수준, 전문성 등이 높은 사람은 적절히 자기가 원하는 용어를 구사하여 의사소통을 할 수 있는데 비해, 어리고, 덜 배웠으며, 능력이 모자란 사람은 몸짓을 많이 사용한다.

친근함을 표시하면서,
고개와 몸을 기울여 붙이고 있다.

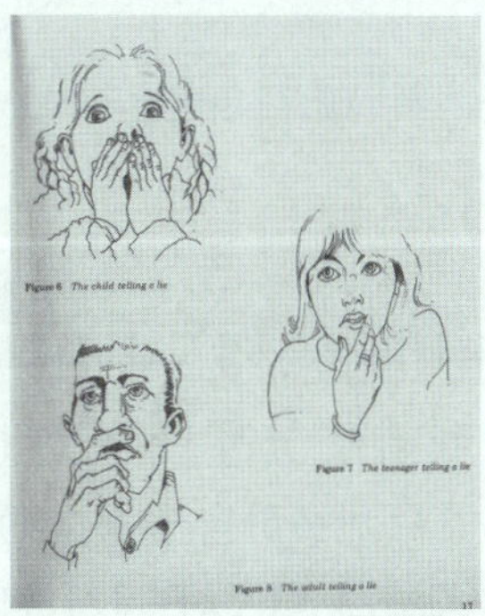

거짓말을 하고 있는 아이, 청소년,
장년의 몸짓(출처: Braysich, 1979).

■ 속성 탐구: 태도와 귀인

사람은 일상 생활에서 수시로 자신의 태도를 드러낸다. 태도(態度, attitudes)는 어떤 대상(예, 사람, 사건 또는 이런 것의 속성)에 대한 호의적 또는 비호의적 성향을 말한다(Guirdham, 1996: 45-47). 태도는 다음 [그림 4-1]과 같이 세 가지 요소, 즉 믿음, 정서 또는 느낌, 행동 경향의 상호작용을 통해 나타난다. 태도에는 어떤 대상물에 대해 그 사람이 가지고 있는 여러 사실이나 지식, 신념에 관한 인지 요소(cognitive component), 대상에 대한 그 사람의 감정이나 정서에 관한 감성 요소(또는 감정 요소, affective component), 대상에 대한 그 사람의 반응 준비성이나 행동 경향성에 관한 행동 요소(behavioral component) 등이 복합적으로 들어 있다(홍대식, 2004: 185). 믿음에는 대상에 대한 정보적 믿음과 평가적 믿음의 두 가지 경우가 있다. 평가적 믿음이란 대상에 대한 선호, 옳다거나 나쁘다고 하는 판단, 비용이나 편익 등에 대한 것이다. 이 두 가지 믿음이 상호작용하면서 태도에 영향을 미친다.

그림 4-1 태도의 세 가지 요소 관계

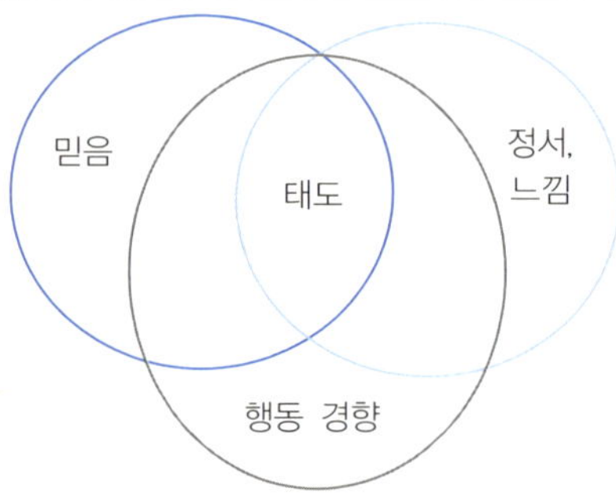

정서나 느낌은 감성과 같은 용어로 볼 수 있는데 이는 사람이 처해 있는 상황이나 개인적 감각 등에 따라 달라질 수 있다. 사람은 특정한 대상에 대하여 나름대로 일관성 있게 반응하는 행동 경향이 있다. 물론 태도는 정서나 느낌에 따라서도 나타나지만, 사람의 이성이 지시하는 합리적 판단에 따라 의도적(intensional)으로 나타나는 경우도 많다. 전자를 감성적 태도라고 한다면, 후자는 이성적 태도다.

감성(또는 정서, 느낌)이나 인지, 믿음이 태도에 영향을 미치고, 그것이 행동에 영향을 미친다고 보는 것이 보편적인 상식이지만, 현실적으로는 특정 행동을 함으로써 거꾸로 태도가 형성되고, 정서와 믿음이 생겨날 수도 있다. 전원 주택의 삶이 불편하다고 생각하던 사람이 실제로 강가의 한적한 전원 주택에서 꽃과 나무, 이웃과 함께 살다보니 기분 좋은 감성이 생겨나고, 건강에 대한 믿음이 확고해지는 경우가 그런 예다.

태도는 인간 마음의 경계선상에 존재하면서 바깥 세상인 외부로 행동을 표출하는 작용을 한다. 인간이 어떤 행동을 했을 때 이는 태도에서 비롯된 것이다. 그런데 이 태도는 또한 인간 내면의 자아나 무의식, 신념이나 가치관의 영향을 받는다. 심리학에서는 인간 행동의 원인을 찾아가는 이론을 귀인 이론이라고 부른다(한국심리학회, 2004: 376-379). 인간이 특정한 행위를 했을 때 그 원인이 되는 인간 속성을 찾아내는 것이다. 그렇지만, 귀인 이론은 정확한 원인(causes)을 확정하고자 하는 측면보다는 사람의 인과성(因果性, causality)에 관련된 지각 내용을 이해하고자 하는 측면이 강하다(Brehm, Kassin & Fein, 2002: 101-113). 일반 물리 세계처럼 숫자를 세거나 확률을 계산하여 정확한 원인을 확정할 수 있다면 좋겠지만, 인간 관련 현상은 심리적 요인, 감성적 요인이 개재되어 있기 때문에 정확한 판단이 어렵다. 그래서 '원인 찾기'의 추론 과정을 귀인이라 표현한다.

행위의 원인을 찾아가는 과정을 보면 처음에는 아주 간단한, 파편적인 단서(端緖)로부터 시작된다. 이 파편적인 단서의 여러 특성을 살펴 안정적인 일관성을 찾아내고, 이를 토대로 앞으로의 행동을 예견한다.

(1) 내부 귀인-외부 귀인

원인을 인간 내면으로 추론해 들어갈 것인가 아니면 외부로 추론해 갈 것인가를 판단해야 한다. 전자를 내부 귀인(內部歸因, internal attribution)이라고 하는데, 내부의 자아, 성격, 태도, 동기, 감성 등에서 원인을 추론한다. 후자는 외부 귀인(外部歸因, external attribution)이라 하는데, 인간이 처해 있는 외부 환경, 즉 경제, 사회, 자연, 상황 등에서 원인을 추론한다.

(2) 원인의 안정성-불안정성

원인으로 추론된 것이 안정적(stable)으로 나타나는 것인지 아니면 '이랬다저랬다' 하는 것인지 살펴야 한다. 전자는 일관성이 있는 원인-행위이고, 후자는 특이한 원인-행위다. 전자의 경우에는 향후 행동 예측 가능성이 높다.

(3) 논리적 일관성

원인 추론에는 논리가 일관성(一貫性, consistency)이 있으면 좋다. 예를 들면, 어떤 사람이 친구에게 저녁 식사 대접을 했는데(이유를 알고 보니) 아들이 공무원 시험에 합격했기 때문이었고, 평상시 마음 속에 '아들이 시험에 붙기만 하면 무엇이라도 하리라'는 생각을 가지고 있었기 때문이었다. 논리가 일관적이지 않은 경우는 추론 과정에서 원인이 불안정하거나 외부 요인, 특이성이 작용했기 때문이다.

(4) 통제 가능성(controllability)

원인을 찾을 때 당사자가 스스로 선택할 수 있고, 통제 가능한가 여부도 중요하다. 통제 가능한 요소가 행위에 작용할 경우는 당사자가 의도적으로, 동기화되어 행위를 했다고 보아야 한다. 하지만, 통제가 불가능한 요인, 즉 자신의 물리적 신체 요인, 지적 능력 등은 원인 추론 과정에서 영향 요소로 작용한다.

(5) 공변 원리(共變原理, covariation principle)

이는 수학적 용어로서 어떤 행위가 나타날 때는 반드시 특정 원인이 존재하고, 그 원인이 없을 때는 그런 행위가 일어나지 않아야만 한다는 원칙이다(Brehm, Kassin & Fein, 2002: 103－104).

(6) 개인적 속성+상황적 요인

인간 행위의 원인을 추론할 때는 1차적으로 개인적 속성(personal attribution)을 살피는 것이 필요하고, 이어서 상황적 요인(situational attribution)을 살펴 종합적으로 판단해야만 한다.

(7) 문화적 속성

원인 추론 과정에서 행위자가 속해 있는 문화적 속성에 대해서도 유의해야만 한다. 인식자, 관찰자가 체득하고 있는 문화적 토양과 행위자의 문화 심리적 토대가 서로 다를 수 있기 때문이다.

(8) 자기 실현적 예언(自己實現的 豫言, self-fulfilling prophecy) 효과

행위자가 관찰자가 원하는 것을 예상하여 그에 맞춰 행동하는 것을 말한다. 행위자의 본래 마음이 아니라 관찰자가 원하는 것을 파악하여 의도적으로 대응하는 행위를 하는 것이다(Brehm et al., 2002: 122－124).

(9) 편견 유발 요인에 대한 주의

행위의 원인을 추론할 때, 첫째, 다른 사람의 경우에는 내부에서 원인을 찾으려 하는데 비해(즉, 그 사람의 성격이나 속성 때문에 그렇다고 보려고 함), 자기에 대해서는 외부에서 원인을 찾으려는(즉, 외부 환경 때문에 어쩔 수 없었다는 식으로 생각) 성향이 있다. 둘째, 대상자에 대해 자기가 가지고 있는 생각과 비슷하게 맞춰서 추론하려는 성향이 있다(그 사람은 좋은 사람이니까, 그래서 좋은 행위를 했을 것이다 식으로 추론함). 셋째, 자기의 자존심을 높이는 방향으로 또는, 자기 방어적으로 원인을 추론하는 경향이 있다. 넷째, 다른 사람도 자기와 비슷한 의견, 속성, 행태를 지니고 있을 것이라는 잘못된 추론(false-consensus effect)을 할 수 있다. 다섯째, 엄밀한 통계적 진실보다는 특수한 사건, 이벤트에 초점을 두어 추론할 수 있다. 어떤 사람이 복권을 사는 이유는 당첨된 사람이 환호하는 모습을 보았기 때문이다[사실은 당첨 확률이 매우 낮다. 이런 착각을 base-rate fallacy라고 한다(Brehm et al., 2002: 106)]. 다섯째, 반사실적 사고(反事實的思考, counter-factual thinking)에 빠져 잘못된 추론을 할 수 있다. 예를 들면, 실제 실력은 50점 수준인데, 이번 시험을 잘 친 것 같아 100점을 기대했다가, 실제 점수가 70점이 나왔을 때 크게 실망하는 것과 같은 경우다. 반대의 경우도 생각할 수 있다. 전혀 예상치 못했다가 좋은 성과가 나오면 더욱 크게 좋아하는 경우도 마찬가지다.

앞서 논의한 내용을 종합하여 사회 인식 과정을 그림으로 표현하면 [그림 4-2]와 같다. 인식자(perceiver)가 사람이나 상황, 행태를 관찰(observation)한다. 첫인상

그림 4-2 사회 인식 과정

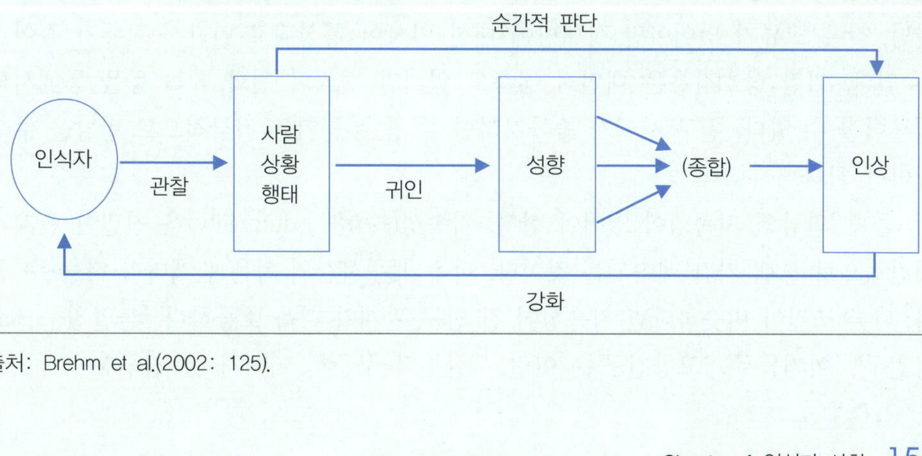

출처: Brehm et al.(2002: 125).

으로 순간적 판단(snap judgement)을 하여 인상(impression)을 만들어낼 수가 있다. 하지만, 좀 더 진지하게 시간을 가지고 원인 속성을 찾아가는 귀인(attribution) 추론을 하여 몇 가지 성향(dispositions)을 발견할 수 있다. 이것들을 종합(integration)하여 좀 더 완벽한 인상을 만들어낼 수 있다. 귀인 단계를 거치지 않고 순간적 판단만으로 형성된 인상이 자칫 판단 착오의 강화(confirmation)나 자기 실현적 예언 행위를 일으킬 수도 있다.

Ⅱ 대인 관계와 인성

1. 친 구

가족을 벗어나 사회 속으로 진입하면서 가족 이상으로 친밀하게 교류하는 사람이 친구다. 친구는 어릴 적 삶의 공간인 마을에서 만나기 시작하여 학교에서, 그리고 그 이후 군대나 직장을 통해 만난다. 친구는 인간의 삶의 여정에서 가족 다음으로 친밀한 관계를 형성한다.

친구(親舊, friend)는 친밀한 관계가 오래 지속되는 사람이다. 친구는 한두 차례의 간단한 만남으로는 형성되기 어렵다. 또 수없이 만나더라도 둘 사이에 친밀함이 없어서는 불가능하다. 친구가 되기 위해서는 다음과 같은 몇 가지 요인이 충족되어야 한다.

첫째, 친구 관계가 형성되기 위해서는 '만남', '상호 교류'가 충분해야 한다. 잦은 만남, 잦은 교류가 있어야만 상대방에 대한 인상이 형성되고 인간적 교류가 깊어질 수 있다. 이런 상호작용은 대면적 접촉도 있지만 편지나 전화, SNS 등을 통해서도 이루어질 수 있다. 친구 사이가 좋아지려면 둘 중 누군가는 적극적으로 만남을 주선해야만 한다.

둘째, 만남의 지속성이 있어야 한다. 지속성(持續性, durability)은 친밀한 관계가 시간적으로 오랜 기간 계속되는 것이다. 지속되는 시간의 폭은 관계마다 다를 수 있다. 다른 조건이 비슷하다면 지속성이 긴 친구 관계가 더욱 소중하다. '불알친구', '소꿉친구', '어깨동무', '고향친구'는 어린 시절부터 꾸준히 이어져 온 친구다.

셋째, 친밀함이 있어야 한다. 친밀(親密)함은 공간적으로 가까운 사이(close relationship)는 물론 정서적으로도 가깝고(intimacy), 비밀스런 정보도 공유(secret sharing)할 수 있어야 한다. 친밀함이 없으면 그냥 동료 관계일 뿐 가까운 친구로 보기가 어렵다. '보지 않으면 멀어진다'는 말처럼 정신적, 지리적으로 멀리 떨어지면 친구 관계가 소원해지기 쉽다.

넷째, 정서적으로 믿음, 신뢰(信賴, confidence)가 있어야 한다. 신뢰는 친구 관계를 유지하는 데 필수적인 요소다. 신뢰가 깨지면 친구 관계는 그저 데면데면한 동료 관계로 전이된다. 한국 전통의 삼강오륜(三綱五倫) 속에 주요 덕목으로 붕우유신(朋友有信)이라는 말이 있다. 벗(友) 사이에는 믿음(信)이 있어야 한다는 말이다. 여기서 무리 붕(朋)은 뜻을 같이하는 무리, 동료, 당파를 말한다면 우(友)는 아주 가깝게 친밀함이 있는 친구라는 뜻이다.

다섯째, 함께하는 경험, 지식, 정보가 많을수록 가까운 친구다. 지식과 정보를 공유한다는 것은 둘 사이에 간극(間隙)이 없고, 반대로 공유하는 비밀도 많다는 것이다. 이는 친구 사이가 오래 지속되었고 함께하는 것이 많다는 것을 의미한다.

농업 경제 시대에는 마을 단위의 공동체가 매우 크고 활성화되어 있었다. 이런 상황에서는 조무래기 어린 아이 시절부터 친구가 만들어진다. 자아가 형성되어 가는 초기에 만나는 친구로서 놀이, 힘겨루기, 지식 다툼, 서열 매기기, 친소 관계(親疏關係) 설정을 통해 친구 관계가 만들어진다. 이런 어릴 적 또래 집단(peer group)을 통해 우정을 나누면서 동시에 서열과 경쟁 등 사회화 과정을 겪는다. 아직은 부모의 통제를 많이 받고 있는 단계이기 때문에 깊이 있는 관계 설정까지는 발전해 가기 어렵다. 하지만, 이때의 관계나 기억이 성장 과정에서 되뇌어진다.

본격적인 친구 만들기는 학교 생활을 통해 이루어진다. 좀 더 너른 영역에서 몰려든, 다양한 동료 구성원 속에서 친한 친구를 찾는다. 함께 공부하고, 특별 학습 활동을 하면서, 학교 밖 과외 활동을 통해 친구를 만든다.

학교 생활을 통한 친구 만들기는 초등학교, 중등학교, 고등학교로 성장해 가면서 지속적으로 이루어진다. 이런 학교 생활 기간 동안 만들어지는 친구는 학년이 높아지고, 다른 등급의 학교로 진학하면서, 만들어졌다가 사라지고, 새로 만들어지는 과정을 지속한다. 고등학교 때까지의 친구 만들기는 다소 제한적이다. 이유는 첫째, 하루 생활 대부분을 학교라는 공간 내에 머물기 때문에 친구의 대상이 학교 내로 제한적이다. 둘째, 좋은 상급학교 진학을 위해, 대부분의 시간을 학습에 몰입하기 때문에

‘친구 만들 시간’이 적다. 셋째, 아직은 부모와 교사의 지시와 감독을 받는 상태에 있기 때문에 마음대로, 다양한 친구를 만들기가 어렵다.

친구의 폭이 넓어지는 것은 대학에 진학하고, 이후에 직장에 취업하면서부터다. 친구의 범위가 전국화하고, 전공 영역을 중심으로, 또 더욱 확대되어 다양한 분야로 범위가 넓어진다. 학교를 벗어나서 진정으로 사회인의 한 사람으로서 친구를 만들어 가는 시점이다. 일상 생활 속에서, 취미 모임이나 여러 단체 소속이 되어 친구를 만들어간다.

학교 생활을 중심으로 살펴보면 친구 관계는 지속적으로 변화되어 간다. 몇 가지 특성을 들어 보면 다음과 같다.

첫째, 새로운 친구가 만들어지면 옛 친구가 잊혀지고 사이가 벌어지는 수가 많다. 새로운 친구와 관계가 친밀해지다 보면 옛 친구와 교류할 시간이 상대적으로 줄어들고, ‘새로움’에 빠져드는 성향이 있다. 학년이 올라가면서, 상급 학교로 진학하면서, 이전 단계의 친구 관계가 소원해질 수 있다.

둘째, 한 사람이 친밀하게 유지할 수 있는 친구의 수에는 한계가 있다. 그래서 새로운 친구의 관계가 증대하면 할수록 이전 친구와 관계 수가 줄어든다. 새로운 친구를 많이 만들어 가면 갈수록 옛 친구 중에서 교류가 적은 사람이 떨어져나가게 되어 있다. 반대로, 옛 친구에 집착하는 사람일수록 새로운 친구를 사귀기가 어렵다. 사람에 따라 친구의 수나 폭에 차이가 있다.

셋째, 나이를 먹어가면서 같은 학교, 같은 전공, 같은 특별 활동을 하는 사이 일수록 친구 관계가 길어지고 더욱 친밀한 사이가 된다. 또 신체적 조건이나 학교 성적이 비슷한 사람일수록 가까이 지낼 가능성이 높다.

넷째, 나이가 들면 들수록 친구 사이에도 고려 변수가 많아진다. 낮은 학년일 때는 비교적 단순한 요건(같은 짝, 같은 반 정도)으로 친구 사이가 될 수 있었지만, 성장해 감에 따라 부모의 경제적 여건, 향후 진로, 취미 등 다양한 요소가 동시에 고려된다.

■ 우정과 경쟁

친구 사이에는 우정과 함께 경쟁심도 작용한다. 우정(友情, friendship)이 친구 사이의 좋은 감정을 총체적으로 말한 것이라면, 경쟁(競爭)은 친구 사이의 ‘선의의 경쟁(善意 競爭, competition in good faith)’을 말한다. 좋은 친구 사이에는 이 두 가지가 동시에 작용하는 수가 많다.

친구 사이의 우정이 좋은 감성으로 발전해 가려면 몇 가지 유의해야 할 점이 있다. 첫째, 우정은 친구 관계인 당사자가 자유 의지를 소유하고, 평등한 관계여야 한다. 한쪽이 다른 한쪽을 지배하거나 자유 의지가 속박을 받는 경우, 그리하여 동등한 평등 관계가 될 수 없으면 진정한 우정이 성립될 수 없다. 물론 친구 중 어느 한 사람이 스스로 복종하고 속박을 인정하고 들어가는 수도 있다. 어떤 경우든 바람직한 우정을 꽃피우기가 쉽지 않다. 둘째, 상대를 아끼고 배려하는 마음이 있어야 한다. 항상 상대방 입장에서 생각하고 챙겨 주며, 친구를 아껴 주는 마음이 있어야 한다. 셋째, 자기를 희생(犧牲)하고 헌신(獻身)하는 마음이 있어야 한다. 이기적이고 이해타산을 따지는 마음을 가지고는 지속적인 친구 관계를 유지하기 어렵고 우정을 발전시켜가기가 쉽지 않다. 희생이나 헌신하려는 마음 대신에 이기적인 마음을 가지고 있을 경우에는 자칫 조그마한 일로도 사이가 벌어질 수 있다. 넷째, 우정에도 적당한 한계가 있어야 한다. 친구 사이는 가족 관계와는 달리 일방적인 희생이나 무한 책임을 지는 사이는 아니다. 예를 들면, 도둑질이나 남을 해치는 일 등 사회적으로 비판받을 일을 친구가 원한다고, 같이해서는 안된다. 우정은 사회적으로 '바람직한 것'이어야 한다.

좋은 우정을 보여주고 있는 친구 사이에 건전한 선의의 경쟁은 필요하다. 이해타산과 이기적 행동이 판을 치는 일반 사회가 아닌 학교나 군대 등 공공 목적을 추구하는 집단에 몸담은 친구 사이에는 선의의 경쟁이 필요하다. 선의의 경쟁은 모두의 목표 성취도를 높이고, 건전한 우정을 발전시켜 갈 수 있다. 이때 고려할 점은 첫째, 친구 각자의 목표와 수단, 관련된 생각을 서로 존중해주어야 한다. 우정이 깊다고 해서 내 방식대로 억지로 친구를 유도해서는 안된다. 둘째, 친구의 성공에 대해서 진심으로 축하해 줄 수 있어야 한다. 자기가 졌다고, 또는 불리하다고 해서 친구를 시기해서는 안된다. 셋째, 좋은 정보나 방법에 대해 지원해 줄 수 있어야 한다. 비록 경쟁은 하지만 진정한 친구의 성공을 바라는 마음을 소유하고 있다면 그를 지켜보고 도와주어야 한다. 넷째, 친구의 실패를 잘 보듬어 줄 수 있어야 한다. 인간의 성장 과정은 성공과 실패를 반복하면서 진행된다. 친구의 실패를 자신의 실패로 여겨 마음 아파하고 함께 재도약을 위한 준비를 할 수 있어야 한다.

2. 애 인

친구 사이의 우정이 더욱 발전하여 애인 사이가 될 수 있다. 적당한 한계를 지켜야만 하는 우정이 일정한 수준을 넘어설 때 애인 관계가 이루어진다. 이때 동성 사이에도 이런 애틋한 감정이 생길 수 있다. 아직 나이가 많지 않고, 자아의 판단력과 초자아의 적절한 통제가 약한 어린 시절에는 이성 못지않게 동성에 대해서도 깊은 호의적 감정을 느낄 수가 있다. 하지만, 동성애(同性愛, homosexuality)는 아직도 사회적으로 문제시되고 있다. 정상적인 이성 간 혼인이 주를 이루고 있는 상황에서 동성애 문제는 곳곳에서 갈등을 표출하고 있다.

이성 친구와의 관계가 더욱 진전되어 애인(愛人, lover)으로 발전할 수 있다. 애인 사이가 그냥 친구 사이로 남는다면 앞서 논의한 우정과 경쟁 관계로 해석하면 될 것이다. 하지만, 이성 간의 애인 사이에 정이 더욱 깊어지면 결국 성행위(性行爲, sex)로 발전할 수 있다. 결혼을 전제로 한 것이 아니라면 심각한 문제를 유발할 수 있다. 옛날에는 '남녀 칠세 부동석(男女七歲不同席)'이라는 말이 있었다. 성적 신체 특징이 나타나는 연령이 되면 남녀가 접촉하는 것을 조심해야 한다는 말이다.

애인 사이의 관계가 성행위와 관계없는 진정한 친구 사이로 유지되기 위해서는 몇 가지 유의할 것이 있다. 첫째, 이성(異性) 사이에 존재할 수 있는 신체적, 정신적 차이를 항상 유념해야 한다. 남성적 특성, 여성적 특성을 잘 새겨서 조심스럽게 행동해야 한다. 자기 위주로 생각하면 안되는 부분이 동성 친구 사이보다도 훨씬 많이 있다. 둘째, 항상 상대방을 아끼는 마음이 있어야 한다. 친구 사이에 있어야 하는 우정, 희생과 헌신, 배려하는 마음이 있어야 한다. 이를 동반자적 사랑(companionate love)라고도 한다(Shiota & Kalat, 2015: 212). '좋은 게 좋다'고 함부로 대하면 안된다. 애인 사이는 매우 가까운 사이이면서도 자칫 조그만 사건으로도 갈등이 생겨 헤어질 수 있다. 셋째, 성적 접촉에 대해서는 항시 주의하여야 한다. 향후에 일어날 수 있는 여러 가지 가능성을 심각하게 고려한 뒤 행동해야 한다.

스턴버그(Sternberg, 1986)는 다음 [그림 4-3]과 같이 사랑의 삼각 이론(triangular theory of love)을 개발하였다. 사랑의 세 가지 요소는 감성적 친밀감(intimacy), 동기적 열정(passion), 인지적 헌신(commitment)인데 이들이 모두 충족될 때 완벽한 사랑이 이루어진다. 친밀감과 열정만이 있는 낭만적 사랑(romantic love), 친밀감과 헌신만 있는 친구 같은 사랑(companionate love), 열정과 헌신만 있는 얼빠진 사

그림 4-3 사랑의 삼각 구조

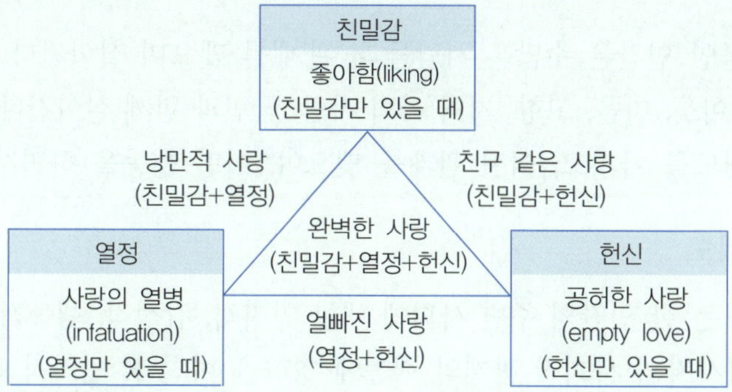

출처: Sternberg(1986).

랑(fatuous love)은 완벽하지 않다.

■ 사랑과 절제

애인 사이의 사랑의 감정은 끝없이 넘쳐흐르기가 쉽다. 시간과 장소를 가리지 않고 애정 행각을 벌일 수가 있다. 특별히 법으로 처벌하는 것이 아닌 한 공중 도덕을 무시하고, '남의 눈'을 의식하지 않고 감정 표현을 할 수가 있다.

사랑하는 마음이 자칫 성애적(性愛的, erotic)이거나 유희적(遊戲的, ludus)이어서는 곤란하다. 이성을 만나는 것이 오로지 성애를 위한 목적이어서는 곤란하고, 이 사람 저 사람 옮겨 가며 만나는 것 자체를 즐기는 사랑이어서도 곤란하다. 또 특정한 대상에 지나치게 집착하는 것도 곤란하다. 성인 애착(成人愛着, adult attachments)도 문제인데(Shiota & Kalat, 2015: 213), 이는 떨어져 있으면 불안해하고, 스트레스와 위협 상황에서 안전한 지지를 받고 싶어하는 것이다. 상대방의 입장보다는 자기 입장에서 이성을 사랑하는 측면이 강하다.

감성적 지성(感性的 知性, emotional intelligence)을 지닌 사람이라면 감정의 흐름을 적절히 절제할 수 있어야 한다. 애인 사이의 사랑의 감정도 시간과 장소에 맞춰 발현되어야 한다. 당사자 사이에 피해를 유발하는 것은 물론 다른 사람에게 피해를 주거나 눈살을 찌푸리게 하는 일이 없어야 한다.

3. 사회 관계인

사회적 동물인 인간은 수많은 사람들과 '관계'를 맺으며 살아간다. 가족과 친구, 애인을 넘어서 이웃, 마을, 고향, 지역 사회 사람, 국민과 함께 살아간다. 인간은 외부 타자와 어떤 태도를 가지고, 어떤 관계를 맺으며, 어떤 행동을 하면서 살아갈까?

▪ 사회적 태도

사회적 태도는 한 인간의 주변 사회에 대한 인지적, 감성적, 행동적 성향이다. 사회적 태도는 당사자의 사회적 관계와 행동에 영향을 미친다. 인지적 측면에서 인간 스스로 얼마나 자기 자신을 신뢰하는가는 사회적 태도에 중요한 영향을 미친다. 마찬가지로 감성적 측면에서 외부 타자에 대한 호감도와 자신의 열정이 중요하고, 행동적 측면에서 개방성 여부가 중요한 영향을 미친다.

(1) 사회적 욕구(social need), 친화 욕구(affiliation need)

인간은 태어나는 순간부터 사회적 욕구를 내보인다. 홀로 고립되는 것을 두려워하며, 엄마를 찾고 자신을 보호해 줄 사람을 찾는다. 친화 욕구(親和欲求)는 다양한 보상적 인간 관계를 수립하고 유지하려는 욕구이다(Brehm et al., 2002: 302). 외로움을 싫어한다. 인간 내면에 이런 욕구가 얼마나 강렬한가 여부에 따라 사회적 태도가 결정된다.

(2) 자기 신뢰와 자기 부정

한 인간이 자기 자신을 얼마나 신뢰하고 확신하는가 여부는 그의 사회적 태도에 큰 영향을 미친다. 자기 신뢰는 자기의 지적, 정서적, 육체적, 정치적, 경제적, 문화적, 과학기술적 역량에 대한 믿음이다. 한 사람이 이 모든 요소를 골고루 잘 갖추었을 때 자기 신뢰도가 높아진다. 어느 한두 분야에서 역량이 떨어지더라도 다른 분야의 역량이 이를 보완할 수 있을 정도로 충분히 높을 경우에는 자기 신뢰도가 높다. 총체적 역량이 자기 신뢰도를 결정한다. 또 실질적인 역량 못지않게 인간 스스로 생각하는 '심리적 역량'이 높을 때도 자기 신뢰도가 높아진다. 예를 들면, '나는 잘난 사람이다', '서울대학교를 나왔다', '아버지가 재벌이다', '나는 인공지능 분야에서 최고 권위자다', '나는 최고의 학자다'라는 자부심이 자기 신뢰도를 높여준다.

자기 신뢰가 높고 강한 사람의 경우에는 적극적이고 열정적으로 사회적 관계를 설정하려는 태도를 지닌다. 하지만, 자기 역량에 대한 믿음이 적고 자기를 신뢰하지 못하는 자기 부정 인간의 경우에는 부정적이고 폐쇄적이다. 자기 신뢰가 자칫 지나친 자기 긍정으로 치달아 냉정함을 잃게 하고 사회 관계를 나쁘게 만들 수 있다. 지나친 우월감에 사로잡히거나 다른 사람을 경멸하는 형태로 발전하면 문제가 심각해진다. 이와 반대로 자기 부정이 지나치면 열등감에 사로잡히거나 패배주의, 자살 충동에 빠져들 수도 있다.

(3) 호감(好感)과 비호감(非好感)

감성적으로 외부 대상, 타자에 대한 감성이 호의적인 사람이 있는 반면에 비호의적인 사람도 있다. 호감도가 높은 대상에 대해서는 장점을 더욱 크게 보려 하고 약점에 대해서는 작게 낮춰 보려는 마음을 갖는다. 호감도가 높은 사람은 지지하며 내 편으로 하여 친하게 지내려 하고, 호감도가 낮은 사람은 멀리하고 비판하려 한다. 호감을 주는 이유에는 여러 가지가 있다. 좋은 추억, 공연한 친근감, 같은 부류의 사람, 호의적인 사람의 추천, 맹목적 호의 등이 있다. 이와 반대로 비호감을 주는 원인도 여러 가지가 있다. 자아의 자기 자신에 대한 다른 사람의 호감도를 높이는 일도 중요하다. 자기 매력을 높이고, 스스로 역량 있는 감성적 지성인이 되려는 노력이 필요하다. 유능한 사람은 자기 매력도를 높이는 능력도 남다르다.

(4) 열정(熱情)과 냉정(冷靜, 冷情)

마음 속에 열정을 가지고 있는 사람은 대체로 대상에 긍정적이며 적극적이다. 열정은 어떤 대상에 동기 부여된 사람이 그것에 집중하면서 적당히 흥분된 상태를 말한다(이대희, 2015: 381-404). 열정은 어떤 대상에 정(情)을 쏟으며 집중하는 것이다. 열정은 사람에게 목적을 갖게 하고, 배우게 하며, 삶을 지속하게 한다.[4] 열정은 뭔가를 하고자 하는 사람에게 강력한 동기를 부여한다.[5] 열정은 끊임없는 창조의

4) 이하 내용은 이대희(2015: 381-404)에서 인용함. 열정이 없으면 삶이 의미 없고, 무색무취(無色無臭)하며, 아무런 것도 이룰 수 없게 된다(Hawkins, 2012: 33). 열정은 동기다(Hawkins, 2012: 34-35).

5) 자기 성취를 목표로 살아가는 사람들은 다음과 같은 특성을 보인다(Hawkins, 2012: 21-23): 인생을 주어진 것이라고 여기지 않는다. 세상을 현실적으로 바라본다. 외부 사람이나 자연을 그들 자신의 것으로 인정한다. 자신에게 주어지는 삶에 편안하다(comfortable with spontaneity). 창조적이다. 문제 중심적(problem-centered)이다. 자신의 삶에 헌신적으로 임하려는 의무감이나 의미를 가지고 있다. 스스로의 존재에 편안하다(comfortable with solitude). 사회 문제(social interest)에도 관심이 많다. 다른 사람과 깊은 유대 관계를 유지한다. 인종이나 종교, 사회적 편견을 갖지 않는

원천이다(Hawkins, 2012: 36). 열정은 사람 내부의 에너지원으로, 그 사람을 힘 있고, 스스로를 사랑하며, 대상에 호의적이게 만든다(De Angelis, 1998: xi). 이에 비해 냉정은 대상을 향해 차분하고 이성적으로 대하는 감정이다. 흥분하지 않고 이지적이며 계산적이다. 이런 태도는 종종 상대방에게 쌀쌀한 모습으로 비춰진다. 냉정한 인성을 가진 사람은 자기 신뢰도를 높이기 위해 이지적이고 계산적이며 쓸데없는 열정을 거부한다.

(5) 개방(開放)과 폐쇄(閉鎖)

개방적인 사람은 외부 대상과 사람에 대해 마음을 열고 접근한다. 상대방에 신경을 집중하고 경청하며 호의적 시각에서 접근한다. 대체로 능동적이고 열정적이다. 이에 비해 폐쇄적인 사람은 외부 사람에게 쉽게 마음을 열지 않는다. 사람을 많이 가리고 선별적이며, 소수의 사람과만 친분 관계를 유지하고자 한다. 개방형의 사람은 다른 사람과 융화하는 것을 좋아하고 적극적으로 다가가려고 하는 반면에, 폐쇄형의 사람은 차분히 고립적인 것을 즐기고 관계에 수동적이다.

(6) 대인 매력(interpersonal attraction)

인간 스스로 자기를 매력적으로 만들려는 태도가 중요하다. 스스로 가꾸이하고, 지적인 모습을 갖추며, 육체적 매력을 보여줄 자세가 되어 있어야 사회적 관계가 발전할 수 있다. 인간적 친밀감(familiarity)을 만들기 위해서는 가까이 근접하는 것만으로도 효과(proximity effect)가 있지만, 때로는 극적 노출 효과(the mere exposure effect)를 노릴 필요도 있다(Brehm et al., 2002: 302).

■ 사회적 관계

인간은 다양한 형태의 사회적 관계를 형성하면서 살아간다. 인맥(人脈), 혼맥(婚脈), 학맥(學脈), 정치 관계, 경제 관계, 취미 동호인 관계 등 다양하게 얽혀 있다. 사회적 관계는 '(외부 타자에 대한 자아의 태도) × (타자의 반응) × (주변 환경)'이 복합적으로 상호작용하는 속에서 형성된다.

모레노(Moreno, 1951)는 인간의 사회적 관계를 통계적으로 밝히고자 하여 소시오메트리(sociometry) 기법을 만들어냈다(Wikipedia, sociometry). 다음 소시오그램

다. 자기 신뢰에 차 있고, 능동적이다. 철학적 유머 감각(philosophical sense of humor)을 가지고 있다. 자기 존중감(personal integrity)을 가지고 있다.

(sociogram)은 여러 사람의 사회적 관계를 그림으로 나타낸 것이다. 연결선은 관계를 나타내고, 원이 클수록 여러 사람과 관계를 보여준다. 관계를 나타내는 연결선은 상호작용이 많고 친밀할수록 더 굵고 강하게 표현된다. 원이 큰 사람은 이 사회 속에서 영향력이 큰 사람으로서 높은 지위, 전문성, 권력, 영향력을 가지고 있다. 또 특정한 두 사람 사이의 상호작용이 많고 연결 강도가 큰 경우는 아주 가깝고 친밀도가 높은 사이이다.

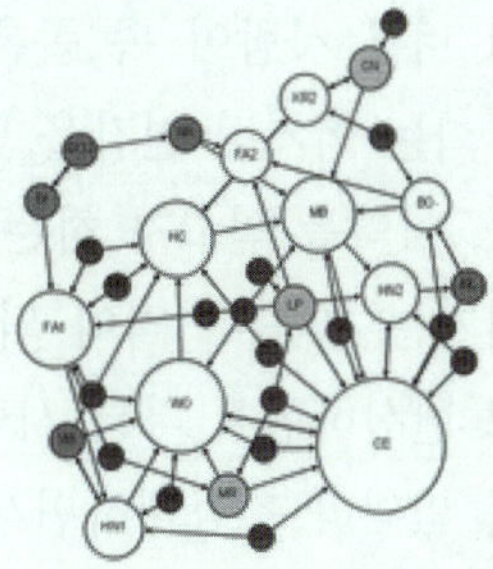

최근에는 네트워크 연구를 통해 사회적 관계를 분석하고 있다. 네트워크 이론(network theory)은 위의 소시오메트리 연구를 더욱 발전시킨 것으로 인간과 인간(또는 집단) 관계를 측정하면서 연결 빈도가 높은 허브(hub)를 찾아내고, 이 허브의 중심성(centrality)를 계산한다. 네트워크 이론에서는 관계의 강도, 질, 신뢰성을 중요시한다. 현대 소셜 네트워크 사회는 과학 기술의 도움을 받아 디지털 인터넷망으로 연결되어 있다.

인성과 관련하여 몇 가지 사회적 관계에 대해 살펴보기로 한다.

(1) 중심 인물(focal person)

사회 관계 속에는 좀 더 능동적으로 핵심 역할을 하는 사람이 있다. 둘 사이에도 이런 사람이 있고, 여러 사람 관계 속에도 연결 고리가 많고, 친밀하며, 능동적으로 만남을 이끌어가는 사람이 있다. 이런 사람을 중심 인물이라고 한다. 중심 인물은 성격이 적극적이고, 헌신적이며, 관계를 주도적으로 이끌어 가는 사람이다. 이런 사람은 관계 속에서 리더 역할을 한다. 회장이나 총무 일을 하는 사람, 정보나 지식을 많이 가진 사람, 영향력이 큰 사람이다. 중심 인물은 관계 속에서 '주인', '선도자' 역할을 즐긴다.

(2) 이기적 관계와 이타적 관계

사회 관계에서 자기 이익만을 추구하는 사람도 있고 자기를 희생하면서 다른 사람을 위해 헌신하는 사람도 있다. 이기적 인간(利己的人間, selfish humans)은 자기 시간이나 돈, 노력을 최소한으로 하면서 최대의 이익을 추구하는 반면에, 이타적 인간(利他的人間, altruistic humans)은 상대방의 발전이나 이익을 위해 자기 자신을 양보하고, 희생하며, 헌신적이다. 부모가 자식을 향해, 봉사자가 노약자를 향해, 마음이 너른 사람이 속 좁은 사람을 향해 이타적 관계를 추구한다. 현대 민주자본주의 사회는 이기적 인간을 당연시한다. 가능한 적은 시간, 노력, 돈을 들여서 최대의 성과, 이익을 얻고자 하는 것이 이기적 인간이다. 이런 사람은 헛된 노력, 쓸데없다고 여기는 행동, 이익이 되지 않는 투자를 하지 않는다. 이타적 인간은 자신을 희생하고 헌신하면서 다른 사람의 행복한 삶을 돕고자 노력하는 사람이다. 자신에게 손해가 있더라도 감내하면서 남을 돕고자 애를 쓴다.

(3) 체면 관계와 실속 관계

사회 관계에서 체면을 중시하는 사람도 있고, 실속을 중시하는 사람도 있다. 체면(體面)은 다른 사람을 대하는 의젓한 자태를 말한다. 물리적으로 보면 체면이란 몸과 얼굴, 태도, 복장 등 모든 것을 말하는데, 정신적이거나 인간 관계적으로 말할 때는 이런 물리적인 부분에 곁들여진 분위기나 감성을 가리킨다. 체면은 당사자의 신분이나 능력에 따라 변할 수 있고, 상황적 여건에 따라 달라질 수 있다. 보통 '체면'이라고 이야기할 때는 당사자가 느끼는 '자신에 대한 총체적 의젓함 또는 당당함'을 말한다(이대희, 2007: 330). 체면 손상(loss of face)은 당사자에게 굴욕감을 주고 마음을 혼란스럽게 하는 동시에 상대방을 당황하게 만든다(Guirdham, 1996: 209). 사람은 자기 자신의 체면을 손상당하지 않게 노력하는 동시에 상대방의 체면 손상을 방지하려는 노력(또는 기술, tact)도 동시에 해야만 한다. 실속(=實利)은 명예나 헛된 유명세보다는 실질적인 돈, 이익, 권한, 물질을 얻는 것이다. 실속 관계란 실질적 이득을 챙기는 관계다. 다른 사람을 만나거나 집단에 소속하는 것이 이런 이득을 얻기 위한 것이다. 체면 관계를 중요하게 여기는 사람은 자신의 위치, 신분, 권위에 맞는 행동을 하고자 노력하고, 실속 관계를 중요시하는 사람은 상대적으로 확실하게 이익이 되는 것을 챙기고자 노력한다.

(4) 배려, 양보

사회 관계에서 상대방을 존중하여 양보하고, 배려하는 마음이 필요하다. 현대 사회는 자유와 민주가 잘 발달되어 있어, 이에 따른 개인주의가 만연해 있다. 그래서 모두가 자기 이익에만 신경을 쓰고 다른 사람을 배려하고 존중하는 마음이 적어졌다. 물질이 풍부해지고, 생활이 편리해진 현대 한국 사회에서 오히려 삭막하고, 개인 관계가 단절되거나 이해 관계로만 엮어질 염려가 있다. 배려는 '형님 먼저, 아우 먼저!' 하는 마음, 부모를 먼저하고 어린 자녀를 보호하는 마음이다. 상관은 부하 직원을 챙기고, 아랫사람은 윗사람을 인정하고 존중하는 마음이 곧 배려다. 자기 권리만을 주장하지 않고 상대방을 고려하면서 자기 이익을 추구해야 한다.

(5) 대인 갈등

사회 관계는 긍정적이고 원만한 것도 있지만 심각한 갈등을 보이는 것도 있다. 좋은 지위를 서로 차지하기 위해 다투고, 돈이나 명예를 자기 것으로 하기 위해 경쟁한다. 책임과 의무는 이행치 않으면서 좋은 과실만 챙기려는 사람이 많을 때 갈등이 나타난다. 현대 한국 사회에서 대통령 탄핵이나 선거를 둘러싼 정치적 갈등이 심각하고, 실업자나 무산자 계급에 의한 경제적 갈등도 심각하다. 통일 관련해서 한국과 북한의 관계는 전 세계를 갈등 관계로 몰아가고 있다. 개인 대 개인 사이의 갈등은 상대방에 대한 배려와 이해를 통해 해소될 수 있다. 하지만, 갈등을 만들지 않기 위한 사전 노력이 필요하고, 미리 갈등 해결 기준이나 원칙을 정해 놓고 활용하는 것이 좋다. 갈등이 심각해지면 법적 해결 필요성이 높아진다.

■ 사회적 행동

사회적 행동은 인간의 사회적 태도가 관계를 통해 밖으로 표출되는 것이다. 그냥 개인 행동이라고 하지 않고 '사회적'이라는 표현을 쓰는 것은 사회 관계 속에서 행동이 일어나기 때문이다. 다른 장에서 다루게 되는 가족, 국가, 경제, 문화, 교육 등을 제외한 사회적 행동 중 몇 가지 사항에 대해서만 살펴보기로 한다.

(1) 열광(熱狂, excitement, furor)

열광은 어떤 대상을 향해 격정적으로 흥분하고 환호하는 것이다. 축구나 야구와 같은 스포츠 경기에서, 좋아하는 대중 스타나 지도자를 향해 열광적으로 환호한다. 대상을 향한 개인적 호의나 열정이, 주변 사람이나 분위기에 편승하여 격렬하게 표출된다. 열광의 순간에는 군중 심리에 편승하여 감정이 들뜨고, 분위기에 따라 흥분 상태로 들어간다. 청계 광장과 광화문 일대를 뒤덮은 시위 행렬은 간단한 자극에 의해서도 폭발한다. 냉정한 이성이 사라지고 들뜬 마음이 자아를 사로잡는다. 열광하는 속에서도 이성적 자아를 지니고 있어야 한다. 분위기에 따라 'Up!' 되어서, 군중 심리에 이끌려서, 무분별하게 흥분한 상태에서 사회적 행동을 해서는 곤란하다. 열광이 잘못되어 흥분으로 전환되고, 자칫 일탈과 파괴 행위로 이어지면 문제가 심각해진다.

(2) 분노(忿怒, anger), 저주(咀呪, curse)와 공격

분노는 외부의 자극이나 위협에 대해 강하게 불편한 감정을 표출하는 것이다. 사람이 타고난 내면의 기본 감성인 분노(怒)를 밖으로 표출하는 것을 '성을 낸다'고 말하고, 분노와 함께 감성이 폭발해 열나는 것을 '불처럼 화(火)를 낸다'고 말한다. 화(火), 분노(忿怒, anger)는 어떤 대상이나 사건과 관련해서 열이 나고 흥분된 상태가 되어 공격적 에너지를 분출하는 것이다(이대희, 2007: 108). 분노의 원인에는 여러 가지가 있을 수 있다. 자신의 신체에 대한 속박이나 위해(危害), 목표 지향적 행동에 대한 방해, 혐오적 자극, 도덕적 분개, 자아 가치에 대한 모욕감, 욕구나 신념 보존의 불가능 시, 외부 지배에 대한 반발, 우울증이나 슬픔에 의한 반발 등에 의해 화, 분노가 표출될 수 있다(이훈구 외, 2003: 223－242). 분노로 인한 행동은 밖으로 표출될 수도 있고, 내부적으로 작용하는 수도 있다. 전자의 경우에는 싸움, 공격, 파괴적 행동을 일으키고, 후자의 경우에는 우울증이나 자포자기 등의 행동을 낳는다. 화, 분노가 이성적 절제 속에서 조절이 가능할 경우에는 차후에 긍정적인 결과를 낳기도 하지만, 제대로 조절, 극복이 되지 않을 경우에는 고혈압, 화병(火病), 범죄, 우울증 등의 병적 현상을 낳을 수 있다(이대희, 2007: 108－109).

저주(詛呪, curse)는 남이 못되기를 바라고 비는 감정이다(이대희, 2007: 111－112). 증오(憎惡)와 비슷한 말이다. 저주는 그냥 싫은 정도가 아니라 의도적으로 대상을 거꾸러뜨리고 피해를 입히고자 하는 마음이다. 저주의 대상은 특정 사물이나 인간이기도 하지만 때로는 보편적인 다수, 집단인 경우도 있다. 홍수로 큰 피해를 당한 사람은 장마를 저주하고, 부모를 잃은 아이들은 살인마를 저주한다. 한자리를 놓고 승진을 다투다가 탈락한 사람은 상대방을 싫어하고, 이것이 확대되면 상대의 낙마(落馬)를 빈다. 사업주가 자신을 핍박했다고 생각하는 노동자는 사업주를 미워하고, 자칫 해고라도 당하면 저주를 해댄다(이대희, 2007: 110－111). 저주의 시작은 어떤 대상과의 관계에 있어서 자신이 피해를 입었거나 심각한 피해를 입고 있다고 생각할 때 비롯된다. 상대를 이해하지 못하고, 참을성이 낮을 때 쉽게 이런 감정이 나타난다. 분노의 감정이 폭발하거나 피해 망상적 공포가 지속될 때 저주의 감정이 살아난다.

저주의 감정은 분노와 함께 공격성을 내포하고 있다(이대희, 2007: 111－113). 공격성은 좀 더 직접적으로 상대방에게 피해를 입히고자 하는 감정이다. 거리의 시위대가 처음에는 비교적 차분하게 행동하다가도 경찰의 제지를 받고, 피해자가 생기면 금방 공격적인 시위대로 변모한다. 공격적 행동은 다음과 같은 원인에서 비롯된다

(Guirdham, 1996: 228-229).[6]

- 자신이 공격을 당했거나 당했다고 생각할 때(experiencing aggression): 보복 심리나 방어 기제로서 공격적 행동을 한다.
- 목적 달성을 위한 도구로 사용(instrumental aggression): '공격이 최선의 방어'라는 생각과 함께 자신의 목적을 달성하기 위해 공격적 행동을 보인다. 약점을 잡아 협박하는 것도 이런 예에 속한다.
- 본능: 먹이를 위해 싸우는 동물처럼 권력이나 재산, 높은 직위 등을 위해 싸우는 행위와 그 과정에서 표출되는 저주가 사람의 타고난 본능 수준에 달한다.
- 욕구 불만이나 좌절: 어떤 목적 달성이 좌절되었을 때 공격적 행동이 표출된다.
- 모방: 다른 사람의 공격적 행동을 단순 모방하는 경우도 있다.
- 걱정: 조바심을 내고 걱정에 휩싸이면 은연중에 걸림돌이 되는 사람이나 사물에 대해 저주를 한다.

다른 사람의 공격적 행동에 대해서는 다음과 같은 대처가 필요하다(Guirdham, 1996: 230). 첫째, 조용히 침묵한다. '불난 집에 부채질 하듯' 하지 않고 조용히 관망하면서 공격적 행동의 원인이 무엇인가를 파악한다. 이때는 동작이나 자세 등 비언어적 표현을 매우 주의해야 한다. 상대방이 적극적으로 질문을 해 오면 차분하게 응대한다. 둘째, 공격이 나를 향한 것인가에 대해 자문한다. 상대방의 공격에 대해 부적절한 반응을 조심한다. 셋째, 상대방이 화가 난 이유에 대해 적극적으로 들으려고 하고, 이해하려 노력한다. 그가 기대하는 것이나 욕구를 이해하고 해결책을 찾을 수 있다. 넷째, 상대방의 문제를 해결하기 위해 진지하게 접근해야만 그의 언어적 공격에 잘 대처할 수 있다.

(3) 무시(無視, disregard)와 존중(尊重, respect)

사회 관계에서 다른 사람이나 사물의 존재와 가치를 알아주지 않는 것이 무시이고, 높여주고 우러러보는 것이 존중이다. 무시는 얕잡아 보고 괴롭히거나 업신여기는 것이고, 존중은 마음에서 우러나 아껴주고 챙겨주며 도와주는 것이다. 무시와 존중은 사물이나 사람에 대한 관점의 양쪽 극단에 위치한다. 다음 <표 4-1>에 무시와 존중의 주체와 대상, 방법에 대한 내용이 나와 있다. 바람직한 사회를 위해서는

6) 이대희(2007: 111-113)에서 인용함.

표 4-1 무시와 존중의 주체와 대상, 방법

행 동	주체와 대상	방 법
무시	1) 상관 → 부하 직원	막말, 괴롭힘, 성희롱, 차별 대우
	2) 부자 → 가난한 사람	간과(看過), 돈 자랑, 멸시
	3) 힘센 자 → 약한 사람	행패(行悖), 괴롭힘, 폭력
	4) 집단 → 개인	왕따, 괴롭힘, 소외
	5) 개인 → 다른 사람	무관심
	6) 개인 → 사물, 권위 등	무관심, 초월
존중	1) 부하 직원 → 상관	권위 인정, 지시에 따름, 복종, 숭모
	2) 가난한 자 → 부자	부와 능력 인정, 자본가 지위 인정
	3) 비전문가 → 전문가	전문가 능력과 권위 인정
	4) 열등한 사람 → 우수한 사람	우수함 인정, 능력 인정
	5) 개인 → 집단	집단성 인정, 집단 규율 지킴
	6) 개인 → 다른 사람	인간 존중
	7) 국민 → 국가	국가 권위 인정, 국가 규율 지킴

무시가 없어야 하고, 상대적으로 존중이 많아져야 한다.

무시를 하는 사람과 무시를 당하는 사람의 인성은 서로 다르다. 무시를 하는 입장의 사람은 첫째, 나를 위주로 생각하고 상대방을 제대로 배려하지 않는다. 나 자신에 대해서는 모든 측면을 고려하고 배려하지만 상대에 대해서는 그렇지 못하다. 둘째, 나의 경우에는 긍정적인 면에 초점을 맞추고 대상의 경우에는 부정적인 면에 초점을 맞춘다. 그래서 나는 더욱더 좋게 보려 하고 상대는 더욱더 나쁘게 보려는 습성이 있다. 셋째, '무시한다'는 것은 상대를 매우 가볍게 보고, 함부로 대하며, 제값을 인정치 않는다는 말이다. 넷째, 무시당하는 상대에게서 일어날 수 있는 피해, 변화, 손해에 대해 별로 신경쓰지 않는다. 설령 인지하더라도 별것 아닌 것으로 치부해버린다.

무시를 당하는 사람은 상대적으로 지위가 낮고, 가난하거나, 힘이 약한 경우가 대부분이다. 그런데 같은 약자 위치에 있더라도 무시당하는 것을 당연시하는 사람도 있지만 그렇지 않은 사람도 있다. 전자의 경우에는 자신의 처지를 인정하고, 수용하며, 위치에 맞게 현실 생활을 하고자 하는 사람이다. 하지만, 후자의 경우에는 '무시당한다는 사실'에 거부감을 갖고 능동적으로 이를 극복하고자 하는 사람이다.

존중(또는 존경)을 받는 사람은 어떤 사람일까?

－자기 자신에 떳떳하고 정당하다.

－자기의 위치나 역할에 막는 권위를 유지한다.

－자기 위치나 역할에 맞는 정보, 지식, 권위, 권한, 전문성을 갖춘다.

－남의 모범이 되고자 노력하고 솔선수범한다.

－잘못이나 속임이 없어 반듯하고, 당당하다.

－실수가 있으면 스스로 반성하고 다시 실수하지 않도록 노력한다.

그렇다면, 존중을 하는, 존경심을 보이는 사람은 어떤 사람일까?

－상대의 위치, 역할, 권위를 인정한다.

－(나를 위주로 생각하면서) 상대를 비방하지 않는다.

－상대의 약점, 실수를 지적하여 확대 재생산하며, 비난하지 않는다.

－상대의 장점을 존중하고, 약점을 보완해주고자 애를 쓴다.

Ⅲ 집단과 인성

1. 집단 형성

인간은 가족을 벗어나서 사회로 들어서는 순간 자연스럽게 또는 의도적으로 집단 생활을 시작한다. '인간은 사회적 동물'이라는 표현은 그가 다른 여러 사람과 함께 생활한다는 것을 의미한다. 인성 논의도 당연히 집단 관계 속의 인성에 대한 것이 되어야 한다.

사람들이 형성하게 되는 집단은 세 가지 유형으로 나누어 볼 수 있다. 자연스럽게 형성되는 군중 집단, 자발적으로 참여하는 선호 집단, 소득을 목적으로 참여하는 직업 집단 등이다. 첫 번째 것이 자신의 의도와는 크게 상관없이 형성되는 사람들 무리라면, 뒤의 두 가지 경우는 자발적으로 참여하는 집단이다. 마지막 직업 집단은 소득 창출을 목적으로 비교적 장기간 소속하는 곳으로 앞의 두 경우와 성격이 사뭇 다르다.

■ 군중

군중(群衆, crowd, mass)은 많은 사람들 무리다. 인간이 살아가는 동안에 자연스럽게 형성되는 것으로 일시적, 비조직적 모임을 뜻한다. '자연스럽다'는 것은 기차역의 승객들, 축구 경기장의 관중처럼 일시적으로, 비조직적인 모임이라는 말이다. 사람 개개인은 열차를 타는 것이나 축구 경기를 관람하는 것과 같은 목적이 있지만, 이런 군중은 일시적 성격을 띠고, 조직화되어 있지 않다는 특징이 있다.

군중 속의 인간이 지켜야 할 규범 또는 인성으로는 다음과 같은 것이 있다.

첫째, 법적 규범을 잘 지켜야 한다. 신호 지키기, 쓰레기 버리지 않기, 고성 방가 금지, 공공 장소 흡연 금지 등 법규로 정해져 있는 규칙을 잘 지켜야 한다. 성난 태도로 시위를 하는 군중 속에는 차도를 점령하거나 큰 소리로 떠들어 규칙을 어기는 사람이 있다. 이런 태도는 군중 속 개인이 해서는 안되는 일이다.

둘째, 다른 사람의 인격을 존중하고 피해가 가지 않도록 해야 한다. 군중은 빽빽하게 밀집되어 있는 경우가 많기 때문에 적당한 활동 거리를 유지하기 어렵고 서로 부딪치게 되어 있다. 이럴 경우에는 매우 조심해야만 한다. 발을 밟았거나 부딪쳤을 경우가 생기면 바로 사과하고 결례(缺禮)를 용서받아야 한다. 피해를 당한 사람 입장에서는 화를 잘 참고 상대방의 사과를 받아들일 마음의 여유를 가져야 한다.

셋째, 사회적 도덕과 예절, 관습에 대해 잘 알고 행동해야 한다. 법규로 되어 있는 것은 아니지만 사회 속에 통상적으로 존재하고 있는 행동 규칙을 잘 따라야 한다. 어른 공경하기, 노약자 보호하기, 우측 통행, 차량 끼어들 때 하나씩 차례로 하기, 좁은 공간에서 말할 때 조심하기 등등…. 한국 전통의 예절은 엄격한 법규로 만들어진 것이 아니라 우리 생활 속에서 자연스럽게 형성된 것이다.

군중은 언제라도 폭도, 무질서 상태로 변할 수 있다. 군중 심리(群衆心理, mob psychology), 집단 심리(集團心理)가 작용하여 개인 차원의 사고나 행동이 불가능하고 군중에 휩쓸려 갈 수 있다. 군중은 이지적 판단에 따라 움직이기보다는 '감성 작용'에 따라 움직이기가 쉽다. 군중은 작은 빌미에도 충동적으로 반응하고(Gustave, 2008), 현명한 자아의 통제를 무력화하여 원초적 본능이 밖으로 표출되기 쉽다. 이것이 피암시(被暗示)로 작용하여 순간적으로 잔인함을 보이기도 한다. 주변의 다른 사람에 영향을 받아 적당히 흥분되어 있고 어느 순간에는 자기 과시적 행동을 보일 수도 있다. 군중 속의 개인은 시야가 좁아져서 편협할 수 있고 자기 생각에 갇히는 수도 있다.

군중 속의 개인은 군중 심리에 포섭당하지 않도록 유의해야 한다. 축구 대표팀의 우승에 환호하는 정도의 군중이라면 문제가 심각하지 않을 수 있지만, 성난 시위대라면 문제가 생길 수 있다. 비록 군중 속에 있더라도 자아의 현명한 판단력을 최대한 살려서 사나운 폭도로 변하는 것을 경계해야 한다.

■ 자발적 참여 집단

사람은 수없이 많은 집단에 참여하여 활동한다. 사람은 학교, 동창회, 산악회, 종교 단체, 취미 서클, 동아리 등 수없이 많은 집단에 동시다발적으로 참여하여 활동한다. 자발적으로 입회 신청을 하고, 필요한 회비를 내며, 임원이나 회원으로 참여하여 활약한다. 자발적 참여 집단(自發的 參與集團)의 특성은 앞의 군중과는 달리, 조직화된 집단에, 참여 의사를 밝히고, 요구되는 책임과 의무를 수행한다는 점이다.

자발적 참여 집단에 소속된 사람이 갖추어야 할 인성으로는 다음과 같은 것이 있다.

첫째, 집단의 목적을 잘 이해하고 참여하여야 한다. 자신이 원하는 목적과 합치되는 집단이어야 한다. 경우에 따라서는 무작위로 배정된 학교에 소속되는 것과 같은 사례도 있지만, 이 경우에도 스스로 참여를 결정한 것으로 보아야 한다. 목적을 제대로 알지 못하고 참여하면 적극적인 활동이 이루어지지 못하고 다른 참여 인원과 갈등을 겪을 수 있다.

둘째, 조직의 직제(職制), 규율, 지도자와 임원, 회원 사정에 밝아야 한다. 회원으로서 목적에 맞는 활동을 하기 위해서는 이런 사항에 대해 철저히 알아야 가능하다.

셋째, 집단에서 요구하는 책임과 의무를 잘 수행해야 한다. 일반 회원으로서의 책임과 의무도 기본적으로 중요하지만 임원이 되었을 경우에는 조직을 이끌어 목적 달성하는 데 앞장 서야 한다. 의무 중에는 회의 참석, 회비 납부, 목적 활동 동참 등이 해당된다.

넷째, 참여 회원과의 유대 관계가 중요하다. 참여 집단이 많다 보면 이름만 걸쳐 놓고 참여 활동이 거의 없는 경우도 많이 있다. 참여가 적으면 회원과의 유대도 적어지고 참여 목적이 희석될 수 있다.

■ 직업 집단

직업 집단(職業集團, vocational group)은 삶에 필요한 소득을 얻기 위해 근무하는 직장(職場)이다. 직장은 다른 군중이나 참여 집단과 성격이 매우 다르다. 직장은 일의 종류, 봉급 수준, 근무 환경, 근무 기간 등 고려할 것이 많아서 매우 신중하게 참여해야 한다.

직장과 관련해서는 「근로기준법」 등 법규가 엄격히 정해져 있는 경우가 많다. 또 노동자 단체가 구성되어 있어 여기에 소속되거나 자유롭게 활동하거나 할 수 있다. 봉급 수준과 승진, 근무 환경과 관련하여 엄격한 내규가 정해져 있고 자체적인 근로자 규칙도 마련되어 있는 경우가 대부분이다.

직장 중에서도 민간 기업체의 경우에는 이윤 창출이라는 경제적 목적이 최우선이다. 이런 상황에서는 단순히 참여하여 근무하는 수준이 아니라 다다익선(多多益善)의 수입 창출을 위해 매진하여야 한다. 스스로 아이디어 사업을 만들어내고, 잘 추진하여 성과를 달성해야 한다.

직업 집단에도 직업 윤리(職業倫理)가 있고, 상도의(商道義)가 있다. 예를 들어, 법무법인에 소속되어 있는 변호사는 변호사로서 지켜야 할 윤리가 있다. 음식점을 운영하는 사람은 재료의 원산지 표기를 정확히 해야 하고, 음식 조리 과정을 투명하게 하여야 한다. 삼성 전자에 근무하는 사람도 상도의가 있다. 삼성반도체에 근무하던 직원이 회사 비밀을 빼내서 다른 중국업체로 팔아먹었다면 이는 심각한 상도의를 잃은 행동이다. 상도의를 어긴 경우에 심각할 경우에는 법적 처벌을 받는다. 앞의 경우에 「영업 비밀 보호법」에 의해 처벌을 받는다. 또 조세 포탈을 위해 분식회계(粉飾會計, accounting fraud)를 꾸며 사용하는 경우에도 큰 처벌을 받는다.

2. 집단 사회 관계

집단 내에서 사람은 집단 전체는 물론 다른 집단 구성원과 다양한 상호작용 관계를 갖는다.

■ 역할

인간은 자기가 참여하고 있는 집단 내에서 주어진 역할을 충실히 수행해야만 한다. 역할(役割, role)은 특정한 사람에게 기대되는 행동이다. 역할은 집단 내에서의 위치나 담당 업무에 따라 달라진다. 특정한 사람에 대한 역할 기대(役割期待)가 당사자에게 전달되면(역할 전달), 이를 인지하여(역할 인지), 행동으로 옮기게 된다(역할 수행)(이창원 · 최창현, 2006: 245). 집단 내 특정인이 역할을 제대로 수행하기 위해서는 당사자의 위치에 맞는 역할 기대, 시의적절한 전달, 정확한 인지, 기대에 맞는 행동이 전반적으로 잘 이루어져야 한다. 어느 한 부분이 잘못되면 역할 수행이 제대로 이루어질 수 없다. 역할 미수행이 일어나게 된다.

역할 갈등(役割葛藤, role conflict)도 자주 일어날 수 있다. 역할 갈등을 유발하는 원인을 보면 첫째, 기대되는 역할이 모호하거나 이질적일 때, 또 사람마다 기대하는 역할이 다를 때 갈등이 생겨난다. 당사자로서는 하나로 일치된, 명확한 역할 기대가 있을 때 행동하기가 수월하다. 둘째, 역할이 정확히 전달되지 못했을 때 문제가 생긴다. '○년 ○월 ○일까지' 무슨 일을 해야 한다고 할 때 일시 전달이 늦어졌다면 정해진 시간까지 역할을 마치기가 어려울 수 있다. 셋째, 당사자가 자기 역할을 정확히 인지하지 못하는 수도 있다. '무슨 일을, 언제, 어떻게 해내야 하는지를 알지 못한다'면 문제가 있다. 넷째, 자기 자신의 역량이나 가치관, 신념에 비춰볼 때 기대되는 역할이 맞지 않을 때 갈등이 생겨난다.

▪ 지도자와 구성원

집단에는 집단을 리드하는 지도자(指導者), 리더(leader)가 있게 마련이다. 그리고 지도자의 리드를 받는 구성원이 있다. 지도자의 지도력은 조직의 운명을 결정할 정도로 중요하다. 일반 구성원은 조직에서 필요로 하는 역할을 수행하면서 지도자의 지도를 받는다.

리더는 조직의 비전을 제시하고, 구성원을 조직화하며, 목적을 향해 동기화하고, 충실히 업무를 수행하도록 만들어야 한다(이대희, 2007: 389−398에서 아래 인용). 리더는 다음과 같이 모든 역량을 갖추어야만 한다(Cottrell, 2003: 143).

− 건축가: 어떤 사업을 구상하고 축조화(築造化)하는 능력자
− 세일즈 관리자: 비전을 판매하는 사람
− 사회 사업가: 많은 사람들을 동기화시키고 능력 향상시키는 사람
− 배우: 관중 앞에서 연기할 수 있는 사람
− 외교적 수완가: 분쟁을 조정하고 가라앉힐 수 있는 사람
− 예술가: 특별한 비전과 함께 예술을 창조하는 사람

감성적 지성의 리더는 자신의 이성을 잘 활용하면서 동시에 자신의 생활인 관련 감성, 조직 관련 감성, 업무 관련 감성을 조화롭게 잘 활용할 줄 알아야 한다. 그리고 부하 직원의 감성 능력과 이성 능력을 동시에 균형 있게 잘 활용할 수 있어야 한다. 긍정적 감성을 촉진하기 위해 필요한 여러 가지 노력을 해야만 하고, 때에 따라서는 부정적 감성을 적절히 가미하여 조직원을 지도자가 원하는 방향으로 유도할 수 있어야 한다. 감성적 지성의 지도자는 현명한 이성과 넉넉한 감성을 가진 존재여야 한다. 이런 지도자에게 필요한 이성 능력으로는 자기 신뢰, 합리적 판단력, 통찰력, 논리성, 풍부한 지식, 미래 예측력이다. 지도자에게 필요한 감성 능력으로는 무수히 많은 것을 들 수 있는데 그중 몇 가지를 들어보면, 자신감(+용기), 열정(+에너지), 결단력(+추진력), 카리스마적 인기, 자상한 배려(+포용력), 겸손(+정중함), 예술적 감각(+유머)이다.

감성적 지성의 지도자는 조직원의 감성 부분에만 신경을 써서는 곤란하다. 분위기가 좋다고 하여 반드시 조직 성과가 높다고 볼 수는 없기 때문이다. 조직의 생존과 적응, 목표 달성과 성장을 위해서는 조직이 갖추어야 할 기본 요건이 충실해야 하고 동시에 필요한 기능이 잘 성취되어야만 한다. 이런 부분은 지도자와 조직원이 모두 적절한 수준의 이성 능력을 갖추어야 가능하다.

우선, 조직원 개개 인간에 초점을 두어 생각해 보면 다음과 같다.

−개인이 추구해야 할 목표가 명확해야만 한다.

−역할 구분이 명확해야 한다.

−역할과 임무가 주어지고 그에 걸맞은 책임이 설정되어야 한다.

−합리적 보수 체계가 확립되어 있어야 한다.

−조직원에 대한 교육과 능력 발전이 지속적으로 이루어져야 한다.

−참여 장치도 필요하다.

−적절한 감독이다.

−알맞은 상과 벌이 있어야 한다.

구조나 절차 차원에서는 다음과 같은 것이 요구된다.

−조직화가 필요하다.

−과학적 관리를 위한 절차와 원칙이 마련되어야 한다.

−합리적 전략을 마련해야 한다.

−첨단의 정보 기술을 도입하여 업무에 활용할 수 있도록 해야 한다.

– 실적 평가 장치가 필요하다.

집단 구성원 개인도 이성 능력과 감성 능력을 균형 있게 갖추고 적절히 구사할 수 있는 사람이어야 한다. 지도자 입장에서 보면 특정한 사람이 특정한 업무에만 전문성을 보여도 좋다고 생각할 수 있지만, 현대 사회에서는 모든 구성원이 온전한 인격체로 간주되기 때문에 두 차원의 능력을 동시에 갖추어야만 한다. 집단 구성원의 이성 능력으로는 다음과 같은 것이 요구된다.

– 합리적 판단력이 필요하다.
– 지도자나 조직의 목표, 상관에 대해 자신의 이성적 판단에 따른 추종과 몰입이 필요하다.
– 맡은 바 임무에 합당한 전문 능력이 필요하다.
– 합리적 질서를 존중하고 지켜야 한다.
– 무엇이 정당하고 도덕적으로 옳은 것인지를 판단할 줄 알아야 한다.
– 진정으로 원하는 자아의 실현을 위해 노력하는 존재여야 한다.

또 집단 구성원의 감성 능력으로는 다음과 같은 것이 요구된다.

– 올바른 지도자를 마음 속에서 진정으로 신뢰하고 존중하는 충성심이 있어야 한다.
– 조직, 조직 목표, 자신의 임무와 역할에 감성적으로 만족하고, 몰입할 수 있어야 한다.
– 자아 존중감, 자신감이 있어야 한다.
– 조직과 함께 발전하기 위해서는 적당한 경쟁심도 필요하다.
– 다른 구성원이나 지도자와 공감대를 형성하고, 공통의 관심사에 대해 진정으로 동조할 수 있어야 한다.
– 조직 속에서 안정적 소속감을 가질 수 있어야 한다.
– 조직 속에서 생활하고, 맡은 바 임무를 수행하면서도 스트레스는 견뎌낼 수 있을 만큼 적당히 적어야 한다.

▪ 동료 관계

동료(同僚)는 직무 내용, 봉급, 근무 기간, 서열 등이 비슷한 위치에 있는 사람을 말한다. 친구라는 말이 친밀함을 전제로 한 것이라면 동료는 여건이 비슷한 사람이라는 뜻이 강하다. 직장의 동료는 직장 내에서 비교적 같은 입장에서 운명 공동체(運命共同體)를 이루고 있다. 정보를 공유하고, 승급이나 승진이 비슷하게 이루어지며, 단체장이나 기업주에 대해 공동 대응하려는 입장을 지닌다. 기업체의 경우에는 노동조합을 결성하여 단체로 활동하기도 한다. 동료는 여러 면에서 같은 점이 많지만 동시에 승진 경쟁을 하는 사이이기도 하다. 직장 내에서의 승진은 권위를 높여주고, 봉급 수준을 높여주며, 활동 범위를 넓혀준다. 직장 밖 생활이 그리 많지 않은 상황에서 승진은 직장인에게 가장 큰 희망이다. 그런 만큼 승진 경쟁은 치열해질 수가 있다.

3. 집단 내 행동

집단 내에서는 다양한 상호작용이 이루어진다. 개인과 개인, 개인과 다른 소집단, 소집단과 소집단, 개인과 전체 집단 등 다양하다. 몇 가지 중요한 집단 내 행동에 대해 살펴보기로 한다.

1) 동조와 독립

브레엠, 카신과 페인(Brehm, Kassin & Fein, 2002: 218−253)은 인간의 집단 내 행동 유형을 다음 [그림 4−4]와 같이 구분하고 있다.

그림 4-4 인간의 집단 내 행동 유형

동조(同調, conformity)는 인간이 집단의 규범을 받아들여 자기의 인식, 의견, 태도를 일체화하고자 하는 성향(Brehm et al., 2002: 222)을 말한다. 조직의 장이나 좋아하는 사람의 가치관이나 신념에 따르기 위해 자신의 행동이나 태도를 바꾸려는 것도 해당된다(Feldman, 2001: 393). 이에 비해 독립(獨立, independence)은 자기 태도나 행동을 그대로 견지하고자 하는 마음이다.

집단에 속해 있는 사람은 자기 독립성을 가지고 있되, 현실적으로는 조직의 목적, 규범을 자신의 것으로 받아들여 일체화할 필요가 있다. 집단에 자발적으로 참여하는 경우에는 자기 동조화가 수월하게 이루어질 수 있다. 집단 목적을 스스로 받아들인 상태이고, 집단이 원하는 행위를 할 자세가 되어 있기 때문이다. 집단을 이끄는 리더나 상관에 대해서는 그가 정당하다는 믿음, 그의 행동이 믿을 만하다는 확신이 있을 때 동조가 이루어질 수 있다.

2) 순응과 자기 주장

순응(順應, compliance)은 집단의 정책이나 방침, 지시에 순조롭게 따르는 것이다. 동조가 인간 내면의 성향이라면 순응은 외부적으로 드러난 행태다. 순응은 비록 자발적이긴 하지만 외부적으로 보여지는 압박이 존재한다(Feldman, 2001: 406). 집단 규범의 압박, 집단 내규, 리더나 동료로부터 압박감 등이 순응을 유도한다. 하지만, 어떤 경우에는 순응하지 않고 자기 주장(自己主張, assertiveness)을 내세울 때도 있다.

조직원의 순응은 집단의 다양한 목적 추구 활동을 가능하게 해준다. 학교도, 직장도, 자발적 참여 집단도 조직원의 순응이 있어야만 생존하고 발전해 갈 수 있다. 내부적 동조와 함께 외적 순응 행위가 절대적으로 필요하다. 조직에서는 구성원의 순응을 유도하기 위해 여러 방법을 동원할 수 있다. 적절한 보수를 제공하거나 승진, 원하는 보직 제공, 복지 혜택 등을 제공함으로써 순응을 이끌어낸다.

3) 복종과 저항

복종(服從, obedience)은 외부의 권위적 지시나 명령에 순종하는 것이다(Brehm et al., 2002: 240-249). 순응이 자발적 성격을 띠고 있는 데 비해, 복종은 정신적으로 압도되어 있는 경우다. 복종을 하지 않으면 폭력이나 처벌, 피해가 뒤따를 것을 염려하여 순종하게 된다. 복종을 거부하고 저항(抵抗, defiance)하면 폭력, 처벌, 피해가 이어질 수 있다. 순응이 자발적으로 이루어지면 좋지만, 그렇지 못할 때는 복종을 요구해야 한다. 복종 요구는 강력한 집단 규범, 처벌 법규, 물리적 강제 등을 통해 가능하다. 순응 차원은 아니지만 복종도 어느 정도 자발적으로 이루어지면 좋다.

조직원의 저항은 조직원이 집단 목적이나 규범에 동조하지 않고, 리더의 지도력에 반항하거나, 내부 정책이나 활동을 싫어할 경우에 나타난다. 저항하는 수준에 이르면 조직원 스스로 그 집단을 떠나야만 할 것이다.

4) 권력과 정치 작용

집단 내에는 권력 관계와 정치 작용이 존재한다. 권력(權力, power)은 어떤 사람을 자기 의도대로 움직일 수 있는 영향력이다. 영향력이라는 말 대신에 권력이라고 할 때는 정치 권력으로 이해하는 것이 정확하다. 정치(政治, politics)는 통치, 지배, 다스림에 관한 활동이다. 그래서 정치 권력은 국가의 통치권을 말하는 것이다. 하지만, 현대 사회에서 정치는 집단의 지배권을 장악하고, 이를 행사하기 위해 벌리는 활동을 가리키는 것으로 보기도 한다. 집단 내에서 최고 지도자, 조직의 장이 되기 위한 경쟁, 조직 내 권한을 장악하기 위한 권모술수(權謀術數), 자기에게 유리한 보수나 승진, 근무를 위한 경쟁이 정치 작용에 해당한다. 집단과 조직의 규모가 커지면 커질수록, 조직의 이권이나 권한이 커지면 커질수록 권력 작용, 정치 작용이 활발해진다.

권력은 권력의 원천이 무엇인가에 따라, 상대방을 존중하고 따르려고자 하는 마음 때문에 생겨나는 준거적 권력(準據的權力), 조직의 법규나 지위에 의해 주어진 합법적 권력(合法的權力), 전문 능력이 탁월함으로써 주어지는 전문적 권력(專門的權力), 보상을 충분히 해줄 수 있는 능력을 토대로 한 보상적 권력(報償的權力), 폭력이나 법적 처벌 등 공포감을 유발하는 강압적 권력(强壓的權力)으로 나눌 수 있다(이창원 · 최창현, 2006: 301－303). 집단 내에서 조직의 장(長)의 권력이 합법적이고, 전문성이 있으며, 보상력이나 강압적 권한이 주어져 있을 때 동조, 순응, 복종이 제대로 이루어질 수 있다. 그 반대의 경우에는 조직원이 자신의 독립성을 추구하고, 자기 주장을 펼쳐 순응을 해치며, 끝내 저항하는 정도까지 도달할 수 있다.

권력을 장악하기 위한 정치 작용은 집단의 목적 수행에 저해가 될 정도로 심각한 수준이어서는 곤란하다. 집단 내에 패거리 소집단이 생겨나고, 소집단 사이에 권력 쟁취를 위한 대립과 갈등이 나타나면 곤란하다.

5) 개혁, 내부 고발

개혁(改革, reform)은 뭔가를 바람직한 방향으로 크게 바꾸는 것이다. 원래 개혁은 과녁(＝관혁, 貫革, target)을 바꾸는 것(改)을 말한다(이대희 외, 2015: 337). 사냥터에서 활을 쏘아 짐승을 잡듯이 과녁에 호랑이나 곰 가죽을 걸어 놓고 연습을 하는데, 이 가죽이 찢어지면 다른 것으로 바꿔야 한다. 이것이 과녁을 바꾸는 것이고, 개혁이었다. 오늘날의 개혁은 근본적으로 목표를 바꾸는 행위를 말한다. 집단 개혁은 집단의 목표를 크게 바꾸는 것이고, 이 목표 추구와 관련된 체제나 근무자, 관리 방식을 근본적으로 변화시키는 것을 말한다.[7] 개선(改善, improvement)이나 발전(發展, development)이 조금씩, 꾸준히 좋은 쪽으로 변화해 가는 것을 뜻하는데 비해, 개혁은 훨씬 더 강력하고 큰, 의도적 변화다. 개혁은 비교적 짧은 기간에, 폭 넓고, 강력하게 '판'을 바꾸는 것이다.

집단 개혁은 누적된 병폐를 근본적으로 개선시키기 위해서도 필요하지만, 조직 운영의 목표를 매우 새로운 것으로 바꾸거나, 집단 내부 관리 조직(구조와 기능)을 대폭 바꾸는 경우, 집단 구성원의 사고와 행태를 대폭 전환시키는 경우, 사무 처리 방식을 전혀 새로운 것으로 변모시키는 경우에도 필요하다(이대희 외, 2015: 337). 집단 개혁이 리더와 집단 구성원 사이의 합의, 규칙과 절차에 의해 적절하게 이루어진다면 걱정이 없을 것이다. 하지만, 작은 규모의 개선이라면 몰라도 급진적인 개혁은 쉽지가 않다. 모든 사람, 집단, 조직, 규칙도 시간이 흐르면서 보수화하고 현실 지향적이 되어 간다. 조그마한 변화도 결코 수월하게 이루어지지 않는다.

집단 내에서 개혁을 추구하고자 하는 사람은 개혁이 집단 발전에 꼭 필요한 것임을 리더나 구성원에게 잘 설명할 수 있어야 한다. 그리고 최선을 다해 함께 추진해 가야 한다. 원하는 개혁이 뜻대로 되지 않을 때, 개혁 추진자는 다른 동조자를 구해 시위나 반발 형태로 의견을 표출하는 수도 있다. 또 내부 고발(內部告發, whistle blowing) 형태로 언론에 폭로하거나 사회적 이슈화(issue化) 하고자 시도한다. 어느 경우든 '긍정적 발전'이라는 목표를 잃지 않고, 집단의 목적 추구를 어렵게 하거나 조직원을 심각하게 갈등 상황으로 몰아가는 것은 조심해야 한다. 개혁 이후의 상황이 오히려 전보다 못하다면 문제가 있다.

6) 직무 몰입, 직무 만족

직장이든, 자발적 참여 집단이든 일단 집단 소속원이 되었다면 조직 규칙에 잘 따르고 맡은 직무에 충실해야 한다. 집단 임원이든 아니면 관리자, 또는 일반 구성원이든 관계없이 주어진 일에 최선을 다해야 한다.

직무 만족(職務滿足, job satisfaction)은 자기가 맡은 일, 직무에 만족하는 것이다. 이는 직무를 잘 알고, 최선을 다해 추구하며, 좋은 성과를 내는 일과 관련이 있다. 일 자체를 즐겁게 추진하며 자신이 하고 있는 일, 또 그 결과에 만족하는 것이다. 직

7) 이 부분은 이대희 외(2015)의 내용을 옮겨 실었음.

무 몰입(職務沒入, job involvement)은 직무에 온 정성을 다해 빠져드는 것이다. 직무에 몰입하기 위해서는 스스로 직무 내용을 잘 파악해 이해하고, 직무 수행 자체를 즐거워하며, 그 결과로 좋은 성과를 낼 때 가능하다. 큰 권한을 행사할 수 있고, 많은 보수를 받을 수 있는 직무라면 만족도도 높고 몰입 가능성도 높을 것이다. 또 자신이 원하는 일이거나 공감대가 잘 형성된 조직 목적을 위한 일이라면 만족도나 몰입도가 높을 것이다.

7) 갈등 관리

아주 작고 단출한 집단이라면 모르겠지만, 대부분 집단 내에는 갈등이 상존한다. 갈등(葛藤, conflict)은 비비꼬여서 매우 풀기 어려운 상태를 말한다(이대희 외, 2015: 73−74). 칡(葛)과 등(藤)은 넝쿨 식물로 비비꼬여가면서 자란다. 그래서 쉽사리 풀기가 어렵다. 집단 속에서의 갈등도 매우 풀기 어려운 상태를 말한다. 특히, 두 가지 이상의 의견이 상충(相衝), 무엇이 옳은 처방인지 알기가 매우 어려운 상황, 이익을 보는 집단과 손해를 보는 집단 사이의 극단적 대립이 존재할 때 갈등이 커진다. 이런 갈등을 어떻게 잘 해결하는가가 집단 발전의 관건이다.

조직 내의 갈등은 조직의 한 단위(개인 또는 부서)가 다른 단위로 인해 자체의 관심사가 좌절될 때 발생할 수 있다(이대희 외, 2015: 73−74). 갈등은 기본적으로 부정적인 모습을 띠고 있다. 조직 관리자는 항시 갈등의 양상을 정확히 파악하고, 원인을 찾아내 제거하는 데 노력해야 한다. 갈등이 상존하고, 증폭되면 집단 조직이 제대로 기능을 할 수 없다.

조직 내의 갈등을 해소하는 방법으로는 첫째, 회피하는 방법이 있다(이대희 외, 2015: 73−74). 이는 적극적으로 갈등을 해소하려 하지 않고, 무관심하게 모른 척 대응하는 것이다. 둘째, 경쟁을 격화시킨다. 서로 싸워 이기든 지든 결론을 내도록 유도한다. 셋째, 순응이다. 이는 자신의 주장이나 이익을 희생하더라도 상대방의 주장이나 이익에 동조하는 것이다. 넷째, 협동이다. 가능한 한 서로 협력하여 최선의 해결책을 찾는 것이다. 다섯째, 타협이다. 자신과 상대방의 주장이나 이익의 중간 정도를 절충해 만족하는 식으로 해결한다. 조직 관리를 위해서는 조직의 각 단위(개인 또는 부서)가 갈등 상황에서 회피나 경쟁, 순응보다는 협동이나 타협을 선택하여 시너지 효과(synergy effect)를 내도록 유도할 필요가 있다.

갈등이 구태의연한 집단의 관행을 개선하기 위해 발생하는 것이라면 어느 정도까지는 바람직할 수 있다. 하지만, 기본적으로 갈등은 집단 내에 불편함, 불안정함, 해결 난망의 어려운 상황을 만들어낸다.

집단 내에서 갈등을 유발하는 사람은 반드시 유의할 점이 있다. 첫째, 갈등은 불안정하고 불편함을 만들어낸다는 점이다. 그래서 아무리 옳은 주장이더라도 상황에 맞춰 시의적절(時宜適切)하게 제기되어야 한다. 둘째, 문제 제기의 경우에도 이것이 초래할 상황을 잘 생각하여 갈등을 최소화해야 한다. 셋째, 문제 처리 절차나 규칙을 최대한 잘 활용하여 향후 갈등 해결 가능성을 열어두어야 한다. 넷째, 갈등은 쉽사리 해결되지가 않는다. 쉽게 판단하거나 쉽게 포기하지 말고 꾸준히 해결책을 찾아가야 한다.

용 어

사회, 사회적 인간, 사회 인식 방법, 접근 방법, 귀납적 접근 방법, 연역적 접근 방법, 대인 지각, 첫인상, 귀인 이론, 태도, 친구, 애인, 감성적 지성, 사회 관계인, 사회적 태도, 사회적 행동, 집단 행동, 군중, 자발적 참여 집단, 직업 집단, 집단 사회 관계, 감성적 지성의 지도자

요 약

- 사회: 어떤 목적을 가지고 모여 사는 사람 집단
- 사회적 인간: 인간은 자연적으로 공동체 사회를 만들어 모여 사는 존재
- 사회 인식 방법: 사회를 보는 시각. 접근 방법
- 접근 방법: 대상에 관한 자료의 수집과 판단 근거. 준거틀
- 행태적 접근 방법: 겉으로 드러난 인간들의 행태를 과학적, 통계적 방법으로 이해
- 심리적 접근 방법: 심리적 자아, 인식, 감관 지각 등의 관점에서 이해
- 인간 관계적 접근 방법: 사람들 사이의 상호작용 관계를 중심으로 이해
- 지정학적 연구 방법: 지정학적 여건을 분석하여 설명하고자 하는 것
- 생태적 접근 방법: 환경 생태를 탐색하여 그 속에서 살아가는 모습을 이해
- 문화적 접근 방법: 문화적 특성을 탐구하여 사회를 이해
- 귀납적 접근 방법: 수많은 관찰(과 경험)의 일반화를 통해 진리 탐구
- 연역적 접근 방법: 이미 밝혀진 법칙이나 이론을 토대로 가설을 추출한 뒤, 이를 현상을 통해 검증하여 진리를 찾는 방법
- 대인 지각: 상대하는 사람을 감관을 통해 지각하는 것
- 첫인상: 다른 사람을 처음 대할 때 갖는 인상. 처음으로 상대방의 복장과 용모를 챙겨보아서 얻게 되는 인상
- 귀인 이론: 인간 행동의 원인을 찾아가는 이론
- 태도: 어떤 대상에 대한 호의적 또는 비호의적 성향
- 태도의 구성 요소: (1) 어떤 대상물에 대해 그 사람이 가지고 있는 여러 사실이나 지식, 신념에 관한 인지 요소, (2) 대상에 대한 그 사람의 감정이나 정서들에 관한 감성 요소, (3) 대상에 대한 그 사람의 반응 준비성이나 행동 경향성에 관한 행동 요소
- 친구: 친밀한 관계가 오래 지속되는 사람
- 친구 관계: '만남', '상호 교류'가 충분, 만남의 지속성, 친밀함, 정서적 신뢰, 공유하는 경함과 지식이 많음. 우정과 경쟁
- 애인: 사랑하는 관계에 있는 이성

- 사랑의 삼각 이론: 사랑의 세 가지 요소로서 감성적 친밀감, 동기적 열정, 인지적 헌신을 들고 이들이 모두 충족될 때 완벽한 사랑이 이루어진다는 주장
- 감성적 지성: 감성과 지성이 균형 있게 잘 조화로운 상태
- 사회 관계인: 수많은 사람과 사회적 관계를 맺으며 살아가는 인간
- 사회적 태도: 인간의 주변 사회에 대한 인지적, 감성적, 행동적 성향. 사회적 욕구와 친화 욕구, 자기 신뢰, 호감, 열정, 개방, 대인 매력 등
- 사회적 관계와 인성: 중심 인물, 이기적 관계와 이타적 관계, 체면 관계와 실속 관계, 배려, 양보, 대인 갈등
- 사회적 행동: 인간의 사회적 태도가 관계를 통해 밖으로 표출되는 것. 열광, 분노, 저주, 무시와 존중
- 집단 형성: 다른 여러 사람과 함께 무리를 이루는 것. 자연스럽게 형성되는 군중 집단, 자발적으로 참여하는 선호 집단, 소득을 목적으로 참여하는 직업 집단 등
- 군중: 많은 사람의 무리. 자연스럽게 형성되는 것으로 일시적, 비조직적 모임
- 자발적 참여 집단: 인간이 조직화된 집단에, 참여 의사를 밝히고, 요구되는 책임과 의무를 수행하는 집단
- 직업 집단: 삶에 필요한 소득을 얻기 위해 근무하는 직장
- 집단 사회 관계: 집단 내에서 집단 전체나 다른 구성원과 맺는 관계. 역할, 지도자와 구성원, 동료 관계
- 감성적 지성의 지도자: 지도자 자신은 물론 부하 직원의 감성 능력과 이성 능력을 동시에 균형 있게 잘 활용할 줄 아는 지도자
- 집단 내 행동: 집단 내에서 이루어지는 구성원 사이의 다양한 상호작용. 동조, 독립, 복종, 순응, 자기 주장, 저항, 권력과 정치 작용, 개혁, 내부 고발, 직무 몰입, 직무 만족, 갈등 관리

[인성의 덕목 3] 예

1) 개념 정의	■ 예(禮): 자발적인 사회 질서. 자연스런 삶의 원리 – 사회 구성원이 자율적으로 만든 규칙 ■ 예의(禮義): 사리와 여건에 맞는 자발적인 질서(*義: 마땅함. 宜) ■ 예절(禮節): 절조 있는 예(*節: 마디. 맺고 끊음이 있음)
2) 개념 해석, 뜻풀이	■ 예의 주체: (합리적 자아와 올바른 인성을 갖춘) 인간 ■ 예의 대상: 다른 사람, 조직, 국가, 사회 ■ 예의 내용 – 사회 질서: 사회 구성원의 약속. '바람직한' 차례(次例)에 대한 것 /때와 장소에 맞는, 시의적절한 권도(權道) – 자발적 약속: 자유로운 상태에서, 자발적으로 만든 것 법적 처벌을 받지 않음(* 법: 강요된 질서. 안 지키면 처벌받음) – 자율적 이행: '자유 의지'를 가진 인간의 자율 이행. 예의 실천 여부는 당사자의 높은 인격, 바른 인성 소유자인가 여부에 달려 있음. – (그렇지만) 사회 규범이나 관습으로 굳어진 예는 다른 구성원을 속박 – '예의 없음'에 대한 사회적 비난, 도덕적 책임 유발 ■ 예의 시기: 대인 관계, 사회 활동, 국가
3) 관련 이론	■『논어(論語)』 – 예를 할 때는 화(和)가 최고 (학이편) *예(禮)는 자연스런 이치로써, 인간사에 합당한 행동 규칙이고 화는 조용하고 조화롭게 하는 것. 화는 예로 절조 있게 만들어야 함 – 예를 할 때 공손하면 창피당할 일이 없다. 예로써 가지런히 한다. – 예의 근본은 검소하고 질박함이다. (팔일편) – 윗사람을 모실 때도, 아랫사람을 부릴 때도 예로써 한다. – 예를 할 때는 '온 마음을 다 해야 함(=敬).' – 예에는 절조가 있어야 한다(지나친 공손, 너무 조심스러움, 지나친 용맹, 너무 강직함은 문제가 있다). (태백편) – 사사로운 욕심을 이기고 절제할 수 있어야 한다(克己復禮). (안연편) – 예가 아니면 보지도, 듣지도, 말하지도, 행동하지도 말아야 한다(四勿). – 지혜(知), 금욕(=不欲), 용맹(勇), 재주(藝)가 있더라도 예(禮)로 절제하고, 악(樂)으로 멋스럽게 해야 성인(成人)이 될 수 있다. (헌문편) – 윗사람이 예를 알면 아랫사람을 수월하게 다룰 수 있다. (헌문편) – 예를 배우지 않으면 (어떤 자리에서도) 제대로 설 수 없다. (계씨편) ■『맹자(孟子)』 – 사양하고 겸양하는 마음이 예의 근본이다(辭讓之心 禮之端也). (공손추 하) – 어질고 지혜롭지 못하면, 예의도 없다. – 예의 실질은 절조있는 문채다(禮之實 節文). (이루장 상) – 군자(=바람직한 인성을 가진 지도자)는 어진 마음(=仁)과 예의 마음을 가진다. 어진 사람은 남을 사랑하고 예를 갖춘 사람은 남을 공경한다. (이루장 하) – 예는 먹는 것보다도, 좋아하는 것보다 우선이다. (고자장 하) – 행동이 두루두루 예에 맞는 사람은 지극한 덕을 갖춘 사람이다(바른 인성을 가진 사람은) 모든 행동, 말 씀씀이가 자연스럽게 도리에 맞는다. (진심장 하)

■ 『예기(禮記)』

– 반듯하게 앉고, 가지런히 서야 한다. 예는 마땅해야 하고, 떳떳한 풍속을 따라야 한다. (곡례편)

– 예를 하려면, 친소 관계를 정해야 하고, 애매한 의심이 없어야 하며, 같고 다름을 구별해야 하고, 옳고 그름을 살펴야 한다.[8)]

– 예는 절조를 넘지 말아야 하고, 업신여기지 말아야 하며, 지나치게 친애하지 말아야 한다.[9)]

– 도덕도, 가르침도, 분쟁 판결도, 조직의 상하 관계도, 부모 형제 관계도 예가 없으면 존재할 수 없다.[10)] 학교도, 국가도, 법도, 군대도 예가 없으면 존재하기 어렵다.

– 예에는 근본도 있고 문채도 있다. 충신(忠信)은 근본이고 의리(義理)는 문채다. 근본이 없으면 예가 설 수 없고 문채가 없으면 예를 행할 수 없다.[11)]

– 예라는 것은 천시에 맞고, 지리와 재물에 따르며, 자연의 진리에 따르고, 인심에 맞으며, 만물을 다스리는 법도다.[12)]

– 예를 실천할 때는, 첫째, 시대에 맞아야 하고, 둘째, 진리에 순응해야 하며, 셋째, 격식에 맞아야 하고, 넷째, 상황에 맞춰 적절해야 하며, 다섯째, 구체적인 일에 꼭 맞아야 한다.[13)]

■ 『순자(荀子)』

– 예에는 지위에 따라 차이가 있고, 애어른에 차이가 있으며, 빈부 경중에 따라 차이가 있다.[14)]

– 나라에 예가 없으면 바르지 않으니, 예는 나라를 바로 세우는 바다.[15)]

■ 『한비자(韓非子)』

– 예라는 것은 내면의 정(情)이 밖으로 드러난 모양(貌)이다. 사리에 맞춰 발현되는 문채요 문장이며, 상관과 부하 직원, 아버지와 아들 사이의 사귐이요, 귀하고 천하며 어질고 어질지 못한 사람 사이의 분별이다.[16)]

■ 향사례(鄕射禮), 향음주례(鄕飮酒禮)

– 주례(周禮), 의례(儀禮)에 향사례, 향음주례가 있다. 이는 가정, 지역 사회, 국가에서 여러 사람이 모여 잔치를 하고 활쏘기를 통해 건강을 다질 때 차례와 격식을 정해 놓은 것이다. 마음 씀씀이와 거동에 모두 예의 범절을 지켰다.

---

8) 夫禮者所以定親疏, 決嫌疑, 別同異, 明是非也. (예기 곡례편)
9) 禮, 不踰節, 不侵侮, 不好狎. (예기 곡례편)
10) 道德仁義, 非禮不成; 教訓正俗, 非禮不備。分爭辨訟, 非禮不決。君臣上下, 父子兄弟, 非禮不定. (예기 곡례편)
11) 先王之立禮也, 有本有文。忠信, 禮之本也; 義理, 禮之文也。無本不立, 無文不行。(예기, 禮器篇)
12) 禮也者, 合於天時, 設於地財, 順於鬼神, 合於人心, 理萬物者也。(예기, 禮器篇)
13) 禮, 時為大, 順次之, 體次之, 宜次之, 稱次之。(예기, 禮器篇)
14) 禮者, 貴賤有等; 長幼有差, 貧富輕重皆有稱者也. (순자, 부국편)
15) 國無禮則不正。禮之所以正國也. (순자, 왕패편)
16) 禮者, 所以貌情也, 群義之文章也, 君臣父子之交也, 貴賤賢不肖之所以別也. (한비자, 해로편)

<table>
<tr><td></td><td colspan="3">■ 향약(鄕約): 지역이나 공동체의 자율 규약
– 퇴계 이황 ‘예안 향약’(1556) 내용: [극벌(極罰)] 부모에게 불순한 자, 형제가 서로 싸우는 자, 가도(家道)를 어지럽히는 자, 망녕되이 위세를 부려 관을 흔들며 자기 마음대로 행하는 자, 수절(守節)하는 상부(孀婦)를 유인하여 더럽히는 자. [중벌] 친척과 화목하지 않는 자, 이웃과 화합하지 않는 자, 동무들과 서로 치고 싸우는 자, 염치를 돌보지 않고 사풍(士風)을 허물고 더럽히는 자, 강(强)함을 믿고 약한 이를 능멸하고 침탈(侵奪)하여 다투는 자, 무뢰배와 당을 만들어 횡포한 일을 많이 행하는 자, 말을 만들고 거짓으로 사람을 죄에 빠뜨리게 하는 자, 환란(患亂)을 보고 힘이 미치는 데도 가만히 보기만 하고 구하지 않는 자. [하벌] 공회(公會)에 늦게 이른 자, 문란하게 앉아 예의를 잃은 자, 좌중에서 떠들썩하게 다투는 자
– 동리향약(洞里鄕約), 주현향약(州縣鄕約), 종계향약(宗契鄕約), 강당향약(講堂鄕約), 관덕향약(觀德鄕約), 동리향약(洞里鄕約), 사창향약(社倉鄕約) 등 다양함

■ (현대) 지자체 조례(條例), 학교 학칙(學則), 법인과 모임의 정관(定款): 예의 범절에 대한 내용이 많이 포함되어 있다.
– (예시) “회원의 품의를 손상한 경우에는 제명할 수 있다.”</td></tr>
<tr><td rowspan="15">4) 예
실천 지표</td><td rowspan="4">(1) 가족 예절</td><td>의식주 예절</td><td>식사 예절, 복장 예절, 주거 예절</td></tr>
<tr><td>경제 예절</td><td>재산 관리, 가족 경제 예절</td></tr>
<tr><td>친인척 예절</td><td>호칭, 인사 예절</td></tr>
<tr><td>선조, 제사 예절</td><td>명절 차례, 제사, 상례</td></tr>
<tr><td rowspan="4">(2) 학교 예절</td><td>학교에 대한 예절</td><td>학교와 교실 예절, 학습 예절, 청소 예절</td></tr>
<tr><td>교사, 교수에 대한 예절</td><td>존칭과 인사, 질의응답 예절, 수학(受學) 예절, 동료 예절</td></tr>
<tr><td>학생에 대한 예절</td><td>학생 존중, 교수(敎授) 예절,
학생끼리 예절</td></tr>
<tr><td>학부모, 지역에 대한 예절</td><td>학부모 예절, 지역 사회 예절</td></tr>
<tr><td rowspan="3">(3) 집 주변
이웃 예절</td><td>주거 예절</td><td>공동주택 생활, 층간 소음</td></tr>
<tr><td>인사 예절</td><td>인사 주고받기</td></tr>
<tr><td>마을 공동체 예절</td><td>반상회, 주차, 공동주택 관리 예절,
문화 활동 예절</td></tr>
<tr><td rowspan="4">(4) 직장 예절</td><td>직장, 직업 예절</td><td>직업관, 직장 규칙 존중, 관련 집단 예절</td></tr>
<tr><td>상관에 대한 예절</td><td>존칭, 인사, 위계 질서,
리더십 인정</td></tr>
<tr><td>부하, 동료 예절</td><td>인격 존중, 감성적 리더십,
협동과 배려, 복지</td></tr>
<tr><td>근로 예절</td><td>몰입과 열중, 절약, 책임</td></tr>
</table>

	(5) 사회 생활 예절	국가, 정부에 대한 예절	국가관, 정부 관료 존중, 정책 순응, 정책 참여
		경제 예절	경제 윤리, 절약 생산, 유통, 소비 관련 예절
		사회 생활 예절	공공 장소 예절(식당, 거리, 공연장 등), 민주적 대화, 토론, 순응 예절
		교통 예절	신호 지키기, 운전 중 예절, 주차 예절
		언론, 미디어 예절	미디어 리터러시, '가짜 뉴스', 비방, 악플 금지, 신뢰와 존중
		자연 환경 예절	자연 보호, 오염 방지
5) 예 가르치기	■ 가족 내 교육: – 부모에 의한 성장 단계별 교육 – 가문 전통을 통한 교육: 명절, 차례, 제사 참여 학습 – 선조 유적 탐방 교육 ■ 학교 교육: – 학교의 교과 과정을 통한 예절 교육 – 예절 관련 유적, 박물관, 역사 박물관 등을 현장 학습하면서 교육 ■ 전문 단체 및 기관 교육: 예절 관련 단체나 기관의 전문가를 통한 교육		
6) 예 배우기	■ 가정에서: – 부모를 보고 따라가면서 배움 – 부모의 밥상머리 교육을 통해 배움 – 가문의 역사, 자랑스런 선조 사례를 통해 배움 ■ 학교에서: – 교과 내용을 통해 학습. – 선생님의 가르침을 통한 배움 ■ 예절 교육 전문 기관, 역사 유적을 통해: – 역사 유적 탐방 – 유명인에 대한 사례 학습		
7) 예 실행하기			
■ 가정에서	– 가족 구성원 간: 적당한 호칭 사용하기, 인사 하기, 존중과 배려 – 이웃 간: 인사하기, 존중과 배려, 예절 솔선수범		
■ 학교에서	– 학교 규칙 존중, 교육 철학, 학습 철학 – 학생은: 교사 존중, 인사, 가르침에 순응, 학습 철저, 동료 예절 – 교사는: 학생 존중, 교육 열중, 교사와 학부모에 대한 예절		
■ 사회에서	– 국가에 대하여: 국기달기, 애국가 부르기, 정부 존중, 긍정적 정책 순응, 정책에 민주적 시민 참여 – 경제 활동에서: 경제 윤리 지키기, 절약, 건전한 소비 활동 – 사회 생활에서: 공공 장소 예절 지키기, 민주 시민 예절, 공동체 규약 실천 – 교통 생활에서: 신호지키기, 운전 중 규칙 준수, 주차 질서 – 언론, 미디어 활동에서: 건전한 미디어 리터러시, 악플 금지, 건전한 의견 표출, 신뢰와 존중하기 – 자연 환경에서: 자연 보호, 환경 오염 금지		

Chapter 5

인성과 국가

현대인은 국가 속에서 살아간다. 국가는 가족과 마을이 더욱 커져서 경제 활동과 안전에 가장 적합한 형태로 발전한 것이다. 국민은 국가라는 통치체를 만들어 권한을 부여하고 그로부터 비롯된 법규를 받아들여 지키며 산다. 국가의 운영체인 정부는 국민을 위해 의무적으로 해야 할 일을 하고 있다. 이와 상대적으로 국민도 국가를 위해 해야 할 책임과 의무가 있다.

현대 한국인은 발달한 경제에 힘입어 여유롭고 자유로운 삶을 살고 있다. 활짝 펼쳐진 민주 시대에, 국민은 국가에게 무엇을 요구할 수 있고 국가를 위해 무엇을 해야만 할까? 그냥 자유를 만끽하고 싶은데, 왜 의무라는 것이 필요할까? 군인이나 경찰에게 요구되는 충성과 헌신은 다른 모든 국민에게도 필요한 것이다. 교육, 세금 납부, 근로도 국민이라면 당연히 해야만 하는 의무 중 하나다. 법규 속에는 환경 보전, 비밀 유지, 복지 노력 등 수없이 많은 국민 의무 조항이 들어 있다.

국민 중에 공무원, 공직자에게는 더욱 철저한 공직 윤리가 요구되고 있다. 봉사 정신, 정직과 청렴, 공직자로서의 책임이 엄중하다. 하지만, 세종 청사나 대전 청사의 공무원, 전국으로 흩어져 있는 정부 공공기관의 공직자는 자기 가족 생활을 하는 데 애를 먹고 있다. 공직 윤리와 일반 국민의 한 사람으로서의 권리는 어떻게 조화를 꾀할 수 있을 것인가?

국민은 개인으로서 국가와 이를 상징하는 태극기, 애국가에 대해 존경심을 갖고 예의를 지켜야 한다. 또 민주적이고 자유롭게 정부 정책 과정에 관여할 수 있다. 국민의 정책 과정 관여는 자유 의지를 가진 사람으로서, 책임 의식을 가진 시민으로서 신중하게 펼쳐져야 한다. 국제적으로도 전쟁 방지와 평화 구축에 노력해야 하며, 다문화 사회, 국제 교류가 빈번한 사회 속에서 조화롭게 공존하는 인성을 가져야 한다.

I 국민과 국가

1. 국가: 국가는 어떻게 만들어지는가?

우리나라 대한민국은 하나의 국가(國家, The state)다. 국가는 통치를 목적으로 만들어진 공동체이다.[1] 공동체란 일정한 곳에서, 동질감을 갖고 살아가는 사람들의 모임이고, 통치는 이런 공동체를 유지하기 위해 필요한 여러 활동을 총체적으로 표현한 말이다. 이 공동체는 국경이라는 경계선으로 나눠진 땅(영토)에 사는 국민이라고 불리는 사람들의 모임이다. 그래서 국가가 되기 위해서는 국민(國民, people), 영토(領土, territory), 자율적인 통치력, 즉 주권(主權, sovereignty)이 있어야 한다. 영어로 The State가 객관적인 의미의 국가라면, 국민이 하나로 융화되어 진정한 삶의 공동체가 되었을 때의 국가는 The Nation으로 표현한다.

국가는 어떻게 만들어지는가? 남녀가 만나 결혼하여 자녀를 낳고 살면 한 가족이 된다. 한 가족의 식구가 늘어 조부모, 부모, 자녀, 증손자녀로 확대되면 큰 가문(家門, The family)이 된다. 한 가문에는 최고 어른인 가장(家長)이 있고, 위계질서와 함께 사랑과 효도의 방식이 있다. 이런 가족이 여럿 모여 사는 곳이 마을이고, 동네다. 그냥 많은 사람의 모임으로 표현할 때는 사회(society)라고 한다. 가족은 물론 마을, 사회는 생존을 위해 여러 가지 구조와 기능, 규칙을 필요로 한다. 규칙은 그것을 인정하고 받아들여 따르는 공동체 구성원에게만 효력이 있다.

사람의 역사를 보면 작은 단위의 가문이 모여 씨족 사회(氏族社會)를 이루고, 여러 씨족이 연합하여 부족(部族)이 되며, 더욱 커진 것이 바로 국가다. 국가는 적당히 큰 사람 사회로서 생존에 가장 적합한 형태로 볼 수 있다. 국민의 안정적인 경제 활동을 보장할 수 있고, 외적의 침입에 적절히 대항할 수 있는 규모다. 현대의 국가는 고대의 씨족 사회를 넘고, 중세의 봉건제 사회나 로마 교황청의 종교 사회를 넘어 가장 발전한 공동체가 되었다.

---

1) 이 부분은 이대희 외(2015). 『행정』 제1장 내용 중 일부를 인용한 것임.

■ 한국인과 대한민국

한국인은 옛 단군왕검의 조선 시대 때부터 황하 중하류 지역, 발해 연안, 만주, 시베리아 권역과 지금의 한반도를 영토로 살아오고 있다. 하지만, 지금은 한반도 남쪽 일부분만이 우리 영토에 속한다. 「헌법」 제3조의 "한반도와 그 부속 도서(附屬島嶼)로 한다."는 영토 중에 한반도 북쪽에는 북한이 '독립 국가'로 존재하고 있다. 한국인(韓國人)은 한반도 남쪽 지역을 영토로 하는 국민을 말한다. 하지만, 한국인의 마음 속에 존재하는 '진정한 한국인'에는 대한민국과 북한은 물론 만주 지역, 미국, 일본, 러시아와 카자흐스탄 등에 살고 있는 한민족 모두가 포함된다. 우리나라의 국가 이름은 대한민국(大韓民國)이다. 대한민국을 줄여서 한국(韓國, Han-guk)이라고 부르고, 대외적으로는 Korea, 또는 Republic of Korea로 표기한다.

2. 국민: 국가는 내게 무엇인가?

"나는 부모님께서 지어 주신 이름 이외에, 정부에서 부여해 준 주민등록번호를 가지고 있다. 주민번호는 내 출신 내역에서부터 고향, 주소를 고스란히 담고 있다. 인터넷에서 내 주민번호와 이름을 치면 나에 관한 모든 정보가 좌르륵 펼쳐진다. 자라면서 정부에서 지어 준 학교에서 공부를 했고, 당연히 군대에 가는 줄 알고 북한과 대치하고 있는 최전방에 가서 총을 들고 근무를 했다. 내라는 세금을 꼬박꼬박 내고, 주소를 옮길 때마다 동사무소(주민센터)에 신고를 해야만 했다. 그냥 당연할 줄 알면서 살아 왔는데 어느 순간에 불쑥 이런 생각이 든다.[2)]

'국가라는 게 뭐지? 왜 내게 이런 일을 하게끔 만들고 있지?'

어떤 사람은 군대를 가지 않겠다고 앙탈을 부리고, 어떤 부모는 정부의 교육이 엉망이라며 짐 싸가지고 아이를 외국으로 보낸다. 정부에서 하는 일에는 그냥 따라야만 한다고 생각했는데, 젊은 대학생들은 4·19를 만들고, 유신 반대를 했으며 민주화를 꾀하더니 지금까지도 정부 하는 일에 불만이 많다. 아버지, 어머니가 당연히 우리 부모님이신 것처럼 정부도 당연히 내 편인 줄만 알았는데, 어느 순간에는 '남의 편' 같은 생각이 든다.

미국이나 영국에 몇 년 살면서, 자기네 나라 국민이 아니라고 여러 면에서 차별

2) 이 부분은 이대희(2007). 『감성 정부』 제1장 내용 중 일부를 발췌한 것임.

대우를 받았다. 정부의 허락 없이 들어와 숨어 산다고 핍박받는 사람, 외국인이 나라마다 참으로 많다. 이렇게 자유로운 세상에서 사람은 자신이 살고자 하는 어느 곳에서나 살고 싶은데, 국가라는 것이 있어 얼마나 귀찮게 하는지….”

“나는 국민의 한 사람으로서 이 영토 내에 살면서, 가족의 일원이면서 동시에 동향이나 동문, 친구와 같은 1차 집단에 속해 있다. 좀 더 큰 영역을 보면 같은 지역, 직업, 활동이나 취미가 같은 사람들로 구성되는 사회 속의 일원이다. 국민의 한 사람으로서 나의 연계 사회는 1차적으로 국내에 머물러 있다. 하지만, 점차 국제 사회와 연계되고 국가의 영역을 넘어서는 일이 생겨난다. 국제 사회에서 활약하는 사람은 국가의 경계가 불편할 수 있다. 공항이나 항만에서의 검문 검색, 여권과 비자의 문제, 거주할 집을 사고팔 때, 건강보험 문제, 자동차 면허 등이 불편하다.”

■ 국민이 되는 요건: 출생(속지주의, 속인주의)과 귀화

속지주의(屬地主義)에서는 국가라고 경계지어진 영토 내에서 태어나면 그대로 그 나라의 국민이 된다. 한반도에서 태어난 사람은 모두 대한민국 국민이다. 이에 비해 속인주의(屬人主義, 또는 血統主義)는 부모의 국적에 따라 부모와 같은 나라 국민이 된다. 우리나라는 비교적 순수한 혈통주의를 택하고 있다. 미국에 업무차 파견되어 있는 부모에게서 태어난 아이는 우리 대한민국 국민이 된다. 문제는 나라마다 입장이 달라 미국이 속지주의를 취하면 미국서 태어난 아이는 대한민국 국민이면서 동시에 미국 국민이 되기도 한다. 즉, 이중 국적을 갖는다.

국민이 되는 요건 중 귀화(歸化)에 의한 것이 있다. 일정한 절차에 따라 한 나라의 국적을 포기하고 옮겨가는 새로운 나라의 국적을 갖는다. 한국은 귀화 요건(국적

■『국적법』 제5조(일반 귀화 요건)

- 5년 이상 계속하여 대한민국에 주소가 있을 것
- 대한민국의 민법에 의하여 성년(成年)일 것
- 품행이 단정할 것
- 자신의 자산이나 기능에 의하거나 생계를 같이하는 가족에 의존하여 생계를 유지할 능력이 있을 것
- 국어 능력 및 대한민국의 풍습에 대한 이해 등 대한민국 국민으로서의 기본 소양을 갖추고 있을 것

법 제5조)을 갖춘 사람이 신청하여 법무부 장관의 허락을 얻어야만 귀화가 가능하다. 예외적으로 전에 부모님이 한국인이었던 사람이나 한국인과 결혼한 사람은 좀 더 수월한 절차를 거친다.

3. 정부의 의무

정부는 국민을 위해 어떠한 일을 해야만 하는가? 국민이 정부에 대해 의무를 지듯, 정부도 주권자인 국민을 향해 일정한 의무를 지니고 있다. 「헌법」 규정을 보면 정부는 국민을 위해 총체적인 책임을 진다.3)

- 정부는 통일을 지향하며, 자유민주적 기본질서에 입각한 평화적 통일 정책을 수립하고 이를 추진해야 한다(제4조).
- 정부는 국제 평화의 유지에 노력하고 침략적 전쟁을 부인한다(제5조).
- 정부의 공무원은 국민 전체에 대한 봉사자이며, 국민에 대하여 책임을 진다(제7조).
- 정부는 정당의 설립 자유와 복수정당제를 보장해야 하고, 합법적인 정당 활동을 보장해야 한다(제8조).
- 정부는 전통 문화의 계승·발전과 민족 문화의 창달에 노력하여야 한다(제9조).
- 정부는 국민들의 인간으로서의 존엄과 가치를 존중하고, 행복을 추구할 권리를 보장한다. 또 개인이 가지는 불가침의 기본적 인권을 확인하고 이를 보장할 의무를 진다(10조).
- 정부는 모든 국민을 법 앞에 평등하게 대우하고, 누구든지 성별·종교 또는 사회적 신분에 의하여 정치적·경제적·사회적·문화적 생활의 모든 영역에 있어서 차별해서는 안된다(제11조).

우리 한국은 정치적 민주주의와 경제적 자본주의를 기본 바탕으로 하고 있다. 민주주의는 국민이 주권자임을 전제로 하여 정치적 의사결정에의 국민 참여, 국민들 사이의 형평, 국민 개개인의 자유, 대의 정치 체제, 다수 원칙에 의한 선거 체제를 특징으로 한다(이극찬, 1984: 335-384). 현대 자본주의는 초기 자본주의와는 조금

3) 이 부분은 이대희(2007: 52-58) 내용을 인용한 것임.

수정된 혼합 경제적 성격을 띠고 있는데, 그 특징으로는 대부분 재산의 사적 소유, 재산 축적에 있어서 필요한 최소한의 제한, 정부에 의한 경제 규제, 즉 수정된 자본주의, 복지 체제의 확대를 들 수 있다(Sargent, 1975: 50). 민주주의 정치와 자본주의 경제가 가장 좋은 조합이라고 보고 민주 자본주의라는 용어를 사용하는데, 이것의 특징으로 노박(Novak, 1983: 26-37)은 이윤 동기에 기초한 시장 경제 체제(자본주의), 개인의 자유권, 생활권, 행복 추구권을 존중하는 정치 체계(민주주의), 자유와 이상에 의하여 움직여지는 다원주의적 도덕-문화 체제를 든다.

정부의 역할은 그 국가가 처해 있는 시간적, 공간적 사정에 따라 달라질 수 있다. 자유 자본주의 경제를 주장했던 애덤 스미스(Smith, 1937)는 정부의 역할로 폭력이나 외부 침입으로부터 사회를 보호하는 일, 사회 속의 다른 성원으로부터의 억압이나 침해로부터 모든 사람을 보호하는 일, 어떤 개인이나 일부 집단을 위해서가 아닌 공공 사업을 수행하거나 공공 조직을 설립, 유지하는 일을 정부의 역할로 한정하였다. 민주 자본주의를 전제로 할 때 정부는 규칙 제정과 질서 유지, 공공재 생산, 외부 경제 효과를 가져 오는 공공 투자 사업, 공해 등 외부 불경제 제거, 독점 등 시장 경제 모순 제거, 형평에 맞는 소득 분배 등을 들 수 있다(이대희, 1984). 「헌법」 119조에는 "국가는 균형 있는 국민 경제의 성장 및 안정과 적정한 소득의 분배를 유지하고, 시장의 지배와 경제력의 남용을 방지하며, 경제 주체 간의 조화를 통한 경제의 민주화를 위하여 경제에 관한 규제와 조정을 할 수 있다."고 표현되어 있다.

▪ 정부의 무능력에 대한 논란

정부는 주권자인 국민으로부터 통치와 행정에 관한 권한을 부여받고 제반 업무를 수행한다(이대희, 2007: 55-56). 국민은 정부의 결정을 존중하고, 정부의 지시에 따라 삶을 영위한다. 국가의 흥망 성쇠, 국민 생활 수준의 향상, 문화 발전은 모두 정부의 역량에 달려 있다. 유능한 정부일 경우에는 그의 지시를 따르는 온 국민이 행복하고 평화롭다. 그렇지만, 무능한 정부의 경우에는 외적의 침입에 패망하고, 내란을 겪으며, 지역으로 나뉘어 싸우는 수가 있다. 경제 발전 능력이 부족한 정부는 온 국민을 실업자로 만들고, 많은 사람을 빈곤의 나락으로 빠져들게 한다. 소수 통치 집단은 자신의 영화와 정권 유지만을 위해 노력할 뿐, 일반 국민의 삶을 도외시한다. 고죽국(孤竹國)의 현인인 백이(伯夷)와 숙제(叔齊)는 '무능력하고 포학한 정부는 산 속의 호랑이보다도 무섭다'고 했다.

정부가 무능력하면 국민은 어떻게 해야만 하는가? 무능력한 조선의 마지막 통치자들 때문에 국가가 패망하고, 오랜 기간 동안 온 국민이 일본인의 노예로 살게 되었었다. 독립을 위해 적지 않은 사람이 목숨을 건 독립 투쟁을 했고, 더욱 많은 사람은 체념한 채 일제 통치자에게 협력하고 따라야만 하였다. 20세기 중반 한국을 비롯한 아시아, 아프리카, 아메리카의 많은 나라가 선진 제국주의로부터 독립하였다. 그렇지만, '홀로서기' 이후의 삶이 좀처럼 좋아지지 않았다. 최소한의 삶도 불가능하게 하고 있는 아프리카 빈민국의 통치자를 향해 그 나라 국민은 어떤 감정을 가지고 있을까?

"지난 몇십 년 동안 우리처럼 일을 많이 한 사람이 어디 있겠습니까? 위정자들이 시키는 대로 별짓, 죽을 짓 다해 왔는데 우리는 왜 이렇게 굶주려야만 합니까?"(어느 아프리카 난민)

한번 당선된 국회의원, 대통령, 자치단체장, 지방의회 의원은 헌법에 정해진 임기 동안 통치, 행정을 책임진다. 한번 당선되고 나면 그들이 아무리 못되었거나 무능력하더라도 어쩔 수 없다. 주민 소환제라는 것이 있지만, 현실적 활용은 쉽지 않다.

Ⅱ 국민 책임과 의무

현재 우리 국민의 삶의 수준은 양적으로, 질적으로 매우 좋아져 있고, 앞으로도 더욱 나아질 것이다. 보통 시민의 경우에도 조선 최고의 명군(名君)인 세종대왕 못지않게 잘 먹고, 잘살고 있다. 우리 아버지, 할아버지 세대에 비해서는 월등하게 편안하고 질 좋은 삶을 살고 있다. 살고 있는 집, 먹거리, 교통과 통신, 문화 시설, 복지 시설은 우리 역사상 그 어느 때보다 최고 수준에 이르러 있다. 민주 정치 제도 속에서 자유롭게 말하고 표현하며 각종 행위를 하고 있다. 참으로 '귀한 사람(=貴族)' 위치에 이르러 있다.[4]

귀족은 스스로도 귀하다고 생각하고, 남으로부터도 존경을 받고, 또 받고 싶어 한다. 힘든 일은 하지 않아도 되고, 원하는 것은 대부분 손쉽게 이루어진다. 전자화

4) 이 부분은 이대희(2007: 56-60)에서 인용하였음.

그림 5-1 국민 욕구의 변화

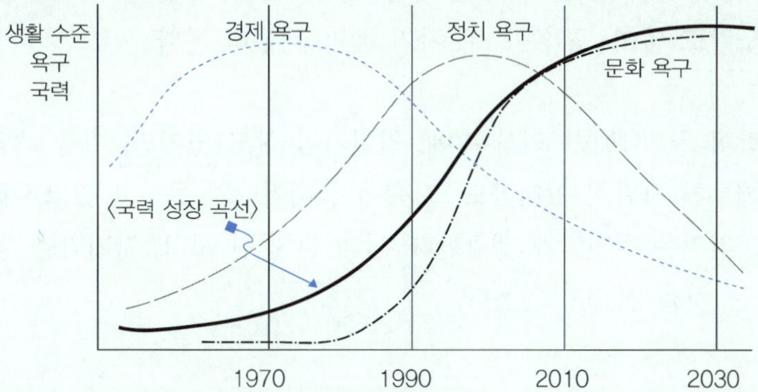

(電子化) 시대를 맞아 힘든 일을 할 필요가 적어지고, 지적(知的) 시대가 열리면서 육체가 편해진다. 국민 모두가 참으로 행복한 귀족의 시대에 살고 있다.

모든 국민이 자유 만끽 시대에 살고 있다. 경제적으로 윤택해져 하고 싶은 많은 일을 할 수 있고, 정치적 규제와 속박이 없어 누구나 자유로운 사고와 행동을 할 수 있다. 과학 기술, 전자 통신의 발전에 힘입어 큰 고민 없이, 육체적 고통 없이 생활할 수 있다.

그런데 신문과 방송의 보도 내용을 보면 성미 급하고, 흉악하며, 참을성 없는 사람이 참으로 많다. 남의 약점을 보면 침소봉대(針小棒大)해 흥분하고, 조그마한 자신의 이익을 위해 이성을 잃고, 공익을 저해하며, 잔인한 공격자로 변신한다(이대희, 2007: 58－60).

"남의 어리고 약한 점을 보면 가슴이 아파 고민하며, 어떻게 도와줄 것인가에 애태우는 사람은 착한 사람이다. 그러나 남의 약점을 기회삼아 그를 공격하여 패대기치고, 내 잇속을 챙기려는 사람은 분명 나쁜 놈이다."

생활 여건은 최고의 귀족이 되어 가고 있는데, 우리의 삶은 귀족스럽거나 착하지 않다.

－운전대만 잡으면 난폭, 욕설, 법규 위반을 일삼는다.
－대화 내용 중 태반이 남 욕하기와 험집내기다.
－높은 지위에 오르려고 온갖 짓을 다하고, 그 자리에 올라서는 오만하고 방자하다.
－나쁜 놈에 동조하듯이, 착한 사람에게 함께하지 않는다.

– 자기 잇속을 위해 끝없이 반대하고, 시위하며, 상대를 공격한다.
– 시기심에 충만하여, 남의 좋은 점을 인정하지 않고 항상 시비를 건다.
– 힘든 노력도 없이, 공(空)으로 자기 배만 채우려 든다.

많은 사람이 천민(賤民) 의식 속에, 천민처럼 살고 있지만, 이를 깨닫지 못하고 있다. 설령 깨우친 사람이 있더라도 그 속에서 헤어나지 못하고 있고, 체념한 채 살아가고 있다. 천민은 천민답게 생활한다. 남의 눈치 안 보고, 자기만을 생각하며, 남을 해코지하는 것을 서슴지 않는다.

1. 인간 본성과 민주, 그리고 자유

인간 본성과 관련하여 성선설(性善說)과 성악설(性惡說)의 두 가지 입장이 있다(이대희, 2007: 58–59). 성선설은 '갓 태어난 맑은 빛의 아이'처럼 모든 사람의 마음은 투명하고 밝으며 선하다고 주장한다. 인간은 태생적으로 선한 마음을 가지고 있다. 그런데 살아가는 과정에서 다양한 형태로 변모한다. 성악설은 사람은 근본적으로 이기적인 본성을 지니고 있다. 외부 통제나 교육, 제도 장치를 통해 조절하지 않으면 언제라도 잘못될 소지를 가지고 있다.

인간 본성이 선하다면 우리의 사고나 행동 중 상당 부분은 선한 곳에 머물러 있어야 할 것이다. 온갖 상황 중에서 악의 비중이 적고, 선의 비중이 높아야만 한다. 그런데 과연 그러한가? 실제로 많은 사람은 선하고, 대부분 선한 상태에 있는데 공연히 일부 악한 사람과 상황이 크게 확대 재생산되고 있는 것인가? 선한 사람도 실수가 있을 수 있고, 잘못으로 다른 사람에게 피해를 줄 수 있다. 그렇지만, 선한 사람은 같은 잘못을 반복하지 않으려 고민하고, 끝내 올바른 곳으로 가야만 한다. 그런데 선하다고 하는 많은 사람이 잘못을 반복하고 있다면 이들이 과연 선한 것인가?

인간 본성이 악하다고 한다면 이를 전제로 마련된 교육이나 각종 장치들이 효과적이어야만 이 사회가 선한 상태를 유지할 수 있을 것이다. 인간을 불쏘시개로 사용한 나치(Nazi)나 실험 도구화한 일제(日帝), 전쟁광, 살인마는 모두 우리의 '건전하고, 그럴듯한' 부모와 스승, 정치 지도자, 선각자의 손을 통해 만들어졌다. 온갖 나쁜 짓을 일삼는 현대인도 모두 그렇다. 이럴 경우에 우리는 이런 나쁜 놈을 비난해야 하는 것인지, 아니면 잘못된 제도와 우리 스스로를 비평해야 하는 것인지?

■ 활짝 펼쳐진 민주 시대: 자유와 한계

민주란 '모든 국민이 주인'이 되는 것을 의미한다. 정치적 용어이기 때문에 좀 더 구체적으로 말하면 '정치 제도의 마련과 운용이 국민에 의해 이루어지는 것'을 뜻한다. 국가 권력의 형성, 제도의 구축과 운용, 구체적인 행정 기능 수행이 모두 국민의 뜻에 따라, 국민의 손을 거쳐 이루어지는 것이 민주다. 이제는 민주의 개념이 확산되어 경제, 사회, 문화의 모든 영역까지 적용되고 있다(이대희, 2007: 58-59).

민주 시대에는 모든 것이 '국민의 뜻'에 의해 결정되고, '국민의 손'에 의해 실천되어야 한다. 국민의 힘은 엄청나다.

- 국민은 2004년 국회의원 선거에서 열린우리당의 압승을 일궈냈고, 2006년 지방자치 선거에서 한나라당의 싹쓸이를 만들었다. 2016년 선거에서는 새누리당을 견제하면서 더불어민주당과 국민의당에 힘을 실어줬다.
- 2002년, 2006년에는 월드컵의 폭발적 응원 열기를 보여주었다.
- 2016년 연말부터 2017년 초 겨울 내내 수많은 사람이 촛불을 들거나, 태극기를 들고서 대통령 탄핵 찬성과 반대를 놓고 목소리를 높였다.
- 정부의 모든 정책과 관리 활동에 참여하고 있고, 각종 위원회에서 주도적 역할을 수행하고 있다.
- 국민을 대표한다고 하는 여러 시민 단체의 목소리가 크게 확대되어 전파된다.
- 정부를 포함한 모든 공공 단체는 국민 행복, 고객 만족, 주민 복지를 위해 온 정성을 들이고 있다.

자유는 사람이 자신의 사고나 행위를 누구에게도 간섭을 받음이 없이 스스로 결정하고 실천하는 것이다(이대희, 2007: 59-60). 외적 속박이 없이 스스로 무엇이든 할 수 있고, 하는 것을 자유라고 한다. 자유는 인간 존재와 존엄성의 기본을 이루고 있다. 헌법적으로 보장되어 있는 자유의 내용 속에는 신체의 자유, 언론 출판의 자유, 거주 이전의 자유, 양심의 자유, 종교의 자유, 직업의 자유 등이 있다. 개인의 자유는 민주 사회의 근본이고, 이를 전제로 정부와 국가가 형성된다. 개인이 홀로 존재할 경우에는 별 문제가 없지만, 단체와 조직 및 사회 속에서 다른 사람과 어울리게 될 때는 문제가 있다. 다른 사람의 자유와 대립하면서 갈등을 빚고, 국가와 조직의 생존을 위해 자유가 제한되기도 한다.

현대 사회는 정치적 속박이 적어지고, 개개인의 활동 역량이 커지면서 자유에 대한 기대나 추구 수준이 높아져 있다. 전과는 달리 발달한 경제 역량 속에서 무엇이든 원하는 대로 하고 싶어한다. 민주 시대가 활짝 열려 있는 상황에서 국민은 최상의 자유를 원하고 있다. 우리의 자유는 어디까지 보장되어야 하는가? 생활 수준 향상, 민주화 진전에 따라 자유는 어디까지 확대될 수 있는가? '한번 맛본 자유는 되돌리기 어렵다'는데, 우리의 자유는 어디까지 증폭될 수 있을 것인가?

개인의 자유로움은 그 개인이 판단력이 있고, 다른 사람의 자유를 침해하지 않는 범위 내에서만 받아들여질 수 있다(이대희, 2007: 59-60). 다른 사람의 자유를 침해할 경우에는 정당한 법적, 이성적 근거가 있어야만 한다. 자유를 만끽하려는 사람 중에는 민주나 자유에 대한 이성적 판단력이 부족한 사람이 적지 않다. 좁은 시야 속에서 자기만을 보면서 전혀 남의 입장을 고려치 못하는 경우가 많다. 수많은 갈등, 풀리지 않는 문제 상황은 이런 몰지각한 자유 추구자 때문에 나타난다.

오늘날 우리에게 필요한 것은 더 많은 민주주의가 아니라 더 적은 민주주의다(Zakarria, 2004: 275-296). 최근에 자본주의에 대한 규제(예, 시장 경제에 대한 정부 간섭)와 민주주의의 탈규제(예, 국민의 자유로운 자기 주장)는 너무 지나치게 나아갔다. 미국 등 선진국에서는 전쟁이나 재난, 안정적인 경제 발전, 고도의 지혜가 필요한 금리 정책 등은 민주주의 투표권자나 정치가에게 맡기지 않는다(이대희, 2007: 60).

- 백년 대계라는 교육을 그때그때의 주민 투표로 결정할 수 있겠는가?
- 200년 만에 한 번 닥칠 재난을 위해 홍수 조절 댐을 건설하고 지진 대비 공법을 사용하는 것을 그 분야 전문가의 판단에 맡길 것인가 아니면 주민 투표로 결정할 것인가?
- 살인 무기를 들고 인질의 목숨을 위협하는 범인을 향해 어느 순간에 경찰이 총을 쏠 것인가를 주변의 시민에게 물어 볼 것인가?
- 시위를 막는 경찰에게 폭력을 휘두르고, 경찰 차량을 불태우는 것은 또 어떤가?

2. 국민으로서의 의무

국가에 속해 있는 국민에게는 자유, 권리와 함께 반드시 '해야 할 의무'가 있다.

■ 국가에 대한 충성과 헌신

'국민'의 전제 조건은 '국가'를 인정하는 것이고, 국가에 '충성과 헌신을 하는 것'이다. 국가를 존재하게 하고 국가를 국가답게 하기 위한 전제가 영토 내에 살고 있는 국민의 충성과 헌신이다. 충성(忠誠, loyalty, fidelity)은 마음에서 우러나오는 참된 정성이다. 충(忠)은 마음(心)이 반듯한(中) 상태로서, 말한 것(言)을 잘 실천하는(成) 진실함을 내포하고 있다. (어떤 대상과 관련하여 생각해 볼 때) 그 대상을 마음 속에 진실로 받아들이고, 온 정성을 다해 그것을 받드는 것을 말한다.

충성의 대상에는 여러 가지가 있을 수 있다. 나 자신은 물론 배우자, 가족, 학교, 직장, 조직, 상관, 지도자, 국가, 정부, 신념 등 모든 것이 대상이 될 수 있다. 충성은 그런 대상을 향한 마음 자세다. 국민으로서, 충성의 대상은 '국가'가 되어야 한다. 옛날 왕권 국가에서는 충성의 대상이 국왕이었고, 독재 국가에서는 독재자가 국민에게 충성을 강요한다. 현대 민주 자유 국가에서는 충성의 대상이 '국민의 자유 의지로 만들어진 국가'가 되어야 한다. 국가에 충성하는 국민은 국가의 결정을 존중하고 따라야 한다. 국가가 요구하는 것은 정당한 것으로 받아들이고 온 정성을 다해 실천해야 한다. 충성은 '충성!'을 외치는 군인이나 경찰만이 해야 하는 것이 아니라 온 국민이 국가 내에서 살아가기 위해 꼭 해야만 하는 일이다. 군대와 경찰에서는 상관에 대한 충성이 매우 중요하다. 부하는 상관의 명령과 지시에 따라 충성을 다해야 한다.

헌신(獻身, devotion, dedication)은 스스로 몸을 다 바치는 것이다. (어떤 대상을 향해) 자기 스스로 판단하여 전력으로 몸을 다하는 것이다. 헌신은 이해 타산을 따지지 않고, 능동적으로 (대상에) 정성껏 힘을 다 쏟는 것이다. 국민은 국가의 존립과 발전, 번영을 위해 헌신적이어야 한다. 국가가 국민을 보호하고 국가 발전에 힘써야 하는 것처럼 국민도 국가와 같은 입장에서 국가 발전과 다른 국민의 발전을 위해 헌신적이어야 한다.

충성이 다소 정신적인 측면이라면 헌신은 육체적 실천 측면이 강하다. 하지만, 충성과 헌신은 서로 다른 측면을 내포하고 있다고 보아야 한다. 충성심이 있으면 헌신할 자세가 되어 있고, 헌신하기 위해서는 우선 충성심이 있어야만 가능하다. 전쟁터에 나선 군인이 목숨을 바쳐(=헌신) 전투에 승리하려는 것은 국가를 지키려는 마음(=충성)이 있기 때문이다. 중동 사막 지대에서 24시간 땀 흘려 일하는 한국인 노동자도 국가 발전을 위해 충성을 다하여 헌신하는 것이다.

법규를 지킬 의무

모든 국민은 국회에서 제정한 헌법, 법률과 각종 정부의 규칙을 지켜야만 한다. 법규를 지키지 않는 사람은 경찰의 제재를 받고, 법에 의해 처벌을 받는다. 법규는 전체 국민의 이름으로, 전체 국민의 행복한 삶을 위해 국회와 (행)정부에서 만들어진다. 법규는 국가가 국민의 삶을 위해 만든 것이다. 그래서 국민은 법을 지켜야만 국가 내에서 살아갈 수 있다. 법을 잘 지키는 준법 정신(遵法精神)은 국민의 필수 의무다. 대부분의 국민은 준법 정신을 가지고 있고 실천하면서 살아간다.

하지만, 법을 지키지 않는 불법(不法)을 당연시하거나 다반사(茶飯事)로 저지르는 국민도 많다. 민주화 시대를 거치면서 적지 않은 국민의 마음 속에 '잘못된 법규는 따르지 않아도 된다'는 위험천만한 생각이 자리 잡았다. 군부 독재 정권에 항의하는 과정에서, 민주 투사의 자유 민주 요구 과정에서 은연중에 법규 위반 행위, 불법이 만연해졌다. 이것이 아직까지도 한국민의 마음과 행태 가운데 자리하고 있는 듯하다. 하지만, 소크라테스(Socrates)가 말했다는 '악법(惡法)도 법이다!'라는 격언을 유의할 필요가 있다. 국민 하나하나가 법규를 지키지 않는다면 문제가 심각해진다. 큰길 사거리에 '정지(停止, stop)' 간판이 있다. 이것은 그 방향에서 오는 차는 '반드시 차를 멈추고, 주변을 살피고 안전하게 사거리를 통과하라!'는 법규다. 이 정지 신호를 어기고 차를 몰면, 대형 사고로 이어지기 쉽다. '법규 위반은 곧 사망, 국가 멸망'이 될 수 있음을 명심해야 한다.

국민의 4대 핵심 의무

국민이 반드시 수행해야만 하는 핵심 4대 의무라는 것이 있다. 이런 의무들은 대개가 '주권자로서의 국민'이 정당하게 만들어 놓은 국가, 정부가 통치 행위를 수행하기 위해 필요한 사항이다(이대희, 2007: 34－38에서 인용).

(1) 국방의 의무

국방은 일정한 영토 위에 살고 있는 국민이 스스로를 보호하는 중요한 일이다. 국방은 대한민국을 침략하려는 외적에 대해 목숨을 바치는 일에서부터, 국내 반란 세력으로부터 정부와 국민을 보호하는 안정 수호의 일까지 매우 중요한 일을 담당한다. 대한민국은 국민 개병의 원칙(國民皆兵原則)에 따라 성인이 된 모든 남자는 군대에 가야만 한다. 여성의 경우에는 지원에 의해 입대가 가능하다. 국방의 의무를 꺼려서 외국 국적을 취득하면서 한국 국적을 버리려는 사람이나 양심에 따른다면서 군 복무를 거부하는 사람에게는 국가에 대한 충성과 헌신을 기대하기 어렵다. 국가보다 개인이 우선하기 때문이다. 이들은 자기 편한 대로 생각하고 행동하면서 다른 사람이 목숨 바쳐 지켜내는 한국 내에서 살고자 한다. '젊은 청년 군인'이 국방 의무에 충실하기 때문에 여성, 어린이, 노인이 편안하게 살아갈 수 있다.

(2) 납세의 의무

정부가 일을 하기 위해서는 돈과 물자가 필요하다. 이것들은 정부에게 일을 맡긴 주권자 국민이 스스로 부담해야만 한다. 우리가 번 돈 중에서 일부를 국가에 헌납하고, 가지고 있는 물자 중에서 법으로 규정된 부분을 정부에 귀속시키는 것이 바로 납세의 의무다. 현재 우리 국민의 조세 부담률은 24.6%(2014년) 정도로 국민이 한 해 동안 생산한 총량 중에서 이만큼을 정부에 냈다는 말이다. 국민이 내는 조세는 직접세와 간접세로 나누어진다. 직접세는 납세의무자와 납세자가 일치하는 것이고, 간접세는 일치하지 않는 것이다. 개인이 자기 소득에서 부담해야 하는 소득세와 기업이 영업을 하여 벌어들인 수익 중에서 부담해야 하는 법인세가 전자에 속하고, 물품을 사면서 지불한 금액 중에서 업주가 부담하는 소비세, 술 먹으면서 내는 금액 중 업체가 부담하는 주세 등이 후자에 속한다.

국민이 세금 부담을 하지 않는 탈세(脫稅)는 중한 범죄에 해당한다. 국가에 대한 충성심이 없는 행위다. 그런데 적지 않은 국민이 납세 의무를 거부하고 탈세를 일삼는다. 사람은 큰 기업주의 탈세, 주요 연예인의 탈세에 대해서는 쉽게 흥분하고 불쾌해한다. 하지만, 자기 스스로도 수없이 탈세 행위를 돕거나 방조하고 있음을 모르고 있다. 대학생이 학교 주변 식당에 가서 밥을 먹고는 영수증 처리를 하지 않는 것도 그 음식점 주인의 탈세를 조장할 수 있다. 농수산물 거래를 하면서 영수증을 주고받지 않는 행위도, 부동산 거래를 하면서 구매가를 낮춰 신고하는 행위도 탈세와 관련이 있다. 어떤 사람이 세금을 내지 않는 것은 그의 삶에 큰 영향을 미치는 정부의 여러 정책을 다른 사람이 낸 세금으로 운용되도록 하는 것이다. 외교, 국방, 경찰, 치안, 보건 복지, 문화, 국토 개발, 환경 보호, 경제 발전 등 모든 일에 들어가는 돈을 남이 내게 하는 것이다. '그냥 공짜로, 국민 생활을 즐기는 것'이다. 이래도 되는 걸까?

실제로 자기 소득에서 직접 세금을 내는 사람 비율은 매우 낮다. 적지 않은 사람이 직접세를 면제받고 있기 때문이다. 직접세를 내는 사람은 상대적으로 고액 소득자다. 진실된 국민이라면 자신이 고액 소득자일 때 기꺼이 세금을 내야 하고, 면세자의 경우에는 세금을 내는 사람에게 진정으로 고마워해야 한다.

(3) 교육의 의무

교육의 의무는 대한민국 국민으로서 자신이 배워야 하는 것은 물론 자녀를 의무 교육 기관에 반드시 입학시켜 교육받도록 해야 하는 의무이다. 교육의 의무는 민주 정부가 수립되면서 모든 국민에게 초등 수준의 기초 교육을 받도록 유도하면서 나타났다. 현재는 중학교까지 의무 교육이 되어 모든 교육비를 정부에서 예산으로 지원하고 있다. 고등학교 이상이나 대학 교육, 평생 교육 중에도 정부가 나서서 국민 교육을 지원하고 선도하는 경우가 많다. 최근에 어린 자녀를 학교에 보내지 않는 아동 학대 부모가 처벌 받는 사례가 나타나고 있다. 아이에게 교육을 시키는 것은 이들이 '좀 더 나은 삶'을 영위해 갈 수 있도록 하기 위한 것이다. 부모의 마음대로 교육을 시키고, 말고 해서는 안되는 것이다.

헌법 제31조 ① 모든 국민은 능력에 따라 균등하게 교육을 받을 권리를 가진다. ② 모든 국민은 그 보호하는 자녀에게 적어도 초등교육과 법률이 정하는 교육을 받게 할 의무를 진다. ③ 의무 교육은 무상으로 한다.

(4) 근로의 의무

근로의 의무는 모든 국민이 성실하게 일을 해야 하는 의무다. 앞의 모든 의무가 법적 강제 규정이 있는 반면에, 근로의 의무는 선언적 성격이 강하다. '놀고먹지 말고, 열심히 일을 하라'는 것이지만, 거지 근성을 가진 게으름뱅이에게 정부가 강제 노역을 시킬 수는 없다. 최근에 취업이 안된 젊은이가 일을 하지 않고 부모 밑에서 놀고먹는 사례가 늘고 있다. 이들은 '일자리가 없고, 취직이 안되서 그렇다!'라고 강변할 수 있지만 사실 건설 현장이나 '조금 힘이 드는 노동 현장'에는 젊은이가 없어 난리다. 이런 일자리를 동남아 주변 국가에서 몰려든 사람이 차지하고 있는 중이다. '거지 근성이 있는 사람'은 일을 하기보다는 구걸해서 먹고자 하고, 길거리 노숙자 생활을 좋아하는 버릇이 있다. 이들에게 일자리를 제공해도 좀처럼 일을 하려 들지 않아 걱정이다.

■ 갈수록 느는 국민 의무

국민이 지켜야 할 의무는 전방위적으로 여러 방면에 걸쳐 다양하게 존재한다. 몇 가지 예를 들어보기로 한다.

-「헌법」 제23조 ② 재산권의 행사는 공공복리에 적합하도록 하여야 한다. 제35조 ① 모든 국민은 건강하고 쾌적한 환경에서 생활할 권리를 가지며, 국가와 국민은 환경보전을 위하여 노력하여야 한다.

-「119구조·구급에 관한 법률」 제4조 ② 누구든지 119구조대원·119구급대원이 위급상황에서 구조·구급활동을 위하여 필요한 협조를 요청하는 경우에는 특별한 사유가 없으면 이에 협조하여야 한다. ③ 누구든지 위급상황에 처한 요(要)구조자를 발견한 때에는 이를 지체 없이 소방기관 또는 관계 행정기관에 알려야 하며, 119구조대·119구급대가 도착할 때까지 요구조자를 구출하거나 부상 등이 악화되지 아니하도록 노력하여야 한다.

-「노인복지법」 제39조의6 ① 누구든지 노인 학대를 알게 된 때에는 노인보호전문기관 또는 수사기관에 신고할 수 있다. ② 직무상 노인 학대를 알게 된 때에는 즉시 노인보호전문기관 또는 수사기관에 신고하여야 한다.

-「가정폭력방지 및 피해자보호 등에 관한 법률」 제16조 긴급전화센터, 상담소 또는 보호시설의 장이나 이를 보조하는 자 또는 그 직에 있었던 자는 그 직무상 알게 된 비밀을 누설하여서는 아니 된다.

-「가족친화 사회환경의 조성 촉진에 관한 법률」 제4조 ① 사업주는 가족친화제도의 도입·확대 등 가족친화 직장환경의 조성을 위하여 노력하여야 한다. ② 사업주는 가족친화제도의 운영에 있어 근로자의 참여를 촉진하기 위하여 노력하여야 한다.

-「가축전염병 예방법」 제5조 ① 가축의 소유자 또는 관리자는 축사와 그 주변을 청결히 하고 주기적으로 소독하여 가축전염병이 발생하는 것을 예방하여야 하며, 국가와 지방자치단체의 가축방역대책에 적극 협조하여야 한다.

-「감염병의 예방 및 관리에 관한 법률」 제5조 ②「의료법」에 따른 의료인 및 의료기관의 장 등은 감염병 환자의 진단·관리·치료 등에 최선을 다하여야 하며, 보건복지부 장관 또는 지방자치단체의 장의 행정명령에 적극 협조하여야 한다. ③「의료법」에 따른 의료인 및 의료기관의 장 등은 국가와 지방자치단체

가 수행하는 감염병의 발생 감시와 예방·관리 및 역학조사 업무에 적극 협조하여야 한다.

-「개발이익 환수에 관한 법률」 제6조 ① 사업시행자는 이 법으로 정하는 바에 따라 개발부담금을 납부할 의무가 있다.

-「건강가정기본법」 제4조(국민의 권리와 의무) ② 모든 국민은 가정의 중요성을 인식하고 그 복지의 향상을 위하여 노력하여야 한다.

-「건전가정의례의 정착 및 지원에 관한 법률」 제5조 ② 공무원, 공공기관·단체의 임직원 및 사회 지도층의 위치에 있는 자는 건전가정의례준칙을 솔선하여 모범적으로 지켜야 한다.

-「건축기본법」 제5조 ① 국민은 국가와 지방자치단체가 시행하는 건축정책에 적극 참여하고 협력하도록 노력하여야 한다. ② 건축주 및 발주자는 공정한 기준과 절차에 의하여 설계자와 시공자 등을 선정하고 적정한 대가를 지급하며, 소유자 및 관리자는 제2조에 따른 건축의 공공적 가치가 올바르게 구현되도록 건축물과 공간 환경을 유지하고 관리하여야 한다. ③ 건축 관련 전문가는 전문지식을 함양하고 이에 근거하여 독립되고 공정한 입장에서 국민의 건축에 대한 이해를 돕고 건축의 공공적 가치를 실현하도록 노력하여야 한다(이처럼 헤아릴 수 없이 많다).……

3. 국민으로서의 권리

국민으로서 우리는 어떤 권리를 가지고 있는가? 권리는 국가와 정부를 상대로 한 개념이다. 국가에 대해 의무를 다하고, 그에 상응하는 권리를 가져야 한다. 헌법 속에는 국민의 권리에 대해 표현하고 있다. 이런 것은 국민이 영토 내에서 국민답게 살 수 있도록 해주는 것으로 정부의 모든 통치 및 행정의 근간이 된다(이대희 외, 2002).

(1) 국민 주권

"대한민국의 주권은 국민에게 있고, 모든 권력은 국민으로부터 나온다."(헌법 제1조 제2항)는 조항은 국민 주권, 주권 재민의 원칙을 선언한 것이다. 주권은 영토 내의 최고의 결정권으로서 모든 법규에 우선하는 것이며, 다른 어떤 외부 세력에 의해서도 간섭을 받지 않고 배타적으로 인정받는 자치 권력이다. 영토 내에서 주권은 절대적이고, 영속적이며, 분할할 수가 없고, 시효로 소멸하지도 않으며, 양도할 수도 없는 것이다(김명, 1997: 71). 국민에 의한 최초의 권한 위임이 헌법인 셈이며, 헌법에 없는 여타의 경우는 국민의 뜻에 따라야 한다. 국민은 '한 덩어리로서의 전체' 형태로 존재한다. 국민이 직접 국민투표권을 행사하여 의사를 표현할 수 있는 경우에는 '국민도 하나의 국가 기관'이 될 수 있다.

(2) 자유

헌법은 대한민국의 자유 민주주의를 선언하고 있다. 모든 여건이 자유 민주적 기본 질서를 전제로 해야 함을 말한다. 자유(自由)는 모든 국민이 스스로 가지고 있는 이성을 통해 자유롭게 판단하고 행동할 수 있다는 것을 말한다. 헌법 속에 표현되어 있는 자유권은 국가 권력으로부터의 간섭이나 침해를 받지 아니할 소극적이고 방어적인 권리를 말한다. 헌법에 규정되어 있는 자유권의 종류에는 다음과 같은 것이 있다: 신체의 자유, 거주 이전과 주거의 자유, 사생활의 비밀과 자유, 통신의 자유, 양심의 자유, 종교의 자유, 언론·출판·집회·결사의 자유, 학문과 예술 및 직업 선택의 자유.

(3) 민주

민주(民主)는 국가의 주인이 국민이라는 뜻으로 주권 재민과 같은 맥락이다. 그러나 현대 정부에서 말하는 민주주의라고 할 때는 몇 가지 요인이 동시에 고려된다. 국민 주권, 대의제 정치, 보통 선거, 다수결 결정 등이 그것이다. 구체적인 행정 현실에서도 '민주적'이라는 말은 관련된 여러 사람의 의견을 최대한 존중하는 방식으로 행정 작용이 일어나야 함을 말한다.

(4) 평등

「헌법」 11조를 보면, "모든 국민은 법 앞에 평등(平等)하다. 누구든지 성별·종교 또는 사회적 신분에 의하여 정치적·경제적·사회적·문화적 생활의 모든 영역에 있어서 차별을 받지 아니한다(제1항). 사회적 특수 계급의 제도는 인정되지 아니하며, 어떠한 형태로도 이를 창설할 수 없다(제2항)." 이 밖에도 교육의 기회 균등, 근로 관계에서 여성 차별 금지, 혼인과 가족 생활에서 양성(兩性)의 평등, 선거와 선거 운동에서의 평등, 지역 간 균형 있는 발전 등에 관한 조항이 들어 있다.

평등은 원칙적으로 '법 앞에 평등'으로 헌법, 법률, 명령 등 모든 법 앞에 동등한 대우를 받을 권리를 말한다. 평등에 대해서는 절대적 평등과 상대적 평등을 나누어 보는 수가 있는데, 앞의 경우는 모든 사람이 똑같이 대접받아야 함을 뜻하는 데 비해, 뒤의 것은 정당하고 합리적인 차별이나 불평등은 용인해야 한다는 입장이다. 정치적, 선언적 의미에서는 절대적 평등 개념이 옳겠지만, 경제·사회적 현실에서는 상대적 평등 개념이 더 유용하다. 평등권은 특별한 경우에 법률적으로 제한하는 경우가 있다. 공무원의 정치 활동, 정당 가입 제한, 공무원과 군무원의 거주지 제한, 수형자(受刑者)의 신체와 통신의 자유 제한, 외국인의 토지 소유 제한, 피교육자에 대한 평등권 제한, 전과자의 공무 담임권 제한 등이 그런 예이다.

앞서 살펴 본 국민의 의무와 마찬가지로 각종 법규 속에 다음과 같은 방식으로 국민의 권리가 표현되어 있다. '국민은 ~보호받을 권리가 있다', '국가는 국민을 위해 ~를 해야만 한다', '정부 기관의 장은 국민을 위해 ~노력을 해야만 한다.'

Ⅲ 공무원, 공직자와 인성

공직자는 어떤 사람이어야 할까? 「헌법」 제7조를 보면 "공무원은 국민 전체에 대한 봉사자이며, 국민에 대하여 책임을 진다. 공무원의 신분과 정치적 중립성은 법률이 정하는 바에 의하여 보장된다."고 되어 있다.

공직자(公職者, public servant)는 공적(公的, public)인 일을 수행하는 사람이다. 특히, 행정을 담당하는 사람을 공무원이라고 한다. 공직자를 가장 좁은 의미로 볼 때는 행정인, 공무원을 말한다. 공무원(公務員, public servant)은 정부 기관에서 공무를 담당하는 사람이다. 공무(公務, public service)는 개인이나 기업의 이익을 위한 일이 아니라 공공의 이익, 공익(公益, public interest)을 위한 일이다. 정부 기관과 같은 공공 부문(公共部門, public sector)에서 하는 일이 대부분 공익을 위한 공무다. 또 유엔(UN)과 같은 국제 기구, 종교 단체, 교육 기관, 자선 단체 등 제3부문(third sector)에서 하는 일도 많은 부분이 공익을 위한 공무일 수 있다. 이런 공무를 담당하는 사람이 공직자이고, 공무원은 정부 기관에서 공무를 수행하는 사람이다(이대희 외, 2015: 87−91). 여기서는 공무원 위주로 설명하고 공직자는 이에 준하여 고려하기로 한다.

1. 공무원의 종류

공무원은 임용 주체에 따라 나뉜다. 국가 공무원법에 의하여 중앙정부에서 임용하는 국가 공무원(國家 公務員, 또는 중앙 공무원)과 지방 공무원법에 의하여 지방자치단체장이 임용하는 지방 공무원(地方 公務員, 즉 자치 공무원)으로 구분한다. 국가(중앙) 공무원은 대통령, 국회의장, 대법원장, 중앙선거관리위원장, 헌법재판소장 등이 임용권자이며, 보수는 국비(國費)로 지급한다. 지방(자치) 공무원은 광역자치단체장 및 기초자치단체장이 임용하며 보수는 지방비(地方費)로 지급한다(이대희 외, 2015: 91−94). 국가 공무원은 중앙 정부에서 공무를 수행하는 사람이지만, 경우에 따라서는 근무지가 전국적일 수 있다. 일선 행정 기관이 전국에 걸쳐 있는 군과 경찰 공무원, 교육 공무원, 중앙선거관리위원회 공무원, 우정사업본부나 통계청 현장 사무소 공무원은 지방에 근무한다. 지방 공무원은 해당 지역 내에서만 근무한다.

표 5-1 직무 성격에 의한 공무원 구분

구 분		예
경력직 공무원	일반직 공무원	행정, 기술, 연구, 지도 등 담당 공무원
	특정직 공무원	법관, 검사, 외무공무원, 교육공무원, 경찰 및 소방공무원, 군인, 군무원 등
특수경력직 공무원	정무직 공무원	대통령, 국회의원, 국무총리, 감사원장, 헌법재판소장, 대통령비서실장 등
	별정직 공무원	국회 위원회 수석전문위원, 감사원 사무차장 등

2. 어떤 사람이 공무원이 되는가?

공무원은 정년이 보장되는 경우가 대부분이어서, 안정적인 직장을 원하는 사람이 매우 좋아한다. 그래서 공무원이 되기 위한 시험과 절차가 까다롭다. 공무원이 되기 위해서는 일정한 필기 시험과 면접 시험을 거쳐야 하는데, 필요할 경우 실기 시험이 추가되거나 서류 전형으로 선발되는 수가 있다(이대희, 2007: 198−202). 「공무원 임용 시험령」을 보면 행정 공무원이 되기 위한 시험 방법과 요건이 다음과 같이 규정되어 있다.

■「공무원 임용 시험령」 제5조(시험의 방법)

① 시험은 필기 시험 · 면접 시험 · 실기 시험 · 서류 전형 등을 거쳐 최종 합격을 결정한다.
② 필기 시험은 일반 교양 정도와 해당 직무 수행에 필요한 지식 및 그 응용 능력을 검정(檢定)한다.
③ 면접 시험은 해당 직무 수행에 필요한 능력 및 적격성을 검정하며, 다음 각 호의 모든 평정 요소를 각각 상, 중, 하로 평정한다: 공무원으로서의 정신 자세, 전문 지식과 그 응용 능력, 의사 표현의 정확성과 논리성, 예의 · 품행 및 성실성, 창의력 · 의지력 및 발전 가능성
④ 실기 시험은 해당 직무 수행에 필요한 지식 · 기술 또는 체력을 실험 · 실습 또는 실기의 방법으로 검정한다.
⑤ 서류 전형은 해당 직무 수행에 관련되는 응시자의 자격 · 경력 등이 정해진 기준에 적합한지 등을 서면으로 심사하여 적격 또는 부적격을 판단한다.

필기 시험으로는 일반 교양과 직무 수행에 필요한 지식을 측정한다. 공무원이 되기 위한 지적 수준에 문제가 있어서는 안된다. 일반적인 행정 업무 수행 능력, 전문 분야의 지식, 지혜로운 판단력은 공무원에게 매우 중요하다. 공무원의 지적 수준이 떨어지면 행정 수행이 어렵고 국민을 위한 행정 서비스를 수행하기가 어렵다. 면접을 통해 공무원으로서의 정신 자세, 전문 지식과 그 응용 능력, 의사 발표의 정확성과 논리성, 예의 · 품행 및 성실성, 창의력 · 의지력 및 발전 가능성을 점검한다. 이런 부분은 (지적 부분을 제외한) 인성과 관련이 깊다.

행정을 담당하는 공무원은 국가에서 요구하는 윤리 헌장의 여러 강령을 잘 지켜야 하고, 공무원으로서의 신조를 실천해야만 한다(이대희, 2007: 198－202). 앞의 시험 과목이 지적 능력과 관련된 것이라면 공무원 윤리 헌장이나 신조는 인성, 감성과 관련된 것이 제법 많다. 일반 개인, 사인의 입장이 아니라 중요한 국가 행정을 담당하고 있는 공인으로서의 인성, 감성을 충실하게 실천해야 하는 존재다.

공무원 윤리 헌장

(제정 1980.12.29. 대통령훈령 제44호, 시행일 1999.1.1.)

우리는 영광스러운 대한민국의 공무원이다. 오늘도 민족 중흥의 최일선에 서서 겨레와 함께 일하며 산다. 이 생명은 오직 나라를 위하여 있고, 이 몸은 영원히 겨레를 위해 봉사한다. 충성과 성실은 삶의 보람이요 공명과 정대는 우리의 길이다. 이에 우리는 국민 앞에 다하여야 할 숭고한 사명을 민족의 양심으로 다지며, 우리가 나가야 할 바 지표를 밝힌다.

○ 우리는 민족사적 정통성 앞에 온 신명을 바침으로써 통일 새 시대를 창조하는 역사의 주체가 된다.

○ 우리는 겨레의 엄숙한 소명 앞에 솔선 헌신함으로써 조국의 번영을 이룩하는 민족의 선봉이 된다.

○ 우리는 창의적 노력으로 최대의 능력을 발휘함으로써 민주 한국을 건설하는 국가의 역군이 된다.

○ 우리는 불의를 물리치고 언제나 바른 길만을 걸음으로써 정의 사회를 구현하는 국민의 귀감이 된다.

○ 우리는 공익 우선의 정신으로 국리 민복을 추구함으로써 복지 국가를 실현하는 겨레의 기수가 된다.

〈공무원의 신조〉

1. 국가에는 헌신과 충성을
1. 국민에겐 정직과 봉사를
1. 직무에는 창의와 책임을
1. 직장에선 경애와 신의를
1. 생활에는 청렴과 질서를

특히, 공무원 신조는 곧 마음 씀씀이와 관련된 것으로 대부분 인성적, 감성적으로 행정인이 어떠해야만 하는가에 대한 것이다. 각 항목별, 구체적 실천 강령으로 다음과 같은 것이 제시되어 있다.

〈국가에는 헌신과 충성〉

1. 애국 선열의 위국 충정을 귀감으로 삼고 신명을 바쳐 국가 안보에 앞장선다. (국가 안보)
2. 새 역사 창조의 기수로서 민주 복지 국가 발전에 이바지한다. (민주 복지)
3. 확고한 민족 주체 의식을 가지고 사대주의 사상을 단호히 물리친다. (주체 의식)
4. 조상이 물려준 전통 문화를 드높이고 이를 창조적으로 발전시켜 나간다. (문화 창달)
5. 우리 민족의 영원한 보금자리인 국토를 아름답게 가꾸고 보존한다. (국토 보존)
6. 우리의 말과 우리의 글을 사랑하고 갈고 닦아 나간다. (국어 사랑)

〈국민에겐 정직과 봉사를〉

1. 법령과 양심에 따라 공명정대하게 업무를 처리하여 국민의 신임을 얻는다. (공정한 업무 처리)
2. 모든 업무는 나와 관청의 편의보다는 국민 편의 위주로 처리한다. (국민 편의 행정)
3. 공익 우선의 정신으로 특정 개인이나 단체에 대한 차별적 특혜를 거부한다. (부당한 특혜 배격)
4. 실속 없는 전시 행정이나 지속성 없는 졸속 행정의 폐습을 지양한다. (내실 행정 추구)
5. 공개 행정을 실천하여 국민의 참여와 협조를 얻도록 노력한다. (공개 행정 구현)
6. 민원인을 대할 때에는 내집의 손님처럼 친절과 예절을 다한다. (친절 봉사 행정)

〈직무에는 창의와 책임을〉

1. 전문 지식과 기술을 부단히 연마하여 부여받은 업무를 창의적으로 개선시켜 나간다. (창의적 직무 수행)
2. 모든 업무는 신중히 검토하고 지체 없이 처리하며, 그릇된 제도나 정책을 과감히 시정한다. (발전 지향적 자세)
3. 맡은 바 직무는 어떠한 압력과 유혹에도 굴하지 않고 소신 있게 처리한다. (소신 있는 업무 처리)
4. 업무 처리는 분명히 하고, 그 결과에 대하여는 스스로가 책임을 진다. (책임 행정)
5. 기관 간의 업무협조를 원활히 하여 전체적인 행정 목적 달성에 적극 기여한다. (업무 협조)
6. 근무 시간 중에는 직무에만 전념하고 사사로운 일로 시간을 낭비하지 아니한다. (직무 전념)

〈직장에선 경애와 신의를〉

1. 내 직장을 내 집같이 여겨 명랑하고 화목한 근무환경을 조성한다. (명랑한 분위기)
2. 상사의 명령에 복종하되, 부당한 지시는 소신껏 건의하여 바로 잡도록 노력한다. (상사에 대한 태도)

3. 부하의 인격을 존중하여 올바른 건의는 진지하게 받아들이고 잘한 일은 칭찬으로 격려한다. (부하에 대한 태도)
4. 독선과 아집을 버리고 이해와 겸손으로 동료 간의 융화를 도모한다. (동료에 대한 태도)
5. 언행의 일치와 약속의 이행으로 서로 믿을 수 있는 공직 풍토를 조성한다. (신뢰 풍토)
6. 직장 내의 파벌 조성을 삼가하며 남을 비방하거나 모함하지 아니한다. (파벌 의식 타파)

〈생활에는 청렴과 질서를〉

1. 조상이 남긴 청백리 정신을 계승하여 공직 사회의 기강 확립에 앞장선다. (청렴 정신)
2. 직권을 이용하여 이권에 개입하지 않고 사사로운 정에 끌리는 정실을 물리친다. (이권 불개입)
3. 허례허식을 삼가하고 근검 절약의 실천으로 분수에 맞는 생활을 한다. (근검 절약)
4. 준법 정신을 생활화하고 공중 도덕을 준수하여 사회 질서 확립에 앞장선다. (준법 정신)
5. 화목한 가정 생활과 올바른 자녀 교육을 위하여 노력한다. (가정 생활)
6. 이웃과는 항상 웃으며 인사하고 상부상조하는 미풍양속을 솔선 실천한다. (이웃 생활)

3. 공무원, 공직자와 인성

공무원, 공직자는 앞서 살펴 본 공무원 헌장, 공무원 신조, 실천 강령 속의 내용에 충실한 인성을 갖추어야만 한다. 일반 국민이 국가를 전제로 지녀야 할 인성에 비해 더욱더 수준과 강도가 높은 인성을 갖추어야 한다.

▪ 공직 윤리

공직자가 갖추어야 할 바람직한 가치관이 공직 윤리(公職倫理)다. 공직이라는 특수한 직업에서 기본적으로 요구되는 윤리로서, '국민에 대한 봉사자'로서 지켜야 할 규범적 행동 기준을 말한다(이상안, 2000: 69). 공직자가 지켜야 할 규범적 행동 기준은 '좋은 것', '바른 것', '바람직스러운 것', '반드시 행해야 하는 것'에서 비롯된 가치 함축적인 것이다. 공직 윤리에는 공직자이기 때문에 항상 지켜야만 하는 불변의 윤리가 있는 반면에, 시대와 장소에 따라 변하는 윤리도 있다. 전자에 속하는 것으로는 국가에 대한 충성과 헌신, 국민 봉사, 맡은 일에 대한 책임 등이고, 후자에 속하는 것으로는 경제 발전기 동안에 요구되는 능률과 효과성, 정치 민주기 동안에 특히 강조되는 민주, 자유, 정의 등이 좋은 예다.

그림 5-2 공직 윤리의 확산 구조

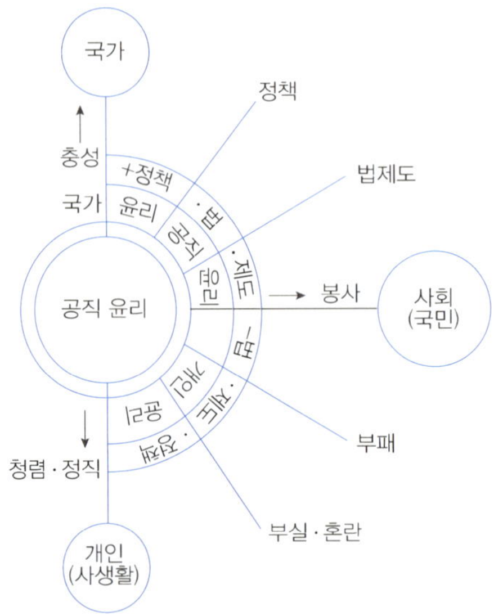

출처: 이상안(2000: 114).

이상안(2000: 114)은 공직 윤리의 구조를 [그림 5-2]와 같이 나타내고 있다. 공직자의 국가를 향한 윤리는 '충성' 형태로 발전되어야 하고, 사회(국민)을 향한 공직 윤리는 '봉사' 형태로, 또 개인(사생활) 스스로에 관련된 개인 윤리는 '청렴과 정직'으로 발전되어야 한다. 이 모든 것은 법, 제도, 정책과 관련되어 있으며, 자칫 부패나 부실, 혼란으로 전환될 수 있음을 경계했다.

■ 공직자의 충성과 헌신

국민에게 요구되는 국가에 대한 충성과 헌신은 공직자에게는 더욱더 강조된다. 국가에 대한 충성은 국가를 마음 속에 받아들여, 최고의 목적으로 간주하고, 국가가 요구하는 것을 정당한 것으로 받아들이며, 온 정성을 다해 실천하려는 마음 자세다. 충성은 국가를 위해 온 마음과 육체를 다 바치는 것이다. 헌신은 이해 타산을 따지지 않고, 능동적으로, (대상에) 정성껏 힘을 다 쏟는 것이다. 공직자는 국가를 위해 몸과 마음을 다 바쳐 충성하고 헌신적이어야 한다.

충성심을 가진 공직자는 자기 자신보다도, 가족보다도 국가를 우선시한다. 국가가 자기에게 요구하는 사고와 행동을 공직자로서, 특정한 직위와 직책에 있는 사람으로서, 온 정성을 다해 실천해야만 한다. 전쟁에 나선 군인이나 안중근 의사와 같은 살신성인(殺身成仁)의 정신이 필요하다. 맡은 바 일에 온 정성을 다하는 학교 선생님, 밤거리를 순찰하는 경찰, 외국과 경제 협상에 임하는 정부 공무원, 하루 종일 원자력 발전소나 수력발전소를 지켜보는 공무원, 산불 방지를 위해 일 년 내내 노심초사하는 산림청 직원은 모두 충성심이 강한 공직자다. 이들의 충성심과 헌신적 노력으로 국가가 발전하고 국민이 평안하다.

▪ 봉사 정신

공직자는 봉사 정신이 투철해야 한다. 공무원을 public servant라고 표현하듯이 공직자는 국민과 사회를 위해 봉사하는 직업이다. 봉사(奉仕)란 말은 '받들어 섬긴다'는 뜻이다. 공직자 특히 공무원은 국민의 주권 위임에 따라 구성되는 국가에 고용된 사람으로, 주권자인 국민에게 봉사해야 할 책임을 지고 있다. 비록 근무에 대한 대가로서 봉급을 받고 있지만 기본적으로 국민을 위한 봉사자라는 위치를 잊어서는 안된다.

현실적으로 공무원은 법규를 시행하는 권한을 가진 존재이기 때문에 개별 국민에 대해서는 우월한 위치에 서는 수가 많다. 인·허가권의 시행, 법규를 이용한 제재, 예산과 특권의 분배 등에서 큰 권한을 행사한다. '봉사자'라는 위치보다도 '특권층'이 되어 국민에게 군림하는 수가 많이 있다.

봉사자로서 공직자는 겸손해야 하고, 낮은 위치로 임하는 것을 좋아해야 하며, 고객을 먼저 생각하는 마음 자세가 필요하다. 국민 중에는 나약하고, 지능지수도 낮으며, 어리석고, 사나우며, 괴팍한 사람도 많이 있다. 이들을 봉사자로서 대하기는 참으로 어렵다. '참고 또 참으면서', 이들도 국민의 한 사람이라는 생각을 잊지 않아야만 한다. '사랑합니다!', '행복합니다!'를 외치는 일선 공무원의 쉰 목소리는 이들의 어려운 현실을 말해준다.

▪ 청렴

공직자는 기본적으로 청렴(淸廉, clean-handed, incorruptibly pure)해야 한다. 청렴하다는 말은 '검소하고 질박하다'는 뜻이면서 동시에 '맑고 깨끗하다'는 뜻을 담고 있다. 청렴결백(淸廉潔白)한 공직자, 청백리(淸白吏)라는 단어가 이것과 관련이 있다.

공직자는 국가와 국민을 위해 충성을 다하고 헌신적으로 봉사하는 사람이다. 그래서 '큰 대가, 많은 보수'를 전제로 움직여서는 안된다. 공직자의 근무 대가인 봉급은 국민의 세금으로 충당되기 때문에 공직자가 많은 봉급을 받는다는 것은 바로 국민으로부터 많은 세금을 거둬들인다는 말이다. 공직자는 국민 감성을 고려하고, 직책과 직위에 맞는 적당한 대가를 봉급으로 받는다. 공직은 '안정된 직업', '권위 있는 직업'이라는 이미지 때문에 많은 사람이 선호한다. 국가 발전 수준이 낮은 국가 건설기나 경제 발전 초기에는 상대적으로 안정되고 보수도 많은 편이지만, 경제가 높은 수준으로 발전한 상태에서는 민간 부문보다 낮은 보수를 받는다.

청렴한 공직자는 권위를 이용하여 국민을 괴롭히거나 부정한 돈을 받지 않는다. 보수가 적다고 하여 부정부패에 빠져들어서는 안된다. 공직자가 '돈'을 밝히면 충성과 헌신, 봉사가 아무런 의미가 없어진다.

▪ 정직

정직(正直, honesty)은 바르고 곧은 마음이다. 옳고(right), 반듯하며(upright), 정의로운(righteous) 마음가짐이다. 공직자는 정직해야 한다. 공직자가 정직해야 한다는 말은 법과 양심(良心)에 따라, 항상 옳게 생각하고 바르게 처신해야 한다는 말이다. 공직자가 부정직하면 남을 속이고 거짓으로 일을 처리하게 된다.

공직자가 일을 하는 과정에서 상관의 지시가 잘못되었을 경우, 법과 양심에 따라 정직하게 일을 추진할 것인가를 고민할 때가 있다. 이런 경우에는 관료제 원칙에 따라 상관의 지시를 따라야만 하는데, 양심에 비춰 볼 때 정직하지 못하기 때문에 걱정을 하게 된다. 이때 법에서 정한 규칙이 있다면 법을 따라야만 할 것이지만, 아무런 규정이 없을 때는 더욱더 곤란한 지경에 빠져든다. 이런 순간에 공직자는 국가와 국민, 공익을 우선으로 판단해야 하며, 양심에 따라 정직을 실천해야 한다.

공직자의 윤리적 인성은 도덕적 결의와 양심의 명령에서 출발한다(이상안, 2000: 177-181). 도덕적으로 옳고 바른 가치를 따라야 하고, 반듯한 마음의 명령에 좇아야 한다.

▪ 공직자의 책임

공직자 책임(公職者 責任)이란 공직자가 반드시 해내야 하는 임무를 말한다.[5]

5) 이 부분은 이대희 외(2015: 260-261) 내용을 인용한 것임.

그냥 '해야 할 일'로서의 담당 업무(duty, mission, task)일 수도 있고, 헌법이나 법규, 국회 결정에 의해 강제되는 것으로서의 법적 의무(accountability)일 수도 있으며, 또 공직자가 '자부심 있는 공직자로서 스스로 해야 할 일'이라고 여기는 도덕적 책임(responsibility)일 수도 있다.[6] 또 국민이 원하는 것을 해결해주는 대응성(responsiveness)일 수도 있다.

다시 정의하자면, 공직자 책임은 공직자가 업무를 수행할 때 법률적, 도덕적 규범에 따라 행동해야 하는 임무(또 의무)를 말한다. "수임자(受任者) 및 공복(公僕)으로서의 광범위한 도의적, 자율적 책임"을 의미하는 '책임성(responsibility)', "변명적, 법률적, 제도적 책임"으로서 비교적 한정된 의미인 '책무성(accountability)', "국민에 대한 반응, 응답"이라는 뜻인 '대응성(responsiveness)' 등 크게 세 가지 의미로 사용되고 있다. 첫 번째의 책임성은 도덕적, 도의적 책임이기 때문에 타인이나 부하의 행위에 대해서도 책임을 지게 되며, 법적 요건을 충족하였음에도 책임을 지는 경우가 많다. 우리나라에서 특정 사건에 대하여 공직자가 자신의 책임이 미미하거나, 분명하지 않음에도 불구하고, 공직자가 도의적 책임을 지고 공직에서 사퇴하거나, 사과하는 경우가 잦다. 이것은 동양 사회, 특히 한국 사회에서 책임성을 중시하는 전통 때문이며, 이는 공직자의 법적, 제도적, 직무적 책임을 명확히 하는 서양 사회와 다르다. 법적 책임의 경우에는 엄격한 처벌이 뒤따르기 때문에 공직자는 항상 합법성 원칙에 따라 사고하고 행동해야 한다. 이를 담보하기 위해 사법 기관이 있고, 정부 각급 기관마다 감사 담당 조직이 있으며 감사원이 상시로 감독하고 있다.

직무 관련 책임은 자기가 맡은 바의 업무를 처음부터 끝까지, 완벽하게 추진해 목적 달성을 하는 것이다. (비록 민간 업체이긴 했지만) 세월호 선장은 수많은 사람의 목숨을 책임지고 있던 '공인(公人)'이었다. 모든 승객을 안전하게, 목표 지점까지 수송해야 할 책임이 있었는데, 사고가 난 당시에 자기 목숨만을 살리고 선장으로서의 책임을 다하지 못했다. 공직자가 수행하는 일 중에는 이처럼 매우 중요하고, 영향력이 큰 것이 많다. 동사무소(주민센터)에서 증명서를 발급하는 일처럼 비교적 수월한 것도 있지만 열차 기관사나 항공기 조종사처럼 고도의 전문성이 요구되는 중요한 것도 많다. 이런 일을 담당하는 공직자는 정확하고, 엄격하며, 적정하게 일을

6) 영어와 우리의 한글이 개념 차원에서 동등할 수는 없지만, 임무를 제대로 수행하지 않았을 때 가해지는 법적 제재만을 생각할 때는 accountability, 법적 제재는 없지만 국민들의 비난이 수반되는 경우라면 responsibility로 나누어 생각할 수 있다.

해내야 할 책임이 있다.

공무원도 생활인

공무원에게 요구되는 윤리, 인성은 일반 국민에 비해 매우 엄격하다. 하지만, 공무원도 일반 국민의 한 사람이고 가족 생활, 사회 생활을 영위하면서 살아간다. 자신의 건강을 챙기고, 가족을 보살피며, 의미 있는 사회 생활을 하면서 살아가는 존재다.

공무원은 스스로 정신적, 육체적 건강을 챙겨야 한다. 국가와 국민을 위해 충성하고 봉사해야 하지만 자신의 건강이 우선되어야 한다. 건강치 못하면 공무 수행이 불가능하다. 육체적으로 건강치 못하면 사무실에 앉아 정상적으로 업무 수행이 불가능하고, 정신적으로 건강치 못하면 이성적 판단이 흔들리고 엄청난 피해를 만들어낼 수 있다. 공무원의 부부 생활, 자녀 교육, 부모 봉양, 의식주 생활도 정상적으로 이루어져야 한다. 이를 위해 국민은 세금 납부를 통해 공무원에게 충분한 보수를 지급해야 한다. 정부는 공무원의 승진과 보수를 적절히 하여 정상적인 생활이 가능케 해야 하고 그들에게 활력을 불어넣어 주어야 한다.

정부 청사의 세종시 이전은 수도권 거주 공무원의 출퇴근 부담을 엄청나게 증가시켰고, 원만한 가족 생활을 어렵게 만들었다. 마찬가지로 수많은 정부 공공기관, 공기업의 지방 분산 이전으로 여기에 근무하는 공직자의 생활을 어렵게 만들었다. 주말 부부로서의 고된 삶, 자녀 교육에 대한 고민, 재산 증식의 어려움, 사회 관계나 취미 활동의 어려움이 많아졌다. 정부 기관의 분산, 즉 세종 청사, 서울 청사, 과천 청사, 대전 청사의 행정력 분산은 공무원의 기관 소통과 협력을 매우 어렵게 만들었다. 특히, 국회 관계, 대통령 관계, 부처 간 협력을 고통스럽게 만들었다. 최근에 '길거리 공무원', '도로 위에서의 결재', '과장급 공무원의 서울 출장 지양' 등이 어려운 공무원의 생활을 말해주고 있다.

한국의 공무원은 국가 건설, 경제 발전, 정치 민주, 문화 복지 등 국가 발전 과정에서 핵심 역할을 수행하였다. 한국의 공무원은 국가 발전의 주역이라는 자부심을 가져도 좋다. 하지만, 현대 한국의 공무원은 정치에 눌리고, 국민의 눈치를 보며 더없이 위축되어 있다. 이들의 개인적 삶, 가족 생활은 어렵기만 하다. 공무원의 인성이 밝고 긍정적으로 살아나기가 어려운 상황에 처해 있다.

4. 정치인, 선출직 공직자의 인성

자유 민주주의 국가에는 많은 정치인, 선출직 공직자가 있다. 대통령, 국회의원, 지방자치단체장, 지방자치단체 의원, 이런 보직을 지향하는 정당인과 정치인이 그들이다. 이들은 국민의 지지를 받아, 국민 의사를 대표하고자 애를 쓴다. 선거를 통해 당선된 뒤, 주요 보직에 임용되어 중요한 국가 업무를 수행한다.

정치인, 선출직 공직자는 임기제 공직을 지향한다는 점에서 평생 직업으로 근무하는 일반 공무원과 성격이 다르다. 이런 임기제 공직은 국민의 선거를 통해 선출되어야 한다는 점과 임기가 끝나면 퇴임해야 하고, 또다시 국민의 선택을 받아야 한다는 특성이 있다. 이들은 임기 전이든 아니면 임기 중이든 관계없이 항상 국민, 지역 주민의 지지를 갈구한다. 이런 특성 때문에 선심성(善心性) 약속을 남발한다. 이해관계가 정반대인 사람까지도 모두 자신의 지지 세력으로 만들고자 하다 보니 '정치인은 거짓말쟁이'라는 평가를 받는다.

정치인, 선출직 공직자는 인성면에서 살펴보면 다음과 같은 것이 요구된다.

첫째, 거짓말을 최대한 경계하여야 한다. 자기가 할 수 있는 일의 범위를 정확히 인지하고 권한 밖의 일이나 불가능한 일에 대해서는 함부로 약속하지 말아야 한다.

둘째, 선거와 관련하여 불법 행위를 시도하여서는 안된다. 현재 선거 관련 법규에서는 매우 구체적인 부분까지 선거 과정의 불법에 대해 감시하며 처벌하고 있다. 하지만, 법규가 너무 엄격한 것인지는 모르겠지만 선거가 끝나고 나면 수없이 많은 당선자 또는 후보자가 선거법 위반으로 재판을 받고 있다.

셋째, 임기가 정해져 있는 만큼 주어진 기간 내에 성과를 내기 위해 지나치게 서둘거나 무리한 수를 두어서는 안된다. 정책이나 사업 중에는 임기를 넘어 매우 긴 기간을 필요로 하는 것이 적지 않다. 실질적인 업무는 직업으로 근무하는 일반 공무원이나 직원에게 맡겨야 한다.

넷째, 공약을 신중하게 설정하고 이를 충실히 달성하기 위해 온 정성을 다해야 한다. 이들의 공약은 국민의 관심을 끌기 위해서 급조된, 허황되거나 지나치게 낙관적인 것이 많다. 구체적인 실천 방안이 없이 막연한 경우가 많다. 실천 가능한 것만을, 신중하게 제시해야 한다.

다섯째, 정치인, 선출직 공직자는 담당 업무가 매우 중요한 경우가 많은 만큼 항시 신중하게 의사 결정하고 합리적인 판단에 따라 업무를 추진해야 한다. 국민 다수의 지지를 받아 당선되었다는 성취감이 우월감으로 변화되어 자칫 '통제 불가능한 기관장'이 될 수 있다.

여섯째, 자기의 가치관이나 정치 성향, 독특한 취향에 맞춰 자신이 이끄는 기관이나 체제의 안정성을 해치는 경우가 발생해서는 안된다. 전임자가 추진하여 진행 중인 사업이나 이미 완성해 놓은 성과물을 함부로 훼손하거나 바꾸려 하지 않는 것이 필요하다.

일곱째, 정치인, 선출직 공직자는 모든 국민, 지역 주민이 바라보고 있는 만큼 누구보다도 엄격한 자기 관리, 가족 관리가 필수다. 언행이나 태도를 항시 정의롭고 반듯하게 유지해야 한다.

■ 왜, 도덕인가(Why Morality)?

- 정치는 도덕적 가치에 기반을 두어야 한다(121). 윤리적 기반을 잃은 정치야말로 국가와 국민의 공공선에 해악을 끼치는 가장 무서운 적이다. 따라서 공직자와 정치인의 도덕성은 일반인보다 높아야 한다.
- 정치인의 거짓말은 어디까지 용서될 수 있는가? 정치인의 교묘한 얼버무림은 명백한 거짓말과 다를 게 없다(122-125).
- 정직은 그 어떤 편의주의도 허용치 않는다(칸트).
- 정치가 도덕과 종교에서 중립을 유지해야 한다는 자유주의자의 주장은 잘못이다(129).
- 정치인의 무례함과 당파성, 적대감은 예절을 갖춘 상호 존중의 정신으로 전환되어야 한다(133-134).
- 건전한 시민 사회, 가치 중심적인 공동체를 지켜내려는 진지한 노력은 필연적으로 이를 손상시키려는 힘과 맞부딪친다. 범인은 바로 대중 문화, 족쇄 풀린 시장 경제, 복지 국가를 추구하는 큰 정부다(136-137). (숫자는 책의 쪽 수)

(출처: Sandel, M. J. 2010. *Why Morality*? 안진환 · 이수경 옮김. 『왜 도덕인가?』. 한국경제신문)

Ⅳ 국민과 인성

1. 국기, 애국가에 대한 예절

국가는 국민 통합을 위해 다양한 상징물을 활용한다. 이를 통해 국민 감성에 호소하고 국민을 진정으로 '하나'로 융화시켜 간다. 정치 용어로 미란다(Miranda)라는 말이 있는데 이는 국민이 정치 권력이나 지도자에 대해 감성적으로 신성시하고 좋게 여기는 현상을 가리킨다. 국가는 애국가나 국기, 국화를 통해 국민 감정을 촉발시키는 상징 정책을 구사한다.

2002 월드컵 당시에 전 국민이 축구를 응원하면서 외쳤던 '대~한 · 민 · 국!'이라는 국호는 한국인의 가슴을 절절하게 만들어주는 단어였다. 또 '한민족', '우리 민족', '단일 민족'이라고 말하고 외칠 때 우리는 매우 감동적인 상태로 변하기 일쑤다. 국가를 전제로 말을 할 때, 우리는 '하나의 공동체', '같은 처지의 사람'이라는 의식으로 감동을 받는다. 이런 의식과 감정이 개인에게 작용하면 놀라울 정도로 '국가', '국민'이 긍정적으로 다가오고, 집단으로 확산되면 엄청난 에너지로 변모한다. 국가에 대한 충성, 축구 대표팀에 대한 응원이 강렬하게 추진될 수 있다.

국기(國旗)인 태극기(太極旗)는 가장 강력하게 국민의 감성에 호소하는 국민 통합 상징물이다. 태극기는 곧 국가의 상징으로서 항시 우리 가까이에 가시적으로 나타나 있다. '국기에 대한 경례!'는 곧 국가에 대한 경례를 의미한다.

국기의 제작, 관리, 게양, 경례 요령에 대해서는 다음과 같이 법으로 정해져 있다.

■ **「대한민국 국기법」**

제4조(대한민국의 국기) 대한민국의 국기는 태극기(太極旗)로 한다.

제5조(국기의 존엄성 등) ① 모든 국민은 국기를 존중하고 애호하여야 한다. ② 국가 및 지방자치단체는 국기의 제작 · 게양 및 관리 등에 있어서 국기의 존엄성이 유지될 수 있도록 필요한 조치를 강구하여야 한다.

제6조(국기에 대한 경례) 국기에 대한 경례를 하는 때에는 선 채로 국기를 향하여 오른손을 펴서 왼편 가슴에 대고 국기를 주목하거나 거수경례를 한다. 그 밖에 국기에 대한 경례 방법 및 절차 등에 관하여 필요한 사항은 대통령령으로 정한다.

제8조(국기의 게양일 등) ① 국기를 게양하여야 하는 날은 국경일, 각종 기념일 중 현충일, 국군의 날 등… 국가장 기간, 정부나 지방자치단체가 정한 날. ② (필요에 따라) 국기는 매일, 24시간 게양할 수 있다. ③ 국가, 지방자치단체 및 공공기관의 청사 등에는 국기를 연중 게양하여야 하며, 다음 각 호의 장소에는 가능한 한 연중 국기를 게양하여야 한다. 이 경우 야간에는 적절한 조명을 하여야 한다(장소: 공항 · 호텔 등 국제적인 교류장소, 대형건물 · 공원 · 경기장 등 많은 사람이 출입하는 장소, 주요 정부청사의 울타리, 많은 깃대가 함께 설치된 장소, 그 밖에 대통령령이 정하는 장소). ④ 각급 학교 및 군부대의 주된 게양대에는 국기를 매일 낮에만 게양한다. ⑤ 국기가 심한 눈 · 비와 바람 등으로 그 훼손이 우려되는 경우에는 이를 게양하지 아니한다.

제11조(국기 또는 국기문양의 활용 및 제한) ① 국기 또는 국기문양(태극과 4괘)은 각종 물품과 의식(儀式) 등에 활용할 수 있다. 다만, 다음 각 호에 해당하는 경우에는 그러하지 아니하다. 깃면에 구멍을 내거나 절단하는 등 훼손하여 사용하는 경우; 국민에게 혐오감을 주는 방법으로 활용하는 경우

국기에 대한 경례는 국가에 대한 존중감의 표현이며, 국민으로서 충성심을 내보이는 행동이다. 반대로, 국기에 대한 경례를 하지 않는 것은 존중감이 적다는 것을 뜻하고 충성심도 희박하다는 것을 의미한다. 국기가 당사자에게 아무런 감흥을 주지 않는, 단순한 '천 조각'에 불과하다고 여기는 것처럼 그것이 상징하는 '국가'에 대해서도 가벼운 마음을 가지고 있다는 뜻이 된다.

애국가를 부르면서 국민은 국가를 생각하고 존경심과 충성심을 스스로 느낀다. 애국가의 내용을 통해, 또 부르면서 귀로 듣는 음률을 통해 국민은 국가를 생각한다.

■ 애국가

(1절) 동해물과 백두산이 마르고 닳도록 하느님이 보우하사 우리나라 만세.
(후렴) 무궁화 삼천리 화려강산 대한 사람, 대한으로 길이 보전하세.
(2절) 남산 위에 저 소나무, 철갑을 두른 듯 바람서리 불변함은 우리 기상일세. (후렴)
(3절) 가을 하늘 공활한데 높고 구름 없이 밝은 달은 우리 가슴 일편단심일세. (후렴)
(4절) 이 기상과 이 맘으로 충성을 다하여 괴로우나 즐거우나 나라 사랑하세. (후렴)

애국가나 태극기를 통해 느끼는 감동은 사람을 '대한민국 국민'으로 만든다. 독립 전후나 전쟁 기간 동안, 또 국가 건설기, 경제 발전기 동안 애국가와 태극기는 한국인을 하나로 만드는 데 큰 역할을 담당했었다. 하나로 된 한국, 한국인은 전쟁 승리와 국가 건설, 경제 발전에 놀라울 정도의 힘을 발휘했었다.

정치 민주기를 지나면서, 또 통일을 고려하여 북한을 고려하기 시작하면서 국민의 태극기 사랑, 애국가 제창이 적어진 것 같다. 국기 게양도 줄어들고, 국기에 대한 경례도 하지 않는 사람이 많아졌다. 이런 현상은 이전에 이런 상징을 통해 '하나의 한국'으로 통합되어 가던 것이, 반대로 자유화나 지방화로 이탈되어감을 의미한다.

국민의 국호, 민족, 애국가, 태극기에 대한 존경심과 사랑, 충성심이 다시금 강조될 필요가 있다. 빠른 속도로 진행되는 사회 분열, 다문화 사회는 필연적으로 이런 상징물을 통한 통합의 필요성을 제공한다.

2. 정부와 정책에 대한 예절

국민은 국가 업무를 수행하는 정부와 관료의 행정 업무 수행을 존중하고 지원하며 협조해야 한다. 국민이 주권자이긴 하지만 정치적으로, 법적으로 국가 통치 권한을 위임받은 정부와 관료의 업무 수행을 인정하고 수용하여야 한다. 관료 공무원이 곧 정부이고 국가라는 사실을 알아야 한다. 이들의 행정, 정책을 믿고 따라야 한다.

이와 동시에 주권자로서 국민은 정부와 행정을 적절히 감시하고 통제하며, 필요할 경우에 참여 활동을 해야만 한다.

▪ 국민 참여

국민 참여(國民 參與, people's participation)란 국민이 행정에 참여하여 업무를 수행하는 것을 말한다(이대희 외, 2015: 311－335). 이때 국민은 직업적으로 공직에 근무하는 사람(＝행정 공무원)이 아닌 사람으로서, 개인, 집단, 조직 형태로 행정에 참여한다(전체로서의 국민이 아니라). 한정된 지역의, 한정된 숫자의 사람이, 한정된 분야에, 한정된 기간 동안 참여한다. 전체로서의 국민은 헌법 제정이나 개정, 주요 정책에 대한 국민투표, 대통령 선출, 정당 지지 등 정치 작용을 통해 행정에 영향을 미치는 수는 있다. 하지만, 여기서 논의하는 국민 참여는 정치 행위 수준이 아니라 행정 수준으로 한정한다. 국민 참여란 말 대신에 시민 참여, 거버넌스, 파트너십, 협치 등의 용어를 사용하기도 한다. 시민 참여(市民 參與, civic participation)는 시민의 행정 참여를 말하는데, 이는 민주주의 발전 과정에서 '양식 있는 시민(noble citizens)'의 적극적인 행정 참여를 말할 때 사용되었다.

행정의 주체는 정부다. 기본적으로 행정은 정부에 의해 수행되는 모든 정책과 그에 대한 관리 활동이다. 정부가 국민의 위임을 받아, 국민의 자유, 안전, 행복을 잘 추구해 간다면 국민 참여를 논할 필요가 없을 것이다. 하지만, 정부의 행정 수행에 문제가 있을 경우에는 국민의 행정 참여가 필요해진다. 어떤 경우에 국민 참여가 필요할까(이대희 외, 2015: 311－335)? 정부의 무능력을 대신하기 위해, 정부 능력의 한계를 보충하기 위해, 정부의 정책 실패를 보완하기 위해, 정책 집행의 원활화를 위해, 정책 형성 과정에, 새로운 행정 기술과 기법 도입 형태로, 민주주의 기본 가치 실현을 위해, 권위주의 정부에 대한 저항으로서 국민 참여가 이루어질 수 있다.

국민 참여의 전제 조건으로는 건전한 국민 의식이 형성되어 있고, 성숙한 다원주의 민주 사회가 만들어져 있어야 한다. 흑백 논리가 난무하고, 자기 이익만을 추구하는 극단적 이기주의가 팽배하며, 타협 없는 정쟁이 판을 치는 사회에서는 바람직한 국민 참여가 이루어질 수 없다. 국민 의식 수준이 어느 정도 높아야 하고, 건전한 사회 문화가 바탕이 될 때 바람직한 국민 참여가 가능해진다.

국민 참여는 헌법 제정 및 개폐, 대통령과 국회의원 선거로부터, 자기와 관련된 일에 관한 민원 제기나 청원에 이르기까지 전방위적으로 이루어지고 있다. 정책의 형성에서부터 집행, 행정 사무 관리에 이르기까지 모든 영역에 걸쳐 국민 참여가 이루어진다. 물론 직접 행정을 담당하는 대통령이나 시장, 군수, 정부 행정의 공무원도 국민의 한 사람이다. 민주주의 국가인 한국에서 국민은 바로 주인이다.[7)]

'국민 참여'는 정치 민주화를 거치는 과정에서 등장하였다. 헌법 개정과 민주화 요구, 판자촌 철거 반대 시위, 동강댐 건설 반대 시위, 미국산 소고기 수입 반대, 천성산 고속철도 개통 반대, 강정 마을 해군 기지 건설 반대 시위가 우리에게 각인되어 있는 국민 참여다. 이런 방식의 국민 참여는 대부분 정부 정책에 반대하는 것이다. 일부 양식 있는 시민의 문제 제기가 있고, 이에 뒤따라 투쟁 전담의 재야 민주투사가 가담하고, 정부에 반대하는 야당이 후원하는 형태로 국민 참여가 이루어져 왔다. 이런 방식의 국민 참여의 출발은 강력한 군부 권위주의 통치에 대항하는 과정

7) 이 부분의 내용은 이대희 외(2015: 311－335)에서 옮겨온 것이다.

에서 등장하였다.

정치 민주화가 진행되면서 권위주의 정부에 대한 반발 형태로 출발한 국민 참여가 다양한 영역으로 확대되기 시작했다. 부드러운 민주 정부의 등장, 의식 있는 분야별 시민 단체의 활약, 생활 수준 향상에 따른 국민 의식 향상, 정보 기술 발전에 힘입어 국민 참여가 폭발적으로 확대되었다. 정치적으로 출발한 국민 참여가 모든 행정 영역으로 확대되었다.

헌법에 보장된 국민 주권이 형식적 참여 수준을 넘어 이제는 국민 생활과 관련된 모든 영역으로 확대되었다. 간접 민주주의만으로는 국민 주권을 확실히 확보하기 어려웠는데 이제는 직접 민주주의 방식을 통해 국민 주권을 행사하기에 이르른 것이다. 간접 민주주의 방식에서는 국민 투표를 통해 대통령, 국회의원, 자치단체장, 지방의회 의원을 선택하는 수준에 만족해야 했었다. 하지만, 선출직 공직자가 정당 대립으로 일관하고, 자신의 정치적 입지 확보에만 열을 올리면서 국민은 점차 소외될 수밖에 없었다. 대의제 간접 민주주의 방식으로는 성숙한 국민 의식, 국민 주권을 실현할 수 없다는 것을 깨달았다.

성숙한 국민은 자신의 주권을 확실히 행사하기 위해 법규 속에 다양한 형태의 국민 참여 제도를 도입하였다. 앞서 설명한 바와 같은 국민(주민) 참여 제도는 민주주의 선진국 중에서도 매우 앞선 수준에 속한다. 제도가 정착하면서 이제는 불법 시위 형태의 국민 참여가 점차 사그라들고 있다. 거의 무한대의 국민 참여가 보장되어 있는 상황에서 불법 시위 형태의 문제 제기나 거리 시위는 이제 설자리를 잃어가고 있다. 다만, 아직까지도 정부에 반발하는 야당 정치인, '언제나 불만 투성이인 시위꾼'이 존재하고 있다. 어느 시기, 어느 국가에나 정책에 반발하고, 정권을 부정하는 사람이 없지는 않다. 발전된 한국 현실에서 이런 부류는 더 이상 존재해서는 안될 것이다. 긍정의 비평가는 반드시 필요하지만….

이제 국민 참여는 정치 영역을 넘어, 행정 전반으로 확대되어 있다. 간접 민주주의 방식과 직접 민주주의 방식이 균형 있게 조화를 이루고 있다. 고차원의 거버넌스 형태의 국민 참여를 넘어, 생활밀착형 국민(주민) 참여가 잘 이루어지고 있다.

국민 참여를 논할 때, '국민'이 누구인가에 대한 고민이 있다. 민주주의에서 말하는 국민은 '양식 있는 시민'이어야 하고, 판단력 있는 합리적 인간이어야 한다. 그런데 시위 현장의 국민을 보면, 또 무작정 떼를 쓰는 사람을 보면 전혀 딴 판이다. 도저히 합리적이고 양식 있는 국민일 수 없다. 국민 참여 주체로서의 인간은 어떤 모습이어야 할까?

첫째, 민주주의의 기본 원리를 이해하고 법규를 잘 지키는 사람이어야 한다. 국민 개개인의 자유를 존중하고, 상호 이해와 배려, 공동체 의식을 가지고 있어야 한다. 정부에서 만든 법규는 반드시 지켜야만 한다는 의식을 가져야 한다. 시위를 일삼는 방식의 국민 참여자는 법규를 지키려 하지 않는다. 권위주의 정부에 반발하던 때의 '법은 지킬 필요가 없다'는 식의 사고 방식은 이제 사라져야 한다.

둘째, 합리적 판단력을 가진 사람이어야 한다. 지혜롭지 못한, 무능한 사람은 국민 참여의 정확한 목적, 대상, 시기, 방법을 알지 못한다. 이럴 경우에는 무작정 요구하거나 반발하는 형태로 국민 참여가 이루어진다. 또 쉽사리 선동가의 말에 들떠서 부화뇌동(附和雷同)하거나 좌충우돌하면서 예측 불가능한 행태를 보일 수 있다. 참여를 주장하는 국민은 스스로를 돌아볼 줄 알고, 차분하게 합리적으로 생각하고 행동할 수 있어야 한다.

셋째, 정당한 요구와 함께 정당한 지지, 의무 이행도 필요하다. 법규를 잘 지키는 것은 물론 민주 국민으로서 감당해야 하는 세금 납부, 국방 의무, 행정 권위 인정도 필요하다. 자유가 넘치고, 주민의 목소리가 커지면 상대적으로 정부 행정, 공무원의 목소리가 줄어들 수 있다. 행정을 책임지는 공무원의 목소리가 줄어들고 정책 대상 집단인 국민의 목소리가 너무 커지면 국정이 혼란스러워질 수 있다.

넷째, 결과에 순응하고 받아들이는 자세가 필요하다. 각종 공청회, 정책 토론, 협상의 결과, 청원의 결과를 수용하고 따르는 자세가 필요하다. 한번 자신의 뜻과 다른 결정이나 결과가 나오면 끝까지 불복(不服)하고 번복시키려는 사람이 적지 않아 문제다. 지속적인 반발과 결과에 대한 불복은 시간과 비용 낭비를 초래하고, 정책 집행을 방해한다.

다섯째, 불법적 시위 형태의 국민 참여 욕구를 자제해야 한다. 현대 한국은 경제 발전이 충분히 이루어졌고, 정치 민주화도 잘되어 있는 나라다. 그런데도 불구하고 조금만 '비위에 맞지 않고, 자기가 원하는 결과가 아니면' 밖으로 뛰쳐나가고 머리띠를 두른다. 발전한 민주 국가의 국민이 아니다. 잘 마련된 법 제도를 통해 정당한 절차를 거쳐 국민 참여가 이루어져야 한다.

▪ 국민 통제

국민은 주권자로서, 통치 권력을 창출하는 주체다. 그래서 통치 권력을 바탕으로 이루어지는 행정은 국민의 통제를 받아야만 한다.[8] '전체로서의 국민(people)'은 주요 정책에 대한 투표나 공직자 선출을 위한 선거를 통해 행정을 통제한다. 공중(公衆, public)은 '다수의 국민'으로서 특정한 사안과 관련하여 행정을 통제한다. 주로 시위, 언론이나 인터넷 등을 통한 적극적 의견 개진을 통해 행정에 관여한다. '양식 있는 시민(市民, citizen)'은 정치력을 발휘하거나 전문가적 의견을 개진하여, 또는 시민 단체를 결성하여 행정에 관여한다.

시민 통제의 효과성에 대해서는 여러 가지 의견이 있다. 현대 사회에서 다수의 시민의 의견을 정부가 파악하기도 힘들고, 시민의 의견도 서로 상반되는 경우가 비일비재하다. 또한 정치적 후진국에서는 시민의 의견이 관료 집단에 의하여 조작되는 경우도 있다. 그러나 점차 시민의 교육 수준이 향상되고 시민 의식이 높아짐에 따라 행정에 대한 시민 통제의 수준 역시 높아진다.

개별 시민에 의한 행정 통제는 주권자로서 가지는 다양한 권리 중 하나로서, 선거 이외에도 주민 투표, 주민 소환, 주민 감사 청구, 주민 소송 등이 있다. 특히, 선거는 주민이 갖는 가장 중요한 행정 통제 수단이다. 주권자인 개별 시민이 행정부의 수반인 대통령, 지자체의 단체장을 투표로 선출하고, 임기 내 활동을 평가하여 마음에 들지 않을 경우에는 다음 선거에서 투표로 심판을 내릴 수 있다. 따라서 선거는 정책 사안에 대해서 직접적인 통제보다는 포괄적이고 간접적인 통제의 성격을 갖는다.

오늘날 시민 단체가 정부 정책과 관련하여 찬성 및 반대 집회를 하는 것은 매우 흔하게 볼 수 있다. 시민 단체는 중요한 행정 통제 수단이다. 시민 개개인에 의한 행정 통제는 선거 등 간접적인 통제이지만, 시민 단체에 의한 통제는 뜻을 같이하는 시민들이 모여 자발적으로 이루어진 집단인 만큼 강력한 힘을 갖는다. 시민 단체의 특징으로는 각 분야별로 시민 단체가 존재하고 있고, 특정 분야에 대해 보다 전문적인 지식을 갖는 집단이라는 점이다. 따라서 시민 개개인이 이해하기 어려운 부분을 보다 잘 이해하고 있으며, 이러한 전문성을 바탕으로 다양한 활동을 할 수 있다.

8) 이 부분은 이대희 외(2015: 278－279)에서 인용하였음.

Ⅴ 국제 관계와 인성

1. 전쟁과 평화, 그리고 인성

전쟁(戰爭, war)은 국가나 정치 집단이 폭력이나 무기를 사용하여 다투는 것이고, 평화(平和, peace)는 이런 다툼이 없고 국가 간, 국민 간 사이좋게 지내는 것이다. 국가 간에 전쟁이 일어나는 원인에는 통치권 확보, 영토 문제, 자원 확보, 종교 갈등, 이데올로기 대립 등 여러 가지가 있다. 전쟁이 일어나면 인명 살상, 문명 파괴, 재산 손괴가 일어난다. 전쟁은 누구나 싫어하는 것인데도 불구하고 인류 역사는 전쟁과 함께해오고 있다. 지금 이 순간에도 지구상 어디선가 전쟁이 진행되고 있다.

국가 차원의 전쟁 방지, 국제 기구를 통한 전쟁 억제는 꾸준히 이루어지고 있다. 여기서는 개인 차원에서 국제적 전쟁 방지를 위해 어떤 노력을 해야만 할 것인가에 대해 살펴보고자 한다. 개인은 한 국가의 대통령과 같은 최고 통치권자일 수도 있고, 무기를 든 군인일 수도 있으며, 국제적 관계의 당사자일 수도 있다. 각각의 위치에서 전쟁 방지에 노력해야 한다.

최고 통치권자의 위치에서는 선제적 침략 전쟁을 하지 않도록 유념하고 방어적 전쟁에 항시 경계하고 대비해야 한다. 자신의 결정에 의해 전 국민과 이웃 국가의 국민이 전쟁에 돌입하게 되고 큰 피해가 날 수 있음을 잊지 말아야 한다. 우리 곁에는 강한 군대를 양성하고, 원자폭탄과 항공모함을 만들며, 인공위성과 미사일을 우주 공간으로 쏴대며 전쟁을 위협하는 이웃 나라가 있다. 주변의 중국, 일본, 러시아, 북한이 모두 군사 대국이다. 이런 나라의 권력자는 언제라도 전쟁을 일으킬 소지가 있다. 최고 통치권자의 전쟁 도발 우려를 막기 위해서는 다양한 형태의 안전 장치를 두어야 한다. 법적, 제도적, 군사적 안전 장치를 설정하고 이중삼중으로 경계해야 한다.

■ 유엔 헌장 전문(CHARTER OF THE UNITED NATIONS Preamble)

우리 연합국 국민들은 결의한다:

• 우리 시대에 인류에게 말할 수 없는 슬픔을 가져온 두 번의 전쟁의 재앙으로부터 다음 세대를 구한다.

- 기본적 인권, 인간의 존엄 및 가치, 남녀 및 대소 각국의 평등권에 대한 신념을 재확인한다.
- 정의와, 조약 및 기타 국제법의 연원으로부터 발생하는 의무에 대한 존중이 계속 유지될 수 있는 조건을 확립한다.
- 더 많은 자유 속에서 사회적 진보와 생활 수준의 향상을 촉진한다.

이러한 목적을 위하여:

- 선량한 이웃으로서 서로서로 관용을 실천하고 평화롭게 살아간다.
- 국제적 평화와 안전을 유지하기 위해 힘을 합친다.
- 공익을 위하여, 확립된 원칙과 기구 설립을 통해, 무력의 사용을 금할 것을 보장한다.
- 전 인류의 경제적, 사회적 발전을 촉진하기 위해 국제 기구를 활용한다.

북한의 군사 위협에 대해서는 유엔(UN)을 중심으로 미국, 영국 등 상임이사국, 중국과 러시아, 일본 등 강대국이 한국과 협조하여 대비하고 있다. 제2차 세계대전 이후 설립된 유엔은 국가 간 협력을 통한 전쟁 방지에 노력하고 있다. 한국의 경우에는 강력한 우방 국가인 미국의 정치력과 군사력, 경제력을 뒷받침으로 전쟁 방지에 노력하고 있다.

■ 우리 정부의 독자적 대북제재 조치 발표문

존경하는 국민 여러분

북한은 우리 정부와 국제 사회의 반대와 경고에도 불구하고, 4차 핵실험을 강행하고 연이어 장거리 미사일을 발사하였습니다. 이는 한반도는 물론 전 세계의 평화와 안정에 대한 정면 도전으로서, 국제 사회는 단호한 대응 방안을 강구하고 있습니다.

이러한 대응의 일환으로 유엔 안보리에서는 2016년 3월 3일(뉴욕 시간 3월 2일) 비군사적 제재 결의로는 가장 강력하고 실효적인 결의 2270호를 만장일치로 채택하였습니다.

금번 결의는 무기거래, 제재 대상 지정, 해운 · 항공 운송, 대외교역, 금융거래 등 기존 제재 조치들을 대폭 강화했으며, 석탄 · 금 등 광물 분야 금수 조치와 같은 북한 관련 제반 측면에 심대한 영향을 줄 수 있는 새롭고 강력한 제재 조치들을 포괄적으로 망라하고 있습니다. 이는 북한이 핵실험과 장거리 미사일 발사와 같은 도발을 계속하는 것을 더 이상 용납할 수 없으며, 상응하는 엄중한 대가를 치르도록 함으로써, 북한의 잘못된 셈법을 완전히 변화시켜야 한다는 국제 사회의 단호한 의지의 발현입니다.

우리 정부는 안보리 결의 2270호의 철저한 이행을 통해 국제 사회의 단호한 의지를 행동으로 옮겨 나가는 데 앞장서 나갈 것입니다. 정부는 결의 채택 당일 관계 부처 회의를 소집하여 동 결의의 철저한 이행 계획 마련에 착수하였으며, 유관 부처 협조 하에 신속히 필요한 조치를 취하고, 결의 규정에 따라 안보리에 이행보고서를 조속한 시일 내에 제출할 것입니다.

우리 정부는 북한 핵과 미사일 문제의 직접적인 당사자로서 국제 사회의 대북제재 강화를 위해 주도적 역할을 해나가고 있습니다. 이러한 차원에서 강력하고 실효적인 안보리 제재의 충실한 이행과 함께, 미국, 일본 등 주요국들의 독자제재 및 국제 사회의 대북 압박을 상호 연계하여 북한을 변화시키기 위해 필요한 모든 조치들을 취해 나가고 있습니다.

2010년부터 5·24조치를 통해 남북 간 물품 반출입 금지, 북한 선박의 우리 해역 운항 금지, 대북 신규 투자 불허 등 포괄적인 대북제재 조치를 실시하고 있습니다.

지난 2월 10일 개성공단의 전면중단을 결정하였으며, 아울러 국제 사회와 함께 추가적인 대북제재 조치를 강구해나가겠다고 공언한 바, 우리의 독자적인 대북제재를 더욱 강화하기 위해 다음과 같은 조치들을 금일 취하기로 결정하였습니다.

첫째, 북한과 관련한 금융제재 대상을 대폭 확대할 것입니다.

둘째, 북한과 관련한 해운 통제를 대폭 강화할 것입니다.

셋째, 북한과 관련한 수출입 통제를 보다 강화할 것입니다.

넷째, 우리 국민, 재외 동포의 해외 북한식당 등 북한 관련 영리시설의 이용 자제를 지속 계도해 나갈 것입니다.

존경하는 국민 여러분. 금번 우리 정부의 대북제재 조치는 유엔 안보리 결의와 함께 북한 '대량살상무기' 개발 등과 관련된 북한 및 제3국의 개인·단체와의 거래에 대해 주의를 환기시키는 한편, 북한 관련 의심물품 반출입을 차단하는 데 크게 기여할 것으로 기대합니다. 정부는 북한이 변화할 수밖에 없는 여건을 조성하기 위해 앞으로도 국제 사회와 긴밀한 협력 하에 북한을 제재 및 압박하는 노력을 지속해 나갈 것입니다. 이러한 정부의 노력에 국민 여러분의 지지와 성원을 당부 드립니다. 감사합니다.

2016년 3월 8일

국무조정실장

군인 중 한 사람이라면 자신이 전쟁과 평화의 최첨단 경계선상에 서 있음을 더욱더 심각하게 인지하고 있어야 한다. '명령에 죽고 사는 군인'이라지만 상관의 무분별한 침략 전쟁에 대해서는 경계해야 한다. 인류 평화를 위한 정의로운 전쟁 억제, 정당한 방위 전쟁에는 최선을 다해야 한다.

유엔 평화 유지군의 일환으로 다른 나라에 파견된 군대 소속의 군인이라면 더욱

더 조심해야 한다. 파견 국가와 군대, 현지 주민과의 관계에 남다른 신경을 써야만 한다. 해당국의 정치, 경제, 사회, 문화에 유의하여 갈등이 없어야 한다.

■ **평화유지군 동명부대, 군 우수성 입증**

- 18진 전 장병, 최고 영예 유엔 메달 수상 -

레바논 남부 티르에서 유엔평화유지군 임무를 수행 중인 동명부대 18진 장병들이 우리 군의 우수성을 입증했다. 합동참모본부는 3일 "해외 파병 임무를 성공적으로 수행하고 있는 동명부대 18진 전 장병이 지난달 29일 유엔 메달을 가슴에 달았다"며 "이 메달은 최소 90일 이상 평화 유지 작전을 완수한 장병의 노고를 치하하기 위한 유엔군(軍) 최고의 영예"라고 밝혔다. 동명부대 주둔지에서 열린 유엔 메달 수여식은 레바논평화유지군(UNIFIL) 서부 여단장 우고 실로(Ugo Cillo) 준장 주관으로 열렸다. 행사에는 티르 연합시장, UNIFIL 각국 부대 장병, 레바논군 관계자, '동명 서포터즈'를 포함한 현지 주민 등 300여 명이 참석했다.

(출처: 국방일보. 윤병노 기자. 2017.1.3.)

테러는 평화를 깨뜨리고 전쟁을 촉발할 우려가 높다. 테러(terror)는 두려움, 공포를 뜻하는 단어인데, 여기서는 인간을 해치거나 선박, 항공기, 주요 건축물 등을 파괴함으로써 국가와 국민을 위협하는 테러 범죄 행위를 말한다. 테러는 국가나 단체의 권한 행사를 방해하거나 의무 없는 일을 하게 할 목적, 공중을 협박할 목적으로 등장한다.[9)]

테러의 대상은 주요 인물, 건축물, 항공기, 선박, 기차, 공장 시설, 자원 등 뭐든지 될 수 있고, 테러 방법으로는 무기, 폭탄, 화학 물질, 언어, 항공기, 차량 등을 이용한 다양한 것이 있다. 문제는 테러를 자행하는 사람이다.

테러를 계획하고 실천하려는 사람의 인성은 어떠할까? 일제 강점기 동안에 펼쳐졌던 독립 운동가의 일제 요인 암살도 사실은 테러의 일종이다. 이는 한국의 국가 독립을 쟁취하기 위해 펼쳐졌던 '정의로운 테러'였다. 국민의 힘, 군대의 힘으로 독립 쟁취가 어려운 상황에서 테러 행위를 통해 일제의 '강제 점령의 부당성'을 부각시키고, 국민과 국제적 관심을 상기시키기 위한 것이었다. 이는 전쟁의 일환으로 볼

9) 국민보호와 공공안전을 위한 테러방지법(제정 2016.3.3).

수 있다. 하지만, 테러를 자행하는 사람이 주장하는 '정의'의 실체는 보기 나름일 수 있고, 입장에 따라 달라질 수 있다.

기본적으로 테러 행위는 정의롭지 않다. 평화를 깨뜨리고 사람을 공포로 몰아넣기 때문이다. 현재 중동 지방에서 악명을 떨치고 있는 IS(이슬람 국가) 테러 단체는 수많은 자국민을 해치고 전 세계를 공포로 몰아넣고 있다. 테러를 계획하는 사람, 동조하는 사람, 테러에 직접 가담하는 사람은 '잔인'하거나 자신의 공격성에 '희열을 느끼며', 남의 공포 분위기를 즐기는 사람이다.

2. 국제 경제, 사회, 문화와 인성

국가의 발전 단계에 따라 각국 국민의 삶의 질, 문명 수준에 차이가 난다. 국가 경제가 발달한 선진국의 국민성과 경제 발전이 뒤쳐진 후진국의 국민성은 많이 다르다. 현대 한국은 국가 경제가 선진국 수준으로 발달한 나라에 속한다. 또 현대는 국가 간에 기업과 자본, 노동자가 자유롭게 넘나드는 세상이 되었다. 한반도 내에 살고 있는 한국인끼리만 사는 세상이 아니라 국경을 넘나들며 외국인과 섞여 살아간다.

한국인은 다른 국가, 외국 기업과 자본, 외국인 노동자에 대해 어떤 인성을 지녀야 할까? 또 해외로 진출하는 한국인은 그들에 대해 어떤 인성을 가져야 할까?

(1) 미국, 일본, 영국 등 선진국에 대한 인성

선진국은 우리에게 많은 가르침과 지원을 해준 나라들이다. 한국인은 국가 건설, 경제 발전, 정치 민주 기간 동안 선진국을 보고 배우며 따라왔다. 선진국의 모습을 보고 베끼며 우리의 역량을 키워 왔다. 감히 따라잡을 수 있을 것이라고 생각도 못했었는데, 지금은 상당부분 따라잡았다. 하지만, 선진국은 아직도 저만치 우리보다 앞에서 전진하고 있다. 우리는 선진국의 존재를 인정할 필요가 있다. 하지만, 언제까지 주눅 들어 있을 필요는 없다. 자신감을 가지고, 능동적으로 배우면서 이들과 경쟁해나가야 한다. 그들과 당당히 마주 서고, 경쟁과 함께 협력을 하며, 국제 사회에서 활약해야 한다. 국가도, 국민도. 그러나 '쓸데없는 자존심, 자만심'은 금해야 한다. 조금 잘살게 되었다고 오만을 떨거나 남을 업신여겨서는 안된다. 한국의 국력 성장이 전 세계적으로 가장 빠른 속도를 냈듯이, '거꾸러지는 것'도 가장 빠를 수 있다.

그만큼 한국은 열정적이고, 급진적이다.

(2) 중국, 러시아, 일본 등 강대국에 대한 인성

한국 주변의 강대국에 대해서도 당당해야 한다. 민족의 역사적 자존심을 높이고, 발달한 경제력을 토대로 강대국들과 어깨를 마주해야 한다. 하지만, 한국인에게는 '묘한 강대국 관계'가 있다. 오만스러울 정도로 미국, 일본, 중국, 러시아에 대해서 큰 소리를 쳐댄다. 산악 국가로서 외국 군대의 침략을 당당히 물리친 역사를 많이 가지고 있어서 그런지 모른다. 어느 나라도 우리 한국을 마음대로 농단할 수 없다는 자존심이 있다(물론 20세기 초반, 일본에 강점당함으로써 자존심에 큰 상처를 입기는 했지만). 한국인의 자존심을 지키기 위해서는 강력한 힘을 길러야 한다. 경제력, 군사력, 정신력을 강대하게 해야 한다. 강대국과의 관계에서 주도적으로 관계 설정을 하고, 외교력을 발휘하여 한국의 영향력을 키워야 한다. 역사적으로 보면 중국과는 우리가 강력한 국력을 가지고 있고 중국이 안정적인 국가 체제를 가지고 있을 때는 평화로운 관계를 구가했다. 중국이 국내에서 난장판으로 싸울 때나 한국이 혼란스러울 때는 평화가 유지되기 어려웠다. 일본은 20세기 역사만을 제외한다면 19세기 이전에는 항상 우리 조선, 고려의 문화와 국력을 부러워했다. 비록 멸망하기는 했지만 조선도 일본에 대해 당당하고 큰 나라였다.

(3) 아프리카, 동남아시아, 아메리카 발전도상국에 대한 인성

조금 잘살고 있다고 자만심을 가져서는 안된다. 진정으로 해당 국가의 발전을 위해 협력하고 지원할 수 있어야 한다. 한국의 국가 발전 경험을 소개하고, 우리의 성공한 행정, 정책을 해당국에 수출하면 좋다. 해당국 국민에 대해서 진솔하게 가족처럼 대하고 그들의 발전을 도와야 한다. 국내로 진출하는 결혼 이주민, 근로 입국자, 국내 체류자를 보호하고 챙겨야 한다. 한국 국제 협력단(KOICA)은 개발도상국가와의 우호 협력 관계 및 상호 교류를 증진하고 이들 국가의 경제 사회 발전 지원을 통해 국제 협력의 증진에 기여하는 활동을 하고 있다.[10] 정부 부처와 공공기관, 대학, 봉사 단체, 경제 사회 단체 등에서도 다양한 국제 교류, 협력, 지원 사업을 추진하고 있다. 이런 사업의 중심에는 인류애에 충만한 한국인이 있다. 한국의 대기업인 삼성,

10) KOICA의 주요 사업으로는 국별 협력 사업, 해외 봉사단 파견 사업(World Friends Korea), 글로벌 연수 사업, 민관 협력 사업, 국제 기구 협력 사업, 해외 긴급 구호 사업, DAP(Development Action Program) 사업이 있다(http://www.koica.go.kr).

현대, LG, SK, 대우, POSCO 등은 전 세계 각국으로 진출하면서 해당국 고용을 늘리고 경제 발전에 기여하며, 주민 친화적 문화와 복지 향상에 노력하고 있다. 글로벌 기업으로서 해당국 국가는 물론 국민에게도 친밀한 관계를 유지하고 있다.

(4) 극빈 국가, 난민 지원에 관련된 인성

전 세계에는 극심하게 가난한 나라가 많이 있다. 북한을 비롯하여 아프리카 여러 나라가 대표적이다. 한국의 농업, 임업, 축산업은 세계 최고 수준이다. 이를 바탕으로 우리에게 풍부한 식량을 가난한 나라의 국민에게 지원하는 것은 물론 그들의 생산력을 높이는 지원을 할 필요가 있다. 새마을 운동 보급도 이런 차원에서 매우 바람직하다. 전쟁 난민을 돕는 것도 중요하다. 베트남 난민을 도왔고, 북한 난민을 열심히 돕고 있는 한국인이다. 세계의 화약고라고 불리는 중동으로부터는 멀리 떨어져 있는 덕분에 이곳의 난민이 한국으로 몰려 들고 있지는 않다. 하지만, 유엔(UN)의 일원으로 지원 부대를 파견하고, 다양한 경제적 지원을 하고 있다. 이웃 일본이나 중국, 북한에 재난이 발생하면 내일처럼 나서서 돕는 한국인이다.

(5) 국내 진출 기업, 투자자, 노동자, 이민자, 관광객에 대한 인성

자기 자신이나 기업의 이익을 추구하지만 어떤 형태로든 한국인의 삶과 연결되어 있다. 이들 중에는 한국, 한국인을 좋아하는 사람이 많다. 경제적 경쟁이나 법적 분쟁에 조심하면서 친절을 베풀고, 호의적으로 대접할 필요가 있다. 그들의 사고 방식이나 문화를 존중하고, 포용과 배려의 인성을 보여주어야 한다. 최근에 외국인 관광객이 엄청나게 증가하였다. 이들의 방문이 우리의 경제에 보탬이 되고, 국력 향상에 도움이 된다. 친절 서비스, 정보 제공, 안내, 한국 알리기에 정성을 쏟아야 한다.

(6) 외국 진출 한국인의 인성

기업이든, 관광객이든, 유학생이든 현지 국가의 도덕과 윤리, 현지 국민의 문화를 존중하고 잘 적응해야 한다. 경제 사회 질서를 어지럽히거나 쓰레기 투기와 같은 환경 오염, 환경 파괴, 싸움, 도둑질을 삼가야 한다. 일등 국민, 한국인의 자존심을 갖고 행동하고 처신해야 한다.

용 어

국가, 국민, 씨족 사회, 부족, 대한민국, 출생, 속지주의, 속인주의, 귀화, 정부의 의무, 정부 역할, 정부의 무능력, 국민 책임과 의무, 민주, 자유, 충성, 헌신, 준법 정신, 국민 주권, 자유, 민주, 평등, 공직자, 공무원, 공무, 중앙 공무원과 지방 공무원, 경력직 공무원과 특수경력직 공무원, 공무원 윤리 헌장, 공무원 신조, 공직 윤리, 봉사 정신, 청렴, 정직, 공직자 책임, 정치인과 선출직 공직자, 애국가, 국기, 국민 참여, 시민 참여, 국민 통제, 전쟁, 평화, 테러

요 약

- 국가: 통치를 목적으로 만들어진 공동체
- 국가의 요건: 국민, 영토, 주권
- 국민이 되는 요건: 출생(속지주의, 속인주의)과 귀화
- 속지주의: 국가 영토 내에서 태어난 사람은 그 나라 국민이 됨
- 속인주의: 태어난 아이는 부모와 같은 나라 국민이 됨
- 귀화: 일정한 절차에 따라 국적을 취득함
- 정부의 의무: 정부가 국민을 위해 해야 할 일
- 민주: '모든 국민이 주인'이 되는 것. 정치 제도의 마련과 운용이 국민들에 의해 이루어지는 것
- 자유: 사람이 자신의 사고나 행위를 누구에게도 간섭을 받음이 없이 스스로 결정하고 실천하는 것
- 충성: 마음에서 우러나오는 참된 정성
- 헌신: 스스로 몸을 다 바치는 것
- 법규를 지킬 의무: 모든 국민은 국회에서 제정한 헌법, 법률과 각종 정부의 규칙을 지켜야만 한다.
- 국민의 4대 핵심 의무: 국방의 의무, 납세의 의무, 교육의 의무, 근로의 의무
- 갈수록 느는 국민 의무
- 국민으로서의 권리
- 국민 주권: 주권은 영토 내의 최고의 결정권으로서 모든 법규에 우선하는 것이며, 다른 어떤 외부 세력에 의해서도 간섭을 받지 않고 배타적으로 인정받는 자치 권력
- 자유: 모든 국민이 스스로 가지고 있는 이성을 통해 자유롭게 판단하고 행동할 수 있다는 것
- 민주: 국가의 주인이 국민이라는 뜻
- 평등: '법 앞에 평등'으로 헌법, 법률, 명령 등 모든 법 앞에 동등한 대우를 받을 권리
- 공직자: 공적인 일을 수행하는 사람

- 공무원: 정부 기관에서 공무를 담당하는 사람
- 공무: 공공의 이익, 공익을 위한 일
- 공무원의 종류: 중앙 공무원과 지방 공무원, 경력직 공무원과 특수경력직 공무원
- 공무원 신조: 공무원의 마음 씀씀이와 관련된 것으로 대부분 인성적, 감성적으로 행정인이 어떠해야만 하는가에 대한 것
- 공직 윤리: 공직자가 갖추어야 할 바람직한 가치관
- 청렴: 검소하고 질박하다는 뜻이면서 동시에 '맑고 깨끗하다.'
- 정직: 바르고 곧은 마음
- 공직자 책임: 공직자가 반드시 해내야 하는 임무
- 국민 참여: 국민이 행정에 참여하여 업무를 수행하는 것
- 시민 참여: 시민의 행정 참여. 양식 있는 시민의 적극적인 행정 참여
- 국민 통제: 국민이 정부 행정을 감시하고 통제하는 것
- 전쟁: 국가나 정치 집단들이 폭력이나 무기를 사용하여 다투는 것
- 평화: 전쟁이나 다툼이 없이 국가 간, 국민 간 사이좋게 지내는 것
- 테러: 두려움, 공포를 뜻하는 단어인데, 인간을 해치거나 선박, 항공기, 주요 건축물 등을 파괴함으로써 국가와 국민을 위협하는 테러 범죄 행위

[인성의 덕목 4] 충 성

1) 개념 정의	■ 충(忠): (국가와 지도자, 조직에 대해) 반듯한 마음으로 정성을 다하는 것 ■ 충성(忠誠): 충성은 마음에서 우러나오는 참된 정성. 충(忠)은 마음(心)이 반듯한(中) 상태로서, 말한 것(言)을 잘 실천하는(成) 진실함을 내포. 국가(지도자, 조직, 신념)를, 마음 속에 진실로 받아들이고, 온 정성을 다해 받드는 것
2) 개념 해석, 뜻풀이	■ 충의 주체: 인간 (국민, 지도자, 부하) ■ 충의 대상: 국가, 지도자, 조직, 신념 ■ 충의 내용 – (충성) 대상에 대한 믿음(신뢰): 국가, 지도자, 조직에 대한 신뢰 – 정신적 집중, 열정, 몰입 – 육체적 헌신(獻身) – (국가에 대하여) 국민으로서의 책임과 의무를 다함 – (지도자에 대하여) 조직 목표와 규율이 허용하는 것을 전제로 지시와 명령에 잘 따름. 부적절한 명령과 지시에 대해서는 공손하게 문제 제기하고 합리적 해결책을 찾음 ■ 충의 시기: (평시) 안정과 체제 유지, 전쟁, 위기 상황, 자연 재해
3) 관련 이론	■『논어(論語)』 – 사람과 함께 일을 도모함에, '최선을 다했는가'를 매일 반성한다.[11)] – 지도자를 모심에 온 힘을 다 쏟았는가?(事君 能致其身?) – 지도자는 충과 신을 주로 해야 한다(君子 主忠信). – 충은 '부모에 효도하고 자녀를 사랑하는 마음'으로부터 나온다. (위정편) – 부하를 다룰 때는 예로써 하고 상관을 모실 때는 충으로써 해야 한다.[12)] – 공자의 도는 충과 서뿐이다!(曾子曰 夫子之道, 忠恕而已矣!) (팔일편) – 공자님은 문・행・충・신(文行忠信)으로 가르치셨다. (칠술편) – 정사를 할 때는 마음 닦는 일에 게으르지 말고 행동할 때는 충으로 해야 한다.[13)] – 충을 하면서, (잘못에 대한) 가르침이 없겠는가?(忠焉 能勿誨乎?) – 말은 충과 신으로, 행동은 돈독히 온 정성을 다한다.[14)] ■『맹자(孟子)』 – 젊은이는 효제충신(孝弟忠信)을 닦아 윗사람을 섬겨야 한다. (양혜왕 상) – 사람을 선하게 가르치는 것이 충이다. (등문공 상) ■『중용(中庸)』: 충서(忠恕)는 도에 가깝다. (주자 주: 자기를 다하는 마음이 충이요, 자기의 마음을 미루어서 다른 사람의 마음을 헤아리는 것이 서다).[15)]

11) 吾 日三省 爲人謀而不忠乎? (학이편)
12) 君使臣以禮, 臣事君以忠. (팔일편)
13) 子張問政。子曰居之無倦, 行之以忠. (안연편)
14) 子張問行。子曰言忠信 行篤敬. (위영공 편)
15) 忠恕違道不遠。施諸己而不願, 亦勿施於人. (중용) (주자 주): 盡己之心 爲忠 推己及人爲恕.

■『예기(禮記)』

– 군자는 충신(忠信)으로 무장하고 예의(禮義)로써 방패를 삼아야 한다.[16]

■『순자(荀子)』

– 지극히 충성스런 사람을 멀리하면 망한다.[17]
– 공경스런 행동, 충신의 마음, 예의의 법, 사람 사랑의 정이 필요하다.[18]
– 나라를 다스림에는… (국민이) 충신을 다하게 하고 그에 맞춰 사랑을 베풀어야 한다.[19]
– 명령을 거슬려서라도, 지도자를 이롭게 해야 충이다.[20]
– 충성하는 사람을 벌주고, 나쁜 관료를 상주면 나라가 망한다.[21]
– 지도자를 모시고 일함에 지도자의 뜻에 순종치 않는 사람은 일을 태만히 하는 사람이고, 열심히 일하는데 지도자의 뜻을 따르지 않는 사람은 공경심이 없는 것이며, 공경하긴 하는데 지도자의 뜻을 따르지 않는 것은 충성심이 없는 것이다. 충성심은 있는데 지도자 뜻을 따르지 않는 자는 공이 없다.[22]
– 최고의 충은 덕으로써 지도자를 교화하여 선하게 하는 것이고, 다음의 충은 덕으로써 지도자를 도와 일을 잘하게 하는 것이며, 그 다음의 충은 잘못된 것을 비난하고 화를 내는 것이다.[23]
– 진정으로 지도자에게 순히 하는 충성은, 간쟁을 하여 선으로 이끌고, 뜻을 거슬려서라도 공을 이루게 하며, 목숨을 내놓고 싸움에 사사로운 욕심이 없어, 지극히 충성스럽고 공변될 때 가능하다.[24]
– 충언(忠言), 충세(忠說), 충사(忠事), 충모(忠謀), 충예(忠譽), 충소(忠愬)가 잘 받아들여지고 모두 쓰여져야 한다.[25]

■『한비자(韓非子)』

– 잦다른 충성은 큰 충성의 적이다(行小忠則大忠之賊也). (십과편)
– 허물이 있는데도 불구하고 충신의 말을 듣지 않고서 제 마음대로 일을 처리하면 웃음거리가 된다.[26]

16) 儒有忠信以為甲胄, 禮義以為干櫓; 戴仁而行, 抱義而處; 雖有暴政, 不更其所。其自立有如此者. (예기, 유행편)
17) 至忠爲賊, 雖欲無滅亡, 得乎哉! (순자, 수신편) "지극한 충성인이 도리어 적이 된다."
18) 體恭敬而心忠信, 術禮義而情愛人. (순자, 수신편)
19) 用國者… 厚德音以先之, 明禮義以道之, 致忠信以愛之, 賞賢使能以次之, 爵服賞慶以申重之. (순자, 오아패편)
20) 從命而利君謂之順, 從命而不利君謂之諂; 逆命而利君謂之忠, 逆命而不利君謂之簒. (순자, 신도편)
21) 罰其忠, 賞其賊, 夫是之謂至闇, 桀. 紂所以滅也。(순자, 신도편)
22) 事人而不順者, 不疾者也, 疾而不順者, 不敬者也; 敬而不順者, 不忠者也; 忠而不順者, 無功者也; 有功而不順者, 無德者也. (순자, 신도편)
23) 以德覆君而化之, 大忠也; 以德調君而輔之, 次忠也; 以是諫非而怒之, 下忠也. (순자 신도편)
24) 争然後善, 戾然後功, 生死無私, 致忠而公, 夫是之謂通忠之順. (순자 신도편)
25) 忠言, 忠說, 忠事, 忠謀, 忠譽, 忠愬莫不明通, 方起以尚盡矣. (순자, 치사편)

<table>
<tr><td></td><td colspan="3">– 올바른 말을 하고자 하는 사람이, 지도자 주변의 아첨꾼을 통하지 않으면 바르고 곧은 말을 올릴 수 없다면, 바른 말을 하고 곧은 길을 가려는 사람이 날로 사라진다.[27]
– 충성스럽고 믿음이 있더라도, 반드시 법으로써 지켜야만 한다. (남면편)
– 충성하는 사람은 자기의 장점을 잘 지키고, 잘할 수 있는 것에 최선을 다한다(人臣守所長, 盡所能, 故忠). (한비자, 공명편)
– 현명한 지도자는 법으로써 충을 삼는다. 그래서 항상 법으로써 임하고 생각으로 임하지 않는다.[28]
– 충언은 귀에 거슬리나, 밝은 지도자는 잘 들어서 쓰면 공을 이룰 수 있음을 알고 있다.[29]
■ 김유신전, 이순신의 『난중일기(亂中日記)』
■ Loyalty, 민족주의(Patriotism)</td></tr>
<tr><td rowspan="10">4) 충
실천 지표</td><td rowspan="4">(1) 국가 충성</td><td>충성 국가관</td><td>국가의 필요성, 국가의 역할과 책임에 대한 신뢰</td></tr>
<tr><td>국가 상징에 대한 충성</td><td>국호(대한민국), 태극기, 무궁화, 애국가 등에 대한 충성</td></tr>
<tr><td>국법에 대한 충성</td><td>헌법 존중, 국가 법규에 대한 충성</td></tr>
<tr><td>정부에 대한 충성</td><td>정부 기관, 대통령, 국회의원, 지방자치단체장 및 의원, 정부 공무원에 대한 충성</td></tr>
<tr><td rowspan="4">(2) 조직 충성</td><td>충성 조직관</td><td>'조직'의 필요성, '조직'의 역할과 책임에 대한 신뢰</td></tr>
<tr><td>조직(예, 학교) 충성</td><td>(몸담고 있는) 조직에 대한 충성</td></tr>
<tr><td>조직 규범에 대한 충성</td><td>조직 규범, 윤리에 대한 충성</td></tr>
<tr><td>조직 업무에 대한 충성</td><td>담당 업무에 대한 충성</td></tr>
<tr><td rowspan="2">(3) 지도자 충성</td><td>충성 지도자관</td><td>'지도자'에 대한 신뢰</td></tr>
<tr><td>지도자에 대한 충성</td><td>(현재의) 상관에 대한 충성</td></tr>
<tr><td>5) 충
가르치기</td><td colspan="3">■ 가족 내 교육: – 부모의 솔선수범: 국기에 대한 경례, 애국가 제창 등
– 부모 교육: 가문의 충성스런 선조에 대한 이야기, 유적지 방문
■ 학교 교육: – 학교의 교과 과정을 통한 충성 교육
– 충성 실천 학습 지도: 국기 게양, 애국가 제창, 무궁화 가꾸기, 나라 사랑하기 등
– 위인전 읽고 토론하기, 충성스런 애국자 따라 배우기 교육</td></tr>
</table>

26) 八日過而不聽於忠臣, 而獨行其意, 則滅高名, 為人笑之始也. (한비자, 십과편)
27) 使人臣之欲有言者, 不敢不下適近習能人之心, 而乃上以聞人主, 然則端言直道之人不得見, 而忠直日疏. (한비자, 삼수편)
28) 明主之道忠法, 其法忠心, 故臨之而法, 去之而思. (한비자, 안위편).
29) 夫良藥苦於口, 而智者勸而飲之, 知其入而已己疾也。忠言拂於耳, 而明主聽之, 知其可以致功也. (한비자, 외저설내상편)

	■ 전문 단체 및 기관 교육: 애국 관련 단체나 기관의 전문가를 통한 교육 – 애국 충정의 선각자 유적지 방문, 역사 탐방 – 전쟁 영웅 교육, 전쟁기념관 방문 교육 – 영욕의 국가 역사 교육
6) 충 배우기	■ 가정에서: – 부모를 보고 따라가면서 배움 – 부모의 밥상머리 교육을 통해 배움 – 가문의 역사, 자랑스런 선조 사례를 통해 배움 ■ 학교에서: – 교과 내용을 통해 학습. – 선생님의 가르침을 통한 배움 – 위인전 읽기. – 위인 따라 배우기 ■ 예절 교육 전문 기관, 역사 유적을 통해: – 역사 유적 탐방 – 유명인에 대한 사례 학습
7) 충 실행하기	
■ 가정에서	– 스스로 국기 게양하기, 태극기 배우기 – 가족의 국가 법규 지키기 – 가족의 국가 의무(세금 납부, 군 봉사 등) 실천
■ 학교에서	– 국기 게양하기, 애국가 부르기, 무궁화 가꾸기 – 대한민국에 대해 적극적으로 배우고 성원하기
■ 사회에서	– 헌법, 법규 어기지 않기, 공공 규범 지키기 – 국가와 정부, 공직자 존중하기 – 스포츠 경기에서 국가 대표팀 응원하기, 해외 관광 시 대한민국 자랑하기 – 군 복무 중, 경찰 복무 중 최고의 충성심 발휘하기 – 자기가 몸 담고 있는 조직과 조직의 지도자에게 충성하기

[인성의 덕목 5] **공 익**

1) 개념 정의	■ 공익(公益): 공공의 이익(公共 利益) – 국가 및 국민 전체의 이익. – 일반 이익 – public interest, general interest – (公: 여러 사람에게 관계되는 일. 바른 일. 공평무사함) (共: 함께) ■ 사익(私益): (국가나 국민 전체의 공익이 아닌) 개인의 이익, (조직이나 집단 전체의 공익이 아닌) 구성원 개인의 이익을 말함 – private interest
2) 개념 해석, 뜻풀이	■ 공익의 주체: 국민, 모든 조직 구성원 ■ 공익의 내용 – 국가, 국민 전체, 조직 전체의 이익을 말함 – 집단 전체에게 이로운 것, 좋은 것 – 공익은 경제적 개념의 이익만이 아니라, 바람직한 선, 윤리, 좋은 것을 모두 포함하는 개념임. 경제학에서: 이익(利益) = (총수입) – (총비용) – 공익에는 국민 일반의 공동체 규범, 국가의 존립, 헌법 이념 등이 포함된다. 현대 민주 사회에서는 '다수(多數)의 이익'이 공익이 될 때도 많다. – (공익과 사익의 충돌) 개인 사익을 추구하다 보면 공익을 해치는 경우가 많이 생긴다. 이때는 공익을 위해 사익의 권한 행사를 제약할 필요가 있다. – (공익과 사익의 조화) 사익은 공익과 개념적으로 반대말이지만, 공익 속에는 많은 국민과 구성원의 사익이 동시에 포함되어 있다. 그래서 공익과 사익은 함께 동시에 추구될 수 있다.
3) 관련 이론	■ 공익 실체설과 공익 과정설(이대희 · 이원희 외, 2015: 35-38) – 공익 실체설(公益實體說): 공익이 실질적으로 존재한다는 주장(예, 국가 소유의 산에서 금광이 발견되었다면 이로 인한 소득은 국가의 것이고, 공익에 속한다.) 하지만, 공익은 상징적, 규범적, 전체성 성격을 띠는 것이 적지 않아 실체를 확정짓기 어려울 때가 많다(예, 군인이 휴전선에서 보초를 서는 것은 '공익을 위한' 근무라고 하는 경우다). – 공익 과정설(公益過程說): 공익은 다양한 사익 추구 활동에서 발생하는 갈등을 조정하고 타협하는 과정에서 만들어진다는 주장. 개인주의적이고, 현실적이며, 민주적 관점이다. – 공익 실체설을 따르는 경우에, '실체'를 무엇으로 볼 것이냐, 누가 실체를 규정할 것이냐의 문제가 있고, 공익 과정설의 경우에는 사익이 어떻게 공익으로 조정되고 결정되는가에 대한 명확한 방법이 없다는 문제가 있다.[30)] ■ 공익의 전체성(wholism, holism): 공익은 사익의 단순한 합 그 이상이다. '전체(whole)'는 구성 요소의 단순 합을 넘어서는 '신비한 무엇'이 추가되어 있다. 전체주의(全體主義), 신비주의(神秘主義) ■ 공리주의(utilitarianism): 최대 다수의 최대 행복이 가장 바람직하다는 주장. 벤담(Jeremy Bentham, 1748~1832), 밀(John Stuart Mill, 1806~1873) 주장. 개인의

30) 이대희 · 이원희 외(2016: 35-38). 『행정』. 조명문화사.

<table>
<tr><td></td><td colspan="3">쾌락(善)에서, 고통(樂)을 뺀 것을 행복으로 보고, 이것의 총합이 가장 큰 사회가 바람직하다.
■ 홉스(Thomas Hobbes, 1588~1679)의 만인의 만인에 대한 투쟁 상태
인간은 서로 자기 이익을 위해 다투게 되어 있어 자연 상태로 방치하면 극단적으로 서로서로 싸운다. 그래서 공익 추구를 위해 인간은 자기 권리 중 일부를 '국가'라는 거대한 기구(=Leviathan)로 양보하는 사회 계약을 맺어야 한다고 주장
■ 공유지의 비극(the tragedy of the commons): 공익을 위해 꼭 필요한 자원, 공기, 물, 산, 바다, 초원 등을 시장 기능에 맡겨, 개인적으로 소유하고 사고 팔게 한다면 짧은 시간 내에 고갈될 가능성이 있다는 주장. 이런 공유지(common pool resources)는 공익을 생각지 않는 개인에 의해 무분별하게 약탈될 가능성이 높다. 하딘(Garrett Hardin, 1915~2003) 주장</td></tr>
<tr><td rowspan="8">4) 공익 실천 지표</td><td rowspan="2">(1) 공익 인지</td><td>국가, 조직, 공동체의 존재 인식</td><td>국가와 조직 전체의 중요성 인식</td></tr>
<tr><td>특정 사안과 관련하여 무엇이 국가나 공동체에 이익이 될 것인가 파악</td><td>사안별로 공익 실체 확인</td></tr>
<tr><td rowspan="2">(2) 공익 추구</td><td>공익을 위한 노력</td><td>공익 추구 활동</td></tr>
<tr><td>개인 사익의 정당한 희생</td><td>개인 이익의 희생, 양보</td></tr>
<tr><td rowspan="4">(3) 공익을 위한 공동 노력</td><td>구성원에게 공익의 실체와 중요성 설득</td><td>공익을 위한 설득</td></tr>
<tr><td>구성원의 사익 희생 유도</td><td>구성원의 사익 희생과 양보 설득</td></tr>
<tr><td>사익 갈등 조정을 통한 공익 추구</td><td>사익 갈등 조정과 타협 시도</td></tr>
<tr><td>공익의 지속적 발전 추구</td><td>공익의 증대를 위한 지속적 노력</td></tr>
<tr><td>5) 공익 가르치기</td><td colspan="3">■ 가족 내 교육
– 부모 교육: 가족의 중요성 교육
– 가족 끼리, 가족과 다른 사람을 위한 희생이 필요함을 상호 교육
– 가족 전체의 행복을 위해, 각자가 어떤 역할을 해야 하는가를 교육
■ 학교 교육
– 국가, 학교, 사회 공동체의 중요성 교육
– 공익의 실체, 규범성, 조성 과정 등에 대한 교육
– 학교, 학급, 학생회를 위해 '내가 무엇을 할 것인가?'를 교육
■ 직장, 단체 교육
– 직장 내에서 국가관, 공익관 교육
– 직장, 단체의 공익 추구 활동에 대한 교육</td></tr>
<tr><td>6) 공익 배우기</td><td colspan="3">■ 가정에서
– 가족을 위해 무슨 일을, 어떻게 할 것인가를 깨달아 실천함
– 자효와 우애를 어떻게 가족 행복으로 전환할 것인가를 체험
– 비협조적인 가족 설득하고, 함께하기
■ 학교에서
– 학교, 학급 공동체 구성원으로서 자부심 갖기</td></tr>
</table>

	– 학교, 학급 선양하는 일을 통해 공익 실천 행동 학습 – 다양한 취미 서클, 소집단 활동 참여를 통해 '공공성'; 전체성 '체험' ■ 직장, 단체 교육을 통해 배우기 – 직장, 단체의 목적 인지를 통해 공익 이해 – 팀 프로젝트, 소집단 활동을 통해 공공성 터득
7) 공익 실행하기	
■ 가정에서	– 가족의 의식주 질적 향상을 위한 노력 – 가족 소득 증대를 위해 헌신 – 가문, 가풍을 빛내기 위한 노력
■ 학교에서	– 학교, 학급 공동체 협력 활동 참여 – 국가, 사회 공동체의 공익의 실체를 파악하고 이것의 증대에 노력
■ 사회에서	– 국가 법규, 사회 규범, 관습 잘 지키기 – 마을, 아파트 단지, 지역 사회의 공익 활동에 적극적으로 참여하기 – 과도한 사익 추구자 설득, 사익 갈등 조정 노력 – 국가에 대한 의무와 책임 다하기

Chapter 6

인성과 경제

삶을 위해 인간은 경제인이 되어야 하고 경제 활동을 수행해야만 한다. 경제 활동의 목적은 인간이 의식주를 해결하고 풍요로운 삶을 누리는 것이다. 이때 인간은 경제인으로서 경제적 합리성을 추구한다. 가능한 적은 돈으로, 가능한 최대의 효과를 보고자 한다. 개인, 기업, 국가도 모두 마찬가지다.

인간은 일, 노동을 하면서 경제 생활을 한다. 일, 노동, 직업, 직장은 인간 인성 함양에 중대한 영향을 미친다. 일의 종류에 따라 인성에 미치는 영향이 달라질 수 있다. 개인을 넘어 기업 차원으로 들어서면 기업과 기업가의 윤리가 중요해진다. 기업의 생산, 유통, 판매, 홍보 등 모든 분야에서 윤리적 행태와 경영이 필요하다. 특히, 재무와 회계, 금융의 윤리는 경제 활동의 기본인 '돈'과 관련된 것으로 법적 엄격성이 요구된다.

기업가는 기업가로서, 노동자는 노동자로서 경제 윤리가 필요하다. 이런 경제 윤리는 기업가 정신, 노동자 인성으로부터 출발하여 이들의 책임과 의무로 이어진다. 개인 이익 추구가 기본인 경제 영역에서 과연 윤리, 바람직한 인성이 시도될 수 있을 것인가?

개별 인간의 빈부와 경제 여건 차이는 인성에도 큰 영향을 미친다. 부자는 부자대로, 가난한 사람은 가난한 대로 경제 활동 방식이 있고, 주장이 있다. 빈부 격차는 국가에게도 부담을 주고 있다. 어떻게 해야 가난한 사람의 가난 극복을 도울 수 있고, 가난한 사람의 인성을 긍정적으로 바꿀 것인가 고민하게 된다.

Ⅰ. 경제와 인간
1. 경 제
2. 경제인
3. 국가와 경제

Ⅱ. 일과 직업, 그리고 인성
1. 일, 노동과 인성
■ 즐겁고 신나는 일 → 인성
■ 귀찮고 짜증나는 일 → 인성
2. 직업, 직장과 인성
■ 직업과 인성
■ 직장과 인성

Ⅲ. 기업과 윤리, 그리고 인성
1. 기업 윤리
■ 기업 윤리의 상대성: 정도와 권도
1) 윤리 경영
2) 윤리적 의사 결정
3) 제품 생간과 윤리
4) 마케팅과 윤리
5) 재무, 금융, 회계와 윤리
6) 기업의 사회적 책임
■ 기업 문화
2. 기업가 윤리와 인성
■ 기업가 정신
■ 기업가의 사회적 책임
3. 노동자 윤리와 인성
1) 노동자(종업원)의 권리와 인성
2) 노동자의 책임과 의무
■ 내부 고발자: 어떤 인성을 가지고 있는가?

Ⅳ. 부귀와 인성
1. 빈부와 국가 경제
2. 가난과 인성
3. 부귀와 인성

[인성의 덕목 6: 책임]

I 경제와 인간

1. 경 제

경제(經濟, economy)란 인간에게 필요한 재화와 서비스를 생산, 분배, 소비하는 활동이다. 원래 경제는 경세제민(經世濟民)의 줄임말인데, 이는 '세상을 잘 경영하고 다스려서 백성을 편히 살게 한다'는 뜻이다. 영어로 economy는 '집안 살림하는 사람(oiko nomos)'이란 뜻을 담고 있다. 경제의 주체는 인간이고, 그 목적은 인간 생활을 풍요롭게 하는 것이며, 수단은 재화와 서비스를 생산하고 분배하며 소비하는 것이다. 현재는 행정과 정치, 사회, 문화, 과학 기술 등을 제외한 영역이 경제다.

경제 활동의 주체는 인간인데, 1차적으로는 개인이고, 2차적으로는 가족과 기업, 3차적으로는 (국민) 개개인으로부터 권한을 위임받은 국가다. 인간은 스스로 자기에게 필요한 재화를 만들어내고 사용하면서 삶을 영위하게 되어 있다. 그런데 개인 차원에서 생산하고 소비하는 재화나 서비스라면 당사자에게는 중요하지만 다른 사람과는 관련이 적다. 생산이 가족이나 기업을 통해 이루어지고, 소비 물품이 다른 사람이 생산한 것이며, 시장을 통해 거래가 이루어지는 경우라면 복잡해진다. 경제 활동을 가족 단위로 하는 경우에는 가족 경제가 되고, 기업을 중심으로 이루어지면 기업 경제, 국가가 주도적 역할을 수행하는 경우에는 국가 경제가 된다. 또 국가를 넘어 여러 나라가 관계하면 세계 경제가 된다.

경제 활동의 목적은 인간이 의식주를 해결하고, 풍요로운 삶을 누리는 것이다. 이를 위해 필요한 재화와 서비스를 생산하고, 필요로 하는 곳으로 분배하고 유통시키며, 원하는 사람이 적절히 소비하게 하는 것이다.

경제 활동은 개인이나 가족 단위에서 자급자족(自給自足) 형태로 이루어질 수도 있지만, 사회 생활을 하는 인간은 시장을 통해 하게 되어 있다. 시장은 재화와 서비스에 대한 사람의 수요와 공급이 이루어지는 곳이다. 이것이 바로 시장 경제(市場經濟, market economy)다. 시장 경제는 화폐를 토대로 재화와 서비스가 생산, 유통(분배), 소비된다. 시장 경제는 개인 차원을 넘어서 기업이 주체가 된다. 기업(企業, firm)은 이윤 추구를 목적으로 만들어진 단체다. 기업은 재화와 서비스를 생산하고 유통하는 경제 주체다. 기업은 상법에 의해 법인 성격을 부여받으면 회사(會社)라고도 불린다.

기업은 기업가의 자본, 경영자의 경영, 근로자의 노동, 생산에 필요한 기계 설비와 원자재, 판매와 유통 구조를 갖추고 경제 활동을 수행한다. 이런 요소가 복합되어 기업이 형성되고 경제 활동이 가능해진다. 기업의 형태는 매우 다양하다. 작게는 음식점이나 가게로부터 크게는 삼성이나 현대와 같은 대기업, 여러 나라를 넘나드는 다국적 기업 등 다양하다.

경제 활동은 재화나 서비스를 생산하는 것으로부터 시작된다. 생산(生產, production)은 사람에게 필요한 재화나 서비스를 처음으로 만들어내는 것이다. 원료를 사용하여 새로운 물품을 만들어내거나 아이디어를 사용하여 새로운 서비스를 창출해 내는 것이 생산이다. 생산 활동에는 사람과 돈이 필요하고, 설비와 원자재가 필요하다. 이것들을 잘 융화시켜 질 좋은 상품과 서비스를 만들어내는 경영과 관리가 필요하다.

생산의 다음 단계는 유통과 판매다. 유통(流通, distribution)은 재화나 서비스가 생산자로부터 소비자에게로 이동하는 것이고, 판매(販賣, sale)는 재화나 서비스를 필요로 하는 소비자에게 대가를 받고 제공하는 것이다. 판매가 시장을 통해 이루어질 때 마케팅(marketing)이라고 한다. 시장 경제에서는 수요와 공급의 법칙에 의해 가격이 결정되고 유통과 판매가 이루어진다. 다수의 수요자와 다수의 공급자가 존재하는 시장에서는 유통과 판매 경쟁이 이루어진다. 하지만, 소수의 공급자나 소수의 수요자가 있게 되면 이들에 의한 독과점(獨寡占)이 생겨날 수 있다.

생산된 재화와 서비스는 필요로 하는 최종 소비자에 전달되어 소비된다. 소비자 중에는 중간 단계에서 다음 단계의 또 다른 재화나 서비스 생산을 하려는 사람도 있고, 직접 소비하는 개인도 있다.

2. 경제인

우리 인간은 경제의 핵심을 구성하는 경제인(經濟人, economic person)이다. 경제인은 경제적 합리성에 따라 행동하는 사람이다. 경제적 합리성(經濟的 合理性, economic rationality)은 자기 이익 추구에 최선을 다하는 것으로, 목적 달성에 들어가는 비용을 최소화하거나 주어진 비용을 토대로 최선의 성과를 내는 것이다. 소비자는 새로운 소비의 한계 효용을 극대화하는 것이 합리적인 행위이고, 생산자는 적은 비용으로 최대의 재화나 서비스를 생산하여 이익을 극대화하는 것이 합리적인 행위이다.

경제 활동의 주체인 인간은 경제인이기 때문에 가능한 한 자기가 부담하게 되는 비용을 줄이려 하고, 이익은 극대화하려고 노력한다. 일은 적게 하고, 이익이나 소득은 많은 것을 찾는다. 적게 일하려는 노동자와 많은 이익을 내고자 하는 기업가, 자본가는 종종 반대 방향으로 치달리곤 한다. 높은 가격을 받고자 하는 생산자와 적은 비용을 지불하고자 하는 소비자가 시장에서 신경전을 편다. 각자 자기 위치에서 최선의 경제인, 합리적 행위를 하고 있다.

인간이 태어난 이후에 삶을 살아가기 위해서는 어떠한 형태로든 자기에게 필요한 식량이나 물품, 서비스를 마련해야 한다. 삶 자체를 위해, 의식주 해결을 위해, 더 나아가서 문화와 복지를 위해, 최고의 평안과 행복을 위해 경제 활동이 필요하다. 스스로 경제인이 되어야 하고, 경제인답게 행동해야 한다.

경제인으로서 인간은 어떤 인성을 소유하고 있을까?

첫째, 자기 이익을 추구한다. 자신에게 도움이 되는, 좋아 하는 것을 위해 노력한다. 벤담(Jeremy Bentham)의 공리주의에서 말하는 것처럼 자신에게 고통이나 손해가 나는 일은 하지 않고 쾌락이나 이익이 되는 일만을 선호한다.

둘째, 많은 소득, 높은 이익을 추구한다. 자기 노력에 비해 많은 소득을 얻기를 원한다. 자기가 투자한 자본으로 최대의 이익을 얻고자 한다. 노동자도, 자본가도, 경영자도 자기에게 최고의 이익이 되는 것을 원한다.

셋째, 경제 합리성을 추구한다. 비용 대비 이익이 최고가 되는 것을 원하고, 목적 달성에 최선이 되는 방향으로 행동한다. 능률적인 행위를 추구한다.

넷째, 손해 보는 것을 싫어한다. 이익 추구의 반대 방향이 손해가 나는 것인데 경제인은 기본적으로 이를 싫어한다. 손해가 날 만한 일은 피하려 하고 가까이하기를 꺼린다.

다섯째, 자기 이익 추구 행동은 자연스럽게 다른 사람과 경쟁을 하게 되어 있다. 경제인은 경제 활동, 시장 생활 과정에서 반드시 다른 사람과 경쟁을 하면서 이익을 다툰다. 가장 충실한 경제인은 가장 잘 싸워 이익을 많이 내는 사람이다. 최고의 기업가, 경영자는 최고의 싸움꾼이고, 최고로 자기 이익을 챙기는 사람이다.

3. 국가와 경제

시장 경제의 핵심인 기업에 대해서는 다음 절에서 상세하게 다루기로 하고 여기서는 국가의 경제적 역할에 대해서만 다루기로 한다.

국가는 국민의 경제 활동을 총괄 관리하고 총체적인 책임을 지는 존재다. 헌법에는 다음과 같은 조항이 있다.

(제23조) ① 모든 국민의 재산권은 보장된다. 그 내용과 한계는 법률로 정한다. ② 재산권의 행사는 공공복리에 적합하도록 하여야 한다. ③ 공공필요에 의한 재산권의 수용·사용 또는 제한 및 그에 대한 보상은 법률로써 하되, 정당한 보상을 지급하여야 한다.

(제59조) 조세의 종목과 세율은 법률로 정한다.

(제119조) ① 대한민국의 경제 질서는 개인과 기업의 경제상의 자유와 창의를 존중함을 기본으로 한다. ② 국가는 균형 있는 국민경제의 성장 및 안정과 적정한 소득의 분배를 유지하고, 시장의 지배와 경제력의 남용을 방지하며, 경제주체 간의 조화를 통한 경제의 민주화를 위하여 경제에 관한 규제와 조정을 할 수 있다.

(제120조) ① 광물 기타 중요한 지하자원·수산자원·수력과 경제상 이용할 수 있는 자연력은 법률이 정하는 바에 의하여 일정한 기간 그 채취·개발 또는 이용을 특허할 수 있다. ② 국토와 자원은 국가의 보호를 받으며, 국가는 그 균형 있는 개발과 이용을 위하여 필요한 계획을 수립한다.

(제121조) ① 국가는 농지에 관하여 경자유전의 원칙이 달성될 수 있도록 노력하여야 하며, 농지의 소작제도는 금지된다. ② 농업생산성의 제고와 농지의 합리적인 이용을 위하거나 불가피한 사정으로 발생하는 농지의 임대차와 위탁경영은 법률이 정하는 바에 의하여 인정된다.

(제122조) 국가는 국민 모두의 생산 및 생활의 기반이 되는 국토의 효율적이고 균형 있는 이용·개발과 보전을 위하여 법률이 정하는 바에 의하여 그에 관한 필요한 제한과 의무를 과할 수 있다.

(제123조) ① 국가는 농업 및 어업을 보호·육성하기 위하여 농·어촌종합개발과 그 지원 등 필요한 계획을 수립·시행하여야 한다. ② 국가는 지역 간의 균형 있는 발전을 위하여 지역경제를 육성할 의무를 진다. ③ 국가는 중소기업을 보호·육성하여야 한다. ④국가는 농수산물의 수급균형과 유통구조의 개선에 노력하여 가격안정을 도모함으로써 농·어민의 이익을 보호한다. ⑤ 국가는 농·어민과 중소기업의 자조조직을 육성하여야 하며, 그 자율적 활동과 발전을 보장한다.

(제124조) 국가는 건전한 소비행위를 계도하고 생산품의 품질향상을 촉구하기 위한 소비자 보호운동을 법률이 정하는 바에 의하여 보장한다.

(제125조) 국가는 대외무역을 육성하며, 이를 규제 · 조정할 수 있다.

(제126조) 국방상 또는 국민경제상 긴절한 필요로 인하여 법률이 정하는 경우를 제외하고는, 사영기업을 국유 또는 공유로 이전하거나 그 경영을 통제 또는 관리할 수 없다.

국가는 국민의 경제 활동을 조장하고, 보호하며, 지원해야 한다. 자유 민주주의 원칙, 자본주의 시장 경제 원칙에 맞춰 자유로운 국민의 경제 활동을 지원해야 한다. 경제 정책, 경제 관련 법규, 조세 제도, 국내 · 외 상행위, 국제 무역 등 모든 영역에 걸쳐서 국가는 책임 있는 경제 활동을 해야만 한다. 필요에 따라 국가는 직접 기업을 운영하기도 한다. 이를 공기업이라고 하는데 국가 전체에 필요한 기간 산업, 기반 시설 조성과 운영을 담당한다. 이익이 나는 사업의 경우에는 당연히 일반 국민이 기업 활동을 통해 경제 활동을 할 수 있게 남겨두어야 한다.

다음 사례는 가습기살균제 사태에 대한 정부의 역할을 심각하게 다루고 있다.

■ **[가습기살균제 사태] 나쁜 기업 · 무능한 정부가 화(禍) 키웠다**

사망자 266명을 포함, 현재까지 총 1,838명의 피해자를 양산한 가습기살균제 사태는 이윤추구에만 눈먼 기업들, 이를 방치한 무능 정부의 합작품이었다는 사실이 갈수록 확연해지고 있다.

시민단체가 감사원에 공익 감사 청구서를 제출하고 있다.

◇ 초유의 '가습기살균제 사태'는 어디부터 단추가 잘못 채워졌을까?

화학물질에 대한 정부의 유해성심사와 유독성 고시가 촘촘했다거나 법망이 이 정도로 허술하지 않았다면 이같은 참사는 결코 일어나지 않았을 것이다. SK케미칼과 애경의 '가습기메이트'(1994년 국내 최초출시)에 사용된 CMIT와 MIT는 20년 간 유해성 심사를 면제받았다. 또 가장 많은 피해자를 낸 옥시레킷벤키저의 '가습기당번'(2001년 출시)에 사용된 PHMG는 1996년 정부의 최초 유해성심사에서 유독성이 없다는 판정을 받았다. LG생활건강의 '119 가습기 세균제거'(1997년 출시)의 원료 BKC(염화벤잘코늄)는 1991년 이미 유독물로 분류되었지만 LG 측이 가습기살균제 주 성분으로 사용했고, 제품의 용기에 '독성' 표시를 하지도 않았다. 기업과 정부의 안전 윤리의식이 얼마나 허술한지를 여실히 보여주는 사례다.

◇ "왜 참사 날 때까지 방치했나? … 집중 조사해야"

결국 소비자의 안전보다는 이익을 추구하는 나쁜 기업과 국민 안전을 위한 최소한의 조치조차 하지 않은 무능한 정부가 참사를 일으킨 셈이다.

(출처: 뉴시스. 박주연 기자. 2016.05.22. 내용을 축약하였음)

■ **"가습기살균제 피해 인구 49만~56만 명"**

한국방송통신대학교 이경무 교수는 2017년 5월 26일, 가습기살균제 사용률과 건강피해 여부 조사 결과를 발표했다. 건강 피해를 입은 49만~56만 명 가운데 10만~20만 명은 기존 질병이 악화되어 병원을 찾았고 20만~30만 명은 새로운 증상이 나타나 진료를 받았다.… 조사 결과에 따르면 25.8%가 가습기를 사용한 적이 있고 6.7%는 가습기살균제를 썼다고 답했다. 임신부가 있는 가정은 살균제 사용률이 16.5%로, 그렇지 않은 가정(2.7%)보다 6.1배 많았다. 7세 이하 아이가 있는 가정의 사용률(13.9%)도 그렇지 않은 가정(2.4%)의 5.8배나 되었다.

가습기 살균제 피해 규모(추정)

가습기 사용 인구 350만~400만명

건강 피해 규모(명) 가습기 사용인구

구분	350만	400만
건강피해 경험	48만6500	55만6000
•새로운 증상	28만3500	32만4000
•기존 질병 악화	23만4500	26만8000
병원 진료	35만3243	40만3706
•새로운 증상	23만528	26만3461
•기존 질병 악화	15만3393	17만5307

자료: 환경독성보건학회

(출처: 세계일보. 2017.05.26.)

이익을 추구하려는 기업의 나쁜 경제 활동에 대해, 국민은 감독 책임이 있는 국가를 문제삼고 있다. 국가는 경제를 총괄하는 입장에서 기업의 경제 활동을 감독해야만 한다. 위의 사례에서 가습기살균제의 유해성 판단을 정부가 해야만 하고, 이 상품의 판매 여부를 정부가 판단해야만 한다.

정부, 정책을 담당하는 행정인, 관료는 경제와 관련하여 어떤 인성을 가져야만 할 것인가?

첫째, 일반 국민의 자유로운 경제 활동을 보장해야 한다. 민주 자본주의는 자유로운 완전 경쟁 시장을 지향하고 있다. 정부가 불필요한 규제를 남발하여 국민 경제 활동을 위축시켜서는 안된다. 정부 관료는 은연중에 자신의 권력을 행사하려 하고 권위를 내보이려고 하는 성향이 있다. 국민보다 우월한 위치에 있음을 자랑하고 밖으로 표출하려는 사람이 많다.

둘째, 국민들 사이에, 기업들 사이에 공정 경쟁을 통해 경제적 이익 추구 활동을 하도록 규칙을 제정하고, 감독권을 행사하여야 한다. 일부 대기업이 시장을 독점하거나 과점(寡占)하도록 놔둬서도 안된다. 상품과 서비스의 수요와 공급이 적절히 이루어지도록 시장을 항시 감독하고 부조리한 부분을 없애야 한다. 대기업이나 우월한 위치에 서고 싶어하는 기업인은 정부의 경제 관료와 친분을 쌓으면서 자신에게 최선의 이익을 줄 수 있는 정책을 유도해 내려 한다.

셋째, 공공 부문보다는 민간 부문의 활성화에 노력해야 한다. 공공 부문(公共部門, public sector)은 조세로 운영되는 정부와 공기업, 공공기관이 담당하는 경제 영역이다. 이에 비해 민간 부문(民間部門, private sector)은 국민이 경제인으로 활동하는 공간이다. 공공 부문은 정부와 정책, 행정, 공기업 영역으로 민간 부문으로부터 거둬들인 세금으로 운영되는 영역이다. 그래서 공공 부문이 커지기 위해서는 민간으로부터 거둬들이는 세금액이 많아야만 하고, 그에 비례하여 민간 부문은 위축될 수밖에 없다.

넷째, 자율적인 경제 활동이 취약한 사람을 지원해야 한다. 소규모 기업, 가난한 영세민, 장애인, 기업 활동을 하다가 망한 사람, 부채(負債)가 많은 사람, 노약자(老弱者) 등을 돕고 지원해야 한다. 이런 부류의 사람은 자유로운 시장 경제 속에서 정상적으로 경제 활동을 영위하지 못하는 사람이다. 국민 행복, 복지 사회 구현은 국민 개개인이 자유롭게 경제 활동을 하여 자신에게 필요한 재화와 서비스를 스스로 충당할 수 있게 하는 것에서부터 시작되어야 한다. 무한대로 증폭되고 있는 정부의 복지비 지출을 줄이기 위해서는 이런 취약한 계층의 경제 활동 지원이 급선무다.

국가와 정부, 관료, 행정인은 국민을 우선시하는 경제 정책을 펼쳐야 한다.

Ⅱ 일과 직업, 그리고 인성

1. 일, 노동과 인성

일은 사람이 삶을 영위하기 위하여 행하는 모든 활동, 또는 물상화(物象化)된 활동 대상을 말한다(한국민족문화대백과사전, 일). 업(業)으로 삼고 행하는 모든 노동(勞動, work, labour)이다(교학사, 『새국어사전』). 일상 용어로 표현할 때는 '일'이라고 하지만 법률 용어, 경제 용어, 학술 용어로 표현할 때는 '노동'이라고 한다. 일을 '노동'으로 말하면 조금 더 공식적이고, 법률적인 측면이 부각된다. 노동 또는 근로(勤勞)는 인간이 경제적 재화나 서비스를 만들어내거나 보수를 얻기 위해서 하는 활동이다. 경제적 용어인 노동은 임금이나 이익을 얻기 위해 몸과 마음을 써서 일하는 것(교학사, 『새국어사전』)을 말한다. 「근로기준법」 제2조를 보면, '근로자'란 직업의 종류와 관계없이 임금을 목적으로 사업이나 사업장에 근로를 제공하는 자를 말하고, '근로'란 정신 노동과 육체 노동을 포함한다.

동사(動詞)로서의 일은 '어느 정도 진지하고 집중해서 행하는 인내, 훈련, 노고를 수반하는 활동'이고 명사(名詞)로서의 일은 '특정한 성과, 과제 또는 직(職)이나 고용'을 의미한다(Desjardins, 2015: 156). 경제 영역에서 보는 일은 임금과 교환으로 이루어지는 직이나 고용을 의미한다. 일반 동사로서의 '일'은 인간의 목적 지향적인 활동이다. 의식주를 해결하기 위한 활동, 환경에 적응하기 위한 활동, 많은 소득을 얻기 위한 활동, 건강을 위한 육체 활동이 모두 일에 해당한다. 일은 사람이 어떤 목적을 추구하기 위해 벌이는 의도적인 활동이다. 무기력하게 노는 행위는 '일'에 해당하지 않는다. 명사로서의 '일'은 목적 추구를 위해 필요로 하는 활동 대상 또는 내용을 말한다.

목적 추구 활동으로서의 일은 인간에게 꼭 필요한 수단이다. 기초 욕구인 의식주 해결을 위해 필요한 일, 즐거움, 즉 쾌락을 추구하기 위해 하는 일, 고통을 피하기 위해 하는 일, 자아 실현 욕구 충족을 위한 일, 행복 추구를 위한 일은 그런 목적을 원하는 인간에게 꼭 필요한 수단이다. 이런 목적 추구 수단으로서의 일은 대체로 능동적으로 즐겁게 시도될 것이다. 물론 어떤 때는 불가항력적으로 처절하게 시도될 수도 있다.

일상 생활에서 일은 어렵고, 힘들며, 귀찮은, 육체적으로 괴로움을 동반하는 것으로 이해되기도 한다(Desjardins, 2015: 164). '힘든 일, 노동'이라는 뜻을 담고 있다. '누워서 떡먹기'식으로 가볍고 편한 활동보다는 에너지가 소비되는, 쉽지 않고 어려운 활동이 일이다. 인간이 지적 존재인데 비해 일은 육체적이어서, 일을 하면 할수록 인간성을 상실하는 것으로 보아, 노예나 해야 할 것으로 여긴 적도 있었다(Desjardins, 2015: 164). 마르크스(Karl H. Marx)가 '노동자 계급이 소외되었다'고 표현한 것도 알고 보면 자본에 비해 열등한 취급을 받는 노동, 일에 대해 초점을 맞춘 것이다.

인성과 관련하여 일의 가치에 대해 살펴볼 필요가 있다.

첫째, 일은 꼭 필요한 것인가? 인간이 일없이 살 수 있을 것인가? 인간에게 일은 목적을 추구하는 수단이고, 육체적 움직임이다. 그래서 일이 없으면 육체적 활동도 없고, 목적 추구 활동도 없다. 삶에 필요한 모든 재화와 서비스가 자유롭게 제공되어 스스로 일을 할 필요가 없다면 어떨까? 이런 상태가 과연 가능할까? 옛날 부자나 양반은 스스로 일하지 않고 노비나 머슴을 부리며 살 수 있었다. 하지만, 이들은 집안을 관리하거나 정부 정책을 담당하는 일 등을 해야만 했다. 육체적 노동과 다른 정신적 노동을 담당했다. 알고 보면 인간은 어떤 형태의 일이든 하면서 살아가고 있다. 일시적으로 일 없이 놀며 지낼 수는 있겠지만 오랜 기간 그렇게 살 수는 없다. 일을 하지 않고 놀기만 하는 아들, 직업을 갖지 않고 구걸만 일삼는 거지나 노숙자, 빈둥거리기만 하는 어른은 문제가 될 수 있다. 일을 하지 않는 이를 위해 아버지, 복지 단체, 부자, 정부는 더 많은 일을 해야만 한다.

둘째, 일은 할 만한 가치가 있는 것인가? 일을 하면 정신적으로, 육체적으로 긍정적 효과가 있다. 정신적으로는 자아를 활성화시키고 판단력을 높이며, 지혜를 높여준다. 일을 하고자 하는 의욕이 긍정적 마인드를 촉진시키고 열정이 샘솟게 한다. 육체적으로는 에너지를 분출시키고 피가 잘 돌게 하며 근육을 단단하게 만든다. 일을 통해 궁극적인 목적을 달성함으로써 원하는 결과물을 갖게 된다. 일은 인간에게 할만 한 가치를 제공한다. 일을 즐겨 하는 사람의 인성은 일의 목적 가치에 충실하며, 긍정적이고, 열정적이다. 이에 반해 일을 싫어하는 사람의 인성은 일의 목적 가치에 부정적이며, 게으르거나 핑계를 많이 대는 성질을 보이기 쉽다.

셋째, 일의 가치는 원하는 목적, 일을 하는 사람, 일의 방법에 따라 달라질 수 있다. 높은 소득이나 이윤을 추구하는 사람의 일은 금전적 이익이 많아야 좋고, 고시 공부를 하는 학생에게는 합격이 최선이고, 봉사자의 일은 어려운 대상자의 웃음과 행복이다. 목적에 맞는 일은 그것을 잘 성취할 수 있을 때 가치가 높아진다. 똑같은 일을 두고도 일을 하는 사람의 역량과 기대 수준에 따라 일의 가치가 달라진다.

넷째, 일 중에는 자유 의지로 스스로 하는 것도 있고 외부 강요 또는 압박을 받아서 하는 것도 있다. 현대 민주주의 국가에서는 자유로운 삶이 보장되기 때문에 경제 활동은 자유 의지에 따라 이루어진다. 하지만, 북한과 같은 경우에는 아직도 강요된 일이 적지 않다. 자유 의지로 일을 하는 사람의 경우에는 일의 필요성 판단, 일의 양, 방법 등을 스스로 정한다. 강요된 일을 하는 사람의 경우에는 일의 가치를 느끼기 어렵고 긍정적인 태도가 형성되기 어렵다.

▪즐겁고 신나는 일 → 인성

즐겁고, 신나는 일을 하는 사람은 어떨까? 일을 하면서 재미있고 만족스러우며, 적당히 흥분되고 열정적이다. 노력과 힘이 들지만 일 자체에 몰입하면서 힘든 줄도 모르고, 에너지가 넘친다. 일을 즐겁고 신나게 하는 사람의 인성은 긍정적이고 열정적이며 밝다. 몸에도 좋은 긍정의 호르몬이 샘솟는다. 일의 성과도 높다.

올림픽 경기를 준비하는 운동 선수는 정말로 땀나게 노력한다. 금메달과 같은 좋은 성과를 내기 위해 스스로, 강도 높은 훈련을 한다. 지치고 힘들지만 포기할 줄 모르고 쉴 새 없이 정진해 간다. 이들은 훈련 자체를 즐기며 신나게 연습한다. 대학 입시를 준비하는 학생도, 제품을 생산하는 노동자도, 정책을 만들어 시행하는 공무원도 즐겁고 신나게 일을 하는 경우에는 이런 운동 선수처럼 된다.

인간은 삶의 과정에서 쉴 새 없이 일을 하고 있다. 이왕 '해야 할 일'이라면 즐겁고 신나게 해야 한다. 공부도, 연습도, 생산도, 근무도 즐겁고 신나게 하면 좋다. 온 정성을 다해 노력해야 달성할 수 있을 정도로 '적당히 수준 높은 목표'를 정해 놓고, 열정적 에너지로, 즐겁고 신나게 일을 해가면 좋다.

▪귀찮고 짜증나는 일 → 인성

귀찮고, 짜증나는 일을 하는 사람은 어떨까? 하고 싶지 않은 일을 하기 때문에 남달리 힘이 들고, 정신적으로 심한 스트레스를 겪는다. 기분이 나쁘다. 일을 하면서도 툴툴대고 불평불만을 늘어놓는다. 일에 몰입이 되지 않고 언제든 그만두고 싶어진다. 몸도 쉽게 지치고, 부정의 호르몬이 넘쳐나며, 잦다른 실수도 연발한다. 성과는 좋지 않고 승진도 어렵다.

안 해도 될 일이라면 괜찮지만, '반드시 해야 할 일'이라면 걱정이 된다. 수험 공부하는 학생이 공부를 싫어하고 짜증내면 큰일이다. 납기일을 앞둔 생산직 노동자가 제품 생산을 기피하면 곤란하다. 어쩔 것인가?

무엇보다도 일을 즐겁고 신나는 것으로 전환시키는 노력이 필요하다. 일하는 분위기를 바꿔 보고, 일하는 방식을 전환시키며, 마음을 나눌 수 있는 동료와 함께해 보는 것이다. 목표 수준을 조금 낮춰 수월하게 달성할 수 있는 것으로 만들어 성취감을 높여 가는 것도 좋다.

2. 직업, 직장과 인성

직업(職業, job, occupation)은 삶에 필요한 소득이나 재화(및 서비스), 가치재(價値財)를 얻기 위해 일정한 기간 동안 지속적으로 수행하는 일(과 그 종류)을 말한다. 직업은 '일' 중에서, 일정 기간 동안 '지속적인' 것을 말한다. 직업에는 짧으면 한 시간 정도의 일을 하는 시간 강사도 있고, 평생 동안 종사하는 공무원도 있다. 중요한 것은 꾸준히 지속적인 성격을 지니고 있다는 점이다. 또 직업은 삶에 필요한 소득을 얻기 위한 것이 많은데, 일에 대한 대가로 주급, 월급, 연봉을 받는다. 아울러 판매나 대가를 받지 않고 자급자족에 필요한 재화나 서비스를 창출하는 일도 있고, 명예를 얻거나 사회적 명성, 개인적 성취감을 얻기 위해 지속적으로 하는 일도 있다.

경제 영역에서 직업이란 일정한 보수를 받고, 일정 기간 지속적으로 근무하는 일을 말한다. 직업의 종류는 시간에 따라 나눌 수도 있고, 일의 성격(전문성, 내용, 기능 등)에 따라서도 나눌 수 있다.

직업이 항상적(恒常的)으로 이루어지는 공간이 직장(職場, workplace)이다. 직장에는 함께 일하는 동료가 있고, 기계와 설비가 있으며, 필요한 원자재가 있다. 직장에는 일하는 목표가 있고 규칙이 정해져 있다. 근로기준법이 있고, 안전 수칙이 있으며, 자율적인 노동 규약이 있을 수 있다.

■ 직업과 인성

직업에 따라, 그 일에 종사하는 사람의 인성이 달라진다.

- 화이트 칼라(white collar) 사무직 종사자의 인성과 블루 칼라(blue collar) 노동자의 인성이 다를 수 있다.
- 교육자와 경찰이나 군인의 인성이 다를 수 있다.
- 정부 행정 및 정책 담당자와 시민 운동가의 인성이 다를 수 있다.
- 선생님과 학생의 인성이 다를 수 있다.
- 창의적 사업가와 시키는 일에 충실해야만 하는 근로자의 인성이 다를 수 있다.
- 지도자와 부하의 인성이 다를 수 있다.
- 예술가와 정치인, 기업인의 인성이 다를 수 있다.

인간은 자기가 종사하는 직업에 맞춰 적합한 인성을 길러가야 한다. 직업에 적합한 인성이 형성되지 않으면 일이 즐겁고 신나게 되지 않는다. 같은 직업에 종사하는 기간이 길어지면 길어질수록 그 직업에서 요구하는 인성이 길러질 것이다. 직업 초년생과 경력이 긴 고참의 인성이 사뭇 다르다.

특정 직업과 관련된 인성이 심화되면 될수록 상대적으로 다른 직종에서 요구되는 인성과 차이가 나게 된다. 그러면 다른 직종 종사자와 의사소통이 어려워지고 간격이 벌어질 수 있다. 자기 직종의 일에만 몰두한다면 괜찮겠지만 교류가 필요하고 공동 작업이 요구되면 문제가 있다. 그래서 특정 직업군에서 지위가 높아지면 질수록 다른 직업에서 요구되는 인성에 대해서도 잘 살펴야 한다. 군자불기(君子不器)라는 말이 있다. '군자(지도자)는 어느 한 가지 모양의 그릇에만 국한되어서는 안된다'는 뜻이다. 아주 구체적인 전문 직종에 종사하는 사람의 경우에는 한두 가지 일에만 집중하면 된다. 하지만, 지위가 높아지고 조직의 장이 되면 한 가지 직업에서 요구하는 인성만 갖추고 있어서는 부족하다. 여러 직업에서 요구되는 인성을 두루두루 알아야 하고, 자기 직종에서 요구하는 전문성은 물론 조직의 지도자에게 요구되는 리더십이 동시에 필요하다.

■ 직장과 인성

직장은 직업 활동이 이루어지는 곳이다. 비슷한 인성을 소유한 직업인이 함께 생활하면서 일을 하는 곳이다. 봉사나 명예를 얻기 위한 직업도 있지만 대개는 소득을 목적으로 근무하는 곳이 직장이다.

직장인은 좀 더 많은 봉급을 받고 싶어하고, 빠른 승진을 위해 노력한다. 직장 동료는 같은 직업에 종사하는 동료이면서 동시에 많은 봉급과 빠른 승진을 위해 경쟁을 해야 하는 사람이다.

직장은 조직이라는 형태로 인적 연결망이 형성되어 있다. 이 조직 속에서 자신의 직위가 있고, 해야 할 직무가 있으며, 상관과 부하의 지시-복종 관계가 설정되어 있다. 상관은 상관다운 인성을 지녀야 하고 부하 직원은 그 위치에 합당한 인성을 갖추어야 한다.

직업을 가진 직장인은 가정, 직장, 그리고 제3의 외부 공간 사이를 오가면서 살고 있다. '9 to 6(1시간은 점심시간)'로 8시간 근무를 한다. 아침에 출근하여 저녁에 귀가할 때까지 낮 시간 동안에는 직장에서 근무하면서 직장 동료와 함께 일을 한다. 가정에서 가족과 함께 지내는 시간보다 직장에서 보내는 시간이 더 많다. 직장 내에서 밀린 일을 하거나 잔업(殘業)을 추가로 할 경우에는 가정으로 돌아갈 시간이 더욱 없다. 직장 생활을 하는 직장인은 업무상, 또는 일상 생활을 위해 직장도 가정도 아닌 제3의 공간 생활도 해야만 한다. 취미 생활, 동창 관계 모임, 다른 직업인과의 만남 등이 이루어지는 공간이다.

직장인은 가정과 직장, 제3의 공간 생활을 균형 있게 잘 해내야 한다. 직장 생활에 충실하고 몰입하면 할수록 가정에 소홀해질 수 있다. 반대로, 가정에 충실하다 보면 직장 생활이 느슨해질 수 있다. 취미 생활이나 제3의 공간 생활에 지나치게 몰두하면 직장도 가정도 소홀해진다.

1990년대 이전의 경제 발전 기간 동안에는 경제 발전을 위한 직장 생활이 모두에게 중요했다. 그래서 하루 종일 직장에서 일하고, 주말에도 가정을 떠나 직업에 종사하였었다. 직장 발전, 높은 소득, 빠른 승진에 목숨을 걸었었다. 그 결과 엄청나게 빠른 경제 발전을 이룰 수 있었다. 그러나 1990년대 이후 정치 민주화 시기를 거치면서 직장은 물론 가정의 중요성에 대해서도 자각하기 시작했다. 정시 퇴근, 주말 근무 배제, 잔업 배제 등을 통해 가정 생활을 즐기기 시작했다.

직장을 챙기는 사람의 인성은 높은 직업적 성과, 많은 봉급, 빠른 승진, 직장과 회사의 발전을 좋아한다. 저녁 늦은 시간은 물론 주말에도 직장에 머무는 시간이 많고 직장에 충실하다. 전문성이 뛰어나고 실적을 많이 낸다. 그에 비해 가정에 충실한 직장인은 꼭 필요한 직장 근무에만 힘쓰고 나머지 시간에는 가족과 함께 보내는 것을 좋아한다. 승진이 다소 늦어지고 봉급이 다소 적더라도 직장보다는 가족을 더 챙긴다.

Ⅲ 기업과 윤리, 그리고 인성

1. 기업 윤리

기업은 이윤 추구를 목적으로, 재화와 서비스를 생산, 유통, 소비하는 단체다. 기업은 정당한 방법으로, 정당한 이윤을 추구하며, 정당하게 성장하고 발전해 가야 한다. 법규에 맞게 활동해야 하고, 기업으로서 요구되는 윤리, 기업인이나 노동자로서 요구되는 윤리를 철저히 지켜야만 한다. 이를 기업 윤리라고 한다. 윤리(倫理, ethics)는 사람이 지켜야 할 바른 도리(道理)다. 도리는 진실된 이치다. 윤리는 사람(人)이 지켜야 한다고 생각하는(侖) 바른 이치다.[1] 비슷한 말인 도덕은 인간에 관련된 참된 진리인 도를 몸과 마음에 잘 갖춘 상태를 말한다. 윤리가 '사람 사회'에 관련된 부분이 강하다면, 도덕은 '사람 사회는 물론 인간 삶과 관련된 자연, 우주 등 모든 것'과 관련되어 있다.

기업 윤리(企業倫理, business ethics, corporate ethics)는 기업이 지켜야 할 바른 도리를 말한다. 기업 또는 비즈니스 속에 작동하는 가치관, 기준, 원칙을 가리킨다(Desjardins, 2016: 30). 기업 윤리가 기업 자체와 관련된 윤리인데 비해, 기업 경영과 관련된 윤리는 경영 윤리(經營倫理, management ethics)이고, 기업 조직과 관련된 윤리는 조직 윤리(組織倫理, organizational ethics)이며, 기업가와 관련된 윤리는 기업가 윤리(企業家倫理)이고, 또 근로자 윤리, 노동자 윤리가 있다. 기업은 이윤 추구라는 목적 달성을 위해 여러 가지 구성 인자를 토대로 만들어진 것이다. 좋은 사업 목록(이나 아이디어)을 가지고 기업을 창업하는 기업가, 토지를 가진 지주, 돈을 대는 자본가나 주주, 생산 유통을 담당하는 종업원이 기업의 기본 구성 요소이다. 또다시 기업을 중심으로 밖으로 눈을 돌려 보면 기업의 제품을 소비하는 소비자, 기업이 터를 잡고 있는 지역 사회, 행정을 담당하는 정부와 관료, 경쟁 기업, 다국적 기업의 경우에는 해당 국가와 국제 사회가 있다. 기업 윤리는 이 모든 관계자와 관련시켜 고려해 볼 수 있다.

기업 윤리를 논할 때 구별해 생각해 볼 것이 있다. 윤리, 도덕, 법규, 예절, 전문 규범 사이의 관계다. 넓은 의미에서 살펴본 도덕과 윤리에 이어 예절(禮節, manners, etiquette, courtesy)은 인간 관계 속에서 지켜야 할 자발적인 질서다. 예절은 사회 관계 속에서 바람직한 것으로 인정되어 모든 사람이 이를 따라야만 하는 행동 규범이라고 여겨지는 것이다. '부모에게 효도해야 한다', '학생은 스승을 존경해야 한다', '좁은 엘리베이터 승강기 속에서는 조용해야 한다'와 같은 것들이다. 이런 것은 외부로부터 인간의 내면으로 들어와 초자아(S.Ego)가 되고, 인간 행동에 영향을 미친다. 하

1) ethics는 그리스어인 *ethos*에서 비롯되었는데, 이는 특성(character), 습관(custom)이란 말이다. *ethos*와 차별을 두어, *ethicsrk* 점차 선한 사람(a good person), 인간의 행동을 지배하거나 제한하는 사회 규칙(social rules), 더 나아가서 궁극적으로 옳고 그름을 뜻하는 도덕(morality)을 지칭하는 것으로 발전되었다(Shaw & Barry, 1996: 3).

지만, 이런 예절을 지키느냐 여부는 전적으로 당사자의 자율에 맡겨져 있다. 이에 비해 법규(法規, law, rules)는 국가에 의해 강제적으로 지키도록 강요된 것이다. 예절을 지키지 않았다고 처벌을 받지 않지만, 법규를 어기면 처벌을 받는다. 예절을 어기면 다른 사람으로부터 비난을 받지만, 법규를 어기면 벌금, 징역, 인·허가 취소 등 강력한 제재를 받는다.

전문 규범(專門規範, professional norm, professional codes of ethics)은 특정한 전문 분야 소속원에게 요구되는 윤리 강령이다(Shaw & Barry, 1996: 8). 의사 단체, 변호사 단체, 교수회, 자동차 운전기사 단체, 공무원 단체 등에는 전문가로서 소속원이 반드시 지키고 따라야만 한다고 여겨지는 규범이 있다. 소속원이 이런 전문 규범을 어기면 동료의 비난을 듣게 되고 자격증을 박탈당하거나 단체로부터 추방될 수 있다. 전문 규범 중에는 국가에 의해 특별법 형태로 규정된 것(예, 변호사법, 의료법)도 있는데 이런 경우 규범을 위반하면 법적 처벌을 받는다.

자유 민주주의 사회에서는 자율적인 윤리와 도덕 실천, 예절과 규범을 우선시한다. 하지만, 사회가 발전되고 복잡해지면서 '기본적으로 반드시 지켜야만 할 윤리, 도덕, 예절, 규범 내용'을 법규로 정하고, 형벌로 강제한다. 법규는 '필요한 최소한의 윤리, 도덕, 예절, 규범 내용'을 정해 놓은 것이다. 법규를 어기면 불법(不法, illegal)이 되고, 형벌을 받는다. 불법인데도 형벌로 다스려지지 않은 경우가 많아지면 부패(腐敗, corruption) 상태가 된다.

기업 윤리는 기업이 지켜야 할 윤리로서, 특별법 형태로 법규에 정해져 있는 것뿐만 아니라 자율적으로 지켜야만 한다고 생각되는 바른 도리도 모두 포함한다. 그러나 우리가 기업 윤리, 윤리 경영을 논할 때는 가능한 한 법규로 정해져 있는 부분을 제외시킬 따름이다. 왜냐하면, 이는 정부가 책임지고 형벌을 통해 기업 윤리를 확립하고자 노력하기 때문이다.

■ 기업 윤리의 상대성: 정도와 권도

기업이 지켜야 할 바른 이치인 기업 윤리는 언제나 변함없이 지켜져야만 할 정도(正道, unchangeable ethics)와 때에 따라 변화시켜 새로운 형태로 지켜져야 할 권도(權道, opportune ethics)로 구분할 수 있다. 정도로서의 기업 윤리는 언제나 지켜져야 하고 변해서는 안되는 것이다. '기업은 재화나 서비스를 창출해야 한다', '기업은 이윤을 추구 한다', '기업은 불법을 저질러서는 안된다'와 같은 것이다.

기업이 지켜야 할 기업 윤리를 시대와 장소에 따라 변화시켜 새로운 형태로 지켜야 할 경우도 있다. 이것이 권도로서의 기업 윤리다. 이는 상대주의적 윤리설(相對主義的 倫理說)에 근거한 것으로 윤리는 시대와 장소에 따라 달라질 수 있다는 생각이다. 예를 들면, 먹고 사는 것 자체가 급선무였던 1960년대 한국에서는 동물성 유지(動物性 油脂)를 사용하여 라면을 만들어도 괜찮았다. 이런 방식으로 생산된 라면은 국민의 굶주림을 해결해 주었고 모든 사람이 열광을 했었다. 하지만, 시대가 변해서 동물성 유지가 사람 몸에 해롭다는 것이 부각되면서 큰 문제가 되었다. 동물성 유지를 사용하여 라면을 만든 기업은 기업 윤리를 위반한 것이 되었다.

기업 내 노동자에 대한 근로 윤리 기준이나 기업이 외부로 배출하는 환경 오염 물질에 대한 법적, 윤리적 기준도 시대와 장소에 따라 변모한다. 국가 상황에 따라 기업 윤리도 다양한 형태로 변모한다.

1) 윤리 경영

윤리 경영(倫理經營, moral management)은 윤리를 토대로 하여 이루어지는 기업 경영을 말한다. 기업 경영은 기업의 목표를 달성하기 위해 인적·물적 자원을 효과적으로 관리하는 활동이다. 이 관리 활동이 모두 윤리에 근거하여 이루어지는 것이 윤리 경영이다. 관리 활동 속에는 최고 경영자의 의사 결정, 조직 관리, 생산 관리, 유통 및 판매 관리, 재무 금융 회계 관리, 고객 관리, 외부 환경 관리 등이 모두 포함된다. 윤리 경영은 경영 관리 모두가 윤리적이고 도덕적이어야 한다는 말이다.

윤리 경영은 경영 관리의 모든 영역에 걸쳐 윤리적 판단을 하면서, 기업이 지켜야 할 윤리 내용을 실천해야 한다. 윤리 경영은 기업 책임자에 의해 주도되지만 기업 내 모든 구성원이 기업 윤리 실천에 함께 나서야 한다. 기업 관계 집단과 경영 관리의 여러 영역을 고려하면서 윤리 경영의 내용을 정리해 보면 <표 6-1>과 같다.

윤리 경영은 이제 국민 모두의 경제 활동에 있어서 필수 요소가 되었다. 기업은 반드시 윤리 경영을 해야만 한다. 기업은 경영 책임자, 투자자, 종업원 모두에게는 물론 외부의 국가와 국민, 고객, 지역 사회와 환경에 대해서도 윤리적으로 책임 있게 활동해야만 한다. 기업의 사회적 책임, 국가적 책임이 더욱 요구되고 있다.

윤리 경영은 기업이 화폐적 이익만을 극대화하는 것보다는 국민 모두와 함께 성장하고 발전해 가는 것이 바른 길임을 알려준다. 단기적 시각에서는 화폐적 이익이 많은 것이 최선으로 보이지만, 장기적 관점에서 보면 기업 구성원 모두가 합심하여

표 6-1 윤리 경영의 여러 국면과 고려 요소

기업 관계 집단	활 동	윤리적 판단
경영책임자(사장)	기업목표 설정, 경영 총괄	– 사업 내용과 목표의 정당성 – 조직 관리의 합리성, 바람직함
자본가(대지주)	자본 투자, 경영에 관여	– 바람직한 투자 – 기업 지배 행위, 내부자 거래 등
자본가(일반 주주)	자본 투자, 경영 감시	– 상장(上場), 투자 유치, 시세 조작 등 – 소액 주주에 대한 책임
종업원	일상 근무, 생산, 유통, 판매, 홍보, 대외 관계 활동	– 직장 절도, 분식 회계, 허위 광고 – 생산 유통 판매 활동의 공정성 – 직원 갈등, 범죄 행위, 부정부패 행위
고객	소비 활동	– 재화와 서비스를 통한 고객 행복 – 유해 상품, 정보 교류
정부, 행정, 관료	기업 지원, 규제, 감시, 감독	– 정책 관여, 사업 보고, 사업 내용 조정 – 표준, 검사, 인·허가 – 탈세, 뇌물, 부정부패
지역 사회	기업에 인적·물적 지원 기업과 상부상조	– 지역 사회와 공존 공생 – 산업 재해
자연 환경	기업의 물적 토대 기업의 영향받음	– 토지, 대지 문제 – 자연 파괴 – 오염, 공해, 유해 물질, 산업 폐기물
경쟁 기업	지원과 공생 이익 다툼	– 공정 경쟁, 기업 비밀 – 덤핑, 독과점, 담합
국제 기구, 국가, 기업	국제적 교류, 협력, 유통, 판매	– 국제 거래, 자본과 상품 이동 – 조세 회피, 돈 세탁, 뇌물 – 기업 활동 관련 갈등, 문화 격차

고객, 국민, 지역 사회가 모두를 행복하게 해야만 한다. 지속 가능한 경영(sustainable management)은 기업, 지역 사회, 자연 환경이 모두 함께 윤리적으로 바람직하게 발전해 갈 때 가능한 일이다.

국제적으로 윤리 경영을 담보하기 위한 국가 간 협력이나 규약 제정 등의 노력이 지속되고 있다. Green Round, Blue Round, Technology Round, Competition Round, Ethics Round, WTO나 OECD 등의 뇌물 방지 협약 체결, UN 부패 방지 협약 제정, IBRD와 IMF의 윤리적 투명성 제시, 해외 윤리 강령 기준 제시, ISO 26000 인증 제도 등이 펼쳐지고 있다(김성수, 2015: 100-122).

■ **GS 건설 윤리 헌장**

GS 건설은 고객 만족을 최고의 사명으로 하는 생활 속의 동반자, 임직원의 꿈과 이상을 실현하는 보람된 일터, 투명한 경영과 탁월한 성과로 지속적인 가치성장을 통해 존경받는 기업으로의 도약을 추구한다. 이를 위하여 회사는 임직원이 자발적으로 열정을 갖고 일을 할 수 있도록 믿고 지원하며, 임직원은 변화, 최고, 신뢰의 핵심가치를 바탕으로 공정하게 업무를 수행함으로써 세상의 가치를 건설하여 함께 성장하는 회사를 만들어 간다.

이에 따라, 우리는 모든 임직원이 지켜야 할 올바른 행동과 가치 판단의 기준으로 윤리 규범을 제정하고 그 실천을 다짐한다.

- 우리는 고객 가치 향상을 위해 고객의 입장에서 생각하고, 행동하며, 고객을 위한 가치창출을 통한 고객 만족을 추구한다.
- 우리는 상호 신뢰와 존중을 바탕으로 성장과 안정에 대한 임직원의 기대가 실현되는 기업 문화를 조성한다.
- 우리는 주주 및 투자자의 이익 극대화를 위해 최선의 노력을 다한다.
- 우리는 자유 경쟁의 원칙을 바탕으로 상호 간의 신뢰와 공정 거래를 통해 장기적인 공동번영을 추구한다.
- 우리는 환경 보호를 위한 최선의 노력을 다하며, 무재해 사업장을 추구한다.
- 우리는 글로벌 기업 시민으로서 책임과 의무를 다하며, 건전하고 효율적인 사업 수행을 통해 국가 발전과 사회 복지에 기여한다.

(출처: GS 건설 홈페이지. 지속가능 경영. 2017.3.1.)

2) 윤리적 의사 결정

윤리적 의사 결정(倫理的 意思決定, ethical decision making)은 기업의 의사 결정이 윤리적 기반 위에서 이루어지는 것이다. 의사 결정의 전 단계에 걸쳐서 합리적 접근을 하는 것과 동시에 모든 단계마다 기업 윤리를 고려한다. 일반적으로 합리적 의사 결정은 (1) 문제 파악과 정의 → (2) 목표 설정 → (3) 대안 탐색, 비교, 평가 → (4) 최적안 선택 순으로 이루어진다. '합리적(rational)'이라는 말 속에는 관련 있는 과학적 사실은 물론 관련 집단의 가치에 대해서도 충실히 고려하는 것이 포함되어 있다. 윤리적 의사 결정은 여기에 더해서 기업 윤리까지 철저히 고려한다.

기업의 경영자나 최고 책임자 수준에서 개인적으로 이루어지는 윤리적 의사 결정이라면 결정자가 의사 결정의 각 단계마다 양심적으로 기업 윤리를 고려하면 될 것이다. 사실적 판단, 가치 판단과 함께 기업 윤리를 철저히 고려한다. 하지만, 개인

그림 6-1 롯데백화점 윤리 웹툰

출처: 롯데백화점 홈페이지. 윤리 library.

그림 6-2 롯데백화점 윤리실천 강령

출처: 롯데백화점 홈페이지. 윤리 library.

차원을 넘어 조직이나 집단 차원의 결정에서는 '양심'이나 '윤리', '도덕'이 주도적인 고려 변수, 평가 기준이 되기가 쉽지 않다. 이럴 경우에는 결정 절차 자체를 사전에 윤리적인 형태로 설계해 놓고 활용하는 것도 좋다(이대희 · 이원희 외, 2015: 297－307).

윤리적 의사 결정은 그 결과로서 추구되는 기업 목적이 윤리적으로 바람직한가 여부와 함께 의사 결정 과정 자체도 또한 윤리적으로 바람직할 것을 요구한다. 이 중 전자는 목적론적 윤리설 입장으로 결과가 좋으면 수단은 어때도 상관없다는 관점이다. 이에 비해 후자는 의무론적 윤리설 입장에서 결과가 좋기 위해서는 과정과 수단이 윤리적으로 바람직해야 한다는 관점이다. 여기서 우리가 논하는 윤리적 의사 결정은 이 양자를 모두 포함하는 것으로 새겨야 한다. 즉, 기업 윤리가 실현되기 위해서는 의사 결정의 첫 단계부터 바람직한 윤리가 무엇인지를 인지하고, 각 단계마다 윤리적 요소를 고려해야 하고, 결정의 최종 결과도 윤리적이어야 한다는 말이다. 그래야만 이 결정의 실천이 윤리적일 수 있다.

윤리적 의사 결정에 임하는 결정자의 인성은 어떠해야 할까?

첫째, 기업 윤리의 실체를 정확히 알고 있어야 한다. 기업 관계 집단의 존재, 실태, 이들과 관련된 기업 윤리 내용을 명확히 이해하고 있어야 한다. 기업의 국가적, 대국민적, 사회적, 환경적 책임을 자각하고 있어야 한다.

둘째, 진정으로 기업 윤리를 실천하고자 하는 양심과 의지를 가지고 있어야 한다. 기업의 기본 목적이 많은 이윤 추구인 상태에서, 경제적 합리인인 기업인이 '이윤을 포기하고, 윤리를 앞세우기'가 쉽지 않다. 기업 의사 결정자는 개인적으로 양심적이고 도덕적임과 동시에 기업 윤리를 잘 이해하고 이를 실천하려는 의지가 있어야 한다.

셋째, 기업의 이윤 추구 동기와 기업의 윤리적 책임이 경쟁할 때는 항시 후자의 중요성을 고려해야만 한다. 기업이 이윤을 완전히 포기할 수는 없기 때문에 이윤과 윤리가 적절히 균형을 유지할 수 있도록 해야 한다.

넷째, 의사 결정 이후에 전개될 기업의 미래 상황이 불확실할 경우에는 상황 적응적 의사 결정, 단계별 의사 결정을 시도하는 것이 좋다. 기업의 경영 환경은 항시 요동치고 언제라도 생사의 기로에 설 수 있기 때문이다.

3) 제품 생산과 윤리

기업의 제품(및 서비스) 생산 과정에서도 윤리적 판단이 이루어져야 하고 기업

그림 6-3 생산 관리 윤리의 목표

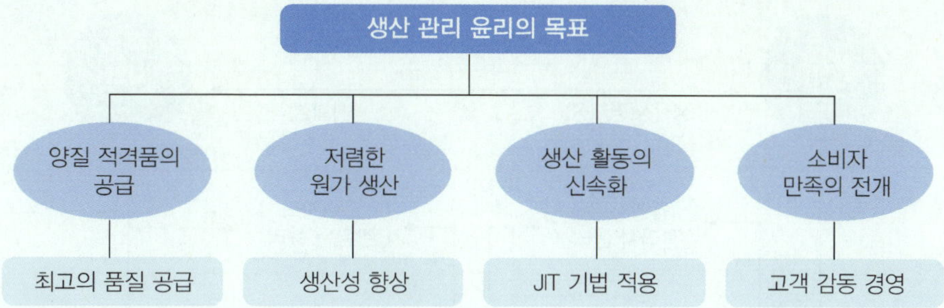

출처: 김성수(2015: 252).

윤리 확보에 최선을 다해야 한다. 기업은 사업 목표로 하는 재화를 생산해야 하는데, 이때는 '기업'이 가지고 있어야 할 기본적인 '생산 윤리'를 실천해야만 한다. 기업의 제품 생산은 기본적으로 '값싸고, 질 좋은 제품을, 적시에, 소비자에게 전달'하여야만 한다([그림 6-3] 참조). 이와 동시에 기업이 얻고자 하는 이윤도 '적정한 수준'으로 이루어질 수 있어야 한다.

기업의 생산 윤리는 세 가지 측면에서 살펴 볼 수 있다(김성수, 2015: 248-250). 첫째, 물리적 측면에서 제품의 완벽성, 물리적 표준을 잘 지켜 제품에 하자가 없도록 하는 것이다. 또 제품 모방이나 도용이 있어서는 안된다. 정당한 방법으로 기술을 개발하고 제품이 안전하고 완벽하게 만들어져야만 한다. 둘째, 인간적 측면에서 생산에 참여하는 모든 경영자, 종업원이 바람직한 근로 조건에서, 인간적으로 만족스럽게 생산 활동에 임할 수 있어야 한다. 모든 관여자가 생산자로서의 사명감을 가지고 맡은 바 업무에 책임 있게 임해야 한다. 셋째, 최고의 제품을, 저렴한 비용으로, 능률적이고 합리적으로 생산해내야만 한다. 제품의 소비자 만족도를 높이는 것도 당연히 필요하다.

생산 윤리는 다음 [그림 6-4]에서 보는 바와 같이 대내적-대외적으로 나누어, 인적 요소와 물적 요소로 나누어 볼 수 있다. 첫째, 경영자 및 관리자 윤리로서 생산 활동 전체를 윤리적으로 관리하는 일이다. 생산 품목 선정과 목표 설정, 자금을 비롯한 각종 재원 마련, 종업원 관리, 전체 일정 관리에 모든 윤리적 책임을 지는 것이다. 둘째, 근로자 및 작업자 윤리로서 제품에 관한 '장인 정신(匠人精神)'을 가지고, 최고의 제품을 생산하도록 노력한다. 좋은 제품을 만들기 위해 생산성 향상에 노력

그림 6-4 기업 생산 윤리의 여러 측면

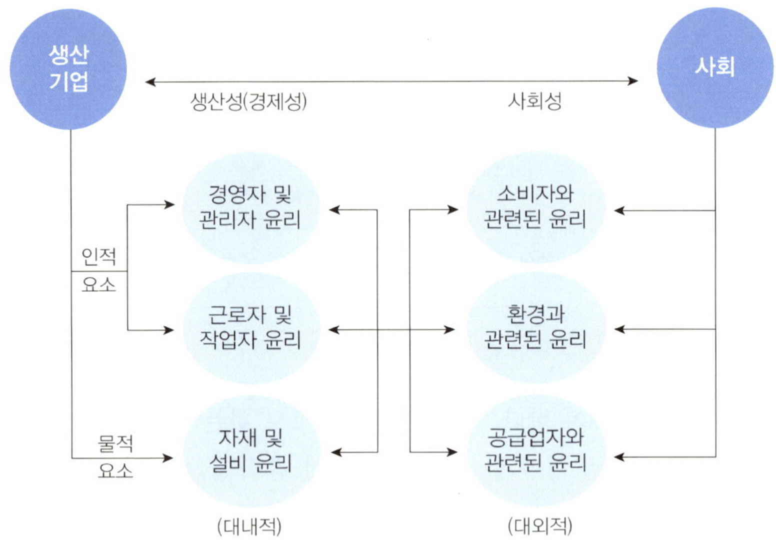

출처: 김성수(2015: 262).

해야 하고, 직장 내에서 윤리적 활동이 이루어져야 한다. 셋째, 자재 및 설비 윤리로서 자재 조달과 설비 관리에 윤리적 책임을 진다. 제품에 불법 불량 원료가 들어가서는 안되고 적절한 원가 관리 등이 이루어져야만 한다. 넷째, 소비자와 관련된 윤리로서 제품 생산 단계에서 항시 제품을 소비할 고객을 마음에 담고 있어야 한다. 제품 설계 단계에서부터 소비자를 고려하여 기술 개발을 하고 사용이 편리하게 하여야 한다. 다섯째, 환경과 관련된 윤리로서 생산 과정은 물론 생산된 제품이 모두 사회와 자연 친화적으로 이루어져야만 한다. 여섯째, 공급업자와 관련된 윤리로서 원자재 수급이 정당한 절차와 방법, 가격으로 이루어져야만 한다.

4) 마케팅과 윤리

기업은 제품의 마케팅, 즉 홍보, 유통, 판매 과정에서도 윤리적 판단이 필요하다. 제품 생산 과정에서 제품 자체에 대한 윤리성이 충분히 확보되었다고 하면 이제부터는 제품을 소비하는 고객과의 관계에서 기업 윤리가 확보되어야 한다.

기업은 상품 생산자로서 고객에 대해 적절한 주의(due care)를 기울여야만 한다(신상현, 2016: 130-134). 생산자는 제품의 설계와 생산 단계에서 이미 소비자를 충분히 고려하여 완벽한 상품을 만들어야 한다. 이에 수반하여 마케팅 시점에서는 제품 자체의 특성, 제품 사용 방법, 제품 사용에 따른 위험성 여부, 제품의 유지 보수와 하자 보수 정책 등을 상세하게 알려야 한다. 제품을 팔아버리고 나면 끝난다는 생각이 아니라, 제품을 사용하는 고객도 역시 기업과 삶을 함께하는 관계자임을 확실하게 인식하는 것이 필요하다.

기업의 마케팅 윤리의 핵심에는 가격 정책이 있다. 윤리적 측면에서 첫째, 가격 책정은 제품의 제조 원가, 적정 이윤, 제품의 특성 등을 고려하여 적정하게 매겨야만 한다. 기업이 자기 이익만을 위해 부적절한 가격을 설정한다면 그만큼 소비자는 손해를 입게 된다. 둘째, 가격 인상이나 할인, 가격 광고에도 기업 윤리를 챙겨야 한다(김성수, 2015: 324). 제품의 양을 속이거나 부적절한 가격 차별 정책 등은 문제가 된다. 셋째, 비윤리적 가격 정책을 삼가야 한다. 담합 입찰(談合入札, bid rigging), 투매(投賣, dumping), 약탈 가격(掠奪價格, predatory pricing), 가격 차별(價格差別, price discrimination), 바가지(price gouging), 가격 담합(價格談合, price fixing), 초기 고가격(初期 高價格, price skimming), 가격 경쟁(價格競爭, price war), 초경쟁 가격(超競爭價格, supracompetitive pricing), 가변 가격(可變價格, variable pricing) 등을 삼가야 한다(신상현, 2016: 148-151). 담합 입찰은 판매자들이 가격을 서로 상의하여 높게, 또는 낮게 응찰하는 것이고, 투매는 원가와 상관없이 매우 낮은 가격으로 판매를 하는 것이다. 약탈 가격은 경쟁 기업을 패퇴시키기 위해 일시적으로 매우 낮은 가격으로 판매하는 것이고, 가격 차별은 소비자보다는 판매자가 우위를 점한 상태에서 차별 가격 정책을 시도하는 것이다. 바가지는 소비자에게 터무니없이 높은 가격을 매겨 파는 것이고, 가격 담합은 판매자들이 공동으로 가격을 높게, 또는 낮게 책정하는 것이다. 초기 고가격은 신상품 출시 초기에 일시적으로 높은 가격을 매겨 판매하는 것이고, 가격 경쟁은 주로 대기업이 가격을 가지고 시장을 장악하기 위해 질서를 어지럽히는 것이며, 초경쟁 가격은 독점적 상품에 대해 높은 가격을 유지하는 것이다. 가변 가격은 소비자와는 관계없이 수시로 가격을 조정하여 기업 이익을 높이려는 것이다.

유통 과정에서 기업은 제품의 출시와 전달, 기업의 판매 시설인 체인점이나 하부 기관 운영, 프랜차이즈 업체 운영, 판매권을 위탁받은 중간 도소매업체 관리, 판매원 관리에 기업 윤리 실천을 고려해야 한다. 권한을 가진 상품 생산 기업의 '갑(甲)질'이 시도되어서는 안되고, 유통망 관계자를 모두 한 식구처럼 인간적으로 대해야 한다.

마케팅에서는 광고, 홍보가 중요한데 이 과정에서 윤리적 문제가 발생해서는 안 된다. 광고를 통해 제품에 대해 거짓말을 하거나 과대 광고, 사회적으로 부도덕한 광고, 과대 광고비 지불 등은 경계되어야 한다. 소비자의 과대 소비를 조장하거나 잘못된 제품 구매를 유발하는 것도 조심해야 한다.

5) 재무, 금융, 회계와 윤리

기업 활동에 필요한 자금과 관련하여 지키고 실천해야 할 기업 윤리가 있다. 재무, 금융, 회계 윤리가 그것이다(김성수, 2015: 355-438). 재무는 재무 관리의 줄임말인데, 돈과 관련된 기업 활동으로 자금 조달, 자금 운용이 이에 해당한다. 재무 관리에서는 첫째, 자금 조달과 관련하여 기업 공개 시에 있을 수 있는 공개 전 증자 남발 문제나 발행가 과다 산정 문제, 조세 포탈 가능성 등에서 기업 윤리가 확립되어야 한다. 또 기업 내용 공시에 있어서도 정확한 정보를 적시에 투자자에게 제공하여야 하며, 비공개 정보를 활용하여 기업 내부인 사이에 이득을 취하는 내부자 거래가 없어야 한다(김성수, 2015: 359-363). 둘째, 기업 소유 구조와 관련하여 이전 거래, 상호 출자, 상호 지급 보증, 사외 이사 문제 등에서도 기업 윤리가 지켜져야 한다. 셋째, 회계(accounting)와 관련하여 투명하고, 합법적이며, 능률적인 관리가 이루어져야 한다. 회계 관련 정보는 내부 종업원은 물론 외부 투자자에게도 투명하게 공개되어야 한다. 또 기업의 회계 처리는 법적 기준에 맞춰 한 치도 불법이 있어서는 안 된다. 아울러 기업의 기본 목적인 이윤 확대를 위해 자금이 능률적, 효과적으로 사용되도록 하여야 한다. 기업은 종종 불법적으로 분식 회계를 하곤 한다. 분식 회계(粉飾會計, window dressing settlement)는 기업이 고의로 자산이나 이익 등을 크게 부풀리고 부채를 적게 계상함으로써 재무 상태나 경영 성과, 그리고 재무 상태의 변동을 고의로 조작하는 것을 의미한다(매일경제, 매경닷컴). 분식 회계의 이유는 자금 차입이 쉽고 금융 비용을 절감할 수 있기 때문이다. 또 기업 운영을 속여서 탈세를 하고자 할 때도 등장한다. 넷째, 금융 기관 관계에 있어서 불법적인 대출, 신용 거래 행위가 있을 수 있다.

기업에서 자금을 담당하는 경영자나 회계 책임자, 또 지출 행위자는 다른 분야보다도 더욱 법을 지켜야 하고 기업 윤리를 실천해야만 한다. 기업은 '돈'과 관련되어 있기 때문에 반듯한 마음이 흔들리기 쉽고 부정에 빠져들기 쉽다. 기업의 재무, 금융, 회계 분야에서 비윤리적 행위가 나타나면 곧바로 기업의 생명에 치명적인 영향을 끼칠 수 있다.

6) 기업의 사회적 책임

기업의 사회적 책임(企業 社會的責任, corporate social responsibility)이란 기업이 사회의 이익을 위해 활동해야 할 의무를 말한다. <표 6-1>에서 윤리 경영의 여러 국면을 다루었는데, 기업은 가장 기본으로 기업의 이윤 창출에 노력하면서 여러 관계 집단에 대하여도 윤리적 책임을 다해야 한다.

기업은 우리 국가 사회를 구성하는 집단 중 '경제'를 책임지는 존재다. 정치는 국회가, 정부 행정은 대통령을 중심으로 한 관료 집단이, 국방은 군대가, 치안은 경찰이, 보건 의료는 의사와 의료 집단이 담당하듯이 경제는 기업이 중추적 역할을 담당하고 있다. 기업의 첫 번째 사회적 책임은 우리 삶에 필요한 재화와 서비스를 충실히 생산, 유통, 판매하는 것이다. 좋은 제품을, 잘 만들어, 정당한 이윤을 포함한 적당한 가격으로, 필요로 하는 사람에게 제공하는 것이다. 이것이 무엇보다도 중요한 기업의 사회적 책임이다. 기업이 이런 1차적 책임을 잘 수행하게 되면 국민의 의식주가 원활히 해결되고 물질은 물론 정신 생활도 행복하게 이루어질 수 있다.

둘째는, 기업에 종사하는 모든 구성원에게 책임을 다하는 것이다. 자본 투자자나 지주에게는 이익을 만들어 주어야 하고, 종업원에게는 안정적으로 직장에 근무하면서 필요로 하는 소득을 얻을 수 있게 해주어야 하며, 경영자에게는 역량껏 기업 경영을 할 수 있게 해주어야 한다. 기업 내부 집단 모두가 맡은 바 일에 최선을 다할 수 있게 하는 것이 기업의 윤리적 책임이다.

셋째는, 국가의 입장을 대변하여 창조 경제를 실현하고, 경기 침체 시에 투자를 늘려 국가 경제를 살아나게 해야 하며, 인플레이션이나 호황기에 제품 수요 공급, 가격을 적절히 조절하여야 한다. 또 국가를 위해 법인세 등 적절한 세금을 납부하고 국가가 필요로 할 경우에 성금 출연, 자진 납세를 실현하여야 한다.

넷째는, 지역 사회는 물론 환경과 긍정적 상호작용을 하면서 사회와 자연의 발전에 힘써야 한다. 지역 사회는 기업에서 필요로 하는 인적·물적 자원을 제공하면서 기업이 생산한 제품을 소비한다. 서로 상부상조하는 관계다. 자연 환경에 대해서도 토지, 하천, 물, 공기, 도로, 삼림 등을 기업 활동에 활용하면서 동시에 자연 환경을 보존하거나 오염 물질 배출 등을 통해 피해를 주기도 한다. 기업은 외부 피해를 없게 하면서 지속 가능한 기업 발전을 추구해 가야 한다.

기업의 사회적 책임에 대해서는 다양한 논의가 펼쳐진다. 프리드먼(Milton Friedman)의 말처럼 '자유 기업, 즉 사유 재산 제도가 인정되는 사회에서 기업 임원은 법과 윤리적 규범이 지켜지는 범위 내에서 최대한으로 돈을 버는 것'이다(Desjardins, 2015: 92). 이런 관점에서는 기업에게 다른 여러 형태의 책임을 요구하는 것은 지나친 것이다. 그러나 기업의 존재는 국가라는 영역 내에서, 많은 사람과 상호작용하는 사회 속에서 기업 활동을 하게 되어 있다. 불가피하게 관계가 이루어져야만 하기 때문에 일정한 의무와 책임이 발생한다. 그러나 기업의 재산권이 절대적일 수 없고(Desjardins, 2015: 101－105), 법과 윤리 규범의 테두리도 애매하며, 기업 구성원과 고객 및 일반 사회와의 구별도 쉽지가 않다. 국가와 사회 속의 기업은 '홀로 독립된 존재'가 아니라 '공생하는 동반자'로 보아야 한다. 그렇기 때문에 기업의 사회적 책임이 당연시된다.

기업의 사회적 책임을 절감하는 경영자나 기업 종사자의 인성은 내부 관계자는 물론 외부 관계자 더 나아가서 국가와 사회, 지역 사회와 자연 환경 모두를 동시에 고려하여 활동하고 발전해 가는 존재로 여겨야 한다. '나와 다른 사람', '자아와 타자'라는 이분법적인 사고를 가져서는 안된다.

▪ 기업 문화

기업 문화(企業文化, corporate culture)는 기업이 가지고 있는 독특한 생활 양식이다. 기업이 가지고 있는 독특한 이미지나 상징 체계, 구성원 전체의 가치관이나 행동 특성이 기업 문화다. 기업 문화는 기호나 상징, 기업 이념을 통해 의도적으로 창출되기도 하지만, 기업 구성원이 기업 활동을 하는 과정에서 자연스럽게 형성되기도 한다. 문화는 정치, 경제, 사회와 구별되는 것으로 '우아하고 문채(文彩) 나는 꾸밈과 그 결과물'이다. 기업의 생산, 유통, 판매 행위가 기업의 경제 활동에 관한 것이라면 기업 문화는 이런 활동에 덧씌워진 독특한 상징이나 꾸밈, 가치 체계를 말한다.

일단 형성된 기업 문화는 구성원에게 영향을 미친다. '삼성맨', '현대인', '롯데 걸'처럼 기업 이미지가 만들어지면 구성원은 이런 이미지에 의해 영향을 받게 된다.

■ **이재용式 스타트업 삼성… 9가지 행동 양식 발표**

- 회의 시 참석자 전부 발언 · 과도한 의전 금지 등 제시
- 상호 존중 · 양방향 소통 · 형식 타파 … "기본부터 지켜야"
- 삼성전자 라이브 통해 임직원 의견 청취 및 보완

삼성전자가 '스타트업 삼성(Start Up Samsung)' 기업문화 구축을 위한 9가지 행동 양식을 내부 직원들에게 공지했다. 20일 업계에 따르면 삼성전자는 최근 수평적인 조직문화를 구축하고 권위주의를 타파하기 위한 임직원 행동양식을 발표했다. 이는 지난 2016년 3월24일 삼성 컬처 혁신 선포식에 따른 것으로, 당시 삼성전자는 임직원들의 의견을 모아 수평적 조직문화 구축과 업무생산성 제고, 자발적 몰입 강화 등 3가지 혁신 전략을 발표한 바 있다.

수평적 조직문화 구축은 스타트업 삼성을 위한 첫 번째 전략이다. 행동 양식은 상호 존중과 양방향 소통, 형식 타파 등 크게 3가지로 나뉜다. 상호 존중과 관련해서는 △서로 보는 사람이 먼저 인사하기, △상대방을 존중하는 언어 사용, △서로의 경험과 생각차를 이해하기 등 3가지 내용이, 양방향 소통은 △회의 시 참석자 모두가 발언, △지시할 때는 일의 목표를 명확히 공유, △자신의 의견만 내세우지 말고 경청하기 등이 제시되었다. 형식 타파 내용으로는 △보고서보다는 내용에 집중, △상사 중심보다는 고객 중심으로 사고, △과도한 의전 금지 등이 언급되었다. 이는 다분히 상식적인 부분이지만, 제도적인 장치에 앞서 인식부터 바꿔야 한다는 의미에서 제시되었다. 이를테면 권위를 내세워 상사의 지시를 무조건 따르도록 하거나, 관습적인 내용을 지킬 것을 종용해선 안된다는 인식을 확산시키겠다는 것이다.

삼성전자는 앞으로 임직원 전용 인트라넷인 삼성전자 라이브(LiVE) 내 댓글과 이슈토론방 등에서 이를 보완한다는 계획이다. 삼성전자는 지난해 7월 임직원들의 집단지성 플랫폼인 모자이크(MOSAIC)에서 '글로벌 인사제도 혁신'을 주제로 온라인 대토론회를 실시했으며 2만 6,000여 명의 임직원들의 참여를 통해 문제점을 분석하고 개선방안을 수립했다. 삼성전자는 지난 5월 2일 수원 디지털시티 내 직원들의 휴식 및 아이디어 개발공간인 '센트럴 파크(Central Park)'를 여는 등 스타트업 문화 구축에 박차를 가하고 있다.

(출처: 이데일리. 김혜미 기자. 2016.5.20.)

앞의 사례에서 보는 바와 같이 삼성이 새로운 기업 문화를 추진해 가고 있다. 이런 기업 문화와 인성의 관계를 살펴보기로 하자.

- 기업 문화는 최고 책임자의 인성과 관련이 깊다. 조직원은 최고 책임자인 리더의 지시에 따라 움직인다. 그래서 이 리더가 어떤 인성을 가지고 있느냐에 따라 크게 영향을 받는다. 리더가 기업의 이윤만을 우선시하면 기업 전체가 그것

을 향해 돌진하게 되어 있고, 리더가 사회적 책임을 중요시하면 모든 종업원들도 기업의 윤리적 경영에 힘을 쓰게 된다.

- 기업 문화는 기업 구성원, 종업원의 가치관과 행태에 영향을 미친다. 기업 목표, 일하는 방식, 종업원 사이의 소통, 조직 내 상하 관계 등은 기업 문화에 영향을 미치고 또 그로부터 영향을 받는다. 기업 문화에 적응치 못하거나 이를 거부한다면 기업 구성원의 일환으로 존재하기 어렵다. 기업 구성원의 초자아(S.Ego)는 기업 문화로 물들어 있고, 이들의 자아(Ego)를 움직여 기업 문화에 순응하게 만든다.
- 기업 문화는 고정되어 있지 않고 수시로 변화한다. 특히, 영향력 있는 리더는 기업 문화에 지대한 영향을 미칠 수 있다. 삼성의 기업 문화도 이병철, 이건희, 이재용 회장의 의지에 따라 꾸준히 변모해 왔다. 기업 문화의 변화는 기업 구성원의 인성을 변모시킨다.
- 기업 문화는 기업의 방향성과 안정성을 제공하고 기업을 지탱하는 가치관이 될 수 있다(Desjardins, 2015: 129－130). 기업의 외부 환경 대응, 위기 상황의 기업 결정 등에 있어서 기업 문화가 기본 중추적 역할을 할 수 있다.
- 기업 문화의 혁신은 쉽사리 일어나지 않는다. 탁월한 리더의 현명한 판단과 확실한 추진력이 있을 때만 가능해진다. 물론 전체 노동자나 핵심 의사 결정자 집단의 파격적 혁신이 있을 때도 가능할 수 있다. 하지만, 최고 책임자인 리더와 의견이 일치하지 않는다면 기업의 생사가 위태로울 수 있다. 기업은 조직으로서 구조와 기능을 갖추고 있으며, 안정된 체제를 구축하고 있다. 그래서 기업은 자체적으로 생존, 성장, 발전해 가는 속성을 지니고 있다. 이런 안정화된 체제는 리더가 누구인가에 관계없이 움직여간다. 기업 문화의 새로운 혁신은 탁월한 리더의 현명한 판단과 추진력이 있을 때 가능해진다. 기업 구성원이 기업 문화에 동조적일 때는 그의 인성도 기업 문화와 동질성을 띠게 되지만, 조직 목표나 리더가 추진하는 기업 문화와 맞지 않을 때는 충돌이 일어난다.

2. 기업가 윤리와 인성

기업가가 지켜야 할 기업가 윤리를 기업가 정신과 기업가의 사회적 책임으로 나누어 살펴보기로 한다.

▪ 기업가 정신

기업가 정신(企業家精神, entrepreneurship)은 기업을 경영하는 사람이 갖추고 있는 마음 자세를 말한다. 위험이 있는 새로운 사업을 운영하기 위한 경영자의 창의적이고 모험적인 성향을 의미한다(윤석철, 2015: 3). 기업가는 새로운 사업 내용을 가지고 창업하고, 인적 · 물적 자원을 동원하고 관리하며, 재화와 서비스를 생산, 유통, 판매하여 이윤을 창출하는 사람이다. 이 과정에서 기업가는 새로운 사업 내용 창출, 비전 제시, 창의와 혁신, 위험 부담을 감수하고 이를 극복해 내는 능력, 강렬한 열정과 노력, 인적 · 물적 자원을 능률적으로 관리하는 능력 등 뛰어난 기업가 정신을 발휘한다.

베링거와 아일랜드(Barringer & Ireland, 2014: 6)는 entrepreneur에서 'entre'가 '사이'를 의미하고, 'prendre'가 '가지다, 취하다'라는 뜻에서 비롯되었음을 설명하면서 기업가 정신을 판매자와 구매자 사이에서 위험을 감수하는 사람이나 새로운 벤처를 시작하는 임무를 띤 사람으로 묘사한다. (발명가가 새로운 것을 만들어내는 사람인데 비해) 기업가는 발명을 실용적인 사업으로 변화시키기 위해 능력을 발휘하는 사람이라고 보았다. 그리고 성공하는 기업가는 사업에 대한 열정, 상품과 고객에 집중, 실패하더라도 끈기 있음, 실행 지능(execution intelligence)을 갖춘 사람이라고 하였다(Barringer & Ireland, 2014: 9-15).

최병일(한국경제연구원장)은 블루 오션을 찾아내는 선경지명, 위기를 기회로 바꾸려는 대담한 발상의 전환과 도전 정신, 남과 다른 경쟁 우위를 만들어내고 유지하려는 혁신 정신, 변덕스러운 소비자의 욕구를 다른 경쟁자보다 더 빨리 더 만족스럽게 채워주려는 상인 정신의 총집합체가 기업가 정신이라고 말한다(최병일 · 황인학 외, 2013: 23-24). 그는 또 다음과 같이 말한다.

"기업가 정신을 창달하고 진흥하는 국가는 지금 당장 그 경제가 어두운 터널을 지나고 있어도 희망의 미래가 기다리고 있을 것이지만, 기업가 정신과 질주하는 탐욕을 동의어로 간주하고 속박하며 옥죄는 일에 골몰하는 국가는 당장의 경제 상황이 넉넉하다고 해도 깜깜한 암흑 같은 미래가 기다리고 있을 것이다. 국가의 흥망성쇠는 기업가 정신에 의해 좌우되는 세상이 되었다."

윤상호(KERI 연구위원)는 "기업가 정신은 특정인에게만 이윤의 기회로 포착되어진, 고착화된 경제적 기득권과 관행 등을 고도의 계산과 치밀한 계획을 통해 혁파해

나가는 도전 정신을 말한다. 즉, 기업가 정신은 사회 구성원이 미개척된 시장의 기회를 포착하는 창의적 선구안 및 계획을 구체화하는 실행 능력 여부, 시장 경쟁을 통한 혁파적 과정과 보이지 않는 손에 의해 만들어진 결과에 수긍하는 사회적 유연성 혹은 사회적 자본이라는 제도적 기반에 의해 결정되는 것이다(최병일・황인학 외, 2013: 36).

기업가 정신이 창의적 도전성이라고 볼 때 다음 <표 6-2>에서 보는 바와 같이 일본 기업가 정신의 쇠퇴 요인은 적지 않은 시사점을 준다.

표 6-2 일본의 기업가 정신 약화에 영향을 주는 환경적 요인

문화적 요인	관습과 전통, 일관성 등을 중시하는 집단적 문화로 위험을 수반한 도전 기피
사회적 요인	기업가의 사회적 위상이 높지 않고, 가장의 안정적 가족 부양 의무 강조
교육적 요인	기업가 정신 및 창업에 대한 교육 프로그램 부재와 영어 등 외국어 능력 낮음
법적 요인	기업가 개인, 연대 보증 및 그 가족까지 채무 변제 책임이 이전되는 도산법
금융적 요인	충분한 담보 없이는 대출하지 않는 금융기관의 관행 및 벤처 투자 시장의 미성숙

출처: 『포브스』, 최병일・황인학 외(2013: 190).

현대 한국의 기업가 정신은 정치적 간섭과 행정적 규제로 인해 많이 약화되어 있다. 경제 발전기 동안에 최고의 일등 공신이었던 기업, 기업가들이 정치 민주기를 지나면서 변방으로 밀려나고 급기야 범죄인 취급을 당하는 경우가 많아졌다. 기존의 기업 관행이 지속적으로 불법, 부당한 것으로 취급되고 기업가들은 청문회에 불려 나가 '창피'를 당하고, 범죄자로 옥살이를 하는 경우가 많아졌다. 현대 한국의 기업가 중에는 아직도 당당한 기업인의 자부심을 갖고 있는 사람도 있지만, 적지 않은 기업가가 실망과 자괴감을 가지고 있다.

'기업을 하기보다는 부동산 투기나 하여 돈을 버는 것이 낫다.'

'나만 잘 먹고 잘 살면 됐지, 뭐하려고 기업을 만들어 이 고생일까?'

이런 생각은 기업가의 인성이 부정적인 방향으로 많이 변모해 가고 있음을 말해준다.

기업가의 사회적 책임

기업가의 책임과 의무는 기업의 책임과 의무와 상당한 부분에서 비슷하다. 여기서는 기업의 의무와 책임에 대해서는 제외하고 기업가의 의무와 책임에 대해서만 살펴보기로 한다.

기업가의 사회적 책임은 기업가가 기업 경영을 통해 사회가 요구하는 기대를 충족시키는 것이다. 기업가가 기업 경영과 관련하여 기업 내부 경영 및 외부 경제 환경에 대해 지는 책임과 의무를 말한다(김성수, 2015: 181－185). 기업가의 의무와 책임의 내용을 들어 보면 다음과 같다.

첫째, 기업가는 창업을 통해 기업을 일으켜 경제 발전과 국민 복리 증진에 앞장서야 한다. 기업 창업이 개인적 이윤 추구는 물론 경제 사회 발전에도 기여를 할 수 있어야 한다. 창업은 사업 내용 선정, 인적 자원 및 물적 자원 조달, 생산과 판매의 모든 것을 책임지고 기업을 성공으로 이끌어야 한다.

둘째, 기업 경영을 책임지고, 기업의 이윤 창출, 지속적 성장 발전에 기여해야 한다. 기업가는 창업은 물론 지속적 이윤 창출과 발전에 총력을 기울여야 한다. 기업의 모든 역량을 기업 목표 달성으로 집중시킬 수 있어야 한다.

셋째, 기업 구성원 모두가 자신의 직무에 충실할 수 있게 하여야 하고 이들의 복지 증진에 노력해야 한다. 기업가, 경영자와는 달리 일반 종업원의 경우에는 창업 정신이나 기업 발전 욕구가 상대적으로 부족하고, 자신의 소득 증대나 자기 자신의 발전에 대한 관심이 더 클 수 있다.

넷째, 기업과 관련된 여러 이해 관련 집단의 이해 관계를 잘 조정하고, 각각의 이익을 극대화할 수 있어야 한다. 자본 투자자와 종업원, 행정 관료와 정치 집단, 지역 사회, 노동자 단체 등 사이의 갈등을 잘 조정하고 각각의 이해가 긍정적으로 확대되도록 노력해야 한다.

다섯째, 기업의 사회적 책임, 자연적 책임에 최선을 다해야 한다. 기업의 윤리 경영에 최선을 다해야 한다.

여섯째, 기업 체제 발전, 기업 문화 혁신에 앞장서야 한다. 기업은 최고 책임자인 기업가의 판단에 따라 방향이 달라지고 미래 상황이 급변할 수 있다. 무기력한 기업과 문화를 새롭게 역동적으로 변화시키고, 이윤 창출은 물론 기업의 의무와 책임을 극대화할 수 있도록 해야 한다.

3. 노동자의 윤리와 인성

1) 노동자(종업원)의 권리와 인성

일을 하는 사람인 노동자(勞動者)는 기업에서는 종업원(從業員)이라 불리고, 법적 용어로는 근로자(勤勞者)다. 「근로기준법」 제2조에서 '근로자'란 직업의 종류와 관계없이 임금을 목적으로 사업이나 사업장에 근로를 제공하는 자로 정의하고 있다. 근로자는 기업의 경영자와 근로 계약을 하면서 근무가 시작된다. '근로 계약'이란 근로자가 사용자에게 근로를 제공하고 사용자는 이에 대하여 임금을 지급하는 것을 목적으로 체결된 계약을 말한다(근로기준법 제2조).

노동자가 권리를 인정받기 위해서는 법에 정한대로 계약을 통해 근로를 시작할 필요가 있다. 근로기준법에서는 가장 기본적인 근로 조건 준수 사항을 정해 놓고 있다. 이는 노동자에게는 권리인 반면에 사용자, 경영자에게는 의무가 된다. 각 항목을 들면서 근로자의 권리에 대해 살펴보기로 한다.

- 제3조(근로 조건의 기준) 이 법에서 정하는 근로조건은 최저 기준이므로 근로 관계 당사자는 이 기준을 이유로 근로 조건을 낮출 수 없다. 근로자는 이보다 더 좋은 조건을 요구할 수 있다.
- 제4조(근로 조건의 결정) 근로 조건은 근로자와 사용자가 동등한 지위에서 자유의사에 따라 결정하여야 한다. 계약 당시에 불평등한 상태에서 근로자에게 매우 불리한 계약은 무효로 할 수 있다.
- 제5조(근로 조건의 준수) 근로자와 사용자는 각자가 단체협약, 취업규칙과 근로계약을 지키고 성실하게 이행할 의무가 있다. 일단 계약이 이루어지면 의무로 작용된다.
- 제6조(균등한 처우) 사용자는 근로자에 대하여 남녀의 성(性)을 이유로 차별적 대우를 하지 못하고, 국적 · 신앙 또는 사회적 신분을 이유로 근로 조건에 대한 차별적 처우를 하지 못한다.
- 제7조(강제 근로의 금지) 사용자는 폭행, 협박, 감금, 그 밖에 정신상 또는 신체상의 자유를 부당하게 구속하는 수단으로써 근로자의 자유의사에 어긋나는 근로를 강요하지 못한다.
- 제17조(근로 조건의 명시) 사용자는 근로계약을 체결할 때에 임금, 소정 근로 시간, 휴일, 연차, 유급 휴가 등을 명시하여야 한다.

– 제18조(단시간 근로자의 근로 조건) 단시간 근로자의 근로 조건은 그 사업장의 같은 종류의 업무에 종사하는 통상 근로자의 근로 시간을 기준으로 산정한 비율에 따라 결정되어야 한다.[2)]

– 제43조(임금 지급) 임금은 통화(通貨)로 직접 근로자에게 그 전액을 지급하여야 한다. 다만, 법령 또는 단체협약에 특별한 규정이 있는 경우에는 임금의 일부를 공제하거나 통화 이외의 것으로 지급할 수 있다. 임금은 매월 1회 이상 일정한 날짜를 정하여 지급하여야 한다.

– 제46조(휴업수당) 사용자의 귀책사유로 휴업하는 경우에 사용자는 휴업기간 동안 그 근로자에게 평균 임금의 100분의 70 이상의 수당을 지급하여야 한다. 다만, 평균 임금의 100분의 70에 해당하는 금액이 통상임금을 초과하는 경우에는 통상임금을 휴업수당으로 지급할 수 있다.

– 제50조(근로 시간) 1주간의 근로시간은 휴게 시간을 제외하고 40시간을 초과할 수 없다. 1일의 근로시간은 휴게 시간을 제외하고 8시간을 초과할 수 없다.

– 제54조(휴게) 사용자는 근로 시간이 4시간인 경우에는 30분 이상, 8시간인 경우에는 1시간 이상의 휴게 시간을 근로 시간 도중에 주어야 한다. 휴게 시간은 근로자가 자유롭게 이용할 수 있다.

– 제55조(휴일) 사용자는 근로자에게 1주일에 평균 1회 이상의 유급 휴일을 주어야 한다.

– 제69조(근로 시간) 15세 이상 18세 미만인 자의 근로 시간은 1일에 7시간, 1주일에 40시간을 초과하지 못한다. 다만, 당사자 사이의 합의에 따라 1일에 1시간, 1주일에 6시간을 한도로 연장할 수 있다.

2) (추가) 제8조(폭행의 금지), 제9조(중간착취의 배제), 제10조(공민권 행사의 보장), 제19조(근로조건의 위반에 대한 손해 배상 청구), 제20조(위약 예정의 금지), 제21조(전차금 상계의 금지), 제22조(강제 저금의 금지), 제23조(해고 등의 제한), 제24조(경영상 이유에 의한 해고의 제한), 제25조(우선 재고용 등), 제26조(해고의 예고), 제27조(해고사유 등의 서면통지), 제34조(퇴직급여 제도), 제36조(금품 청산), 제38조(임금채권의 우선변제), 제39조(사용증명서), 제40조(취업 방해의 금지), 제70조(여성의 야간근로와 휴일근로의 제한), 제71조(여성의 시간외 근로 제한), 제72조(갱내근로의 금지), 제73조(생리 휴가) 사용자는 여성 근로자가 청구하면 월 1일의 생리휴가를 주어야 한다. 제74조(임산부의 보호), 제74조의2(태아검진 시간의 허용 등), 제75조(육아 시간), 제76조(안전과 보건) 근로자의 안전과 보건에 관하여는 「산업안전보건법」에서 정하는 바에 따른다. 제77조(기능 습득자의 보호), 제78조(요양 보상), 제79조(휴업 보상), 제80조(장해 보상), 제82조(유족 보상), 제83조(장의비), 제86조(보상 청구권), 제56조(연장·야간 및 휴일 근로), 제57조(보상 휴가제), 제60조(연차 유급휴가), 제68조(임금의 청구).

노동자는 자신의 권리를 정확히 인지할 필요가 있다. 그리고 이 권리를 지키기 위해 당당하고 정당하게 법과 절차를 활용해야 한다. 자신의 권리를 정확히 인지하지 못하게 되면 자칫 비굴한 모습을 보이게 될 수 있다.

다음 언론 기사는 노동자의 권리를 제대로 보장받지 못하고 있는 사람에 대한 이야기다.

■ '콧노래, 휴식 금지' … 공공기관 비정규직 사용법!

– 野 을지로위, 196개 정부·공공기관 용역 계약서 전수 조사 발표

"시위 및 중상모략 주동 등 선동행위 금지"(경찰청 인천지방경찰청 종합시설관리 과업 지시서)

"갑에 배치할 미화원의 자격은 사상이 건전하고 품행이 단정해야"(관세청 경남양산세관 도급 계약서)

"작업 도중 잡담, 콧노래 등의 고성을 삼가야 하며 사무실 의자 및 소파 등에 앉아서 쉬지 못하도록 한다."(문화재청 국립문화재연구소 청소용역 과업 지시서)

"당 원의 주요 보직자 등의 출퇴근 시에는 (경비 용역 노동자는) 환영과 전송의 예절을 갖춘다."[한국과학기술연구원(KAIST) 부설 한국과학영재학교 경비 과업 지시서]

지난해 중앙대에서 발견되어 사회적 논란이 되었던 '콧노래, 소파 휴식 금지' 과업 지시서가 공공기관에서도 다시 발견되었다. 또 쟁의권 등의 노동 3권을 사실상 원천 봉쇄하거나 계약서상 '갑'에게 '환영과 전송의 예절'을 갖추게끔 하는 전근대적 계약 내용까지 발견된다.

– 정부가 '지침' 내놔도 공공기관들은 '나몰라라'?

'용역근로자 근로조건 보호지침'은 청소·경비 등 용역 노동자들의 노동 조건이 사회 문제가 되자 2012년 이후 정부가 발표하고 있는 산하 기관 대상 지침이다. 올해 1월에도 기획재정부, 행정자치부, 고용노동부가 합동으로 새 지침을 발표하기도 했으며, 금주 중에 고용노동부 또한 지침 준수 여부를 조사한 결과를 발표할 계획이다.

– 시중 노임단가 적용 기관 고작 6%

그럼에도 을지로위가 196개 기관의 용역 계약서를 검토한 결과, 정부의 이 같은 지침을 따르지 않고 있는 기관들이 상당한 것으로 확인되었다. 을지로위원회는 시중 노임단가를 적용하는 기관은 고작 6%(11개)밖에 되지 않는다고 밝혔다. 시중 노임단가는 중소기업 중앙회에서 발표하는 '중소제조업 직종별 임금조사 보고서'의 단순노무종사원 노임을 기본급으로 적용하여 산정된다. 올해 시중 노임단가는 6만 4,150원으로 정부 계산에 따르면 시급은

8,019원이다.

– 고용승계 지침 있는 기관 66%…野 "전 기관 지침 준수토록 하겠다"

'고용승계' 지침을 따르고 있는 곳은 66%(129개)라고 을지로위는 밝혔다. 다른 기관들은 "수탁업체는 특별한 사정이 없는 한 기존 근로자를 계속 고용하여야 한다"와 같은 고용승계 조항이나 문구를 용역 계약서에 포함하고 있지 않다는 지적이다.

(출처: 프레시안. 최하얀 기자. 2015.09.07. 내용을 축약하였음)

2) 노동자의 책임과 의무

노동자는 법적으로 정확하게 계약을 한 상태이건, 또는 신용으로 구두 계약을 한 상태이건 관계없이 자기가 맡은 일에 최선을 다해야 한다. 정부에서는 단시간 근무자일 경우에도 명확하게 근로 계약서를 작성한 뒤에 일을 하도록 유도하고 있다. 하지만, 현실적으로는 계약서 없이 노동, 근로가 이루어지는 경우가 제법 많이 있다. 예를 들면, 하루 품앗이를 하는 일용직 노동자, 식당의 일시적 업무 보조원, 동네 구멍가게의 아르바이트, 이삿짐 센터의 업무 보조 등은 계약서 없이 일하는 경우가 대부분이다. 이런 경우에는 노동자의 권리 보장이 사용자의 신용에 따라 좌우되게 되어 있고, 동시에 노동자의 일에 대한 책임이 노동자의 의도에 따라 손상될 수 있다.

노동자는 자신이 맡은 일에 대한 책임과 의무를 다해야만 한다.

- 노동자는 자기가 속한 기업이나 직장, 조직에 충성하고 상관의 지시나 명령에 복종해야만 한다. 홀로 활동하는 노동자라면 독자적으로 활동해도 좋지만, 조직 속의 일원이 된 노동자는 몸담고 있는 조직에 충실해야 한다.
- 노동자는 자신이 맡은 일을 최선을 다해, 적시에, 적당량을, 완벽하게 해내야 할 책임과 의무가 있다. '책임'이라는 말이 다소 능동적이고 적극적인 용어라면, '의무'는 당연히 해내야 하는 다소 피동적인은 뜻을 담고 있다. 노동자는 일에 책임을 맡은 사람으로서 일의 방법, 성취 수준, 일정 등을 스스로 결정하고 시행해야만 한다. 계약서나 구두 계약(口頭契約)으로 해야 할 일의 내용을 정한 경우에는 반드시 달성해야만 하는 의무가 된다. 의무를 지키지 못하면 그에 따른 손해 배상을 해야만 한다.
- 노동자는 자신이 하는 '일의 최종 목적'을 정확히 인지하고 그에 걸맞게 일을 추진해 가야 한다. 예를 들어서, 건축 현장의 벽돌공은 자신이 하는 일이 거대

한 건축물의 일부분이 됨을 항상 인지하여 안전하고 튼튼하게 일을 해가야만 한다.

- 노동자는 다른 노동자, 상관, 경영자와 공동 협력하며 조화롭게 처신해야 한다. 노동자의 존재는 기업이나 조직 전체와 관련되어 있기 때문에, '홀로 독립되어 있는 존재'로서만 자기 자신을 의식해서는 안된다. 자신은 조직이나 직장, 기업 속에 몸담고 있는 존재이며, 기업의 생존이 자기와 직접 연결되어 있으며, 자신도 기업 문화의 영향을 받고 있음을 인지하고 있어야 한다. 사용자 또는 다른 조직원과 다투거나 기업의 규율, 조직 문화를 깨뜨리는 일을 해서는 안된다.
- 노동자는 기업의 영업 비밀이나 기업의 내부 사정을 불필요하게 또는 불법적으로 외부로 유출해서는 안된다. 기업은 다른 기업과 무한 경쟁을 하면서 생존해 가기 때문에 노동자의 불법, 부당한 영업 비밀 유출 행위는 기업을 위태롭게 만들 우려가 있다.

■「부정경쟁방지 및 영업비밀보호에 관한 법률」 제2조

"영업비밀"이란 공공연히 알려져 있지 아니하고 독립된 경제적 가치를 가지는 것으로서, 합리적인 노력에 의하여 비밀로 유지된 생산 방법, 판매 방법, 그 밖에 영업 활동에 유용한 기술상 또는 경영상의 정보를 말한다.

"영업비밀 침해행위"란 다음 중 어느 하나에 해당하는 행위를 말한다.

- 절취(竊取), 기망(欺罔), 협박, 그 밖의 부정한 수단으로 영업비밀을 취득하는 행위 또는 그 취득한 영업비밀을 사용하거나 공개(비밀을 유지하면서 특정인에게 알리는 것을 포함한다)하는 행위
- 영업비밀에 대하여 부정취득행위가 개입된 사실을 알거나 중대한 과실로 알지 못하고 그 영업비밀을 취득하는 행위 또는 그 취득한 영업비밀을 사용하거나 공개하는 행위
- 영업비밀을 취득한 후에 그 영업비밀에 대하여 부정취득행위가 개입된 사실을 알거나 중대한 과실로 알지 못하고 그 영업비밀을 사용하거나 공개하는 행위
- 계약관계 등에 따라 영업비밀을 비밀로서 유지하여야 할 의무가 있는 자가 부정한 이익을 얻거나 그 영업비밀의 보유자에게 손해를 입힐 목적으로 그 영업비밀을 사용하거나 공개하는 행위. (이런 사실을 알거나 또는 모른 채) 다시 영업비밀을 사용하거나 공개하는 행위

■ 내부 고발자: 어떤 인성을 가지고 있는가?

내부 고발자(內部告發者, whistleblower)란 어떤 조직이나 기업, 기관 내에서 불법적(illegal), 비윤리적(unethical), 옳지 않다(not correct)고 여겨지는 정보나 행동을 폭로하는 사람이다(위키백과). 이때 폭로는 내부 동료나 상관을 향해서도 이루어질 수 있지만 가장 강력한 것은 외부로 향한 것이다.

내부 고발의 정당성을 판단하는 것은 쉽지가 않다. 내부 고발은 노동자가 조직에 충성해야 하고 영업 비밀을 유지해야만 하는 의무가 있는 상황에서는 매우 잘못된 것일 수 있다. 그래서 내부 고발이 '정당화'되기 위해서는 확고한 명분(名分, moral duty, justification, justice)이 있어야만 한다. 김성수(2015: 300－301)는 다음과 같이 세 가지를 내부 고발의 정당화 요건으로 들고 있다. 첫째, 해독의 중대성이다. 즉, 기업의 활동이 사회에 '중대한 해'가 될 것으로 추정되거나, 실제로 발생한 증거가 있어야 한다. 둘째, 고발자의 고발 동기가 객관적으로 순수하게 사회의 공익을 위한 것이어야 한다. 셋째, 기업이 시정할 의지가 있는 데도 불구하고 시정하지 않을 경우에 대외적으로 폭로할 수 있다. 내부적으로 시정이 가능한 것을 무작정 외부로 폭로하는 것은 의도가 정당하지 못하다.

내부 고발은 기업이나 조직, 기관에 엄청난 충격파를 줄 수 있고, 자칫 엄청난 피해를 유발할 수 있다. 그래서 기업이나 조직, 기관에서는 내부 고발을 경계하고, 고발자가 생기지 않게 애를 쓰며, 고발을 한 당사자에게 어떻게든 응징하려는 태도를 보이는 수가 많다. 조직의 잘못을 인지한 조직원은 폭로 이전에 내부적으로 문제를 해결하기 위해 최선을 다해야 한다. 기업 내의 다양한 절차를 활용하거나 공식적 또는 비공식적 인간 관계를 통해 해결을 시도해 볼 수 있다.

내부 고발이 '더러운 폭로(暴露)'여서는 곤란하다. 더러운 폭로는 기업 비밀이나 상관의 실수를 볼모로 삼아 자기 이익을 추구하고자 할 때 나타날 수 있다. 기업이나 조직, 기관에 망신을 주거나 망가뜨리기 위해, 상관을 거꾸러뜨리기 위해 내부 고발이 이루어질 수도 있다. 이런 폭로는 정당화될 수 없고 더러운 폭로일 뿐이다.

내부 고발자의 인성은 어떠할까? 쉽게 속단할 수 없지만, 마지막 순간에는 '나의 행동은 정당하다'는 믿음이 투철하고, '내가 이를 폭로해야만 한다'는 능동적 성격이 있으며, 기어이 '폭로를 단행'하는 결단성이 있어야 한다. 이런 성격 특성을 가진 사람이 내부 고발자가 될 수 있다. 거대한 기업이나 기관, 조직의 내부 고발자는 '일제시대의 독립 운동가'처럼 힘들고, 당당하며, 제재에 불굴하는 의지를 가진 사람일 수 있다. 주변의 동료, 상하 조직원을 모두 적으로 돌려야만 하는 처절한 마음을 가지고 있을 수 있다. 고발 이후에 나타날 수 있는 사회적 찬사와 질시를 동시에 받아야만 한다.

여기서 한 가지 유의해 볼 것은, 사회적 찬사를 받은 경험이 있는 내부 고발자는 또다시 내부 고발자가 될 가능성이 높다는 점이다. 자신의 행위에 대한 정당화, 공익 추구자라는 자부심, '불의를 참지 못하는 성질'이 동시 작용하여 지속적으로 내부 고발자로 나서게 된다. (혹시라도 사회적 정당성이 낮은 내부 고발을 한 경우라면) 이런 내부 고발자에 대해 주변인의 비난이 쏟아질 수 있다. 내부 고발자는 기업이나 조직, 기관으로부터 질시를 받게 되고, 도태되며, 사회적으로 몰락하는 경우가 적지 않다. 내부 고발자 보호법(內部告發者 保護法)으로 보호를 꾀하지만 현실은 그리 되지만은 않는다. 일제 시대 때, 목숨을 내놓고 독립 투쟁을 했던 독립 투사 중에, 해방된 정국에서도 또다시 정부 비판자로 된 분이 적지 않다.

Ⅳ 부귀와 인성

1. 빈부와 국가 경제

사람들 중에는 자신의 의식주와 생활 필수품을 스스로 해결할 수 있는 사람과 그렇지 못한 사람이 있다. 후자를 the Poor라고 부르고, 이 수준을 벗어난 사람을 '가난하지 않은 사람(=non-poor)'이라고 부른다. 가난하지 않은 사람 중에 소수의 매우 풍족한 사람을 the Rich라고 부른다.[3] 경제 발전 정도가 매우 낮은 수준에서는 부자나 가난하지 않은 사람이 매우 적고, 대부분이 가난하다. 가난한 사람은 의식주가 부족하니, 건강할 수 없고, 교육 수준도 낮으며, 정신 건강도 높지 않다. 국가계(國家界, national life-world) 전체가 피폐되고 활력이 없다.

지도자와 통치권은 국민의 가난 극복(家難克復)을 위해 노력해야 한다. 가난 극복은 지도자와 통치권의 절대절명(絶對絶命)의 목표다. 이 목표를 위해 최선의 정책을 만들어 시행해야 하고, 국민을 선도해야만 한다. 하지만, 어떤 지도자와 통치 권

3) 이 부분은 이대희 외(2016: 51-52) 내용을 옮겼음.

력은 다수 가난한 국민을 방치하거나 무기력증에 빠져 있게 만들기도 한다. '우민화(愚民化)' 정책을 추진하면서 독재 권력자만 호의호식(好衣好食)하는 수가 있다. 바로 '나쁜 정부', '나쁜 지도자'다. 가난 극복 능력이 부족한 정부는 '무능력한 정부'다.

아무리 발전한 국가계라고 하더라도 일부 가난한 사람이 있기 마련이다. 직업이 없거나 지적 역량이 떨어지는 사람, 신체적 허약자, 노령자는 가난을 벗어날 수 없다. 이런 사람은 가난하지 않은 사람이나 부자의 도움을 받아야만 한다. 정부도 나서서 이들의 가난 극복에 노력해야 한다. 가난한 사람을 방치하면 사회 문제가 될 수 있다.

경제가 발달한 국가계는 가난한 사람이 적다. 모두가 의식주 문제를 해결하고 일상 생활이 가능하기 때문이다. 하지만, 이런 속에도 '상대적 빈곤'을 느끼는 사람이 적지 않다. 부자가 되고 싶고, 국민 평균치 수준을 유지하고 싶기 때문이다. 기업가에 대해 노동자, 도시민에 대해 농어촌 지역인, 고소득 직업군에 대해 그렇지 못한 직업군, 기득권 어른에 대해 출발선상의 청소년이 상대적 빈곤감을 느낀다. 이들은 수시로 불만을 토로한다.

The Poor는 수시로 the Rich를 공격한다. 후자가 안정적인 국가계를 원하는 데 비해, 전자는 판을 바꾸는 수준의 변화를 원한다. 전자는 혁신 정당과 정책을 지지하고, 후자는 보수 성향의 정당과 정책을 지지한다. 보수주의자는 '가난한 사람은 일하기를 싫어하거나 부지런하지 않으며, 저축을 하지 않는 등 근본적으로 가난할 수밖에 없다'고 주장한다(Choi, Callaghan & Murphy, 1995: 51－52). 가난한 사람은 도덕적으로도 문제가 있어 성공적인 일을 찾으려는 노력도, 능력도 갖고 있지 못하다고 말한다. 이에 비해 the Poor를 옹호하는 개혁주의자는 현재의 제도, 법규, 정책은 대부분 '있는 자'를 위해 존재한다. 이것을 깨뜨려야만 진정한 부의 평등이 실현될 수 있다고 주장한다(이대희 외, 2016: 51－52).

한국은 1인당 소득이 3만 달러에 육박하고 국가 전체의 국부가 세계 7위권의 경제 대국이 되었다. 1960년대의 궁핍 생활을 벗어나 이제는 의식주에 문제가 없고, 물질적으로 매우 풍족한 상태가 되었다. 농업은 과잉 생산을 걱정할 정도가 되었고, 집이 남아 돌며, 최첨단의 산업 경제를 구가하고 있다. 이제는 가난 걱정이 없을 듯한 세상에 살고 있는데 아직도 빈부 격차를 말하고 경제 불황을 걱정하는 사람이 적지 않다. 왜 그럴까?

그림 6-5 국내총생산(GDP)과 1인당 국민총소득(GNI)

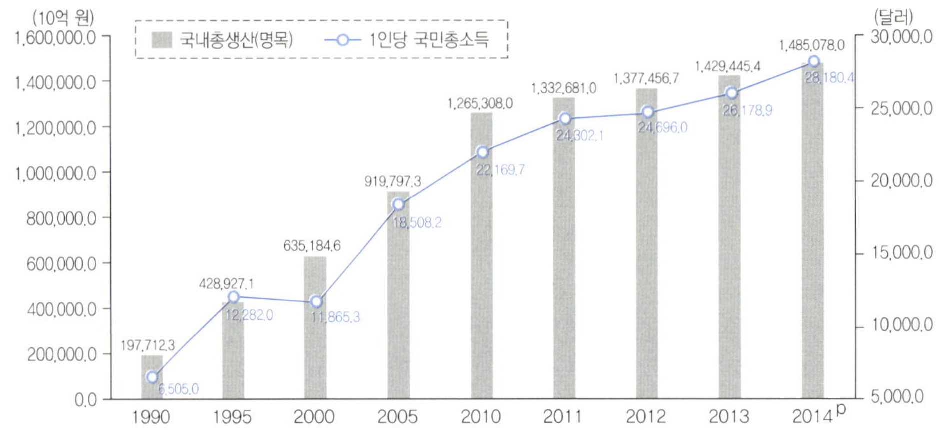

출처: 한국은행. 『국민계정』.

2. 가난과 인성

더없이 살기 좋아진 한국 사회에 여전히 노숙자가 보이고, 청년 실업을 걱정하며, 부자를 향해 독설을 내뿜는 사람이 적지 않다. 열심히 일하며 이렇게 살기 좋아졌는데 또다시 은퇴 후의 노령 사회를 걱정하고 있다. '가난'을 걱정하고 미래를 불안해 하는 사람이 적지 않다. 하지만, 우리 한국 사회에는 노동 의지만 있으면 소득을 창출할 수 있는 일감이 아직 많이 있다. 청년 실업을 걱정하지만 산업 현장에서는 젊은 인력을 구하지 못해 동남아 등 다른 나라로부터 젊은 노동자를 수입하고 있다. 은퇴 후 노령 사회를 위해 연금과 보험이 안정적으로 마련되고 노인 복지를 위해 정부와 사회가 노력하고 있다.

현재 한국 사회에서 절대적 빈곤(絶對的貧困, absolute poverty)에 속하는 사람에는 누가 있을까? 갈 곳 없는 노숙자, 홀로 사는 병약한 노인, 탈북한 뒤에 정착금을 다 써버린 사람, 동남아로부터 입국한 뒤 직장을 잃은 사람, 이혼 후 홀로되었지만 직장이 없는 여성, 병들어 홀로 누워 있는 병자 등이 이에 속한다.

절대적으로 가난한 사람의 인성은 어떤 모습일까? 하루하루 먹고 살기가 어려운 만큼 절망감에 사로잡혀 있고, 무기력하며, '삶'이 절박하다. '돈'에 모든 것을 걸어야 하고, 죽지 못해 살아가는 기분이다. 기력이 있을 때는 돈을 벌기 위해 애를 쓰고 앙탈을 부려보지만 시간이 흐를수록 불가능을 깨닫게 된다. 모든 일에 자신이 없어지고 끝내는 자포자기(自暴自棄) 상태로 전락한다. 모든 것을 포기한 노숙인이나 자포자기자(the loser)는 이렇게 만들어진다.

살기 좋아진 한국 사회에서는 조금만 노력해도 먹고살 수 있는 돈을 벌 수 있다. 스스로 움직이고 노력을 하면 충분히 의식주를 해결할 수 있고 발전해 갈 수 있다. 이런 경제 속에서 상대적으로 빈곤을 느끼는 사람이 적지 않다. 부자가 되고 싶고, 더욱더 부자가 되고 싶은데 그것이 쉽지만은 않다. 부자가 되는 것이 뜻대로 되지 않자, '공연히 부아가 치밀고, 부자가 싫어진다.' 이런 상대적 빈곤(相對的貧困, relative poverty)을 느끼는 한국 사람이 많아졌다.

상대적 빈곤을 느끼는 사람의 인성은 어떨까? '이웃집 잘되는 것을 보면서 배가 아프고', 기업체 사장이나 재벌가를 보면서 '내 것을 뺏어가서 잘 먹고 잘살고 있구나!'란 생각을 한다. 조금만 힘이 들어도 '부자 놈들 때문에 내가 이렇게 힘이 든다'는 생각을 쉽게 한다. 가족 소득은 지속적으로 많아지고 있는데, 사람의 행복감은 좀체로 높아지지 못하고 있다.

〈GDP 13위, 행복 58위 한국…〉

■ **"돈이 많으면 행복해지는가? 부(富)가 축적될수록 불행은 사라지는가?"**

경제학에서 풀기 어려운 질문이다. 인간의 삶에서 '먹고사는' 것만큼 중요한 건 없다. 여기에 필요한 게 '돈'이다. 돈이 없으면 삶은 고단해진다. 그렇다고 돈이 많다고 삶이 윤택해질까?

이탈리아 로피아노 소피아대 경제학과 루이지노 브루니 교수(50)는 22일 중앙일보와의 인터뷰에서 "돈이 많다고 다 행복한 건 아니다"라고 말했다. 그는 "한국의 국내총생산(GDP)은 세계 13위인데 행복지수는 58위에 불과하다. 세계 자본주의가 직면한 도전은 이런 행복의 역설"이라고 말했다. 브루니 교수는 국제연합(UN)이 매년 발표하는 『세계행복보고서(*World Happiness Report*)』 작성에 참여하는 학자다. 『세계행복보고서』는 UN이 156개국별로 행복지수를 산출해 2012년부터 발간하고 있다.

브루니 교수는 "미국에선 이미 1970년대부터 부가 축적되는데도 행복지수가 떨어졌다"라고 소개했다. 대표적인 연구가 1974년 리처드 이스털린 남캘리포니아대 교수가 발표한 '이스털린 역설'이다. 30개국을 대상으로 조사한 결과 행복도와 1인당 국민총생산(GNP) 사이에 관련성을 찾을 수 없었다. 예를 들어, 1960년 서독의 1인당 국민총생산(GNP)은 나이

지리아의 20배였는데 행복도는 오히려 조금 낮았다. 이 학설은 물질적 풍요만으로는 행복할 수 없다는 주장에 힘을 실어줬다.

브루니 교수의 주장도 이런 흐름과 궤를 같이한다. 그는 기업가나 경영자 홀로 부를 쌓는다고 행복해지지 않는다는 주장을 편다. 가장 필요한 건 공동체 전체가 향유하는 행복이라는 것이다. 브루니 교수는 "(경제학의 관점도) 시장 논리를 중시할 것이냐, 시장을 필요악으로 보고 국가가 나서야 할 것이냐라는 이분법에서 벗어나 행복을 어떻게 추구할 것인지에 초점을 맞춰야 한다"라고 말했다.

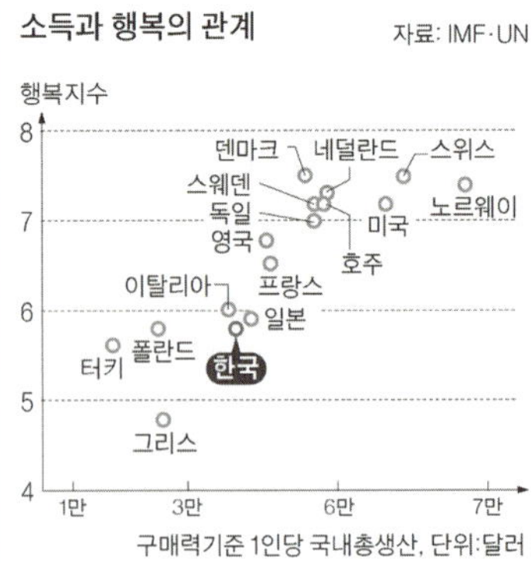

(출처: 중앙일보. 임채연 기자. 2016.05.24.)

3. 부귀와 인성

가난하지 않은 사람, 여유로운 사람, 부자의 인성은 어떠할까? 한두 가지로 쉽사리 설명하기는 어렵지만 대체로 다음과 같은 품성을 지니고 있다.

첫째, '부자가 되고 잘사는 것'이 무엇인지를 잘 알고 있다. 돈 버는 방법을 알고 부자가 되면 무엇이 좋은가를 잘 알고 있다. 가난을 지긋지긋하게 싫어하고 잘살고 싶어 안달을 한다.

둘째, 절약과 저축의 미덕을 잘 알고 있다. 한푼두푼 티끌을 모아서 목돈을 마련하고, 집을 사고 부자가 될 수 있음을 잘 알고 있다. '부자가 되는 지름길은 적게 먹고 적게 쓰는 것'임을 알고 실천하는 사람이다. '자린고비', '짠돌이', '억척스런 인간'이 되는 것을 마다하지 않는다.

셋째, 목표로 정한 부의 수준까지 도달하기 위해 온 정성을 다 기울인다. 목표를 향해 능률적이고 효과적인 사고와 행동을 하기 때문에 허튼 행동이 없다. '부자'를 향한 열정이 가난한 사람의 '가난 벗기'에 비할 바가 없이 강렬하다.

넷째, 목표로 정한 부의 수준은 시간이 흐르면서 더욱더 높아져 간다. 모두가 가난한 시절에는 배고픔이나 비바람만 면해도 좋았지만, 경제가 발전해감에 따라 맛있는 음식, 좋은 집을 찾는다. 목표가 높으면 성취하는 부의 수준도 높아진다.

다섯째, 어느 정도 목표로 했던 부의 수준에 도달하면 그때부터는 서서히 여유를 찾게 된다. 수준 높은 문화를 향유하고자 하고 평안과 행복을 추구한다. 좋은 취미생활, 건강을 챙긴다.

여섯째, 진정한 부자는 이웃을 챙기고 국가와 사회의 어려움에 눈을 돌린다. 이웃돕기 성금에 앞장서고, 흉년에 가난한 사람 돕기에 앞장선다. 학교 부지를 희사하고, 마을 도로를 기부 채납(寄附採納)하며, 국가의 성금 모금에 앞장서고 국채를 기꺼이 사들인다. 일부 '못된 졸부(拙富)'가 자신의 부를 자랑하고 가난한 사람에게 못되게 군다지만 대부분의 부자는 남을 도울 줄 안다.

문제는 자신의 노역을 통해 부자가 되지 않고 부모의 은덕으로, 또는 갑작스러운 행운으로 부자가 된 '금수저', '졸부(拙富)'의 경우다. 이들은 사업 성공, 돈 모으기, 부자 되기가 얼마나 어려운가를 잘 모른다. 이들은 쉽게 돈을 벌 수 있다고 생각하고, 돈의 값어치를 잘 모르며, '펑펑!' 돈을 뿌리듯 소비한다. 절약의 미덕(美德)을 모르고, 절제하는 인성을 가지고 있지 못하다. 이런 졸부는 돈을 목적으로 취업에 나서고, 온갖 어려움을 당연시하며 애를 쓰는 노동자, 가난한 사람의 눈물을 제대로 이해하지 못한다. 기업의 종업원에게 함부로 하고 '갑질'에 익숙하다. '진정한 갑부, 반듯한 부자'를 욕 먹이는 사람이다.

졸부는 경영 능력이 치졸하여, 물려받은 재산이나 기업을 지킬 능력이 떨어진다. 기업의 사업 성공은 사업 내용, 시기와 환경 여건, 사업가의 적절한 결단력이 종합되어 이루어지는 것이다. 건실한 사업가인 부자는 이런 여건과 판단력을 융합시켜 성공으로 이끌어간다. 사업가의 성공 확률은 매우 낮다. 수많은 사업가가 실패하고 기업을 망치는 것이 다반사다. 이런 성공은 부모에 이어 자손, 손자까지 쉽사리 이어질 수 없다. 다만, 졸부는 부모로부터 물려받은 기업이나 자산이 다 탕진될 때까지 잠시 '부자인 척' 살 수 있을 뿐이다.

절대적 빈곤자는 자신의 능력으로 가난을 탈출하기가 어려움을 잘 알고 있는 만큼 부자의 역량을 진정으로 인정할 줄 안다. (개중에는 부자를 향해 '묻지마 식' 비난을 퍼붓는 자도 있지만) 대부분의 절대적 빈곤자는 부자를 동경한다. '부자 곁에 서야 먹을 것이 있음'을 잘 알고 있다.

그런데 상대적 빈곤자는 조금 다르다. 자기 자신도 경제적으로 가난하지만은 않지만 자기보다 앞서 있는 부자를 향해 시기와 질투를 일삼는다. 부자가 되기 위한 강렬한 욕망의 표출이긴 하지만 이들의 이런 가치관과 행동은 한국 사회를 '행복하지 않은' 상태로 몰아간다. 상대적 빈곤자의 이런 시기와 질투는 자신의 불만족을 유발하고 동시에 관계있는 이웃의 불만족에 불을 붙인다. 상대적 빈곤자의 이런 생각과 행동은 여러 방면으로 나쁜 영향을 미친다. 앞서가는 부자를 질투하듯, 공부 잘하는 일등을 비판하고, 곳곳에서 두각을 나타내는 성공하는 인물을 시기한다. 항상 불만에 차 있으면서 정부 정책을 비난하고, 조금만 약점이 보여도 물고 늘어지면서 패대기친다. '온 세상이 썩었고 나만 홀로 청정하고 좋은 사람이다'는 잘못된 생각을 키워간다.

용 어

경제, 경제인, 국가와 경제, 일, 노동, 직업, 직장, 기업 윤리, 기업가 윤리, 경영 윤리, 조직 윤리, 노동자 윤리, 정도와 권도, 윤리 경영, 윤리적 의사 결정, 기업의 사회적 책임, 기업 문화, 기업가 정신, 노동자, 내부 고발자, 가난과 인성, 부귀와 인성

요 약

- 경제: 인간에게 필요한 재화와 서비스를 생산, 분배, 소비하는 활동
- 경제인: 경제적 합리성에 따라 행동하는 사람. 경제적 합리성은 자기 이익 추구에 최선을 다하는 것으로, 목적 달성에 들어가는 비용을 최소화하거나 주어진 비용을 토대로 최선의 성과를 내는 것
- 국가와 경제: 국가는 국민들의 경제 활동을 총괄 관리하고 총체적인 책임을 지는 존재. 국가는 국민의 경제 활동을 조장하고, 보호하며, 지원해야 함
- 일, 노동: 사람이 삶을 영위하기 위하여 행하는 모든 활동, 또는 물상화된 활동 대상. 법률 용어로는 노동
- 즐겁고 신나는 일과 인성: 일을 하면서 재미있고 만족스러우며, 적당히 흥분되고 열정적임. 노력과 힘이 들지만 일 자체에 몰입하면서 힘든 줄도 모르고, 에너지가 넘침. 인성은 긍정적이고 열정적이며 밝다. 긍정의 호르몬이 샘솟는다. 일의 성과도 높다.
- 귀찮고 짜증나는 일과 인성: 하고 싶지 않은 일을 하기 때문에 남달리 힘이 들고, 정신적으로 심한 스트레스를 겪음. 기분이 나쁨. 불평불만. 일에 몰입이 되지 않고 언제든 그만두고 싶어진다. 몸도 쉽게 지치고, 부정의 호르몬이 넘쳐나며, 잦다른 실수도 연발. 성과는 좋지 않고 승진도 어렵다.
- 직업: 삶에 필요한 소득이나 재화(및 서비스), 가치재를 얻기 위해 일정한 기간 동안 지속적으로 수행하는 일(과 그 종류)
- 직장: 직업이 항상적으로 일어나는 공간
- 기업 윤리: 기업이 지켜야 할 바른 도리. 기업 또는 비즈니스 속에 작동하는 가치관, 기준, 원칙
- 경영 윤리: 기업 경영에서 지켜야 할 윤리
- 조직 윤리: 기업 조직이 지켜야 할 윤리
- 기업가 윤리: 기업가가 기업 경영에서 지켜야 할 윤리
- 노동자 윤리: 노동자가 지켜야 할 윤리
- 기업 윤리의 상대성: 기업이 지켜야 할 바른 이치인 기업 윤리에는 언제나 변함없이 지켜져야만 할 정도와 때에 따라 변화시켜 새로운 형태로 지켜져야 할 권도가 있음

- 윤리 경영: 윤리를 토대로 하여 이루어지는 기업 경영, 제품 생산, 마케킹과 유통, 홍보, 판매, 재무 금융과 회계 과정에서 기업 윤리를 지켜야 함
- 윤리적 의사 결정: 기업의 의사 결정이 윤리적 기반 위에서 이루어지는 것
- 기업의 사회적 책임: 기업이 사회의 이익을 위해 활동해야 할 의무
- 기업 문화: 기업이 가지고 있는 독특한 생활 양식
- 기업가 정신: 기업을 경영하는 사람이 갖추고 있는 마음 자세
- 기업가의 사회적 책임: 기업가가 기업 경영을 통해 사회가 요구하는 기대를 충족시키는 것. 기업 내부 경영 및 외부 경제 환경에 대해 지는 책임과 의무
- 노동자의 책임과 의무: 노동자는 법적으로 정확하게 계약을 한 상태이건, 또는 신용으로 구두 계약을 한 상태이건 관계없이 자기가 맡은 일에 최선을 다해야 함
- 내부 고발자: 어떤 조직이나 기업, 기관 내에서 불법적, 비윤리적, 옳지 않다고 여겨지는 정보나 행동을 폭로하는 사람
- 가난과 인성: 절망감, 무기력, 자포자기적 인성을 유발함
- 부귀와 인성: 부자가 되고 싶고, 절약과 저축 실천, 소득 증대에 온 정성을 기울임

[인성의 덕목 6] 책 임

1) 개념 정의	■ 책임(責任): 맡은 일을 반드시 해내야 할 의무 (* 任: 맡은 일, 할 일 * 책: 의무, 요구, 처벌, 꾸짖음, 책임) – (법률) 맡은 일의 결과에 대해 지는 의무나 부담, 또 그 결과에 대한 제재(制裁) 부담 ■ 책임성(責任性): 맡은 일을 반드시 해내고 마는 성품 – 사명감(使命感): 주어진 임무를 수행해내고자 하는 마음가짐 – sense of duty
2) 개념 해석, 뜻풀이	■ 책임의 주체: 일을 맡은 사람(직책, 직위를 가진 사람) ■ 책임의 대상: 주체에 따라 다름 – 국민: 국가, 법에 대해 책임 – 공무원, 공직자: 국민, 법, 조직, 직책과 직위, 민원인에 대해 책임 – 가족: 다른 가족, 가문에 대해 책임 – 교사, 교수: 학교, 교육, 담당 과목, 학생에 대해 책임 – 학생: 학교, 공부, 교사, 부모에 대해 책임 ■ 책임의 내용: – 역할 책임: 주체적 책임 의식 – 업무 수행 책임 – 업무 결과에 대한 책임 – (합법적 책임) 법규에 정해진 규칙을 잘 지키고, 임무를 제대로 완수해내야 함. 법규를 어기면 불법으로 처벌을 받게 됨 – (도덕적 책임) 법적 책임과 관계없이, 조직의 장이나 지도자 또는 국민의 한사람으로서 도덕적으로 잘못했다고 여겨질 때는 스스로 책임을 져야 함 ■ 책임의 시기: '일'의 수행 전, 중, 후
3) 관련 이론	■ 행정 책임(이대희·이원희 외, 2016: 260-261): – 행정 책임: 행정(또는 공무원)이 반드시 해내야 하는 임무(또는)/'해야 할 일'로서의 담당 업무(duty, mission, task)/헌법이나 법규, 국회 결정에 의해 강제되는 것으로서의 법적 의무/(행정 공무원이) '자부심 있는 공직자로서 스스로 해야 할 일'이라고 여기는 도덕적 책임/국민이 원하는 것을 해결해 주는 대응성 – 행정 책임은 행정(기관과 조직, 공무원)이 업무를 수행할 때 법률적, 도덕적 규범에 따라 행동해야 하는 임무(또는 의무) – 행정 책임의 유형 분류: (1) 책임성(responsibility): 수임자(受任者) 또는 공복(公僕)으로서의 광범위한 도의적, 자율적 책임. 주관적 책임 성격, (2) 책무성(accountability): 변명적, 법률적, 제도적 책임으로서 비교적 한정된 의미, (3) 대응성(responsiveness): 국민에 대한 반응, 응답 ■ 형법상 책임: 범죄자를 처벌하기 위해서는 범죄 행위자의 책임성이 있어야 한다. 그런데, 14세 미만의 형사 미성년자(형법 제9조), 사물을 변별할 능력이 없거나 의사를 결정할 능력이 없는 심신 장애인(제10조), 강요된 행위를 한 사람(제12조), 범의(犯意)가 없는 자(제13조), 형법 제14조에 의한 과실로 죄를 범한 자, 정당한 착오에 의해 죄를 지은 자(제16조), 부작위범(제18조) 등은 처벌하지 않는다. 이를 책임성(責任性) 조각 사유라고 한다.

<table>
<tr><td rowspan="8">4) 책임 실천 지표</td><td rowspan="4">(1) 역할 책임</td><td>가족에 대한 책임</td><td>가족 구성원으로서의 책임</td></tr>
<tr><td>공동체 사회에 대한 책임</td><td>구성원으로서의 책임</td></tr>
<tr><td>조직(직장)에 대한 책임</td><td>– 역할 책임
– 조직과 함께하는 책임</td></tr>
<tr><td>국가에 대한 책임</td><td>– 국민 의무에 대한 책임
– 직위에 따른 책임</td></tr>
<tr><td rowspan="2">(2) 업무 수행 책임</td><td>업무 전문성</td><td>업무 이해, 전문 능력 책임</td></tr>
<tr><td>업무 충실성</td><td>업무 수행 책임</td></tr>
<tr><td rowspan="2">(3) 업무 결과 책임</td><td>업무 달성 책임</td><td>업무 목표 달성 책임</td></tr>
<tr><td>합법적 책임</td><td>법규에 대한 책임</td></tr>
<tr><td>5) 책임 가르치기</td><td colspan="3">■ 가족 내 교육:
– 부모: 자녀에게 가족 구성원의 역할과 책임에 대한 교육
■ 학교 교육: 역할과 책임 교육
■ 직장, 단체 교육:
– 직장관, 직업관 교육
– 직위, 직책에 따른 역할과 책임 교육</td></tr>
<tr><td>6) 책임 배우기</td><td colspan="3">■ 가정에서:
– 부모를 보고 따라가면서 배움
– 부모의 밥상머리 교육을 통해 배움
– 부, 모, 형, 제, 자녀로서의 역할과 책임 인식
■ 학교에서:
– 교과 내용을 통해 학습
– 선생님의 가르침을 통한 배움
– 국가 사회의 모범 사례 학습을 통해 배우기
■ 직장, 단체 교육을 통해 배우기: 정기 교육, 특강 형태</td></tr>
<tr><td colspan="4">7) 책임 실행하기</td></tr>
<tr><td>■ 가정에서</td><td colspan="3">– 부, 모, 형, 제, 자녀로서의 역할 해내기
– 다른 구성원의 역할 이해하기
– 역할 바꿔 해내기</td></tr>
<tr><td>■ 학교에서</td><td colspan="3">– 공부 학습 목표 정해 실천하기
– 학급, 학생회, 특별반 활동에서 직위, 직책에 따른 역할과 책임 수행</td></tr>
<tr><td>■ 사회에서</td><td colspan="3">– 조직, 직장에서 직위, 직책에 따른 역할과 책임 수행하기
– 지역 사회에서 구성원 역할 수행하기
– 국가에 대한 의무 실천하기
– 법규 지키기</td></tr>
</table>

Chapter 7

인성과 건강

행복의 한 조건이 건강이듯이 바람직한 인성의 전제 조건 중 하나가 건강이다. 건강한 사람은 자신감 있고 무슨 일에든 열정적일 수 있다. 하지만, 정신적, 육체적으로 건강치 못한 인간은 바람직하고 온전한 인성을 유지하기 어렵다.

체력적으로 건강한 사람은 활동적이고 적극적일 수 있다. 신체 건강에 호의적이고 스포츠 활동을 즐긴다. 하지만, 체력이 약한 사람, 신체 장애인의 경우에는 활발하게 스포츠 행위를 하기가 어려워진다. 그에 수반된 인성도 영향을 받는다. 운동 부족도 문제지만 운동 과다도 문제가 될 수 있다.

정신적 건강은 건전한 인성 함양과 궤도를 같이한다. 정신 장애가 있는 경우, 피로와 스트레스가 매우 심한 경우에는 인성이 정상적으로 작동하기 어려워진다. 정신 장애를 치유하는 일, 피로를 푸는 일, 스트레스를 줄이는 일은 바른 인성을 유지하는 데 중요하다. 기본적인 의식주 생활이 정상적으로 이루어지는 것처럼 부부의 성행위도 정상적이어야만 정신 건강에 좋다.

먹는 행위, 음식, 먹거리는 신체 건강은 물론 정신 건강과도 관련이 있다. 무엇을, 어떻게 먹을 것인가? 영양을 따져야 하고, 질병을 따져서 먹어야 한다. 질병 유무는 건전한 인성 함양에 치명적일 수 있다.

I 건강과 인간

1. 건 강

건강(健康)은 몸이 튼튼하고(=健) 마음이 편안한(=康) 상태를 말한다. 몸, 즉 육체(肉體, body)가 튼튼하다는 말은 질병이 없고 체력이 일상 생활에 충분할 정도로 강하다는 것을 의미한다. 영어로는 health에 해당하며, physical fitness를 포함한다. 마음, 즉 정신(精神, mind, spirit)이 편안하다는 것은 불편함이나 고통스러움이 없는 상태는 물론 더 나아가서 즐겁고 행복함이 깃들어 있는 상태를 말한다. 육체와 정신을 종합적으로 고려하여 건강에 해당하는 영어는 wellness다. 이 웰니스(wellness)는 신체적인 health나 physical fitness를 기반으로 지적, 사회적, 감성적, 정신적, 직업적, 환경적으로도 편안한 상태를 모두 포함한다(Hoeger & Hoeger, 2007: 6-7).

건강을 소극적인 의미로 볼 때는 의학적으로 치료가 필요한 질병(疾病)이 없는 상태를 의미하지만, 좀 더 적극적으로 볼 때는 괴로움이나 고통이 없음은 물론, 정신적으로 편안하고 행복한 상태까지를 모두 포함한다. 세계보건기구의 헌장(Constitution of WHO: principles)에서도 건강을 다음과 같이 정의하고 있다.

"Health is a state of complete physical, mental and social well-being and not merely the absence of disease or infirmity"(건강이란 육체적, 정신적, 사회적으로 바람직하고 좋은 상태로서, 단순히 질병이나 장애가 없는 상태만을 말하는 것이 아니다).

건강의 특징을 몇 가지 살펴보면 다음과 같다.

첫째, 육체(신체) 발달이 정상적으로 이루어지고 영양 상태가 고르며, 신체 각 기관이 정상적으로 잘 기능한다. 체격이나 체력, 육체적 인상이 바람직하고 좋다.

둘째, 육체적으로 질병이 없다. 질병은 낮은 수준의 참기 힘든 아픔, 고통으로부터 생명을 위협하는 치명적인 병까지를 모두 포함한다. 건강하려면 약, 의사, 병원의 도움을 받는 수준의 질병은 물론 개인적으로 치료가 가능한 스트레스나 일시적으로 발생하는 감성적 고통도 없다.

셋째, 육체적으로 장애(障礙)가 없다. 「장애인복지법」을 보면, 신체적 장애란 주요 외부 신체 기능의 장애, 내부 기관의 장애 등을 말하는 것으로 되어 있다(제2조).

장애는 보편적으로 인식되는 '정상적인 인간의 육체'에 비해 어딘가에 부족함이 있는 경우를 가리킨다. 건강과 관련해서는 팔다리 등 신체의 일부분이 잘못된 경우는 물론 허리가 아파서 움직이지를 못하거나 청력이 매우 나빠져서 잘 듣지 못하는 경우, 위의 소화능력이 떨어져서 소화 불량이 상시적으로 일어나는 경우 등을 모두 포함한다. 육체적 장애는 매우 상대적일 수 있다. 키나 몸무게를 예로 들어 보면 키가 보통 사람에 비해 몹시 작거나 큰 사람은 오히려 '비정상적'이고, 몸무게가 적어 조금만 바람이 불어도 날려 넘어지는 사람은 '비정상적'이다.

넷째, 체력적으로 일상 생활에 불편함이 없다. 근력이 약해 계단을 오르지 못하거나 치아가 약해 음식을 제대로 씹지 못하는 경우 등은 건강하지 못한 것이다. 체력과 함께 피트니스(fitness) 입장에서 보면 양쪽 팔다리 길이가 서로 크게 다르거나, 뱃살이 너무 나와 자기 발등을 볼 수 없는 경우, 등이 많이 굽어 걷기가 불편한 경우 등은 건강하지 못한 것이다.

다섯째, 정신적으로 괴로움이나 고통이 없다. 인간은 정신 작용을 하기 때문에 항시 생각하고 고민하는 특성을 지니고 있다. 이는 건강한 사람의 정상적인 상태다. 하지만, 괴로움이나 고통을 주는 수준으로 정신적 압박이 심할 경우에는 건강을 해치게 된다.

여섯째, 지적으로 병이나 장애가 없다. 덧셈 뺄셈을 잘 못해 일상 생활이 어렵거나 우울증을 앓아 심하게 고민하는 경우, 치매가 생겨서 갈팡질팡하는 경우는 건강하지 못한 것이다. 또 지능 발달이 늦어서 동년배 사이에 의사소통이 불가능해지는 경우도 건강치 못한 것이다. 신체 발달 정도에 맞춰서 정신 역량도 적절히 발전해 가야만 건강하다.

일곱째, 감성적으로 안정적이고 정상적이다. 예를 들면, 감정 기복이 심해 일상 생활이 어렵거나 지나치게 낙담하여 폐쇄적인 사람이 되는 경우에는 건강치 못한 것이다. 화를 잘 내서 아무 때나 다른 사람을 괴롭히거나, 감정 조절이 안되어 어린 아이를 때리는 경우, 슬퍼하는 남의 상갓집에 가서 신나게 웃고 떠들어 여러 사람을 불쾌하게 하는 사람은 건강하지 못한 감정을 가지고 있다.

여덟째, 정상적인 인간 관계나 사회 관계를 잘하지 못하는 경우에도 정신 건강에 문제가 있을 수 있다. 예를 들면, 직장에 취직하여 조직 생활, 규칙적인 생활을 할 경우에 심한 스트레스를 받고, 가슴이 두근거리거나 소화 불량에 걸리는 경우, 주변 사람과 제대로 의사소통을 하지 못하는 경우에는 사회적 건강에 문제가 있다.

좋은 건강(Better health)은 인간 행복과 웰빙(well-being)의 핵심으로, 개인 및 가족의 발전은 물론 국가 경제 발전의 원동력이다. 건강한 사람은 더 오래 살고, 생산적이며, 저축도 많이 한다(WHO, Programmes, Health and development).

건강에 영향을 미치는 요인에는 여러 가지가 있을 수 있다. 부모로부터 이어지는 유전적 요인, 영양 상태, 운동을 통한 신체 능력 향상 여부, 주변 환경, 경제 사회적 요인 등 다양하다. 세계보건기구에서는 '건강의 가장 큰 적은 가난'이라는 관점을 견지하고 있다(WHO, Programmes, Health and development).

2. 건강한 사람의 인성

건강한 사람은 어떤 인성을 가지고 있을까?

"건전한 신체에 건전한 정신이 깃든다(A sound mind in a sound body)."는 말은 많은 것을 함축하고 있다.

건강한 사람은 무엇보다도 건강과 관련하여 걱정이 없다. 걱정이 없다는 이야기는 질병이 없고 특별한 고통이나 괴로움도 없다는 말이다. 정신적으로, 육체적으로 특별히 자신을 괴롭히는 요인이 없다. 정상적으로 먹고 자며 생활하고 있다는 말이다. 정서적으로 안정되어 있으며 긍정적인 마음을 가졌다(임재현 외, 2013: 23). 자신의 육체나 정신과 관련하여 특별한 걱정이 없으니 편안하다. 편안하다는 말은 정서적으로나 심리적으로 흔들림이 없이 차분하고 고른 마음 상태를 유지하고 있음을 말한다. 건강한 사람은 자기 자신에 대해 강한 긍정의 마음을 가지고 있다. 이를 통해 무엇이든 자신 있게 추진할 수 있는 동력을 가동할 수 있다.

자기 자신에 대한 긍정이 강하면 강할수록 열정적으로 일에 임하고, 높은 목표를 향해 돌진한다. '건강'이라는 말 속에 자신감, 도전, 높은 목표 추구 가능성이 은연중에 내포되어 있다. 열정적인 건강인(健康人)은 실패를 두려워하지 않고, 난관에 도전적이며, 끝내 목표를 성취하고야 마는 역량을 갖추고 있다. 육체적으로 건강한 사람은 체력이 좋기 때문에 육체를 활용하여 할 수 있는 수많은 도전에 자신만만하다. 반대로, 건강에 자신이 없는 사람은 높은 신체 능력을 필요로 하는 일을 할 수 없다. 너무 어리거나 나이가 들어 체력이 노화된 노인보다는 건강에 자신이 넘치는 20~30대 젊은이가 훨씬 도전적이고 적극적이다.

건강한 사람은 그렇지 않은 사람에 비해 만족감이나 행복감을 더 잘 느낄 수 있다. 건강한 사람은 스스로 창조적 사고와 행동을 함으로써 생산적 행복을 만들어낼 수 있는 역량을 지니고 있다(임재현 외, 2013: 23).

Ⅱ 육체적 건강과 인성

1. 체 력

육체적 건강(肉體的 健康, physical fitness)은 건강 중에서 인간의 물리적 신체 능력을 말한다. 체력(體力, physical strength)이라고도 할 수 있다. 이는 일상 생활 속에서 인간이 건강하고 효과적으로 활동하기 위해 신체 조직을 능률적으로 움직이는 능력을 말한다(Corbin & Lindsey, 2009: 4). 여기서 능률은 최소한의 노력으로 일상생활을 할 수 있다는 것을 말한다.

체력은 기본 건강 관련적인 것(health-related fitness)과 운동 기술 관련적인 것(skill-related fitness)으로 구분해 볼 수 있다. 이 중 전자는 신체의 기본 건강을 유지하는 데 필요한 것이고, 후자는 운동을 하는 데 필요한 것이다(Hoeger & Hoeger, 2005: 6-8). 신체의 기본 건강을 유지하는 데 필요한 4가지 요소는 다음과 같은 것이다(Hoeger & Hoeger, 2005: 6-8).

(1) 심혈관계 지구력(cardiorespiratory endurance): 지속적인 신체 활동에 필요한 산소를 충분히 공급해줄 수 있는 심장, 폐, 혈관의 역량

(2) 근육 강도와 지구력(muscular strength and endurance): 근육이 힘을 내고 일정한 시간 동안 지속할 수 있는 역량

(3) 근육 유연성(muscular flexibility): 관절을 잘 활용하여 특정한 동작을 자유롭게 해낼 수 있는 역량

(4) 신체 성분(身體成分. body composition): 몸 속에 있는 무지방 신체 질량(lean body mass)과 지방 조직(adipose tissue)의 비율. 인간 신체는 적절한 양의 지방 비율을 필요로 한다.

이런 요소들은 체력의 기본 바탕을 이루는 것으로 어느 한 가지에 문제가 생기면 질병으로 발전할 수 있다.

운동 기술 관련 체력에는 6가지 요소가 있다(Hoeger & Hoeger, 2005: 6-8).

(1) 민첩성(agility): 몸의 자세를 빠르고 능률적으로 바꿀 수 있는 능력

(2) 균형성(balance): 몸을 평형 상태(equilibrium)로 유지할 수 있는 능력

(3) 조화성(coordination): 몸의 움직임을 정확하고 부드러우며 조화롭게 만들어 낼 수 있게 신경계와 근육을 조화시킬 수 있는 능력

(4) 힘(power): 짧은 시간 내에 최대의 힘을 낼 수 있는 능력. 근력을 재빨리 사용하여 극대의 힘을 내는 능력

(5) 반응 시간(reaction time): 주어진 자극에 대해 재빨리 반응하는 데 소요되는 시간

(6) 속도(speed): 순간적으로 몸을 움직이거나 자리 이동을 할 수 있는 능력

이런 운동 기술 관련 체력은 운동이나 스포츠를 할 때 필요한 것이다.

체력은 인간이 살아가는 데 필요한 가장 기본적인 요소에 해당한다. 숨을 쉬고, 걷고 서며, 몸을 움직이는 기본적인 생존이 체력과 관련되어 있다. 기본 건강 관련 요소나 운동 기술 관련 요소가 동시에 필요하다. 이 두 가지 요소가 모두 잘 갖추어졌을 때 육체적 건강이 가능하다.

우리가 '체력이 좋다'라고 말하는 것은 그 사람이 건강 관련 기본 요소인 심혈관계 지구력이 좋고, 근육 강도나 지구력도 좋으며, 근육이 매우 유연하고, 체지방 성분이 적절한 상태를 기본으로 하면서 운동 기술 능력이 뛰어난 경우를 가리킨다. 심혈관계 지구력이 약해서 조금만 뛰어도 피가 제대로 돌지 않는다면 건강한 삶이 불가능하다. 근육이 별로 없고, 단단하지도 않다면 조금만 힘이든 운동을 해도 근육 파열이나 관절에 무리를 줄 수 있다. 배에 지방 뱃살이 많이 끼어 있는 사람이나 비정상적으로 고지혈증을 가지고 있는 사람은 심혈관계 질병에 걸릴 가능성이 매우 높다. 몸의 민첩성이나 균형성, 순간적인 힘, 반응 시간과 속도 등은 스포츠는 물론 인간이 살아가는 동안 필요한 행동을 취하고 외부 환경에 반응하는 데 필요한 것이다. '체력이 약하다'는 것은 신체적 역량이 상대적으로 미약하여 힘든 일을 하지 못하거나 좋아하는 스포츠를 즐기기 어렵고, 자칫 다치거나 질병에 빠져들 수가 있음을 의미한다. 체력이 약한 사람은 의욕이 떨어지고, 긍정적 도전을 하기가 쉽지 않다. 동적인 움직임보다는 정적인 활동을 선호한다.

좋은 체력은 좋은 정신 건강을 유도할 수 있다. '건전한 신체에 건전한 정신이 깃

든다'는 격언은 체력이 좋을수록 긍정적이고 열정적인 정신을 창출하며, 바람직한 인성을 만들어낼 수 있음을 의미한다.

2. 신체 장애인

「장애인복지법 시행령」을 보면, 장애인의 종류와 기준을 다음과 같이 제시하고 있다.

■ **장애인의 종류 및 기준(제2조 관련)**

1. **지체 장애인(肢體障碍人)**: (1) 한 팔, 한 다리 또는 몸통의 기능에 영속적인 장애가 있는 사람, (2) 한 손의 엄지손가락을 지골(指骨: 손가락 뼈) 관절 이상의 부위에서 잃은 사람 또는 한 손의 둘째 손가락을 포함한 두 개 이상의 손가락을 모두 제1지골 관절 이상의 부위에서 잃은 사람, (3) 한 다리를 리스프랑(Lisfranc: 발등뼈와 발목을 이어주는) 관절 이상의 부위에서 잃은 사람, (4) 두 발의 발가락을 모두 잃은 사람, (5) 한 손의 엄지손가락 기능을 잃은 사람 또는 한 손의 둘째 손가락을 포함한 손가락 두 개 이상의 기능을 잃은 사람, (6) 왜소증으로 키가 심하게 작거나 척추에 현저한 변형 또는 기형이 있는 사람, (7) 지체(肢體)에 위 각 목의 어느 하나에 해당하는 장애 정도 이상의 장애가 있다고 인정되는 사람
2. **뇌 병변 장애인(腦病變障碍人)**: 뇌성마비, 외상성 뇌손상, 뇌졸중(腦卒中) 등 뇌의 기질적 병변으로 인하여 발생한 신체적 장애로 보행이나 일상 생활의 동작 등에 상당한 제약을 받는 사람
3. **시각 장애인(視覺障碍人)**: (1) 나쁜 눈의 시력(만국식 시력표에 따라 측정된 교정시력)이 0.02 이하인 사람, (2) 좋은 눈의 시력이 0.2 이하인 사람, (3) 두 눈의 시야가 각각 주시점에서 10도 이하로 남은 사람, (4) 두 눈의 시야 2분의 1 이상을 잃은 사람
4. **청각 장애인(聽覺障碍人)**: (1) 두 귀의 청력 손실이 각각 60데시벨(dB) 이상인 사람, (2) 한 귀의 청력 손실이 80데시벨 이상, 다른 귀의 청력 손실이 40데시벨 이 상인 사람, (3) 두 귀에 들리는 보통 말소리의 명료도가 50퍼센트 이하인 사람, (4) 평형 기능에 상당한 장애가 있는 사람
5. **언어 장애인(言語障碍人)**: 음성 기능이나 언어 기능에 영속적으로 상당한 장애가 있는 사람
6. **지적 장애인(知的障碍人)**: 정신 발육이 항구적으로 지체되어 지적 능력의 발달이 불충

분하거나 불완전하고 자신의 일을 처리하는 것과 사회 생활에 적응하는 것이 상당히 곤란한 사람

7. **자폐성 장애인(自閉性障碍人)**: 소아기 자폐증, 비전형적 자폐증에 따른 언어 · 신체표현 · 자기조절 · 사회적응 기능 및 능력의 장애로 인하여 일상 생활이나 사회 생활에 상당한 제약을 받아 다른 사람의 도움이 필요한 사람
8. **정신 장애인(精神障碍人)**: 지속적인 정신분열병, 분열형 정동장애(情動障碍: 여러 현실 상황에서 부적절한 정서 반응을 보이는 장애), 양극성 정동장애 및 반복성 우울장애에 따른 감정조절 · 행동 · 사고 기능 및 능력의 장애로 인하여 일상 생활이나 사회 생활에 상당한 제약을 받아 다른 사람의 도움이 필요한 사람
9. **신장 장애인(腎臟障碍人)**: 신장의 기능부전(機能不全)으로 인하여 혈액투석이나 복막투석을 지속적으로 받아야 하거나 신장 기능의 영속적인 장애로 인하여 일상 생활에 상당한 제약을 받는 사람
10. **심장 장애인(心臟障碍人)**: 심장의 기능부전으로 인한 호흡곤란 등의 장애로 일상 생활에 상당한 제약을 받는 사람
11. **호흡기 장애인(呼吸器障碍人)**: 폐나 기관지 등 호흡기관의 만성적 기능부전으로 인한 호흡기능의 장애로 일상 생활에 상당한 제약을 받는 사람
12. **간 장애인(肝障碍人)**: 간의 만성적 기능부전과 그에 따른 합병증 등으로 인한 간기능의 장애로 일상 생활에 상당한 제약을 받는 사람
13. **안면 장애인(顔面障碍人)**: 안면 부위의 변형이나 기형으로 사회 생활에 상당한 제약을 받는 사람
14. **장루 · 요루 장애인(腸瘻 · 尿瘻障碍人)**: 배변기능이나 배뇨기능의 장애로 인하여 장루(腸瘻) 또는 요루(尿瘻)를 시술하여 일상 생활에 상당한 제약을 받는 사람
15. **뇌전증 장애인(腦電症障碍人)**: 뇌전증에 의한 뇌신경세포의 장애로 인하여 일상 생활이나 사회 생활에 상당한 제약을 받아 다른 사람의 도움이 필요한 사람

지체 장애인을 중심으로 언어, 시각, 청각, 신체 장기의 일부에 심각한 문제가 있는 사람이 신체 장애인이다. 이 중에서 지적 장애인, 자폐성 장애인, 정신 장애인 등은 정신 장애인에 해당한다.

신체 장애인은 건강상 문제가 있기 때문에 정상적인 생활이 쉽지 않다. 그래서 국가에서는 법적으로 장애인을 배려하고 지원하는 각종 규정을 두어 실천하고 있다. 「장애인복지법」에서는 다음과 같은 각종 지원책을 마련하여 시행하고 있다.

■「장애인복지법」(법률 제14224호) 속의 장애인 보호, 복지 내용

/장애인: 신체적 · 정신적 장애로 오랫동안 일상 생활이나 사회 생활에서 상당한 제약을 받는 자(제2조) /신체적 장애: 주요 외부 신체 기능의 장애, 내부기관의 장애 등
/정신적 장애: 발달장애 또는 정신 질환으로 발생하는 장애
/장애인 복지의 기본 이념: 장애인의 완전한 사회 참여와 평등을 통한 사회통합(제3조)
/장애인의 권리: 인간으로서 존엄과 가치를 존중받으며, 그에 걸맞은 대우(제4조). 모든 분야의 활동에 참여할 권리, 장애인 관련 정책결정 과정에 우선적으로 참여할 권리
/중증 장애인 보호(제6조) /여성 장애인의 권익 보호(제7조) /장애인 차별 금지(제8조)
/국가와 지방자치단체의 책임: 장애 발생을 예방하고, 장애의 조기 발견에 대한 국민의 관심을 높이며, 장애인의 자립을 지원하고, 보호가 필요한 장애인을 보호하여 장애인의 복지를 향상시킬 책임(제9조)
/국민의 책임: 장애 발생의 예방과 장애의 조기 발견을 위하여 노력하여야 하며, 장애인의 인격을 존중하고 사회통합의 이념에 기초하여 장애인의 복지향상에 협력하여야 한다(제10조).[1] /공공시설의 우선 이용(제47조) /국유 · 공유 재산의 우선매각이나 유상 · 무상 대여(제48조) /장애 수당(제49조) /장애 아동 수당과 보호 수당(제50조) /자립 생활 지원(제53조) /자녀 교육비 및 장애 수당 등의 지급 신청(제50조의2) /금융 정보 등의 제공(제50조의3) /중증 장애인 자립 생활 지원 센터(제54조) /활동 지원 급여의 지원(제55조) /장애인 복지 시설의 이용 등(제57조, 제58조) /장애인권익옹호기관의 설치 등(제59조의9) /국가와 자치단체의 장애인학대의 예방과 방지 의무(제59조의8)

장애인 지원 정책 중 가장 대표적인 장애인 연금과 장애 수당을 보면 다음 <표 7-1>과 같이 나타나 있다.

1) (추가) / 장애인 정책 종합 계획 수립, 실시(제18조) / 사회 적응 훈련 실시(제19조) / 장애인 교육(제20조) / 장애인 직업 촉진(제21조) / 장애인 편의 시설(제23조) / 장애인 안전 대책(제24조) / 장애인에 대한 인식 개선(제25조) / 선거권 행사를 위한 편의 제공(제26조) / 장애인 주택 공급(제27조) / 문화 생활과 체육 활동 지원(제28조) / 경제적 부담의 경감(제30조) / 장애인의 재활 및 자립 지원 서비스(제35조) / 장애인 복지 실시기관 의료비 지원(제36조) /산후 조리 도우미 지원 등(제37조) / 자녀 교육비 지급(제38조) / 생업 지원(제42조) 등….

장애인등록증	신용카드 또는 직불카드 기능이 부여된 장애인등록증
	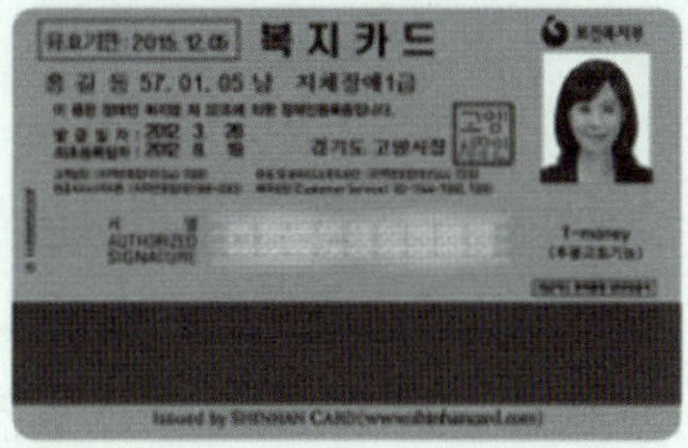

출처: 보건복지부. 『2015년 장애인복지사업안내(1, 2권)』(2015.3.3).

표 7-1 장애인 연금과 장애 수당(2015)

<table>
<tr><td>장애인 연금</td><td>• 선정 기준액: 단독 930,000원, 부부 1,488,000원
• 근로 소득 공제: 인당 월 52만 원
• 기초 급여(18~64세): 2014년 7월~2015년 3월: 200,000원
2015년 3월~2016년 4월: 203,600원
• 부가 급여:
<table>
<tr><th colspan="2">구 분</th><th>부 가</th></tr>
<tr><td rowspan="2">기초</td><td>18~64세</td><td>80,000</td></tr>
<tr><td>65세 이상</td><td>280,000</td></tr>
<tr><td rowspan="2">차상위</td><td>18~64세</td><td>70,000</td></tr>
<tr><td>65세 이상</td><td>70,000</td></tr>
<tr><td rowspan="2">차상위 초과</td><td>18~64세</td><td>20,000</td></tr>
<tr><td>65세 이상</td><td>40,000</td></tr>
</table></td></tr>
<tr><td>장애 수당</td><td>• 지원 단가 인상: 기초 및 차상위: 40,000원/ 보장 시설 수급자: 20,000원</td></tr>
</table>

장애인은 일반 정상인과 신체적, 정신적 면에서 적지 않은 차이가 나타나기 때문에 국민 모두가 관심을 가지고 살펴야 한다. 「장애인복지법」을 비롯한 각종 법규에 국가나 지방자치단체, 공공기관의 책임과 의무에 대해 상세히 규정되어 있는 것과 동시에 일반 국민의 책임과 의무에 대해서도 일부 규정되어 있다. 「장애인복지법」에 제시되어 있는 장애인 대상 금지 행위 벌칙 규정(제59조의7)을 보면 국민은 누구라도 다음과 같은 행위를 하여서는 아니 된다.

－장애인에게 성적 수치심을 주는 성희롱·성폭력 등의 행위

–장애인의 신체에 폭행을 가하거나 상해를 입히는 행위

–자신의 보호·감독을 받는 장애인을 유기(遺棄)하거나 의식주를 포함한 기본적 보호 및 치료를 소홀히 하는 방임 행위

–장애인에게 구걸을 하게 하거나 장애인을 이용하여 구걸하는 행위

–장애인을 체포 또는 감금하는 행위

–장애인의 정신 건강 및 발달에 해를 끼치는 정서적 학대 행위

–장애인을 위하여 증여 또는 급여된 금품을 그 목적 외의 용도에 사용하는 행위

–공중의 오락 또는 흥행을 목적으로 장애인의 건강 또는 안전에 유해한 곡예를 시키는 행위

신체적 장애를 가지고 있는 사람의 인성은 어떠할까?

첫째, 건강에 대한 자신감이 부족하다. 자기가 가지고 있는 신체 장애에 대한 관심이 크고 이 부분이 항시 약점으로 작용한다. 이 장애를 극복하기 위해 필요한 스스로의 노력은 물론 다른 사람이나 기관의 지원 요청에 적지 않은 관심을 가지고 있다.

둘째, 장애로 인해 정신적으로도 부끄러움을 타거나 소극적이며, 폐쇄적 성향을 보일 수 있다. 열등감이 작용하여 뒤로 숨거나 능동성이 떨어지며, 은연중에 대인기피증이나 사회 혐오 태도를 보일 수도 있다.

셋째, 신체 장애의 정도에 따라 일상 생활의 어려움이 달라질 수 있기 때문에 능동적으로 장애 수준을 낮추려고 할 수 있다. 이런 장애인은 매우 긍정적인 관점에서 자신의 신체적 장애를 극복하려는 사람이다. 꾸준히 재활 치료를 하며, 건강 보조기구를 적극적으로 활용하여 장애 극복에 노력한다.

넷째, 장애를 극복하기 어려운 것으로 판단하는 사람의 경우에는 현실을 인정하고, 외부의 필요한 지원을 수용하며, 긍정적으로 사회 생활을 하고자 노력한다. 대인관계도 정상적으로 유지하고자 애를 쓰고, 밝은 사회 생활을 하려고 노력한다.

다섯째, 장애인 중에는 자신의 장애를 과장하거나 활용하여 다른 사람을 괴롭히거나 자기 이익 추구에 이용하는 수도 있다. 각종 이권(利權)에 개입하거나 시위(示威)에 선동적으로 앞장서는 경우, 공공 장소에서 자기의 권리만을 주장하면서 화를 내는 경우 등이 있을 수 있다.

장애인에 대해 일반인은 어떤 생각을 가지고 있을까? 일반인은 장애인에 대해서

어떤 인성을 가져야만 바람직할까?

첫째, 장애인을 있는 그대로 이해할 필요가 있다. 특정한 신체적 장애가 있다면 있는 그대로 봐주고, 이 부분의 약점을 정확히 이해해야 한다. '있는 그대로' 본다는 것은 객관적인 시각에서, 정확히 파악한다는 말이다.

둘째, 장애인의 부족한 '장애' 부분을 지원하고 도와줄 수 있는 노력을 할 필요가 있다. 물론 장애인 스스로 자신의 장애를 잘 극복해 낸다면 지나치게 도움을 주려고 나서는 것도 실례(失禮)가 된다.

셋째, 장애인도 똑같은 '인간'이라는 사실을 잊어서는 안된다. 앞서 살펴본 바와 같이 법으로 정해져 있는 금지 행위는 물론, 장애인을 멸시하거나 무시하며, 괴롭혀서는 안된다. 인간의 보편적인 자아와 인성, 감성과 지혜를 가진 존재로 보아야 한다. 장애인 입장에서는 자신이 '특별한 인간'으로 대우받는 것을 싫어할 수 있다.

넷째, 장애인에 대한 지나친 호의나 친절도 오히려 당사자를 불편하게 할 수 있다. 장애 상황을 객관적으로 파악하고, '가능한 수준에서, 가능한 정도의 도움'을 주는 것이 필요하다.

현대는 장애인과 더불어 살아가는 시대다. 각종 주택, 공공기관의 시설, 교통과 통신 등이 장애인 친화적으로 변화하고 있다. 장애인의 '장애'를 극복시켜줄 수 있는 과학 기술과 의술이 놀랍게 발전하였다. 부강한 국가와 지방자치단체, 공공기관은 장애인 지원에 적극적이다. 국민의 장애인에 대한 인성도 점점 더 긍정적으로 변모해 가고 있다.

하지만, 다른 한편으로 전자파나 환경 오염 등으로 인해 새로운 장애가 발생하고 있고, 노령 인구의 증대로 인한 신체 장애가 꾸준히 늘어나고 있다. 젊은 사람의 신체 장애는 빠른 속도로 극복되어 가고 있는 반면에, 노령화로 인한 장애는 점점 더 늘어나는 추세에 있다. 노인 장애가 큰 문제로 등장하고 있다.

3. 운동, 스포츠

운동(運動)은 몸을 움직이는 것인데, 일상 생활을 하는 동안에 일어나는 신체 움직임은 물론 건강을 유지하기 위한 신체 활동, 더 나아가서 스포츠 경기까지 모두 포함한다. 이 장에서는 사람이 건강해지기 위해 신체 활동을 하는 것을 운동으로 본

그림 7-1 적절한 신체 활동

출처: Corbin & Lindsey(2009: 73).

다(Corbin & Lindsey, 2009: 5−6). 영어로는 physical activity, exercise로 표현한다. 스포츠(sports)도 운동과 같은 의미로 볼 수 있는데, 여기서는 규칙이 정해져 있고, 다른 사람과 승부를 겨루는 운동 형태를 스포츠로 보기로 한다.

운동의 종류에는 간단한 몸 움직임 차원의 운동에서부터, 달리기나 등산과 같이 좀 더 힘든 운동, 공이나 기구를 활용한 운동, 여럿이 승부를 가리기 위해 하는 운동까지 다양한 것이 존재한다. 개인 혼자서 하는 운동도 있고 여럿이 함께하는 운동도 있다. 또 가볍게 건강을 위해서 하는 것도 있고 게임을 이기기 위해 하는 것도 있다.

운동은 신체적 건강은 물론 정신적 건강을 위해서도 시도된다. 신체적 건강을 위해서는 체력을 기르고 근육을 늘리며, 신체 각 부위의 능력을 기르는 운동을 시도한다. 정신적 건강을 위해서는 스포츠 게임을 즐기며 게임을 통해 금전적 이익을 추구하기도 한다.

운동 선수는 특정한 분야의 체력, 운동 능력이 탁월하여 다른 사람과 시합을 하는 사람이다. 운동 시합은 대개는 승리를 목적으로 시도되지만, 경우에 따라서는 준비 과정, 경기 참석 자체를 즐기기 위해 시도되기도 한다.

▪ 운동과 신체 건강

운동은 사람의 신체 건강에 좋은 영향을 미친다. 각종 질병으로부터 벗어나는 것은 물론 긍정적인 의미에서 삶의 질을 향상시키는 데 도움이 된다. 웰니스(wellness)를 추구하는 신체 활동은 좋은 체력과 건강한 신체를 만들어주기 때문에 효율적인 직장 업무 추진이나 사회 활동 참여, 친구 관계에 도움이 된다. 다른 사람에게 멋있게 보이고, 삶의 과정에서 발생할 수 있는 각종 응급 상황 대처 능력이 뛰어나며, 정신 건강을 좋게 한다. 운동이나 스포츠, 레저 활동을 즐기면서 삶이 여유로워지고 행복감이 증대한다.

다음 <표 7-2>에 나타나 있는 바와 같이 운동 방법에 따라, 신체 각 부분에

표 7-2 운동 방법에 따른 운동 효과

운동 방법		운동 효과
유산소 운동	장시간의 가벼운 운동	- 체지방 감소(체중 감소) - 혈중 지질(脂質) 감소 - 당질(糖質) 대사의 내성(耐性) 증가 - 운동 중 산소 소비량 감소
	중간 강도의 지속 운동	- 안정 시 및 최대 운동 시 심박 수 감소 - 혈압 저하 - 혈액량 증가 - 혈중 콜레스테롤 감소 - 갑상샘 호르몬 증가 - 혈관 분포의 개선
	단시간의 강화 운동	- 심장 혈관 발달 - 최대 산소 섭취량 증가
무산소 운동(웨이트 트레이닝)		- 근력 및 근지구력 향상 - 근 횡단 면적 증가 - 근 글리코겐 함량 증가
가벼운 신체 운동		- 스트레스 해소 - 피로 회복 및 레크레이션 효과

출처: 임재현・김남영・배영훈(2013: 40).

미치는 효과가 다양하게 나타난다.

사람마다 좋아하는 운동이 있다. 가볍게 동네 주변을 걷는 사람은 기분 전환을 하고 스트레스를 해소할 수 있다. 산의 둘레길을 조금 땀이 날 정도로 걷거나 낮은 산을 천천히 오르는 사람은 나무와 숲을 보면서 유산소 운동을 즐기는 것이다. 지방을 빼고 심혈관계 건강을 위해 좋은 운동이다. 좀 더 험한 산을 땀을 내면서 오르는 사람은 근력 향상과 함께 심혈관계 건강을 좋게 하고 산소 섭취량을 늘릴 수 있다. 시간을 내기 어려운 도시 직장인, 젊은이 중에는 웨이트 트레이닝을 즐기는 사람이 많다. 이들은 체력을 기르고 체격을 좋게 하는 데 목표가 있다.

건강을 위해 약해지기 쉬운 부분을 강화하고 질병을 없애기 위해 운동을 하는 수가 많다. 나이가 많아지고 노인이 되면 다리 힘이 약해지고 각종 관절이나 근육이 약해진다. 이런 노화 현상을 막기 위해 산을 오르고, 근육 단련 운동을 해야 한다. 심혈관계 질병을 퇴치하기 위해서는 유산소 운동과 함께 체내 지방 감소를 위한 운동이 필요하다. 관절이나 골다공증이 심화되는 사람에게는 수영이 적합하다.

운동하는 동안에는 인간 신체가 적절히 항상성(恒常性, homeostasis)을 유지할 수 있어야 한다. 항상성이란 신체 각 기능이 언제나 안정 상태를 유지하는 것을 말한다. 운동 과정에서 각종 변화가 나타나지만 결국에는 신체가 가장 안정적인 상태로 회복되는 성질을 가리킨다. 예를 들면, 인간 신체의 정상적인 온도가 36.5℃인데, 힘껏 달리기를 하면 체온이 40℃까지 오를 수 있다. 하지만, 이런 온도 상태는 신체에 무리를 주기 때문에 땀이 나면서 온도가 다시 떨어지고 쉬면 다시 정상 온도로 안정화된다. 이것이 신체의 항상성 유지 현상이다. 자동 온도 조절 장치도 항상성의 좋은 예다. 항상성은 보상적 조절 반응의 결과로 스트레스가 없는 비교적 일정한 신체 내부 환경을 말한다(Powers & Howley, 2008: 15－16). 항상성은 신체의 생리학적 요인의 기준 수치가 오차 범위 내에서 역동적 안정성(力動的 安定性, dynamic constancy)을 유지하는 것이다. 이런 안정성은 신체 반응이 지나치게 확대되는 것을 막는 부의 환류(否還流, negative feedback)에 기인한다.

신체의 항상성과 관련하여 운동은 안정적 혈압을 유지해야 하고, 혈당 조절도 항상성을 지녀야 하며, 세포 내 단백질도 안정적으로 유지되어야 한다. 신경계, 심혈관계, 호르몬, 호흡, 체온, 몸 속의 산소 등도 항상성을 유지해야만 한다. 신체의 건강성이 유지되면서 운동도 잘 해내기 위해서는 각종 영양소도 균형적이어야 한다.

▪ 운동 부족과 과다 운동

운동을 즐겨 하는 사람은 기본적으로 부지런하다. 이를 거꾸로 생각해 보면 게으른 사람은 운동을 즐겨 하지 않는다는 말이다. 또 운동에 필요한 시간을 내기 어려운 사람도 마찬가지다. 쉴 새 없이 생업에 종사하면서 일을 하는 사람도 끊임없이 몸을 사용하고 움직이지만, 이들의 '노동'과 '운동'은 성격이 사뭇 다르다. 돈을 벌기 위해 하는 노동에서는 '목적과 사명감'에 휩싸여 지속적으로 같은 동작을 반복한다. 건강 확보를 위해 하는 운동과 성격이 다르다. 노동에 지친 사람은 대체로 휴식 시간에는 텔레비전 시청이나 하면서 그냥 휴식을 취하는 경우가 많다. 피곤한 몸을 쉬게 하는 것이 급선무이기 때문에 체력 향상, 균형 있는 몸매를 만들기 위한 운동을 즐기지 않는 경우가 많다. 게으른 사람도 빈 시간이 나면 뒹굴뒹굴하면서 주전부리나 하며 시간을 보낸다. 이들은 좋은 체력이나 훤칠한 체격이 주는 즐거움, 운동 과정에서 나오는 도파민(dopamine)의 희열을 느끼지 못한다.

운동을 과다하게 즐기는 사람, 스포츠 마니아(mania)도 있다. 이들은 자기가 좋아하는 운동이나 스포츠 경기에 몰입하여 운동 자체를 즐긴다. 나름대로 목표를 정해 놓고 끊임없이 보다 높은 단계로 전환해가고자 애를 쓴다.

운동 부족도, 과다 운동도, 정도가 지나치면 문제가 발생한다. 운동 부족은 동맥경화나 고혈압, 고지혈증 등 심혈관계 질환을 유발할 수 있고, 비만, 당뇨병, 골다공증을 촉진할 수 있다(Corbin & Lindsey, 2009: 43-51). 규칙적인 신체 활동은 면역체계의 기능을 향상시키고 감기나 독감과 같은 흔한 감염병, 우울증을 이겨내는 데 도움이 된다. 이에 비해 과다 운동의 경우에는 특정한 근육이나 골격을 과다 사용하므로 인한 부상이나 신체 장애 현상, 운동 조급증(activity neurosis)을 유발할 수 있다(Corbin & Lindsey, 2009: 52). 또 과다 운동으로 인해 직업 활동이나 가정사에 소홀할 수도 있다.

▪ 스포츠와 게임

현대 사회는 개인 차원의 운동을 벗어나서 단체로, 집단으로 즐기는 스포츠가 활성화되어 있다. 스포츠는 규칙이 정해져 있고 상대가 있어 경쟁을 해야 하는 것이 많다. 개인 차원의 운동으로 출발하여 시합, 게임으로 발전함으로써 또 다른 즐거움을 주는 것이 스포츠다.

스포츠는 아마추어와 프로로 구별되는데 전자가 개별적으로 동호인 차원에서 즐기는 것이라면, 후자는 전문 직업적으로 운영되는 것이다. 양자 모두 시합 게임이 있고, 승부를 가리지만 아마추어는 친선이나 교류가 목적인데 비해, 프로는 '돈의 액수로 정해지는 승부'가 목적이 된다.

스포츠는 직접 참여하여 운동을 하는 사람만이 아니라 관객으로서 즐기는 사람이 더욱 많다. 사람은 자신이 선호하는 스포츠에 능동적으로 참여한다. 자기 돈으로 입장권을 사고 가족 친지와 함께 즐긴다.

운동을 좋아하는 사람의 인성

운동을 좋아하는 사람은 운동이 자신에게 주는 효과를 긍정적으로 생각하고 열정적으로 운동을 하려고 한다. 운동 효과와 관련하여 이들이 어떠한 인성을 소유하고 있을까에 대해 살펴보자.

첫째, 운동을 통해 심리적 행복감(psychological happiness)을 맛본다. 운동을 한다는 사실 자체에서, 운동 중 나타나는 도파민(dopamine) 등 호르몬 작용을 통해, 또 운동 후 얻게 되는 성취감을 통해 행복함을 만끽한다. 스포츠 참여로 인한 행복감은 유산소 운동을 하는 사람, 정기적으로 운동을 하는 사람, 중산층 이하 소득 수준의 사람에게서 더 높게 나타난다(임재현 외, 2013: 52).

둘째, 신체 능력 향상이나 성취감을 통해 자아 존중감이 향상되고 긍정적 성격의 소유자로 변신한다. 체력과 체격이 좋아짐으로써 타인에 대해 당당해지고 '무엇이든 해낼 것 같은' 자신감이 커진다.

셋째, 스트레스를 해소하고 기분 전환을 꾀할 수 있다. 일상적인 직업 활동이나 스트레스를 유발하는 상황을 벗어나서 운동을 즐김으로써 새로운 기분이 형성되고 활력이 되살아날 수 있다.

넷째, 신체적 질병이나 장애 요소를 극복하는 계기가 됨으로써 걱정이나 우울증 등을 벗어날 수 있다. 성격이 밝아지고 자기 자신에 대한 긍정과 함께 강인한 인성을 갖는다.

다섯째, 여러 사람이 함께하는 스포츠를 즐김으로써 사회성이 증가하고 좋은 인간 관계를 형성할 수 있다. 스포츠는 홀로 하는 운동에서 한걸음 더 나아가서 여럿이 집단으로 하기 때문에 동료와 협력하고 상대방을 배려하는 사회성이 형성된다.

Ⅲ 정신적 건강과 인성

1. 정신적 건강

정신적 건강(精神的 健康, mental health)은 정신적으로 편안하고 행복한 상태를 말한다. 앞서 살펴본 바와 같이 정신적으로 괴로움이나 고통이 없고, 지적으로 병이나 장애가 없으며(absence of mental illness or disorder), 감성적으로 안정적이고, 정상적인 인간 관계나 사회 관계가 가능한 상태를 말한다. 심리적 행복감(psychological well-being)이 있는, 감성적이거나 행태적 조절이 만족스럽게 잘 이루어지는 심리 상태를 말한다(위키백과, Mental health). 긍정 심리학(positive psychology or holism)적 입장에서는 개인적 삶을 즐길 수 있는 능력, 그리고 살아가는 과정에서 외적 고통이나 어려움을 잘 극복해 낼 수 있는 심리적 탄성(psychological resilience)[2)]까지 포함한다.

정신적으로 건강한 사람의 특징을 몇 가지 들어 보면 다음과 같다.

첫째, 신체적으로 건강한 사람일수록 정신적 건강도 좋다. 신체적으로 아픔이 있거나 장애가 있는 사람은 심리적으로도 편치 않고 고통을 겪는다. 이를 극복하기 전에는 정신적 건강이 온전해지기 어렵다. 하지만, 신체 장애가 있는 경우라도 이를 인정하고 받아들여 정신 건강이 좋은 사람도 있다.

둘째, 생리적으로도 몸의 항상성이 유지되고 정상적이다. 신경계, 심혈관계, 호흡기, 영양소, 호르몬, 체온 등 모든 면에서 장애가 없다. 사고나 행동, 감정 발현이 지나치지 않게 잘 관리되기 때문에 신체의 생리적 항상성이 유지된다.

셋째, 감성 관리, 감정 조절이 정상적으로 잘 이루어진다. 기뻐도 지나치지 않고, 슬퍼도 끝없이 낙담하지 않으며, 화가 나도 적당히 조절할 줄 안다. 감성의 중요성을 잘 알아 이를 관리하며, 스스로 감성에 빠져들기도 하고 이를 적절히 활용하기도 한다. 정신적 건강인은 진정한 감성적 지성인(感性的 知性人, emotional intelligence)이다.

넷째, 정신적으로 건강한 사람은 행복하다. 자기 현실을 있는 그대로 받아들일

---

2) 심리적 탄성이란 스트레스나 역경에 적절히 대응할 수 있는 능력을 말한다(Psychological resilience is defined as an individual's ability to properly adapt to stress and adversity, 위키백과).

줄 알고, 자그마한 성공에 대해서도 감사하며 만족한다. 행복은 육체적 건강, 물질적 풍요와 함께 정신적 만족이 필수 요건이다.

다섯째, (필수 요건은 아닐 수 있지만) 물질적으로 여유로울수록 정신적 건강도 좋아진다. 가난한 사람이 '콩 한쪽도 나눠먹으며 만족'해 할 수 있지만 의식주에 어려움이 없고, 물질적으로 더욱 좋아지면 비례적으로 정신적 만족도가 높아지고 행복도가 높아진다.

여섯째, 정신적으로 건강한 사람은 외부 자극이나 환경으로부터의 도전, 스트레스 자극에 대해서도 잘 대응할 수 있다. 능동적으로, 적극적으로, 긍정적으로, 열정적으로 대응한다. 도전을 즐기고 좋은 결과를 만들어낼 수 있다.

일곱째, 정신적 건강은 가족과 직장, 지역 사회, 국가 전체의 경제 사회 문화적 역량과 밀접하게 연결되어 있다. 이런 제반 여건이 잘 충족되어야만 정신적 건강이 유지될 수 있다.

2. 정신 장애

정신 장애(精神障礙, mental disorder)는 정신에 장애가 있어 건강하지 못한 상태를 말한다. 아이의 학습 능력 부족, 가벼운 건망증 수준으로부터 심한 정신병까지 다양한 정신 장애가 있다. 다음 [그림 7-2]에서 보는 바와 같이 정신적 불건강, 정신 장애(mental bad health, disorder)는 생리적 요인(biological factors), 심리적 요인(psychological factors), 사회적 요인(social factors)이 복합되어 발생한다.[3)]

우선, 신체적, 생리적 건강 여부가 정신 장애에 영향을 미친다. 두뇌 손상이 있거나 신체 이상이 있을 경우에 정신적으로도 문제가 생길 수 있다. 심리적 장애는 이상 심리와 관련이 있다. 이에 대해서는 후반부에서 다루고자 한다. 사회적 측면에서 볼 때 정신 장애는 당사자를 둘러싼 물질 문명의 수준과 밀접한 관련이 있다(WHO).

빈곤, 실업, 열악한 노동 조건, 형편없는 주거 여건, 질 낮은 교육 여건 등은 정신적 행복감을 떨어뜨리고 정신 장애 위험성을 높여준다. 또한 낮은 수준의 정신적 행복감(poor mental health)과 낮은 사회 계층(low social status)은 다이어트 불가능(poor diet), 흡연, 음주, 물질 남용(substance misuse), 폭력 등과 쉽게 연결된다. 낮

3) The world health report 2001-"Mental Health: New Understanding, New Hope"(PDF). WHO.

그림 7-2 정신 장애 영향 요인

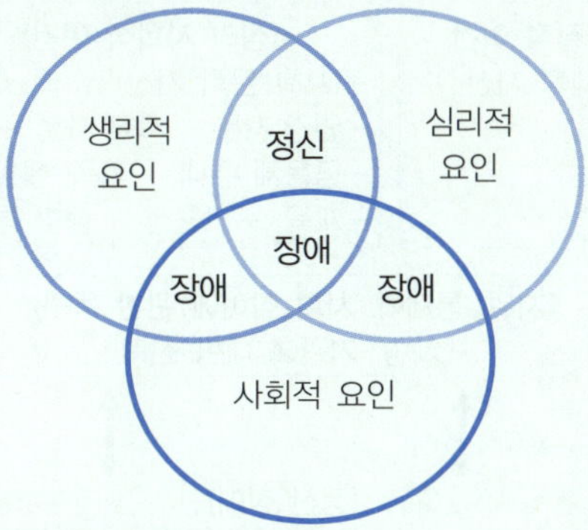

은 수준의 정신적 행복감을 가진 사람은 정신 장애를 앓게 될 가능성이 높아 직장도 변변찮고 소득도 낮아 결국 사회적 불평등 상황에 빠져 버린다. 정신 건강은 사회적 불평등의 원인이자 결과다(WHO).

정신적 건강, 또는 정신 장애는 다음 [그림 7-3]에 나타나 있는 바와 같이 여러 요인에 의해 영향을 받는다. 어떤 사람이 몸담고 있는 사회 경제적 위치, 물질적 여건, 심리 사회적 여건, 정치적 목소리가 기본적으로 영향을 미친다. 국가 발전 정도가 높을수록 이런 기본 여건이 좋아질 수 있다. 개인 차원에서는 그가 유지할 수 있는 건강 체계와 위험 요소가 영향을 미치고, 비전염성 질병의 여건이 영향을 미친다.

정신적으로 건강한 사람의 인성에 비해 건강 장애가 있는 사람의 인성 특징을 살펴보면 다음과 같다.

첫째, 자신의 건강에 대해 지나치게 자신만만하고 오판(誤判)을 하는 수가 많다. 건강 검진을 잘하려 하지 않고, 적절한 운동을 하지 않으며, 건강에 무리가 가는 사고나 행동을 많이 한다. 수시로 손발을 씻고 생활 주변을 청결하게 유지하는 등의 노력을 소홀히 한다.

둘째, 건강에 나쁜 영향을 미치는 위험 요소에 노출되어 있다. 운동이나 스포츠, 취미도 정도를 넘어서 몸에 무리를 줄 정도로 즐기는 경향이 있다. 질병 위험 지역을 여행하거나 알코올이나 흡연을 지나치게 즐긴다.

셋째, 자신의 건강 체계를 나이, 성별, 소득 수준, 기타 삶의 여건이나 환경에 맞춰 설계하지를 못한다. 나이가 많아짐에 따라 활동 수준을 조정해야 하고, 생활 여

그림 7-3 정신적 건강, 정신 장애의 순환 과정[4)]

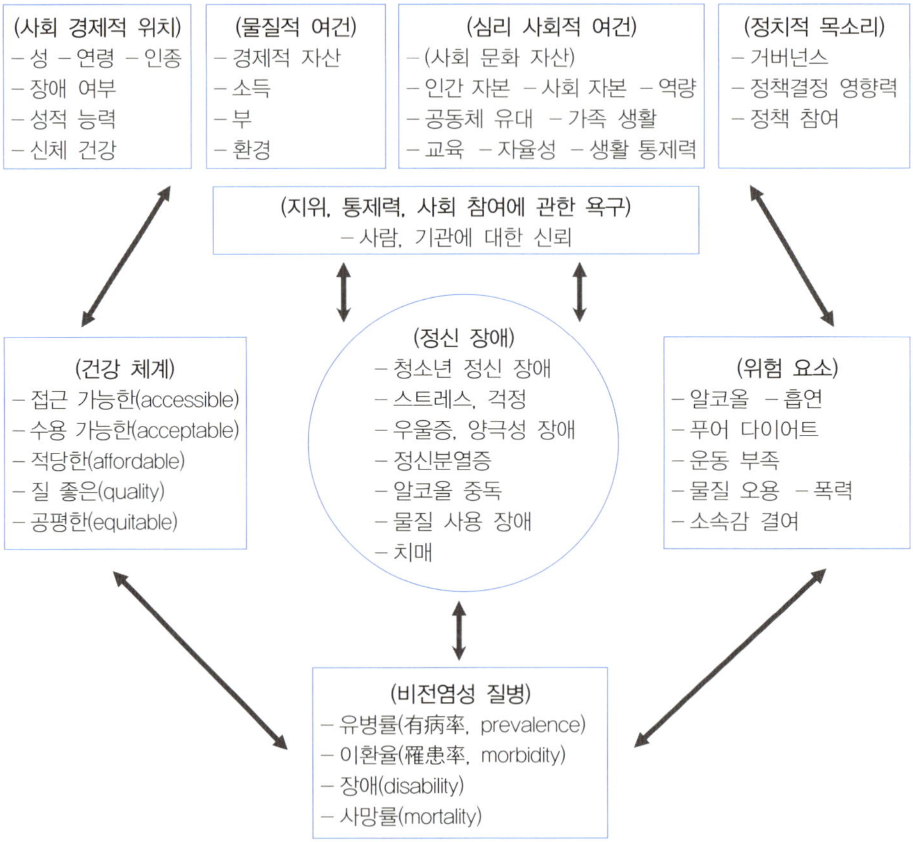

건에 따라 적합한 운동이나 스포츠, 취미 활동을 즐길 줄 알아야 하는데 그러질 못한다.

넷째, 생활 여건이나 경제 수준, 몸의 상태 등이 좋지 않을 때 쉽게 낙담을 하고 포기하려는 경향이 있다. 그래서 생활 여건이 비록 좋지 않지만 정신적 건강을 유지하려고 하거나, 한번 나빠지기 시작한 몸을 건강한 상태로 회복하려는 노력을 하지 않는다.

다섯째, 정신 장애 극복, 건강 회복에 필요한 국가 사회의 정책적 지원, 세금 지

4) WHO > Health topics > Mental health > Key terms and definitions in mental health

원 등을 요구하려는 노력도 희박하다. 정책 참여나 정치적 목소리를 내는 데 무기력하다.

여섯째, 자기의 몸 상태, 건강 장애를 속이려 하고 소극적으로 몸을 숨기려 하는 등 정신적으로도 활력이 없다.

3. 피로, 스트레스와 인성

피로와 스트레스는 정신적 건강에 영향을 미친다. 정신 장애가 정신에 문제가 발생한 것이라면 피로와 스트레스는 정신에 부담을 주는 것이다.

피로(疲勞, tiredness, exhaustion, fatigue)는 육체적, 정신적으로 기운이나 기능이 떨어진 상태를 말한다. 피로하면 신체의 기운이 빠지고 늘어지며, 졸리고, 안색이 굳어지거나 창백해진다(임재현 외, 2013: 164-174). 말하기도 싫어지고 호흡도 불규칙해지며, 근력도 저하하고 동작도 서툴러지며 잘 움직여지지 않는다. 정신적 피로는 지적 능력을 떨어뜨리고 감성적으로도 무기력하게 만든다. 피로할 경우에 신경계나 심혈관계 질병, 호르몬계 혼란, 갑상선 기능 저하 등의 질병 현상이 나타날 수 있다.

피로의 원인에는 여러 가지가 있다. 육체적으로 심한 일이나 운동을 했을 경우, 정신적으로 힘든 고민이나 수고로움을 겪은 경우, 수면 부족, 각종 질병으로 인해 고통스러운 경우 피로가 나타난다. 직장이나 사회 생활 과정에 갈등이나 업무 과중으로 나타날 수도 있고, 학생의 수업 부담, 가족 내 갈등 상황에서도 발생할 수 있다.

피로하지 않기 위해서는 평소에 육체적, 정신적 활동을 지나치게 무리하지 않도록 하고, 수시로 휴식을 취하며 적당한 음식과 운동을 즐길 필요가 있다. 일단 피로가 나타나면 휴식을 취해 육체적, 정신적 압박을 벗어나야 하고, 적당한 영양 보충, 가벼운 목욕이나 운동, 산책 등 기분 전환이 필요하다.

피로한 사람의 인성을 살펴보면 첫째, 체력적으로 무기력하다. 체력이 약화되고 점차 고갈되어 제대로 활동하기가 어려워진다. 운동이나 일을 할 수 없게 된다. 둘째, 정신적으로 판단력이 흐려지고 나약해진다. 지적 사고나 판단이 점차 힘들어진다. 셋째, 감성적으로 열정이 사라지고 퇴행적이 된다. 적극성이 떨어지고 소극적으로 변모한다. 넷째, 마음이 산란해지고 초조해지며, 기분도 안 좋아지고, 걱정이 많아진다. 다섯째, 짜증이 나고 조그만 일에도 신경질을 낸다.

스트레스(stress)는 압박, 강제, 압력, 긴장을 뜻하는 영어다. 인간과 관련하여 스트레스는 육체나 정신에 가해지는 압박이나 긴장이다. 혈관 속으로 피가 왕성하게 흐르면서 혈관 벽에 가해지는 팽팽한 압박도 스트레스이고, 시험을 치르는 학생이 온 정신을 다 쏟아가면서 문제를 푸는 것도 정신적 스트레스요, 산을 오르는 등산가의 허벅지에 가해지는 통증도 스트레스다. 스트레스라는 말 자체는 중립적인 용어이기 때문에 이 자체를 놓고 '좋다, 나쁘다' 말하기는 곤란하다.

스트레스는 사람에게 좋은 스트레스(eustress)와 나쁜 스트레스(distress)로 구분해 볼 수 있다(Corbin & Lindsey, 2009: 329). 전자는 인간 활동에 긍정적으로 작용하여 좋은 효과를 낳는 스트레스이고, 후자는 고통과 병을 유발하여 인간에게 해로운 스트레스다. 전자의 예를 들어보면, 시험 문제를 풀기 위해 온 정신을 집중하고 있는 학생은 비록 정신적으로 강한 스트레스를 받고 있긴 하지만, 덕분에 문제를 잘 풀어 좋은 성적을 낼 수 있게 된다. 또 야구 선수가 시합 중에 상대 투수의 공에 집중하면서 느끼는 강력한 스트레스는 안타나 홈런을 쳐내는 데 큰 도움이 된다. 이런 종류의 스트레스는 우리가 능동적으로 촉구하는 것으로 바람직하고 좋은 것이다. 반면에, 도로 한복판에서 매연과 미세 먼지를 들어 마시면서 느끼는 불쾌한 감정의 스트레스, 밤늦게까지 하기 싫은 공부를 하느라고 골치가 지끈지끈 아픈 상태의 스트레스는 인간을 병들게 하는 나쁜 것이다.

스트레스는 인간의 삶과 함께하는 동반자다. 특정한 스트레스가 특정한 사람에게 좋은 스트레스로 작용할 것인가 아니면 나쁜 스트레스로 작용할 것인가는 그 사람의 역량이나 여건, 시간과 장소, 환경 여건에 따라 달라진다. 어떤 인간에게나 건강을 유지하고 좋은 성과를 내는 데 필요한 적정 수준의 스트레스 수준(optimal level of stress)이 있다(Hoeger & Hoeger, 2005: 145). 스트레스가 정신적, 감성적, 생리적 한계를 넘어서서 고통을 주는 수준이 되면 그때부터는 나쁜 스트레스가 되고 더 이상 효율적으로 작용하지 못하게 된다.

스트레스 원인(stressor)이 외부로부터 주어지면 우리 몸은 다음 [그림 7-4]와 같이 생리적 반응을 한다. 스트레스 유발 요인이 몸 가까이 도달하면 우리의 두뇌가 인지를 하고, 이에 수반되어 신체 반응이 나타난다. 교감 신경계, 부교감 신경계의 작용에 의해 신체 반응이 다양한 형태로 촉발된다. 스트레스 유발 요인에 우리 정신과 육체가 적절히 잘 대응하면 스트레스가 감소하고 정상적으로 육체와 정신의 항상성이 유지될 수 있지만, 그렇지 못할 때는 건강이 약화되고 성과 수행이 어려워진다.

그림 7-4 스트레스에 대한 생리적 반응: 대응과 회피

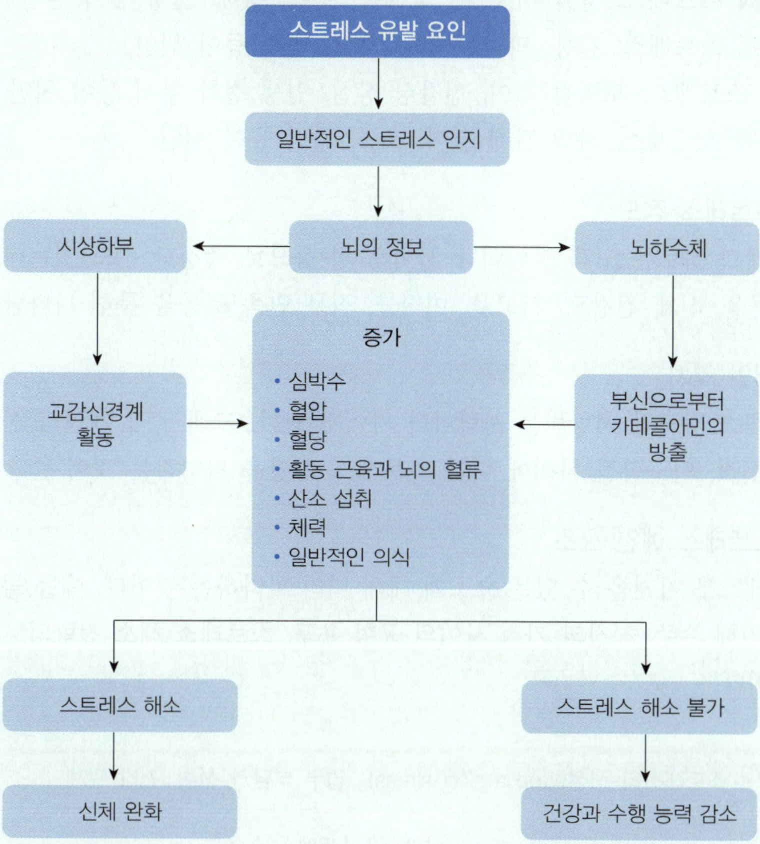

출처: Hoeger & Hoeger(2005: 146).

특정한 시점에, 특정한 사람이 받고 있는 스트레스가 어느 정도인가를 판단하는 것은 중요하다. 스트레스 점검 시 고려 요소로는 다음과 같은 것을 들 수 있다 (Sutherland & Cooper, 2000: 128-130).

(1) 스트레스 원인

독립 변인으로 작용하는 스트레스의 원인을 밝혀내는 것이다. 직장 생활을 하는 현대인을 예로 들면, 직업 내재적 요인, 조직 내 역할, 다른 사람과의 관계, 경력 개발과 성취, 조직 구조와 분위기, 업무 수행 중 간섭 요소(home-work interface) 등

이다. 스트레스의 원인과 종류는 다음과 같은 것이 있다(http://www.stressno.com).

/신체적 스트레스: 약물 사용, 흡연, 수면 부족, 상해, 질병 등이 원인

/정신적 스트레스: 갈등, 과다한 업무, 자기 비하 등이 원인

/영적 스트레스: 도덕감 결여, 인간성 상실, 인생 철학 부재 등이 원인

/사회적 스트레스: 사회 관계 결여, 조롱, 차별 등이 원인

(2) 스트레스 정도

스트레스 정도는 고객 불만이나 서비스 질 등으로 측정할 수도 있는데, 병으로 인한 결근율, 신체 건강도, 사고율, 이직률, 직무 만족도 등을 통해 나타난다.

(3) 개인 격차

스트레스 정도와 저항력은 사람마다 차이가 난다. 그래서 각 개인의 신체적, 생리적, 정신적, 인구학적 차이에 따른 스트레스 상황을 파악하는 것이 중요하다.

(4) 스트레스 예견 요소

스트레스를 가져올 수 있는 요소에 대해 미리 파악하는 것이다. 예를 들면, 직장의 높은 기대 수준, 직장과 가정 사이의 균형 욕구, 스트레스 해소 전략의 사용 능력 부족 등이다.

그림 7-5 스트레스의 적정화(optimising stress): 업무 부담과 성취, 건강 관계

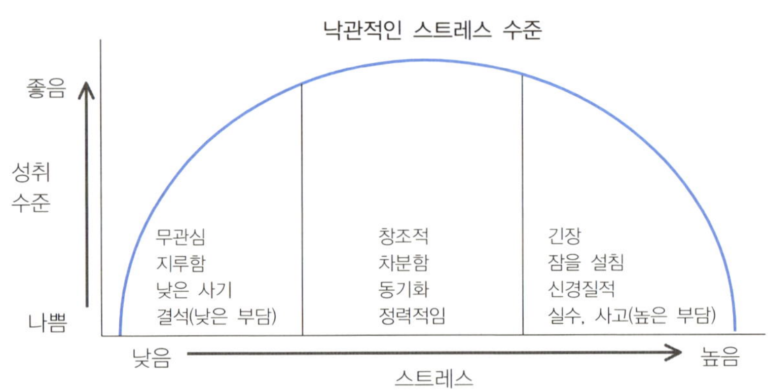

출처: Sutherland & Cooper(2000: 67).

(5) 임원의 태도 확인 및 측정

조직원의 욕구 파악, 효율성 저해 요인을 잘 파악하고, 스트레스 원인 제거 및 극복에 대한 임원의 능력과 노력 정도를 파악한다.

4. 성행위와 인성

성행위(性行爲, 性交, sex)는 인간의 자손 번식과 관련된 것으로 타고난 본능적 욕구다. 정당한 부부 사이의 성행위는 당사자로 하여금 최고의 희열을 맛보게 하고 정신적 행복과 육체적 건강을 갖게 한다. 정상 가족은 부부 사이의 성행위를 만족스럽게 하면서 살아간다.

어린 아이는 자신의 생식기를 의식하기 시작하는 순간부터 남자로서, 또는 여자로서 자신의 위치를 인식한다. 어린 아이는 가장 가까운 위치에서 자신을 보살피는 아버지, 어머니로부터 동성 또는 이성에 대한 자신의 이성과 감성을 형성하기 시작한다. 아들은 아버지를 보면서 남자를 익히고 이성인 어머니를 바라본다. 딸은 어머니를 보면서 여성을 배우고 이성인 아버지를 생각한다. 이 과정에서 동질감과 이질감을 체득하게 된다. 프로이트(Sigmund Freud)는 오이디푸스 콤플렉스(Oedipus complex)라는 용어를 통해 한 사람의 이성을 두고 나타나는 동성 사이의 경쟁 관계를 설명하였다.

인간이 성적 욕구에 대해 좀 더 진지하게 생각하는 시기는 남자의 성기가 곧추서고 자극에 야릇한 반응을 보이는 순간부터다. 여자의 경우에는 처음 월경(月經)을 시작하는 사춘기(思春期)로부터 본격적으로 시작된다. 여성의 사춘기는 가족이나 건강 상태에 따라 다르지만 최근에는 8~10세 전후에 나타난다. 남녀가 모두 10세 전후가 되면 성적으로 이성을 대하는 시기가 된다.

남녀의 성행위는 법과 사회 규범에서 공식적으로 인정하는 결혼으로부터 시작된다. 결혼은 신랑과 신부, 남자와 여자가 공식적으로 인정을 받고 성행위를 시작하는 의식이다. 결혼한 부부의 성행위는 인간 본능의 성적 욕구를 충족하는 행위이며, 자녀 출산을 하기 위한 의무적 행위이다. 부부의 성행위는 서로 상대방을 존중하면서, 두 사람 모두 최고의 성적 희열을 맛보는 형태로 진행되어야 한다.

결혼 이전에 남녀 간에 성행위가 이루어지는 수가 적지 않다. 사회 규범상 부적절한 성행위가 결혼 이전에 시작되는 것이다.

첫째, 청소년끼리 무분별하게 성행위를 하는 경우다. 학교 생활에 충실해야 하는 청소년이 일탈 행동의 일환으로 성행위를 시도한다. 이런 청소년은 아직 자신의 성행위의 의미와 향후 결과에 대한 생각이 치밀하지 않다. 당장 눈앞의 이성과 성적 욕구에 생각이 매몰되어 있다. 부모나 주변 사람으로부터의 비난, 성교 후에 나타날 수 있는 임신, 학업 소홀 등에 대한 생각이 합리적이지 못하다. '그냥, 좋아서, 저지르고 마는 식의 성교다.' 이들은 성교 이후에 타인의 비난, 자신의 수치심, 학업 소홀 등으로 전혀 새로운 인생길을 걷게 된다.

둘째, 어른에 의해 반강제적으로 성행위가 이루어지는 경우다. 대개는 청소녀가 남자 어른에게 성교를 강요당하는 경우다. 장애 청소년이 성범죄를 당하는 경우도 이에 해당한다. 피해를 당한 청소녀의 경우에는 정신적, 육체적 피해가 엄청나다. 정신적 피해로 인해 절망, 학교와 사회 부적응, 정상 생활 불가능 상태가 되면 큰일이다. 국가적으로도 청소년(청소녀) 대상 성범죄에 대해 엄한 처벌 규정을 두고 있다. 청소년은 성범죄 피해를 당하지 않게 매사에 조심해야 한다. 위험한 장소에 가지 않고, 위험한 시간대에 홀로 거닐지 않으며, 남을 자극하는 발언과 복장에 유의해야 한다.

셋째, 결혼을 하지 않고 성인 남녀가 무분별하게 성행위를 즐기는 경우다. 성교는 남녀 두 당사자가 합의만 하면 언제라도 이루어질 수 있다. 서로 임신을 조심하고, 적당히 즐기면 된다. 하지만, 바른 인성이라는 입장에서 보면 이런 성교 행위는 문제가 있다. 사회 통념상 공식적으로 인정하지 않은 성교를 하는 것으로서 '못된 사람', '난봉꾼'으로 경멸을 받을 수 있다. 더욱 큰 문제는 향후에 결혼을 하여 새로운 이성을 부부로 맞이할 경우다. 한 남자로서의 남편, 한 여자로서의 아내에 만족치 못하고 성교 대상을 찾아 난분분하게 거리로 나설 수 있다. 가정이 화목할 수 없다.

넷째, 자위(自慰) 행위로서 성행위를 즐기는 수가 있다. 육체적으로 다른 이성을 만나 성교 행위를 하는 것이 아니라 홀로 자신의 성기를 자극하면서, 영화나 소설을 보면서, 또는 가상 현실 속에서 성교 행위를 즐기는 것이다. 성적 만족이 결코 적지 않고 클라이맥스(climax, 絶頂)도 경험한다. 자위 성교는 다른 이성에게 피해를 주지 않고, 외부적으로 사회적 규범을 어기지 않으면서 성적 욕구를 해소한다는 측면에서 긍정적이다. 하지만, 성적 욕구 좌절로 인해 발생할 수 있는 심리적 갈등 해소 차원을 넘어서서 지나친 자위 행위는 곤란하다. 자위 행위는 필요한 최소 한도로 절제하는 것이 필요하다.

다섯째, 성매매를 통한 성행위다. 법적으로는 성매매를 엄격히 처벌하고 있지만, 현실적으로는 어느 사회이든 사라지지 않는 것이 성매매다. 성매매는 처벌만이 능사는 아닐 수 있다. 결혼을 못하고 장년이 된 사람, 사별 또는 이혼 후에 홀로 된 사람, 부부 중 한 사람이 성불구자가 된 사람, 홀로 살아남아 있는 독거 노인은 성적 욕구를 풀 방법이 없다. 성적 욕구가 인간의 본능임을 인정한다면 정상적으로 부부 성교를 통해 성적 욕구를 풀 수 없는 사람에 대한 대책이 필요하다. 선진국에서 성매매를 인정하는 공창(公娼) 지역을 인정하는 것도 이런 맥락이다. 성적 욕구 불만자가 자칫 성범죄를 유발할 수도 있다.

■「성매매 알선 등 행위의 처벌에 관한 법률」(약칭: 「성매매처벌법」)

제2조(정의) 1. "성매매"란 불특정인을 상대로 금품이나 그 밖의 재산상의 이익을 수수(收受)하거나 수수하기로 약속하고 다음 각 목의 어느 하나에 해당하는 행위를 하거나 그 상대방이 되는 것을 말한다. 가) 성교 행위, 나) 구강, 항문 등 신체의 일부 또는 도구를 이용한 유사 성교 행위

제4조(금지행위) 누구든지 다음 각 호의 어느 하나에 해당하는 행위를 하여서는 아니 된다. 1) 성매매, 2) 성매매 알선 등 행위, 3) 성매매 목적의 인신매매, 4) 성을 파는 행위를 하게 할 목적으로 다른 사람을 고용 · 모집하거나 성매매가 행하여진다는 사실을 알고 직업을 소개 · 알선하는 행위, 5) 제1호, 제2호 및 제4호의 행위 및 그 행위가 행하여지는 업소에 대한 광고 행위 [시행 2013.4.5.] [법률 제11731호]

Ⅳ 음식, 영양, 질병과 인성

1. 음식과 영양

적절한 영양(proper nutrition)은 사람이 음식물 섭취를 통해 정상적인 세포의 성장, 회복, 유지에 필요한 영양소를 충실히 공급하는 것을 말한다(Hoeger & Hoeger, 2005: 99). 이를 통해 일이나 신체 활동, 휴식에 필요한 에너지 공급이 이루어진다.

정상적인 사람이라면 골고루 음식을 먹어서 몸에 필요한 영양을 충분히 섭취해

야 한다. 그런데 음식물이 모자라거나, 자기가 좋아하는 것만을 골라 먹는 편식(偏食), 지나치게 많이 먹는 폭식(暴食), 음식 자체를 싫어하는 혐오증(嫌惡症), 치아가 좋지 않아 음식물을 씹는 데 문제가 있는 경우, 소화력이 현저히 떨어지는 경우 등은 문제가 있다.

최근에 보건복지부에서는 농림축산식품부 등과 함께 '국민 공통 식생활 지침'을 발표하였다. 이는 국민 건강을 위해 꼭 필요한 식생활 습관에 대한 것이다.

■국민 공통 식생활 지침

1. 쌀·잡곡, 채소, 과일, 우유·유제품, 육류, 생선, 달걀, 콩류 등 다양한 식품을 섭취하자.
2. 아침밥을 꼭 먹자.
3. 과식을 피하고 활동량을 늘리자.
4. 덜 짜게, 덜 달게, 덜 기름지게 먹자.
5. 단 음료 대신 물을 충분히 마시자.
6. 술자리를 피하자.
7. 음식은 위생적으로, 필요한 만큼만 마련하자.
8. 우리 식재료를 활용한 식생활을 즐기자.
9. 가족과 함께하는 식사 횟수를 늘리자.

(출처: 보건복지부. 2016.4.8. 보도 자료)

우리 몸에 필요한 영양소에는 필수 영양소(essential nutrient)와 비필수 영양소(nonessential nutrient)가 있다(Williams, 2008: 36–38). 필수 영양소란 인체가 필요로 하나 체내에서는 전혀 만들 수 없거나 적절한 양을 생산해 낼 수 없는 영양소를 말한다. 음식을 통해 섭취해야만 하는 것으로 탄수화물(섬유소, 설탕과 전분), 필수 지방(리놀레 지방산, α–리놀레 지방산), 단백질(필수 아미노산: 히스티딘, 아이소루이산, 루신, 라이신 등), 비타민(수용성: B_1, B_2, 니아신, 판토테닉, 엽산 등. 지용성: A, D, E, K), 무기질(칼슘, 염화물, 마그네슘, 인, 칼륨, 나트륨, 황, 붕소, 불소, 철 등), 물이다. 비필수 영양소는 인간의 몸에서 형성되는 것으로 고강도 에너지 생산을 위해 체내에서 아미노산이 결합하여 만들어지는 크레아틴이 대표적이다. 카르티닌, 글리세롤도 마찬가지다. 이 이외에 몸 밖에서 공급되는 비필수 영양소로는 약물(카페인, 에페드린), 피토 케미컬(페놀, 식물성 스테롤, 테르펜), 추출물(화분, 인삼, 요힘

빈), 항영양소(피트산염, 탄닌) 등이 있다. 이런 것은 건강 증진이나 운동 기능 향상에 도움이 된다.

보건복지부에서는 한국인의 영양소 섭취 기준을 정해 놓고 있다. 이 기준을 활용하여 국민의 영양 상태, 비만도 측정, 각종 기관의 음식 조리에 영향을 미치고 있다. 영양소 섭취 기준을 보면 성인의 경우 탄수화물 55~65%, 단백질 7~20%, 지방질 15~30%가 적당하다. 그리고 총에너지 섭취량의 10~20%에 해당하는 당류를 섭취해야만 한다.

표 7-3 한국인 영양소 섭취 기준: 에너지 적정 비율

영양소		에너지 적정 비율			
		1~2세	3~18세	19세 이상	비 고
탄수화물		55~65%	55~65%	55~65%	
단백질		7~20%	7~20%	7~20%	
지질	총지방	20~35%	15~30%	15~30%	
	n-6계 지방산	4~10%	4~10%	4~10%	
	n-3계 지방산	1% 내외	1% 내외	1% 내외	
	포화지방산	–	8% 미만	7% 미만	
	트랜스지방산	–	1% 미만	1% 미만	
	콜레스테롤	–	–	300㎎/일 미만	목표 섭취량

출처: 보건복지부(2015).

■한국인 영양소 섭취 기준: 당류

총 당류 섭취량을 총 에너지 섭취량의 10~20%로 제한하고, 특히 식품의 조리 가공 시 첨가되는 첨가당은 총 에너지 섭취량의 10% 이내로 섭취하도록 한다. 첨가당의 주요 원으로는 설탕, 액상과당, 물엿, 당, 꿀, 시럽, 농축 과일주스 등이 있다.

(보건복지부. 2015)

부족한 섭취는 영양 결핍증을 초래하는 반면에 과량 섭취는 여러 가지 독성 효과를 나타낸다(Williams, 2008: 37). 둘 다 극한적인 경우에는 사망한다. 영양 권장량이나 적정 섭취량 수준 내의 영양소 섭취는 정상적으로 적정하고 안전하다. 그러나 이 수준 이하의 영양소 섭취는 결핍증을 나타낼 수 있다. 또 내성 상한선 이상의 영

그림 7-6 영양소 섭취와 건강 상태

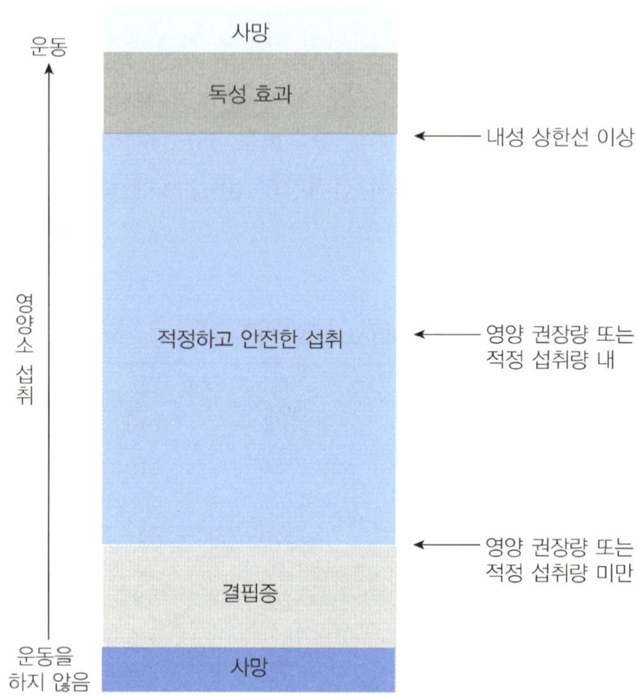

출처: Williams(2008: 37).

양소 섭취는 독성 반응을 나타낸다([그림 7-6] 참조).

보건복지부 질병관리본부에서 발표한 2014년, 한국인의 영양소 섭취 기준에 대한 섭취 비율을 보면 칼슘을 제외한 모든 영양소 섭취량이 100%를 훨씬 넘어선다. 영양소 과다 섭취 성향을 보이고 있다는 말이다.

다음 [그림 7-7]은 미국 건강복지국의 식품 가이드 라인이다.

건강을 유지하는 좋은 음식 섭취 습관을 가진 사람은 어떤 인성을 소유하고 있을까?

첫째, 음식을 먹는 일이 즐겁고 활기차다. 뭐든 잘 먹는다.

둘째, 골고루 먹는다. 모든 음식을 맛있게 먹으니 어떤 음식이나 반찬도 입에 맞기 때문에 골고루 먹게 된다.

셋째, 음식의 맛을 즐긴다. 음식물이나 식재료 그 자체의 맛을 알아내고 즐겁게

그림 7-7 미국 건강복지국의 식품 가이드 라인

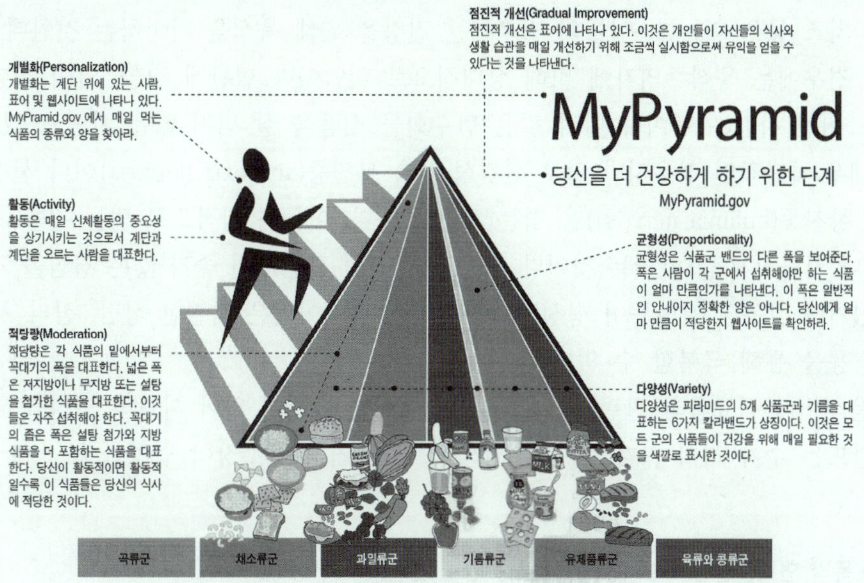

출처: USAD USDHHS. Williams(2008: 41).

먹는다.

넷째, 음식을 먹는 일에도 어느 정도 몰입하게 된다. 적당히 게걸스러울 정도로 열심히 먹는다. 일하면서도 먹고, 걸으면서도 먹을 정도로 맛있게 먹는다.

주요 건강 기구와 미국 영양학회 등에서는 식품 섭취와 신체 활동에 긍정적인 영향을 줄 수 있는 5가지 항목을 제시하고 있다(Williams, 2008: 51).

- 현실성이 있을 것: 활동이나 식단에 시간을 두고 조금씩 변화를 주어라. 작은 변화가 급격한 변화보다 좋다.
- 새로운 식품이나 영양소에 적극적인 마음을 가져라. 즉, 다양한 식품을 섭취하도록 하라.
- 유연성을 가져라. 한 가지 식품에만 집착하지 말고 충분한 기간 동안 식품 섭취나 활동을 한다.
- 미각에 민감하라. 모든 식품의 맛을 즐기며 먹어라. 과장하지도 말라.
- 활동적인 생활을 하라. 작은 스텝이라도 일단 움직이기 시작하고 걸어라.

극단적 채식주의자(vegan)는 동물성 식품, 육식을 하지 않고 곡물이나 빵, 야채나 과일을 통해 몸에 필요한 영양소를 섭취하려는 사람이다. 부분 채식주의자는 우유나 치즈 등은 먹는다. 이들의 경우에는 건강을 위해 육식을 기피하는 것인데, 이들의 경우에는 육식주의자에 비해 상대적으로 비만이나 혈관계 질환, 암이 적다고 한다. 어떤 사람은 빵이나 밥과 같은 탄수화물 식품을 잘 먹지 않는 사람도 있다.

매우 극단적인 경우지만 일부 신경성 식욕 부진증(anorexia nervosa)이나 신경성 식욕 항진증(bulimia nervosa)을 겪는 사람도 있다. 이들은 병적으로 먹는 것을 거부하거나 지나치게 많이 먹는 것이다. 이들은 음식과 관련하여 좋지 않은 경험을 가지고 있거나 잘못된 강박증이 형성되어 있는 경우다. 이들은 적절한 상담, 심리 치료, 최면 등을 통해 극복할 수 있다.

음식이나 식료품과 관련하여 잘못된 상식이나 습관이 있어 사람의 인성을 나쁘게 만드는 수가 적지 않다. 다음 사례와 같은 근거없는 주장이 넘쳐난다.

■ 독약 현미, 발암 토마토? 과학의 가면을 쓴 푸드 포비아:
– 음식 괴담이 낳은 식탁 공포 –

SNS 발달로 먹거리 공포를 부추기는 식품 괴담은 그 확산 속도가 더 빨라졌다. 카카오톡 단체 대화방과 페이스북, 온라인 커뮤니티 같은 SNS에 확인되지 않은 정보가 쏟아진다. 건강에 관심이 많은 장년층 사이엔 식품 영양에 대한 정보가, 아이가 있는 주부에겐 유해 식품 정보가 많이 나돈다. 이 과정에서 거짓 전문가들이 쉽게 관심을 받는다.…

과학이라는 옷을 입은 괴담이 늘어나는 것도 최근의 특징이다. 과학이 발달하면 괴담이나 루머가 줄어들어야 하는데 그 반대 현상이 벌어지고 있다.… 대저 토마토, 이른바 '짭짤이 토마토' 관련 괴담이 대표적인 예다.… 수확 15일 전부터 질소 비료를 많이 공급한다. 이 과정에서 과다한 질소를 함유하게 되며 이를 흡수하면 체내에서 성인병과 암을 유발하는 니트로소아민이라는 화합물이 만들어진다'는 것이었다. 글 밑에는 모 병원 연구소 고문의 이름이 적혀 있었다.… 식품의약품안전처와 해당 농가가 적극적으로 해명에 나섰지만 농가는 판매 부진으로 상당한 피해를 입은 다음이었고, 소비자는 소비자대로 불안감에 시달렸다.

〈음식 괴담에 관한 오해와 진실: 달걀 먹으면 심장병 걸린다?〉

아니다. 이런 오해는 러시아 · 미국 등에서 나온 연구 결과 때문에 빚어졌다. 달걀에 콜레스테롤이 높고, 콜레스테롤이 심장병의 원인이므로 결국 달걀이 심장병을 유발한다는 내용이었다. 달걀 1개엔 약 200㎎의 콜레스테롤이 들어 있는데 이는 성인 하루 콜레스테롤 권장량 300㎎의 3분의 2 정도다. 건강에 문제가 없다면 하루에 한두 개 먹는 건 문제 없다. 특히, 2009년 영국 런던 서리대 연구팀이 "콜레스테롤이 많은 음식을 어느 정도 섭취해도 인체의 콜레스테롤 수치에 큰 영향을 주지 않는다"며 "혈중 콜레스테롤 수치를 높이는 건 흡연 · 과체중 · 운동 부족"이라고 발표하기도 했다. 달걀은 필수 아미노산이 풍부한 우수한 단백질 식품이다. 단백질을 비롯해 비타민 · 칼슘 · 인 · 철분 · 칼륨 등도 들어 있어 완전식품이라 할 수 있다. 가격도 저렴하다. 다만, 알레르기가 있거나 이유식 초기엔 달걀 노른자부터 익혀 먹기 시작해 몸의 반응을 보면서 점차적으로 흰자까지 먹도록 하는 게 좋다.

(출처: 중앙일보. 송정 · 김경록 기자. 2016.6.8.)

2. 질병과 인성

건강에 이상이 생겨 질병이 나타나면 인간의 삶은 크게 변화를 겪는다. 건강한 사람의 일상적인 생활이 불가능해진다. 일상 생활에 앞서, 또는 병행하여 질병 치료와 관리가 필요해진다.

질병이 생기면 사람은 일단 정신적, 육체적 고통을 느끼고, 불안해하며, 치료나 극복 방법을 찾는다. 스스로 또는 가족 차원에서 영양 섭취나 치유 노력을 통해 치료할 수 있는 질병이라면 최대한으로 필요한 노력을 해야 할 것이다. 하지만, 이런 수준을 넘어서는 것이라면 병의원을 찾아 전문적 치료를 받아야 한다.

질병에 걸린 사람의 인성은 질병의 종류, 수준, 치료 가능성에 따라 달라질 것이다. 질병의 수준이 깊지 않고, 치료 가능성이 높은 경우라면 비교적 희망적이고 치료 의욕이 높다. 하지만, 그 반대의 경우라면 낙담하기 쉽고 극단적으로는 사망까지도 걱정한다.

최근에는 장기 요양을 필요로 하는 질병, 평생 약을 먹고 관리해야만 하는 질병도 많아졌다. 생존 수명이 늘어난 노인 중에 장기 요양을 필요로 하는 경우가 지속적으로 증대하고 있다. 이런 경우에는 치료비 걱정, 다른 가족의 생활 걱정, 자신감

상실 등 여러 면에서 문제가 생겨날 수 있다.

한국인 전체 만성 질환자 및 사망자 현황을 보면 다음 [그림 7-8]과 같다.

그림 7-8 전체 및 만성 질환 사망 구성비

(단위: %)

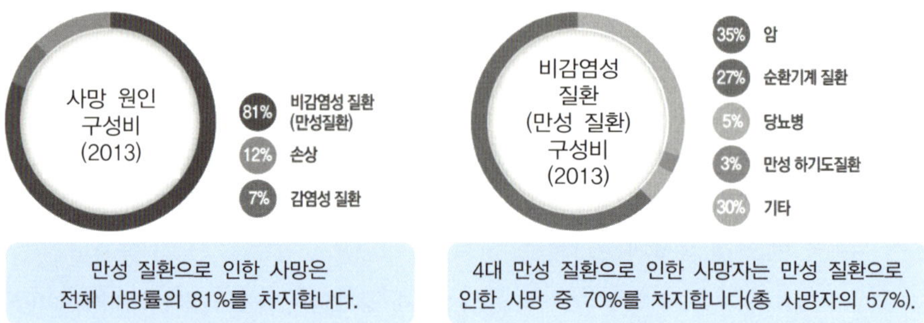

출처: 질병관리본부(2015.8.20). 보도 자료.

그림 7-9 우리나라 사망 원인 순위

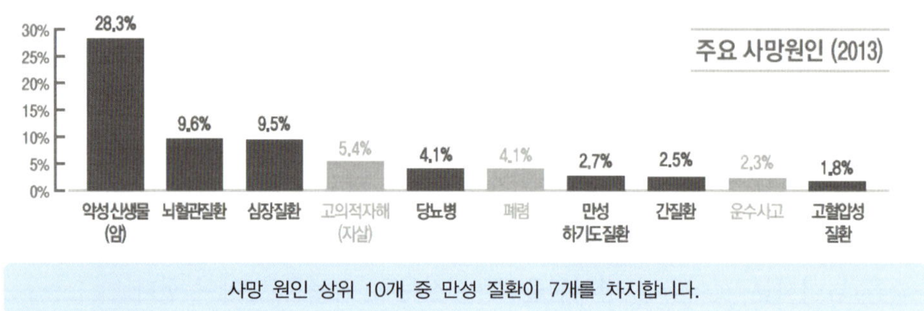

출처: 질병관리본부(2015.8.20). 보도 자료.

가족 중에 질병을 앓는 사람이 있으면 온 가족이 삶의 방식을 재구성하고, 환자의 치료에 온 정성을 들여야 한다. 가족 전체의 건강이 매우 중요하다. 다음 <표 7-4>는 국제화 시대에 국경을 넘나드는 사람의 건강 유지에 필요한 내용이다. 한 사람의 해외 여행자가 온 가족을 병들게 하고 주변 이웃과 국민을 해코지할 수 있다.

표 7-4 해외 여행객에게 권장하는 예방 접종(성인 기준)

백신 종류		백신이 필요한 지역	대 상	기타 참고사항
입국 시 필요	황열	아프리카, 중남미 예방접종증명서 요구 국가	해당 지역 여행객	도착 10일 전 1회, 10년마다 재접종
	수막구균성 수막염	사우디아라비아 성지순례	성지순례자	도착 10일 전 1회, 5년마다 재접종
개발도상국 여행 시 권장	A형 간염	개발도상국 모든 지역	면역이 없는 여행객 (30세 이하)	6~12개월 간격 2회 접종 ※1회 접종도 예방 효과 있음
	장티푸스	인도, 파키스탄, 필리핀, 방글라데시, 인도네시아, 파푸아뉴기니, 네팔	2주 이상 여행객, 시골 지역 여행객	도착 2주 전 1회, 2~3년마다 재접종
	파상풍	개발도상국 모든 지역	해당 지역 여행객	도착 2주 전 1회, 10년마다 재접종
	홍역/풍진/볼거리	개발도상국 모든 지역	면역이 없는 일부 20~30대 여행객	4주 간격 2회 접종 ※1회 접종도 예방 효과 있음
	수두	개발도상국 모든 지역	면역이 없는 일부 30대 이하 여행객	우선적으로 항체 검사 후 1~2개월 간격 2회 접종
	광견병	남아메리카, 멕시코, 아시아	1개월 이상 시골 여행하거나 봉사 활동, 동물 연구가	도착 1달 전부터 준비, 3회 접종 (0, 7, 21 또는 28일)
	폴리오	아프카니스탄, 카메룬, 적도기니, 에티오피아, 이라크, 이스라엘, 나이지리아, 파키스탄, 소말리아, 시리아	40세 이하 성인, 시골 지역 여행객	3회 접종 1, 2차: 4~8주 간격 3차: 6~12개월 후 (급한 경우 각 4주 간격)
	황열	아프리카와 중남미 활열 발생 지역	정글 탐험가	도착 10일 전 1회, 10년마다 재접종
	수막구균성 수막염	아프리카 중부 국가, 사우디아라비아	선교 또는 의료 봉사	도착 10일 전 1회, 5년마다 재접종
	인플루엔자	남반구	여름에 여행하는 인플루엔자 고위험군	도착 2주 전 1회, 1년마다 재접종
	콜레라	콜레라 유행 지역	난민보호소에서 봉사 활동을 할 경우	1~6주 간격 2회 접종 ※1회 접종도 예방 효과 있음
	진드기매개뇌염	러시아, 동유럽	여름에 삼림활동 시	국내에 백신 없음

출처: 국립인천검역소, 『2015년 해외 여행 건강정보 매뉴얼』.

정부에서는 국민 건강 관리, 질병 방제를 위해 정책적으로 큰 관심을 가지고 있다. 국민의 신체적 건강은 물론 운동, 스포츠 활성과 함께 전염병 관리, 해외 여행객 관리 등에 온 정성을 다하고 있다.

Q. 수인성 및 식품 매개 감염병의 예방하려면 어떻게 해야 하나요?

○ 식중독 예방 3대 요령인 손씻기, 익혀먹기, 끓여먹기와 동일합니다.

- 손씻기: 손은 30초 이상 세정제(비누 등)를 사용하여, 손가락, 손등까지 깨끗이 씻고 흐르는 물로 행구세요.
- 익혀먹기: 음식물은 속으로 충분히 익혀 드세요[중심부 온도가 75℃(어패류는 85℃), 1분 이상].
- 끓여먹기: 물은 끓여서 마셔야 해요.

* 출처: 식중독 예방홍보 사이트(식품의약품안전처 운영, www.mfds.go.kr/fm/index.do)

Q. 식중독 예방 요령 외에 주의해야 할 사항이 있나요?

○ 유행 지역 해외 여행 시 개인 위생 및 음식물 섭취를 주의해야 합니다.

> 외출 후, 식사 전, 배변 후 반드시 손을 깨끗하게 씻으세요.
> 반드시 끓인 물 또는 생수, 탄산수 등 병에 포장된 음료수를 드세요.
> 모든 음식물(고기, 생선 등)은 완전히 익혀서 드세요.
> 모든 과일과 야채는 반드시 먹기 전 깨끗한 물에 씻어서 드세요.
> 길거리 음식(음료수, 아이스크림 포함), 얼음 등 비위생적인 음식을 드시지 마세요.

○ 유통 기한이 지난 식재료는 조리하여 섭취하지 않습니다.

○ 병원체 보유자는 식품을 다루는 업무나, 환자 간호 등에 종사하지 않도록 주의해야 합니다.

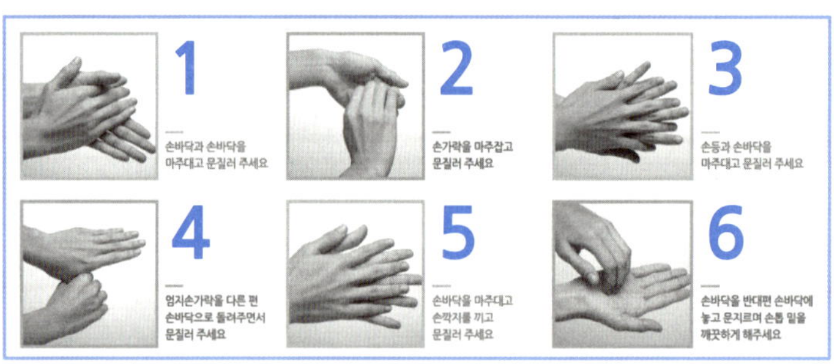

올바른 손씻기

(출처: 질병관리본부. 하절기, 5~9월 감염병 예방관리 집중 강화. 2016.10.)

용 어

건강, 체력, 기본 건강 관련 체력, 운동 기술 관련 체력, 신체 장애인, 운동, 운동 부족, 운동 과다, 정신적 건강, 정신 장애, 피로, 스트레스, 적절한 영양, 필수 영양소, 채식주의자

요 약

- 건강: 몸이 튼튼하고 마음이 편안한 상태. 몸, 즉 육체(肉體, body)가 튼튼하다는 말은 질병이 없고 체력이 일상 생활에 충분할 정도로 강함. 마음, 즉 정신이 편안하다는 것은 불편함이나 고통스러움이 없는 상태는 물론 더 나아가서 즐겁고 행복함이 깃들어 있는 상태. wellness
- 건강한 사람의 인성: 정서적으로 안정되어 있으며 긍정적인 마음. 육체나 정신과 관련하여 특별한 걱정이 없으니 편안. 자신감, 도전, 높은 목표 추구 가능성. 건강한 사람은 스스로 창조적 사고와 행동을 함으로써 생산적 행복을 만들어낼 수 있는 역량
- 체력: 일상 생활 속에서 인간이 건강하고 효과적으로 활동하기 위해 신체 조직을 능률적으로 움직이는 능력. 육체적 건강
- 기본 건강 관련 체력: 심혈관계 지구력, 근육 강도와 지구력, 근육 유연성, 신체 성분
- 운동 기술 관련 체력: 민첩성, 균형성, 조화성, 힘, 반응 시간, 속도
- 신체 장애인: 언어, 시각, 청각, 신체 장기의 일부에 심각한 문제가 있는 사람
- 운동: 몸을 움직이는 것. 일상 생활을 하는 동안에 일어나는 신체 움직임은 물론 건강을 유지하기 위한 신체 활동, 더 나아가서 스포츠 경기까지 모두 포함
- 운동 부족, 과다 운동: 운동을 정상보다 적게 하는 것이 운동 부족, 지나치게 많이 하는 것이 운동 과다
- 운동을 좋아하는 사람의 인성: 운동을 통해 심리적 행복감을 맛봄, 신체 능력 향상이나 성취감을 통해 자아 존중감이 향상되고 긍정적 성격의 소유자로 변신, 스트레스를 해소하고 기분 전환, 신체적 질병이나 장애 요소를 극복하는 계기가 됨으로써 걱정이나 우울증 등을 벗어날 수 있음, 사회성이 증가하고 좋은 인간 관계를 형성함
- 정신적 건강: 정신적으로 편안하고 행복한 상태. 정신적으로 괴로움이나 고통이 없고, 지적으로 병이나 장애가 없으며, 감성적으로 안정적이며, 정상적인 인간 관계나 사회 관계가 가능한 상태
- 정신 장애: 정신에 장애가 있어 건강하지 못한 상태
- 피로: 육체적, 정신적으로 기운이나 기능이 떨어진 상태
- 스트레스: 육체나 정신에 가해지는 압박이나 긴장
- 적절한 영양: 사람이 음식물 섭취를 통해 정상적인 세포의 성장, 회복, 유지에 필요한 영양소

를 충실히 공급하는 것

- 필수 영양소: 인체가 필요로 하나 체내에서는 전혀 만들 수 없거나 적절한 양을 생산해 낼 수 없는 영양소
- 채식주의자: 동물성 식품, 육식을 하지 않고 곡물이나 빵, 야채나 과일을 통해 몸에 필요한 영양소를 섭취하려는 사람

[인성의 덕목 7] 행 복

1) 개념 정의	■ 복(福) = 행복(幸福): 정신과 건강 및 재물이 만족스럽고 평안한 상태 – 행운을 잡음 – 행(幸): 바램, 기대, 운이 좋음, 임금(또는 하느님, 능력자)을 만남 – 복(福): (삶에 필요한) 의식주, 직업, 돈, 재물을 말함 ■ 행운(幸運): 우연이 좋은 복(=돈, 재물)을 만남 ■ Happiness: is a mental or emotional state of well-being defined by positive or pleasant emotions ranging from contentment to intense joy(Wikipedia).
2) 개념 해석, 뜻풀이	■ 행복의 주체: 인간 ■ 행복의 내용: – 행복의 요건 = 정신적 만족 + 육체적 건강 + 물질적 풍요 – 정신적 만족(psychological satisfaction): 행복이 처음에는 부귀와 건강을 줄 수 있는 좋은 사람을 만나는 운수를 의미했었는데, 현재는 인간 스스로 정신적 만족감을 느끼는 것을 의미한다. – 육체적 건강(physical health): 병약한 사람도 행복을 느낄 수는 있지만, 진정한 행복은 건강할 때 나타난다. – 물질적 풍요(material affluence): 가난한 사람도 행복을 느낄 수 있지만 이는 낮은 수준의 만족감일 뿐이다. – (욕구, 목표와 행복) 하고자 하는 욕구가 크고, 목표가 높으면 이를 달성했을 때 행복도 커진다. 하지만, 달성치 못했을 경우에는 불만족, 불행감도 커진다. 그래서 욕구와 목표는 최선의 노력을 해서 달성 가능한 정도로 적절해야 한다. '목표를 조금 낮추면, 달성하기가 쉽고, 그만큼 행복감이 높아진다.' – (행복과 불행은 반비례하는가?) 인간은 일상 생활이 정상적으로 이루어지는 것을 '행복'이라고 여기기보다는 '당연한 것'으로 보는 성향이 있다. 그러다가 어느 한 가지라도 잘못되면 금새 '불행하다'고 생각한다. 행복은 당연한 것이고 불행은 '큰 일 날 일'로 보기 때문에 불행하다고 생각하는 사람이 항상 많다(병이 들거나 돈이 없어서 일상 생활을 제대로 할 수 없는 사람은 '일상 생활을 정상적으로 하는 것'이 가장 큰 행복이 된다).
3) 관련 이론	■ 행복 지수 – 국민 총 행복 지수(Gross National Happiness, GNH)는 부탄에서 1970년대부터 국민 행복 지수를 측정함. 측정 항목(9개): psychological wellbeing, health, education, time use, cultural diversity and resilience, good governance, community vitality, ecological diversity and resilience, and living standards – 지구촌 행복 지수(Happy Planet Index, HPI)는 영국의 New Economics Foundation (NEF)이 2006년 7월부터 세계 각국의 sustainable wellbeing을 측정 – World Happiness Report 2016: UN World Happiness Day. 유엔에서 2012년부터 세계 156개국의 행복 지수를 측정하여 발표함 ■『서경(書經)』 홍범편 – 오복(五福): 수(壽), 부(富), 강녕(康寧), 유호덕(攸好德), 고종명(考終命)。 (설명: 무엇보다도 장수해야 복을 누린다. 그리고 부유해야 하고, 근심걱정이 없이 평안해야 하며, 하고 싶은 일을 충분히 하고, 바른 도리에 따라 순히 살아가야 한다.)

- 복(福)이란 작록(爵祿, 직책과 봉급)이다. (홍범, 오황극편의 각주)
- 복과 권위는 오직 임금만이 만들어낼 수 있는 것이다.[5] (*현대적 해석: 복이 관직과 봉록이기 때문에 국가가 할 수 있는 일이라고 보았다.)

■『주례(周禮)』
- 임금이 뭇 신하를 통솔할 때, (휴가나 선물 같은 것을) 주어서 신하의 바램을 충족시켜주고(予以馭其幸), 삶에 필요한 복(예를 들면, 직위, 재물, 돈)을 제공한다(生以馭其福).[6]

■『맹자(孟子)』
- 화와 복은 자기로부터 비롯된다. 천재지변은 어쩌면 벗어날 수 있지만, 자기가 지은 재앙은 벗어날 수 없다.[7]
- 군자 삼락(君子三樂): (1) 부모가 모두 살아계시고 형제에게 탈이 없는 것, (2) 하늘을 우러러보아 부끄러움이 없고 사람들에게도 부끄러움이 없는 것, (3) 좋은 제자를 받아들여 교육하는 것 (맹자, 진심장 상편)

■『한비자(韓非子)』
- 장수하고, 부유하며, 귀한 것을 온전히 하는 것이 복이다(全壽富貴之謂福). (한비자, 해로편)
- 복은 화를 부르고, 화는 복을 부른다.
- 자연(의 이치)에 따르면, 화와 복이 도를 본받아 생겨나고, 사랑이나 미워함에서 나지 않게 된다. 영욕의 책임이 자기에게 있지 남에게 있지 않다.[8]

4) 행복 실천 지표	(1) 정신적 만족	자아 만족도	자기 자신에 대한 만족감 지적 만족도 감성적 안정과 만족
		가족 만족도	가족에 대한 만족감
		직장, 조직 만족도	직장, 조직에 대한 만족감
		국가, 사회 만족도	국가와 사회에 대한 만족감
	(2) 육체적 건강	체력	체력, 체격의 건강함
		질병 없음	질병이 없어야 함
		장애 없음	육체적 장애가 없어야 함
	(3) 물질적 풍요	직장 만족도	직장 생활 만족
		소득, 재산 만족도	소득, 재산의 충분성
		노후 보장	노후 연금 등 재정 상태

5) 惟辟作福, 惟辟作威, 惟辟玉食, 臣無有作福作威玉食. (서경, 홍범편)
6) 以八柄詔王馭群臣: 一曰爵, 以馭其貴。二曰祿, 以馭其富。三曰予, 以馭其幸。四曰置, 以馭其行。五曰生, 以馭其福。六曰奪, 以馭其貧。七曰廢, 以馭其罪。八曰誅, 以馭其過。(주례, 천관총재편)
7) 禍福無不自己求之者。(맹자, 공손추 상) 天作孼, 猶可違; 自作孼, 不可活. (서경, 태갑편)
8) 因自然; 禍福生乎道法, 而不出乎愛惡; 榮辱之責在乎己, 而不在乎人. (한비자, 대체편)

5) 행복 가르치기	■ 가족 내 교육 – 부모 교육: 일상 속에서 작은 행복을 느끼고 알아가도록 가르침 – 가족끼리, 정신적 만족과 육체적 건강을 유지하는 방법을 상호 교육 – 가족 전체의 물질적 풍요를 위해 노력하도록 가르침 ■ 학교 교육 – 정신적 만족 교육: 알맞은 학습 목표 정해 실천하기, 구성원 상호 존중 – 육체적 건강: 체육 활동, 건강 취미 활동 교육 ■ 직장, 단체 교육: – 직장 내 행복 교육, 육체적 건강 활동 유도 – 행복 전도 단체 교육, 정신적 불만족 치유 교육, 재정 만족도를 높이는 교육
6) 행복 배우기	■ 가정에서 – 가족 내 작은 행복 찾아 배우기 – 부모형제 간 건강 유지 방법 따라 배우기 – 가족 상호 간 소득 창출 및 소득 증대 방안 배우기 ■ 학교에서 – 자아 형성 및 만족화 방법 배우기 – 육체적 건강을 위한 체육 활동, 취미 활동, 문화 활동 ■ 직장, 단체 교육을 통해 배우기: – 직장 교육, 단체 교육을 통해 행복 증대 방안 배우기
7) 행복 실행하기	
■ 가정에서	– 가족 생활 속에서 행복 실천 – '콩 한쪽도 나눠먹는' 가족 행복 실천하기 – 가족 구성원 상호 존중하기, 모두의 행복 증대 노력
■ 학교에서	– 공부 학습 목표 정해 실천하기 – 학교 생활, 친구 관계에서 행복 증진하기
■ 사회에서	– 자기 스스로 불평불만 없애기 – 작은 일에도 행복 느끼기 – 다른 사람의 행복 지원하기 – 공동체 사회를 위해 봉사하면서 행복 찾기

Chapter 8

인성과 문화

인간의 삶 자체가 문화다. '본능' 수준을 제외하면 사는 모습 그 자체는 물론, 언행으로부터 꾸밈, 멋진 예술이 모두 문화에 해당한다. 문화는 인간 인성과 상호작용하면서 변화, 발전해 간다. 문화는 생활 문화와 예술 문화로 나누어 살펴볼 수 있다.

생활 문화와 관련해서 음식과 주거는 매일매일의 인간 활동과 관련되어 있다. 음식과 음식 먹기, 음식 생산과 유통, 음식 윤리가 인성과 관련되어 있다. 주거의 경우에는 도시와 농촌 문화, 각종 편의 시설이 인성과 관련된다. 관광과 놀이, 레저 문화도 마찬가지다. 종교는 선을 지향한다는 면에서 인성과 밀접한 관련이 있다고 여겨지고, 정치는 현대 민주 사회의 자유로운 인성과 관련되어 있다.

사회적 관점의 '삶의 양식'으로서의 문화에 비해 예술 문화는 인성 중 감성 영역에 큰 영향을 미친다. 예술인의 인성은 남과 다른 특성이 있다. 현대 사회에서 언론 미디어는 인터넷, 네트워크의 발전에 힘입어 엄청난 영향을 인성에 끼치고 있다. 다양한 형태의 미디어 매체가 동시다발적으로 인간에게 영향을 미친다. 네트워크 사회 속의 인간은 다른 사람과 정보 공유, 상호 작용을 통해 인성에 영향을 받는다. 올바른 인성 함양을 위해서는 역량 있는 미디어 리터러시가 매우 중요해졌다.

I 문화와 인간

1. 문 화

문화(文化)는 아름답고 빛나게 꾸미는 것이다. 문(文)이란 뜻이 문채(文彩) 나고, 아름답고, 멋진 것이라면, 화(化)는 그렇게 만드는 작업이다.[1] 문화는 뭔가 기분 좋고 더 나은 상태로 전환해 가고자 하는 사람의 욕구와 관련이 있다. 문화를 정의하기가 쉽지 않은 상황에서 아주 광범위하게 표현하면 "문화란 사람이 삶을 의미 있고 아름답게 꾸미는 행위와 그 결과물"이다. 사회학적 시각에서는 문화를 '인간의 삶의 양식'으로 정의한다. 이는 인간이 동물적 수준의 삶을 벗어나서 농작물을 경작하며(cultivate) 정착 생활을 통해 삶이 풍요로워지는 것으로부터 출발한다. 문화는 인간의 삶의 양식이지만, 점점 좋아지는 삶의 수준을 논할 때 등장한다. 이정화(2015: x-xi)는 문화를 공동체 및 집단의 생활 양식으로서의 문화, 인간의 미적·창조적·예술적 산물로서의 문화, 상징적 의미로서의 문화로 구분하고 있다. 첫 번째 정의가 사회학적 의미에서의 문화라면, 두 번째 정의는 수준 높은 삶, 멋진 생활, 예술과 관련이 있다. 마지막 부분은 언어나 상징, 종교 등 인간의 삶을 의미 있게 꾸미는 행위와 관련이 있다.

(1) 문화의 탄생

사람들은 삶을 영위하기 위해 배고플 때 먹고, 추위를 막기 위해 옷을 입으며, 졸릴 때 자고, 비바람과 다른 동물들의 습격에 대비하기 위해 집을 짓고 산다. 자기의 주린 배를 채우기 위해 남과 다툰다. 이런 활동은 모두 '삶'이라는 원초적 욕구 충족을 위해 벌이는 동물적 본능이다. 이런 기초적 의식주 활동은 모든 삶에 필수 요소다. 사람은 일차적 욕구 충족을 위해 끊임없이 노력해 가며 살지만, 그 활동이 자신에게 필요한 최소 수준을 벗어나게 되면 여유를 갖기 시작한다(우리가 문화를 이야기할 때는 농림축수산부에서 담당하는 1차적인 식품 생산, 유통, 소비 활동 자체는 일단 제외한다). 일을 하면서도 노래를 부르고, 간식을 먹으며 쉬어 가면서 한다. 배만 채우면 되던 음식 수준에서 한 단계 발전해 좀 더 맛있고 보기 좋은 음식을 원

1) 이 부분은 이대희(2001: 7-12)의 내용을 토대로 새롭게 서술한 것이다.

한다. 남들보다 좋은 옷, 좋은 집, 나은 위치, 명성을 찾는다. 좀 더 편하고, 즐거우며, 살맛나는 생활을 원한다. 이 부분에서 문화가 생겨난다.

(2) 문화의 다양성

문화의 출발은 개인 수준에서 시작된다. 개개인이 더 나은 삶을 위해 기초적 본능 수준을 넘어서는 노력을 하게 될 때 문화가 나타난다. 수많은 개인이 제 나름대로 문화를 창조할 수 있다. 이런 것은 다른 영역으로 영향을 미치기 전 단계의 개인 문화다. 개인 문화는 주변의 다른 개인이나 사회, 지역으로 전파되어 좀 더 광역화한다. 조직 문화, 지역 문화, 공동체 문화, 종족 문화는 개인 수준을 넘어서서 공통성이 확보된 문화다. 사회학 수준에서 논의되는 문화의 정의는 바로 이런 단계에서 이루어진다. 테일러(Tylor, 1871: 7－8)는 문화를 "사회 구성원으로서 인간에 의해 습득된 지식 · 신념 · 기술 · 도구 · 도덕 · 법 · 관습 및 그 밖의 모든 능력과 습관을 포함하는 총체"라고 정의한다. 이는 문화를 관련된 인간 집단의 생활 양식으로 본 것이다. 한 집단이 다른 집단과 다른 독특한 어떤 생활 양식을 가지고 있을 때 우리는 그것을 가리켜 그 집단의 고유 문화라고 표현한다. 구성원, 역사적 배경, 정치 행정 체제, 경제 발전 수준, 지리 환경 여건 등이 달라지면 문화의 내용도 따라서 변한다. 문화의 특성으로 집단의 공유성(共有性), 다양한 구성 요소의 총체성(總體性), 시대와 장소에 따른 문화의 이질성(異質性), 변동성(變動性)을 든다.

문화는 관심 분야에 따라 다양하게 논의될 수 있다. 의식주 문화, 교통 문화, 예술 문화, 행정 문화, 정치 문화, 교육 문화, 학교 문화, 군대 문화 등 '~문화' 식으로 수 없이 많은 갈래를 잡을 수 있다. 그래서 문화를 한두 마디로 정의내리기 곤란하다.

(3) 문화의 성숙과 변화

문화는 수많은 시행착오를 거쳐 가면서 성숙해 간다. 개인 차원의 문화가 여러 사람에 의해 받아들여져서 사회화하고, 시간적으로 지속되면서 역사화한다. 문화는 자체적인 진화 과정, 문화 내용 사이의 우열 경쟁을 통해 점차 발전해 간다. 끊임없이 새로운 창안이 이루어지고, 과학 기술과 경제 수준의 발전에 힘입어 성숙해 간다. 단순하고 개인적이며 저차원의 문화가 복잡하고 사회적이며 고차원의 문화로 변모해 간다.

이미 확립되어 있는 문화에 새로운 이질적인 성격의 문화가 도입되면 기존 문화와 이질 문화 사이에 경쟁 현상이 나타난다. 이 사이에서 흡수, 변형, 도태, 배척 현상이 나타나 강하고 우수한 것이 살아남는다.

(4) 문화의 교류

문화는 집단 구성원의 차이에 의해, 정치 체제나 지리적 환경에 의해 구분되어 발전해 가면서 차별화된다. 차별화된 문화는 교통과 통신의 발전에 힘입어 교류가 이루어진다. 완전히 폐쇄된 공간 속의 문화는 자체적인 변화 발전 과정을 가기 때문에 외부 이질 문화와의 교류가 없다. 그러나 대부분의 문화는 외부의 다른 문화와 교류하면서 변화, 발전해 간다.

- 필요에 의한 문화 수입: 사람은 자기에게 필요할 때, 필요한 수준의 문화를, 필요한 양만큼 받아들인다. 수입된 문화는 본래 소유했던 고유 문화를 대체, 수정, 보완해 새로운 문화를 낳는다. 문화의 수입은 능동적으로 자신의 삶을 변화시켜 가고자 하는 의식을 지닌 사람이나 집단에 의해 이루어진다. 수입자의 욕구가 얼마나 강하냐 여부, 이질화의 정도가 얼마나 적은가 여부에 따라 문화 수입의 가능성과 폭이 늘어난다. 주체적으로 자신에게 필요한 문화를 받아들이는 사람은 외래 문화를 자신의 토양에 맞게 변형시켜 활용한다. 그래서 일방적인 강요에 의해 문화가 유입된 것이 아닌 한 수입된 문화도 어느 정도 주체성을 띤 것이다. 자신의 것으로 완전히 소화시켜 활용하는 외래 문화는 시간이 지나면서 고유의 문화로 위치가 격상되어 간다. 예를 들면, 외부로부터 유입된 배추와 고추가 한국의 고유 배추와 고추, 김치로 자리 잡은 것과 같다. 수천 년 전에 받아들여진 유학이나 불교는 더 이상 중국 것, 인도 것이 아니라 한국인의 문화다. 수입하는 사람의 주체성이 관건이다. 현대의 컴퓨터, 자동차도 이제는 우리 고유의 문화로 자리 잡았다.
- 문화 제국주의: 수입하는 사람의 주체성보다도 수출하는 사람의 강요에 의해 문화가 전파될 때 문화 제국주의화 경향이 나타난다. 문화 선진국의 상품 수출, 강대국에 의한 침략과 문화 유입, 약자의 무방비적 수용이 문화 제국주의를 낳는다. 문화 제국주의는 강한 집단이나 국가가 그의 문화를 억지로 다른 너른 지역에 전파하려 할 때 일어난다. 원나라의 유럽 지배, 서구 선진국의 동남아 진출, 러시아의 공산권 지배, 미국의 세계화는 문화 제국주의 현상을 가져왔다. 강제로 유입된 문화는 처음에는 반발을 받지만 외부 세력의 지배력이 오래 지속될수록, 기존 문화 옹호 집단의 저항이 미력해질수록 그 사회 속에

자리 잡는다.

– 문화 약탈: 남의 문화를 강제로 빼앗아 내 것으로 하는 수가 있다. 역사적으로 침략 전쟁은 남의 것을 뺏기 위한 행위다. 문화 낙후 국가였던 일본은 임진왜란, 조선 침략을 통해 한순간에 한국을 능가하는 국가로 등장하였다. 원나라가 세계 최강 국가가 된 것도 이웃하는 돌궐, 금, 송 등의 우수한 문화를 약탈함으로서 가능했다. 현대 민주 사회에서 불법적인 문화 약탈은 불가능해졌지만 합법적으로 거래를 하거나 돈을 지불하면서 '문화 강취'가 가능해졌다.

생활 문화와 예술 문화

문화는 크게 생활 문화와 예술 문화로 나뉜다. 생활 문화란 집단의 생활 속에 자리 잡고 있는 삶의 양식으로서의 문화다. 무엇을 먹고, 어떻게 교육하며, 어떻게 모여 사는가 등과 관련된 것은 생활 문화다. 정치 활동, 경제 활동, 조직 행위들은 생활 문화와 관련되어 있다. 생활 수준 편차에 따라 나타나는 '삶의 질' 차이는 생활 문화의 수준이 서로 다른 것이다. 서울의 누구는 고급 승용차를 타고 출퇴근하는데, 산골의 누구는 고무신을 신고 산과 들을 누빈다면 이는 생활 문화가 서로 다른 것이다.

예술 문화는 특별한 기예(技藝)를 통해 만들어진 문화다. 몸의 율동이나 말, 글씨, 노래, 그림 등 특별한 재주를 가지고 자신은 물론 여러 사람을 즐겁고 빛나게 꾸며 주는 행위와 그 결과물이 예술 문화다.[2] 정치, 경제, 사회를 이야기하고 나서 말하는 '문화'는 대체로 예술 문화를 가리킨다. 앞의 생활 문화는 '사회' 영역 속에 포함된다.

생활 문화도 시간이 흘러 역사적 의미를 담게 되면서 예술 문화로 승화해 간다. 박물관, 유·무형 문화재, 역사적 유물 등이 예술 문화의 영역으로 편입되기 때문이다. 어느 시점으로부터 생활 문화가 예술 문화로 변모해 가는지에 대해서는 일률적으로 말할 수 없다. 사실 모든 생활 문화는 순간이 지나면서 과거로 흘러가고, 그때부터 예술 문화의 영역으로 들어갈 수 있기 때문이다.

고급 문화와 대중 문화

문화가 저차원의 삶의 욕구를 벗어나는 곳에서 형성됨을 염두에 둘 때 생활 수

2) 우리가 '문화 예술'이라고 할 때는 예술 문화를 가리킨다. 그리고 '문화 생활'이라고 할 때도 대체로 수준 높은 예술 문화를 향유하는 생활을 뜻한다.

준에 따라 문화의 수준에 차이가 있다. 여유로운 엘리트 계층이 향유하는 문화는 삶의 현장에서 허덕이며 살아가는 사람의 문화와 확실히 차이가 난다. 사회 속에서 소수 지배 엘리트층은 고품질의 문화를, 몇몇 기호인들 만이 모여서, 값도 적당히 비싸게 지불하면서, 일반 대중에 대해서는 배타적으로 즐기는 경향이 있다. 이런 것은 은연중에 수많은 대중의 부러움을 받는 고급 문화로서 자리 잡는다. 삶의 문화가 아닌 예술 문화, 그중에서도 순수 예술의 경우에는 사실 '즐길 줄 아는 소수'에게만 의미가 있다. 고급 문화는 사회 속에서 부자, 귀족, 학식인을 중심으로 향유된다. 양반 관료 계층이 즐겼던 사림 문화(士林文化), 향음주례(鄕飮酒禮), 향사례(鄕射禮), 예의 범절 등은 조선 시대 고급 문화(高級文化)를 형성했다.

고급 문화에 대해서 수많은 일반 대중이 추구하는 문화는 상대적으로 저급 문화(低級文化)로 대접을 받는다. 일반 민중이 즐겼던 문화를 민속 문화(民俗文化), 중급 문화(中級文化)로 부르고, 뒷골목 깡패나 패배주의자들이 즐기는 문화를 저급 문화로 부를 수 있다. 그러나 어떤 것이든 고급 문화를 향유하고 있는 계층에서 보면 저급한 문화로 보일 것이다.

대중 문화는 다수 대중이 향유하는 문화를 말한다. 대중 문화를 영어로 mass culture, popular culture로 표현하는데, 이때 culture라는 말 자체는 고급 문화를 뜻하는 것이고, mass는 비귀족적이고 교육을 받지 못한 계층 사람을 뜻한다(강현두, 1984: 13-14). Culture는 귀족 계급이나 교육을 잘 받은 엘리트들이 즐기던 세련되고 고상한 고급 예술과 지적 태도를 말한다. 그래서 대중 문화라고 하면 별로 수준 높지 않은 저급 문화라는 뜻을 담고 있다. 그래서 popular culture라는 용어가 더 낫다고 하는데, 이는 '취향(趣向)이 같은 공중(公衆)'들이 즐기는 문화란 뜻을 가지고 있다고 보기 때문이다.

대중 문화에 대한 부정적 시각은 문화 산업이란 용어가 처음 등장하기 시작하던 시기에 유행했던 고급 순수 문화 예술의 보편화 현상에도 영향을 끼쳤다. 산업 기술의 발전에 힘입어 고급 문화가 복제되어 싼값에 판매가 이루어지고, 절대 다수의 가난한 대중이 즐기기 시작했다. 소수 엘리트 입장에서 보면 이는 예술의 순수성이 사라지는 현상이며, 진품이 아닌 모조품을 보고 예술성을 즐기려는 사람은 가식적인 모습이었다. 그러나 민주화가 진행되면서 점차 민중의 영향력이 커졌고, 그에 수반하여 대중 문화에 대한 경멸 의식도 자연스럽게 소멸되어 갔다. 현대 대중 문화는 엄청난 부의 창출과 연결되어 있고, 새로운 인기인(stars)을 만들어냈다. 여전히 고급 문화를 즐기는 집단이 존재하지만 누구도 대중 문화를 얕볼 수 없는 지경이 되었다.

2. 문화와 인성

문화와 인성은 서로 밀접하게 영향을 미친다. 인간이 속해 있는 외부 국가, 사회, 조직, 공동체의 문화는 인성에 큰 영향을 미친다. 이런 문화는 초자아(Super−ego)로 자리매김하여 자아(Ego)의 판단에 영향을 미친다. 문화는 인간의 이성, 자아, 가치관, 인성의 중요한 영향 변수이다. 한 인간이 몸담고 있는 문화는 그의 사고와 판단, 행위에 큰 영향을 미친다.

반대로, 인간의 인성도 문화에 영향을 미친다. 문화가 개인 차원에서 비롯된다는 점을 생각하면 이해가 쉽다. 한국 전통 문화를 선호하는 인성의 소유자는 가족을 존중하고, 부모에 효도하며, 설과 추석 명절을 좋아한다. 공부를 좋아하고 부모 말씀을 잘 따르는 아이는 선생님과 함께하는 학교 문화를 사랑한다.

▪ 문화 역량

문화 역량(文化力量, cultural capacity)은 개인이나 집단의 문화 수준, 또는 축적된 문화의 양적·질적 능력을 말한다. 문화 역량은 개인이나 집단의 문화적 행위(=인간의 삶을 의미 있고 아름답게 꾸미는 행위) 능력과 이를 통해 축적해 놓은 문화적 결과물의 총량을 말한다.

문화 역량은 사람에 따라 달라진다. 신체 특성이나 연령, 소득이나 재산, 지능과 학력, 부모 형제의 능력, 자신의 문화 창조 능력과 노력 등 수많은 요소가 영향을 미친다. 집단의 문화 역량은 그 소속원 모두의 문화 역량의 총화와 아울러 '집단성', '전체성'까지 포함한다.

인간의 문화 역량이 인성에서 차지하는 비중은 매우 크다. 인간의 본능적 행위, 생리적 작용 정도를 벗어난 모든 영역이 문화와 관련되어 있다. 초자아(Super−ego)를 구성하는 대부분은 인간이 '내적으로 축적해 놓은' 문화 역량이다. 자아(Ego)의 작용도 '기계적 판단' 수준을 벗어난 것은 모두 문화 역량과 관련되어 있다.

인성을 올바르고 반듯한 상태로 만들기 위해서는 당사자의 문화 역량을 멋있고, 아름다우며, 수준 높은 상태로 만들어야만 한다. 동물적 본능 수준의 저차원의 문화 역량을 가진 사람의 인성은 '동물적이고 야수적'일 수 있다. 뒷골목 하위 문화(下位

文化)에 물들어 있는 사람은 싸움과 도적질, 시기와 질투를 즐기는 인성을 가지고 있다. 이와는 달리 여유롭고 부족함 없이 자라난 집안의 아이는 '밝고 긍정적인' 인성을 가지기 쉽다. 자신의 노력에 의해 좋은 성적을 내고, 좋은 학교에 진학하게 된 학생의 인성은 '하면 된다!', '노력이 최선이다'는 긍정적 인성과 열정의 인성을 갖게 된다. 대대로 예술가 가문에는 축적된 예술 역량이 뛰어나고, 대대로 선비, 학자 집안에는 책이 많고 집안 사람의 지적 역량이 뛰어난 문화를 가지고 있다.

집단 차원의 문화 역량은 구성원의 문화 역량과 인성에 큰 영향을 미친다. 한국인은 한국적 인성을 가지고 있고, 중국인은 중국인다운 인성을 지니고 있다. 기업가 집안의 자녀는 이재(理財), 잇속에 밝고, 학자 집안의 자녀는 공부를 좋아한다. 다문화 사회에 살고 있는 학생은 다문화에 호의적인 인성을 갖게 된다.

문화 역량을 개인이나 집단이 자체적으로 지니고 있는 문화의 총체적 능력을 말한다면, cultural competencies나 cultural intelligences는 다른 이질 문화에 대한 적응력을 말한다. 라이브모어(Livemore, 2016)는 문화 지능이라는 용어를 제시한다. 문화 지능(文化知能, CI, cultural intelligence)이란 다양한 문화적 환경에 효과적으로 적응할 수 있는 능력이다. 문화 지능에는 동기(CI－Drive), 지식(CI－Knowledge), 전략(CI－Strategy), 행동(CI－Action)이 핵심 요소로 작용한다. 동기는 다양한 문화 상황에 효과적으로 적응하고자 하는 인간의 강렬한 관심과 확신을 말하고, 지식은 자신의 문화와 이질 문화 사이의 유사성이나 차이점을 잘 이해하는 것이다. 전략은 다양한 문화에 적응하고 사고하며 판단하는 방식에 대한 것이고, 행동은 실질적으로 다양한 문화에 잘 대응하는 행위를 말한다. 이 네 가지 요소가 두루두루 높은 경우를 우수하고 높은 문화 지능을 소유한 상태로 본다. Cultural competencies도 이질적 문화에 효과적으로 대응하는 데 필요한 행동, 태도, 전략의 틀(a set of congruent behaviors, attitudes and policies)을 말한다(Wikipedia). 여기에는 인식(awareness), 태도(attitude), 지식(knowledge), 기술(skills)이 영향을 미친다.

■ 문화 자본

경제적 용어로 문화 역량을 문화 자본(文化資本, cultural capital)으로 표현하기도 한다. 경제 용어인 자본은 생산이나 유통 활동에 들어가는 밑천으로 돈이나 재화, 기술이나 기자재 등을 총체적으로 표현한 말이다. 경제 자본처럼 사회 자본(social capital)은 사회적 관계 속에서 특정인이 가지고 있는 신뢰, 연결망, 도덕 규범의 총체적 역량을 가리킨다. 이처럼 문화 자본은 인간이 가지고 있는 문화적 역량의 총화를 말한다. 부르디외(Bourdieu, 1979)는 문화 자본을 체화된 문화 자본, 객관화된 문화 자본, 제도화된 문화 자본으로 구분하였다(Wikipedia; 이정화, 2015: 24–25에서 인용). 체화된 문화 자본은 외부의 사회 환경 특성이 개인의 자아와 사고, 가치관, 행동에 아로새겨져 있는 것을 말한다. 그는 이렇게 특수화된 문화 특성을 '아비투스(habitus)'라고 불렀다. 객관화된 문화 자본은 책이나 작품과 같이 외적 유형물로 존재하며 법적 보호를 받는 것이 포함된다. 제도화된 문화 자본이란 교육 제도나 증명서 등을 통해 신용이 확보된 문화 자본을 말한다.

문화 자본은 (개인 수준보다는) 국가, 공동체, 조직이나 집단의 문화 역량을 경제학적 용어로 표현한 것이다. 우수한 생활 문화, 다양한 지적 재산권, 문화 예술의 높은 수준, 스포츠 역량, 훌륭한 문화재 등을 문화 자본으로 이해할 수 있다. 이런 문화 자본은 경제 발전에 기여할 수 있고 관광 산업을 활성화할 수 있다.

Ⅱ 생활 문화와 인성

1. 음식 문화

인간은 먹으면서 살아간다. 어떤 음식을, 어떻게 먹느냐는 모든 사람의 관심사다. 인간이 어떤 음식을 선택하고 어떻게 먹느냐는 그의 욕구와 합리적 사고, 주변 상황을 고려하여 이루어진다. 음식 문화는 인간의 자아, 인성과 밀접한 관련이 있다.

일반적으로 논할 때 음식을 선택하는 것이나 먹는 행위는 주린 배를 채워 배고픔을 벗어나거나 삶에 필요한 영양소를 보충하는 저차원의 생리적 활동으로 이해할 수 있다. 하지만, 이런 생리적 활동도 우리의 음식과 먹는 행위와 관련된 다양한 정치, 사회, 경제, 문화적 맥락과 관련되어 있다. 음식은 상징적 매체이고, 생물학적 욕구 수준을 넘어 사회 계급, 지역, 국가, 문화, 성별, 생활 주기, 종교, 직업 특성과 관련되어 있다(Lupton, 2015: 8). 음식 문화를 이해하기 위해서는 생리학적, 영양학적, 사회 구조적, 경제학적 맥락을 동시에 고려해야 한다.

▪ 음식과 인성

음식은 재료와 요리법에 따라 여러 종류가 있다. 사람마다 자기가 좋아하고 싫어하는 여부에 따라 선택하는 음식의 종류가 달라진다. 또 자신이 처해 있는 여건에 따라 음식 종류가 달라질 수 있다. 몇몇 경우를 예로 들어보자.

첫째, 자신이 직접 먹거리를 재배하거나 포획하는 사람의 경우에는 그것을 재료로 하여 음식을 섭취하게 된다. 농부는 농작물을, 약초꾼은 약초 음식을, 사냥꾼은 짐승 고기를, 어부는 물고기를 음식으로 먹는다. 농부는 농작물을 양육하는 과정에서 '부드러운 인성'을 갖게 되는 반면에, 짐승을 잡아 피와 고기를 먹는 사냥꾼의 심성은 '잔인하고 야비할' 수 있다. 채식을 하는 사람의 인성과 육식을 하는 사람의 인성은 음식의 영양 상태, 먹는 방법, 섭취 후 인체 내의 호르몬 작용에 의해 차이가 난다.

둘째, 벼농사 중심의 평야 지대 사람과 몽골 평원의 목초지에서 목축을 하며 살아가는 사람은 먹는 것이 다르다. 전라도 평야 지대의 농민이 주로 쌀과 채소를 먹고 사는 대신에 몽골 지방의 사람들은 우유와 고기를 먹고 산다. 농민은 정착 생활을 하면서 주어진 농토에서 다양한 작물을 재배하여 음식을 충당한다. 몽골 지방의 목축인은 목초를 찾아 끊임없이 이동하면서 생활한다.

셋째, 소득이 작고 생활 수준이 낮은 사람은 값싼 채소나 물가에서 잡은 물고기, 질 낮은 식재료를 이용한 음식을 먹고, 소득이 많고 여유로운 사람은 질 좋고 비싼 식재료를 활용한 음식을 먹고 산다. 전자의 경우에는 최대한 음식비를 아껴야 하기 때문에 무엇이든 닥치는 대로 맛있게 먹어야만 한다. 이런 부류의 사람은 대체로 식성(食性)이 좋다. 후자의 경우에는 맛있는 것을 골라 먹으려 하고 아무 것이나 먹어대지 않는다. 식성이 고급스러운데 자칫 까다로울 수 있다. 음식에 들어가는 비용을 고려하여 먹거리를 해결하기 때문에 이 두 집단은 음식의 종류와 질, 식후의 건강 상태, 먹는 과정의 여유로움 등에 차이가 난다.

넷째, 보통 사람은 대부분 채식(菜食)과 육식(肉食)을 균형 있게 한다. 하지만, 채식주의자와 육식주의자는 상대적으로 채식이나 육식을 위주로 음식을 해결한다. 채식주의자는 의도적으로 육식을 거부한다. 그중에는 동물을 죽여 식재료로 사용하는 것에 대해 거부감을 갖기도 한다. 불교 승려가 육식을 거부하고 채식을 하는 것도 동물을 죽이는 것을 싫어하기 때문이다. 채식은 기름기가 적은 식물 자체의 독특한 맛과 취향을 즐긴다. 육식은 단백질과 지방이 많은 동물 식품을 먹음으로써 강력한 힘과 에너지를 원하는 사람이 즐긴다.

다섯째, 종교적 신념에 의해 음식을 가리는 경우도 있다. 앞서 말한 바와 같이 살생(殺生)을 금하는 불교 교리에 따라 불교 승려는 육식을 하지 않는다. 채식 위주의 비교적 담백한 먹거리를 즐긴다. 인도의 힌두교도는 소를 식재료로 사용하지 않고, 이슬람교도는 돼지를 식재료로 사용하지 않는다. 기독교인은 포도주 이외의 술을 거부한다.

여섯째, 국가나 지역별 문화의 차이에 따라 음식을 가리는 경우도 있다. 한국을 비롯한 동양권 국가들이 개고기를 즐겨 먹는데 비해, 서양 기독교 국가 사람은 개고기 먹는 것을 혐오한다. 이유는 애완용으로 기르는 개를 식재료로 사용하는 것을 싫어하기 때문이다. 아프리카 여러 나라에서는 곤충의 애벌레를 맛있는 식재료로 활용하고, 한국인들은 누에 번데기를 음식으로 사용한다. 한국인은 까치나 까마귀, 고양이를 식재료로 사용하지 않는데, 이를 음식으로 만들어 먹는 나라가 여럿 있다.

일곱째, 산골이나 물가, 바닷가 사람이 천연 식재료를 사용하여 음식을 만드는데 비해, 도시민은 2차적 가공 자료, 인공 식품을 활용하여 음식을 만든다. 자연 식품은 원래 소득이 낮은 농어촌 사람이 즐겨 먹는 음식이었는데 현대에 와서는 건강을 위해서 도시민도 즐겨 먹게 되었다. 인공 식품은 원재료, 가공 방법, 첨가물 종류에 따라 매우 다양한 형태의 음식으로 만들어진다. 사람의 미각을 쫓아 맞춰가기 때문에 점점 인공 식품을 즐기는 사람이 많아지고 있다.

여덟째, 음식을 정치, 사회, 문화적 고려에 따라 달리하는 경우가 있다. 옛날 조선 시대의 통치자는 나라에 가뭄, 홍수, 태풍 등 자연 재해가 심하게 났을 경우나 역병이나 전염병이 창궐하여 국민이 고통을 받는 때에는 먹는 음식을 간소하게 하였다. 감선(減膳)이라고 부르는 것으로 밥상 위의 반찬 가짓수를 줄여 절약을 하는 것이다. 한국의 새마을 운동 당시에 절약, 저축을 위해 노력하던 사람은 쌀이나 고기 등 값나가는 음식 재료를 지독할 정도로 아꼈다. 경제적 목적으로 음식 비용을 줄인 것이다. 버리는 음식이 많은 한국식 먹거리 문화를 개선하기 위해 '반찬 가짓수 줄이기', '음식 남기지 않기', '보리밥 혼식' 등이 정책적으로 시도되었다.

음식 먹기와 인성

음식을 먹는 행위는 태어난 이후로 형성된 식습관, 음식의 종류, 먹는 이유, 먹는 상황 등에 따라 다양한 모습을 띤다. 음식을 먹는 행위를 보면 그의 인성이 어떤 모습인가를 짐작할 수 있다.

(1) 식습관

식습관(食習慣)은 먹는 행위가 익숙해져 자연스러운 태도로 형성된 것을 말한다. 식습관은 태어난 이후 식생활을 함께한 가족에 의해 영향을 받고, 직장이나 사회 생활을 하는 과정에서 만들어진다.

- 음식을 빨리 먹는가, 아니면 천천히 먹는가? 빨리 먹는 사람은 먹는 일에 집중하고, 음식의 맛을 즐겨 탐닉할 경우에 나타난다. 반대로, 천천히 먹는 경우는 음식 먹는 행위 자체를 즐기며, 여유를 가졌을 때 나타난다. 빨리 먹는 사람은 자칫 많은 양의 음식을 섭취할 가능성이 높다. 포만감을 느끼기 전에 먹는 양이 많아지기 때문이다.
- 가려먹는가, 아니면 모든 것을 잘 먹는가? 모든 것을 잘 먹는 사람은 소화력이 좋고 건강한 사람인 경우가 많다. 성장기에 먹거리가 부족하여 경쟁적으로 먹어야만 하는 생활을 해야만 했던 사람은 음식을 가리지 않고 잘 먹는 성향이 있다. 음식이 풍요롭고 무엇이든 원하는 대로 먹을 수 있는 생활을 해온 사람의 경우에는 '원하는 것을', '원하는 방식으로', '언제든', '자유롭게' 먹는 식습관이 형성되어 있다. 가려 먹는 습관이 저절로 형성된다. 어린 아이의 경우에 마늘이나 파, 표고버섯 등을 먹지 않으려 하고, 고기나 햄버거, 소세지 등 맛깔스런 것만을 좋아하는 편식(偏食) 습관을 가진 사람이 적지 않다. 어린 시절의 편식증은 어른이 되어서도 바뀌지 않을 수 있다.
- 규칙적으로 먹는가, 아니면 불규칙적으로 먹는가? 규칙적인 생활을 하는 학생, 군인, 공직자, 직장인 등은 아침, 점심, 저녁을 규칙적으로 먹게 되어 있다(물론 일이 많아 식사 시간을 제대로 지키기 어려운 경우에는 불규칙화할 수 있다). 규칙적인 식사를 하는 사람의 경우에는 신체 리듬이 안정화되어 건강하다. 불규칙적인 식사를 하는 사람의 경우에는 생활도 불규칙하기 쉽다. 인간의 생체 리듬을 고려하면 규칙적인 식사가 몸에 이롭다. 건강을 위해 저녁 늦은 시간의 식사는 몸에 해롭고, 정력적으로 활동하는 사람은 아침 식사를 거르면 안된다. 아침을 거르는 사람은 식사 때 포만감을 느끼지 못하고 식사와 식사 사이에 허기를 느낀다(Wenk, 2015: 44).

– 혼자 먹는가, 아니면 함께 먹는가? '혼술', '혼밥'이라는 말은 먹는 행위를 혼자 하는 사람을 말한다. 음식을 함께 마련하고, 함께 먹는 사람은 가족적이고, 사회적이다. 음식 재료를 구입하고, 요리를 하며, 식사하는 과정에서 가족과 함께하고, 친한 지인과 함께하는 것은 매우 친밀한 인간 관계를 형성하는 데 도움이 된다. '가족이란 밥을 함께 먹는 사람'이다. 젊은이 사이에 '함께 술을 먹었다'는 표현은 매우 가까운 사이가 되었다는 뜻이다. 사회인 사이에서 '함께 밥 한 번 먹었다'는 말은 이제 친분을 트고 가까운 사이가 되었다는 의미다. 반대로, '밥 한 번도 같이 먹지 않은 사이'란 전혀 모르는 사이거나 별로 가깝지 않은 사이란 뜻이다.

– 많이 먹는가, 아니면 적당히 조금 먹는가? 식탐(食貪)이 있는 사람이나 위(밥통)의 크기가 큰 사람, 활동량이 많은 사람은 대체로 많이 먹는다. 많이 먹는 사람은 체격이 크거나 비만형이다. 비만형의 사람은 성격이 대체로 여유롭고 늘어진다. 몸과 정신에 알맞게 적당히 먹는 사람은 건강하다. 성격도 원만하다. 너무 적게 먹는 사람은 마른 체형이고 성격이 깔끔하다. 지나치면 성격이 급하고 까다로울 수 있다. 활동량이 많은 젊은이는 그에 비례하여 많이 먹는다. 반대로, 활동량이 적은 노인은 소식(小食)이 필수 조건이다. 먹거리가 풍성한 현대 사회는 '입맛 당기는 대로' 먹어서는 안되게 되어 있다. 영양 결핍보다도 영양 과잉을 걱정해야 하는 시대가 되었다.

– 편식(偏食), 결식(缺食), 폭식(暴食), 거식(拒食), 강요식(强要食) 등: 사람들 중에는 특별히 싫어하는 음식을 피하고 좋아하는 음식만 먹는 편식, 수시로 먹는 것을 거르는 결식, 먹기 시작하면 한정 없이 마구 먹어대는 폭식, 음식 자체를 거부하는 거식, 어린 아이에게 나타나는 억지로 먹여야만 음식을 먹는 강요식 등 여러 식습관이 있다. 정상적인 음식 습관이 아니고 뭔가 문제가 있는 식습관이다.

– 단식(斷食)이나 다이어트는 정신적, 육체적 건강을 위해 음식을 끊거나 절제하는 것이다.

– 음식 중에는 먹어서는 안되는 것도 있고, 지나치게 먹어서도 안되는 것도 있다. 마리화나, 대마(大麻), Cananabis indica, 코카인 등은 향정신성 약물로 조금만 먹어도 정신이 몽롱해지며 환각 증세를 일으킨다. 하지만, 차, 커피, 담배, 술, 코코아, 초콜릿, 바나나 등도 지나치게 잘못 먹으면 탈이 나고 뇌에도,

정신에도 영향을 미칠 수 있다. 우리의 몸과 뇌, 정신에 영향을 미치는 음식은 다음과 같은 성향이 있다(Wenk, 2015: 19-20). 첫째, 어떤 물질(음식)을 '좋다 나쁘다'의 관점으로 봐서는 안된다. 우리 식단에 오르는 음식이나 약물은 단순히 화학 물질일 뿐으로, 우리 몸 속에서 다양한 작용을 나타낸다. 둘째, 모든 음식과 약물은 복합적이다. 우리의 몸과 뇌는 매우 복잡하고, 화학 물질은 여러 부위에 동시적으로 작용한다. 셋째, 약물이나 음식이 뇌에 끼치는 영향은 언제나 섭취량에 달려 있다. 복용량을 달리하면 효과의 크기와 특징도 달라진다. 이를 용량-복용 효과(用量-服用 效果, dose-response effect)라고 한다. 넷째, 약물이 뇌에 끼치는 효과는 유전자, 약물 복용 경험의 성격, 약물에 대해 갖는 기대 등에 크게 좌우된다.

(2) 먹는 태도

음식을 먹는 태도에도 인성이 배어 있다. 성격, 식습관, 음식 종류, 먹는 환경에 따라 먹는 태도가 달라진다. 먹는 행위는 인간에게 즐거움을 주고 쾌락을 선사한다(변순용 외, 2015: 24-25). 먹는 행위는 생물학적이고 본능적인 측면이 있지만, 이성적인 행위이면서도 도덕적인 판단의 대상이다. 먹는 행위와 태도는 인성에 의해 결정되고 인성에 영향을 미친다.

- 일이 많은 사람은 먹으면서 일하고 일하면서 먹는다.
- 성격이 급한 사람은 먹는 것도 게걸스럽다.
- 가려 먹는 사람은 먹는 것도 까다로울 수 있다.
- 무엇이든 잘 먹는 사람은 어떤 환경에서도 맛있게 먹는다.
- 다른 일에 몰두해 있는 사람은 정신 없이 빨리 먹거나, 먹는 동작을 잊어버리고 맥없이 먹기도 한다.
- 한국인은 바닥에 좌식(座食) 형태로 앉아 먹는 것을 즐겨 하는데, 서양인은 의자에 앉아 입식(立食) 형태로 먹는다.
- 스스로 '수준 높은 인격을 가지고 있다고 생각하는' 사람은 좋은 장소에서, 정식으로 잘 차린 밥상에서, 반듯한 복장으로 먹는 것을 좋아한다. '문명화된 몸(civilized body)'을 가지고 있는 사람은 자기 억제적이고, 고도로 사회적으로 관리되며, 행동과 외모에 대한 지배적 규범에 순응하는(Lupton, 2015: 38) 사람으로서 음식에 대해서도 엄격하다. 이에 비해 '괴팍한 몸(grotesque body)'을

가지고 있는 사람은 억제되지 않고, 제멋대로이며, 예절이나 좋은 매너의 관념에 통제받지 않고 동물적인 사람으로서 음식에 대해서도 마찬가지다.

- 문화가 발달한 나라에 속하는 사람, 소득과 생활 수준이 높은 사람은 음식을 담는 그릇이나 식사 도구, 요리법 등을 예술적이고 감성적으로 좋은 것을 사용한다. 우수한 음식 문화를 가진 사람은 먹는 행위 자체도 예술적이고 문화적이고자 애를 쓴다. 멋있는 식당, 멋있는 사람과 함께 식사하는 것을 즐긴다. 먹는 행위는 문화적 행위다(변순용 외, 2015: 26). 지역마다, 나라마다 독특한 음식, 식습관을 가지고 있다.

(3) 가족을 위한 요리, 가족과 함께 먹기

가족은 음식 문화를 공유하고, 먹는 행위를 함께하는 사람들이다. 전통 가정에서는 주부가 요리를 담당한다. 가정 주부는 가족을 위해 식단(食單)을 구상하고, 식재료를 만들거나 구입하며, 요리를 하고, 상차림을 한다. 가정 주부는 온 가족의 음식과 건강을 책임지는 사람이다. 남자는 결혼을 통해 가정 주부를 만나고 이를 통해 음식과 먹거리 행위를 지원받는다. 남자가 가족에 필요한 소득 창출을 위해 외부 직장 생활, 수익 활동에 책임을 지듯 가정 주부는 가정 안에서 남편을 비롯한 가족 모두의 먹는 행위를 책임진다. 가정 주부는 책임감이 크며, 음식에 관한 모든 것을 자랑스럽게 수행한다.

'어머니, 주부는 음식을 통해 가족에게 무한의 사랑을 베푸는 사람이다.' 아내로서, 어머니로서 가정의 주부는 가정을 화목하게 하고, 감정적 안정성을 제공하며, 어린이에게 먹는 습관과 건강 관리, 감정 관리를 통해 예의범절을 가르치며, 훌륭한 문화인, 사회인으로 성장하게 하는 역할을 수행한다(Lupton, 2015: 76). 뱃속의 태아를 위해 음식을 가리고, 먹는 행위를 조심하며, 생각까지도 바르게 가지려 노력한다. 자라나는 학생 청소년의 일상을 챙기면서 음식을 장만하고 먹는 것을 챙긴다. 직장 생활에 바쁜 남편의 먹는 일을 챙기는 것도 엄청 부담되는 일이다. 주부는 가족의 성장, 하는 일, 식사 여건에 맞춰 음식을 장만하고, 건강을 책임진다.

하지만, 현대 사회에는 다양한 형태의 가족이 존재하기 때문에 음식 문화, 먹는 행위도 각양각색이다. 남성이 음식과 먹는 행위를 책임지는 가족도 있고, 혼자 먹는 것을 해결하는 '혼밥족'도 엄청나게 많아졌다. 음식을 집안에서 요리하지 않고 외부 매식(買食)으로 일관하는 가정도 적지 않다. 학교 생활에 바쁜 학생이 있는 가정이나 새벽 일찍 출근하거나 밤늦게 들어오는 사람이 있는 가정에서는 가족이 함께 식사하기가 어렵다.

음식을 함께 먹는 가정은 가족 친밀도가 높고 상호 이해 정도가 각별하다. 식사 과정에서 대화가 이루어지고 상호 정보 교류가 가능하다. 따로 회의 시간을 갖기 어렵고, 특별히 대화 시간을 만들기도 어려운 상황에서 식사 시간은 매우 유용하다. 요리를 함께하면서, 설거지를 도와주면서, 반찬을 나누어 먹으면서 가족은 대화를 하고 친밀도를 높여 간다. '밥을 함께 먹어야 진정한 가족'이다.

- 한국 사람은 반찬을 공동으로 먹는 습관이 있다. 서구식으로 자기 음식 접시를 단독으로 소유하고 먹는 것이 아니라, 같은 반찬 그릇에 가족이 모두 숟가락 젓가락을 넣으면서 떠먹는다. 외국 사람이 보면 매우 비위생적인 식습관을 한국인은 가족 친화적인 것으로 간주하고 자랑스럽게 생각한다. 건강도, 병질환도 모두 공유하는 생활 방식을 취하고 있다. 현대에 와서는 개별 반찬 접시를 활용하여 공동 반찬 먹기를 조금 줄이는 경향도 나타나고 있다. 여러 사람이 공통으로 식사를 하는 음식점, 뷔페 식당 등에서는 '덜어 먹기'가 보편화되어 있다.

(4) 외식(外食)

외식은 음식 준비를 가정 내에서 하지 않고 외부 식당 등을 이용하여 먹는 행위를 하는 것이다. 가정에 음식을 담당하는 가정 주부가 없거나, 음식 재료가 없거나 공간이 부족할 때 외식을 하게 된다. 또 직장 생활을 하는 사람은 상당한 식사를 외식에 매달린다. 예전에는 집에서 도시락을 싸서 지참하여 직장이나 학교에서 식사를 해결하였다. 하지만, 요즈음은 학교나 직장에 구내 식당이 있어 이곳에서 식사를 해결하는 수가 많다.

현대 한국인은 다양한 음식, 고급 음식을 먹기 위해 수시로 외식을 즐긴다. 가정 주부가 요리에 힘이 들어 스트레스를 받을 때, 가족이 아닌 외부 사람과 만남을 가질 때 외식을 한다. 외식은 가정 주부를 쉬게 하고, 모든 가족을 수시로 즐겁게 만들어 준다.

외식은 적지 않은 음식비 지출을 필요로 한다. 학교나 직장에서는 무료 급식을 하기도 하고 싼값으로 식사를 제공하기도 한다. 하지만, 구내 식당이나 학교 급식에 만족하지 못해 외부 식당을 이용하는 사람도 적지 않다. 외식이 많을수록 가계 소득에서 음식료비가 차지하는 엥겔 계수가 높아진다. 식사 후 습관적으로 마시는 커피나 차 등 음료 비용도 만만찮다.

외식이 많으면 그만큼 가정 식사가 줄어들고 함께 식사하는 가족의 장점도 사라질 수 있다. 가족끼리 만나는 시간이 줄어들고, 가족 간 대화와 정보 교류의 공간이 없어진다. 가정 주부의 가족 헌신도 줄어들고, 책임감과 의무감, 사랑과 헌신의 가족 관계가 희박해진다.

음식 생산, 유통과 인성

음식의 생산은 음식 식재료의 생산, 음식의 조리에 관련된 활동이고, 음식 유통은 식재료나 음식의 유통, 판매와 관련된 활동이다. 음식의 생산, 유통에도 사람의 인성이 관련되어 있다.

음식 식재료 생산면에서, 농수축산물 생산 과정에 지나친 농약이나 호르몬제 사용 여부, 유전자 식품 여부, 동물 학대 여부가 생산자의 인성과 관련되어 있다. 사람이 먹는 식재료에 지나친 농약을 사용하는 것은 먹는 사람을 병들게 만든다. 생명공학, 유전자 기술의 발전에 따라 다양한 형태의 유전자 조작 식재료가 넘쳐나는 시대가 되었다. 문제는 이런 유전자 조작 식품이 인체에 어떤 영향을 미치는가에 대해 철저한 연구 결과가 없다는 점이다. 고기 생산을 위해 닭이나 돼지를 닭장이나 우리에 꼼짝 못하게 가두고 살만 찌우는 것은 '동물 학대(動物虐待)'가 될 수 있다. 식용 개를 잡는 과정에서 매질을 하는 것도 동물 학대에 해당한다.

음식 식재료 생산 과정에서 지나친 환경 파괴를 경계해야 한다. 목장 건설을 위해 나무를 마구 베어내고, 살충제 등 농약을 남용하며, 열대 우림을 초토화시키는 것은 환경 파괴다. 가축을 기르기 위해 나무는 물론 풀까지도 싹쓸이 하는 것은 사막화를 초래하고 더욱더 환경 파괴를 촉진한다. 인간의 삶은 자연과 함께해야 하는데, 그중 음식도 해당된다. 지속 가능한(sustainable) 먹거리 창출이 필요하다. 어린 물고기를 잡지 않는 일, 치어(稚魚)를 길러 물고기 개체 수를 늘리는 일이 필요하다.

식재료 생산 과정에서 노동자를 착취하는 행위도 금해야 한다. 제국주의 시대에 아시아-아프리카 커피 농장, 향료 농장의 노동자들은 엄청난 착취에 시달렸다. 지금도 동남아시아 개발도상국가에서는 나약한 부녀자, 어린 아이, 노인이 노동 현장에 나서고 있다.

식재료 유통 과정에서도 윤리 문제가 대두된다. 불량 식자재를 좋은 것으로 보이기 위해 위장하는 것, 무게나 부피를 속여 부풀리는 것, 성분을 속이는 것 등이 음식 윤리 위반 행위다. 예를 들면, 썩어 문드러진 희나리 고추를 붉게 물들여 파는 행위, 납덩어리를 물고기 상자에 넣어 무게를 부풀리는 행위, 저장 기간이 넘어 부패한 식자재를 파는 행위, 원산지를 속이는 행위, 성분을 속이는 행위 등이 이에 해당한다. 한국에서는 원산지 표기를 의무화하여 식자재의 국가 간 이동을 감시하고 신선한 로컬 푸드(local food)를 촉진하고 있다.

음식을 조리하는 과정에서 소금이나 조미료를 지나치게 많이 사용하는 것도 유통 과정에서의 음식 윤리와 관련된다. 지나치게 짜거나 맵게 요리하는 것은 사람 몸에 해롭다. 가정 내에서 주부에 의해 만들어지는 음식은 가족 건강을 위해 소금이나 조미료 사용을 적절히 조절할 수 있다. 하지만, 일반 음식점의 음식은 그렇지 않다. 먹는 사람의 건강보다도 판매와 수익에 치중할 수 있다. 팔기 위한 음식을 만드는 사람의 음식 윤리, 좋은 식재료와 적절한 조미료 사용, 건강한 요리법은 매우 중요하다.

식료품 중에는 공장에서 생산되어 판매망을 통해 사람들에게 제공되는 것이 많다. 식재료는 물론 금방 먹을 수 있는 패스트 푸드도 많다. 보존 기간을 늘리기 위해 방부제를 사용하거나 신선도 유지를 위한 냉동 보관, 숙성을 위한 포장, 세균 방지를 위한 진공 포장 등 많은 부분이 음식 윤리에 관련된다. 가격, 신선도, 유통 기간, 유통 거리, 조리법, 음식 맛 등 많은 부분이 윤리적으로 바람직하게 이루어져야 한다.

음식 윤리는 사람의 소비 행위와도 관련된다.

- 음식은 맛있게 먹어야 한다(식재료 생산자와 요리한 사람을 생각하면서).
- 음식물을 남기지 않는다. 먹을 만큼의 양을 선택하여, 남기지 않고 깔끔하게 다 먹는다.
- 음식을 함께 먹는 사람과 즐겁고 조화롭게 먹는다. 지나치게 소리를 내며 먹거나 게걸스럽게 먹는 것은 실례!
- 불량 식재료, 생산 과정에서 환경 오염이나 노동자 착취 등이 있는 식재료, 동물 학대 식재료 등을 활용한 음식을 섭취하지 않는다.
- 지나치게 혐오스런 음식을 자제한다.
- 다른 사람의 음식 취미를 함부로 탓하지 않는다. 모든 인간은 자기가 원하는 것을, 맛있게 먹을 권리가 있다.

■ 음식 윤리

음식 윤리(飮食倫理, food ethics)는 음식에 관한 윤리로서, 인간이 바람직하고 좋은 음식을 찾아 반듯하게 먹는 이치를 말한다. '무엇을 먹을 것인가?'에 관한 음식(飮食, food)의 윤리와 '어떻게 먹을 것인가?'에 관한 식사(食事, eating)의 윤리를 동시에 포함한다(변순용 외, 2015: 107). 인간은 땅으로부터 생산되는 식물과 동물을 음식으로 먹고, 소화한 뒤, 배설하면서 자연 친화적으로 살아간다. 대자연의 순환 과정에 함께하고 있다. 또한 사회적 인간으로서 음식을 둘러싸고 수많은 사람과 상호작용하면서 살아간다. 무엇이 좋은 음식이고, 어떻게 먹어야 최선인가? 먹을거리의 문제는 경제적이며, 산업적인 효율성에 대한 관심과 함께 생태 윤리, 생명 윤리, 동물 윤리와 관련되어 있다(변순용 외, 2015: 45). 음식의 생산, 유통, 소비와 관련되어 있다.

2. 주거 문화

주거(住居)는 일정한 기간 동안 머무는 장소 또는 머무는 행위를 말한다. 장소는 주소(住所)로 되어 있는 집을 중심으로 일시적으로 머무는 작업 공간, 호텔 등도 해당된다. 하지만, 주거 문화를 논할 때는 집을 중심으로 한다. 주거 문화는 인간이 삶을 영위하는 생활 공간의 양태(樣態)를 말하며, 동시에 집(주택)이나 생활을 멋지고 아름답게 꾸미는 행위를 포함한다.

현재 우리나라 주택의 실태를 보면 다음 <표 8-1>과 같다. 아파트 거주 인구가 압도적으로 많다. 아파트는 대개 집단 공동 주택 형태로 건축되고 사람들은 공동 관리소를 두고 생활을 한다.

우리나라는 경제 발전기(1970~1990) 중반인 1980년대부터 새로운 집을 아파트 형태로 짓기 시작했다. 무주택자를 위한 작은 평수의 아파트를 과천, 성남, 노원, 목동 등에 짓기 시작하면서 집이 없던 공무원, 봉급 생활자들이 입주하였다. 아파트 건축은 일반 단독 주택 건축이 제자리 걸음을 하는 동안에 폭발적으로 지어지기 시작했다. 경제 발전이 어느 정도 이루어지고 난 1990년대 이후부터는 좀 더 넓은 평수의 아파트가 서울 강남은 물론 전국적으로 지어지기 시작했다. 이 와중에 자투리 땅을 이용한 연립, 다세대 주택도 꾸준히 지어졌다.

표 8-1 전국, 시도의 가구 형태별 가구수(2014)

지 역	합계(가구)	단독 주택	아파트	연립 주택	다세대 주택	비거주용 건물	주택 이외
전국	17,999,283	6,754,696	8,925,959	610,531	1,121,530	186,537	400,030
서울	3,617,512	1,321,105	1,539,348	159,354	409,126	48,343	140,236
경기	4,092,661	1,130,537	2,327,502	200,695	271,468	17,574	144,885
강원	559,405	272,698	255,972	18,062	5,741	3,466	3,466
충북	569,678	268,623	266,717	13,787	9,262	10,336	953
전남	645,502	356,926	254,458	1,661	14,810	14,938	2,709
경북	1,025,634	553,157	397,642	0	49,844	19,981	5,010
제주	194,910	102,163	55,029	6,792	21,315	9,611	0

출처: 온나라. 부동산정보 통합 포털(2016.9.19).

새로 지은 아파트는 구조, 시설, 관리가 잘되어 있어 모든 사람의 선망의 대상이 되었다. 매매가 수월하고 지속적으로 값이 상승하여 재산 축적의 수단으로도 활용되었다. 소수 엘리트 부자 중 일부의 좋은 단독 주택, 농산어촌 지역의 서민 주택을 제외하고 한국은 아파트 천국이 되었다.

아파트는 단독 주택이나 연립 다세대 주택에 비해서 새집이고, 가격이 높으며, 안전하고, 생활이 편리하다. 그렇지만, 세대 간, 주민 간 교류가 잘 안되고 각자 자신의 독립적 삶에 충실할 뿐이다. 서로 격리되어 있어 전통적인 마을의 공동체 의식도 약하다. 아파트 거주자의 인성은 자신의 독립적 삶을 추구하려는 성향이 높고, 주민들 사이의 익명성을 즐긴다.

도시민이 대부분 아파트나 연립, 다세대 등 집단 공동 주택에 살고 있기 때문에 이들의 주거 생활과 관련된 인성 특성을 살펴볼 필요가 있다.

첫째, 가구별로 독립된 주거 공간을 사용함으로써 가족 독립성이 보장되어 있다. 자기 가족 이외에 이웃 누구의 삶에도 관심이 없다. 진지한 대화는 가족끼리만 이루어지고 이웃과의 대화는 필요에 따라 순간순간 이루어질 뿐이다.

둘째, 공동 주택 관리는 공동체 규약을 정해 이에 따라 이루어진다. 아파트 단지와 같이 큰 공동 주택의 경우에는 관리 사무소를 법적으로 설치하여 전문적, 법적 관리를 수행한다. 주민은 대체로 아파트 관리비만을 납부할 뿐 관리 자체에 대해서는 관리소에 일임하고 관계치 않는다.

셋째, 자신의 주거 공동체에 위협이 된다고 생각하는 사안에 대해서는 '거의 무조건적으로' 자기 이익을 위해 투쟁하려는 속성도 있다. 공동체 안전, 이웃 공동체와의 대립, 정부 공공기관과의 이권 다툼(예, 전기료, 관리비, 세금 관련 등) 등이 발생하였을 경우에는 자기 이익을 찾기 위해 애를 쓴다.

넷째, 주민 사이에 적지 않은 갈등 상황이 발생하기도 한다. 예를 들면, 누수와 같은 하자 문제, 소음과 진동, 흡연, 공간 사용, 단지 내 주차나 교통 문제 등을 둘러싸고 다툼이 발생하는 수가 많다. 대립과 갈등이 발생하였을 경우에 이웃 간에 부드럽게 문제를 해결하는 수도 많지만 어떤 경우에는 관리소 중재, 법적 해결을 필요로 하기도 한다. 마을 공동체가 잘 발달해 있고 이웃 간 소통이 원활할 경우라면 쉽게 해결될 사안도 평소에 소통이 없고 격리된 삶을 살아가는 경우에는 수월한 해결이 어려울 수 있다.

다섯째, 어떤 경우에는 공동 주택 관리에 주도권을 잡기 위해 주민 사이에 정치적 갈등이 빚어지기도 한다. 아파트 관리소장, 동대표, 부녀회장 선출과 관련하여 심각한 갈등이 초래되기도 한다. 이런 직책은 적지 않은 이권(利權)과 연계되어 있기 때문이다. 스스로 이권에 관련되어 있는 경우에는 자기 뜻을 관철시키기 위해 남다른 노력을 기울인다.

여섯째, 주민 간 화합이 잘되어 있는 공동 주택의 경우에는 공동 문화 행사, 부녀회 중심의 농산물 직거래, 봉사 활동, 유치원 관리 등이 이루어지기도 한다.

도시 생활과 편의 시설

도시는 행정 관청, 사무실, 주택, 상업 시설, 문화 시설, 의료 복지 시설, 체육 시설, 교통 공간, 교육 시설 등이 복합되어 있다. 각종 편의 시설이 도시 이외의 지역에 비해 잘 갖춰져 있어 삶이 편리하고 좋은데, 이를 총괄적으로 말해 '어메니티(amenity)가 좋다'고 표현한다. 다음과 같은 편의 시설이 있다(이대희, 2007: 439).

- 문화성을 높여 주는 시설: 국민의 문화 예술 향수와 관련이 깊은 건축물이다. 문화원, 문예회관, 도서관, 박물관, 미술관, 음악당, 공연장, 체육 시설 등
- 복지성을 높여 주는 시설: 국민의 안정, 행복, 평안함을 높여 주는 기능을 수행하는 건축물이다. 복지회관, 노인회관, 여성회관, 청소년회관, 어린이집 등
- 생명성을 높여 주는 시설: 질병을 치료하고, 생명의 안전을 보호하며, 건강함을 유지하게 하는 데 필요한 기능을 수행하는 건축물이다. 병원, 의원, 보건 진

료소, 하천 관리 시설, 산불 방지소, 도로 안전 관리소 등

– 시민성을 높여 주는 시설: 시민들이 이성 정부의 행정 기능을 좀 더 편하고 수월하게 받을 수 있도록 하는 데 관련된 건축물이다. 행정기관, 민원실, 출장 사무소, 시민 단체 입주 시설 등

도시의 주택이나 상업 시설은 다음 사진에서 보는 바와 같이 문화적으로 무질서하고 보기 흉한 경우도 있고, 아름답고 멋있는 경우도 있다. 선진국의 어메니티(amenity) 편의 시설은 아름답고 멋있으며 여러 사람이 즐기기에 편리한 공간이다. 각종 문화 행사와 축제, 예술 행위가 넘쳐난다. 한국의 경우에 최근의 문화 복지기를 맞아 도시의 건축물이나 시설이 아름답고 멋있게 변모하고 있는 중이다. 경제 발전기, 정치 민주기 동안에는 기능성 위주로 주거 공간이나 편의 시설이 만들어졌지만, 이제는 여기에 문화성이 가미되고 있는 중이다.

서울 도심의 길거리. 간판과 차들로 꽉 막힌 모습. 건축 중인 시멘트 구조물들에 가슴이 막혀온다.

밖으로 드러나 있는 철물점과 간판들.

깔끔한 건물 외관.

깨끗한 거리.

도시민들은 직장과 가정, 제3의 문화 공간이 가까이 융합된 공간에서 살아간다. 병원과 같은 다양한 의료 시설, 복지 시설, 건강 체육 시설을 활용할 수 있어 행복하다. 공기의 질이 다소 좋지 않고, 소음이 심하며, 푸른 숲이 부족하지만 좋은 어메니티 여건이 이를 상쇄하고도 남는다.

■ 귀농, 귀촌 생활

활발한 도시 주거 여건, 주거 생활과는 달리 농산어촌 지역은 차분하고, 자연친화적이며, 투박하다. 1차 산업에 종사하는 사람들이 주를 이루기 때문에 이들의 주거 생활도 그리 수준이 높지는 않다. 최소 수준의 기본 의식주 생활에 만족하는 정도에서 생활이 이루어진다.

1970년대 경제 발전기를 시작으로 진행된 도시화에 힘입어 농산어촌 지역은 도시에 비해 낙후된 지역이 되었다. 젊은이들은 대부분 도시로 몰려가고 노인들만이 남은 지역이 되었다. 노인이 많은 만큼 주거 문화의 특징을 들어보면, 첫째, 오래된 낡은 주택이 대부분이다. 새로 지은 집도 대부분 값싸고 단순한 집이 많다. 둘째, 빈집이 늘어나고 노인 단독 가구가 많아졌다. 인구 감소에 따라 지속적으로 인구 감소가 일어나고 마지막까지 남아 있는 농업 종사 노인이 무너져 내리는 집에 살고 있다. 셋째, 병약한 노인, 소득이 적은 노인, 홀로 사는 노인, 지적 수준이 낮은 노인이 많다. 농촌의 문제는 이제 '농업'이나 '농촌'의 문제가 아니라 '복지'의 문제가 되었다.

하지만, 최근 들어 새로운 귀농, 귀촌 현상이 나타나고 있다. 이는 경제 발전기 동안 시골을 떠났던 베이비 부머(baby boomer)들이 직장에서 은퇴를 하면서 다시 농산어촌으로 회귀하고 있는 것이다. 귀촌(歸村)은 도시를 떠나 농산어촌(農山漁村)으로 돌아가는 것이고, 귀농(歸農)은 농업인으로 다시 직업을 선택하는 것이다. 다음 <표 8-2>에서 보는 바와 같이 다양한 형태의 귀농, 귀촌이 전개되고 있다.

표 8-2 귀농, 귀촌의 유형 구분

유 형		시 기 (작업 변화 형태)	목 적	생활 영역 및 형태
스마트형		청장년 (창업/전업)	– 기업적 가치 추구	– 농산물 생산, 유통 및 가공 등에 종사 – 융 · 복합 영농
전원 생활형	귀촌	청장년 (이직/전직)	– 삶의 대안적 가치 추구	– 전원적 생활 양식 추구 – 텃밭 가꾸기, 창작 · 취미 생활 등 추구
	귀농			– 전원적 생활 양식 축구 – 소규모 농업에 종사하면서 지역 사회 활동에 적극 참여 다양한 소득 창출 활동
노후 생활형		노년 (은퇴)	– 노후 생활 터전	– 노인이 경작 가능한 실버 농업에 종사 – 중산층과 빈곤층 혼재

출처: 이수행 · 이상훈(2012). 한국 농업의 새로운 트렌드–귀농 · 귀촌. 세리보고서 42호(2012.4.4). SERI.

경제 발전기(1970~1990)에는 도시의 새로운 일자리와 좋은 문화 여건을 찾아 농촌 인구의 도시 진출이 급격히 이루어졌다. 도시는 좋은 교육과 직장, 높은 소득이 있는 곳이고, 젊음, 좋은 문화와 문명이 있는 곳인데 비해, 농촌은 가난하고, 힘든 농업, 상대적 약자, 패배자가 많은 곳이었다. 정치 민주기(1990~2010) 동안에도 정치와 행정의 중심지인 도시로 인구가 몰려들었다. 하지만, 현대 2017년 즈음은 문화 복지기(2010년 이후)로서 도시화의 한계가 드러나고 있는 중이다. 도시의 복잡성이 증대하고, 금융 위기 이후로 부동산 침체, 실업 증가 등 경제 침체가 가속화하고 있다. 도시는 매연과 소음, 나쁜 기후, 다양한 스트레스의 심화, 건강 악화 지역이 되어 있다. 반면에, 농촌, 산촌은 자연이 살아 있고, 여유로우며, SLOW한 삶, 건강, 휴식이 가능한 공간으로 인식되기 시작했다.

귀농, 귀촌 인구는 지속적 증가 추세를 보여 2014년에는 1만 8,864명에 이르렀다. 이들의 정착지는 도시 주변부보다는 좀 더 먼 곳 시골의 농촌 지역이었는데, 이는 땅값을 고려했거나 아니면 상대적으로 좋은 산이나 시골 지역을 선호하기 때문일 것이다. 2014년 기준으로 보면 50대가 38.3%로 가장 높고, 40대 24.7%, 60대 19.6% 수준이었다. 귀농, 귀촌 이유를 들어 보면 경제적 이유(45.4%), 자연 속 여가 생활(17.3%), 가족과 함께하려고(11.4%), 자신/가족 건강(7.0%) 등(KREI, 2013)으로 나타났다. 50대는 직장 은퇴 시기로서 새로운 정착지를 찾아야만 하는 때다. 이들은 베이비붐(Baby Boom) 세대의 중심으로서 농촌 출생자가 많고, 농촌을 고향으로 생각하며, 부모에게 물려받은 농토 소유자가 많다. 40대 이하 귀촌, 귀농자는 농촌에 살고자 하는 목적 의식이 확실한 사람으로 대체로 도시 출생자일 경우가 많다. 이들은 농업 또는 자기 전문 직업 종사 목적으로 귀농을 선택한 사람이다.

귀농, 귀촌하는 사람을 유형 분류해 보면 (1) 연금 생활자형: 자연, 건강, 여유, 취미 생활 추구, (2) 직장 은퇴자로서 소득 불안자형: 농업 종사, 소득 창출 필요, (3) 건강 회복 필요자형: 전원 생활, 치유 활동, (4) 특수 목적 전문가형: 예술인, 레스토랑 경영 등으로 나뉘어진다.

귀농, 귀촌을 하고자 하는 사람은 다음과 같은 요인을 꼼꼼히 챙겨야 한다.

- 사모님 허가를 얻었나? 귀농, 귀촌은 생활을 함께하는 가족이 함께 이동해야만 한다. 자녀가 있는 경우에는 교육 문제, 취업 문제가 뒤따르고 부부 중 한 사람이 귀농, 귀촌을 거부하면 문제가 심각해진다. 성격상 남편이 귀농을 결정하고 아내를 설득해 함께하고자 하는 경우가 많다. 하지만, 남자는 시골의 척박하고 억센 자연 친화적 생활 환경을 감수하고 극복해 가면서 살아갈 자신이 있지만, 여성의 경우에는 도시의 우아하고, 편안하며, 문화적인 삶을 더 좋아한다. 남편의 고집에 의해 전원 주택을 짓고 귀농을 추진해 보지만 아내가 싫어하고 동조하지 않으면 귀농은 실패하고 만다.
- 외롭지 않겠는가? 시골, 전원 생활은 자연과 친하게 지내는 삶이지만 동시에 도시와 사회, 많은 사람과의 교류가 적어지는 삶이다. 산과 내, 자연이 좋다지만 사회적 인간인 귀촌인은 '사람이 그립다.' 산 속 절간의 스님도 속세의 신도가 찾아와야만 좋고, 전원 주택으로 옮겨가 사는 예술가도 자신의 결과물인 예술품을 많은 사람이 사랑해주길 바란다. 멋진 전원 주택을 짓고 사는 사람은 가족은 물론 많은 사람이 자기를 보러와 주고 함께해주길 바란다. '사람보다도 자연을 더 사랑할 수 있는 사람'만이 전원 속 자연에 묻혀 살 수 있다.
- 기본 소득이 있는가? 농촌 생활을 잘 유지하기 위해서는 안정적인 기본 소득이 있어야 한다. 연금이나 임대 소득, 저축, 다른 가족에 의한 소득 지원이 있어야 삶이 안정적이다. 40대 귀농, 귀촌자의 경우 농업 소득을 목적으로 하고 있는데 참으로 어려운 결정이다. 농업 소득은 '연소득 항상성(年所得 恒常性)'을 보인다. 풍년이 들면 값이 내리고, 흉년이 되면 값이 오른다. 그래서 이래저래 연소득은 일정하다.[3] 아무리 농사를 잘 지어도 큰 이윤을 남기기 어렵다. 이것이 농촌 소득의 속성이다. 귀농, 귀촌인이 욕심을 부려서 빚을 내어 투자

를 하는 것은 위험 부담이 크다. 농업에도 초기 투자비가 많이 든다. 토지 구입, 각종 농기구, 씨앗, 농약, 밭갈이 등이 모두 투자 대상이다. 정부나 지자체에서 자금을 지원해 준다지만 '그냥 공짜!'는 없다. 반드시 갚아야만 할 빚이다. 기본 소득이 없는 농촌 사람은 현상 유지가 쉽지 않고 세월이 흐를수록 잦아들고 피폐해진다. 빚지거나 병원비, 교육비가 많이 들면 갚을 방법이 없어진다.

- 건강한가? 농촌, 시골 생활은 건강이 최우선이다. 건강치 못하면 병원 가까이 사는 것이 필수다. 병원, 의료 시설은 도시에 많다. 50대 이상 한국인은 대부분 한두 가지 이상의 건강 문제를 지니고 있다. 시골 노인의 건강 문제는 심각하고, 치유를 위해 귀촌하는 사람도 건강 회복이 절실하다. 40대 귀농인도 자칫 다치거나 건강 문제가 발생하면 농촌, 시골 생활은 더욱더 어려워진다. 농업은 물론 시골 생활 자체는 육체 노동이 많고 힘이 든다. 햇볕을 많이 쬐서 빨리 늙고, 쪼그려 앉아 일을 하고 생활을 하기 때문에 관절염이나 허리 통증이 심하다.

3. 관광, 레저, 놀이, 휴식 문화

관광, 레저, 놀이는 인간에게 '즐겁고 기분 좋은' 감성을 북돋워준다. 관광, 레저, 놀이를 통해 사업을 하고 소득을 창출하려는 것은 논외로 하자. 삶에 필요한 소득 창출이 목적이 아닌 관광, 레저, 놀이는 모든 인간이 추구하는 일이다.

관광(觀光, sightseeing, tour)은 좋은 경치나 풍물을 돌아보는 것이다. (직업이나 사업 목적을 띠지 않고) 휴식이나 레저, 단순한 호기심 차원에서 다른 지역이나 나라의 자연 환경이나 경치, 풍물(風物)을 돌아보는 것이다. 있는 그대로의 자연 환경을 보는 것도 포함되겠지만, 관광에서는 상대적으로 '멋있고 좋은, 의미 있는 자연 환경, 경치'를 돌아보는 것이다. 여기에 풍물이 곁들여지면 관광은 문화 의미를 담게 되어 문화 관광이라는 이름으로 불리게 된다.

문화 관광은 '문화' 분야에 초점을 두고 이루어지는 관광을 말한다.[4] 문화 관광은 최근의 문화 산업 활성화와 병행해서 나타난 개념이다. 그 이전의 관광이 "호기

3) (생산량)×(가격)=(항상 일정 소득).

4) 이 부분은 이대희(2001). 『문화산업론』. 대영문화사. 제9장 내용 중 일부를 발췌한 것이다.

심이 동하는 볼거리를 찾아가 살펴보는 것" 정도로 인식되어 왔다면 문화 관광은 의식적으로 특정한 문화를 살펴보는 것이다. 그래서 문화 관광이라고 할 때는 '문화적 동기', '문화성'이 들어 있어야만 한다. 생활 문화를 전제로 할 때는 특정 대상 지역이나 국가의 사람이 어떻게 살아왔고, 살아가고 있는가에 대해 의미 있게 관람하는 것이 문화 관광이 될 것이다. 예술 문화를 전제로 한다면 특정 분야의 예술이, 특정 대상 지역 주민이나 국민에게 어떻게 구현되어 왔고, 펼쳐져 있는가를 관람하는 것이 문화 관광이다.

문화 관광을 논할 때, 체험이나 접촉, 교감, 학습, 몰입, 문화 욕구 충족 등의 용어를 곁들이는 것도 문화 관광이 단순한 관람, 찾아보기 정도를 넘어서는 것이라고 여기기 때문이다. 사람에 따라서는 단순한 볼거리 관람 정도로 문화 관광 코스를 섭렵하는 사람도 없지 않을 것이다. 그러나 '관광' 개념에서 한 단계 승화된 것으로 보는 '문화 관광'에서는 당사자가 좀 더 진지하게 대상 문화에 접근한다는 것을 전제로 하고 있다.

문화 관광의 대상은 우리 주변의 모든 것이 될 수 있다. 사람의 관심이 미치는 모든 대상이 문화성을 지닐 수 있기 때문이다. 생활 문화와 관련된 사회 생활, 의복, 주거, 음식, 교통, 아파트, 도시와 농촌, 학생, 젊은이와 늙은이, 설날과 추석의 차례, 대보름 풍속, 여가 생활, 놀이, 축제 등 모든 것이 대상이다. 예술 문화와 관련해서 인쇄 출판, 음악, 미술, 연극, 공연, 영상, 애니메이션, 운동 경기, 오락, 도서관, 박물관, 문화재, 향교와 고궁 등이 대상이다.

문화 관광은 사람의 호기심을 끌 수 있도록 잘 만들고 다듬어서 적당히 의미 있게 마련된 상품이 있어야 한다. 모든 것이 문화 관광의 소재가 될 수 있지만 그것을 매력 있는 상품으로 전환시키는 것은 '기획자의 지혜'다. 기획자는 문화 관광, 문화 산업, 문화 상품에 대한 감각이 남달라야 한다. 아울러 자신이 기획한 상품을 크게 '대박을 치는 것'으로 만들 수 있는 기획력, 디자인 능력, 추진력이 있어야 한다.

문화 관광을 즐기는 사람의 인성을 문화 관광의 특성에 맞춰 살펴보기로 한다.

첫째, 문화성을 추구하고자 노력한다. '기분 좋게 향유하고 싶은 멋진 것'이라는 느낌이 드는 대상을 찾아 나선다. 문화 개념이 '삶의 문채 나는 꾸밈'을 뜻하기 때문에 가능한 한 즐기고, 보고, 느끼고, 가까이하고 싶은 것이어야 한다. 기분 나쁘고, 버리고 싶은 것이며, 보기 싫은 것이어서는 안된다. 함께함으로써 편안하고, 행복감을 느낄 수 있는 그런 문화성을 가진 것이 관광 대상이다.

둘째, 희소성 있는 볼거리를 찾는다. 관광 상품은 흔하지 않고 희소성이 있는 것이어야 한다. 주변에서 쉽게 구할 수 있는 것이라면 별로 관심을 끌 수 없다. 더욱이 대가를 지불하고 소비하려 하지 않는다. 아무데서나 보고, 듣고, 쓸 수 있는 것은 문화 상품성이 떨어진다. "가장 한국적인 것이 세계적인 것"이라는 말은 다른 나라에는 없는 특별한 한국적인 것일수록 세계적으로 관광 상품화가 가능하다는 이야기다.

셋째, 차별성 있는 관광 상품, 대상을 찾는다. 현대인은 뭔가 특별한 것, 전에는 맛보지 못했던 놀라운 것을 찾아다닌다. 다른 것과 비슷하거나 같은 것은 관심의 대상이 아니다. 관심과 호기심을 자극할 정도로 색다른 문화 관광 상품을 기꺼이 돈을 내면서 즐겨 찾는다.

넷째, 이벤트성 있는 것을 찾아 나선다. 문화 관광 상품은 '뭔가 특별한 것'으로 만들어져서 사람을 깜짝 놀라게 만들 수 있어야 한다. 이벤트는 사람의 관심을 끌 수 있도록 계획적으로 만들어진 상품이다. 아무리 희소성이 있고 차별성이 있는 문화라 할지라도 사람에게 좀 더 체계적이고 자극적인 형태를 띠지 못하면 관심을 끌지 못한다.

다섯째, 비용과 시간을 고려하여 자기 수준에 맞는 관광 상품을 찾아 나선다. 시간과 소득이 충분할수록 좀 더 먼 거리의, 고급스러운 관광 상품을 추구한다. 시간이 없거나 관광 비용 충당이 어려운 사람의 경우에는 생활 주변에서 휴식이나 레저 스포츠 정도로 관광을 즐길 수 있을 뿐이다.

레저 스포츠(leisure sports)는 자유로운 여가 시간에 이루어지는 체육 활동을 말한다. 정신적 만족이나 육체적 건강을 위해, 아니면 돈을 벌거나 그냥 시간을 때우기 위해 레저 스포츠가 이루어진다. 레저 스포츠와 인성 사이에는 어떤 관련이 있을까? 첫째, 보통 사람은 생활 공간 주변에서, 비용이 들지 않는, 간단한 레저 스포츠를 즐긴다. 걷기, 계단 오르기, 등산, 맨손 체조, 기공, 바둑 등은 비용이 들지 않고 쉽게 할 수 있는 레저 스포츠에 속한다. 게으른 사람보다는 부지런한 사람이 이런 류의 활동을 즐긴다. 자신의 정신적, 육체적 건강을 위해 시도된다.

둘째, 정적인 레저 스포츠를 즐기는 사람도 있고 동적인 것을 즐기는 사람도 있다. 전자에는 독서, 바둑, 낚시, 컴퓨터 게임 등이 속하고, 후자에는 공이나 운동 기구를 활용한 많은 체육 활동이 해당된다. 전자를 즐기는 사람은 지적이고 차분한 성격 소유자가 많고 후자를 즐기는 사람은 동적이며 활달한 성격을 지니고 있다.

셋째, 원하는 레저 스포츠에 열성적인 사람은 적당한 비용을 지불하면서 체육 활동을 즐긴다. 운동 기구 구입, 수영장이나 골프장 입장료, 축구장이나 야구장 입장료, 경마장 출입권 등 비용 지불을 하면서 레저 스포츠를 즐기는 사람이다. 이들은 자기가 좋아하고, 원하는 강도의 레저 스포츠를 위해 적극적이다. 이런 부류의 사람은 초보 수준으로부터 마니아(mania) 수준까지 다양하다.

넷째, 육체적으로 건강하고 인성이 활달한 사람은 여러 종류의 레저 스포츠를 즐긴다. 이에 비해 소극적이고 육체적으로 나약한 사람은 한두 가지 레저 스포츠를 즐기는 정도에 그친다. 전자의 경우에는 소득 중 레저 스포츠에 지출하는 비용이 많고, 많은 시간을 투자한다. 이런 사람에게는 친구가 많다. 이에 비해 후자의 경우에는 비용 투자를 적게 하려 하고 시간도 많이 쓰지 않는다.

다섯째, 특정한 레저 스포츠에서 두각을 나타내는 사람은 다른 사람과 경쟁하여 우열을 다투는 게임을 즐긴다. 경쟁 과정에서, 또는 승리를 통해 더욱 많은 기쁨과 즐거움을 얻는다. 그러다 보니 투자 비용이 더욱 많아지고 점점 더 레저 스포츠 마니아가 되어 간다. 자칫 본업인 직장 생활이나 가족 생활이 소홀해질 수 있다. 이런 부류의 사람은 가족과 직장, 일반 사회 생활에 지장이 없도록 하는 데 유의해야만 한다.

여섯째, 레저 스포츠를 개인 차원에서 즐기는 사람도 있고 여럿이 모여 단체로, 집단화하여 즐기는 사람도 있다. 물론 레저 스포츠 종류에 따라 일정한 숫자의 참가자를 필요로 하는 경우에는 반드시 숫자를 채워야만 가능하다, 축구, 야구, 배드민턴, 배구 등이 그런 예다. 집단으로 레저 스포츠를 즐기는 사람은 여러 사람과 사귀게 되고 사회성이 뛰어나다.

일곱째, 레저 스포츠의 목적이 그 자체를 즐기는 것이 아니라 특별한 목적을 위해 시도되는 경우도 많이 있다. 정치인이 지역 주민의 지지를 얻기 위해 스포츠 동호회에 참석하는 경우, 변호사나 세무사 등이 사업을 위해 참여하는 경우, 운동 기구나 생활 용품 업자가 참여하는 경우, 특정한 로비 대상에게 접근하기 위해 참여하는 경우 등이 그런 예다. 이런 경우에는 레저 스포츠의 순수성이 무너질 수 있다.

놀이(play)는 (삶을 위한 목적 활동 이외에) 자유롭게 즐기는 모든 행위를 말한다. 앞서 논의한 관광, 레저 스포츠는 대부분 놀이에 포함될 수 있다. 하지만, '아무런 일도 하지 않고 쉰다'는 의미의 휴식과는 다르다. 놀이는 지적, 육체적 활동과 함께 한다. 관광, 레저 스포츠 이외의 놀이로는 윷놀이, 사방치기, 고무줄 놀이, 간단한 컴퓨터 게임, 단어 맞추기, 수수께끼 풀기, 끝말 이어가기 등 여러 가지가 있다. 생활 속에서 큰 비용 지불 없이, 가볍게 즐기는 모든 것이 놀이에 포함될 수 있다. 놀이를 통해 인간은 스트레스나 긴장을 풀 수 있고, 생활력을 재충전할 수 있으며, 주변인과 자연스럽게 친해질 수 있다.

휴식(休息)은 정신과 육체를 쉬는 것이다. 정신과 육체가 피곤하면 우리 몸은 활력이 떨어진다. 쉬어야만 정신과 육체의 기력을 회복할 수 있다. 휴식을 통해 기력이 회복되면 다행이지만 그렇지 못할 경우에는 병원이나 약 등을 통해 치유를 해야만 한다. 휴식 방법으로는 삶에 필수적인 정신적, 육체적 활동(노동 수준)을 하지 않고 늘어지기, 잠자기, 아주 편안한 상태에서 가볍게 먹거나 놀기, 좋아하는 음악 듣기, 명상, 숲 속에 들어 가서 쉬기 등 여러 방법이 있다. 하루에 7시간 정도를 자야만 피로가 풀리고 몸 속의 호르몬 작용이 원활하고, 노동 과정에서 축적된 스트레스를 없앨 수 있다. 정신적, 육체적으로 나약할수록, 늙어 갈수록 점점 더 많은 휴식이 필요해진다.

잠을 제대로 자지 못하는 사람은 괴롭다. '잠이 최고의 보약'이라는 말이 있듯이 피로 회복을 위해 충분히 잠을 자야만 한다. 건강한 사람일수록 잠을 잘 잔다. 억지로 잠을 청하기 위해 수면제를 복용하는 사람이 많지만 근본적인 해결책이 필요하다. 오후에는 커피나 술 등 각성 식품 섭취를 줄이고, 따뜻한 물로 목욕을 하거나, 자기 최면을 통해 잠을 청하는 것, 침실 분위기를 어둡게 하는 것 등의 노력이 필요하다. 성격이 느긋한 사람일수록 잠을 잘 자고, 날카로운 사람일수록 조그만 상황 변화에도 잠을 제대로 자지 못한다.

4. 종교 문화

종교(宗教, religion)는 어떤 대상에 대한 절대적 믿음을 공유하는 사람들의 공동체를 말한다. 단순한 호기심이나 좋아함 수준의 믿음을 넘어서고, 일시적 모임이 아니라 확고한 교리를 토대로 단단하게 뭉쳐진 집단이다. 종교의 특징을 몇 가지 들어보면 다음과 같다.

첫째, (믿음의) 대상이 있다. 믿음의 대상에는 위대한 신(예, 천신, 옥황상제 등), 사람(예, 단군, 예수, 붓다, 마호메트 등), 물질(예, 불, 바위, 나무 등), 사상(예, 행복, 사랑, 성교 등)과 같은 것이 있다. 이런 대상이 절대적인 위치로 격상되어 존중되고, 구원과 믿음의 존재가 된다.

둘째, (대상에 대한) 절대적 믿음이 있다. '절대적'이라는 말은 사람이 의심도, 부정도 하지 않고 당연한 것으로 믿고 의지한다는 말이다. 사람의 사고와 판단, 행동은 이 절대적 믿음에 기초하고 있다. 절대적 믿음은 대상에 대해 무한의 신뢰를 보내며 우러러 존경하고 받든다는 면에서 신앙(信仰)이라고 부른다.

셋째, (대상에 대한, 절대적 믿음을) 공유하는 사람들의 공동체다. '공유'라는 말은 절대적 믿음의 대상이 같다는 뜻이고, '사람의 공동체'라는 말은 여러 사람이 모여서, 집단을 이루고, 적당한 규율이 존재하는 사회라는 뜻이다. 그래서 절대적 존재를 발견하는 순간의 '전율할 정도의 신앙 체험'이 개인적 차원이라면 종교는 조직화되고, 체계화된 집단, 단체다.

넷째, 교리(教理)를 가지고 있다. 교리는 종교의 지배적인 가르침으로, 공동체 내의 모든 종교인이 체득(體得)하고, 실천해야만 할 덕목이다. 교리는 신앙을 처음 개창한 사람에 의해 체계화되고 경전(經典)으로 만들어져 전해지며, 후세의 종교인에게 교육된다. 교리는 지속적으로 추가되기도 하고, 시대 상황에 맞게 변화하기도 한다.

다섯째, 조직의 규율을 가지고 있다. 교리와는 달리 신앙 공동체를 유지하는 데 필요한 조직, 인사, 재무, 정책, 사무 관리 등에 관한 규칙이 꼭 필요하다. 종교 집단의 대표자를 선정하는 방식, 재원 조달과 사용, 교리 교육과 포교 등에 관한 규칙이 있어야 한다.

첫째 줄: 기독교, 유대교, 힌두교, 바하이교 /둘째 줄: 이슬람, 태양신, 도교, 신도 /셋째 줄: 불교, 시크교, 비폭력주의, 자이나교 /넷째 줄: 아야바찌교, 삼신교, 철십자가, 레세 보가의 상징 (출처: Wikipedia, 종교).

종교는 '으뜸(宗)'의 '가르침(教)'이라는 말이다. 그렇다면, 무엇이 으뜸이고, 최고의 가르침인가? 이런 가르침은 누가 제시할 수 있는가? 수없이 많은 위대한 사람이 있고, 중요한 물질이 있으며, 모범적인 사상이 있는데, 이 중 어떤 것이 절대적 신앙의 대상이 되는가? 기독교 십계(十戒)의 첫 번째 덕목이 '살인하지 마라!'인데, 불교에서도 '살생을 하지 말라!'고 하고, 시골 농부인 아버지도 '사람을 죽이지 마라'고 하신다. '도둑질하지 마라', '간음하지 마라'는 소리는 누구나 할 수 있고, 법원의 판사나 경찰도 하고 있다. 누구는 절대자가 되고, 무엇은 절대적 신앙의 대상이 되는가?

절대적 믿음의 대상이 사람인 경우에는 그가 놀라울 정도의 종교적 경험을 하여 전지전능한 능력을 소유한 사람으로 비춰졌을 때 가능해진다. 생사를 초월하여 '부활'을 한 예수, 인생살이의 번뇌를 모두 극복하고 '해탈'을 한 붓다, 하늘로부터 강림했다는 교주(教主)가 그런 종교적 대상이다. '적당히 어리석은 사람'에게는 가뭄이나 홍수, 자연 재해를 극복할 수 있게 도와 준 사람도 믿음의 대상이 될 수 있다. 이들의 체험을 본받고 싶고, 감성적으로 공감하고 싶은 사람이 이들을 대상으로 신앙에 몰입하게 된다. 절대적 믿음의 대상이 물질인 경우에는 이런 물질의 강력한 힘을 체험하거나 맹신함으로써 신앙이 이루어질 수 있다.

종교 교리(宗教 教理)는 절대적 신앙과 관련된 것으로, 이성적으로나 감성적으로 공동체 구성원 모두의 신앙심을 높여줄 수 있는 것이어야 한다. 도덕적으로 바람직하고, 수준이 높은 것이면서 동시에 종교인 누구에게나 절실한 관심의 대상이어야 한다. 종교 공동체가 특정한 소수의 동질적 집단이라면 교리 설정이 비교적 수월할 수 있을 것이다. 하지만, 인간 사회의 수많은 이질적 집단을 포용하기 위해서는 일반화, 추상화 과정을 거쳐야만 한다. 한국 전통의 덕(德), 인의예지(仁義禮智), 도(道)처럼 기독교의 사랑, 불교의 자비(慈悲)와 같은 용어는 언제, 어디서나 가슴을 울려주는 개념이고, 종교 교리의 중심에 선다.

종교의 출발은 처음에, 독창적으로 강렬한 종교적 체험을 한 사람이 존재하고, 이 사람의 경험이 제도적으로 전파되면서 나타난다(Taylor, 2015: 15–16). 최초 선각자에 의한 종교적 체험이 제자에게 이야기나 교육 형태로 전파되고, 교리화하며, 경전으로 만들어진다. 이런 종교적 체험과 교리를 공유하는 사람의 숫자가 많아지면 집단화하고, 교회나 절이 지어지며, 강력한 종교 공동체가 된다. 공동체 속의 종교인은 교리를 통해 가치관과 신념, 이성과 감성, 사고와 행동 모든 면에서 유사성을 찾아간다. 하지만, 최초 선각자로부터 거리가 멀어질수록 종교 초기의 강렬한 체험에 대한 각성은 약해지고, 새롭게 추가되고 변형된 교리가 영향력을 발휘하기 시작한다.

"이런 경험 — 최초 선각자의 강렬한 종교적 체험 — 은 다른 사람에게도 계승되는데 계승자는 그런 경험을 새로울 것 없이 재탕하는 방식으로 체험하는 경향이 있다. 말하자면, 최초의 본래적 경험이 전파되는 과정에서 그 힘과 강도는 약화되고 급기야 '지루한 습관'이 남을 뿐이다. 교회는 기껏해야 그 근원이던 본래의 영감을 전파하고 전달하는 2차적인 역할을 수행하는 데 지나지 않는다(Taylor, 2015: 16)."

종교 교리는 교회와 성직자에 의해 신도에게 전파되고, 부모나 선배에 의해 자녀와 후배에게 전해진다. 그래서 개인적으로 신성한 종교적 체험을 경험하지 못했거나 감성적으로 공감하지 못하는 경우에는 교회나 성직자, 교리의 가르침에 무비판적으로 따르게 되어 있다. 이런 종교인은 교리, 율법이나 '신의 명령', 종교적 전통에 충실하고자 애를 쓴다. 이와는 달리 종교인 중에는 신에게 좀 더 가까이 다가가거나 자기 삶을 신에 맞추어 영위하고자 하는 헌신적 삶을 살고자 하는 이도 있다(Taylor, 2015: 27). 이런 사람은 절대적 존재나 종교적 체험을 한 선각자의 종교적 체험에 가까이하고 싶은 열망과 내면의 활력을 기반으로 '휴머니즘적 삶'을 추구한다.

종교의 특징 중에 중요한 것이 기복(祈福)과 속죄(贖罪)의 신앙이다. 기복은 절대자에게 자신이 원하는 것을 얻고자 기도하는 것이고, 속죄는 자신이 지은 죄를 사(捨)하여 주기를 원하는 것이다. 기복을 원하는 종교인은 가난이나 공포, 전쟁, 질병, 불안으로부터 벗어나게 해달라는 희망을 기도한다. 원하는 목표를 달성하게 해달라는 것도 마찬가지다. 보통 사람은 삶의 과정에서 수없이 많은 시행착오와 잘못, 범죄를 저지르며 살아간다. 이런 것은 당사자에게 엄청난 심리적 압박과 죄의식, 우울증을 겪게 만든다. 현대 종교의 특징은 이런 어둠, 우울, 염세적 요소를 극복하여 새로운 사람으로 '거듭나는 종교적 경험'을 핵심으로 삼는 구원 종교다(Taylor, 2015: 49). 구원이 절박할수록 깊이 있고 진실한 종교적 경험을 하게 된다.

종교 집단이 거대화하고 안정화되면 될수록 기존 교리나 경전에 비춰 이질적인 종교 체험이 불가능해진다. 교회가 공동체 내의 종교인을 교육하고 관리하기 때문이다. 한 공동체 내의 종교인은 '항상 같은 생각과 감정, 행위를 공유해야 하는 사람'이어야만 한다. 그래서 오랜 종교 역사를 보면 '강렬하고, 절대적인 종교 체험'은 기존 교리에 어긋나는 것으로 여겨져 늘 '이단적 혁신(異端的 革新)'의 모습으로 출현해왔다(Taylor, 2015: 17). 종교의 분화는 극적인 이단(異端)의 출현과 이것이 또 다른 공동체를 형성하면서 이루어진다.

■ 종교와 선한 인성

종교는 선한 인성을 추구하고 종교인은 선한 사람인가? 대부분의 종교는 인간의 바람직한 도덕 규범 내용을 교리에 담고 있다. 다음과 같은 내용이 그런 예다.

■ **십계명(十誡命) 〈출애굽기, 제20장〉**

1. 나 이외의 다른 신을 섬기지 마라.
2. 우상을 섬기지 마라.
3. 하나님 여호와의 이름을 헛되이 부르지 마라.
4. 안식일을 기억하여 거룩히 지키라.
5. 부모를 공경하라.
6. 살인하지 마라.
7. 간음하지 마라.
8. 도둑질을 하지 마라.
9. 거짓 증언을 하지 마라.
10. 남의 재물을 탐내지 마라.

(출처: 아가페. 2004. 『한영해설 성경』)

■ **불교의 여덟 가지 바른 길(八正道)**

1. 정견(正見): 바르게 보기
2. 정사유(正思惟) · 정사(正思): 바르게 생각하기
3. 정어(正語): 바르게 말하기
4. 정업(正業): 바르게 행동하기
5. 정명(正命): 바르게 생활하기
6. 정정진(正精進) · 정근(正勤): 바르게 정진하기
7. 정념(正念): 바르게 깨어 있기
8. 정정(正定): 바르게 삼매(집중)하기

■ **서경(書經, 洪範篇)의 오사(五事)**

– 모양새는 공손해야 하고(貌日恭)
– 말은 순리에 따라야 하며(言日從)
– 보는 것은 밝아야 한다(視日明)
– 듣는 것은 훤해야 하고(聽日聰)
– 생각하는 것은 지혜로워야 한다(思日睿).

삼덕(三德) : /바르고 곧아야 한다(正直). /굳세야 하지만 지나치게 뻣뻣해서는 안된다(剛克). /부드럽지만, 지나치게 나약해서는 안된다(柔克).

■ **논어(論語, 顔淵篇)의 사물(四勿)**

- 예가 아니면 보지를 마라(非禮勿視).
- 예가 아니면 듣지를 마라(非禮勿聽).
- 예가 아니면 말하지 마라(非禮勿言).
- 예가 아니면 행하지 마라(非禮勿動).

(*여기서 禮는 인간 사회의 반듯한 질서, 진리, 윤리를 말함)

종교는 선한 내용의 교리를 배우고, 체득하면서 살아가는 진실한 종교인을 바르게 인도한다.

- 종교 지도자는 경전 속의 교리를 신도에게 지속적으로 설교하고 교육한다.
- 종교 지도자가 스스로 모범적인 사고와 행동을 함으로써 신도가 따라 배우게 한다.
- 종교인은 교리를 암송하고 노래하면서, 지적으로 또 감성적으로 좋은 인성을 함양하고자 애를 쓴다.
- 잘못된 행동을 수시로 뉘우치며, 바른 행동을 하고자 노력한다.
- 종교 공동체는 소속 종교인의 일탈과 잘못, 어리석음을 지속적으로 감시하며 바른 곳으로 인도하고자 노력한다. 극단적인 경우에는 처벌이나 파문(破門)을 시켜 다른 사람을 경계토록 한다.
- 종교인은 공동체의 일원이 되어 종교 교리 속에서 하나가 되고자 하며, 공동으로 선을 추구하려고 한다.

■ 종교의 한계와 인성

종교는 선한 인성을 지향하는 긍정적인 면이 많지만, 적지 않은 한계점을 지니고 있기도 한다. 종교 교리의 문제, 종교 공동체의 문제, 종교인의 문제로 나누어 살펴보기로 하자.

(1) 종교 교리의 문제

종교 교리는 매우 추상적이고 이상적인 개념과 용어, 일반론으로 구성되어 있다. 그래서 종교인은 항시 교리 해석의 문제에 봉착한다. '살인하지 마라'는 교리 때문에 참전 군인이 갈등을 빚을 수 있다. '원수를 사랑하라'는 교리 때문에 성범죄를 당하는 여인이 고민할 수 있다. 무엇이 옳은가? 어찌 해야 할 것인가? 극단적인 예를 들었지만 경전 속의 교리는 '해석하기 나름'인 경우가 매우 많다. 종교인이 무슨 일을 하든 '합리화시키면 그만'일 수 있다. 물건을 훔치는 도둑이나 부정부패를 일삼는 정치인, 인간을 불쏘시개로 사용했던 나치(Nazi) 독일 병사, 포로를 생체 실험 대상으로 사용했던 일본군도 자신의 믿음이나 종교를 가지고 있었을 것이다.

종교 교리의 해석은 종교인 개인에 의해 이루어질 수도 있지만 교회나 성직자에 의해 이루어질 수도 있다. 교회나 성직자가 정직하지 못하거나, 지적 역량이 부족하거나, 편협한 상태에 있을 경우에는 교리 해석이 잘못될 수 있다. 교회와 성직자가 잘못되었을 경우에는 그 산하의 종교인 모두가 오염될 수 있고, 시간이 흐르면서 종교 교리가 왜곡된 다른 의미로 사용될 수 있다.

종교 교리는 때로 지나치게 엄격하고 융통성이 없어 시대와 장소, 상황에 따라서는 갈등과 대립을 유발하기도 한다. 종교 간, 종파 간, 교회와 지역, 교회와 정치 사이에 대립이 일어날 수 있다.

(2) 종교 공동체의 문제

종교 공동체는 종교인 모임이나 교회, 절 등을 말한다. 이런 공동체의 문제점으로는 첫째, 특정한 종교 공동체가 절대적 신앙에 몰입하여 하나로 되면 될수록 자칫 외부 포용력을 상실할 수 있다. 종교인 모두가 자기가 믿는 종교, 교리가 최우선이고, 외부의 다른 사상이나 종교를 인정하기 어려워진다. 개인 차원에서 또 공동체 차원에서 외부 관계가 소원해질 수 있다. 둘째, 종교 공동체가 몸담고 있는 국가 사회가 단일 종교화하지 않고, 이질적인 다른 종교 공동체와 공존하는 경우에는 대립, 갈등, 전쟁이 일어날 수 있다. 역사적으로 빈번했던 종교 전쟁, 20세기 말 이후 지금까지 지속되고 있는 중동의 전란은 종교적 성격을 띠고 있다. 종교 전쟁은 다른 사람이나 집단의 절대적 믿음을 파괴하고 변형시키려는 의도로 진행되기 때문에 피해가 크다. 셋째, 교회와 절, 성당의 거대화, 관료제화는 종교의 순수성을 상실하고 수많은 문제를 만들어낸다. 교회 수장을 둘러싼 갈등, 재정 조달을 위한 헌금이나 재산 관리 문제, 공동체 내의 분파 작용 등이 발생한다. 넷째, 종교 공동체가 정치 집단, 이익 집단이 되어 세속의 문제에 개입하게 되면 언제라도 심각한 갈등에 빠져들 수 있다.

(3) 종교인의 문제

바른 인성을 소유한 종교인이라면 도덕적, 이상적이고 모범적인 종교 교리를 꾸준히 실천하면서 살아가고자 한다. 하지만, 교리를 제대로 해석하지 못하거나 자신이 믿는 종교 교리에만 충실하여 다른 외부 사상이나 종교인을 무시한다면 문제가 된다. 믿음이 강하면 강할수록 시야가 좁아져서 더욱더 편협한 사람이 될 수 있다. 교회나 특정한 성직자에 무작정 복종함으로써 종교 본래의 목적이나 교리를 잊어버릴 수도 있다. 맹목적으로 추종하는 신도가 문제 있는 교회나 성직자를 만들어낼 수 있다. 일부 종교의 경우에 신도의 전 재산을 헌납하게 함으로써 가정 파탄을 유발케 한 경우가 적지 않다.

'좋은 종교를 가진 사람의 인성은 선할 수 있다.' 하지만, '모든 종교인이 선한 것은 아니다.' 또한 '종교가 없다고 해서 악한 사람은 아니다.'

■ 종교: 있는 사람, 없는 사람

한국인의 종교 분포를 보면(대체로) '무종교(無宗敎)'라고 하는 사람이 60%, 불교 · 천도교 · 원불교 등 동양 종교인 20%, 기독교 · 천주교 · 이슬람교 등 서양 종교인 20% 비율을 보이고 있다. 무신론자라고 하는 사람 속에는 한국 전통의 신선 사상이나 유학을 신앙 수준으로 존중하는 사람이 포함되어 있다. 한국인은 세계 모든 종교를 받아들여 '우리 종교'로 믿고 있는 중이다. 한국의 기독교나 불교는 세계 어디에 내놔도 자랑할 만한 정도로 믿음이 투철하고 기존 교리에 충실하고자 노력한다. 그런데도 불구하고 종교 대립이 첨예한 갈등 수준으로 발전하지 않는 것은 무종교인이 60% 수준을 유지하면서 균형추 역할을 하고 있기 때문이다.

종교인이 자신의 종교와 믿음에 충실하고 온 정성을 다하는 것처럼 종교가 없는 사람도 자신의 '믿음'에 당당하다. '신, 하느님, 천당과 지옥, 윤회, 산신령, 그런 것이 다 무엇이냐?', '오늘 살기도 바쁜데… 나는 관심 없다.' 주변에 다양한 종교가 있고 종교인들이 섞여 살아가는 만큼 누구와도 잘 지내고 싶은 것이 종교가 없는 사람의 생각이다.

그런데 극단적인 종교주의자나 근본주의자, 복음주의자 중에는 무신론자를 경멸하는 사람이 적지 않다. 반대로, 극단적인 무신론자, 세속주의자는 이런 종교주의자를 싫어한다. 종교주의자는 자기가 믿는 교리를 선(善)으로 여기면서 이 교리에 조금이라도 어긋나는 사고와 행위를 악(惡)으로 간주해 배척한다. 자신이 믿는 교리,

신앙의 내용에 대한 주관적, 도덕적 확신(subjective moral certitude)을 마치 객관적으로 존재하는 도덕적 확신(objective moral certainty)로 치부한다(Bernstein, 2016: 97). 이런 확신은 자기 이외의 타 종교인, 무신론자, 세속인을 악으로 규정하고 공격한다. 유고 내전 기간 동안의 이교도 성폭행, 9·11 이후 미국 강성 기독교주의자의 이라크 침공 지지, 현재 진행 중인 중동 전쟁 등은 자기 교리만을 진리라고 확신한 종교주의자의 악행일 수 있다.

종교인은 교리, 신앙의 세속화를 반대한다. 세속화는 종교적 삶의 방식을 위협하는 것으로 세속적인 휴머니스트를 적으로 간주한다(Bernstein, 2016: 154−156). 세속적 휴머니스트는 신을 믿지 않는, 악한 사람으로 성적 자유 방임, 동성애, 낙태, 페미니즘, 상대주의, 그리고 무신론을 옹호하기 때문이다. 이들은 미국 내에서 보수적인 기독교를 적극적으로 침해한다.

무신론자 중에는 극단적인 종교인을 경멸하는 사람이 적지 않다. 성직자도 아니면서 시간만 나면 교회나 절에 출근하듯 하고, 성직자를 부모 이상으로 챙기며, 자기 재산의 태반을 성금으로 기부하는 사람을 싫어한다. 자기 종교인, 자기 종교 단체 회원끼리만 똘똘 뭉치면서 다른 종교인이나 세속인을 배척하는 종교인을 더없이 싫어한다. 특정 종교인이 정치 집단화하거나 돈을 버는 기업 형태가 되는 것을 매우 싫어한다.

5. 정치 문화

정치(政治, politics)는 통치 권력의 획득, 유지, 행사와 관련된 활동이다(이대희, 2007: 29). 이런 정치 활동의 양상을 정치 현상이라고 하고, 정치 활동이 전개되고 있는 환경이나 조건이 정치 상황이다(김홍우, 2002: 3). 통치 권력은 형식적으로는 주권자인 국민에 의해 주어지는 것이면서 모든 행정의 근간이 되는 것으로서 국회의 입법권, 행정부의 행정권, 사법부의 사법권을 모두 포함한다.

정치 문화는 정치 활동의 독특한 양태(樣態)로서, (1) 구성원의 정치에 대한 신뢰와 지지, 정치 참여와 정치 반응, (2) 정치적 행위자의 실상과 활동, (3) 정치 권력 구조와 작용, (4) 정치 체제의 독특한 특성을 모두 포함한다. 정치 문화의 구성 요소로는 구성원의 정치에 대한 인지적 정향(cognitive orientation), 평가적 정향(evaluative orientation), 감정적 정향(affective orientation)이 있다(최명, 2002: 82−83). 인지적 정향이란 구성원의 정치에 대한 인식, 신념, 정보 수준을 말하고, 평가적 정향이란 구성원의 정치나 정책, 국가 등에 대한 선호(選好), 가치 판단을 말하며, 감정적 정향이란 인지된 정치 현상에 대한 감정적 반응을 말한다. 알몬드와 버바(Almond & Verba, 1963: 16)는 이 세 가지 정향에 대해 정치 체제, 투입, 산출, 정치적 자기(self)를 고려하여 정치 문화를 참여형, 신민형, 지방형으로 구분하였다.

국민의 한 사람으로 인간은 정치 문화에 영향을 미치면서 동시에 정치 문화로부터 영향을 받는다. 정치는 주권자인 국민으로부터 부여되는 통치 권력을 획득하고, 유지하며, 행사하기 위한 활동이기 때문에 기본적으로 국민과 함께하고 있다. 국민의 인구학적 특성, 생활 수준, 지배적인 가치 체계와 신념, 정치적 견해는 정치 문화에 근본적인 영향을 미친다. 정치 문화는 개인보다는 집합적 군중, 시민, 국민 형태로 정치 문화에 영향을 미친다. 인간은 자신이 몸담고 있는 국가, 정치 체제로부터 영향을 받는다. 성장해 가면서 정치 사회화 과정을 거치게 되고, 민주적 시민의 역할을 수행하게 되는 시점부터는 '정치적 인간(political human)'으로 변신하게 된다. 정치적 인간이란 정치적 목적을 위해, 정치적 행위를 하는 사람을 말한다. 정치적 목적은 통치 권력을 획득, 유지, 행사하는 것인데, 이는 대통령이나 국회의원, 자치단체장이나 의원과 같은 선출직 공직자가 되어, 법 제정이나 정책 과정에 영향을 미치고, 자신이 원하는 정치적 가치를 획득하는 것이다. 또는 이런 행위자를 적극적으로 지지 또는 반대하는 것이다. 정치적 행위는 목적 달성을 위해 하는 모든 활동을 포함하는데, 정당한 입후보, 투표, 지지 활동은 물론 음성적인 모함, 음해, 공격, 파괴 등도 포함된다. 정치적 인간이라고 말할 때는 자신의 정치적 목적 달성을 위해 어떤 일이라도 하고야 마는 권모술수(權謀術數)에 능한 사람, 노련한 인간, 권력을 잡기 위해 악착같은 사람을 가리키는 수가 많다.

정치적 관점에서 인간을 유형화해 보면, 권력자(the powerful), 권력 추구자(the power seeker), 정치적 관심층(the political stratum), 정치적 무관심층(the apolitical stratum)으로 나눌 수 있다(Dahl, 1991: 96). 앞으로 갈수록 정치적 역량과 성공도가 높은 부류이고, 뒤로 갈수록 정치적 관심이나 역량이 적은 부류다. 인간은 정치 사회화 과정을 통해 정치 무관심층으로부터 관심층을 거쳐 권력 추구자로, 또다시 권력자로 발전해 간다. 정치 사회화(政治社會化, political socialization)는 어떤 사람이 그 사회의 정치 문화를 습득하는 과정으로, 다양한 정치, 사회의 가치가 문화 이전하는 과정이다(최명, 2002: 90-91). 정치 사회화는 유아기로부터 시작되어 평생 지속되고, 직접적인 학교 교육은 물론 간접적인 사회 교육과 경험을 통해서도 이루어진다.

■ 정치 문화와 인성

정치 문화와 인성에 대해 연령, 생활 수준, 학력, 정책 이슈, 정치적 인간 등으로 나누어 살펴보기로 한다.

(1) 연령

청소년기의 정치 사회화는 주로 부모와 손위 형제에 의해 영향을 받는다. 부모의 정치 성향이 거의 그대로 청소년에게 전달된다. 부모의 정치 성향, 지지 정당, 정치에 대한 감성이 청소년의 그것으로 전달됨으로써 안정적인 정치 문화가 이어지는 효과도 있다. 학교 교육은 정치에 대한 바른 정보를 제공한다. 연령적으로 자기 자신의 정치 성향을 형성하기 시작하는 것은 10대 후반, 대학생 때부터로 보면 좋다. 이때부터 정치 현장에 참여하기 시작하여 지지 정당과 정치 지도자가 생기고, 선거전, 투표권 행사, 정책에 대한 비판과 참여 행동, 정치 시위 등에 나서게 된다.

연령적으로 20대, 30대는 불만이 많을 때다. 정신적, 육체적 성장이 충분히 이루어졌다고 생각하는 시기인데, 직업도, 소득도, 결혼을 통한 새로운 가족도 없는 상태로서 어른, 기득권층에 대한 불만이 많다. 그래서 이들은 '뭔가를 바꿔 보고 싶은' 욕구가 많다. 정치 민주화, 혁신, 개혁은 20~30대 연령층 인구가 높을 때 거의 필연적으로 등장한다. 이들은 대체로 야당, 재야 세력을 지지하는 속성이 있다.

나이가 많아질수록 정치 성향은 점차 보수적으로 변해 간다. 현실을 존중하게 되고, '변화'에 대한 적응력이 약해지기 때문이다. 노인 연령층은 보수적 정당, 정권의 절대적 지지층이다.

(2) 생활 수준, 학력

생활 수준이 낮은 빈민층은 불만이 많은 정치 성향을 보인다. 이들은 정부 비판적이고 기득권층, 고소득층이 선호하는 정책을 싫어하고 이를 비판하는 정당과 정당인을 지지한다. 상대적으로 덜 발전한 국가의 경우에는 생활 수준이 낮은 빈민층이 많기 때문에 정치 불만과 불신이 많고, 이로 인한 정치 불안정이 지속된다. 극단적인 정치 대립과 갈등은 시위와 폭동, 더 나아가서 내란과 국가 분열 상태로 치닫는다. 국가 발전이 이루어지고 국민 생활 수준이 높아지면 안정적인 정치가 선호되고,

민주나 혁신에 대한 거부감이 생겨난다. 학력이 높은 사람은 대체로 좋은 직장, 높은 소득을 통해 생활 수준이 높다. 이들의 정치 성향은 학력이 낮은 빈곤층의 그것과 반대적 성향을 보인다.

(3) 지역

지역에 따라 경제, 사회, 문화 여건이 다를 경우에 정치 성향도 이에 영향을 받는다. 우리나라는 남한과 북한이 민주주의와 공산주의로 나뉘어 있고, 충청도, 전라도, 경상도가 오랜 기간 동안 이질적인 정치 성향을 보여 오고 있다. 박정희 정권을 거치면서 경상도 중심의 공화당－자유민주당－신한국당－한나라당－새누리당과 정치 지도자, 전라도 중심의 민주당과 김대중 등 정치 지도자가 대립적으로 발전해 왔다. 여기에 김종필 중심의 충청도 정당과 지도자가 삼각 구도를 형성하였었다.

민주주의와 공산주의의 정치 대립이 남한과 북한으로 국가 독립을 이룬 뒤 한국 사회에는 계급 갈등과 같은 획기적인 정치 이슈가 없었다. 그러다 보니 고향과 동문 위주의 정치 대립이 형성된 것이다. 최근에 와서 서울과 경기의 수도권 인구가 큰 비중을 차지하고 여기서 태어난 사람이 정치 관심층으로 등장하면서 기존의 지역 대립 구도가 점차 약화되는 조짐을 보이고 있다.

(4) 정책 이슈

국가 발전 단계에 따라 국가의 주요 정책이 달라지고 이에 수반되어 정치 문화, 성향에도 변화가 일어난다. 국가 건설기(1945~1970) 동안에는 법 제정, 전쟁 승리, 전후 복구 등이 정치 쟁점이었고, 경제 발전기(1970~1990) 동안에는 경제 발전이 최고의 쟁점이었으면, 정치 민주기(1990~2010)에는 민주화, 정치 참여, 혁신, 자유와 평등이 주요 쟁점이었다. 현대 문화 복지기(2010~현재)에는 문화와 복지가 최고의 쟁점으로 부각되어 있다. 경제 발전기 동안에 경제를 최고 목표로 내세우며 정치적 역량을 발휘했던 보수 정당이 우위를 점했었는데, 정치 민주화 기간 동안에는 민주를 최고의 가치로 내세웠던 민주당 정권이 득세를 했었다. 현재 이 순간에는 모든 정당이 문화와 복지를 최고의 목표로 내세우며 국민의 지지를 호소하고 있다.

(5) 정치적 무관심층과 인성

정치적 무관심층에는 어린 청소년, 공부에 열중하는 학생, 은퇴한 노인, 병약한 사람, 가정 생활에 충실한 사람, 자기 전문 분야에 몰입해 있는 사람 등이 속한다.

이들은 누가 정권을 잡고, 정부의 제도와 법규, 정책이 무엇이 되든 관심이 없다. 이들 중에는 '정치적 인간' 자체를 싫어하는 사람이 많다. 너무 노련하고, 잔꾀를 많이 부리며, 권모술수에 능한 사람을 싫어한다. 정치 무관심층은 정당, 정치인이나 입후보자에 대해 무관심하며, 선거나 투표에 참여하지 않으려 한다. 정치 무관심층이 많은 것은 국가 발전, 정치 발전에 바람직하지 않을 수 있다. 고도의 발전 국가의 경우라면 모르지만, 저개발국가나 발전도상국가의 경우에는 정치 문화를 후퇴시킬 염려가 있다.

(6) 정치적 관심층과 인성

정치적 관심층은 어느 정도 소신을 가지고 자신이 좋아하는 정당, 지도자, 정책을 지지한다. 정당에 가입하거나 정치 지도자 후원회에 가입하여 활동하며 자신이 지지하는 정당과 지도자의 승리, 당선을 위해 적극적 의사 표명과 행동을 보인다. 정치적 시위나 선동에 앞장서기도 한다. 이들은 반대 정당이나 지도자를 지지하는 사람을 경원시하고 막말을 하며 적극적으로 반대 의사 표명과 행동을 보인다. 정치적 관심층은 정당과 정치인의 공략 대상이다. 이들은 무관심층을 각종 모임을 통해 직접 만남은 물론 인터넷, 이메일, 페이스북, 카톡 등을 통해 수시로 의견을 나누고 대화를 시도한다.

(7) 권력 추구자, 권력자와 인성

권력 추구자는 통치 권력을 잡아 권력을 행사하기를 원하는 사람이다. 이들 중 경쟁에서 승리한 사람이 권력자가 된다. 권력자는 국민 투표를 통해 당선된 선출직 공직자와 이들의 권한에 의해 임명된 공직자를 모두 포함한다. 권력 추구자 중에는 공익을 위한다는 명분을 앞세우는 경우도 있지만, 대부분은 자신의 권력적 욕구 충족을 위해 정치 활동을 하는 사람이다.

(출처: 선거관리위원회 홈페이지)

권력 추구자는 자기가 원하는 공직을 얻기 위해, 또 선거전에서 이기기 위해 모든 노력을 기울인다. 전 재산을 쏟아 붓고, 온 가족이 나서며, 모든 인맥과 혼맥을 동원한다. 후원회를 결성하여 모금에 나서고 자기 지지를 유도한다. 권력을 장악하기 위해 실력자, 지도자와 끈을 대기 위해 정신 없이 나대고 선거전에 있어서는 상대 후보를 거꾸러뜨리고 승리

쟁취를 위해 무슨 일이든 다하는 사람이다. 권력 추구자 중에는 성격이 활달하고, 남 앞에 나서는 것을 좋아하며, 사람들과 관계 맺는 것을 즐겨 하는 사람이 많다. 남을 위해 헌신하고 봉사하는 사람에 비해 자기 스스로 지위가 높고, 많은 권한을 행사하는 공직에 오르고 싶은 욕구가 강한 사람이다.

같은 정당에서 비슷한 정치 정향을 가지고 있던 사람, 같은 지도자의 성공을 위해 노력하던 사람, 같은 위치에서 다른 권력자를 비난하던 사람이 어느 순간에 서로 적이 되는 경우가 비일비재하다. 권력 추구자의 속성을 보면 다음과 같다.

'한번 맛본 권력의 맛을 영원히 잊지 못한다.'

'장악한 권력을 스스로 내놓는 정치인은 없다.'

'지도자 위치에서 제 발로 내려오는 정치인은 없다.'

'영원한 동지도, 영원한 적도 없다.'

'상대의 불행이 나의 행복.'

'선거 승리를 위해서는 무슨 일이든 다해야 한다.'

'최선의 승리 방법은 상대를 거꾸러뜨리는 것이다.'

일단 권력자가 되고 나면 자신이 휘두를 수 있는 최대한의 권한을 행사한다. 자신이 임명할 수 있는 공직을 자기 지지자로 채우는 엽관제 인사를 단행한다. 기관 내 보직 인사를 단행하고, 친위대 형태로 구축한다. 공익을 위해 자기가 선호하는 정책을 만들어 시행하는 것도 중요하지만 무엇보다도 중요한 것은 다음 선거 기간 동안 차기 당선을 위해 노력하는 일이다. 그래서 이들에 의한 정책은 단기적 성과를 내는 것이 대부분이다.

■ 정치와 악

자유민주주의 국가인 한국은 국민 대표 기관인 국회, 지방의회가 가장 큰 권력을 가지고 있다. 국민 투표로 선발된 대통령이 있지만 현대는 '정치가 행정을 압도하는' 상황이 전개되어 있다.

정치의 늪에 빠진 행정

100여 년 전, 조선은 그렇게 망했다. 도무지 아무 것도 해보질 못하고, 그냥 그대로 나쁜 이웃 일본의 '아가리' 속으로 먹혀들었다. 대원군의 강력한 통치권 확보 노력도 무산되었고, 젊은 개혁가들의 목숨을 건 혁명도 성공치 못했다. 동학 농민들의 애절한 '새나라 건국' 노력도 망가졌다.

무기력하게 망해 가던 나라, 조선의 한복판에 행정이 있었고, 관료들이 있었다. 결국 조선의 멸망은 무능한 관료들의 탓이었다. 그런데 어쩌랴! 당시 조선의 모든 관료들은 '정치의 늪'에 깊이 빠져 있었다.

■ 정치의 늪: Everytime and Everywhere, Politics!

통치 작용 속에서, 좀체로 예측하기 어려운 '정치'를 남겨두고 탈출하여 '行政 一家'를 이뤘었다. 우리 한국의 행정은 국가 건설기(1945~1970), 경제 발전기(1970~1990), 정치 민주기(1990~2010)에 참으로 훌륭하게 역할을 해냈다. 전 세계 어디에 내놔도 한국의 행정, 관료는 최고 수준이었다. 그런 한국의 행정, 관료가 이제는 문화 복지기(2010년 이후)를 열어가고 있다. 진정한 한국의 번영, 국민 행복 시대를 추구해 가고 있는 중이다.

그런데 정치 민주기를 지나면서 한국은 '정치가 만발'하는 사회가 되었다. 대통령 중심의 정책 결정, 행정 관리가 아니라 이제는 국회, 국회의원이 주도하는 사회가 되었다. 법규 제정, 예산 결정, 주요 정책 결정을 모두 정치가 주도하게 되었다. 정치는 좋은 의미에서 국민을 대표하는 일이다. 정당을 통해 국민 의사를 취합하고, 국가 운영에 반영하는 일을 담당한다. 문제는 '조금은 제멋대로고, 예측하기가 어렵다'는 점이다.

정치는 국민, 민주, 평등, 자유를 최고의 목표로 삼는다. 그러다 보니 종종 행정이 추구하는 합리성, 능률성, 효과성을 간과하기 쉽다. 정치가 만연하면 당연히 행정의 영역이 줄어든다. 그만큼 비능률, 비합리, 비효과가 생겨날 소지가 많아진다. 정치의 활성화와 아울러 행정도 활성화되어야 하는데, 정치가 지나치게 비대해져서 행정을 압도하면 문제가 심각해진다. '정치의 늪'이 행정을 무기력하게 만들고, 종래는 100년 전 조선의 모습을 만들어 간다.

정치는 기본적으로 4년, 5년 주기로 열리는 선거에 모든 것을 건다. 주민 한 표에 굽신대고, 눈앞의 잇속만을 좇는다. 장기 비전을 기대하기가 어렵다. 국민의 뜻이라면서 행정과 관료를 비판하는 데 열을 올린다.

■ 피곤한 행정

요즈음 행정은 피곤하다. 대통령도, 이런저런 분야의 장차관도, 세종시 공무원도 피곤하다. 아직도 싱싱한 나이에 관직을 떠나는 고참 공무원도 '관피아 논란'에 힘이 빠진다. 행정부는 국회의 의사, 법규 제정 여부에 목을 매고 있고, 국회의원의 눈치를 살피며, 벌떼처럼 대시하는 국민을 무서워 하고 있다. 여야로 나뉜 국회와 지방 의회는 언제나 정쟁으로 일관한다.

■ 행정이여, 정신 차리자!

'정치는 어차피 정치다!' 직업적으로 관료제에 몸을 담고, 국민의 의식주를 챙기며, 국가 발전의 역사적 정책 결정과 집행을 담당하는 것은 행정이다. 정치가 어떻든, 행정이 살아 있으면 된다. 우리 한국의 행정은 굳건해야 한다. 한국의 역사를 꿰뚫고, 영광스런 미래를 기획하고, 만들어가야만 한다.

(글: 이대희. 한국행정학회 회장. 2009)

삼권 분립의 원칙에 따르면 입법권은 국회, 행정권은 대통령을 중심으로 한 행정부, 사법권은 헌법재판소와 대법원에서 행사하게 되어 있다. 경제 발전기까지는 대통령을 중심으로 한 행정부가 강력한 권한을 소유하고 국가를 이끌었다. 하지만, 정치 민주기 이후부터는 국회의 입법권이 강화되어 정부의 모든 중요한 결정을 국회에서 입법이나 예산 확정 형태로 결정하게 되었다. 행정부는 그야말로 정책 집행 권한만을 행사하게 되었다. 정치가 매우 중요해졌다.

정치는 국민을 대표하고, 국민을 위해 정책을 펼쳐야 한다. 민주 정치는 자유와 평등, 보통 선거, 대의제, 다수결 원칙이 기본이다. 교과서처럼 이상적으로 펼쳐지는 민주 정치는 모든 사람의 꿈이다. 그런데 현실의 민주 정치는 여러 가지 취약한 면을 가지고 있다.

첫째, 자유로운 토론이 보장되기가 어렵다. 다수는 수적 우위를 이용하여 표결을 강행하려 하고, 소수는 자기 뜻이 꺾이는 것을 막기 위해 극단적으로 저항한다. 정치인 사이의 토론은 극단적인 찬반 논의로 발전하기 일쑤고, 정부의 정책 공청회는 번번이 반대자에 의해 무산되며, 주요 정책은 주민의 극단적인 방해 행위로 인해 시행되기가 어렵다. 민주의 기본인 자유 토론이 불가능한 정치 상황이 곳곳에서 펼쳐지고 있다. 다수는 인내심을 가지고 소수의 의견을 들어야 하고, 소수는 다수를 존중하고 극단적 반발을 멈춰야 하며, 결과에 승복하는 자세가 필요하다.

둘째, 다수의 지나친 확신이 '나는 선(the good), 상대는 악(the evil)'의 논리를 펼치는 수가 적지 않다. 번스타인(Bernstein, 2016)은 9·11 이후 부시(G. W. Bush) 행정부에 의한 이라크, 북한 등을 '악의 축'으로 규정한 뒤 걸프전을 시도한 것을 주요한 예로 들고 있다. 이라크 후세인(S. Hussein) 대통령이 화학 무기를 모두 파기했는데도 불구하고 '분명히 또 다른 화학 무기가 존재한다'는 잘못된 믿음을 옳다고 믿은 행위를 비난한다. 또 부시 행정부의 이라크 침공을 지지한 보수 기독교 지지자에 대해서도 '종교의 악' 차원에서 비난한다. 자기가 믿는 주관적, 도덕적 확신이 마치 객관적으로도 도덕적 선인 것으로 착각하는 정치인이 많다(Bernstein, 2016: 97).

셋째, 정치인은 공공선(公共善)을 외부로 내세우지만 속으로는 자신의 정치적 승리, 차기 당선을 최고의 덕목으로 삼고 있다. 국회의원, 지방의원은 물론 대통령, 지방자치단체장도 마찬가지다. 그래서 이들에 의한 정책 추진이 자칫 왜곡될 수 있음을 걱정하는 사람이 많다. 선출직 정치인은 자기 지지자 위주로 진영을 구축하고, 이들에 둘러 싸여 정책, 행정을 수행하고자 한다. 선출직 정치인, 공직자가 재선(再選), 삼선(三選)을 하면 할수록 지지자 위주의 진영은 더욱 강화되고, 반대자는 격리되어 초라해진다. 지방자치단체의 경우 시장, 군수의 재임 기간이 길어지면 이런 현상은 지역 사회를 분열시키고 피폐하게 만든다.

넷째, 정치의 행정 장악이 강화되면 될수록 정치인의 목소리는 커지고 행정 공무원은 위축된다. '정책은 만드는 것 못지않게 잘 시행하는 것이 중요한데', 행정공무원이 위축되고 의기소침해지면 정책 집행이 잘 안된다. 정책 과정을 보면 정책이 이슈화(issue化)하고, 정책을 만드는 단계에 정치적 관심이 집중된다. 일단 만들어진 정책의 시행에 대해서는 정치적 관심이 시들해지기 일쑤다.

다섯째, 정치판은 항상 대립과 갈등이 상존한다. 후보자 결정전부터 승리, 당선을 위해 지독할 정도로 경쟁하는 것이 정치다. 정치인 사이의 대립은 그를 지지하는 사람 사이에도 긴장과 갈등을 초래한다. 정치인의 갈등은 상대방을 고꾸라뜨리기 위한 각종 권모술수, 탈법, 불법이 판을 치는 현상을 만들어낸다. '승리가 최선'인 상황에서 여유를 부리고, 상대방에 양보하는 미덕을 발휘할 수가 없다. '이기는 것보다, 공익을 우선하는 사람'은 정치판에 머무를 수 없다.

Ⅲ 예술 문화와 인성

1. 예 술

예술(藝術, art)은 아름다움을 표현하는 재주나 기법을 말한다. 더 나아가서 아름답게 만들어진 결과물까지 포함한다. 예술은 재주 있는 인간(=예술인)이 자신의 미적 감각이나 감성 역량을, 상상력이나 기술 능력을 발휘하여 시각적, 청각적, 공연적(公演的)으로 창조해내는 활동이다.[5] 인간은 살아가는 동안 소리를 내고, 동작을 하며, 뭔가를 만들고 도구를 사용한다. 이런 활동은 대부분 인간의 사려 깊은 생각과 다양한 재주의 합작품이다. 인간의 모든 활동은 예술성을 지니고 있다. 그런데 우리가 예술 문화, 문화 예술이라고 할 때는 이 중에서 다른 것보다 특이하고 미적으로 뛰어난 것을 가리킨다.

예술 문화는 특별한 기예(技藝)를 통해 만들어진 문화다(이대희, 2001: 10-11). 몸의 율동이나 말, 글씨, 노래, 그림 등 특별한 재주를 가지고 자신은 물론 여러 사람을 즐겁고 빛나게 꾸며주는 행위와 그 결과물을 말한다. 정치, 경제, 사회를 이야기하고 나서 말하는 '문화'는 대체로 예술 문화를 가리킨다.

예술 활동은 (인간 누구나 가능한 것이지만,) 특별히 전문적, 직업적으로 미적 창조 활동을 하는 것이다. 시인, 소설가, 가수, 화가, 건축가 등 예술인의 활동을 말한다. 소수 전문 예술인의 미적 창조 활동과 그 결과물을 순수 예술이라 부르고, 일반 대중이 함께하며 창조해낸 결과물을 대중 예술이라고 부른다. 순수 예술은 예술가의 예술적 우수성(excellency)을 보여주는 공간으로 해당 분야의 예술에 전문적 지식을 가지고 있거나 취향을 함께하는 마니아(mania)가 참여한다. 이에 비해 대중 예술은 미적 창조 활동에 대중이 참여하고 여러 사람이 동시에 즐기는 예술이다.

예술은 우리의 삶을 윤택하게 만든다. 생존을 위한 기초적 의식주 활동 수준에서는 예술이 주목을 받지 못한다. 하지만, 기초적 생존 욕구 충족 수준을 넘어서는 단계에서 문화가 생겨나고 예술이 빛을 발한다. 우리의 삶을 즐겁고, 기분 좋으며, 멋

5) Art is a diverse range of human activities in creating visual, auditory or performing artifacts (artworks), expressing the author's imaginative or technical skill, intended to be appreciated for their beauty or emotional power(Wikipedia, Art).

있게 만드는 것이 예술이다. 예술이 발달한 지역, 국가일수록 국민의 삶이 즐겁고 기분 좋다. 물론 예술 활동을 뒷받침하는 안정된 정치, 풍부한 경제, 우수한 과학기술이 동반 조건으로 필요하다.

선진국일수록 예술이 발전한다. 한국은 세계 7위권의 선진국으로서 어느 나라 못지않게 예술이 발달하고 있다. 영화, 방송 드라마, 음악, 미술, 건축, 사진, 문학이 세계적으로 유명해지고 있다. 다양한 미디어 매체, 과학 기술의 도움을 받아 전 국민이 예술 향수자,[6] 창작 예술인이 되고 있다.

예술이 현대 한국인의 인성 함양에 다양한 형태로 기여하고 있다.

- 각종 예술 장르를 손쉽게 접할 수 있고 해당 예술과 관련된 지식과 감성을 계발할 수 있다.
- 예술인 숫자가 지속적으로 늘고 있고 이들의 사회적 영향력이 더욱더 증폭되고 있다. 한국인은 언제, 어디서나 예술인을 만날 수 있고 그의 작품을 감상하며 감성적 지성을 발전시켜 갈 수 있다.
- 예술 작품에 대한 향수는 물론 창작 활동에도 능동적으로, 자연스럽게 참여할 기회가 많아졌다. 예술적 창의성이 인성 속에 스멀스멀 자리 잡고 있다.
- 예술 장르끼리, 과학 기술의 도움을 받아 다양하게 복합하여 새로운 장르를 만들어내고 있다. 이런 복합 예술 창조와 향수를 통해 더욱더 감성화가 촉진되고 있다.
- 예술의 발전은 한국인 삶 자체를 예술화하고, 우리의 감성을 자극하며, 아름답고 부드러운 인성 함양에 기여한다(물론 저질 영화, 극악한 드라마와 같은 경우에는 우리의 인성을 독하고 저질스럽게 만들 우려가 있다).
- 예술 발전은 의식주와 관련해서도 우리의 삶을 윤택하게 해준다. 멋있고 맛있는 음식, 멋스런 건축물과 좋은 시설, 미적인 교육 매체와 내용 등 수준 높은 문화를 제공해주고 있다.

2. 예술인

예술인은 특정 예술 장르에 탁월한 역량을 지닌 사람이다. 해당 장르에 관계된

6) 예술 향수(享受)란 예술 작품을 즐기고 감상하는 것을 말한다. 경제에서 소비라는 말 대신에 문화예술에서는 향수라는 말을 사용한다.

감성과 사고(思考), 재주, 기예가 남달리 뛰어나다. 배우는 연기에, 미술가는 미술에, 건축가는 건축에, 음악가는 음악에, 소설가는 소설에 탁월한 재능을 지녔다. 이런 예술인은 일반 사람에 비해 조금은 다른 인성을 지니고 있다.

예술인은 첫째, 감성 역량이 뛰어나다. 합리적 이성보다는 희로애락(喜怒哀樂)의 감성이 다른 사람보다 풍부하다. 사람을 대하거나 사물을 대할 때 논리적 이성보다는 감각적 느낌, 정서, 감정에 의존하는 성향이 강하다.

둘째, 미적 감각이 탁월하다. 같은 것을 보아도 미적인 부분을 찾아내고, 관심 대상을 예술적으로 아름답게 만드는 재주가 있다. 또 스스로 아름답고 화려함을 좋아한다.

셋째, 창의성이 좋다. 창의성은 기존의 것이 아닌 전혀 새로운 것을 만들어내는 일이다. 창의적이기 위해서는 선례 답습이나 모방적이어서는 안된다. 뒤집어보고, 깨뜨려 보고, 새로운 것을 첨가해보고, 남과 다른 관점에서 대상을 다루려는 노력이 필요하다.

넷째, 선례나 기존의 관습, 행태에 머무르기보다는 변화를 시도한다. 변화는 가만히 있지 않고 뭔가를 조금이라도 바꾸는 행위다. 창의나 혁신은 옛것을 바꾸는 행위다. 예술인은 항상 '다름', '새로움'을 생각한다. 예술인의 '튀는 행동'도 이런 까닭에 나타난다. 지나친 일탈이 종종 일반인을 힘들게 하고 눈살을 찡그리게 만든다.

다섯째, 엄격한 규율이 적용되는 조직 생활을 하기가 어렵다. 자유로움, 일탈 행동, 변화를 추구하는 태도로 인해 조직 내에서 갈등을 일으키기가 쉽다. 예술인은 홀로 생활하기를 즐기는 버릇이 있다. 경치 좋은 강가나 산 속에 고즈넉이 집을 짓고 예술 활동을 즐기려 한다.

3. 예술 향수

예술 문화는 우리의 삶 속에 함께하며 적당히 녹아들어 있다. '문화' 생활을 즐기듯 '예술'을 가까이하고 있다. 한국인이 평소에 즐기는 예술 문화를 보면 무엇보다도 가장 많은 것은 집에서 쉬면서 텔레비전 보는 것이다. 최근에는 스마트 모바일 폰을 통해 이웃과 문자 메시지를 주고받고, 게임을 하며 영화와 방송 드라마를 보고 있다. 여가 시간에 가족과 함께 외식을 하고 여행을 하며 관광을 하는 일이 많아졌다. 다음 [그림 8-1]을 보면 예술 장르별 문화 예술 행사 관람률이 있다. 영화 관람이 압도적으로 많다. 영화는 주변에 영화 상영관이 많아 접근이 수월하고, 이용도 쉽고 편하며, 가격도 저렴하기 때문이다. 다른 장르는 상대적으로 낮지만, 전체 국민을 놓고 생각해 보면 대중 음악/연예, 연극, 미술 전시회, 뮤지컬 관람률도 적당히 높은 편이다. 현대 한국인의 예술 관람률이 꾸준히 높아지고 있는 중이다.

그림 8-1 예술 장르별 문화 예술 행사 관람률

(단위: %)

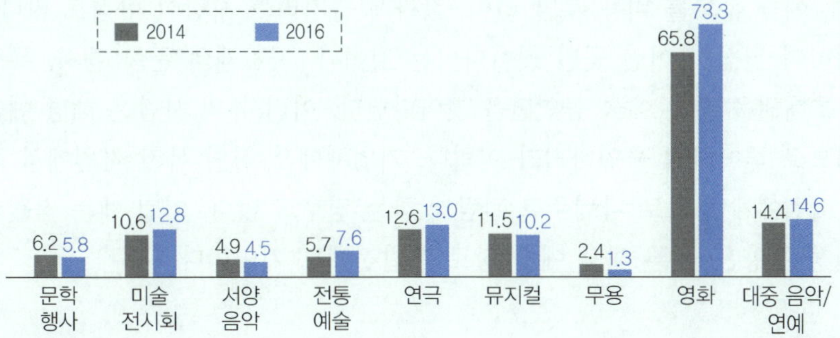

출처: 문화예술지식정보시스템. 2016 문화 향수 실태조사.

예술 향수와 인성의 관계를 살펴보면 첫째, 예술 관람 중 큰 감동을 받은 경험이 있는 예술 장르의 경우에는 향후에도 재관람률이 높다. 그래서 인간이 특정한 예술 장르를 지속적으로 좋아하는 삶을 살아가기 위해서는 가능한 한 어린 시절에, 진한 감동을 받은 경험이 있어야 한다. 한국의 50대 이상 장년, 노년층의 경우에는 청소년 시절에 접했던 예술 문화로는 텔레비전 시청이나 영화 관람 정도였다. 그래서 이들은 이때의 감동을 잊지 못하고 지금도 텔레비전 시청이나 영화를 최고의 예술로 즐기고 있다. 하지만, 현대 젊은이는 게임과 모바일 폰 관련 예술 문화를 즐기고 있다.

둘째, 예술 마니아와 일반인의 예술 관련 인성이 차이가 난다. 전자의 경우에는 자기가 좋아하는 장르, 예술인, 작품에 대해 몰입하고 집중하며 열정적으로 애정을 표명하는 사람이다. 이들은 자신이 좋아하는 예술 대상에 많은 정보나 지식을 가지고 있고, 직접 예술 활동에 참여하거나 아니면 동일시 감정(同一視感情)을 갖고 활동한다. 이에 비해 일반인은 기회가 닿을 때 한두 번씩 관람하고 예술 활동에 참여하는 정도로 즐긴다.

셋째, 예술 활동에 많은 비용이 드는 장르에는 아직도 사람이 적다. 이는 예술 활동 참가비가 부담이 되거나 비용을 지불하고 예술을 즐기고 싶은 마음이 적다는 의미다. 마니아의 경우에는 비용과 시간 부담을 감내할 의도가 있지만, 일반인의 경우에는 높은 비용을 들여가면서까지 예술을 즐기려 하지 않는다는 말이다. 뮤지컬이나 오페라 장르는 아직도 관람 비용이 비싼 편으로 관람률이 상대적으로 낮다. 물론 해외 관광 여행처럼 일시적으로 많은 돈을 들여 1회성으로 예술을 즐기는 사람은 적지 않다.

넷째, 예술 문화를 비용 부담 없이, 값싸게 즐기려는 사람이 아직도 많다. '공짜'를 좋아하여 열심히 이런 곳만 찾아다니는 것이다. 지자체의 문화 행사, 무료 관람권이나 초대권을 주는 예술 공연만을 찾아다닌다. 이런 류의 사람은 해당 예술 장르를 진정으로 좋아하며 몰입하기가 어렵다. 기업체에서 직원 복지 차원에서 표를 예매하여 직원에게 무료로 나눠주고 관람케 하는 경우도 많다. 이런 예는 직원의 예술 관련 인성 함양은 물론 해당 예술 장르의 발전에도 기여한다.

Ⅳ 언론 미디어와 인성

1. 커뮤니케이션 이론

사회적 동물로서 인간은 다른 사람과 여러 가지 방법으로 상호작용을 하면서 살아간다. '나'를 중심으로 논의를 시작해 보면 나는 상대방을 보거나 생각하면서 말이나 몸짓, 기호를 통해 내 뜻을 전하고 상대방에 반응을 한다. 나와 다른 사람 사이에 상호작용(interaction)이 이루어져서 서로 뜻과 의미가 잘 전해지는 것을 소통(疏通, communication)이라고 한다.

커뮤니케이션에는 '누가? 무엇을? 어떻게? 누구에게?'가 기본적으로 고려된다(조수선, 2014: 23). 이는 송신자(送信者, sender), 정보(情報, message, information), 전달 매체(傳達媒體, media), 수신자(受信者, receiver)를 말한다. 송신자는 정보(메시지)를 최초로 발송하는 사람이고, 수신자는 이를 마지막으로 받아들이는 사람이다. 이 둘 사이에 정보의 흐름이 있고 이를 전달하는 수단이 미디어다. 이는 일방향적으로 진행되는 커뮤니케이션을 말하는 것이다.

커뮤티케이션은 일방향적으로만 진행되지 않는다. 송신자와 수신자가 서로 상호작용하기 때문에 대부분의 커뮤니케이션은 쌍방향적이다. 송신자가 수신자가 되고 수신자가 다시 송신자가 되어 의사소통을 시도한다. 인간은 다른 사람, 조직, 사회와 커뮤니케이션하는 과정에서 스스로 정보를 창출하고 전달하고자 노력하며, 외부의 정보를 받아들여 해석하고 수용하며 반응한다.

전달 매체는 개인 차원에서는 언어나 기호, 몸짓으로부터 편지, 전화, 전보, 사진, e-mail, SNS 문자, 게시판 글, 동영상 등 다양하다. 전문가적 개인이라면 시나 소설, 그림이나 서예 작품, 음악, 연극, 역할 연기 등을 매체로 활용할 수 있다. 커뮤니케이션이 개인 차원을 넘어 1 대 다수, 다수 대 다수 형태로 발전하면 매스 커뮤니케이션(mass communication)이 되고, 매스 미디어(mass media)가 핵심 전달 매체가 된다.7) 매스 미디어는 신문, 관보(官報), 대자보(大字報), 방송, 영화 등으로부터 시작되어 최근에는 뉴 미디어라고 하는 지능 인터넷, 쌍방향 TV, 모바일 영상, 위성 통신 등 최첨단 정보통신기술(ICT, Information Communication Technology)을 활용한 미디어 매체가 등장해 있다.

뉴 미디어는 상호작용성, 비동시성과 동시성, 이동성과 확장성의 특성을 지니고 있다(조수선, 2014: 19-21). 또한 융합성, 고도 지능성, 무한 발전성을 지니고 있다. 첫째, 상호작용성은 커뮤니케이션 당사자인 송신자와 수신자 사이의 높은 상호작용, 더 나아가서 인간과 미디어 기계 사이의 상호작용을 말한다. 1 대 1 차원의 초보적 상호작용을 넘어 수많은 관계자 사이의 상호작용, 미디어 기기를 중심으로 한 다양한 형태의 상호작용이 뉴 미디어의 특성이다. 둘째, 동시성(同時性)은 개인 대 개인 차원의 대면적 관계를 말하고, 비동시성(非同時性)은 정보통신기술 발전에 따른 새로운 미디어 매체가 개재된 커뮤니케이션이다. 현대 뉴 미디어를 통한 커뮤니케이션은 동시성과 비동시성을 동시에 가능케 해준다. 셋째, 이동성(移動性, mobility)은 언제, 어디서나 뉴 미디어를 활용한 커뮤니케이션이 가능함을 말하고, 확장성(scalability)은 특정한 뉴 미디어 기기를 여러 사람이, 여러 가지 기기나 애플리케이션으로 동시 접속하여 상호작용의 커뮤니케이션을 할 수 있음을 말한다. 넷째, 융합성(融合性, convergence)은 많은 송신자와 수신자, 그리고 다양한 미디어 매체가 필

7) Media는 중재, 조정을 의미하는 mediate에서 비롯되어 중간에 개재한다는 뜻의 intervene이 추가되어, 이제는 커뮤니케이션의 중간에 개재된 전달 매체로 사용되고 있다.

요에 따라 수시로 융합하고 또 분리되면서 커뮤니케이션을 수행한다는 점이다. 기초적인 언어와 전화, 편지나 문자, 인터넷 사이의 융합은 물론 고도의 ICT 기술이 적용된 모바일 폰, 위성 통신, 인공 지능 프로그램이 융합되어 커뮤니케이션 기능을 수행한다. 뉴 미디어 ICT 기술과 인간이 융합하기도 한다. 다섯째, 고도 지능성(高度知能性)은 뉴 미디어 기기 자체가 높은 인공 지능(人工知能, artificial intelligence)을 가지고 있어 스스로 생각하고, 판단하며, 평가하고, 반응하는 능력이다. 인공 지능을 가진 뉴 미디어 기기는 스스로 정보를 창출하고, 필요로 하는 대상에게 전달하며, 외부의 정보를 채집하고, 변형하여 활용할 수 있다. 여섯째, 무한 발전성(無限 發展性)은 뉴 미디어 기기가 자체 프로그램을 통해 새로운 환경에 적응하고, 불확실성을 해결할 수 있으며, 미래 지향적으로 발전해 나갈 수 있음을 의미한다. 미디어는 정치 사회적 환경과 과학 기술의 발달에 힘입어 지속적인 변형이 이루어지는 데 이를 미디어 모포시스(media morphosis)라고 한다(조수선, 2014: 38-40). 미디어 모포시스는 공진(coevolution)과 공존(coexistence), 변형(metamorphosis), 전파(propagation), 생존(survival), 기회(opportunity)와 필요(need), 확산의 지연(delayed adoption)을 통해 이루어진다.

2. 언론 미디어와 인성

언론(言論)은 말(言)이나 말씨(語), 글(書)을 통해 논의(論議)를 형성하는 것이었다. 이것이 발전을 거듭하여 다양한 커뮤니케이션 수단과 방법, 미디어 매체와 결합하면서 엄청난 언론 미디어가 되었다. 언론 미디어는 커뮤니케이션과 관련된 모든 미디어 매체, 기사나 정보의 내용, 전달 과정, 방법 등을 총체적으로 표현하는 말이다.

인간은 사회와 접촉하는 순간 언론 미디어 속으로 들어서게 된다. 아침부터 접촉하는 신문과 방송, 친구나 지인으로부터 속사포처럼 배달되는 문자 메시지, 이메일, 전화를 접한다. 모바일이나 각종 TV, 인터넷을 통한 정보와 기사 내용, 통계 자료, 동영상, 이런저런 사람의 목소리와 의견을 대한다. 정치와 행정, 경제, 사회, 문화, 교육, 과학 기술 등 모든 것이 언론 미디어의 주제요 내용이다. 이 모든 것이 언론 미디어다. 언론 미디어는 인간 삶 자체가 되어 있다. 인간의 대화는 (극히 일부분 개인적인 것을 제외하고는) 모두 언론 미디어 이야기다. 설령 직접적인 언론 미디어 이야기가 아니더라도 이로부터 생산되고 전달된 것이 대부분이다.

■ 미디어 리터러시와 인성

인간의 문자 해독력을 리터러시(literacy)라고 한다. 한국 사람으로서 한글을 읽고 쓸 수 있고, 미국 사람으로서 영어를 읽고 쓸 줄 알면 문자 해독력이 있는 것이고 리터러시가 있는 것이다. 미디어 리터러시(media literacy)는 다양한 형태의 미디어 메시지에 접근하고, 분석하며, 평가하고, 전달하는 능력이다(Aufderheide, 1993: xx). 인간이 매일매일 텔레비전, 광고, 영화, 디지털 미디어로부터 전달받는 가시적 또는 언어적 상징으로부터 개인적 의미를 창출해 내는 능력(Adams & Hamm, 2001)이다. 포터(Potter, 2010)는 미디어 리터러시와 관련하여 다음과 같은 명제를 말하고 있다.

- 매스 미디어는 사람에게 광범위하게 부정적인 영향을 끼칠 가능성이 있다.
- 미디어 리터러시의 목적은 미디어의 부정적인 영향으로부터 사람을 보호하는 데 있다.
- 미디어 리터러시는 지속적으로 발달해 간다.
- 미디어 리터러시는 다차원적이다. 즉, 인지적, 태도적, 감성적, 생리적, 행태적 차원에서 직접 또는 간접적으로 사람에게 영향을 미친다.

포터(Potter, 2004)는 미디어 리터러시의 구성 요소로 지식 구조(knowledge structures), 개인 목표와 욕구(the personal locus), 역량과 기술(competencies and skills)을 들고 있다. 지식 구조는 미디어를 대하는 인간의 정보와 지식 체계를 말하고, 개인 목표와 욕구는 미디어를 이용하여 얻고자 하는 것이 무엇인가에 대한 것이며, 역량과 기술은 메시지를 분석하고 평가하는 능력과 기술을 총체적으로 표현한 것이다.

미디어 리터러시는 인간의 경험과 교육을 통해 발달해 간다. 미디어 리터러시가 발달하면 할수록 첫째, 다양한 메시지에 대한 욕구가 증가하고 둘째, 미디어에 대한 정신적 코드를 어떻게 프로그램화할 것인가에 대한 지식을 제공하며 셋째, 미디어에 대한 통제권을 향상시킬 수 있다(Potter, 2016: 39-42).

미디어 리터러시는 경험이 많은 사람, 미디어에 대한 교육을 많이 받은 사람, 미디어를 활용한 이익 추구에 밝은 사람, 그리하여 미디어 관련 능력과 기술이 뛰어난 사람일수록 발달해 있다. 이런 사람은 상대적으로 다음과 같은 역량과 인성을 가지고 있다.

미디어 리터러시가 발달한 사람은 첫째, 정보나 지식을 많이 소유하고 있으며 이를 적절히 사용할 줄 안다. 다양한 미디어에 접근하여 자신에게 필요한 정보와 지식을 잘 습득하는 능력이 있다. 이를 토대로 어느 순간에, 어떤 정보나 지식이 활용 가능한가를 잘 안다. 현대 사회에서 정보와 지식을 많이 가진 사람은 인간 관계의 중심에 서게 되고 큰 영향력을 발휘한다.

둘째, 수많은 메시지나 정보, 지식 중에서 무엇이 필요하고 무엇이 필요 없는가를 구분할 줄 안다. 불필요한 것을 걸러내는(filtering) 능력이 탁월하다. 현대 사회는 미디어 홍수 시대로서 잠시도 쉬지 않고 엄청난 양의 정보, 지식, 메시지가 사람에게 쏟아지고 있다. 미디어 리터러시가 발달한 사람일수록 이 속에서 핵심 요소를 찾아낼 줄 안다.

셋째, 미디어를 활용하여 자신의 가치관과 사고, 언어, 행태, 습관 등을 자신이 원하는 방향으로 능동적으로 전환시킬 수 있다. 기존의 가치관이나 사고 체계를 새로운 정보와 지식을 토대로 재구성하고 새롭게 발전시켜 간다. 인생의 성장 과정에서 부모 교육이나 학교 교육이 중요하지만 미디어를 통해 지속적으로 미디어 리터러시를 향상시켜 가는 과정에서 우수한 사람으로 발전해 가게 된다.

넷째, 미디어 리터러시가 발달하면 할수록 미디어와 메시지의 부정적인 영향을 극복할 수 있고, 이를 적극적으로 통제할 수 있는 역량이 만들어진다. 미디어는 자기의 의도나 선호에 맞춰 특정한 사실을 과장하거나 축소하며, 독자나 청중의 감성을 자극하고, 의도적으로 여론몰이를 한다. 미디어 리터러시가 발달한 사람은 이런 여론의 조작이나 장난에 휘둘리지 않는다.

▪ 네트워크 사회와 인간

사회적 인간으로 사람은 둘 이상이 연결되어 관계를 맺으며 살아간다. 이 연결 관계가 여러 사람으로 확대될 때 매우 복잡하고 다양한 연결망(連結網), 즉 네트워크(network)가 된다. 이 네트워크는 과학 기술과 매스 미디어 기술의 발전, 문화적 사회 운동(이숙정, 2014: 46), 정치 민주화와 병행하여 매우 빠른 속도로 발전해 가고 있다. 이 네트워크는 (1) 인간, (2) 매스 미디어 또는 각종 정보 통신 기기, (3) 유무선 연결망, (4) 정보와 지식 또는 메시지로 구성되어 있다. 좀 더 상세히 설명해 보기로 한다.

(1) 인간은 네트워크의 주체 또는 이용자로서 나머지 세 가지 요소를 활용하여

사회적 활동을 하는 사람이다. 사람 중심으로 보면 이 네트워크는 소셜 네트워크(social network)가 된다. "사회란 단순히 개개인 각자 또는 개인 간 유대의 총합과는 다르다. 오히려 모든 개인은 기회와 제약, 정치적 연합 등을 제공하는 관계의 구조 안에서 살아간다. 사회는 끈끈한 연대감으로 단단히 묶인 집단이 아니라, 분절되거나 해체되어 언제든 침투 가능한 네트워크화된 개인이 모여 형성한 것이 '사회'다. 소셜 네트워크란 네트워크화된 개인주의(networked individualism)이다"(Rainie & Wellman, 2015: 53-54).

현대인은 네트워크로 연결된 사회 속에 살고 있다. 네트워크 사회, 소셜은 매우 다양한 모습을 띠고 있다. 전통적인 집단이나 조직 사회처럼 목표와 정관이나 규율이 있고, 구성원 간에 강력한 소속감과 유대감이 있는 네트워크 사회도 있을 수 있고, 극단적으로 원자화된 인간들이 자유스럽게 모였다 헤어지는 식의 느슨한 네트워크 사회도 있다. 전자로 갈수록 조직화된 집단 사회를 가리키고, 후자로 갈수록 네트워크화된 개인주의 사회를 일컫는다. 가장 기초적인 가족 사회를 예로 들어 보면 함께 거주하고, 함께 밥을 먹는 정도를 넘어서면 거의 대부분의 가족 관계가 소셜 네트워크 형태로 진행된다. 모바일 폰을 통해 의견을 주고받고, 대화를 하며, 돈을 주고받는다. 상품을 구매하고 경제 문화적 소비 생활을 하는 것도 네트워크를 활용한다. 부부나 부모, 가장이 가족 중심이 아니라, 구성원 개개인이 연결된 네트워크가 가족의 중심이다.

소셜 네트워크의 특징을 결정짓는 요소로는 첫째, 감정적인 유대 혹은 동료애를 느낄 수 있는 관계를 제공하는 관계의 질(質), 둘째, 얼마나 자주 교류하며 어느 정도의 유대감을 느낄 수 있는지를 알 수 있는 관계의 양(量), 셋째, 네트워크 내 다양한 관계를 일컫는 다중성(多重性), 넷째, 도움을 주고받는 데에 따른 관계 간의 균형(均衡)이다(Rainie & Wellman, 2015: 89-90). 네트워크 내에서 관계의 질이 좋고, 관계의 양이 많으면 그 사회는 좀 더 진지하고 조직화한 네트워크가 된다. 여러 관계의 중심에 서서 핵심 역할을 하는 사람일수록 영향력이 커진다. 다중 네트워크의 중심 인물일 경우에 그는 네트워크 자체에 영향을 미칠 수 있고 사회적 권력과 영향력이 증대한다. 관계의 균형이란 말은 네트워크로 연결된 인간이 모두 동등한 입장에서 네트워크에 참여하고 반응한다는 말이다. 네트워크 참여 방법, 네트워크 내의 역할, 활동, 정보와 지식의 수요와 공급 등에 차별이 없고 민주적 평등성이 보장된다는 의미다.

그렇지만, 현실적으로 소셜 네트워크 속에서 참여인의 권력이나 영향력은 차이가 발생한다. 참여 네트워크에 대한 개인적 관심과 애정, 활동 시간과 노력, 미디어 리터러시 역량에 따라 달라진다. 조직을 예로 보면, 조직을 대표하고 발전시키기 위해 노력하는 회장이나 대표, 업무를 총괄하고 연락을 총괄하는 총무나 사무국장의 영향력이 크다. 이와 마찬가지로 네트워크에서도 네트워크 결성자, 자주 방문하는 사람, 중요 메시지를 창출하고 전달하는 사람의 영향력이 커진다.

(2) 매스 미디어 또는 각종 정보 통신 기기는 네트워크 내에서 정보나 메시지를 창출, 변형, 수신과 송신하는 역할을 담당한다. 전통적인 매스 미디어인 신문과 방송, 영화, 그리고 정보 통신 기기인 전화, 전신 등을 기반으로 현재는 컴퓨터, 디지털 기기, 모바일 폰(mobile phone) 등 매우 다양하고 성능 좋은 미디어 매체들이 발전해 있다. 기존의 신문, 방송, 영화 등도 컴퓨터, 인터넷, 모바일 폰 등의 도움을 받아 새롭게 변신해 있다. ICT 과학 기술, 인공 지능, 로보틱스(robotics) 등이 매스 미디어에 적용됨으로써 소셜 네트워크는 무한대로 확장되고 있는 중이다.

(3) 유무선 연결망은 네트워크를 형성할 수 있는 각종 미디어 기기들을 하나로 묶는 역할을 담당한다. 기존의 전화선, 무선 통신을 포함하여 광통신망, WiFi, 인터넷, 모바일 폰, 인공위성 등이 이런 역할을 수행한다. 인터넷을 활용한 다양한 연결 장치인 Home page, 게시판, Cyworld 등과 함께, 최근에는 Messenger, Facebook, Kakao Talk, Band, Instagram, Line 등 연결 장치가 발전해 가고 있다. 인터넷은 개인용 컴퓨터를 하나로 엮는 작업으로부터 출발하여 주요 전산망을 네트워크로 잇는 형태로 발전하고, 더욱 발전하여 인터넷 네트워크상에서 자유롭게 정보와 지식, 메시지가 창출되고 교환되며, 재생산되는 형태로 발전하였다. 최근에는 컴퓨터 및 휴대전화, 즉 모바일 폰의 운영 체제인 Windows, Android, 삼성의 타이젠 등은 물론 Naver, Daum, Nate 등 포털 사이트도 이에 해당한다.

이런 연결망 중에는 특별한 의도가 개입되지 않는 무선 통신망도 있지만, 포털 사이트처럼 관리자의 의도가 개입될 수 있는 연결망도 있다. 후자의 경우에는 네트워크 내의 개인이 자신의 미디어 리터러시 역량을 잘 활용해야만 한다.

(4) 정보와 지식 또는 메시지는 네트워크에 연결되어 있는 인간 사이를 넘나들며 다양한 기능을 수행한다. 기존의 정보(지식, 메시지 등)는 디지털 형태로 변환되어 컴퓨터를 이용하여 쉽게 생성, 수정, 삭제, 전달 가능한 형태가 되었다. 디지털 정보는 인쇄된 종이 형태의 정보 수준을 넘어서 각종 사진, 동영상까지 포함되어 그 정

보 수준, 양과 질이 엄청나게 증대되고 좋아졌다. 소셜 네트워크상의 정보 특성을 들어보면(Rainie & Wellman, 2015: 341－349), 정보량의 급증, 차별화된 정보 활용, 훨씬 더 다양해진 정보, 정보 흐름의 가속화, 손쉬운 관련 자료 검색, 정보 출처의 신뢰도를 판단할 새로운 기준의 등장, 정보와 커뮤니케이션의 혼합 등이다. 이런 정보 특성에 따라 네트워크는 다양한 형태로 유형화되고 나누어질 수 있다.

이런 긍정적인 면과 함께 부정적인 면에 대해서도 유의할 필요가 있다. 첫째, 정보의 양이 지나칠 정도로 많다. 미디어 리터러시가 발달하지 못한 사람의 경우에는 무엇이 자신에게 필요한 정보인가에 대해 판단이 어렵다. 정보를 확인하고 수집하며 평가하고 정리하기가 어려운 사람이 많아졌다. 둘째, 정보의 신뢰성을 정확히 판단하기가 쉽지 않다. 그래서 잘못되고 왜곡된 정보가 '참된 것'으로 둔갑할 가능성이 높아졌다. 셋째, 정보 보안에 문제가 있다. 개인 차원은 물론 조직이나 기관의 정보도 외부로 유출되기가 쉬워졌고 범죄 차원에서 해킹이 시도되기도 한다. 넷째, 나쁜 의도를 가지고 네트워크는 물론 이 속의 정보와 지식, 메시지를 왜곡시키려는 사람이나 기구, 집단이 있을 수 있다. 초월적 위치에서 감시(surveillance)적 영향력을 발휘하는 존재들이 많이 있다. 다섯째, '잊혀질 권리'로 대변되는 것으로 네트워크상에 자신이나 타인이 올린 글, 사진, 동영상 등을 후에 제거하고 싶을 때가 있다. 하지만, 한번 노출된 정보는 관련된 모든 사람이 공유하기 때문에 네트워크상의 일부분에서 삭제했다고 해서 삭제되지 않는다. 잘못된 정보나 지식 삭제는 국제적으로, 정부 차원에서 노력을 기울이고 있지만 쉽지 않다.

네트워크상의 정보, 지식, 메시지에 대해서는 창출자나 관리자에 의해 철저히 관리되는 것이 필요하다. 여기서 더 나아가서 네트워크로 연결된 인간이 서로서로 상호 감시(coveillance)하는 것도 필요하고, 정부의 사이버 보안 담당이나 사이버 사령부 등에 의한 감사, 유무선 통신망이나 운영체제, 포털 사이트 관리 기구에 의한 감독, 민간의 안티 바이러스나 해킹 방지 전문 업체에 의한 보안 관리도 필요하다.

■ 미디어 윤리

미디어와 혼화(混化)된 사회를 살아가는 인간에게는 언론 미디어 윤리가 절실히 요구된다. 한국인 모두는 「헌법」에 보장된 언론, 출판, 집회, 결사의 자유(헌법 제21조 제1항)를 누리고 있고 ICT 과학 기술의 도움을 받아 누구나, 언제, 어디서나 자유롭게 자신의 의견을 말과 글로 표현할 수 있다. 또 여럿이 함께 행동을 하고 의견을 표출할 수 있다. 여기에 더해서 「정보공개법」 등에 의해 거의 모든 기관과 단체의 정보에 접근할 수 있게 되었다. 언론 미디어와 관련하여 현대인이 갖추고 지켜야 할 윤리가 더없이 많아졌고 중요해졌다.

첫째, 개인 정보 보호 원칙이 지켜져야 한다. 「개인정보 보호법」 제3조를 보면 "개인 정보 처리자는 개인 정보의 처리 목적을 명확하게 하여야 하고 그 목적에 필요한 범위에서 최소한의 개인 정보만을 적법하고 정당하게 수집… 처리… 목적 외의 용도로 활용하여서는 아니 된다. … 개인 정보의 정확성, 완전성 및 최신성이 보장되도록 하여야 하고… 안전하게 관리하여야 한다."고 하고 있다. 개인 정보의 침해, 왜곡, 잘못된 사용은 당사자에게 큰 피해를 유발할 수 있다.

둘째, 언론 미디어, 네트워크상에서 다른 사람의 사생활 침해, 지적 재산권 침해, 초상권 침해, 명예 훼손 등을 시도해서는 안된다. 사생활 침해는 다른 사람의 일거수일투족(一擧手一投足), 가족 관계, 생활상을 네트워크상에 함부로 노출시키는 것이다. 지적 재산권 침해 속에는 다른 사람의 저작물을 도용하는 행위, 불법적으로 가공하여 유통하고 판매하는 행위 등이 포함된다. 다른 사람의 사진이나 동영상을 불법적으로 변형, 유통, 판매하는 것도 포함된다. 시간, 장소, 거리에 관계없이 누구나 자유롭게 정보, 지식, 메시지에 접근할 수 있기 때문에 별다른 죄의식 없이 이런 종류의 범죄적 행위가 일어날 수 있다.

셋째, '악플러[8]'가 되어 다른 사람이나 단체, 그들의 말과 글에 대해 악의적(惡意的)으로 논평하고 댓글을 다는 행위를 하지 않아야 한다. 익명성이라는 특성에 기대어 남을 모욕하고 비난하는 것은 남의 인성을 망가뜨리고 그에게 해를 끼칠 수 있는 범죄적 행위다. '선플 달기' 운동도 전개하고 있지만 악플의 부정적 영향을 상쇄시키기가 어렵다.

넷째, 인터넷상에 음란물을 올려 상업적으로 이용하는 행위도 금지되어야 한다. 인터넷 네트워크의 익명성, 무한 증폭성, 자유 접근성을 활용하여 음란물을 만들고 유통시키며 판매하는 행위는 심각한 문제를 유발할 수 있다. 청소년의 음란물 접근이라는 문제를 넘어 유명 인사의 희화화(戲畫化), 몰래 카메라 촬영 동영상 유통 등의 문제가 심각하게 발생할 수 있다.

8) 사전적으로는 악의적인 리플만 다는 사람, 인터넷 게시판에서 본문과 전혀 상관없거나 비방하는 내용의 답변을 하는 사람을 말한다(다음, 오픈 사전). 악플족은 다른 네티즌의 글에 악의적인 욕설이나 비방 댓글을 다는 네티즌을 이르는 말이다.

다섯째, '가짜 뉴스'를 만들어 배포함으로써 특정인, 또는 특정 대상을 의도적으로 폄하하거나 또는 부양시키는 행위도 금지되어야 한다. 선거 기간 중에 상대 후보를 낙마시키고, 자신의 지지도를 높이기 위해 많이 사용된다. 다양한 미디어 기기, 손쉬운 영상물이나 뉴스 제작, 무분별한 사람의 퍼나르기가 복합되어 엄청난 악영향을 끼친다.

용 어

문화, 생활 문화, 예술 문화, 고급 문화, 대중 문화, 문화 역량, 문화 지능, Cultural competencies, 문화 자본, 음식 문화, 식습관, 음식 윤리, 주거 문화, 관광, 문화 관광, 레저 스포츠, 놀이, 종교, 정치, 정치 문화, 정치 사회화, 예술인, 문화 향수, 소통, 커뮤니케이션, 매스 미디어, 미디어 리터러시, 네트워크 사회, 소셜 네트워크, 네트워크화된 개인주의, 미디어 윤리

요 약

- 문화: 사람들이 삶을 의미 있고 아름답게 꾸미는 행위와 그 결과물
- 생활 문화: 집단의 생활 속에 자리 잡고 있는 삶의 양식으로서의 문화
- 예술: 아름다움을 표현하는 재주나 기법
- 예술 문화: 특별한 기예를 통해 만들어진 문화
- 고급 문화: 사회의 엘리트층이 즐기는 문화
- 대중 문화: 다수 대중이 향유하는 문화
- 문화 역량: 개인이나 집단의 문화 수준, 또는 축적된 문화의 양적, 질적 능력. 개인이나 집단의 문화적 행위 능력과 축적해 놓은 문화적 결과물의 총량
- 문화 지능: 다양한 문화적 환경에 효과적으로 적응할 수 있는 능력
- Cultural competencies: 이질적 문화에 효과적으로 대응하는 데 필요한 행동, 태도, 전략의 틀
- 문화 자본: 인간이 가지고 있는 문화적 역량의 총화. 체화된 문화 자본, 객관화된 문화 자본, 제도화된 문화 자본으로 구분
- 음식 문화: 음식과 관련된 문화
- 식습관: 먹는 행위가 익숙해져 자연스러운 태도로 형성된 것
- 음식 먹기와 인성: 음식을 먹는 행위, 식습관, 음식의 종류, 먹는 이유, 먹는 상황 등에 따라 인성이 영향을 받음
- 음식 생산, 유통과 인성: 음식의 생산, 유통에도 사람의 인성이 관련되어 있음
- 음식 윤리: 음식에 관한 윤리로서, 인간이 바람직하고 좋은 음식을 찾아 반듯하게 먹는 이치. 음식에 관련된 생산, 유통, 소비, 먹는 행위에서 지켜야 할 윤리
- 주거 문화: 인간이 삶을 영위하는 생활 공간의 양태를 말하며, 동시에 집(주택)이나 생활을 멋지고 아름답게 꾸미는 행위
- 관광: 좋은 경치나 풍물을 돌아보는 것
- 문화 관광: '문화' 분야에 초점을 두고 이루어지는 관광
- 문화 관광을 즐기는 사람의 인성: 문화성 추구, 희소성 있는 볼거리를 찾음, 차별성 있는 관

광 상품과 대상을 찾음, 이벤트성 있는 것을 찾음, 비용과 시간을 고려하여 수준에 맞는 것을 찾음

- 레저 스포츠: 자유로운 여가 시간에 이루어지는 체육 활동
- 놀이: (삶을 위한 목적 활동 이외에) 자유롭게 즐기는 모든 행위
- 종교: 어떤 대상에 대한 절대적 믿음을 공유하는 사람들의 공동체
- 정치: 통치 권력의 획득, 유지, 행사와 관련된 활동
- 정치 문화: 정치 활동의 독특한 양태로서, (1) 구성원의 정치에 대한 신뢰와 지지, 정치 참여와 정치 반응, (2) 정치적 행위자의 실상과 활동, (3) 정치 권력 구조와 작용, (4) 정치 체제의 독특한 특성을 모두 포함
- 정치 사회화: 어떤 사람이 그 사회의 정치 문화를 습득하는 과정. 다양한 정치, 사회의 가치가 문화 이전하는 과정
- 예술인: 특정 예술 장르에 탁월한 역량을 지닌 사람
- 문화 향수: 문화와 예술을 소비하는 행위
- 소통, 커뮤니케이션: 둘 이상의 사람 사이에 상호작용이 이루어져서 서로 뜻과 의미가 잘 통함
- 매스 미디어: 여러 사람을 대상으로 정보(메세지)를 전달하는 매체. 신문, 관보, 대자보, 방송, 영화 등으로부터 시작되어 최근에는 뉴 미디어라고 하는 지능 인터넷, 쌍방향 TV, 모바일 영상, 위성 통신 등 최첨단 정보통신기술을 활용한 미디어 매체
- 언론 미디어: 커뮤니케이션과 관련된 모든 미디어 매체, 기사나 정보의 내용, 전달 과정, 방법 등을 총체적으로 표현하는 말
- 미디어 리터러시: 다양한 형태의 미디어 메시지에 접근하고, 분석하며, 평가하고, 전달하는 능력
- 네트워크 사회, 소셜 네트워크: 인간, 매스 미디어 또는 각종 정보 통신 기기, 유무선 연결망, 정보와 지식 또는 메시지가 하나로 묶여진 연결망
- 네트워크화된 개인주의: 끈끈한 연대감으로 단단히 묶인 집단이 아니라, 분절되거나 해체되어 언제든 침투 가능한 네트워크화된 개인이 모여 형성된 사회
- 미디어 윤리: 언론 미디어와 관련하여 현대인이 갖추고 지켜야 할 윤리

[인성의 덕목 8] 존 중

1) 개념 정의	■ 존중(尊重): 높이고 중하게 여김. respect ■ 존경(尊敬): 높이고 삼가하며 공손히 대함. esteem, admiration
2) 개념 해석, 뜻풀이	■ 존중의 주체: 인간 ■ 존중의 대상: 부모(자녀), 어른(젊은이), 상관(부하), 지도자(국민) 국가, 물건, 임무 등 ■ 존중의 내용 - 존중할 대상을 잘 이해하고 평가한다. - 존중 대상에 온 마음의 정성을 다 쏟는다. - 존중하는 일에 적합한 행동을 한다(공손, 순종, 겸양, 배려, 정성, 보호, 몰입 등). - 존중하는 대상이 나의 행동을 잘 이해하고, 적응하는가 판단한다. - 존중은 부모나 어른, 상관을 향해서만 비롯되는 것이 아니다. 모든 인간이 대상이며, 국가나 조직, 임무, 물질도 존중의 대상이 될 수 있다.
3) 관련 이론	■ 『서경(書經)』 - 사람을 대할 때, 용모는 공손하게, 말은 순하게, 보는 것은 밝게, 듣는 것은 잘 가려서, 생각은 슬기롭게 해야 한다.[9)] ■ 『논어(論語)』 - 나보다 나은 사람을 보면 (존경의 마음으로) 몸과 마음을 가지런히 하고, 나보다 못한 사람을 보면 ('나는 저러지 말아야지' 하면서) 스스로 반성을 한다.[10)] - 부모(또는 상관, 어른)를 모실 때, 부모에게 잘못이 있으면 진심으로 바로잡도록 간하고, 부모가 내 말을 들어 잘못을 고치지 않더라도, 끝까지 공경하고 화를 내지 말아야 한다.[11)] - 윗사람이 예로써 아랫사람을 대하면, 아랫사람이 그를 존경치 않을 수 없고, 윗사람이 의로움을 알면 아랫사람이 따르지 않을 수 없다. 윗사람이 신뢰를 주면 아랫사람이 진정으로 존경치 않을 수 없다.[12)] ■ 『맹자(孟子)』 - 존경을 받는 세 가지 요건: 정부에서는 높은 직위, 마을에서는 많은 나이, 학문에서는 높은 덕[13)] - 오전(五典) 중에: 어른과 젊은이 사이에는 차례가 있다.[14)] - 사람들이 모두 자기 부모에게 친히하고 어른을 어른으로 모시며 온 천하가 평온해 지리라.[15)]

9) 貌曰恭, 言曰從, 視曰明, 聽曰聰, 思曰睿。恭作肅, 從作乂, 明作哲, 聰作謀, 睿作聖. (서경, 홍범편)
10) 見賢思齊焉, 見不賢而內自省也. (논어, 이인편)
11) 事父母幾諫 ; 見志不從, 又敬而不違, 勞而不怨. (논어, 이인편)
12) 上好禮, 則民莫敢不敬 ; 上好義, 則民莫敢不服; 上好信, 則民莫敢不用情. (논어, 자로편)
13) 天下有達尊三 : 爵一, 齒一, 德一。朝廷莫如爵, 鄕黨莫如齒, 輔世長民莫如德. (맹자, 공손추 하편)
14) 父子有親, 君臣有義, 夫婦有別, 長幼有序, 朋友有信. (맹자, 등문공 상편)
15) 人人親其親, 長其長, 而天下平. (맹자, 이루 상편)

<table>
<tr><td></td><td colspan="3">– 윗사람을 모시거나 부모를 모실 때 신뢰를 얻으려면 스스로 성실해야만 한다.[16)]
– 남을 사랑하는 사람은 남들도 그를 사랑하게 되고, 남을 공경하는 사람은 다른 사람도 그를 공경하게 된다.[17)]
– 아랫사람이 윗사람을 공경하는 것을 '귀한 이를 귀하게 모신다'고 하고, 윗사람이 아랫사람을 공경하는 것을 '어진이를 존중한다'고 하니, 모두 같은 이치다.[18)]
– 함께 먹으며 사귀는 데 사랑이 없으면 돼지의 사귐이요, 사랑한다면서도 참된 공경이 없으면 짐승의 사귐이다. 공경이라는 것은 주고받는 물질과 관련 없어야 한다.[19)]</td></tr>
<tr><td rowspan="6">4) 존중 실천 지표</td><td rowspan="2">(1) 부모, 어른, 상관에 대한 존중</td><td>상대방의 존재 이해</td><td>상대방이 어떤 위치에 있고, 나에게 어떤 의미인가 파악</td></tr>
<tr><td>존중 행동(공손, 순종)</td><td>공손, 순종, 예절 행동</td></tr>
<tr><td rowspan="2">(2) 자녀, 아랫사람에 대한 존중</td><td>상대방의 존재 이해</td><td>상대방이 어떤 위치에 있고, 나에게 어떤 의미인가 파악</td></tr>
<tr><td>존중 행동(겸양, 배려)</td><td>겸양, 배려, 예절 행동</td></tr>
<tr><td rowspan="2">(3) 국가, 물질, 임무 등에 대한 존중</td><td>대상의 존재와 의미 파악</td><td>대상의 존재와 의미를 파악하고 나와 어떤 관계가 있는가 파악</td></tr>
<tr><td>존중 행동(정성, 보호, 몰입)</td><td>정성, 보호, 몰입 행동</td></tr>
<tr><td>5) 존중 가르치기</td><td colspan="3">■ 가족 내 교육
– 부모 교육: 부모와 어른 존중 교육. 부모가 모범을 보임
– 가족 상호 존중을 생활화함
– 학업이나 일, 물건 하나라도 아끼고 존중하는 습관을 갖게 교육함
■ 학교 교육
– 도덕 생활 교육, 예절 교육
– 교사에 대한 존중, 동료 학생에 대한 존중 교육
■ 직장, 단체 교육
– 직장 내 예절 교육</td></tr>
<tr><td>6) 존중 배우기</td><td colspan="3">■ 가정에서
– 부모 형제 사이에 상호 존중하기
– 상대방을 존중하는 언어 쓰기, 행동하기
■ 학교에서
– 교사, 교수 존중하는 법 배우기
– 학생 동료를 존중하고 배려하기
■ 직장, 단체 교육을 통해 배우기
– 직장 예절 교육을 통해 상관과 부하, 동료 사이의 상호 존중 익히기
– 조직, 직장, 임무에 대한 존경심 갖기</td></tr>
</table>

16) 獲於上有道… 悅親有道… 反身不誠… 失其身而能事其親者, 吾未之聞也. (맹자, 이루 상편)
17) 愛人者, 人恒愛之; 敬人者, 人恒敬之. (맹자, 이루 하편)
18) 用下敬上, 謂之貴貴; 用上敬下, 謂之尊賢。貴貴, 尊賢, 其義一也. (맹자, 만장 하편)
19) 食而弗愛, 豕交之也。愛而不敬, 獸畜之也。恭敬者, 幣之未將者也。恭敬而無實, 君子不可虛拘. (맹자, 진심 상편)

7) 존중 실행하기	
■ 가정에서	- 부모나 손위 형제를 존경하기 - 자녀, 아래 형제를 존중하고 배려하기 - 가족, 가문, 선조를 존중하고 자랑스럽게 여기기
■ 학교에서	- 교사에게 사랑과 존경의 말과 행동하기 - 학교 생활, 친구 관계에서 예절을 지키고 상대를 존중하기
■ 사회에서	- 자기 스스로 '멋지고 우아한 존재'라는 생각을 갖기 - 지인, 친척, 이웃을 챙겨주고 존중하기 - 공공 장소에서 공중 도덕을 잘 지키고 모르는 사람에게도 친절하기 - 국가 규범, 사회 공동체 예절 지키기

Chapter 9

인성과 교육

교육은 인간에게 삶에 필요한 지혜를 가르치고, 영양분을 주어 인간을 기르는 것이다. 자연 상태의 인간이라면 스스로 살아가면서 경험을 하고 지식을 습득할 것이다. 하지만, 가족과 사회, 국가 속에서의 인간은 부모, 교사, 선각자, 교육 담당 국가 기관으로부터 축적된 지식 교육을 받을 수 있다. 교육은 인간 인성에 중요한 영향을 미친다.

인간 교육은 성장 과정에 따라 지속적으로 이루어져야 한다. 교육의 내용과 방법은 대상자의 여건과 목적에 따라 달라진다. 인간은 유아기의 부모 교육, 가족에 의한 교육으로부터 출발하여 청소년기의 학교 교육, 장년기의 직장 교육, 노인 교육으로 이어진다. 각 단계별로 삶에 필요한 지식 교육과 함께 인성 교육이 동반되어야 한다.

인성 형성면에서 보면 청소년기 학교 교육은 매우 중요하다. 교사와 학생, 학부모가 모두 합심하여 청소년의 인성 교육이 바람직하게 이루어지도록 해야 한다. 그런데 정규 학교나 사교육 현장을 보면 대부분 상급 학교 진학을 위한 지식 교육에 정력을 쏟고 있다. 인성 교육은 뒷전으로 밀려나고 형식적으로 시간 때우는 식으로 이행되고 있다.

청소년기 학교의 학생 인성 교육은 과연 어떻게 변화해야만 할 것인가? 교육 내용, 교육 방법, 교육 매체를 어떻게 인성 교육에 유리한 형태로 전환시킬 수 있을 것인가?

I 교육과 인간

1. 교 육

교육(敎育, education)은 가르쳐 기르는 것이다. 가르친다는 말 속에는 누군가에게 글이나 지혜, 문채(文彩)를 가르쳐 배우게 하는 일과 함께 신체적으로도 성숙하게 만드는 일이 포함된다. 갓 태어난 벌거숭이 아이에게 영양을 주어 자라게 하고, 삶에 필요한 지혜를 갖게 하며, 스스로 행복한 삶을 개척해 갈 수 있게 만드는 것이다. 또 자라나는 청소년, 뭔가 부족하고 무엇인가를 필요로 하는 사람에게 그가 원하는 것을 가르쳐 배우게 하는 것이다.

교(敎, 教)라는 문자를 쪼개 보면 땅(土)을 이어받는(ノ) 자녀(子)에게 글월(文)을 가르치는 것을 뜻하는 글자다. 땅은 의식주를 해결할 수 있는 기반인데, 여기에 더해서 우아한 지식과 문화를 가르치는 것이다. 육(育)은 양육(養育)의 뜻으로 먹여 살찌우고 성장하게 하는 것이다. 몸에 필요한 음식물과 영양을 입으로 섭취하듯 삶에 필요한 지혜를 배워 알차게 하는 것도 이에 해당한다. 영어로 교육을 뜻하는 education에도 기르다, 양육하다, 끄집어내다와 같은 뜻이 포함되어 있다.[1)]

교육을 말할 때는 누구에게(=교육 대상), 왜(=교육 목적), 무엇을(=교육 내용), 언제(=교육 시기), 어떻게(=교육 방법) 가르칠 것인가를 살펴야 한다.

■ 교육 대상

교육을 받아야 할 사람은 누구일까? 반대로, 교육이 필요 없는 사람도 있을까? 홀로 모든 일을 잘 헤쳐 나가는 사람이라면 교육이 필요 없을 수 있다. 자연 속에서, 사회 속에서 스스로 잘 적응하고, 문제를 잘 해결해내며, 성장 발전해 갈 수 있는 사람은 교육이 필요 없을 것이다. 이는 스스로 환경에 가까이하여, 잘 대응하면서 성장하고 삶을 영위하는 사람이다. 하지만, 이렇게 홀로 살아갈 수 있는 사람은 별로

1) Etymologically, the word "education" is derived from the Latin ēducātiō("A breeding, a bringing up, a rearing") from ēdūcō("I educate, I train") which is related to the homonym ēdūcō("I lead forth, I take out; I raise up, I erect") from ē-("from, out of") and dūcō("I lead, I conduct")(Wikipedia, Education).

없다.

인간에게는 태어날 때부터 본능적으로 지니고 있는 능력이 있다. 배고프면 먹고 싶어하고, 슬프면 울며, 부모의 품을 파고드는 행동은 타고난 것이다. 이런 타고난 본능을 잘 계발시켜 주는 것도 교육에 해당된다. 하지만, 인간이 성장해 가면서 맞닥뜨리는 환경은 타고난 본능만 가지고는 잘 적응할 수 없다. 그래서 모든 사람은 다른 사람으로부터 배워야만 한다. 어려서는 부모와 가족으로부터 배워야만 하고, 청소년기에는 학교 선생님으로부터 배워야 한다. 직업 활동을 하기 위해서는 대학과 같은 전문 기관을 통해 특별한 교육을 받아야만 한다. 사회 속에서 살아가는 도중에도 지속적으로 필요한 교육을 받아야 한다.

학교를 벗어난 사람도 직업 활동, 사회 생활, 자연 생활을 하는 데 필요한 지식을 배워야 한다. 장수하는 노인도 건강 유지, 행복 충전, 삶의 유지에 필요한 지식을 배워야 한다.

■ 교육 목적

'왜?' 교육이 필요한가? 왜 가르쳐야 하고 배워야 하나? 교육의 목적은 무엇이고 어느 수준을 교육 목표로 삼아야 할 것인가?

목적이나 목표는 비슷한 용어지만 목적(目的, goals)이 좀 더 상위의 이상적이고 추상적인 궁극적 지향점을 말하는 데 비해, 목표(目標, objectives)는 좀 더 구체적이고 반드시 성취해야 할 대상을 가리킨다. 교육 목적의 예로는 생존, 행복, 인성 함양 등을 들 수 있고, 교육 목표의 예로는 '전교 1등', '매주 독서 5권' 등이 있다. 교육 목적은 가르치는 교사를 안내하는 것은 물론 개별 수업의 특정 목표를 설정하는 데 도움을 준다(Wringe, 2013: 34).

교육 목적에 대한 논의는 가치 판단의 문제를 수반한다(Wringe, 2013: 37-49).[2] 무엇이 옳고 좋은 것인지, 윤리적으로 바람직한 것이 무엇인지, 무엇을 가르쳐야 하고 무엇을 배워야 하는지 등 윤리적, 철학적, 도덕적 가치 판단이 필요하다. 윤리적 판단(倫理的判斷)은 사람 사회의 올바른 관계나 질서, 행동 방식에 대한 판단이다. 윤리적 교육 목적은 삼강오륜(三綱五倫)에서 말하는 것처럼 부모와 어른을 공경하

2) 우리가 의사 결정을 하기 위해서는 사실과 가치에 대한 판단이 동시에 진행되어야 한다. 사실 판단(事實判斷, factual judgement)은 실재하는 과학적 사실에 대한 판단이고, 가치 판단(價値判斷, value judgement)은 옳고 그름이나 좋고 나쁨에 대한 판단이다.

고, 자녀와 아랫 사람을 사랑하며, 상관을 존중하고 따르며, 부하를 잘 배려하며 보살피는 것을 교육하는 것이다. 아울러 사람 사회의 질서와 규칙, 국가와 같은 공동체에서 정한 법률과 정책을 잘 따르는 것이 교육 목적이다. 철학적 판단(哲學的判斷)은 과학적 사실 판단과는 달리 이성적, 합리적 판단으로 왜 교육을 해야 하고, 왜 배워야 하는지, 또 무엇을 어떻게 가르치고 배워야 하는지에 대해 판단하는 것이다. 물론 이 속에는 윤리적 판단도 포함된다. 도덕적 판단(道德的判斷)은 사람 사회의 진리인 도(道), 이것을 잘 체득한(=得)한 도덕에 맞춰 교육 목적을 판단하는 것이다. 옳고 그름과 함께 정확한 사실에 대한 판단이 필요해진다.

교육 목적에서도 물론 사실 판단이 필요하다. 예를 들면, 항공학과에서 우주선을 쏴 올리는 것을 목적으로 하는 경우처럼 정확한 진리를 교육할 때는 객관적, 과학적 사실에 대한 판단을 해야만 한다. 다만, 교육 목적보다는 이를 실천하기 위한 목표 차원에서 사실 판단이 많아진다. 교육 목표는 상위의 교육 목적이나 이상(理想, ideals)을 구체적으로 실천하는 데 필요한 지향점이다. 교육 목적에 비해 가시적이고 수치로 표현된다.

윙거(Wringe, 2013: 42)는 교육 목적의 범주를 세 가지로 나누고 있다: (1) 개인의 이익을 도모하고, 개인의 삶의 목적과 발달을 증진하는 교육 목적, (2) 바람직한 사회 상태를 유지하고 창출하는 것과 관계되는 교육 목적, (3) 진리의 추구, 합리성, 수월성 등과 같이 그 자체로 바람직하거나 내재적으로 가치 있다고 여겨지는 것과 관련된 교육 목적.

교육 목적이나 목표는 교육 대상자가 누구인가에 따라 달라진다. 교육 대상은 성별, 나이, 부모나 자신의 소득 수준, 원하는 취미나 직업, 지역, 정치 경제 사회 문화적 여건, 국가의 목표나 발전 정도에 따라 달라질 수 있다.

■ 교육 시기

교육은 언제 이루어져야 하는가? 사람은 태어나는 순간부터 교육이 시작된다. 아이가 강보에 싸여 있는 순간부터, 걷기 시작하면서부터, 교육이 시작된다. 주변 사람에게 반응하고, 사회와 자연에 적응하는 방법을 배우기 시작한다. 부모에 의해, 가족을 통해 교육이 시작된다. 어느 정도 성장이 이루어지고 더욱 정교하고 전문적인 지식이 필요해지면 이제는 정규 교육 기관에 소속되어 교육을 받아야 한다. 성장 연령에 맞춰 국가에서 마련한 공식적 교육 기관에 입학하거나, 민간 교육 기관에 입학하여 교육을 받을 수 있다. 나이에 맞춰 유아원, 유치원, 초등학교, 중학교, 고등학교, 대학교, 대학원 교육을 순차적으로 받는다. 교육 목적과 목표, 교육 내용은 교육기관 등급에 따라 수준이 높아지고 어려워지며, 전문화된다.

직장에 들어서는 직책과 직급, 직위에 맞는 맞춤 교육이 이루어지고 사회 생활에 필요한 교육이 때와 장소에 맞춰 이루어진다. 평생 교육 관점에서 보면 교육은 일생 동안 지속된다.

교육 시기는 인간 성장 단계나 교육 목적에 맞춰 적절히 이루어져야 한다. 성장 단계보다 늦게 교육이 이루어지면 동년배에 비해 지적 발달이나 사회성 발달이 늦어질 수 있다. 반대로, 교육 시기를 조금씩 앞당김으로써 능력 있는 사람의 성장 발달을 촉진할 수도 있다. 교육 시기는 교육 받을 사람의 역량을 충실히 고려해서 판단해야 한다.

■ 교육 내용

태어난 직후부터 아주 어린 아이 시기에는 부모와 가족에 의한 생존, 사회 및 자연 적응 교육이 시도될 것이다. 좀 더 자라나서 걷기 시작하고 말을 배우기 시작하면 유아 교육이 시작된다. 만 3~5세에 해당하는 어린이는 어린이집이나 유치원에 들어가서 가족을 벗어난 정규 또는 비정규 교육을 받는다. 부모의 지원과 함께 정부가 유아학비와 보육료를 지원한다. 이들에 대한 교육 내용은 신체 운동 및 건강, 의

그림 9-1 누리과정 교육 내용

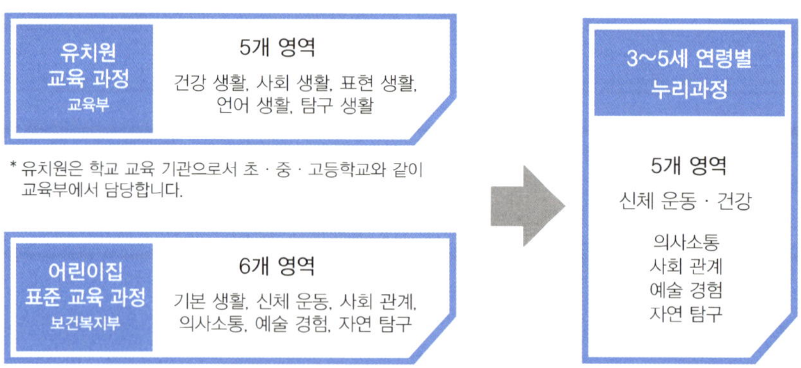

출처: 교육부 홈페이지(2016.7.1).

사소통, 사회 관계, 예술 경험, 자연 탐구 등이다.

이후에 아이들은 초등학교 → 중학교 → 고등학교 → 대학교의 정규 교육 과정을 거친다. 교과 내용은 좀 더 세분화되고, 교과목으로 지정된 것을 배우며, 높은 학년으로 올라갈수록 심화된 공부를 한다. 정부는 2015년 교육 과정 개편을 통하여 과목별 시수와 교과 내용 변화를 다음과 같이 시도하였다. 초등학교 1~2학년의 경우에는 국어나 수학의 기초와 함께 바른 생활, 슬기로운 생활, 즐거운 생활, 안전한 생활에 대해 배우다가 3학년부터 세분화되어 사회, 도덕, 과학, 실과, 체육, 음악, 미술, 영어 등을 배운다.

표 9-1 초등학교 교육 과정(2015 개편)

구 분		1~2학년	3~4학년	5~6학년
교과(군)	국어	국어(448)	408	408
	사회/도덕		272	272
	수학	수학(256)	272	272
	과학/실과	바른 생활(128)	204	340
	체육	슬기로운 생활(192)	204	204
	예술(음악/미술)	즐거운 생활(384)	272	272
	영어		136	204
	소 계	1,408	1,768	1,972
창의적 체험활동		336 안전한 생활(64)	204	204
학년군별 총 수업시간 수		1,744	1,972	2,176

중학교에서는 국어, 사회(역사 포함)/도덕, 수학, 과학/기술·가정/정보, 체육, 예술(음악/미술), 영어, 선택 과목에 대한 교육과 함께 창의적 체험 활동을 한다. 고등학교에서는 더욱 수준이 높은 내용을 각 과목별로 배운다.

표 9-2 고등학교 교육 과정(2015 개편)

<table>
<tr><th></th><th>교과 영역</th><th>교과(군)</th><th>공통 과목(단위)</th><th>필수 이수 단위</th><th>자율 편성 단위</th></tr>
<tr><td rowspan="11">교
과
(군)</td><td rowspan="4">기초</td><td>국어</td><td>국어(8)</td><td>10</td><td rowspan="10">학생의 적성과
진로를
고려하여 편성</td></tr>
<tr><td>수학</td><td>수학(8)</td><td>10</td></tr>
<tr><td>영어</td><td>영어(8)</td><td>10</td></tr>
<tr><td>한국사</td><td>한국사(6)</td><td>6</td></tr>
<tr><td rowspan="2">탐구</td><td>사회(역사/도덕
포함)</td><td>통합사회(8)</td><td>10</td></tr>
<tr><td>과학</td><td>통합과학(8)
과학탐구실험(2)</td><td>12</td></tr>
<tr><td rowspan="2">체육 · 예술</td><td>체육</td><td></td><td>10</td></tr>
<tr><td>예술</td><td></td><td>10</td></tr>
<tr><td>생활 · 교양</td><td colspan="2">기술 · 가정/제2외국어/한문/교양</td><td>16</td></tr>
<tr><td colspan="3">소 계</td><td>94</td><td>86</td></tr>
<tr><td colspan="4">창의적 체험활동</td><td colspan="2">24(408시간)</td></tr>
<tr><td colspan="4">총 이수단위</td><td colspan="2">204</td></tr>
</table>

※ 공통 과목은 2단위 범위 내에서 감하여 편성 · 운영할 수 있다. 단, 한국사는 6단위 이상 이수하되 2개 학기 이상 편성하도록 한다.

※ 과학탐구실험은 이수 단위 증감 없이 편성 · 운영하는 것을 원칙으로 하되, 과학 계열, 체육 계열, 예술 계열 고등학교의 경우 학교 실정에 따라 탄력적으로 운영할 수 있다.

※ 필수 이수 단위의 단위 수는 해당 교과(군)의 '최소 이수 단위'로 공통 과목 단위수를 포함한다. 특수 목적 고등학교와 자율형 사립 고등학교의 경우 예술 교과(군)은 5단위 이상, 생활 · 교양 영역은 12단위 이상 이수할 것을 권장한다.

※ 기초 교과 영역 이수 단위 총합은 교과 총 이수 단위의 50%를 초과하지 않도록 한다.

대학 교육은 좀 더 전문화된 교육 내용으로 편성된다. 일반 교양 교육과 함께 졸업 후 직업 선택에 도움이 되는 전문 교육 내용이다. 전공별로 교육 내용이 다른데, 최근에는 현장 실무 직업군에서 요구하는 전문 역량과 대학 교육을 연계시키려는 노력이 일고 있다.

2. 교육과 인간, 그리고 인성

교육은 인간을 지혜롭게 만드는 것과 동시에 인간 본연의 인성을 계발시키는 것에도 힘을 쓴다. 인성은 앞 장에서 논의한 바와 같이 인간의 선한 품성을 말한다. 인간의 품성은 태어날 때부터 선한 것인가 아니면 악한 것인가와 관계없이 교육을 통해 다듬어지고 선한 상태로 유도되어야 한다.

국가 건설과 경제 발전 기간의 교육은 주로 과학적 지식 교육, 능률과 효과성 추구 교육, 발전을 위한 우위 경쟁 교육 위주였다. 하지만, 정치 민주 시대가 전개되면서 인간 개개인의 자유와 평등, 존중과 배려, 소통의 교육이 전개되고 있다. 더욱 발전하여 이제는 문화와 복지, 행복 교육이 전개되고 있다. 국가나 조직, 과학, 자연에 대한 것보다도 '인간'에 초점을 둔 교육이 필요해졌다. 인성 교육에 대한 관심은 바로 이 인간주의 교육과 맥을 같이하고 있다.

■ 인간주의 교육

인간주의(人間主義, humanism)는 '인간'의 '인간다움'을 추구하는 사상이다. '인간'에 초점을 둔다는 의미는 신이나 종교, 자연이나 물질 문명보다도 인간의 본질이나 삶, 행복을 지향한다는 말이다. 또 국가나 사회, 조직보다도 개인 차원의 인간에 더욱 비중을 둔다. '인간다움'은 인간의 생명과 존재, 인간의 자아와 자유 의지, 인간의 삶과 행복이 바람직한 모습이어야 함을 뜻한다.

인간주의는 휴머니즘, 인본주의(人本主義), 인문주의(人文主義), 인도주의(人道主義) 등 다양한 형태로 사용되고 있다(김정환, 1987: 312-313; 김성봉, 2010: 26-40; Lamont, 1975: 23-24). 인본주의는 인간이 중심이라는 뜻을, 인문주의는 인간의 우아하고 수준 높은 문화를 지향한다는 뜻을, 인도주의는 인간의 바람직한 윤리와 참된 진리의 길을 추구한다는 뜻을 담고 있다. 라몬트(Lamont, 1975: 23-24)는 휴머니즘이란 말을 통해, 인간은 거대한 자연과 함께 진화하는 존재로서 자기 운명을 스스로 개척할 수 있는 창조적 선택과 행위의 자유를 가진 존재로 보았다.

인간주의 교육은 인간의 인간다움을 추구하는 교육이다. 교육이란 말이 인간을 기르고 가르치는 것임을 고려하면 사실 모든 교육은 인간주의 교육이다. 지식 습득, 살아가는 방법 교육, 국가와 사회에 적응하는 교육, 직업 관련 기능 교육, 전문 역량 증진 교육은 모두 인간주의 교육이다. 그런데 왜, 지금 이 시점에서 인간주의 교육을 부르짖고 있는가?

인간주의 교육의 등장 배경은 과학적 지식 습득과 경쟁 위주의 교육이 낳은 병폐를 시정해야 한다는 절박함 때문이다. 학생, 자라나는 청소년이 인간의 인간다움을 꽃피우지 못하고 오로지 경쟁과 승리에만 집착하여 인간 본연의 인성이 파괴되

그림 9-2 교육부 인성 교육 체계

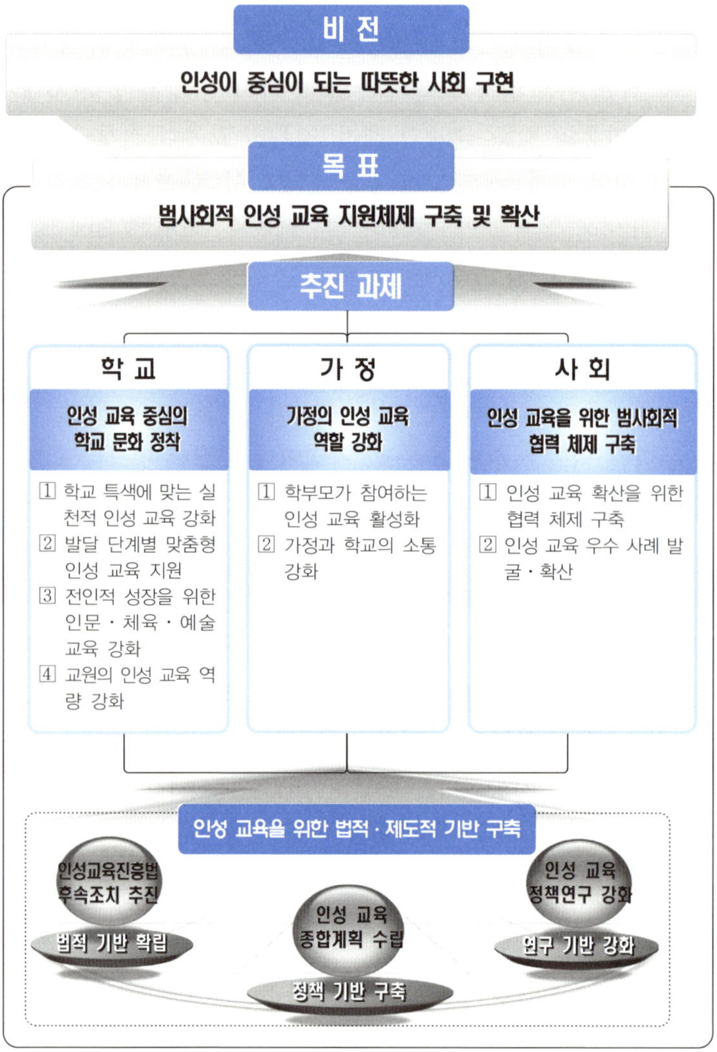

출처: 교육부. 2015년도 인성 교육 강화 기본계획.

고, 일탈과 범죄로 치닫게 되었다고 보기 때문이다. 그동안 한국 사회가 국가 발전, 경제 성장에 중점을 둔 교육을 시행하여 전 세계가 깜짝 놀랄 만한 성과를 거두었다. 하지만, 이제는 성장 이후에 인간 존중의 문화와 복지를 실천해 가야 할 즈음에서서 인간 중심의 교육을 부르짖게 된 것이다.

인간주의 교육을 위해서는 교육의 인격화, 인간화가 필요하고, 인간이 주체가 되어야 하며, 교육 내용의 인문화가 필요하다(김정환, 1995: 106-108). [그림 9-2]는 교육부의 인성 교육 체계도이다. 최고의 이상적 목적, 비전으로 '인성이 중심이 되는 따뜻한 사회 구현'을 내세우고, 이를 실현하기 위한 구체적 목표와 추진 과제를 설정하고 있다. 추진 과제는 학교, 가정, 사회로 분담되고 있다.

Ⅱ 인간 성장과 교육, 그리고 인성

교육의 시기와 내용을 인간 성장 과정에 따라 살펴보는 것이 중요하다. 인간의 육체적 성장과 함께 지성적, 감성적 성장이 함께 이루어져야만 하기 때문이다. 발달한 이성과 감성이 융합하여 인간의 인성을 구성한다.

1. 유아기 교육

유아기(幼兒期)는 아이가 태어나서 정규 학교 입학 전까지로 대략 7세 이하에 해당한다.[3] 이때는 교육의 주도권이 부모와 가족에게 있다. 1차적 교육 공간은 가정이고, 2차적으로는 어린이집이나 유치원이 있으며, 미술 학원이나 음악 학원, 축구 교실처럼 특화된 교육 기관도 있다. 가정 이외의 교육 공간을 활용할 것인가 여부는 대체로 부모 의견에 달려 있다.

교육 대상인 유아의 특성을 살펴보면 첫째, 육체적 성장이 빠르게 진행되지만 아직 충분히 건강한 상태에 이르지는 못하고 있다. 육체적으로 나약하여 다른 사람의 보호를 받아야만 한다. 둘째, 지적, 감성적 성장도 빠르게 진행 중이다. 아직 완벽한 독립 인간으로 성장하지는 못하고 있다. 셋째, 부모와 가족 이외의 다른 사람 관계가 아직 넓게 확대되지 않고 있는 상태다. 조금씩 사회 관계를 넓혀 가지만 확대된 씨족 사회나 지역 사회를 넘기가 어렵다. 넷째, 새로운 경험이 지속적으로 축적되면

3) 「유아교육법」 제2조에는, "유아라 함은 만 3세부터 초등학교 취학 전까지의 어린이를 말한다."고 되어 있다.

서 이에 동반하여 지적, 감성적 성장도 이루어지고 있다.

▪ 부모 교육

부모에 의한 교육이 유아 교육의 출발점이다. 유아는 부모의 말과 행동, 사고 방식을 모방하고 흉내 내며, 따라 배운다. '부모 자체'가 유아의 배움의 목표이다. 부모 교육은 가르치는 '부모 자체'가 바람직한 교육 목표가 되어야 하기 때문에 가장 중요한 것은 부모의 마음, 지혜, 인성, 태도, 행동이다. 부모는 특별히 가르치려고 들지 않더라도 스스로 반듯한 교육 목표가 되어 주면 된다. 의식주 활동, 가족 내 사회 관계, 가족 외부의 환경 대응 관계 등은 부모를 보고 따라 배운다.

유아기의 부모 교육은 유아의 인격, 인성, 지성과 감성 형성에 큰 영향을 미친다. '백지와 같은 깨끗한 마음'에 최초로 새겨진 교육 내용, 경험, 지식은 평생의 삶에 큰 영향을 미친다. 한번 새겨진 교육 내용은 이후의 삶의 과정에서 수정되고 보완될 수 있지만, 자칫하면 근본적인 치유가 불가능할 수도 있다. 그래서 유아기 부모 교육은 매우 신중하게 진행되어야 한다.

부모는 말과 글을 통해, 또 앞선 행동을 하면서 아이를 가르친다. 그런데 부모는 결코 완벽하지 않고, 천차만별(千差萬別)하며, '좋은 교육자의 자질'을 갖추지 못하고 있는 경우가 많다. 모두가 자기가 알고 있는 방식대로, '자기 마음대로' 유아를 가르친다. 아주 낮은 차원의 본능 수준에 해당하는 교육이라면 괜찮겠지만 지혜를 필요로 하는 외부 자연이나 사회와 관련된 교육이라면 문제가 생길 수 있다. 잘못된 교육을 하게 되기 때문이다.

부모가 교육에 한계를 느끼면 외부 전문가나 교육 기관의 도움을 받아야 한다. 시간이 별로 없거나, 기본적인 교육 비용이 없거나, 관련 정보나 지혜가 없거나, 가르치는 방법을 전혀 모를 때는 부모 교육이 어려워진다. 부모가 스스로 교육을 받아 유아에게 가르침을 줄 수도 있지만, 부모가 유아 교육에서 물러나고 전문가에게 교육을 의뢰하는 것이다.

부모 교육의 이점(利點)은 첫째, 부모와 유아 사이에 무한의 신뢰 관계가 형성되어 있다. 유아는 가르치는 부모에 대해 편안하고, 부모의 교육 내용을 곧이곧대로 받아들인다. 둘째, 교육 효과가 매우 높다. 아이는 아직 백지 상태여서 무엇이든 그대로 받아들일 준비가 되어 있다. 말하는 대로, 가르치는 대로 익히고 따를 수 있다. 셋째, 상호 간에 원하는 것이 무엇인가를 잘 알아 적절한 교육 내용을, 적절한 시기에 진행시킬 수 있다. 넷째, 교육 내용에 대해 무한 책임을 지게 된다. 결과를 공유하고, 교육 내용을 수시로 수정하며 보충한다. 다섯째, 교육 비용이 적게 든다.

이에 비해 부모 교육의 약점(弱點)은 첫째, 부모가 훌륭한 교육자가 아닐 수 있다는 점이다. 교육 내용도 완벽하지 않을 수 있고, 가르치는 방법도 잘 모를 수 있다. 이럴 경우에는 유아가 잘못된 교육을 받기 쉽다. 둘째, 부모의 지혜나 기질에 따라 가르침을 받는 유아에 미치는 영향이 매우 클 수 있다. 평상심 상태에서 가르침이 있어야 하지만 때로는 화를 낸 상태에서, 짜증을 내면서, 화풀이 식으로 가르침이 이루어지기도 한다. 셋째, 부모의 경제 사회 여건에 따라 교육이 달라질 수 있다. 여건이 좋으면 다행이지만 가난하고, 사회 관계가 나쁜 상황이라면 교육이 힘들어진다.

부모 교육에서 아버지와 어머니의 역할이 다를 수 있다. 아버지는 남성다움, 강인함, 도전 정신, 적극성, 열정을 바탕으로 교육을 하고, 상대적으로 어머니는 여성스러움, 다정함, 배려, 사랑을 바탕으로 교육을 한다. 물론 부모 사이에 역할 변화가 있을 수도 있다. 한쪽이 강하게 나가면 다른 쪽은 부드럽게 감싸는 형태로 보완 작용을 하는 식으로 교육을 한다. 어느 한쪽(예, 바쁜 아버지)이 교육을 등한시하면 그런 부분(예, 남성다움)의 감성이나 지혜가 길러지기가 어려워진다.

■ 유아 교육 기관을 통한 교육

유아 교육 기관으로는 국공립 또는 사립 어린이집이나 유치원을 중심으로 다양한 전문 교육 기관이 있다. 영어, 체육, 음악, 미술, 자연 등에 특화된 교육 기관도 많이 있다. 이런 기관은 유아가 부모 교육의 그늘에서 벗어나서 좀 더 너른 세상과 접하게 되는 곳이다. 본인의 의도보다는 부모의 선택에 의해 입학이 이루어진다.

유아 교육 기관은 전문가적 시각에서 교육 과정을 설계하고 전문 교사를 채용하여 교육을 담당한다. 교육 내용 속에는 전문 지식이나 능력 함양에 필요한 것부터 감성 발전이나 인성 함양에 필요한 내용이 많이 포함된다. 건축물이나 시설, 교사의 복장 등 모든 영역에서 유아의 감성적 지성 함양을 고려하게 된다.

기관에 입학하여 교육을 받는 유아는 가족 이외에 새로운 교육자와 동료를 만나게 된다. 확대된 사회 생활을 시작한다. 교육을 통해, 또 기관 내 동료 관계를 통해 다른 사람과의 의사소통, 작용과 반작용, 공동체 생활과 역할 관계, 사회 생활에 대한 지혜를 익히고 경험을 축적한다. 유아는 가족 이외의 사회에 대한 인식을 새롭게 하고 좀 더 성숙한 인간으로 성장해 간다.

유아는 교육을 통해 인간 기본의 인성을 함양한다. 부모 교육을 통해 사랑과 효도, 공경심을 체득한다. 부모, 가족과 함께하는 과정에서 행복, 편안, 책임과 의무, 헌신, 배려의 인성을 갖춘다. 유아 교육 기관을 통해서는 교육자에 대한 존경과 순종, 다른 사람과의 의사소통, 경쟁과 협조, 공동체 생활 적응성을 기른다. 이런 인성은 청소년기를 거치면서 더욱 강화되고, 또한 수정되거나 보완된다.

2. 청소년기 교육

청소년기는 초등학교 입학 시기부터 결혼과 직업을 갖게 되는 시점까지로 보면 된다. 법적으로 청소년을 「청소년 보호법」 제2조에서는 19세 미만, 「청소년 기본법」 제3조에서는 9세 이상 24세 이하인 사람으로 보고 있다. 「민법」 제4조에는 "사람은 19세로 성년에 이르게 된다."라고 하여 19세 미만을 미성년자로 분류하고 있다. 「형법」 제9조에는 "14세 되지 아니한 자의 행위는 벌하지 아니한다."라고 되어 있어 14세 미만은 형사 미성년자로 분류한다.

청소년(青少年)과 장년(長年)을 구분하는 것은 대체로 인간이 자기 스스로 독립 인격체가 되어 스스로 판단할 수 있고 결정할 수 있으며 자기 행동에 책임을 질 수 있는 시점을 기준으로 한다. 하지만, 사람에 따라 편차가 많기 때문에 법적으로 나이를 기준으로 하려는 것이다. 하지만, 법적으로도 기준이 매우 다양하다.

교육 측면에서 보면 공교육 기관 입학과 졸업을 기준으로 하면 편리하다. 우선, 청소년기의 시작을 초등학교 입학 때로 보는 것이 좋다. 공식적인 정규 교육의 시작으로서 이후에 지속적으로 비슷한 형태의 교육이 이어지기 때문이다. 하지만, 청소년기의 끝자락을 단정하기는 매우 어렵다. 민법, 형법, 청소년법의 적용 대상으로서의 청소년기는 대학 교육이 끝나기 전에 이미 시작되기 때문이다. 개인적으로 공교육이 끝나는 시점이 다른데 대학 교육, 대학원 교육을 지속하는 사람, 대학 재학 중 군대 복무를 하는 사람은 교육의 끝자락이 20대 후반, 30대 초반까지 이어진다. 그래서 공교육이 끝나는 시점을 가족 독립이 이루어지는 결혼, 소득이 발생하는 직장 생활 시작으로 보는 것이 편리하다.

■ 학교 교육

학교 교육은 앞서 살펴본 바와 같이 교육부가 정한 규칙에 따라 초등, 중등, 고등학교에 따라 교과목, 교과 내용, 교육 기간이 정해져 있다. 이를 토대로 지식 교육, 인성 교육, 창의 교육이 이루어진다.

학교 교육에서는 무엇보다도 삶에 필요한 지식 교육이 기반이 되어야 한다. 국어나 영어와 같은 언어 능력, 산수(算數)나 통계와 같은 수학 능력, 사회나 윤리, 도덕과 같은 지식, 생물, 물리, 화학과 같은 자연 과학 지식 등을 배운다. 대학 교육을 통해서는 각종 전문 지식을 공부한다. 지식 교육은 행복하고 안전한 삶에 꼭 필요함과 동시에 소득 창출에 필요한 직업 활동에 도움이 된다.

지식 교육 과정에서는 성과를 높이기 위해 학업 성과를 평가하는 시험이 부과된다. 시험을 통해 학생은 경쟁을 배우고 승리와 패배의 감성을 경험한다. 좋은 성적을 받기 위해 필요한 노력과 열정은 모든 학생에게 요구된다. 좋은 성적을 받은 학생이 느끼는 성공감, 성취감, 우월감, 승리감은 당사자를 더욱더 계발시킨다. 좋은 성적을 받은 학생은 상장과 장학금을 받거나 좋은 상급 학교에 진학하고, 마침내 좋은 직업과 직장을 갖는다. 사회적 성공이 보장되는 만큼 학생들의 지식 경쟁은 매우 치열하다. 낮은 성적을 받은 학생은 상대적으로 불편함, 패배감, 열등감을 갖게 되고, 성적 스트레스를 심하게 받을 수 있다. 비록 낮은 성적을 받았지만, '더 잘할 수 있다'고 생각하는 학생은 더욱 분발할 것이지만, '나는 더 이상 불가능하다'고 생각하는 학생은 현실에 만족하고 더 이상 분발을 포기할 수도 있다. 문제는 극단적으로 학업을 포기하고 일탈 행동을 보이는 학생이다. 이들은 학업 성적에서 매우 낮은 수준에 머무는 사람이다. 대개는 지능 지수가 낮아 학습 능력이 떨어지는 경우가 대부분이고, 가정 사정이나 질병 등에 의해 공부를 제대로 하지 못해 발생하는 수도 있다.

학교에서는 지식 교육 이외에도 인성 교육을 받는다. 인성 교육은 (지식 경쟁 과정에서 형성되는 인성 이외에) 인간 본성, 사회 윤리, 도덕과 관련된 것이다. 전통적 삼강오륜(三綱五倫)이나 사회 생활 관련 규칙, 공동체 질서, 예절을 배운다. '더불어' 살아가는 방법과 마음가짐, 의사소통과 대화 방법, 상대방 존중과 배려, 사회적 헌신과 봉사 등을 배워 함양한다.

■ 사교육

사교육(私教育)은 정규 학교의 공교육(公教育)에 대응되는 용어다. 공교육이 정부에서 인가한 공식적인 학교를 통한 교육을 말하는 데 비해, 사교육은 민간 차원의 학원이나 특수 기관, 단체에 의한 교육을 말한다.

공교육은 교과 과정이나 교육 내용이 정부의 지침에 따라 만들어지는 데 비해, 사교육은 기관 설립 요건 등에 관한 것을 제외하면 어느 정도 자유롭게 이루어진다. 사교육은 공교육을 통해 이루어지는 교육이 미진하다고 여기는 학생이 추가적으로 참여한다.

공교육과 사교육의 특성을 대비적으로 살펴보면 다음 <표 9-3>과 같다.

표 9-3 공교육과 사교육의 특성 비교

	공교육	사교육
지식 교육	– 교육부 지침에 의한 교과 과정, 내용 – 종합적이고 체계적인 전인적 지식 교육 – 엄격한 학교, 교사, 학생 기준 적용 – 기본적인 개념, 이론에 충실	– 자유로운 교과 과정, 내용 – 전문적이고 특수한 지식 교육 – (비교적) 자유로운 교육 시설, 교사, 학생 기준 – 보충적, 추가적인 교육
인성 교육	– 윤리, 도덕 교육 강조 – 창의, 발전 등 인성 교육 – 국가 사회와 관련된 충성, 자유 민주, 책임과 의무, 배려와 헌신, 봉사 등 교육	– 대체로 인성 교육보다는 지식 교육에 치중 – 특별히 인성 교육을 담당하는 기관도 있음

인성 관련해서 보면 공교육에서는 지식 교육과 함께 인성 교육에도 많은 정성을 기울인다. 청소년의 성장 단계에 맞춰 각 시기에 필요한 윤리, 도덕 교육을 실시한다. 사교육에서도 자체 교육 방침이나 교사의 역량에 따라 나름대로 인성 교육을 시행하기도 한다.

종종 '공교육의 문제'를 말하면서 '입시 위주의 주입식' 교육을 비판한다. 또 학교 수업 시간에 엎드려서 자는 학생을 부각시키면서 공교육 붕괴를 한탄하는 사람이 있다. 그러면서 비교 대상으로 저녁 학원에서 열심히 공부하여 학업 성과를 높이는 학생을 본보기로 든다. 이에 대해서는 좀 더 진지하게 생각해 볼 필요가 있다.

학교 공교육에서는 처음 대하는 교과 내용 속의 기초 개념, 이론, 콘텐츠 습득에 많은 시간을 소비한다. 무지한 상태에서 새로운 개념 하나를 이해하기 위해서는 굉장이 많은 노력이 필요하다. 교사의 설명이 충분해야 하고, 마지막 학생이 이해할 때까지 앞서 이해한 학생은 기다려야 한다. 시간과 노력이 많이 든다. 이에 비해 저녁 시간의 사교육 공간인 학원에서는 공교육에서 어렵게 배워서, 이제는 완전히 이해를 한 원 개념과 이론을 토대로 한 단계 진보한 공부를 하게 된다. 그리고 수강생들은 서로 수준에 맞춰 반 편성이 이루어지기 때문에 학습 진도가 순조롭게 이루어질 수 있다. 수준별 교육이 가능하고, 기초 개념 설명이 필요치 않으며, '진정으로 공부를 하고 싶어 온' 학생을 대상으로 학습이 진행된다. 교사는 가르치기 수월하고 학생은 효과적인 학습을 한다.

공교육 붕괴가 아니라 공교육은 자신의 임무를 충실히 잘하고 있는 것이다. 보충학습이란 면에서 사교육도 자신의 역할을 잘 하고 있는 것이고. 공교육과 사교육의 역할 역전 현상은 선행 학습을 사교육 학원에서 하는 경우다. 초등학교 입학 전에 한글 교육, 영어 교육, 구구단 외우기 교육은 대체로 가정 교육이나 일부 유치원에서 담당한다. 가르치는 부모나 선생님은 처음 배우는 어린이를 대상으로 교육하기가 매우 어렵다. 하지만, 이들이 초등학교에 진학하고 난 직후의 학교 선생님은 한글 교육, 구구단 교육이 더없이 수월하다.

▪가정 교육

가정 교육은 부모를 중심으로 형제 자매나 할아버지 할머니 등 가족 전체에 의한 교육을 말한다. 청소년기 가정 교육은 정규 학교 교육을 보완하는 의미가 짙다. 왜냐하면, 청소년은 대부분 상급 학교 진학과 관련하여 지식 교육에 매진하기 때문이다. 학년이 올라갈수록 하루 시간의 대부분을 학교에서 생활하며, 보충 수업이 필요한 사람의 경우에는 다시 사교육 기관에서 학습을 이어간다. 가정에서 보내는 시간이 지속적으로 적어진다.

초등학교 저학년 수준이라면 부모에 의한 지식 교육 지원이 가능할 수 있지만 학년이 올라가면서 점차 불가능해진다. 부모나 가족은 청소년의 지식 교육을 학교와 교사에게 일임하고 전방위적으로 각종 교육 지원을 한다. 청소년의 학습 기자재 지원, 영양 보충, 부족한 학습 내용에 대한 사교육 보충 수업 지원 등을 담당한다.

인성 교육과 관련해서는 학교의 체계적인 교육 방침에 따라 지원, 협력, 보충이 가족을 통해 이루어진다. 학교가 지식 교육을 위주로 하면서 청소년의 인성을 길러가는 데 비해, 가정은 '온전한 인격체'로서의 청소년을 기대하면서 인성을 챙기고자 한다. 즉, '공부도 잘하면서 인격도 우수한 사람'을 기대한다.

하지만, 인간은 15세 정도가 되면(물론 더욱 일찍 시작되는 수도 있지만), 독립적 자아가 형성되고 자기와 관련된 일은 스스로 결정하고 행동하기 시작한다. 학교의 교육 방침이나 가정의 생활 준칙을 따라가면서도 '자기 목소리'가 커진다. 어느 정도 골격이 형성된 자신의 인성에 대한 '주재자(主宰者)'로 등극한다. 이때부터는 자신의 인성에 대한 부모나 가족, 교사의 지시를 무작정 따르려고 하지 않는다. 외부의 가르침에 대해서 나름대로의 '보호막', '분석틀', '해석 장치'를 갖는다.

이럴 경우에도 비교적 순종형의 청소년은 부모 형제나 교사의 선도를 존중하고 따르려 한다. 하지만, 고집이 세고 자기 주장이 지나치게 강해서 남의 말을 잘 들으려고 하지 않는 청소년이라면 문제가 심각해진다. 학교와 가정, 교사와 부모의 가르침을 받으려 하지 않고 '제멋대로', '일탈'을 일삼는 청소년이 있다.

학교에서는 인성에 문제가 있다고 여겨지는 청소년 교육을 위해 학부모와 연합전선을 형성해야 한다. 인성면에서 학교에 적응치 못하는 청소년의 인성 교육을 가정과 함께 도모하는 것이다. 이런 방식은 일탈 청소년 인성 지도에 좋은 효과를 보일 수 있다. 하지만, '문제 학생'의 경우에는 학교와 가정, 교사와 부모 모두가 힘을 합쳐도 감당하기 어려운 행동을 하는 수가 있다. 학교 폭력, 성범죄, 학칙 위반, 가정폭력 등 정도를 벗어난 일탈 행동을 하는 경우다. 이럴 때는 어쩔 수 없이 외부 경찰이나 법의 지원을 받아야 한다.

3. 장년기 교육

정규 교육을 끝내고 결혼, 직업 활동이 시작되는 장년기에도 지속적으로 새로운 교육이 이루어진다. 사회 교육, 직장 교육, 평생 교육이 진행된다. 각자의 필요에 따라 전문적인 직업 교육, 직장 내 교육과 훈련, 추가적인 사회 교육이 이어진다. 지속적인 배움에 의해 개인적으로 필요한 지식이 완벽해지고, 온전한 인격체로서의 인성도 더욱더 잘 다듬어진다.

장년기 교육은 첫째, 학교 교육 이후의 사회 변화, 지식과 정보의 발전, 과학 기술의 발전 등을 따라잡기 위해 필요하다. 청소년기 학교를 통해 배운 지식이 '과거의 낡은 지식'이고 점차 '현실에 맞지 않는 지식'이 되어가기 때문에 지속적인 사회 교육, 평생 교육이 필요하다. 농촌 중심의 전통 사회와는 달리 현대는 놀라울 정도로 빠르게 과학 기술 발전, 문명 발전, 환경과 사회 변화가 진행되고 있다. 이와 관련된 지식은 청소년기 교육 내용과는 사뭇 다르다.

둘째, 지식 교육 중심의 학교 교육에서는 불가능했던 총체적인 '삶의 질'과 관련된 교육과 배움이 필요하다. 삶의 질을 높이기 위한 성인 교육이 필요하다(조영일,

2003: 101－102). 가치 있고 행복한 삶을 위한 교육이 지속적으로 이루어져야 한다.

셋째, 개인적으로는 2차적인 직업 선택, 안전한 삶의 질 유지를 위해서 추가적인 교육이 필요하다. 초등학교 입학으로부터 대학 졸업 때까지 16년, 더 나아가서 대학원 졸업까지 22~25년 동안 배워서 최초로 선택한 직업에 종사하는 기간이 기껏 20여 년밖에 되지 않는 경우가 많다. 정규 학교 교육을 통해 선택한 직업에서 너무 일찍 퇴직(退職), 은퇴(隱退)를 한다. 평균 수명이 길어져 90세, 100세 이상을 살게 되는데 50~60세에 직장에서 물러난다. 이에 대비하여 2차 직업 선택 교육이 필요하고 장수 노인으로서의 삶에 필요한 지식 교육이 필요해진다.

넷째, 장년기 교육에는 교육부에서 인정하는 자격 인증제, 학점 은행제 등 공식화된 것도 있지만, 대체로 자유로운 직업 교육, 사회 교육 형태로 운영되는 것이 많다. 인문학 교육, 건강 교육, 안전 교육, 특수 기술 교육, 환경 교육, 예술 교육 등 다양하다.

4. 노인 교육

65세 이상, 또는 직장 은퇴 이후의 노인도 교육이 필요하다. 노인은 육체적으로 늙었고, 정신적으로도 쉬고 싶은 나이다. 높은 소득, 사회적 권위, 승진 등보다는 건강과 행복, '삶 자체'에 대한 공부가 필요하다. 노인에게 필요한 교육과 인성에 대해 살펴보자.

(1) 건강 교육과 인성

노인은 누구나 건강 문제를 가지고 있다. 아무리 질병이 없는 사람이라도 체력이 떨어지고 시력이 나빠지며 숨이 차게 되어 있다. 노인은 건강 문제를 가장 중요시하고, 이에 관련된 지식 교육을 필요로 한다. 육체적 건강을 유지하고, 이런저런 질병에 걸리지 않으면서 정상적으로 걷고, 움직일 수 있는 건강 상식을 배워야 한다. 건강이 염려되는 노인의 인성은 의욕 감퇴, 활동량 축소를 유발하고 대인 기피 현상과 사회성 결여로 이어질 수 있다. 이런 부정적 인성을 긍정적 인성으로 전환시키는 교육이 필요하다. 건강 속에는 부부 성생활, 홀로된 노인의 성문제도 포함된다.

(2) 행복 교육과 인성

노인은 직업 전선에서 은퇴하고 서서히 인생을 마무리할 준비를 하는 사람이다.

부나 권력, 사회적 명성에 대한 욕심이 사라지고 매우 차분하게 '현재의 자신'을 의식하는 사람이다. 이런 노인에게는 '무엇이 행복인가?'에 대한 교육이 필요하다. 자신의 삶이 결코 헛되지 않았음을 알게 하고, 일상 생활 속의 자잘한 일이 모두 행복과 관련된 것임을 알게 해야 한다. 일어서고, 걸을 수 있으며, 먹고 마실 수 있는 것, 잘 자는 것 등 모두가 행복한 일임을 스스로 배워야 한다. '욕심을 버리는 것'이 바로 행복의 지름길임을 감지토록 해야 한다.

(3) 경제 교육과 인성

직장 생활을 통한 소득 창출이 없는 상황에서 어떻게 말년에 필요한 자금을 확보할 것인가도 노인에게 매우 중요하다. 전문 직업에 종사하여 말년까지도 소득 활동을 할 수 있는 경우라면 건강 유지와 일하는 시간 조정, 업무량 조정 등의 지식이 필요하다. 그러나 은퇴자의 경우에는 부동산 관리, 생활 자금 관리, 연금 관리 등 노후 경제 설계가 중요하다. 자녀에게 의존할 것인지, 연금 관리를 어떻게 해야 최선인지, 주택 담보 연금을 신청해야 할 것인지 걱정이 된다. 노후 자금 관리는 경제 전문가의 특별 교육이 필요하다.

(4) 노년의 '삶 자체'에 대한 공부와 인성

건강, 경제, 정신적 행복 교육과 함께 노년의 삶 자체에 대한 공부도 중요하다. '죽기 전까지' 무엇을 하면서, 어떻게 살아갈 것인가? 아무런 활동도 하지 않고, 그저 늘어진 채로, 목적 없이 세월을 보낼 것인가? 노인에게도 일이 있어야 하고, 목적이 필요하다.

돈벌이가 되는 일이라면 더욱 좋겠지만 '일을 위한 일', '무료함을 이기기 위한 일', '인간으로서의 존재감을 갖게 하는 일', '건강을 유지하기 위한 일'이 필요하다. 예를 들면, 지속적인 봉사 활동, 한국의 100대 명산을 오르는 일, 전국 모든 시군을 여행하는 일, 관광지에서 안내를 하고 관광 해설을 하는 일, 한문 고전을 꾸준히 읽는 일, 길거리 청소를 하는 일 등이 필요하다.

돈벌이를 위해 노인이 재취업하는 수도 있다. 아파트 수위, 건물 관리인, 폐지 수집, 관광 안내를 하면서 하루 용돈을 버는 일, 어린 학생을 위한 전문가 지식 교육 등이 가능하다.

Ⅲ 교사, 학생, 학부모와 인성

교육은 가르치는 일과 배우는 일이 기본이다. 가르치는 일(=교수, 教授)을 담당하는 사람이 교사(教師, teachers)이고, 배우는 일(=학습, 學習)을 담당하는 사람이 학생(學生, students)이다. 이 두 행위자 이외에 학생의 학업을 지원하는 학부모, 교육 행정을 담당하는 교육 공무원, 사교육 시설을 운영하는 교육가 또는 교육 기업가들이 있다. 인성 교육과 관련하여 앞의 세 구성원에 대해서만 살펴보기로 한다.

1. 교 사

교사(교수, 스승, 강사)는 교육 중 가르치는 일을 책임지는 사람이다. 교사의 능력, 인품, 가르치는 방법에 따라 학생의 학습이 크게 영향을 받는다. 지식 교육은 물론 인성 교육도 이들에 의해 촉진된다.

교사는 어떤 사람이어야 하는가? 첫째, 교사는 학생을 가르칠 수 있는 지적 전문성을 가지고 있어야 한다. 가르침을 받는 학생보다는 적어도 지적으로 우수해야 하고 전문성이 높아야 한다. 학교 교육을 생각하면 자기가 맡은 교과목에 대한 지식이 탁월해야 한다. 「교육공무원법」에 의하면 일정한 학력 요건을 갖춘 사람에게 교사 자격증이 주어지고 교육에 참여할 수 있게 하고 있다(<표 9-4> 참조).

둘째, 교사는 가르치는 능력이 있어야 한다. 전문 지식을 갖추고 있을지라도 배우고자 하는 학생에게 제대로 전달하지 못하면 문제가 있다. 적절한 언어 구사 능력, 학생의 학습을 리드하는 능력, 지식을 적절히 전달하는 능력, 시청각 기자재 활용 능력 등을 갖추고 있어야 한다. 대학에서는 '교수법(教授法)'이라는 과목을 개설하고 있다.

셋째, 교사로서의 인품을 갖추고 있어야 한다. 단순한 지식 전달자 수준을 넘어서서 학생의 지적, 감성적 성장, 발전을 촉진시켜줄 수 있는 역량이 있어야 한다. 유아기의 교육을 담당했던 부모의 위치와 역할을 이어받아 사부일체(師父一體)의 스승이 되어야 한다. 교사로서의 위엄이 있어야 하고 학생으로부터 충분한 신뢰를 받을 수 있어야 한다. 교사는 '모범적 스승'의 위치에 서야만 한다.

넷째, 전인적 인성 교육도 동시에 수행할 수 있어야 한다. 단순한 지식 교육을 넘어서 성장하는 청소년의 인성 함양에도 노력해야 한다. 청소년기의 생활이 대부분 학교와 사교육 기관에서 이루어지기 때문에 지적 교육 단계에서도 지속적으로 인성 교육이 병행되어야 한다.

표 9-4 중고등학교 교사 자격(「초 · 중등교육법」 별표2. 교사 자격 기준)

	자격 기준
정교사 1급	1. 중등학교의 정교사(2급) 자격증을 가지고 일정한 기간의 교육 경력이 있는 자 2. 교육대학, 전문대학의 교수, 부교수로서 3년 이상의 교육 경력이 있는 자
정교사 2급	1. 사범대학 졸업자 2. 교육대학원 또는 교육과학기술부 장관이 지정하는 대학원 교육과에서 석사학위를 받은 자 3. 임시 교원양성기관을 수료한 자 4. 대학에 설치하는 교육과 졸업자 5. 대학산업대학 졸업자로서 재학중 소정의 교직과 학점을 취득한 자 6. 중등학교 준교사 자격증을 가진 자로서 2년 이상의 교육 경력을 가지고 소정의 재교육을 받은 자 7. 초등학교의 준교사 이상의 자격증을 가지고 대학을 졸업한 자 8. 교육대학, 전문대학의 조교수로서 2년 이상의 교육 경력이 있는 자 9. 제22조에 따른 산학겸임교사 등(명예교사는 제외한다)의 자격 기준을 갖춘 사람으로서 임용권자의 추천과 교육감의 전형을 거쳐 교육감이 지정하는 대학 또는 교원연수기관에서 대통령령으로 정하는 교직 과목과 학점을 이수한 사람. 이 경우 임용권자의 추천 대상자 선정 기준과 교육감의 전형 기준에 관하여는 대통령령으로 정한다.
기타	* 법에는 정교사와 마찬가지로 초등학교 교사, 준교사, 전문 상담교사(1급 · 2급), 사서교사(1급 · 2급), 실기교사, 보건교사(1급 · 2급) 및 영양교사(1급 · 2급)의 자격 기준도 정해 놓고 있다. * 「유아교육법」에는 유아 교육 교사의 자격 기준을 정해 놓고 있다.

교육에서 교사의 역할을 다시 정리해 보면 다음과 같다.

첫째, 교육 목적과 비전을 설정하고 교육 체계를 수립한다. 교육 기관 전체는 물론 학년별, 분야별, 교과 영역별 목표를 정하고 체계를 수립한다.

둘째, 교과목을 개발하고 구체적인 교육 내용을 정리한다. 자기 전공 영역의 교과목을 개발하고 학년 수준에 맞게 강의와 학습 일정을 세운다.

셋째, 교과 내용을 학생에게 충실하게 강의하고 전달한다. 교수법을 익히고 학생의 수준을 고려하며, 시청각 교육 매체를 적절히 활용하여 강의를 진행한다.

넷째, 학생의 학습 능력을 점검하고 최선의 학습이 되도록 노력한다. 주기적으로 학습 결과 평가를 수행하고, 앞서가는 학생을 잘 선도하면서 뒤쳐지는 학생의 학습 능력 향상에 노력한다.

다섯째, 학생의 생활을 지도하고 일탈 행동을 방지한다. 청소년이 성장기에 생활의 대부분을 학교에서 보내기 때문에 부모와 같은 입장에서 지도하고 편달한다. 학교 생활에 적응치 못하고 일탈 행동을 하는 학생에 대해서는 적절한 제재와 함께 선도해야만 한다.

여섯째, 학생의 건전한 신체 발달과 감성 발전, 인성 함양을 촉진한다. 지적 역량 증진은 물론 신체 발달을 촉진하고 감성적 지성인으로 잘 성장해 갈 수 있도록 인성 교육을 병행해야 한다.

일곱째, 학생의 학습권을 보호하고 안전에 책임을 다한다. 학생이 자기가 원하는 교육을 잘 받을 수 있도록 교육 프로그램은 물론 시설 관리, 원활한 교육 행정에 최선을 다해야 한다.

교사는 학습 조력자, 인생 안내자, 인격적 모형 역할을 동시에 수행할 수 있어야 한다(조영일, 2003: 508-510). 공교육 기관이든 아니면 사교육 기관이든 관계없이 교육 현장에서는 '교사'가 가장 중요한 행위자다. 지식 교육은 물론 인성 교육도 마찬가지다.

인성 교육과 관련해서 교사는 무엇보다도 인성 교육의 중요성을 인식하고 최선의 노력을 경주해야만 한다. 학교 교육은 대체로 지적 역량 증진에 힘을 쏟음으로써 성적 향상, 좋은 학교 진학을 최고의 목표로 삼게 된다. 학교 서열이 좋은 외고나 과학고 진학, 서울대 진학 등으로 정해지고 이에 수반하여 교사의 능력도 평가되는 것이 현실이다. 그러다 보니 전인적 인성 교육은 항시 뒤로 밀리고 마지못해 시간 때우는 식으로 이루어지는 수가 많다. 정책적으로 '인성 교육', '창의 교육', '감성 교육'을 요구하지만 학교 현장은 상황이 다르게 전개된다.

교사가 인성 교육을 충실히 진행하기 위해서는 스스로도 모범적인 인성 함양자가 되어야만 한다. 교사로서, 어른으로서, 지도자로서, 부모로서 갖추어야 할 바른 인성을 지녀야만 한다. 스스로 수신을 하고 선한 교육자가 되어야 한다.

인성 교육의 방법에 대해서 잘 이해하고 효과적으로 교육을 시행할 수 있어야 한다. 인성 교육을 담당하는 교사는 다음과 같은 점에 유의하여 교육을 진행하여야 한다.

(1) 필요한 인성의 덕목(德目) 추출

교육 대상인 학생의 여건과 시대 상황을 고려하여 필요한 인성 덕목을 찾아내야 한다. 가정에서의 효도인지, 국가에 대한 충성인지, 친구 사이의 우애인지, 아니면 높은 성적을 위한 열정인지를 잘 판단해야만 한다. 초등학교 저학년 단계에서는 새로 접하게 되는 학교 사회와 관련하여 원활한 사회 관계, 의사소통, 교사에 순종, 학교 규칙 존중 등의 덕목이 중요할 것이다. 하지만, 대학생이나 대학원생 단계에서는 전공 전문성, 직업 충실성, 국가 충성, 미래 지향성 등이 중요한 인성 덕목이 될 것이다.

(2) 인성 덕목을 정의하고, 구체적 실천 지표 확인

인성의 덕목 중에는 추상적이고 감성적인 것이 많다. 이런 것은 과학적 사실과 직접 연결시키는 것이 쉽지 않다. 그래서 인성 덕목을 조작적으로 잘 정의하고,[4] 구체적으로 무엇을 가리키는 것인지를 세부적으로 지표화하는 것이 필요하다. 예를 들어, '효도'라는 덕목을 '부모님께 진심으로 잘해 드리는 것'이라고 정의내린다면, 구체적인 실천 지표로서 '부모님 말씀을 잘 따름', '식사할 때 부모님을 먼저 드시도록 함', '부모님을 속이지 않음'… 등이 실천 지표가 될 수 있다. 인성 덕목은 대부분 앞의 예와 같이 잘 정의내리고, 구체적인 실천 지표를 만들어야만 교육이 가능해진다.

(3) 지적 이해와 경험적 실천 교육

인성 덕목에 대해 학생이 정확히 이해하게 하고 이를 토대로 직접 실천해보도록 교육한다. 정신적 의식 교육도 중요하지만 구체적 실천을 통해 경험하도록 하는 것이 필요하다. 학교 내 실습, 가정 학습 지도, 집단 또는 개인 특화 교육 등을 지속적으로 실시해야 한다.

(4) 인성 덕목의 체득화

인성 덕목에 대해 학생이 이해와 실천 경험을 통해 가치관을 형성하고 몸에 체득화(體得化)하도록 해야 한다. 일시적 교육도 나름대로 의미가 없지는 않지만 반복 교육, 반복 실습을 통해 가치관이 변해야 하고 몸에 배도록 해야 한다.

교사 입장에서는 이미 사회적, 전문적으로 인성 덕목에 대한 조작적 정의나 실천

4) 조작적 정의(操作的 定義, operationalization)란 용어나 개념을 실재하는 사실적 언어로 규정하는 것이다. 예를 들면, '민주'를 '일반 국민이 주인이 되는 것' 또는 '다수에 의해 의사 결정을 하는 것' 식으로 정의내리는 것이다.

지표가 개발되어 있는 것을 활용할 수 있다. 하지만, 인성 덕목 자체가 이상적이고 추상적인 것이 많아 조작적 정의의 방식이나 실천 지표들이 매우 다양할 수 있음을 알아야 한다. 그래서 교육 대상자의 상태, 즉 성별, 나이, 지적 감성적 역량, 사는 지역, 생활 수준, 취미나 특기 등을 잘 고려하여 새롭게 정의하고 실천 지표를 개발하는 것이 필요하다.

2. 학 생

교육 대상자로서 학생은 배우는 사람이다. 가르치는 사람의 반대편에 서서 가르침을 받아 배우는 존재다. 배우려는 학생은 (1) 자신에게 필요한 지식이나 경험이 있고, (2) 이를 가르쳐주고 채워줄 수 있는 스승, 전문가가 존재하며, (3) 시간과 비용을 들여 배워야 한다는 생각과 행동이 있는 사람이다.

학생의 지적 역량이나 감성, 신체적 조건은 매우 다양하다. 그래서 '학생'을 일률적인 관점에서 접근하면 항상 오차가 발생하고 시끌벅적해진다. 옛날 어른은 학생을 총체적 관점에서 상품(上品), 중품(中品), 하품(下品)의 3가지 등급으로 나누어 살폈다. 상품의 학생은 부모나 교사의 특별한 가르침이 없어도 스스로 공부하고, 자기 일을 잘 찾아 하며, 올곧은 방향으로 생각하고 행동하는 사람이다. 이에 비해 하품의 학생은 부모와 교사가 아무리 가르치려고 해도 잘 안되며, 스스로 공부를 해내지 못하고, 동급의 학생에 비해 떨어지는 사람이다. 중품의 학생은 부모나 교사의 가르침을 잘 받으면 상품의 학생이 될 수 있지만, 그렇지 못하면 하품으로 전락하는 사람이다. 지적 역량은 충분한데 잘못된 생각으로 일시적 일탈을 일삼는 학생이라면 잘 선도하고 가르치면 상품의 학생이 될 수 있다. 절대 다수의 학생은 중품에 속한다고 보고, 교사의 가르침이 중요하다고 보는 것이 선조들의 생각이었다. '교육', '스승'이 필요한 순간이다.

학생의 학습은 교사의 가르침이나 학생의 역량에 따라 달라질 수 있다. 상품의 학생에 대해서는 자율 학습을 유도하고, 질의하고 응답하며 어려운 문제를 풀어주는 식으로 학습이 진행되면 효과적이다. 그렇지만, 하품의 학생에 대해서는 하나하나 주입식으로 강의하고 필요할 때 이해시키는 방식으로 하는 것이 좋다. 중품의 많은 학생에 대해서는 교사의 강의를 중심으로, 사전 학습과 사후 보충 학습을 병행하고, 이론 수업과 경험적 실습 교육을 병행하면 좋다.

인간이 무엇인가를 확실하게 배워 습득하고, 전문가가 되는 방법에는 다음과 같은 세 가지 길이 있다.

첫째, 독학(獨學)이다. 스스로 정신을 집중하여 책을 읽고 지식을 습득하는 것이다. 책은 전문가에 의해 쓰여진 것으로 많은 전문 지식이 들어있다. 책을 읽으면서 이해되는 것이 있으면 그대로 습득하면 된다. 학생의 경우에는 교과서나 참고 서적을 스스로 읽어 학습을 하는 것이다. 하지만, 읽기만 해서는 좀체로 이해가 되지 않는 것이 많다.

둘째, 전문가의 강의를 듣는 것이다. 학생으로서는 교사의 가르침을 받는 것이다. 혼자 독학해서 이해하기 어려운 것은 강의를 들으면 이해가 되고 학습이 이루어질 수 있다. 이해와 학습의 정도는 학생에 따라 차이가 있을 수 있지만 독학과 수강을 통해 원하는 학습이 이루어질 수 있다. 어떤 것은 태어날 때부터 알 수 있고(즉, 生而知之), 어떤 것은 배워야만 알게 되며(즉, 學而知之), 어떤 것은 배웠지만 수없이 탐구하고 고민하고 생각해야만 알게 된다(즉, 困而知之). 그러나 알게 된 최종 학습 결과는 모두가 똑같다. 마찬가지로 학생에 따라서 누구는 독학해서 금방 학습하고, 누구는 강의를 들어야 학습이 되며, 누구는 독학하고 강의를 들어도 이해가 어려워 보충 수업을 해야만 학습이 이루어질 수 있다. 그렇지만, 최종적인 '학습 내용'은 누구나 똑같은 상태가 된다. 학습 방법이나 기간은 비록 다르지만 최종적인 학습 결과는 같아진다.

셋째, 직접 강의를 하는 것이다. 강의를 하기 위해서는 모르는 것이 있어서는 안되고 수강생이 무엇을 질문하든 모두 답변을 할 수 있어야 한다. 그래서 강의를 듣는 것보다 훨씬 더 완벽해야 한다. 강의하는 교사는 강의 주제에 대해 모든 것을 완벽하게 알아야 하고, 학생이 무엇을 질문하든 확실하게 답변하고 학생의 이해를 도와야 한다. 학생의 입장에서 보면 발표와 토론식 공부다. 스스로 발표하고 질문에 답변하며, 토론에 참여하는 것이다.

넷째, 학습한 것을 완벽히 기억하고 자신의 것으로 만들기 위해서는 실제에 적용해 보는 것이 좋다. 직접 관찰하고, 실험하며, 경험적으로 구현하는 것이다. 건축학을 예로 들어 보면 설계를 직접 해보고, 건축물을 직접 만들어 보는 것이다.

■ 다양한 학생층

학생들은 타고난 이성, 지성, 감성, 인성 역량이 참으로 다양하다. 학습 능력, 부모나 교사의 말을 경청하고 실천하는 능력, 말하고 행동하는 능력, 동료나 사회와 조화롭게 지내는 능력, 인성과 도덕 능력이 모두 다르다. 다양한 역량을 가진 학생들을 가르치고 교육하여 일정한 수준의 인성을 갖추게 하기 위해서는 부모나 교사의 남다른 노력이 필요하다. 각자의 역량과 특성에 맞춰 교육이 이루어져야만 한다.

학생의 다양성을 유발하는 요인으로는 첫째, 성별과 나이이다. 남자와 여자는 성격, 가치관이나 신념, 취미, 호르몬이나 신체 능력이 서로 다르다. 성차(性差)가 존재하고 남녀가 서로 자신의 성과 관련된 성역할 정체성 차이(性役割 正體性 差異, gender-role identity difference)를 인지하고 있다(Eggen & Kauchak, 2011: 161). 교사나 학교, 학부모는 학생의 성차를 인정해야 하고 이에 맞춰 적절하게 교과 과정과 교실, 교수 방법을 선택해야 한다. 나이에 따라 성장해 가면서 정신적, 육체적 차이가 나타나기 때문에 교육 방식도 이에 맞춰 변해 가야 한다.

둘째, 지적-정신적, 육체적 역량이 학생의 차이를 유발한다. 전자의 능력은 보통 지능지수 측정(IQ test)을 통해 점수화하고 있다. 지능지수가 높은 학생은 학업 능력이 뛰어나고 사회 적응력도 높다. 하지만 지능이 낮은 학생의 경우에는 그렇지 못하다. 그러나 지적-정신적 역량은 단순히 지능지수 측정만으로 판단할 수 없다. 가드너(Howard Gardner)는 언어 지능, 논리-수학적 지능, 공간 지능, 신체-운동적 지능, 음악 지능, 대인 관계 지능, 개인 내 지능, 자연 지능, 실존 지능 등 여러 형태의 지능을 제시하였고, 스텐버그(R. Sternberg)는 분석적, 창의적-경험적, 실제적-맥락적 차원의 지능으로 구분하고 있다(Eggen & Kauchak, 2011: 190-193). 어떤 능력이 뛰어난가에 따라 학생의 성장, 발달이 달라질 수 있음을 알아야 한다. 육체적 역량에 따라서도 학생의 차이가 나타나기 때문에 교육 단계에서 이를 잘 고려해야 한다.

셋째, 사회 경제 문화적 여건에 따라 차이가 나타난다. 부모의 관심과 지원이 다르고, 성장 과정에서 형성된 가치관, 신념, 태도, 취미, 경험이 다르며, 미래 목표와 정향이 달라진다. 소득 수준, 사는 곳, 주변 환경, 관계하는 사람 구성 등에 따라 학생의 차이가 나타난다.

■ 특이 학생

학생 중에는 특이한 사람이 있다. 일반적인 학생들 사이에 나타나는 다양성 차원을 넘어서 일부 특성에서 매우 우수하거나 형편없이 열등한 경우다. 예를 들면, 특정한 교과에서 아주 탁월한 성적을 내거나 특별 활동에서 매우 탁월한 우수 학생, 천재 학생이 있다. 비범한 인물은 자신의 영역에서 동료보다 뛰어날 뿐만 아니라 전혀 이질적인 다중 분야에서 탁월하다(Ferrari, 2011: 47). 이와는 달리 아주 형편없이 낮은 성과를 보여 일반적인 학교 생활을 할 수 없는 학생도 있다. 정신이나 신체에 치명적인 장애가 있는 경우도 특이 학생에 해당한다. 정상적인 가족이 아닌 경우, 즉 부모가 없는 고아(孤兒), 소년 소녀 가장(家長), 조손 가정(祖孫 家庭) 등도 이에 해당할 수 있다. 요즈음은 이혼이 잦아지면서 편부 편모 가정이 많아졌고, 부모 이혼으로 인한 고통을 크게 겪고 있는 학생이 있다. 또 다문화 가정의 학생이 학교 적응을 못하고 크게 방황하는 수도 있다. 이런 특이 학생에 대해서는 교사나 학교가 특별히 관심을 갖고 인성 교육을 수행해야만 한다.

특이 학생은 어떻게 찾아낼까? 첫째, 부모와 가족의 도움을 받아야 한다. 출생 후 성장 과정에서 나타난 정신적, 신체적, 감성적 특징에 관한 정보를 전달받아 특이 학생을 찾아낼 수 있다. 둘째, 각종 평가 정보와 축적된 학생 기록을 통해 찾아낸다. 필요할 경우에는 추가적인 전문 테스트를 통해 정보를 수집해야 한다. 셋째, 학생의 교육 과정에 관여했던 앞 단계의 교사나 동료 학생의 견해를 종합하여 판단할 수 있다. 넷째, 특이 상황이 나타나는 시간, 장소, 계절, 상황, 전개 과정 등을 상세히 파악해야 한다.

특이 학생에 대해서도 기본적으로 일반 학생과 동일한 교수법과 학급 관리가 효과적이라고 한다(Eggen & Kauchak, 2006: 230－233). 하지만, 학생의 요구와 상태에 맞춰 교수법을 수정하고, 추가적인 지원을 할 필요가 있다. 열등한 학생에 대한 전문적 지원, 우수한 학생에 대한 성장 촉진, 특이 학생에 대한 학교 내의 사회적 통합, 동료 학생의 이해와 수용 촉진 등에 노력해야 한다.

학생의 교육 내용, 학교 생활, 성장 과정은 교사에 의해 기록으로 남겨진다. 교육부(2016) “2016 학교생활기록부 기재 요령(초중고) 안내”를 보면 다음 <표 9－5>와 같이 학생에 관한 기록을 하도록 유도하고 있다.

표 9-5 초등학교 6학년 학교생활기록부 기재 요령(예시)

진로희망사항

학 년	특기 또는 흥미	진로희망		희망사유
		학 생	학부모	
5	인터넷 검색	바리스타	대학교수	방송 매체를 통해 바리스타라는 직업을 알게 되었고 많은 사람들이 즐겨 마시는 커피에 나만의 독특한 향과 맛을 곁들일 수 있는 바리스타의 꿈을 키우게 되었음
6	야구	현재 진로희망 없음	대학교수	다양한 스포츠 종목에 소질이 있어 운동 선수에 대한 꿈을 갖게 되었으나, 로봇 조립과 전자 회로 만들기에도 소질이 있어 자신의 미래에 대한 계획을 수립하는 과정임

교과 학습 발달 상황

학 년	과목 세부능력 특기사항
1	국어: 인사말이나 칭찬하는 말을 자주 하며 상대방의 기분을 상하지 않게 말함 수학: 공부할 문제를 스스로 찾아내고, 과정에 맞게 자주적으로 해결하며, 도형에 대한 기본적인 개념을 잘 이해함 바른 생활: 수돗가나 놀이터 등에서 차례 지키기를 해야 하는 이유를 설명할 수 있고, 애국가를 부를 때 바른 자세를 하여야 하는 이유를 잘 발표함 슬기로운 생활: 도구를 사용하면 어떤 점이 편리한지를 이해하며, 놀이 시설 이용 방법을 알고 안전하게 사용하는 방법을 설명함 즐거운 생활: 각종 운동 기능이 우수하며, 특히 순발력과 지구력이 뛰어나고, 그리기에 소질이 있음
2	국어: 소리나 흉내내는 말을 활용하여 생각이나 느낌을 재미있게 표현함 수학: 식에 알맞은 문제 만들기를 잘하며 수 배열표에서 뛰어 세기와 규칙 찾기를 잘함 바른 생활: 학교 물건을 소중히 아껴 써야 하는 이유와 바르게 사용하는 방법을 알고 이를 실천함 슬기로운 생활: 시간의 흐름에 따라 식물과 동물의 변화 과정을 잘 이해하고, 현재의 키, 몸무게는 1학년 때의 키, 몸무게와 얼마나 달라졌는지 알고 이유를 설명함 즐거운 생활: 여름과 관련된 경험 그리기에서 모둠의 조화를 생각하며 적극적인 자세로 협동화를 그리고 상상한 것을 창의적으로 표현함
3	국어: 여러 가지 독서 감상문의 형식이 있음을 알고, 알맞은 형식으로 독서 감상문을 쓸 수 있음. 인물의 특성에 주의하며 이야기를 바꾸어 보고, 연극으로 능숙하게 표현을 잘함 도덕: 화목한 가정 생활의 중요성을 알고, 부모님께 효도하며 형제 간에 우애 있게 지내려고 노력함. 생명을 존중하고 소중히 여기는 생활을 바르게 실천함 사회: 학교를 중심으로 고장의 모습을 관찰, 조사, 견학한 결과를 그림 지도로 잘 표현함

창의적 체험활동 상황

학년	창의적 체험활동 상황		
	영 역	시 간	특기사항
1	자율활동	160	입학 초기 적응활동(60시간)을 통해 교실 생활과 급식 예절 및 기본 학습 태도를 바르게 익힘. 나비 접기, 튤립 접기, 개구리 접기 등 3가지 이상의 종이접기 방법을 활용하여 봄 풍경 꾸미기를 잘함. 환경을 깨끗이 하기 위해서 해야 할 일을 다양한 방법을 활용하여 5가지 이상 스스로 찾아보며 자연 환경 보호 활동에 참여하려는 의지가 높음
	동아리활동	8	
	봉사활동	–	
	진로활동	4	
2	자율활동	88	학급 일에 책임감을 갖고 임하며, 특히 일인 일역 활동(우유 당번)의 필요성을 알고 활동하는 자세가 바람직함. (생활영어부) 간단한 교실 영어를 듣고 이해할 수 있고, 상황에 맞게 영어로 표현하며 수업시간에 집중하는 모습이 바람직함. 장애가 있는 친구의 가방을 들어주기, 화장실 함께 가기를 통해 타인을 배려하는 따뜻한 마음을 가지고 있음. 나의 꿈 발표 대회(2012.09.24)에서 자신의 꿈을 구체화하여 글과 그림으로 표현하고, 미래의 꿈을 조리 있게 잘 발표함
	동아리활동	7	
	봉사활동	–	
	진로활동	4	
3	자율활동	54	학급 자치 활동에 관심을 갖고 공동체 활동에 적극적으로 참여함. (태권도부) 태권도의 기본 동작을 익혀 태권도 겨루기를 할 수 있으며, 예절 바르고 용기 있는 생활 태도를 보임. (배드민턴셔틀매니아클럽)(80시간) 민첩성과 순발력이 뛰어나 강력한 스매시를 구사하며, ○○시(도) 대표로 제4회 전국 학교스포츠클럽대회에 참가하였고, 매주 토요일(13:00~16:00) 교내 연습과 타 학교와 경기 등 방과 후 스포츠클럽…
	동아리활동	110	
	봉사활동	–	

행동특성 및 종합 의견

학 년	행동특성 및 종합 의견
1	자기주도적 학습 능력이 우수하고, 맡은 일을 미루지 않으며 책임감 있게 완수함. 전 교과 학업 성취도가 높을 뿐만 아니라 자주성이 뛰어남
2	행동이 차분하고 맡은 일을 성실하게 수행하며, 주어진 과제를 잘 해결함. 자신의 생각을 조리 있게 발표를 잘하고, 친구에 대한 배려심이 깊은 편이며 자주적인 태도로 생활을 함. 이해력이 좋고, 꾸준히 노력하여 전 교과 고루 우수함. 매사에 의욕이 강하고 자신감이 넘치며 많은 친구와 사귀고 공동의 일에 적극적으로 참여함
3	친절하고 이해심이 많아 항상 남을 도와주려는 마음이 아름다운 학생임. 체육 부문에서 탁월한 기량을 선보이며 교내 각종 체육대회에 참가하여 학급의 사기를 높이는 데 큰 역할을 함. 학업 면에서는 학습 계획 실천력과 집중력이 다소 낮지만, 자신의 부족한 부분을 개선하기 위한 노력을 꾸준히 해오고 있음. 무엇보다도 배움에 대한 동기가 높아 긍정적인 성장이 기대되는 학생임. 실제로 학년 초 성적보다 학년 말 성적이 많이 향상된 노력하는 학생임. (배려) 말과 행동이 침착하고 사려가 깊으며 학급 자치회 봉사부장으로서 교실 및 학교 주변 청결에 솔선수범하여(봉사활동 12시간) 학기 말 모범 어린이로 선정될 정도로 타의 모범이 되는 학생임

3. 학부모

학부모는 학생의 부모를 말하는데, 보통 학생의 가족 모두를 총칭한다. 학부모는 교육 의무 수행을 위해, 더 나아가서 자녀의 장래 직업 선택, 행복한 삶을 위해 자녀를 학교에 보내 학습케 한다. 학부모는 민주 자본주의의 경쟁 원칙에 맞춰 좋은 공부를 시키려고 노력하며, 자녀에게 정규 학교 교육은 물론 보충 교육, 학원 등 사교육을 지속적으로 시킨다.

학부모는 자녀가 공부를 잘할 수 있도록 의식주를 지원하며, 학교 및 교사와 상의하여 학생의 교육을 함께 책임져야 한다. 학부모는 다음과 같은 형태로 학생의 교육에 영향을 미친다.

첫째, 학부모의 정신적, 신체적 역량이 학생의 기본 여건에 영향을 미친다. 학생의 지적 능력, 신체적 건강, 정신 상태는 부모에게서 물려받고 지속적으로 영향을 받는다.

둘째, 학부모의 직업과 소득 수준, 재산 등 경제 사회적 여건이 학생에게 영향을 미친다. 자녀는 어릴 적부터 부모의 직업 활동을 보면서 성장하기 때문에 은연중에 같은 형태의 직업 활동을 추구하려는 성향이 있다. 또 소득 수준이 높은 경우에는 자녀의 학습 지원 능력이 좋기 때문에 학습 도구 지원이나 좋은 학습 환경 조성, 적절한 보충 수업 지원, 좋은 학교 진학 등에 유리하다.

셋째, 학부모의 학력이나 지적 수준도 자녀의 학습에 영향을 미친다. 학력이 좋은 부모의 경우에는 자녀도 자신과 비슷하거나 더 나은 학력을 추구토록 요구한다. 학력이 높고 지적 수준이 높은 부모의 경우에는 직접 자녀의 학습 지원을 할 수가 있다.

넷째, 학부모가 자녀의 학습에 얼마나 관심을 가지고 있으며 시간적으로 얼마나 지원 가능한지도 중요한 영향 요인이다. 학부모가 아무리 소득이 높고 좋은 학력을 가지고 있더라도 바빠서 자녀 교육에 전혀 관심을 기울일 수 없다면 소용이 없다. 가까이서 항시 지원과 협조를 해줄 수 있는 학부모가 중요하다.

지식 교육도 그렇지만 인성 교육 부분에서 학부모의 역할이 더욱 중요하다. 지식 교육의 경우에는 학년이 올라갈수록 전문성이 높아져서 학부모로서는 거의 관여하기가 쉽지 않다. 전적으로 전문 분야의 교사에게 지식 교육을 맡겨야만 한다. 하지만, 학생의 인성, 감성 교육은 학부모의 관여가 필요하다. 학교가 주로 지적 교육에 매진하기 때문에 인성 교육은 부모 형제가 있는 가정, 학교와 가정 사이의 제3의 공간에서도 많이 이루어지게 되어 있다.

앞의 '제3장 인성과 가족'에서 가정에서 이루어지는 인성 교육에 대해 다루었다. 여기서는 학교, 교사와 협력하여 진행될 수 있는 인성 교육에 대해서만 살펴보기로 한다.

학부모는 자녀의 학교 생활이 주로 지적 역량 증진에 치중되어 있음을 인식해야 한다. 교과목 학습 내용과 관련된 지적 평가 성적이 좋아야만 우등생이 될 수 있고, 장학금을 받을 수 있으며, 좋은 상급 학교에 진학할 수 있음을 잘 알고 있다. 좋은 성적을 받는 학생은 공부가 점점 더 좋아지고, 그에 비례하여 공부 시간이 더욱더 많아지며 몰입도가 높아진다. 이런 자녀에 대해서는 지적 학습을 적극적으로 지원하는 것이 좋다. 바람직한 인성을 기르겠다고 '여유'를 말하고, 몰입도를 줄이도록 유도하는 것은 오히려 자녀의 학습 효과를 떨어뜨릴 수 있다. 자발적인 학습 능력이 뛰어난 학생은 스스로 필요한 인성 덕목을 챙길 줄도 안다. 잠시 미뤄두고 있다고 생각할 수 있다.

인성 교육은 학교의 인성 교육 프로그램을 잘 따라가면서 지원할 필요가 있다. 문화 예술 교육, 현장 학습, 명사 초청 강의 등을 적극 지원한다. 방학이나 주말, 휴식 시간을 활용하여 가족 대화나 나들이, 문화 탐방 등을 시도할 수 있다.

학생이 어릴 경우에는 가족 단위로 가정 생활이나 사회 생활, 문화 예술 활동이 이루어지면서 인성 교육이 진행된다. 이때는 학부모의 주도적 역할이 매우 중요하다. 가정을 중심으로 이루어지는 부모 형제 사이의 배려와 존중, 이웃 간의 관계, 친인척 관계가 학생의 초기 인성 형성에 매우 큰 영향을 미친다. 좀 더 나아가서 공공장소 예절, 경제 사회 활동, 자연과 환경 관련 활동, 문화 예술 활동에서의 인성 교육이 적절히 이루어진다. 문화 예술 활동이나 경험은 학생의 감성 형성에 중요하다.

Ⅳ 교육 방법, 매체와 인성

1. 교육 방법

교수-학습 이론은 교사의 가르치는 방법에 관련된 것과 학생의 학습에 관련된 것으로 나누어 살펴볼 수 있다. 어떻게 가르치는 것이 최선인가에 대한 것이 전자라면, 학생이 어떻게 지식을 습득하고 발전해 가는가에 대한 것이 후자다. 하지만, 교사의 가르침은 학생의 교육 성과와 관련되어 있기 때문에 이 양자는 긴밀하게 연계되어 있다.

학생에 초점을 둔 교수-학습 이론은 첫째는 학생이 학습을 통해 어떻게 새로운 개념이나 기능(행동)을 배우고 사용하며 저장하는가에 관심을 둔 것이 있다. 둘째는 학습을 통해 어떻게 자신의 발전을 도모하는가에 대한 것이 있고, 셋째는 개인 차원의 지식 습득이나 발전을 넘어서 조직과 사회 속에 참여하여 상호작용하면서 교육과 학습이 이루어지는 것에 초점을 맞춘 이론도 있다(Fenwick, 2006: 287-302). 김회수(2013: 289-339)는 이를 습득 패러다임, 발달 패러다임, 참여 패러다임 학습이론으로 부르고 있다.

20세기 학문 발전과 연계하여 교수-학습 이론을 행태주의 이론, 인지주의 이론, 구성주의 이론으로 분류하기도 한다. 행태주의 이론(行態主義理論, behaviorism)은 과학주의적 관점에서 자극과 반응, 시행착오를 거쳐 학습이 이루어지는 것에 관한 이론이다. 이는 행동주의, 연결주의(connectionism), 자극-반응 이론(stimulus-response theory)이라고도 부른다(조영일, 2006: 393-401). 인지주의 이론(認知主義理論, cognitive theory)은 학습자 개인의 인지(또한 사고, 믿음, 가치, 동기, 목표 추구, 모방 또는 모델링 등)에 의해 학습이 이루어지는 것에 초점을 둔 이론이다(Schunk, Pintrich & Meece, 2013: 288). 사회 인지 이론이라고도 하는데 행태주의 이론에서 한걸음 더 나아가서 학습자의 주체적 노력을 강조한다. 구성주의 이론(構成主義理論, constructivism)은 학습자가 스스로 지식을 만들어 가면서 학습을 이루어간다는 관점이다(Eggen & Kauchak, 2011: 338-381). 여기에는 개인의 내적 이해와 구성에 초점을 두고 있는 인지적 구성주의(cognitive constructivism)와 학습자가 먼저 사회적 맥락 안에서 지식을 구성하고 그 후에 이를 개인적으로 내면화한다고 보는 사회적 구성주의(social constructivism)가 있다.

여기서는 교수-학습 이론을 토대로 몇몇 교육 방법과 관련하여 인성 교육에 대해 살펴보기로 한다.

■ 상벌과 인성 교육

상벌(賞罰)은 행태주의 교육 방식에서 자극과 반응, 강화 이론처럼 인성 교육에 활용될 수 있다. 교육 대상인 학습자가 바람직하고 선한 행동을 했을 경우에는 그에 상응한 상을 주고, 반대의 경우에는 벌을 주는 것이다. 상과 벌의 종류와 내용은 학습자의 나이, 성별, 교육 내용, 교육 여건, 경제 사회 환경 등에 따라 달라질 수 있다. 상벌을 어느 수준으로 할 것인가에 대한 판단은 상황에 맞춰 이루어져야 한다. 상벌이 지나치게 후하거나 엄하면 오히려 효과가 떨어진다. 학습자의 인성 변화를 유도할 수 있을 정도로 적당히 강력해야 한다.

학습자의 사고와 행동이 바람직하고 선한 경우에 주어지는 상은 학습자의 인성 형성에 긍정적으로 작용한다. 지속적으로 긍정적 학습(learning)이 이루어지고, 학습자에게 바람직한 인성의 강화(强化, reinforcement)가 일어난다. 부정적 사고나 행동은 점차 사라진다. 반대로, 벌은 잘못된 사고나 행동을 한 학습자에게 고통을 줌으로써 부정적 인성을 감소시킨다.

'칭찬'은 별로 부담이 없으면서, 매우 긍정적인 인성 발전 효과를 낳을 수 있는 도구다. 자그마한 선행, 바람직한 모범 행동에 대해 '참 잘했다!', '정말 착하다!' 식으로 적시에, 적절하게 칭찬하는 것이다. 칭찬 속에는 말하는 사람의 진실이 담겨 있어야 한다. 지나가는 말투로 성의 없게 하는 칭찬은 오히려 역효과를 낳고 반감이 생기게 할 수도 있다. 칭찬을 받은 학습자는 정서적으로 감동하고, 같은 사고나 행동을 반복하고자 하는 동기로 무장이 된다. 칭찬과 함께 부수적으로 물질적 포상이나 부가적 혜택이 주어지면 더욱더 긍정적인 가치관이 형성된다.

잘못된 사고나 행동에 대한 벌은 적당한 시점에, 적당한 형태와 강도로 이루어져야 한다. 학습자가 '마땅한 것으로 인정할 수 있는 수준'의 벌을, 억제 또는 촉진 효과를 충분히 볼 수 있을 정도로 가해야 한다. 옛날에는 15세 이하의 어린 자녀나 학생에 대해서는 '회초리'가 필요하다고 여겼었다[물론 성인의 범죄 행위에 대해서도 태형(笞刑)이나 곤장(棍杖)을 때리기도 하였다]. 나이가 어린 자녀나 학생의 경우에는 잘못에 대해 논리적 지적과 설득을 하는 것보다는 '잘못을 한 그 순간, 바로 회초리로 때리는 벌'이 가장 효과적이라고 여겼다. 어린 사람일수록 '매가 무서워' 곧바로 자신의 사고나 행동을 바로잡기 때문이다. 현대 민주 사회에 와서는 자녀나 학생에 대한 회초리가 사라졌다. 그 대신 잘못된 사고나 행동을 바로잡기 위해 다양한 방식의 벌이 필요해졌다.

■ 모델링(모방)과 인성 교육

모델링은 모델을 관찰함으로써 나타나는 행동적, 인지적, 정서적 변화를 말한다(Schunk, Pintrich & Meece, 2013: 226). 학습자가 자기와 유사한 여건에 있는 모델을 관찰하고 모방하면서 사고와 행동을 바로잡아 가는 것이다. 학습자가 선정하는 모델은 첫째, 자기와 비슷하거나 좀 더 능력있다고 생각하는 사람이 좋다. 능력이 좋은 모델은 우수하고 성과도 좋기 때문에 학습자의 주의를 끌 가능성이 높다. 둘째, 학습자가 자각한 모델과의 유사성이 클수록 중요한 정보원이 되고 동기 유발력이 커진다. 셋째, 모델의 신뢰성이 관찰자인 학습자의 동기에 크게 작용한다. 넷째, 자신의 생각을 열정적으로 표현하는 모델은 그렇지 않은 모델보다 관찰자의 학습 및 자기 효능감이나 귀인과 같은 동기적 과정을 더 강화시킨다(Schunk, Pintrich & Meece, 2013: 231－236).

모델은 관찰자에게 억제(inhibition), 비억제(disinhibition), 반응 촉진(response facilitation), 관찰 학습(observational learning)을 낳게 한다. 억제는 모델이 잘못되는 것을 보고 반대로 모델과 같은 사고나 행동을 하지 않는 것이고, 비억제는 모델이 잘못되지 않기 때문에 모델과 같은 사고나 행동을 따라 하는 것이다. 반응 촉진은 모델을 따라가던 관찰자가 다른 사회적 자극을 받게 될 때 더욱 빠르게 모델의 사고나 행동을 따라 하는 것이다. 관찰 학습은 모델을 관찰하고 따라가면서 학습이 이루어지고 그에 따라 새로운 사고나 행동이 나타나는 것이다. 모델에 주의(attention)를 기울여 관찰하고, 이를 기억(retention)하며, 다시 새로운 행동으로 생산(production)하거나 내적으로 동기(motivation)화하는 것이다(Schunk, Pintrich & Meece, 2013: 226－229).

모든 사람에게는 부럽고, 닮고 싶은 모델이 있다. 가족과 동료, 학교 친구, 조직원에서부터 사회적으로 성공한 학자, 연예인, 정치인, 사업가, 스포츠 스타가 있을 수 있다. 인성 교육 측면에서는 반듯하고 모범적인 부모, 교사, 스승, 성공인이 모델이 될 수 있다. 이런 사람을 보면서 스스로 따라 하고, 그들의 사고와 행동을 모방한다. 모델은 학습자의 사고와 행동의 표준이 될 수 있고 목표가 될 수 있다.

자기 스스로 창의적으로 목표를 정하고, 학습 방법을 찾아내며, 성과를 창출해 가는 사람이라면 모델이 그리 중요치 않을 수 있다. 하지만, 아이는 어른을 보며 성장하고, 상대적으로 낮고 열악한 위치의 사람은 높고 좋은 위치에 있는 사람을 부러워하고 흉내내며 따라잡기 위해 애를 쓴다.

부모나 교사, 가르치는 사람은 학습자의 상황을 잘 파악하고 적당한 모델을 발굴해 학습자에게 제시해주는 것이 필요하다. 인성 교육을 위해서는 좋은 친구를 발굴하고, 인격적으로 모범이 되는 스승이나 성공한 사람을 부각시켜 모델로 만들어야 한다.

모델이 된 사람이 학습자와 가까운 위치에 있는 사람이라면 학습자를 인식하고, 모범적으로 사고하고 행동하며, 적절히 소통하면서, 학습자를 선도하려는 노력이 필요하다.

■ 자기 조절 학습과 인성 교육

인성은 성장 과정에 따라 평생 동안 학습되고, 길러지며, 숙성되고 발전해 간다. 인성은 어느 한 시점에 일시적으로 형성되는 것이 아니다. 가족과 사회, 환경과 상호작용하면서 죽을 때까지 발전해 간다. 그래서 인간은 순간순간 '무엇이 옳은지', '어떤 행동이 바람직한 것인지'에 대해 판단해야 하고, 적절히 잘 반응해야만 한다.

자기 조절(自己調節, self-regulation)은 인간이 스스로 목표를 세우고 그 목표에 도달할 수 있도록 동기, 사고 과정, 전략, 행동을 통합하는 과정이다(Eggen & Kauchak, 2011: 279-282). 자기 조절 학습은 학습자가 스스로 목표를 세우고, 이 목표 달성을 위해 필요한 학습을 자율적으로 수행하는 것이다. 자기 조절 학습자는

- 학습 목표를 스스로 설정한다.
- 학습 진행 상황을 스스로 점검한다.
- 목표 달성도를 스스로 평가한다.
- 목표를 달성하기 위해 적절한 전략을 구사한다.
- 자기 대화(self-talk)나 자기 지도(self-instruction)를 통해 인지적 행동 수정(cognitive behavior modification)을 시도한다.

자기 조절 학습을 통한 인성 교육은 학습자의 자아를 일깨워 스스로 인성 함양

에 나서게 한다. 독립된 자아를 가지고 있는 사람은 외부로부터 일방적으로 주입되는 인성 교육 내용을 무분별하게 받아들이려고 하지 않는다. 스스로 이해하고, 확신이 설 때 비로소 지식을 받아들이고 사고나 행동 수정에 나선다.

교육자가 자기 조절 학습 방법을 통해 인성 교육을 하고자 할 때는 첫째, 학습자의 자아의 실상을 정확히 이해할 필요가 있다. '자유 의지'와 자기 조절 능력, 자기 책임성 등에 대한 판단이 필요하다. 둘째, 학습자에게 필요한 인성 내용이 무엇이고 어느 수준인지를 파악하여 제시해주어야 한다(이때도 강제성보다는 조언자나 보조자 정도의 역할을 수행해야 한다). 셋째, 학습자가 설정한 목표나 목표 수준, 시행 방안 등에 대해 적절한 조언이 필요하다. 넷째, 학습자의 자기 평가를 살펴 조언하고 결과를 잘 피드백할 수 있게 해야 한다.

2. 교육 매체

교육 매체는 교육자와 학습자 사이에 교수 목표 달성을 위해 사용되는 모든 수단을 말한다(조영일, 2003: 324). 여기에는 인적 자원, 학습 내용, 학습 환경, 시설, 기자재 등 모두가 포함된다. 전에는 교재나 자료, 전달 매개체만을 이야기했지만 현재는 자료나 매체의 활용, 설계, 실행, 평가까지 모두를 포함한다.

현대 교육은 정보통신기술(ICT)의 발전에 따라 엄청난 변화를 겪고 있다. 컴퓨터, 인터넷, 통신 기기를 이용한 문자 메시지나 교육 정보 소통, 교육 동영상 전파가 이루어지고 있다. 인쇄형 책자를 통한 강의와 토론, 과제 출제와 평가 등의 교육을 기반으로 다양한 형태의 실험, 실습, 현장 학습, 자율 학습이 이루어지고 있다. 학교 교실 내 교육을 벗어나 각종 원격 교육이 활성화되어 있다.

전화 통화를 기본 임무로 시작된 삼성 휴대전화 애니콜(아이폰도 마찬가지)은 이제 갤럭시 폰으로 발전하여 모든 지식과 정보의 저장 장소, 시공을 초월한 의사 소통과 정보 교류, 전문가적 판단과 진단, 평가, 교육이 가능한 공간이 되었다. 구글의 정보 통신 기술, 인공 지능(AI), 로보틱스(robotics), 전자 인간(electronic human) 등을 잘 활용한다면 이제 학교의 지식 교육은 불필요하다. 인간의 두뇌가 '암기'할 수 있는 지식의 량은 한계가 있기 때문이다. 또 인간의 판단 기능, 전문가적 행위가 대부분 정보 통신 기기의 도움을 받게 되었다.

사람은 아이나 어른이나 관계없이 정보 통신 기기를 이용하여 세상과 접하고 있다. 인간의 사고와 행동, 가치관, 정서, 인성에 영향을 미칠 수 있는 모든 것이 이런 기기를 통해 접하고 공부하며 경험하고 있다. 인간에게 긍정적인 것은 물론 부정적인 것도 모두 포함된다.

인성 교육은 이제 부모나 교사, 가정과 학교에 의해서만 이루어질 수 없게 되었다. 국가와 사회, 전 세계 모두가 함께 노력하지 않는 한 '교과서적인 인성'은 기대하기 어렵다.

용 어

교육, 인간주의, 인간주의 교육, 유아기 교육, 부모 교육, 청소년기 교육, 학교 교육, 사교육, 공교육, 가정 교육, 장년기 교육, 노인 교육, 교사, 인성 교육, 학생, 특이 학생, 학부모, 교수-학습 이론, 행태주의 이론, 인지주의 이론, 구성주의 이론, 모델링, 자기 조절 학습, 교육 매체

요 약

- 교육: 가르쳐 기르는 것. 누군가에게 글이나 지혜, 문채를 가르쳐 배우게 하는 일과 함께 신체적으로도 성숙하게 만드는 일이 포함
- 인간주의: '인간'의 '인간다움'을 추구하는 사상. 인간의 본질이나 삶, 행복을 지향. 휴머니즘, 인본주의, 인문주의, 인도주의
- 인간주의 교육: 인간의 인간다움을 추구하는 교육
- 유아기 교육: 아이가 태어나서 정규 학교 입학 전까지 이루어지는 교육
- 부모 교육: 부모에 의한 교육
- 유아 교육 기관을 통한 교육: 국공립 또는 사립 어린이집이나 유치원 등 전문 교육 기관에서 이루어지는 교육
- 청소년기 교육: 초등학교 입학 시기부터 결혼과 직업을 갖기 직전가지 이루어지는 교육
- 학교 교육: 법규에 따른 정규 학교에서 이루어지는 교육. 공교육
- 사교육: 민간 차원의 학원이나 특수 기관, 단체에 의한 교육
- 가정 교육: 부모를 중심으로 형제 자매나 할아버지 할머니 등 가족 전체에 의한 교육
- 장년기 교육: 정규 교육을 끝내고 사회 진출한 이후에 이루어지는 교육. 사회 교육, 직장 교육, 평생 교육이 이루어짐. 각자의 필요에 따라 전문적인 직업 교육, 직장 내 교육과 훈련, 추가적인 사회 교육이 이어짐
- 노인 교육: 65세 이상, 은퇴 이후의 노인에 대한 교육
- 교사(교수, 스승, 강사): 교육에서 가르치는 일을 책임지는 사람
- 인성 교육: 바른 인성을 기르는 교육. 필요한 인성의 덕목(德目) 추출, 인성 덕목을 정의하고, 구체적 실천 지표 확인, 지적 이해와 경험적 실천 교육, 인성 덕목의 체득화
- 학생: 교육 대상자로서, 배우는 사람
- 특이 학생: 일부 특성 분야에서 매우 우수하거나 열등한 학생
- 학부모: 학생의 부모. 학생의 가족 모두
- 교수-학습 이론: 교사의 가르치는 방법과 학생의 배우는 방법에 관한 이론
- 행태주의 이론: 과학주의적 관점에서 자극과 반응, 시행착오를 거쳐 학습이 이루어지는 것에

관한 이론. 행동주의, 연결주의, 자극-반응 이론

- 인지주의 이론: 학습자 개인의 인지(또한 사고, 믿음, 가치, 동기, 목표 추구, 모방 또는 모델링 등)에 의해 학습이 이루어지는 것에 초점을 둔 이론
- 구성주의 이론: 학습자가 스스로 지식을 만들어 가는 식으로 학습한다는 이론
- 상벌과 인성 교육: 상벌을 인성 교육에 활용하는 것. 교육 대상인 학습자가 바람직하고 선한 행동을 했을 경우에는 그에 상응한 상을 주고, 반대의 경우에는 벌을 줌. 상과 벌의 종류와 내용은 학습자의 나이, 성별, 교육 내용, 교육 여건, 경제 사회 환경 등에 따라 달라짐
- 모델링과 인성 교육: 모델링은 모델을 관찰함으로써 나타나는 행동적, 인지적, 정서적 변화. 학습자가 자기와 유사한 여건에 있는 모델을 관찰하고 모방하면서 사고와 행동을 바로잡아 가는 것
- 자기 조절: 인간이 스스로 목표를 세우고 그 목표에 도달할 수 있도록 동기, 사고 과정, 전략, 행동을 통합하는 과정
- 자기 조절 학습: 학습자가 스스로 목표를 세우고, 이 목표 달성을 위해 필요한 학습을 자율적으로 수행하는 것
- 교육 매체: 교육자와 학습자 사이에 교수 목표 달성을 위해 사용되는 모든 수단. 인적 자원, 학습 내용, 학습 환경, 시설, 기자재 등 모두가 포함됨. 전에는 교재나 자료, 전달 매개체만을 이야기했지만 현재는 자료나 매체의 활용, 설계, 실행, 평가까지 모두를 포함

[인성의 덕목 9] 협 동

1) 개념 정의	■ 협동(協同): 마음을 같이하여 힘을 합침 – 협심(協心), 협력(協力)
2) 개념 해석, 뜻풀이	■ 협동의 주체: 둘 이상의 인간 ■ 협동의 내용: – 공동의 목적을 갖는다. – (목적을 위해) 마음을 하나로 한다. – (목적을 위해, 하나가된 마음으로) 힘을 쓴다. – 마음 일치: 협동에서는 마음을 하나로 일치하는 것이 중요하다. 마음이 서로 어긋나고, 균열이 있으며, 고르지 못하면 '일치'가 이루어지지 않는다. – 공동 노력: 힘을 하나로 합하여 공동으로 노력하는 것이 필요하다. 공동 노력을 위해서는 참여자 모두가 자신의 '최선'을 다하는 자세가 중요하다. 각자의 역량에 맞춰, 모든 정성을 다 쏟아야만 한다. – 무임 승차자(free rider)의 문제: 협동은 공동 노력이 필요 조건인데, 어떤 사람은 다른 사람의 노력에 편승하여 수월하게 목적 달성을 시도한다. '버스를 돈 안내고 타는 것'처럼 무임 승차(無賃乘車)하는 것은 문제가 있다. – 협동의 이유: 협동이 필요한 이유는 개인 차원에서는 목적 달성이 어려울 때, 다수가 모여 조직이나 공동체, 국가를 만드는 때 힘을 합하기 위해서다. '자유 의지'를 가진 인간은 모두가 생각이 다르고, 신체 특성도 다양하다. 그래서 협동이 성공하기 위해서는 목적에 대한 합의와 모든 개인의 '최선의 노력'이 전제되어야 한다.
3) 관련 이론	■ 시너지 효과(synergy effect): 두 가지 이상의 개체가 합해져서 '둘 이상의 효과'를 낳는 현상이다. 상승 효과(相乘效果) ■ 전체성(wholism, holism): '전체(whole)'는 구성 요소의 단순 합을 넘어서는 '신비한 무엇'이 추가되어 있다. 전체주의(全體主義), 신비주의(神秘主義). 협동은 개개인의 단순 합을 넘어서는 놀라운 상승 효과를 만들어낼 수 있다. ■『서경(書經)』 – 종족을 친히 하여 서로 화목하게 만들고, 온 나라 전체를 모두 화합하게 만들었다.5) ■『논어(論語)』 – (일을 함에 있어서) 먼저 하고(先之), 스스로 수고롭게 하며(勞之), 게으름 피지 않는다(無倦). (논어, 자로편) – 훌륭한 사람은 여러 사람과 조화롭게 지내면서도 함부로 휩쓸리지 않지만, 소인배는 쉽게 동의하지만 (속으로는) 불화하는 수가 많다.6) – 훌륭한 사람은 자기 자신을 자랑스럽게 여기지만 남과 다투지 않고, 여러 사람과 무리지어 잘 어울리지만 따로 분파를 만들지 않는다.7)

5) 克明俊德, 以親九族。九族既睦, 平章百姓。百姓昭明, 協和萬邦。黎民於變時雍. (서경, 요전편)
6) 君子和而不同, 小人同而不和. (논어, 자로편)
7) 君子矜而不爭, 群而不黨. (논어, 위영공편)

<table>
<tr><td></td><td colspan="3">■『맹자(孟子)』
– 여민동락(與民同樂): 국민과 함께 (걱정하고, 함께) 즐긴다.
– (순 임금은) 좋은 일은 다른 사람과 함께 즐기고, 자기를 겸양하여 상대방을 쫓으며, 즐거움을 상대방에게서 찾으셨다.8)
– 천시도, 지리도, 인화만 못하다.9)
– 직업 활동을 함께하고, 서로 벗하며, 마을 안전을 위해 서로 도우며, 질병을 서로 대처하면서 사람들의 친목(親睦)이 만들어진다.10)</td></tr>
<tr><td rowspan="8">4) 협동
실천 지표</td><td rowspan="2">(1) 목적 수용</td><td>일의 목적 이해하기</td><td>공동 협력이 필요한 이유, 목적에 대한 이해</td></tr>
<tr><td>목적 수용 하기</td><td>목적, 이유를 수용하여 받아들임</td></tr>
<tr><td rowspan="3">(2) 마음 일치</td><td>마음, 감성 교류하기</td><td>협력하고자 하는 마음, 감성적 교감 형성</td></tr>
<tr><td>불편한 마음 넘어서기</td><td>목적과 이유, 공동 협력자에 대한 신뢰 등에 의문이 있는 경우에 이를 극복함</td></tr>
<tr><td>정보 공유</td><td>협동에 관련된 지식, 정보를 공유함</td></tr>
<tr><td rowspan="3">(3) 공동 노력</td><td>솔선수범하기</td><td>남보다 먼저 적극적으로 참여하여 노력함</td></tr>
<tr><td>협력에 최선을 다하기</td><td>진심으로 협력 활동에 참여하여 최선을 다함</td></tr>
<tr><td>부족한 사람 도와 함께하기</td><td>협동에 어려움을 겪는 사람을 도와 함께함</td></tr>
<tr><td>5) 협동
가르치기</td><td colspan="3">■ 가족 내 교육
– 부모 교육: 자녀가 성장하는 과정에서 가족끼리 협력, 협동하는 것을 당연한 것으로 체험하도록 함
– 가족 끼리, 서로 돕고, '콩 한쪽도 나눠먹는' 공동체 의식 함양토록 함
– 가족 전체의 행복을 위해 협동하도록 가르침
■ 학교 교육
– 협동의 의미와 필요성, 방법 등에 대한 교육
– 공동 학습: 개인적 공부에 더해서 동료와 함께하는 학습 활동 교육
– 학급 공동체 협력 활동: 팀 활동, 취미 서클 활동 촉진
■ 직장, 단체 교육
– 직장 내 협력 활동 교육
– 소집단 활동 장려
– 팀 프로젝트, 협력 업무 활동 교육</td></tr>
</table>

8) 大舜有大焉, 善與人同, 舍己從人, 樂取於人以為善. (맹자, 공손추 상편)
9) 天時不如地利, 地利不如人和. (맹자, 공손추 하편)
10) 死徙無出鄕, 鄕田同井, 出入相友, 守望相助, 疾病相扶持, 則百姓親睦. (맹자, 등문공 상편)

<table>
<tr><td>6) 협동
배우기</td><td>■ 가정에서
– 가족끼리 힘을 합치는 방법 배우고 체험하기
– 다른 가족을 위해 헌신하며 돕는 인성 키우기
– 비협조적인 가족 설득하고, 함께하기
■ 학교에서
– 학급 공동체 협력 활동 참여를 통해 경험 축적
– 다양한 취미 써클, 소집단 활동 참여를 통해 배우기
■ 직장, 단체 교육을 통해 배우기
– 직장, 단체의 목적 추구 활동 참여를 통해 체험하기
– 팀 프로젝트, 소집단 활동, 취미 활동을 통해 배우기</td></tr>
<tr><td colspan="2">7) 협동 실행하기</td></tr>
<tr><td>■ 가정에서</td><td>– 의식주 공동 해결에 참여
– 기족 소득 증대에 적극 참여
– 가문, 가풍, 부모의 뜻을 존중하고 공동 협력 활동</td></tr>
<tr><td>■ 학교에서</td><td>– 학교, 학급 공동체 협력 활동 참여
– 다양한 취미 서클, 소집단 활동 참여</td></tr>
<tr><td>■ 사회에서</td><td>– 이웃과 친하게 지내기
– 마을, 아파트 단지, 지역 사회의 행사나 목적 추구 활동에 적극적으로 참여하기
– 나의 직장, 모임, 단체 생활에서 능동적으로 협력 활동하기
– 국가에 대한 의무와 책임 다하기</td></tr>
</table>

Chapter 10

인성과 과학 기술

자연 현상에 대한 경험적 연구 방법을 과학이라고 한다. 인간은 과학적 연구를 통해 자연에 대한 지식을 증대시켜 지배력을 키워왔다. 과학 연구 결과를 기술로 응용함으로써 인간 문명이 급속하게 발전해 왔다. 과학 기술 발전이 곧 인류 문명 발전의 역사다.

지금 이 순간의 인류 과학은 상상을 초월할 정도로 발전해 있다. 육체 노동이 주를 이루었던 농업 경제 시대를 훌쩍 뛰어넘어, 또 산업 혁명 시대를 거쳐 이제는 최첨단 생명 공학, 로봇 시대에 살고 있다. 우리가 정상이라고 생각했던 인간의 모습, 인간 인성이 전혀 다른 모습으로 전환해 가고 있다.

현대 사회는 컴퓨터와 인터넷, 모바일 휴대전화, 인공위성의 도움을 받아 모든 사람이 하나로 엮어진 네트워크 사회에 살고 있다. 소셜 네트워크라고 불리는 이 세상에서는 모든 정보와 지식을 공유하고 시간과 공간을 뛰어 넘어 서로 연결되어 상호작용하고 있다. 모든 인간은 자신의 의지와 필요에 따라 이 소셜 네트워크에 자유롭게 참여하고 이용하면서 살고 있다. 이런 네트워크 상태에서 인간 인성은 어떻게 발전하고 있을까?

생명 공학의 발전과 인공 지능의 발전이 엄청난 폭풍을 몰아치고 있다. 생명 공학은 동식물 유전자를 발견해내고 변형시켜 다양한 문명 발전에 기여하고 있다. 유전자 변형 식품은 먹거리 문화를 근본적으로 개혁하였고, 생명 의학은 질병 치료를 넘어 동식물 복제, 인간 복제까지 가능하게 만들었다. 인공 지능의 발전은 단순 로봇 시대를 넘어 전자 인간 시대를 열고 있다.

과학에도 윤리가 필요하다. 과학자, 과학 산업 종사자, 과학 기술자, 과학 기술 사용자 모두는 인간 본성의 반듯한 모습을 견지할 수 있도록 노력해야 한다. 다가오는 미래 시대에서도 우리 인간이 주인 역할을 하기 위해서는 무엇을 지켜야 하고 무엇을 변화시켜 가야만 할까?

Ⅰ. 과학, 기술과 인간

1. 과 학
   - 과학의 방법: 귀납과 연역, 경험주의와 합리주의
   - 과학 지식의 반증 가능성
2. 과학 기술과 문명
3. 첨단 과학 시대의 인간
   - 인간과 과학 기술의 루핑 효과

Ⅱ. 네트워크 사회와 인성

1. 소셜 네트워크 사회
2. 네트워크화된 개인주의

Ⅲ. 생명 공학과 인성

1. 유전자 변형 식품
2. 생명 의학
3. 인간 복제

Ⅳ. 로봇과 인성

1. 로봇과 인간
2. 인공 지능
3. 음양이론과 디지털 컨버전스

Ⅴ. 과학과 인성

1. 과학 윤리
2. 과학자
3. 과학 산업 종사자
4. 과학 기술자
5. 과학 기술 이용자

[인성의 덕목 10: 소통]

I 과학, 기술과 인간

1. 과 학

과학(科學, science)이라는 말은 다양하게 사용된다. 첫째는 학문하는 방법 중 하나로서, 경험적 사실에 근거하여 진리를 찾는 행위를 말한다. 과학 활동이 '경험적 사실(經驗的 事實, empirical facts)'에 근거한다는 말은 사람의 알 수 없는 말이나 논리, 직관을 믿지 않고, 또 '하느님 말씀'이나 '귀신같은 일'의 존재를 무작정 수용하지 않는다는 뜻이다. 철저히 오관(五官)으로 확인할 수 있는 것만을 진리로 인정한다는 뜻을 담고 있다. 과학은 사실 세계를 통해 증명할 수 있는 것만을 진리로 받아들인다. 다양한 실험 방법이나 검증 방법이 활용된다.

둘째는 물리, 화학, 생물, 지리와 같은 자연 현상을 연구하는 학문을 가리킨다. 이는 서양 중세 이후에 자연 연구에 실험, 수학적 계산, 증명 등의 방법을 치밀하게 적용하면서 이런 방법을 주로 사용하는 학문을 가리키는 말로 굳어진 것이다. 우리나라는 서구 학문이 유입되면서 '사회'를 다루는 학문 이외에 '자연'을 다루는 학문이란 분과로서 '과학'[1]이 자리 잡았다.

셋째는 기술과 문명의 발전 자체를 과학으로 부르기도 한다. 과학 기술, 과학 문명 등으로 붙여서 사용한다. 1970년대 한국의 경제 발전 기간 동안에는 '과학화'란 말을 발전, 문명화, 현대화라는 의미로 함께 활용하였다.

넷째는 인간이 발견한 지식 자체를 의미하기도 한다. *Science*라는 말이 라틴어 *scientia*에서 비롯되었는데, 이때 '*scio*−'는 '안다(I know)'를 의미한다(위키백과, 과학). 지식의 발견은 과학의 첫 번째 정의에서 밝힌 것과 같이 실험이나 경험적 사실을 토대로 이루어지기도 하지만, 우연(偶然)하게 발견되기도 하고, 곰곰이 생각하여 논리적으로 또는 합리적으로 창출되기도 한다. 이 모든 것을 포함하여 인간이 발견해낸 지식을 과학이라고 보는 것이다. 이때의 과학에는 어떤 대상을 향해 이성적 고민을 하는 철학도 포함되고, 논리적 수학도 포함되며, 천방지축 어린 아이의 우연한 지식 발견도 포함된다.

---

1) 과학(科學)에서 科는 분야를 뜻하고, 學은 공부 내용, 지식 내용을 뜻한다. 과학 속에는 물리, 화학, 생물, 지리 과목 등을 포함시켰다.

과학 활동의 대상에는 자연, 인간, 역사 모두가 포함된다. 중세 과학자 베이컨(Francis Bacon, 1561~1626)은 학문(*scientiae*)을 역사학(*historia*), 시학(*poesis*), 철학(*philosophia*)으로 분류하였다. 역사학은 인간의 기억을 토대로 하고, 시학은 상상력, 철학은 이성을 토대로 한다(홍성욱 · 서민우 외, 2016: 17, 194). 이런 분류 방식은 18세기 프랑스 계몽 사상가들이 펴낸 『백과전서(*Encylopedie*)』(1751)에도 그대로 반영되었다. 즉, 기억(*memore*)을 역사학에, 이성(*raison*)을 철학에, 상상(*imagination*)을 시학에 접목시켜 저술하였다. 철학(*philosophie*) 속에 자연 과학(*science de la nature*)과 인문학(*science de l'homme*)이 포함되어 있다. 이는 고대 그리스의 철학자인 소크라테스(Socrates), 플라톤(Platom), 아리스토텔레스(Aristoteles)의 신학, 철학, 논리학, 정치학이 과학과 구분 없이 사용되었던 것과 맥을 함께한다.

우리 옛 조선을 포함한 고대 동양 사회에서는 천지(天地) 자연과 인간을 분리된 것으로 보지 않고 함께 융화된 존재로 인식하였다, 그래서 천명(天命), 태극(太極), 음양(陰陽)과 오행(五行, 木火土金水)의 작용은 자연과 인간 모두에게 적용되는 것으로 이해했다. 천명과 음양 오행의 작용에 대한 이해가 곧 철학이고 과학이며 지식 활동이었다. 냉철하게 자연과 인간에게 작용하는 천명, 음양 오행의 작용을 알아내려는 사람이 성인, 군자이고, 이들이 몸에 체득한 진리 지식을 덕(德)이라고 불렀다. 덕 속에는 우주 대자연의 진리는 물론 배고프면 먹고 졸리면 자는 인간 본연의 행동에 대한 것도 포함되어 있다. 대통령의 국가 통치술은 물론 부부 관계, 부자 관계도 덕에 포함된다.

B.C. 3세기경에 동양권에 제자 백가 사상(諸子百家思想)이 정립될 때 유가(儒家)의 사단(四端)이나 수기치인(修己治人) 논의, 도가(道家)의 도와 덕에 대한 논의, 법가(法家)의 법, 술, 세에 대한 논의는 철학이면서 과학 활동이었다. 비록 '과학'이라는 용어는 사용치 않았지만. 과학과 비슷한 용어로는 『대학(大學)』에 나오는 격물치지(格物致知)가 있다. 격(格)이 사물에 '이르다, 가까이가다'는 뜻이기 때문에 과학 활동의 실증, 검증, 사실 접근 태도와 비슷하다. '무엇이 옳은가?', '무엇이 참인가?'를 끝까지 추극(推極)해 들어가서 완벽한 상태에 이르고자 하는 지식 추구 노력이 바로 격물치지다. 격물치지는 알고자 하는 사물이나 현상에 '온 마음을 다 쏟아 집중(=敬)'하고, '거짓이나 편견이 없이 순수하고 참된 마음(=誠)'으로, '완벽하게(=推極)' 노력해야만 가능한 일이다. 현대 과학 활동과 차이가 없다.

고려 말 이후 조선 시대부터는 주자학을 받아들여 더욱 심도 있는 성리학 연구에 몰입했었다. 사물을 대상으로 한 격물치지, 과학 활동은 물론 사람, 정신 세계에 대해서도 수준 높은 철학적, 인문학적, 심리학적 지식 추구 활동을 수행하였다. 성리(性理) 등 인간 정신에 대한 논리적, 합리주의적 탐구와 병행하여 물질이나 사물 세계의 양태, 에너지, 기(氣)에 대한 과학적 지식 추구 활동도 활발했다. 주리론, 주기론 논쟁이 절정에 달했던 15~17세기 조선 중기는 서구에서도 르네상스 움직임이 활발했던 시기다. 비록 시기적 선후의 차이는 있을지라도 동서양이 서로 비슷한 시기에 과학의 중요성이 부각되었다. 서구에서 베이컨(F. Bacon), 데카르트(R. Descartes), 갈릴레이(Galileo Galilei), 뉴턴(I. Newton)이 등장하던 시점에 우리 한국에서도 이천과 장영실, 홍대용, 박지원, 정약용, 최한기 등의 과학자들이 등장하였다.

■ 과학의 방법: 귀납과 연역, 경험주의와 합리주의

과학 활동은 사실의 세계에서 출발하여 사실의 세계로 되돌아간다(강신택, 1983: 16-17). 과학자는 항시 사실의 세계에 발을 딛고 서서 관찰하고, 사색하며, 진리를 찾아간다. 과학자는 관찰자로서, 수없이 많은 사실을 관찰하여 일반화할 수 있는데, 이를 귀납(歸納, induction)이라고 한다. 과학자의 관찰과 일반화는 매우 조심스럽게 이루어져야만 한다. 100% 확신할 수 없는 상태에서 섣부른 일반화를 해서는 안된다. 단 하나의 예외라도 나타난다면 '틀린 일반화'가 되고 '엉터리 과학'이 되어버리기 때문이다. 그래서 과학자는 관찰 숫자를 지속적으로 늘리고, 엄밀한 실험을 시도하여 '참된 지식'을 찾고자 애를 쓴다. 연역(演繹, deduction)은 명확한 이론적 법칙을 토대로 특정한 예측을 하는 것을 말한다. 이 예측은 사실의 세계를 토대로 검증(檢證, verification)하여 '맞는 것으로 판정'되어야만 '참된 진리'가 될 수 있다. 아리스토텔레스(Aristoteles)의 삼단 논법처럼, 확실한 이론이나 법칙을 토대로 또 다른 새로운 결론을 유도하는 것이다.

그림 10-1 과학 활동의 구조

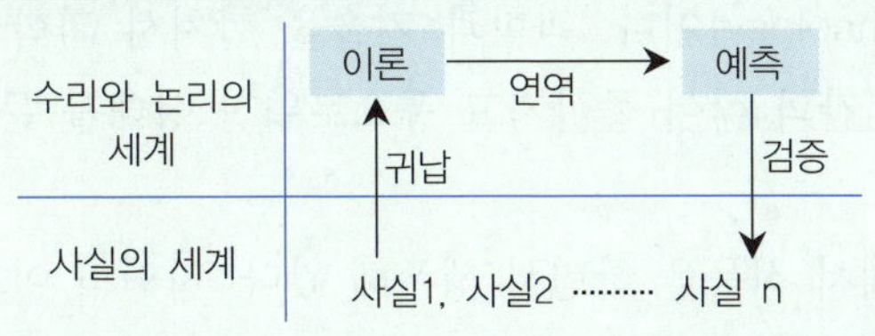

성급한 일반화, 즉 귀납이 문제가 되듯이, 연역에도 문제가 있다. 하나는 불확실한 이론을 잘못 알고 확실한 것으로 맹신하는 상태에서의 연역의 문제이고, 또 다른 하나는 불확실한 자연 현상에 대한 과학 활동을 어렵게 한다는 약점이다. 그릇된 전제에서 연역된 결론의 오류 가능성, 삼단 논법의 전제에 대한 논증 자체의 불가능성의 문제는 심각하다(홍성욱 · 서민우 외, 2016: 18).

사실의 세계를 토대로 관찰과 경험, 실험을 통해 귀납적 과학 활동을 주로 하는 입장이 경험주의(經驗主義, empiricism)이고, 명확한 전제로부터 이성적, 논리적, 연역적 추론을 이끌어내는 입장이 합리주의(合理主義, rationalism)이다. 비록 강조하는 부분에서 차이가 있긴 하지만 과학 활동은 이 두 가지 부분이 종합적으로 활용된다.

▪ 과학 지식의 반증 가능성

포퍼(Karl R. Popper, 1902~1994)는 과학 지식은 새로운 증거에 의해 언제라도 '잘못된 진리'로 판명될 수 있어야 한다고 주장했다. 이를 반증 가능성(反證可能性, falsifiability)이라고 한다. 진정한 과학은 새로운 증거와 실험을 통해 반증될 수 있어야만 한다(Lewens, 2015: 40－41). 과학자는 먼저 대상 세계의 본질에 대해 추상적인 주장을 제기하고, 그 다음에 자료를 수집하여 반박해 간다. 반박이 일어나는 순간 귀납은 잘못된 것이 되지만, 반박되지 않고 살아남으면 여전히 참된 진리의 위치를 고수할 수 있다. 하느님 말씀, 귀신의 장난, 애매한 형이상학적 주장은 사실의 세계를 토대로 관찰, 검증, 실험하는 것이 불가능하다. '하느님께서 강림하셔서 행복한 우리 가정을 만들어 주셨다'는 주장은 검증이 불가능하다. 이것은 그냥 '종교적 믿음' 일 뿐이다.

2. 과학 기술과 문명

과학 활동을 통해 발견한 지식을, 인간의 삶에 필요한 도구나 수단으로 활용하는 것이 기술(技術, technology)이다. 과학과 기술을 합쳐서 과학 기술이라고 부른다. 과학 기술을 통해 인간의 삶이 좋아지고 풍요로워진 상태를 문명(文明, civilization)이라고 한다.

인간은 자연 속에서 적응을 하면서 생존해 왔다. 자연의 이치를 깨닫기 위해 과학적으로 두뇌를 사용하였고, 의식주를 위해 다양한 도구를 사용하며 적응 솜씨를 발휘하였다. 과학 활동은 자연에 관한 정보나 지식을 풍부하게 해주었고, 이를 활용한 기술 발전이 이루어짐으로써 도구 사용과 적응 솜씨를 더욱더 수준 높은 상태로 진화시켰다. 과학이 발달한 사회는 그렇지 못한 사회에 비해서 기술 발전이 더욱 촉진되었고, 문명화가 이루어졌다.

하라리(Harari, 2015)는 *Sapiens*라는 책을 통해 인간의 인지 혁명, 농업 혁명, 인류의 통합, 그에 뒤이은 과학 혁명을 논하고 있다. 인류는 머리를 쓰고, 불과 도구를 사용하며, 농업 혁명을 통해 문명화를 꾀해 왔다고 보았다. 자연 속에서 살아남기 위해 종교나 국가, 사회를 통해 통합을 이루었다고 한다. 그리고 현대로 오면서 과학 혁명이 성공적으로 이루어졌다고 보고 있다.

하지만, 철학까지 포함하는 포괄적 의미의 과학이 아닌, 현대적 의미의 과학 활동이 기술과 결합하게 된 것은 그리 오래되지 않는다. 예를 들면, 농사꾼은 수없이 많은 시행착오를 거쳐 파종 방법을 알아내고, 잘 기르는 방법을 찾아냈으며, 도구를 사용하여 수확량을 늘리는 방법을 알아냈다. 이런 노력은 훌륭한 과학자에 의해 비롯된 것이 아니라 무지몽매(無知蒙昧)한 시골 농부에 의해 이루어졌다. 19세기 초반까지도 강한 군대를 원하는 지배자나 성공적인 사업을 원하는 기업가는 물리학, 생물학, 경제학에 자금을 대는 수고를 하지 않았다(Harari, 2015: 369). 대부분의 사상가는 자신이 발견한 내용을 기술적 장치로 전환하려는 노력을 기울이지 않았다. 20세기 가까이 와서야 과학을 기술화하여 인류 발전과 환경 문제 해결에 사용하기 시작했다. 과학을 기술화하여 문제 해결에 사용하기 위해 국가가 나서기 시작했고, 돈을 벌기 위해 자본가가 과학 기술화에 투자를 시작했다.

18세기 영국에서 시작된 산업 혁명은 증기기관, 방적기 등에 과학 기술이 적용되면서 비롯되었다. 산업화는 주변국으로 전파되면서 19세기 후반부터 본격적으로 대량 생산 체제로 진입하였다. 과학과 기술의 진정한 융합은 20세기 들어서면서 속도를 내기 시작했다.

3. 첨단 과학 시대의 인간

과학 기술의 발전은 최근 100여 년 간 눈부시게 이루어졌다. 수백 명을 태운 비행기가 하늘을 날고, 손톱만한 크기의 칩에 수백만 권의 책 내용이 들어가고, 인간 혈관 속으로 로봇이 드나들고 있다. 그야말로 최첨단 과학 기술 시대에 우리가 살고 있다. 몇몇 분야로 나누어 첨단 과학 기술과 인간 관계에 대해 살펴보기로 한다.

❖ 농업과 제조업 분야

힘든 육체 노동, 단순 반복 생산 활동은 대부분 기계가 대신한지 오래되었다. 더 나아가서 정교한 노동이 필요한 제조업 분야에도 정밀 기계와 로봇이 작업을 수행하고 있다. 인간은 단순 작업은 물론 좀 더 정교한 판단, 의사 결정 업무까지도 기계의 도움을 받고 있다. 무한 능력을 보유한 컴퓨터를 통해 기계와 로봇을 조종하여 농업 생산과 제조업을 발전시켜가고 있다. 완벽한 자동 제어 장치로 인해 '시작' 버튼 누르는 단순 작업도 인간에게 주어지지 않고 있다. 3D 프린터로 단순 부품에서부터 중간 완제품 생산이 가능해지고, 마침내 자동차, 인공 장기 등 고도의 제품까지도 순식간에 생산할 수 있게 되었다.

농업 분야에서는 유전자 조작 동식물이 만들어지고, 인공으로 조성된 생육 조건 속에서 풍부한 먹거리가 생산되고 있다. 농토가 아니라 도시 공간 속에서도 생산이 이루어지고 있다. 농작물 종류, 크기, 영양소, 당도(糖度), 출하 시기, 물류(物流)가 모두 첨단 과학 기술에 의해 통제되고 있다.

첨단 과학 기술 시대에 기존의 농부, 공장 노동자가 사라지고 있다. 육체 노동, 힘든 일이 없어지고, 마침내 정신 노동도 사라지고 있다. 머리를 덜 쓰고, 배운 게 적은 사람이 할 수 있는 일이 사라지고 있다.

❖ 경제, 금융 분야

자본의 기초였던 돈, 화폐가 사라지고 있다. 인터넷상의 숫자나 부호가 유형의 화폐를 대체하고, 거래 대부분이 가상 공간 속에서 진행된다. 기업에 대한 자본 투자, 증권 거래, 대출과 상환이 네트워크상에서 순식간에 이루어진다. 스마트 머니, 포인트와 같은 가상 화폐도 사용된다. 금융 거래를 담당했던 은행 지점과 점원이 사라지고 있다. 국가 간 경제 교류, 자본 유통이 네트워크를 통해 이루어진다.

월급은 통장에 숫자로 표기될 뿐이고, 사람의 소비 활동은 카드나 통장 이체로 이루어지고 있다. 가계부를 쓸 일이 없이 매달 날아오는 신용 카드 명세서, 휴대전화 요금 명세서만 모아두면 된다.

❖ 행정, 사무 관리 분야

사무 자동화(office automation)란 말은 1950년대, 집채만 한 계산기가 등장하여 단순 분류와 합산 기능을 수행하면서 나타났다. 그 당시에는 가장 기초적인 덧셈, 뺄셈을 하는 기계로 각광을 받았었다. 70년 가까이 지난 지금은 연산(演算)은 물론 분류, 평가, 판단, 의사 결정, 기록과 정보의 분류와 저장 등 모든 일을 컴퓨터 중심의 사무 자동화 기기가 담당하고 있다. 인터넷과 첨단 정보 통신 기술은 사무 관리의 시공(時空)을 무한대로 확대시켰다. 사무실의 '사무(事務, work)' 만이 아니라 '사무실(office)' 자체의 근무 환경 관리, 사무를 보는 '인간(human)'의 건강 관리도 전자 기기, 과학 기술이 담당하고 있다.

행정 업무도 사무 자동화 추세에 발맞춰 발전해 왔다. 단순 업무에 해당하는 것은 대부분 사무 자동화가 이루어졌다. 문서가 사라지고, 인터넷 업무 처리, 전자 결재, 전자 DB(=Data Base)가 등장했다. 인터넷과 화상 회의 시스템, 모바일 전화(mobile phone)에 힘입어 업무 공간이 무한대로 확장되었다.

행정 사무의 자동화로 인해 동사무소 수준에서 주로 담당했던 주민등록 서류 발급 등의 업무가 거의 사라졌고, 중요한 판단을 요하는 일부 인·허가 업무를 제외한 평가와 판단 업무도 자동화되었다. 이로 인해 지금은 주민센터로 변한 일선 행정 사무실이 축소되고 있다. 이런 현상은 은행, 증권거래소, 각종 공공기관의 지부나 지소 사무실이 없어지는 계기가 되었다. 사무실 축소는 담당 공무원, 직원의 축소를 동반하였다.

행정부의 모든 정책 과정에 국민의 참여가 폭발하고 있다. 정책 의제 설정, 정책 형성과 결정, 정책 집행, 정책 평가에 인터넷, 모바일 폰, 문자 메시지를 통해 누구나 자유롭게 의견을 개진하고 영향을 미칠 수 있게 되었다.

❖ 교통, 통신 분야

교통 분야에서는 자동 운전시스템과 이로 인한 무인 자동차, 무인 지하철, 자동 항법의 항공기가 등장하였고, 최첨단 고속 철도가 전국을 누비고 있다. 검표원이 없이 지하철과 버스의 요금 납부가 카드를 활용하여 자동으로 이루어지고, 운전 기사 홀로 모든 업무를 처리할 수 있다. 버스, 택시, 지하철, 고속철, 항공기의 움직임을 종합 상황실 한 곳에서 모두 살필 수 있고 조정과 통제가 이루어지고 있다. 최첨단 과학 기술은 우주 산업도 발전시켜 우주 왕복선, 태양계를 벗어나는 수준의 인공 위성을 만들어 띄울 수 있게 되었다. 이를 통해 지구에 앉아서도 저 멀리 떨어진 우주의 상황을 볼 수 있게 되었다.

인터넷의 발전은 통신 시스템을 완전히 새로운 경지로 전환시켰다. 중간 단계의 서류 전달이 없어지고, 기존의 전화와 전보가 사라졌다. 정보와 지식의 전달, 가공, 저장, 정보를 활용한 업무 처리가 순식간에 이루어질 수 있게 되었다. 인터넷을 활용한 원격 교육, 원격 진료, 화상 회의, 원격 통제가 가능해졌다. 일정한 공간에 위치한 작업 공간(work-station)에서 인터넷을 활용하여 전방위적으로 업무 처리가 가능해졌다.

휴대전화, 스마트 모바일 폰(smart mobile phone)의 등장은 통신 분야를 또 한 단계 업그레이드시켰다. 광통신망을 이용한 인터넷 연결 방식이 무선 인터넷인 Wi-Fi망, 인공 위성망으로 바뀌면서 더욱더 자유로운 통신으로 변모되었다. 정착형 업무 공간이 이동형 업무 공간으로 변화되었다.

❖ 경찰, 국방 분야

정보 통신, 과학 기술의 발전은 경찰, 안보, 국방 분야에도 엄청난 변화를 몰고 왔다. 무인 경비 시스템, CCTV, 과속 단속 카메라, 자동 경보 장치 등은 경찰 인력을 줄이고 국민 안전 확보에 기여할 수 있게 만들었다. 유전자 감식, 지문과 필적 감정, 생체 인식 시스템은 경찰의 과학 수사 역량을 극대화시키고 있는 중이다. 전 국민 범죄 정보, 인구학적 정보, 자동차 이동 정보, 카드 사용 정보가 안보와 수사에 활용되고 있다. 경찰서 종합 상황실에서는 관내의 경찰, 112 경찰차, 119 구급차, 범죄인의 행동을 일일이 감시하며 통제하고 있다.

첨단 과학 기술은 국방, 방위 산업에도 적극 활용되고 있다. 신무기 개발은 물론 군인의 병영 생활에도 활용되고, 미래 첨단 전투에도 사용될 예정이다. 비행기 운전은 게임처럼 작은 공간 내에서 이루어지고, 권총 사격 훈련도 사이버 공간에서 이루어지고 있다. 군인 복장은 최첨단 과학 기술의 도움을 받아 카멜레온처럼 색이 변하는 군복, 발열과 냉방 장치가 갖춰져 있는 의복, 천리안(千里眼), 야간 투시경, 입는 로봇, 공간을 뛰어넘는 비행 장치까지 단 형태로 변모하고 있다.

무인 항공기 드론(drone)이 소리 소문 없이 적을 찾아내고 공격하며, 인공위성을 통해 지상과 공중의 움직이는 물체를 제어할 수 있고, 자그마한 사무실 안에서 온 세계의 전쟁을 게임처럼 주관할 수 있게 된다. 레이저(laser), 플라스마(plasma) 광선을 활용하여 생명체의 활동은 물론 정신까지도 통제할 수 있게 되었다.

❖ 교육 분야

첨단 과학 기술은 교육 내용과 방법에도 획기적 변화를 몰고 왔다. 전통적인 인쇄물 교과서, 학교 교실 내 교육, 지식 습득 위주의 교육, 단순 암기식 교육은 불필요해졌다. 인터넷과 모바일 폰을 활용한 원격 교육, 인터넷 방송 교육, 직장 내 교육이 가능해졌다. 스마트 폰 속에는 모든 백과사전이 들어 있고, 교육 콘텐츠(contents)가 들어 있어 언제라도 검색을 하여 찾아낼 수 있게 되었다.

교육 시설, 설비, 기자재도 첨단화되었다. 다양한 시청각 설비와 자재, 교육 콘텐츠가 교육에 활용되고, 첨단 강의실이 마련되었다. 예습과 복습, 반복 학습, 자유로운 학습이 가능해졌다.

교수, 교사의 기능은 강의식으로 단순한 학습 내용 전달이 아니라 수강생의 창의적 학습을 지원하는 사람, 학습을 모범적으로 선행하는 선도자가 되어야 한다. 학생은 단순히 지식 증대에만 열중해서는 안되고 창의적으로 지식 활용, 인간 발전을 위해 노력해야만 한다.

❖ 사회, 문화 분야

컴퓨터와 웹 사이트를 중심으로 펼쳐진 가상 공간이 유무선 통신, 위성 통신의 도움을 받아 수많은 사용자가 자유롭게 네트워크로 엮인 사회로 변모하였다. 사람들은 소셜 네트워크에 누구나 자유롭게 참여하고, 자신의 욕구에 맞게 활용하며, 이를 삶의 동반자로 여기게 되었다. 소셜 네트워크는 시간과 공간의 제약을 뛰어넘어 언제, 어디서, 누구와도 교류 가능한 공간이 되었다.

과학 기술은 문화 영역에도 지속적인 변화와 발전을 가져왔다. 순수 음악이나 미술, 연극 등은 예술가의 행위가 기본 바탕이기 때문에 변화의 속도가 느릴 수 있겠지만, 영화, 영상, 드라마, 디자인, 건축, 게임 등의 분야는 과학 기술의 도움을 받아 큰 발전이 이루어지고 있다.

정보 통신 기술의 발전과 소셜 네트워크는 문화 예술의 창작, 정보와 콘텐츠의 자유로운 교류, 거래를 가능케 했다. 제품 생산과 유통이 수월해지고, 복제와 모방이 값싸게 무한대로 가능해졌다. 지적 재산권의 보호를 위해 국가 차원에서 노력하지만 불법 복제와 유통을 막기가 어려워졌다.

국내는 물론 국제적인 소셜 네트워크가 활성화되면서 생활 문화의 개인 간, 지역 간, 국가 간, 국제적 교류도 활발해졌다. 사람들은 소셜 네트워크를 활용하여 알고 싶은 문화 정보를 쉽게 얻고, 자기 편의대로 전환시켜 이용하며, 적극적으로 변형시킬 수 있게 되었다.

❖ 정치 분야

2016년 11월부터 2017년 3월까지, 엄청난 시위 군중이 광화문과 종로 일대를 뒤덮었다. 20세기 대의제 민주 정치가 실종되고 성난 군중의 직접 민주주의가 등장한 것이다. 모든 국민은 국회나 정부 공공기관의 홈페이지 게시판이나 민원란을 통해 자기 의견을 피력할 수 있다. 전화, 인터넷, 문자 메시지, Facebook, Twitter, Kakao Talk, Band 등을 통해 국민과 정치인이 직접 연결되어 있다. 정치인의 일거수일투족(一擧手一投足)이 전자 기기에 의해 감시되고 있다.

정치인, 자기를 여러 사람에게 알리고 싶어하는 사람은 전처럼 방송과 통신은 물론 소셜 네트워크를 적절히 이용하고 있다. 자신의 의견을 피력하고, 소셜 네트워크를 능동적으로 만들어 영향을 미치며, 자신의 뜻대로 사람을 이용하려 한다. 진지한 정치인 대신에 국민 선동의 정치인이 판을 치는 세상이 되었다. 자기를 지지하는 국민을 선동하기 위해 '자극적인 막말'을 일삼고 있다. 방송이나 언론, 소셜 네트워크로 유명세를 탄 '연예인', '인기 스타'가 이런 정치에 앞장서고 있다.

❖ 의식주, 건강 의료 분야

먹거리, 입을 거리, 주택이 첨단화하고 있다. 농업 혁명에 힘입어 지역과 계절이 없이 무엇이든 먹을 수 있고, 몸에 맞는 영양소를 알약 형태로 먹을 수 있다. 생명공학 발전으로 인해 인공 수정과 출산, 질병 치료, 신체 장기 교체, 정교한 수술이 가능해졌다. 3D 프린터로 만든 인공 장기를 사람 몸 속에 넣고 빼는 일이 가능해졌다. 유전자 감식, 유전자 조작을 통한 치유가 가능해졌다. 발달한 뇌 과학에 힘입어 사람의 생각, 기분, 감성을 마음대로 조작할 수 있게 되었다.

인간의 가장 기본적인 욕구 중 하나인 성행위도 가상 공간에서 이루어지고 있다. 남녀가 결혼이나 성적 합의를 통해 이루어지던 섹스가 인공적인 공간에서, 가상의 인간과 할 수 있는 세상이 되었다. 냄새, 맛, 좋은 음악, 기분 좋은 볼거리를 언제, 어디서나 쉽게 구해 즐길 수 있게 되었다.

■ 인간과 과학 기술의 루핑 효과

해킹(Ian Hacking)은 인간 과학에서 과학 기술과 인간 사이에 활발한 상호작용 효과가 발생한다고 주장했다. 인간의 몸과 정신, 행동을 다루는 각종 연구는 새로운 인간 유형을 만들어내고, 인간은 이 유형에 걸맞게 변화를 만들어간다. 이를 루핑 효과(the looping effect)라고 명명했다(홍성욱 · 서민우 외, 2016: 265－271). 예를 들면, 불임 여성에 대해 인공 수정이 가능해지자, 적지 않은 여성이 인공 수정을 아이를 갖는 당연한 방법으로 여기게 되었다. 이전에 신혼 부부가 아이를 갖기 위해 약을 먹고 다양한 섭생을 하던 노력을 하지 않게 되었다. 이런 모습이 과학 기술과 인간 사이의 루핑 현상이다.

인간은 새로운 과학 기술에 맞춰 사고 방식과 행동을 변화시켜 간다. 인간의 필요에 의해 과학 활동이 이루어지고 새로운 과학 기술이 개발되지만, 인간은 개발된 과학 기술에 맞춰 스스로 변모해 가는 존재다. 인간의 과학 기술 지배가 언제라도 과학 기술이 인간을 지배하는 상태로 역전될 수 있다.

사람은 자기가 연결되어 몸담고 있는 소셜 네트워크에 영향 받아 스스로 변해 가고 있다. 소셜 네트워크에 머무는 순간이 많으면 많을수록, 감성적 자극이 크면 클수록 사람의 모방 효과, 루핑 효과는 커진다.

Ⅱ 네트워크 사회와 인성

1. 소셜 네트워크 사회

현대 사회는 네트워크로 얽혀져 있다. 이 소셜 네트워크(social network), 네트워크 사회(network society)는 각종 소셜 미디어(social media) 기기와 인터넷망으로 연결된 웹사이트를 기반으로 사용자들이 의사소통, 정보의 생산과 공유, 자유로운 삶을 영위하는 가상 공간 또는 공동체다. 소셜 미디어는 사람과 사람을 연결시켜 주는 각종 미디어 매체를 의미하는 데 신문이나 방송, 전화, 텔레비전 수준에서 더욱 발전하여 인터넷, 모바일 폰, 위성 통신 등 모든 정보통신기기(ICT)를 포함한다. 웹사이트(website)는 홈페이지(homepage)라고 부르기도 하는 공간인데,[2] 이제는 소셜

2) 웹사이트(website)는 인터넷 프로토콜 기반의 네트워크에서 도메인 이름이나 IP 주소, 루트 경로만으로 이루어진 일반 URL을 통하여 보이는 웹 페이지(Web Page)의 의미 있는 묶음이다. 흔히

네트워킹 서비스(SNS, Social Networking Service)가 이루어지는 모든 가상 공간, 온라인 플랫폼을 의미한다.

소셜 네트워크는 컴퓨터 운영 시스템이나 모바일 시스템처럼 사용자의 접근 기회, 운영 규칙, 업무나 정보 처리 과정 등 특정한 네트워크 구조로 이루어진 사회다(Rainie & Wellman, 2015: 31). 이는 새로운 사회 운영 시스템으로, 다양한 소셜 네트워크 서비스가 이루어지는 소셜 네트워크 시스템(SNS=Social Network System)이다.

소셜 네트워크는 획기적인 3단계 변화를 통해 이루어졌다(Rainie & Wellman, 2015: 23-176). 첫째는 소셜 네트워크 혁명이다. 인간이 사람, 조직, 국가 등으로 이루어진 '네트워크 관계의 구조' 안에서 살아가게 된 것이다. 단순한 인간의 모임이 아니고, 그렇다고 단단한 결속력의 집단도 아닌 '네트워크화된 개인의 사회'가 만들어졌다. 낱개로 흩어져 존재하는 인간들의 덩어리도 아니고, 관료제 피라미드처럼 엄격한 상명하복의 권력 구조도 아닌 '자유로운 개인들의 사회'가 바로 소셜 네트워크다. 소셜 네트워크 혁명은 교통과 통신의 발달, 정보 통신 과학 기술의 발전, 다양한 미디어 매체의 등장, 편리한 의사소통, 정보 공유, 집단 개념의 완화, 개인 자율의 증대 등에 힘입어 이루어졌다. 둘째는 인터넷 혁명이다. 인터넷을 통해 사용자와 컴퓨터, 저장 장치, 위성 등이 모두 연결되었다. 이는 무한대로 능력이 발전하는 컴퓨터, 엄청난 저장 장치, 정보 전달을 수월하게 하는 광통신망과 위성 통신망, 다양한 응용 소프트웨어와 애플리케이션 등에 힘입어 가능해졌다. 성능 좋은 컴퓨터와 주변기기, 인터넷 이용, 애플리케이션 가격 등이 싸지면서 인터넷 혁명이 촉진되었다. 셋째는 모바일 혁명이다. 모바일 폰, 즉 휴대전화를 중심으로 컴퓨터와 무선 인터넷이 결합하여 '끊김 없는 연결'이 가능해졌다. 휴대전화는 모든 개인이 소유하고 사용하게 되었는데, 이를 통해 소셜 네트워크 서비스가 상상을 초월할 정도로 편리하게 이루어지게 되었다.

소셜 네트워킹 서비스(SNS)란 소셜 네트워크를 통해 이루어지는 다음과 같은 여러 활동을 말한다.

말하는 홈페이지가 바로 웹사이트다.… 웹사이트는 인터넷이나 랜과 같은 네트워크를 통해 접속할 수 있는, 적어도 하나의 웹 서버상에서 호스팅된다. 웹 페이지는 HTML/XHTML의 형식으로 표현되지만 일반적으로 순수 문자열로 쓰여진 문서이다. 웹 페이지는 HTTP를 통하여 접속되며 가끔씩은 HTTPS를 통한 암호화를 사용하여 웹 페이지 콘텐츠를 이용한 사람에게 보안과 개인 정보 보호를 제공한다. 사용자가 이용하는 웹 브라우저는 HTML 마크업 명령을 모니터에 표시하는 그대로 페이지 내용을 표현한다(위키백과, 웹사이트).

- 인터넷 전산망을 통해 행정, 금융, 무역, 교육, 연구, 의료, 관세, 통관, 경찰, 국방, 교통 정보가 공유되고, 의사 결정, 업무 처리가 이루어진다.
- 인간, 즉 사용자가 소셜 네트워크를 이용하여 의식주 활동, 생산과 소비 활동, 상품 거래, 경제 생활을 수행한다.
- 소셜 네트워킹을 통해서 사람 사이에 '관계'가 맺어지고, '느슨한 형태의 조직'이 형성될 수 있으며, 다양한 교류 활동이 가능하다. 산악회 등 같은 취미를 가진 동호인 모임, 광화문 촛불 시위나 태극기 행렬과 같은 정치 모임, 일시적 플래시 몹(flash mob) 등 다양한 관계가 존재할 수 있다.
- 무인 전차나 자동차, 무인 항공기가 가능하고, CCTV 교통 관제 시스템, 국제적 자동화 시스템이 작동할 수 있다. 게임처럼 전쟁 놀이가 가능해졌다.
- 도서관이나 백과사전 속 수많은 정보와 지식의 활발한 교류가 이루어짐으로써 교육과 학술 연구, 과학 기술 발전, 문명 발전이 지속적으로 이루어진다.

소셜 네트워크, 그리고 SNS는 인간 사회와 인성에 엄청난 변화를 일으키고 있다.
- 가족 관계: 직접 대면 관계가 줄고 모바일이나 소셜 네트워크를 통한 만남이 증가하였다. 반대로, 공간을 뛰어넘어 언제 어디서라도 소셜 네트워크를 통해 만날 수 있게 되었다. 예를 들면, 해외 유학생 자녀와 수시로 카톡을 하고, 음성 통화는 물론 영상 통화를 즐기고 있다. 가족 간의 친밀함이 일반인과의 관계처럼 단편적이고 단순해지며, 필요에 의한 만남 정도로 변모하고 있다. 다른 가족의 도움을 받는 대신에 소셜 네트워크를 통해 혼자 자고, 혼자 밥을 먹으며, 혼자 즐기는 생활이 많아졌다.
- 인간 관계: 불특정 다수와 자유롭게, 필요에 따라, 시공을 초월해 만나고 헤어진다. 곰삭은 듯이 끈끈한 관계가 사라지고, 가볍고 단순한 관계가 증대하였다. 이런 관계가 증가하다 보니 기업이나 조직에 대한 충성도도 급격히 낮아지고 있다. 회사의 이직률이 전에 없이 높아졌다. '자유', '평등' 사회 관계가 형성되고 있다.
- 직업 활동: 소셜 네트워크는 다양한 형태의 직업을 창출하고 지원할 수 있다. 우선, 소셜 네트워크와 관련된 각종 기기, 기술, 프로그램, 웹사이트 운영 등에 관한 직업이 새롭게 창출되고 있다. 이어서 이런 소셜 네트워크를 활용한 사업, 활동에 관한 직업이 만들어지고 있다. 현대 사회에서 새로운 직업은 대부

분 이런 영역에서 만들어지고 있다. 소셜 네트워크를 잘 활용하여 자신의 소득 창출에 기여할 수 있는 사람은 사회 속에서 관계도 중요해지고 엄청난 부도 만들어낼 수 있다. 마이크로소프트 창업자인 빌 게이츠(Bill Gates), 애플의 스티브 잡스(Steve Jobs), 카톡 창업자 등이 좋은 예다.

– 사회 활동: 소셜 네트워크 활용도는 그 사람의 사회 활동의 강도와 비례한다. 사람들은 추구하는 욕구나 가치, 원하는 목표, 좋아하는 활동에 따라 소셜 네트워크상에서 서로 만나고, 교류한다. 능동적일수록 다른 사용자와 연결고리가 많아지고, 상호작용 빈도가 높아진다. 네트워크 연결망이 많은 사람이 중요한 역할자, 지도자가 된다. 소셜 네트워크 참여는 사용자에 의해 자발적으로 이루어지고, 일탈도 언제든지 자유롭게 이루어진다. 소수의 소셜 네트워크 운영자를 제외하면 사용자들은 대부분 동등한 입장에서 교류가 이루어진다. 이런 관계가 다른 소셜 네트워크를 거쳐 사회 전체로 확산되면서 현대 사회는 '심리적으로 평등'한 사회가 되었다. 나이, 성별, 지위, 소속, 민족에 관계없이 평등한 사회가 되었다.

– 정보와 지식 공유: 이제는 세상에 존재하는 모든 지식과 정보가 소셜 네트워크를 통해 공유되는 사회가 되었다. '깊은 산속에 홀로 격리된 채 살아갈 수 있는 사람'이 이제는 거의 없어졌다. 각 분야별로 독립된 데이터베이스(DB, Data Base)가 존재할 수는 있지만 업무 수행과 새로운 정보의 창출에 따라 수시로 업데이트(update)해야 하는 만큼 네트워크와 항시 연결되어 있다. 물론 특정한 사용자만 이용할 수 있는 네트워크, 즉 인트라 네트워크(intra network)도 존재한다. 이들은 자기만의 소셜 네트워크 구성과 운영 규칙, 외부 장벽을 가지고 있다. 이런 경우에는 외부로부터 침투하려는 불순 세력, 해커(hacker)를 막는 일이 중요하다. 보안 프로그램, anti–virus program이 필요하고, 침투를 막는 일을 수행하는 보안 프로그램 담당자가 중요해진다. 이익을 쫓기 위해 침투하려는 불순 세력도 있지만 네트워크나 데이터베이스를 파괴하려는 블랙 크래커(black cracker)도 있다.

정보와 지식은 필요로 하는 사람에게 유료 또는 무료로 제공된다. 이용자는 사용규칙에 따라 이용자 등록을 하고, 비용 지불을 하며, 원하는 만큼 이용한다. 정보 창출은 모든 사람에 의해 이루어질 수 있다. 전문가의 역할이 중요하지만 상식을 가진 일반인도 참여할 수 있다. 지식 중에는 일상적인 경험이나 이야기도 있기 때문이다. 위키백과 같은 경우에는 특정한 주제와 관련된 정보나 지식을, 접속하는 누구나 쓰고, 수정할 수 있게 해놓고 있다. 더 이상 수정하는 사람이 나타나지 않을 정도로 확신이 서는 순간이 좀 더 진리에 가까운 상태가 된다.

- 감시와 통제: 소셜 네트워크는 네트워크 운영 주체에 의해 수시로 감시되고 있다. 더 나아가서 사용자 인간의 일거수일투족이 오프 라인(off-line)에서 온라인(on-line)으로 이어짐으로써, 인간은 소셜 네트워크를 통해 감시와 통제 상태로 들어선다. 전국적으로 산재되어 있는 폐쇄회로 TV(=CCTV, Closed-circuit Television)는 사람이 있는 위치, 이동, 차량 운행 정보를 시시각각 네트워크로 전송한다. 물건 구매, 은행 카드 사용 기록, 병원 진료 기록, 항공기 탑승과 국제간 이동 상황이 모두 네트워크로 등록된다. 인간의 모든 활동 상황이 실시간으로 네트워크에 탑재되고 있다. 빅 데이터(big data) 분석을 통해 인간의 모든 활동이 추적되며, 분석되고 있다. 이런 상황은 인간이 네트워크에 의해 언제라도 감시되고, 통제될 수 있음을 의미한다.

2. 네트워크화된 개인주의

소셜 네트워크 시스템은 목적과 규율, 운영 규칙으로 이루어진 단단한 결사체(結社體)나 조직이기보다는 네트워크화된 개인주의(Networked Individualism)를 지향한다(Rainie & Wellman, 2015: 31). 네트워크화된 개인주의란 인간 활동이 네트워크상에서 자유롭게 이루어지는 것을 뜻한다. 달리 표현하면 비록 네트워크로 묶여져 있는 것 같지만 모든 사용자들이 자유롭다는 것을 의미한다. SNS의 운영 방식은 '개인적'이다. 컴퓨터나 네트워크를 이용하는 것은 개인이며, 모든 결정은 자유롭게 이루어진다. 한 개인이 동시에 다수와 연결되어 소통하며, 동시 다발적으로 업무를 수행한다. 멀티 유저(multi-user),[3] 멀티 태스킹(multi-tasking),[4] 멀티 스레딩(multi-threading)[5] 특성을 지니고 있다(Rainie & Wellman, 2015: 31).

3) 하나의 컴퓨터나 전자 기기를 동시에 여러 사람이 사용하는 것을 말한다.
4) 한번에 2가지 이상의 일을 동시에 수행하는 것을 말한다.
5) 스레드(thread)란 하나의 프로그램 또는 프로세스 내에서 실행되는 작업의 흐름을 말한다. 멀티 스레딩은 동시에 여러 흐름이 이루어지는 것을 말한다.

네트워크화된 개인주의 상태에서 인간의 모습, 인성은 어떤 특성을 지니고 있을까? 우선, 긍정적인 측면을 살펴보자.

첫째, 능력 있는 사용자는 무한의 역량을 발휘할 수 있다. 필요로 하는 거의 모든 정보와 지식을 얻을 수 있고 이용할 수 있으며, 네트워크에 영향을 미칠 수 있다. 능동적으로 소셜 네트워크를 구축하여 스스로 원하는 대로 이용하고, 목적 달성을 할 수 있다. 장벽이 구축되어 있는 연결망이 아니라면 어느 누구와도 쉽게 새로운 관계를 구축하고 즐길 수 있다.

둘째, 느슨하고 폭 넓게 연결된 네트워크를 통해 자유롭게 자기의 욕망을 추구하고, 정치, 경제, 사회, 문화적 이익을 추구할 수 있다. 전방위적으로 자신의 영향력을 높일 수 있다.

셋째, 가족이나 지역 사회와 같은 혈연, 지연 관계를 뛰어넘어 '필요에 의해' 연결하고, 참여한다. 불필요한 연결망은 언제라도 탈퇴한다. 혈연 관계로 맺어진 가족이라면 어느 정도 이격(離隔)에 한계가 있겠지만, 소셜 네트워크 속에서의 관계는 '사명감이나 섭섭함, 책임감' 없이 분리될 수 있다. 소셜 네트워크상에서는 결코 '의무나 책임으로 엮여진', '든든한 관계'를 맺고자 하지 않는다.

넷째, 소셜 네트워크 구성원으로서 사용자는 정보와 지식의 창출, 변형, 축적, 이용에 공동으로 노력한다. 네트워크에 호의적인 사람일수록 참여율이 높고 이런 노력에 적극적이다. 한두 사람의 역량을 넘어 네트워크 참여자 모두의 역량을 하나로 엮을 수 있다.

다섯째, 인간은 가족과 학교, 지역 사회 중심으로 형성되어 왔던 인성을 소셜 네트워크상에서 만나고, 관계를 맺은 사람과 교류하면서 새롭게 형성하고 영향을 받게 된다. 지적, 육체적, 공간적, 시간적 한계를 뛰어 넘어 전 세계 누구와도 관계를 맺을 수 있다. 소셜 네트워크는 관계를 맺고 있는 여러 개인의 '구심점' 역할을 수행한다 (Rainie & Wellman, 2015: 29).

여섯째, 소셜 네트워크 속에서의 관계는 피라미드 형태의 수직적 관계보다는 수평적이고, 엄격한 규율에 얽매이기보다는 사고와 활동이 자유롭다. 아이와 어른, 상관과 부하, 한국과 중국이나 미국 등에 차이가 없다. 모두가 평등하다.

그렇다면, 어떤 부정적인 면이 있을까?

첫째, 소셜 네트워크에 참여하기 위해서는 어떤 네트워크에, 언제, 어느 정도로 참여할 것인가에 대해 스스로 판단할 수 있어야 한다. 이런 주관적 판단 능력이 떨어지는 사람의 경우에는 네트워크에 매몰되어 자기 정체성(self-identity)을 상실하기 쉽다. 관계 유지, 단절, 선택 등을 스스로 해내야 한다.

둘째, 네트워킹 기술을 익히기 위해 적지 않은 시간과 노력을 투입해야 한다. 네트워크 종류에 따라 작동 기제가 다르기 때문에 관계를 다양화하고 넓혀 갈수록 투입 비용이 증대한다. 이런 투입 비용이 적어지고 있긴 하지만, '공짜는 별로 없다'. 능동적으로, 필요한 것을 얻고 문제 해결을 위해 필요한 정보와 지식, 기술과 전략을 배워야 한다.

셋째, 네트워크상에 제시되는 정보의 질이 낮고, 잘못된 것일 수 있다. '참된 정보의 중요성'을 알고 있는 사람은 인터넷상에 좋은 정보를 공개하지 않을 가능성이 높아졌다. 질 낮은 엉터리 정보만이 공개되어, '퍼날리고', 확대 재생산될 수 있다. 잘못된 과학 기술, 의학 상식, 경제 정보는 맹신하는 사람에게 큰 피해를 줄 수 있다.

넷째, 정보가 넘쳐나면서 사람들은 오히려 자기가 연결을 맺고 있는 네트워크에 얽매이고 의존하는 성향이 높아졌다(Rainie & Wellman, 2015: 48). 자기가 열중하고 있는 소셜 네트워크상의 친구, 지식과 정보에만 몰입되어 있고, 이를 토대로 한 사고와 활동에만 집착하는 경향이 있다. 점점 더 편협해지고 '엉터리 고집쟁이'가 될 수 있다.

다섯째, 소셜 네트워크를 이용하여 나쁜 짓을 일삼거나, 이를 파괴하려는 불순분자(不純分子)도 많아지고 있다. 금융 전산망에 침투하여 금전적 이익을 추구하려 하고, 의료 전산망에 접속하여 사람을 해칠 수 있다. 국가 행정망이나 국방 네트워크를 망가뜨려 나라를 초토화할 수도 있다.

여섯째, 소셜 네트워크에 능동적, 헌신적으로 새로운 정보를 제공하고 네트워크를 발전시키려는 사람보다도 공짜로, 네트워크를 이용하려는 사람이 많아지고 있다. 이런 사람이 많은 소셜 네트워크는 시간이 흐를수록 피폐해지고, 사람이 떠나가며, 망가질 수 있다.

Ⅲ 생명 공학과 인성

생명 공학(生命工學, biotechnology)은 생명체를 활용하여 인간에 필요한 정보,

물질과 서비스를 창출하는 학문 또는 기술을 말한다. 생명(bio), 디지털, 과학 기술을 융합하여 인간에 이로운 문명을 만들어낸다. 생명체와 관련되어 있기 때문에 동물과 식물, 인간 모두가 연구 대상이다. 우선, 농림축수산 분야에서 동식물의 질병 퇴치와 증산 관련해서 생명공학이 발전하였다. 종자 연구, 유전자 연구, 바이러스나 질병 연구, 육종이나 번식, 증산에 관한 과학적 연구가 촉진되었다. 다음은 병의학 분야에서 질병 치료, 장기 치료와 교체, 체력과 건강 유지, 영양소 연구, 혈관이나 뇌 연구 등에서 생명 공학 발전이 이루어졌다. 무엇보다도 획기적인 것은 동식물 유전자 연구와 변형, 동식물의 복제와 이종간(異種間) 결합 등에 관한 연구다.

1. 유전자 변형 식품

유전자 변형(genetic engineering) 또는 유전 공학이란 생물의 유전자를 인위적으로 조작하여 변형시키는 것이다. 유전자(遺傳子, gene)의 핵심 구성 물질인 DNA(= Deoxyribonucleic acid) 구조를 밝힌 뒤 유전자 교체, 형질 변형, 이형적 번식을 시도한다.[6] 이를 통해 인간에게 좋은 농림축수산 식품을 만들어내고, 질병 치료를 하며, 건강한 인간을 만들어낸다. 유전자 변형은 최첨단의 과학 기술로서 인간의 먹거리를 획기적으로 좋게 만들었고, 건강 향상과 질병 치료를 통해 인간 수명을 연장하였다.

현실 생활에서 유전자 변형 농산물(식품)이란 유전자 재조합 기술이나 식물 분류학상 과(科) 이상의 원연 간 세포 융합을 통해 육성된 식물과 미생물에서 얻어지는 농산물(그러나 방사선 조사에 의한 돌연변이체와 기존의 선발 방법 등 관행에 의한 육종 방법으로 육성한 농산물은 제외)을 말한다.[7] 예를 들면, 무와 배추를 결합

---

6) 재조합 DNA를 생성하는 방법은 다음과 같은 방법을 통해 이루어진다.
- DNA의 절단: 제한효소는 DNA 염기서열의 특정한 위치에서 작용하여 DNA를 잘라낸다.
- DNA의 분리: 잘라낸 DNA는 겔 전기 영동법을 사용하여 분리할 수 있다.
- DNA의 접합: 대상이 되는 DNA를 선별하여 대장균과 같은 숙주의 DNA에 DNA 연결효소를 이용하여 접합시킨다.
- 숙주를 이용한 복제: 새로운 DNA가 삽입된 대장균을 증식시키면 연결된 DNA 역시 함께 복제된다.
- 재조합 DNA의 생성: 선별된 유전자로 구성된 DNA를 다른 생물의 DNA에 결합시켜 재조합 DNA를 만든다. 이렇게 옮겨진 유전형질은 전혀 다른 종에서도 작동한다. 위의 히드라는 발광 유전자가 삽입되어 스스로 빛을 내는 특징을 갖게 되었다(위키백과, 재조합 DNA).

7) 유전자 변형 농산물의 환경 위해성 평가 심사 지침 제정고시(농림부 고시. 제2002-2호. 2002.1.9).

한 무-배추, 다양한 크기의 토마토, 병충해에 강한 벼, 사과만한 대추 등 무한한 변형 식품이 가능해졌다.

유전자 변형 농산물(식품)에 대해서는 긍정적 견해와 부정적 견해가 팽팽히 맞서 있다. 긍정적 견해는 종자 개량, 식량 생산 증대를 꾀할 수 있고, 영양소가 풍부하고 질 좋은 식품과 병충해에 강한 식품을 만들어낼 수 있다는 점을 강조한다. 하지만, 부정적 견해는 인간 신체와 건강에 어떤 영향을 미칠지 미지수라는 점, 유전자 변형이 자연 생태계에 미칠지 모르는 재앙을 든다. 그래서 정부에서는 법규를 정해 유전자 변형 식품 여부를 확실히 표기하도록 하는 등 유통 과정을 통제하고, 식용 여부는 먹는 사람 스스로 판단하게 하고 있다.[8]

현실적으로 우리는 유전자 변형 식품을 받아들이지 않을 수 없다. 인류는 이미 오래전부터 식량 증산, 우수 종자 개량, 동식물 품종 개량을 위해 노력해 왔다. 재래종 돼지를 개량하여 덩치가 큰 버크셔(Berkshire), 요크셔(Yorkshire) 돼지를 만들었고, 털 많고 젖 많이 나는 양, 순하고 고기질이 좋은 소를 개발해 왔다. 식량 증산을 위해 퇴비 대신 비료를 쓰고, 닭과 오리의 질병을 막고 발육 촉진을 위해 성장 촉진제 약을 먹여 왔다. 이런 노력과 병행하여 유전 공학의 발전은 농림축수산 식품 모두에 엄청난 변화를 가져왔다. 유전 공학 덕분에 적은 노력으로, 질 좋고, 맛깔스런 식료품을 풍성하게 먹을 수 있게 되었다. 전 세계 수많은 인구의 먹거리 문제를 해소할 수 있게 되었다.

그렇지만, 유전자 조작으로 나타날 수 있는 폐해나 새로운 질병에 대해서는 경계를 늦춰서는 안된다. 특이한 현상, 각종 변이종에 대한 대비를 철저히 해야 한다.

2. 생명 의학

인간의 질병을 치료하는 의학은 생물 바이오, 유전자 연구, 나노 기술의 도움을 받아 진정한 생명 의학으로 발전하였다. 바이오 센서와 나노 기술은 인간 신체의 질병 진단, 신체 장기의 실상과 작동 상황, 질병 치료약의 개발과 효과성 판단, 미세하고 정확한 수술 등에 활용되고 있다. 인간 몸 속을 직접 눈으로 보는 것처럼 정확히

8) 소비자 알권리를 강화하기 위해 유전자 변형 식품에 대한 표시 범위가 기존 주요 원재료(많이 사용한 5순위)에서 제조·가공 후에도 유전자 변형 DNA 또는 유전자 변형 단백질이 남아 있는 원재료로 확대된다(식품의약품안전처 보도자료 2016.12.28).

관찰할 수 있게 해주고, 수술하는 의사를 도와준다. 미세한 로봇이 혈관 속을 드나들면서 질병 수술이나 치료에 나서고 있다. 신체의 장기 이식 수술이 가능해져서 병든 사람의 장기를 다른 사람의 장기나 인공으로 만든 장기로 대체할 수 있게 되었다.

유전자 연구는 인체의 DNA, 게놈(genome)[9]의 실체를 완벽히 밝혀냄으로써 형질 전환 기술(transgenic technology)을 통해 생명체의 유전자를 바꿀 수 있고(전상학 외, 2016: 257), 질병의 원인 발견, 치유를 가능케 하였다. 유전자 중에서 질병이나 장애 관련 인자를 찾아내서 이를 치유하거나 다른 유전자로 대체하는 유전 공학이 활성화되어 있다. 유전자의 본체인 DNA 염기 서열에 이상이 생겨 발생하는 유전병(遺傳病, hereditary disease)에는 고혈압, 당뇨병, 혈우병 등이 있다. 이는 유전자 돌연변이나 비정상적인 유전자에 의해 발생한다. 이런 병은 유전자 치료(gene therapy)로 정상화될 수 있는데, 이는 비정상 유전자를 정상 유전자로 대체시켜 유전적 결함을 치료하거나 새로운 기능을 추가하는 획기적인 치료법이다.

생명 의학의 발전에 의해 암과 같은 심각한 질병도 치료할 수 있게 되었다. 그리고 병든 장기를 새로운 것으로 대체할 수 있게 되었고, 유전자 조작을 통해 질병의 근본적 원인을 제거할 수 있게 되었다. 이로 인해 인간의 수명은 더욱더 길어지게 되었다. 어찌 보면 '죽지 않는 인간'이 현실화되고 있다. 모든 장기를 대체할 수 있고, 인공 장기가 가능하며, 유전자 조작을 통해 인간 자체를 바꿀 수 있기 때문이다. 더욱 희망적인 사실은 인간 복제까지도 가능해졌다는 점이다.

생명 의학 발전과 관련하여 인간은 첫째, 모든 질병은 치유할 수 있다는 믿음을 가질 필요가 있다. 어떠한 질병에 대해서도 낙담하지 않고 긍정적 관점에서 치유에 노력하면 건강해질 수 있다는 생각이다. 둘째, 인간 수명이 늘어나는 만큼 인생 설계를 좀 더 장기적 관점에서 시도할 필요가 있다. 삶의 과정에서 나타날 수 있는 질병을 적극적으로 극복해 가면서 장기적 행복을 추구하려는 노력이 필요하다.

3. 인간 복제

영국 로슬린 연구소의 복제 양 돌리(1996), 황우석 박사의 복제 송아지 영롱이(1999)를 계기로 동물 복제가 본격적으로 시작되었고, 더 나아가서 (아직 법적으로

9) 게놈 또는 유전체는 한 개체의 유전자의 총 염기서열이며, 한 생물종의 유전 정보의 총합이다. 게놈은 대체로 DNA에 저장되어 있다(위키백과, 게놈).

는 금하고 있지만) 인간 복제까지 활발히 추진되고 있다. 인간 복제는 생식 세포나 체세포 복제를 통하여 똑같은 인간을 만들어내는 생명 유전 공학이다. 생식 세포 복제(reproductive cloning)는 핵 이식을 통해 동물 복제를 하는 것으로(Dickey & Reece, 2016: 206), 불임 해소를 위한 수정란 시술, 시험관 아기 시술이 대표적이다. 아주 보편화되어 많은 아이들이 태어나고 있다. 텔레비전을 달구고 있는 쌍둥이들이 좋은 예다. 치료용 복제(therapeutic cloning)는 배아 줄기 세포(embryonic stem cell)를 배양하거나 제대혈(=탯줄과 태반에서 모은 혈액) 은행을 통해, 또 생체 줄기 세포(=

그림 10-2 이식에 의한 복제

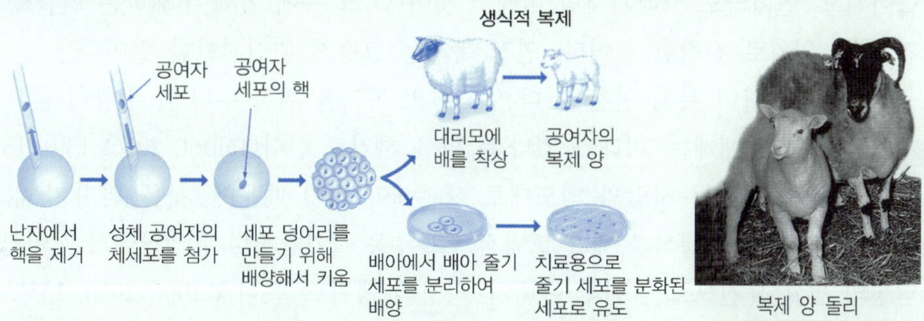

출처: Dickey & Reece(2016: 206).

그림 10-3 배양에서 배아 줄기 세포의 분화

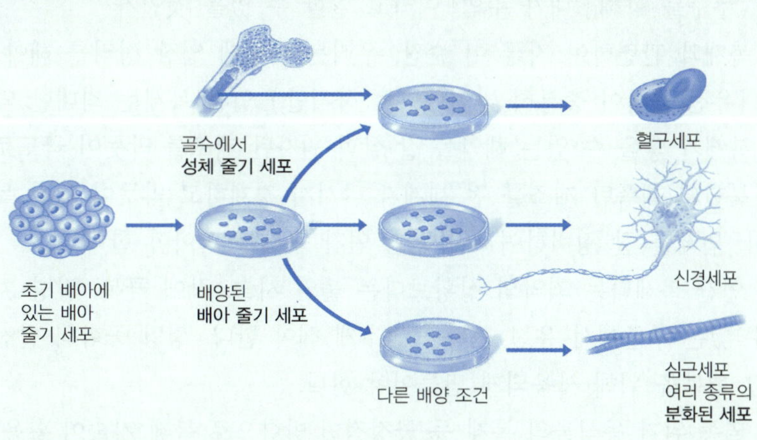

출처: Dickey & Reece(2016: 208).

체세포, adult stem cell) 배양을 통해 이루어진다(Dickey & Reece, 2016: 208). 체세포 복제는 (생식 세포 대신에) 세포가 성장하여 특성이 어느 하나로 이미 결정된 체세포를 이용하는 것이다. 체세포의 핵을 치환하여 세포 분열이 일어나게 만들어 무수히 많은 인간 배아를 만들어낸다.

인간 배아 복제는 부부의 만남으로부터 시작되는 유성 생식(有性生殖) 대신에 성교가 필요 없는 무성 생식(無性生殖)을 가능케 한다. 가족의 출발이 부부의 만남과 성교로부터 시작된다는 인간 생존의 법칙이 무너진다. 인간을 새롭게 봐야 하고, 가족관, 사회관을 근본적으로 재설정해야 한다. 복제 인간이 등장하는 순간 지금까지의 인간, 사회는 근본적으로 변모하게 될 것이다. 복제 인간은 로봇처럼 찍어내듯 만들어지고, 언제라도 쓰레기처럼 버려질 것이다. 그 속에 함께 존재하는 인간도 조만간 같은 위치로 전락할 것이다. 인간 복제는 그렇게 위험천만한 일이다.

인성과 관련하여 복제 인간은 '다른 사람의 목적을 위한 수단'일 수밖에 없으며, 복제 인간 스스로에게는 '미래가 없다'는 말을 하기도 한다(Talbot, 2016: 130－134). 복제 인간은 복제하는 사람의 의도대로 생존해야 하기 때문에 '자유 의지'가 없고, 미래도 없다. 인간의 생식 복제가 도덕적으로 수용 불가능하다는 입장에서는 인간의 존엄성의 필요 요건으로 남편과 아내의 '사랑의 행위'를 든다(Talbot, 2016: 135). 하지만, 인간 복제 기술이 더욱 발전하여 실패율을 줄이고(현재는 성공률이 매우 낮다), 완벽해진다면 복제된 인간의 '인간성'을 인정해야 할 시점이 조만간 도래할 것이다.

"누가, 누구를 향해, '내가 주인!'이라고 말할 수 있을 것인가?"

인간 복제와 관련하여 지금 이 순간, 우리는 어떻게 입장 정리를 해야 할까?

첫째, (유전 공학이 충분히 발전했기는 하지만,) 인간 복제는 최대한 막아야 한다. 인간 복제가 낳을 수 있는 해악을 잘 살펴 원자탄 제조를 막듯이 극도로 경계해야 한다. 북한의 핵폭탄 제조를 전 세계가 나서서 경계하고 막듯이 인간 복제도 막아야 한다. 법제를 잘 정비하여 무분별한 인간 복제를 막아야 한다.

둘째, 인간 복제라는 최악의 상황보다는 불임 시술, 장애 극복, 질병 치료 등에 활용할 수 있는 수준에서 유전 공학을 멈추게 해야 한다. 생명 공학의 발전이 진정으로 인간 행복을 위해 사용되게 만들어야 한다.

셋째, 멸종 위기 동식물의 복제 등 긍정적인 방향으로 복제 기술이 활용될 수 있게 해야 한다. 인간 문명에 이로운 동식물, 생명체 복제에 쓰도록 노력해야 한다.

Ⅳ 로봇과 인성

로봇(robot)은 인간과 비슷한 기능을 가지고 인간 노동을 대체하는 기계다. 로봇은 더욱 발전하여 인공 지능(artificial intelligence)을 탑재한 전자 인간(electronic person)이다.[10] 과학 발전, 공장 노동 자동화와 병행하여 단순 작업으로부터 점차 고난도의 작업까지 로봇이 대행하게 되었다. 공장 노동자의 단순 작업(예, 물건 운반과 적재, 자동차 조립)을 돕던 로봇은 점차 발전하여 걷거나 움직이면서 활동 반경을 넓혔고 전문화했으며(예, 로봇 청소기, 병원 수술 로봇), 서서히 말을 하면서 인간과 대화할 수 있는 능력을 갖췄다(예, 애완용 로봇). 더 나아가서 스스로 인공 지능을 갖고 인간의 판단 작업, 행동까지도 대신(예, 무인 정찰기, 무인 우주 탐사선, 자율 행동 로봇)할 수 있게 되었다. 인공 지능에 이어 인간의 감정까지도 표현하고 갖춘 로봇이 되었다. 이제는 로봇이 인간 노동을 대체하는 기계 수준을 넘어서서 인간 대체품, 복제된 인간 수준이 되었다.

로봇은 기본적으로 인간이 만든 프로그램에 따라 작동하고 움직인다. 하지만, 좀 더 발전하여 스스로 판단하고, 지식과 정보의 역량을 늘리며, 외부 환경에 반응하는 로봇이 만들어지고 있다. 빠른 속도로 지능형 로봇(intelligent robots)이 만들어지고 있다. 이는 지능을 갖춘 로봇으로 인간처럼 인식, 지각, 반응, 행동을 하는 로봇을 말한다. 시간의 문제일 뿐, 조만간 '로봇=인조 인간' 시대가 도래할 것이다.

1. 로봇과 인간

로봇은 인간에 의해 만들어져서 인간을 돕고 인류 발전에 크게 기여하고 있다. 우선, 긍정적 효과를 보면, 첫째, 인간의 힘든 단순 노동을 대체해준다. 초기 수준의 공장 자동화와 관련해서 무거운 물건 들어 옮기기, 장기간 일하기, 같은 작업 반복하기 등에서 인간을 돕는다. 힘든 육체 노동을 로봇이 대체하게 되었다. 건설 노동자 업무, 공장이나 농장의 힘든 업무, 가사 노동을 하던 사람이 필요 없어졌다.

둘째, 판단 업무 중 일정한 기준이 정해져 있고 반복적으로 지속되는 업무를 대

10) 2017년 1월 12일, 유럽연합(EU) 의회에서 인공 지능을 탑재한 로봇을 전자 인간으로 정의하였다.

체하게 되었다. 숫자나 물건의 분류, 자동 온도 조절, 현장 감시나 대응 등이다. 그리하여 사무 자동화 업무 담당자, 건물 수위가 사라지고 있다.

셋째, 전문 능력을 필요로 하는 활동을 대신하게 되었다. 병원 수술, 노인 간병, 자동차나 항공기 조종, 경찰의 안전 감시, 군 정찰, 소방, 환경 감시와 대응을 로봇이 대행한다. 가장 전문적인 인간 노동이라고 여겼던 부분까지 로봇이 대행하고 있다.

넷째, 로봇은 더욱 발전하여 이성과 감성 능력을 갖춘 인간을 대체하기 시작했다. 인조 로봇이 사람과 같은 모습을 띠고, 대화하며, 판단하고, 감성을 교류하게 되었다. 인간을 위로하고, 섹스도 하며, 가족 같은 삶을 함께하려 하고 있다.

로봇의 등장으로 인해 촉발되거나 될 수 있는 부정적 영향으로는 무엇이 있을까?

- 인간의 직업이 사라진다. 단순 노동, 전문직 할 것 없이 인간의 직업이 사라지고 있다. 농장이나 공장 노동자, 물류 종사자, 교수나 의사, 판사나 변호사, 행정인, 조종사, 과학자가 직업을 잃고 있다. 빠른 속도로 인간의 직업, 소득 창출 활동이 사라지고 있다.
- 인간의 이성적 판단이나 감성 대응이 로봇보다 뒤처지는 세상이 등장하고 있다. 알파고(AlphaGo)의 바둑 실력이 이세돌을 이긴 것이 좋은 예다. 이런 추세로 보면 인간은 믿을 수 없고 로봇만을 믿어야 하는 세상이 될 것이다.
- 인조 로봇이 인간을 대신하는 세상이 오고 있다. 인간의 고유 영역인 출산, 육아, 교육을 로봇이 대체하고, 조직과 사회 활동까지도 로봇이 담당하게 되어 있다. 인간은 점차 '사회'를 잃게 된다.
- 로봇이 인간을 지배하는 세상이 등장하고 있다. 인간 프로그램에 의해 움직이는 로봇이 이제는 스스로 지능을 갖추고, 스스로 정보를 수집하여 분석하며, 스스로 발전해 가는 지능형 로봇 때문이다. 인간이 두려워하는 것은 어느 순간에 로봇이 인간을 통제하고 제압하는 세상이 등장할 것이라는 사실이다.

로봇과 관련하여 현 시대 인간은 어떤 인성을 가지고 있을까?

- 로봇을 편리한 인간 보조 기계로 인식할 수 있다. 힘들고 반복적인 일을 대신해주는 고마운 로봇이다. 대신에 인간은 좀 더 자신이 좋아하는 일, 생각하는 일을 할 수 있게 되었다.
- 로봇은 인간이 하기 어려운 일, 괴로운 일을 대신해주는 고마운 존재로 인식된다. 로봇은 인간의 노동에 따른 위험성을 줄여준다. 로봇의 도움을 받음으로써

이 일과 관련된 추후 연관 작업을 수월하게 완성할 수 있다.

- 로봇에게 일을 빼앗긴 사람의 경우에는 실업자 신세로 전락하고 로봇을 혐오하게 될 수 있다. 산업화, 사무 자동화로 인한 기계의 인간 대체 현상처럼 로봇으로 인한 인간 대체, 인간의 퇴출 현상이 심각하게 전개될 수 있다. 인간 일자리가 사라지고, 직업이 없어지며 실업자가 양산된다.
- 로봇을 활용하여 나쁜 짓을 하려는 사람도 늘어날 수 있다. 무인 폭격기 드론(drone), 무인 로봇, 자살 로봇을 활용한 살인, 방화, 전쟁이 가능하다. 로봇의 작동 프로그램을 조작하여 인류에 해를 끼치려는 사람도 생겨난다.
- 로봇의 인공 지능을 자신의 것과 동일시하려는 사람도 생겨난다. 로봇은 로봇일 뿐인데도 불구하고 로봇의 능력을 과신하여 자신과 로봇, 인간과 로봇의 존재를 혼동하는 사람이 있다. 로봇의 세계와 인간의 세계가 뒤섞이고 큰 혼란을 초래할 수 있다.

2. 인공 지능

지능은 인간의 생각하고, 이해하며, 기억하고, 반응하는 능력이다. 인공 지능(人工知能, artificial intelligence)은 사람이 인위적으로 만들어낸 지능이다. 인공 지능은 인간의 두뇌 연구, 마음 연구, 지능 연구와 병행하여 이루어진 디지털 컴퓨터 과학의 발전과 맥을 같이한다.

최초의 인공 지능은 컴퓨터 소프트웨어 프로그램을 통한 컴퓨터 능력 발전과 함께 시작되었다. 연산 능력, 판단 능력, 업무 처리 능력, 게임 능력의 발전과 함께 인공 지능 발전이 이루어졌다. 이 과정에서 인간 지능이 과연 무엇일까에 대한 연구 발전도 지속적으로 이루어졌고, 디지털 컴퓨터와 인간 지능 연구가 점점 융합하기에 이르렀다. 디지털 기술면에서 대용량 메모리 칩의 발전, 처리 속도의 증가, 인공 지능 소프트웨어의 개발, 로봇 기술 발전이 동시적으로 이루어졌다.

인공 지능은 인간 지능의 완전 정복을 목표로 현재도 꾸준히 발전해 가고 있다. 인간 음성 인식, 지문이나 홍채 인식, 인공 신경망(artificial neural network), 사물 인터넷(internet of things, IoT), 지능 게임, 감정 로봇 등이 현실화되었다.

인공 지능의 발전은 인간 두뇌에 대한 신경생리학(neurophysiology) 발전과 궤도를 같이한다. 인간의 지능이 뉴런(neuron)과 시냅시스(synapsis)를 흐르는 전자 신호라는 사실이 밝혀지면서 이에 대한 집중 연구가 촉발되었다. 이 전자 신호를 이해하고, 이에 영향을 미치며, 인간의 지능을 이해하고 조작할 수 있게 되었다. 우는 사람을 웃게 만들고, 치매 노인을 정상화할 수 있게 되었다. 로봇에 인공 지능을 장착하는 일이 실현 단계에 도달하였다.

심리학자와 상담가는 수많은 노력을 통해 인간을 교육하고, 상담하며, 치유하고자 노력한다. 하지만, 이제는 인간 두뇌에 전자파를 쏴서 생각을 알아내고 바꿀 수 있게 되었다. 교육자는 학생에게 끊임없이 지식을 전수하고 학습 효과를 높이려 애를 쓰지만 이제는 인공 지능 기술을 통해 지식 자체를 학생 머릿속에 집어 넣어줄 수 있게 되었다.

로봇과 인공 지능이 인간을 대체하기 어려운 직업으로는 정형적이지 않고 이동성이 높으며, 인지와 코디네이션 능력, 판단력과 창의력, 대인 관계 능력이 중요하게 작용하는 영역이다(차두원 · 김서현, 2016: 118). 이런 영역은 창의력과 희소성이 높으며, 모방이 어려운 분야로 기술 발전과 관계없이 한동안 지속될 것이다. 예술가, 건축가, 디자이너, 작가, 안무가, 배우, 인문사회과학자 등을 새로운 가치를 창조하는 직업군으로 볼 수 있다. 대인 관계, 비정형적이고 고도의 손재주를 요구하는 업무, 문제 해결 능력을 필요로 하는 업무도 당분간 로봇이나 인공 지능이 대체하기는 어려울 것이다(차두원 · 김서현, 2016: 118－123). 가치 높은 창작은 인간 세계의 현실 문제 해결에 목표를 두고 있기 때문에 어느 정도는 인간의 영역으로 남아 있게 될 것이다(Colvin, 2015: 260). 하지만, 지속적으로 발전하는 로봇과 인공 지능은 이런 인간의 직업마저도 대체하려 한다.

로봇과 인공 지능이 인간을 대체하고 지배하는 세상에서 우리 인간은 어떻게 살아가야만 할까? 인간의 미래는 통제와 예측의 대상이 아닌, 학습을 통해 이해하고 대비해야 할 대상이다(구본권, 2015: 315). 그 수단으로 컴퓨터 소프트웨어 코딩 기술을 익혀, 이를 로봇과 인공 지능이 지배하는 블랙 박스를 해독하는 코드 리터러시(code literacy)로 사용해야 한다. 이런 코딩 기술은 전문 과학자의 영역을 넘어 이제는 사용자 친화적인 정도로 발전해 있다. 미래 인간은 이런 기술, 알고리즘(algorithm)[11] 습득을 통해 인간과 로봇, 인공 지능, 디지털 세계를 동시에 이해할 수 있는 링구아 프랑카(lingua franca)[12]를 갖추어야 한다(구본권, 2015: 315－323).

11) 알고리즘(algorithm)은 어떤 행위나 동작이 일어나는 여러 단계의 집합. 예를 들면, 컴퓨터의 계산 과정, 자동화된 추론 과정 등을 말한다.

3. 음양이론과 디지털 컨버전스

한국 전통의 음양 오행(陰陽五行)과 현대 과학의 디지털 이론은 서로 닮았다. 디지털 이진법(二進法)을 최초로 주장한 독일 수학자 라이프니츠(G. W. Leibniz, 1646~1716)는 동양의 주역 원리인 음양을 보고 이진법을 생각해냈다. 양(陽, —)과 음(陰, - -) 두 가지 기호를 가지고 4, 8, 32, 64 … 식으로 모든 수를 표현할 수 있음을 알고서 오늘날의 bit인 1, 0을 창안하였다. 이를 디지털 신호(digit signal)로 만들어 모든 수를 표현하기에 이르렀다.

전통 한국에서는 모든 자연 현상과 인간 인성을 음양과 오행의 작용으로 이해하고 있다. 다음 [그림 10-4]를 보면 중앙 부분에 있는 태극의 세계는 모든 진리를 함축하고 있는 공간으로 아직 음양의 분화가 시작되지 않은 순간이다. 모든 것이 융합되어 있는 카오스(chaos)의 세계다.

그림 10-4 음양 오행과 디지털 컨버전스

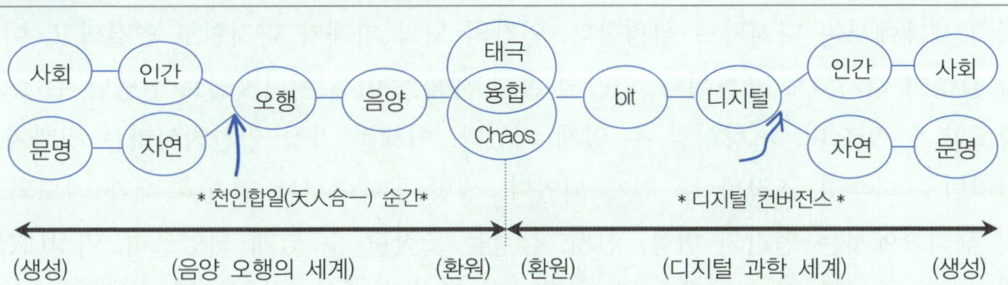

태극으로부터 에너지인 음양이 생성되면서 오행으로 발전하고, 이것이 분화하여 인간과 자연, 정신과 물질 세계를 만들어낸다(相生: 木火土金水). 인간은 더욱 발전하여 조직화하고 국가와 사회를 만들어낸다. 자연은 또 문명으로 발전해 간다. 이것이 생성 과정이라면 반대 방향으로의 작용은 환원이다. 모든 국가 사회와 문명, 인간과 자연은 음양 오행의 작용으로 환원될 수 있다. 이 순간이 천인합일(天人合一)의 순간이다. 인간과 자연, 정신과 물질이 오행의 작용으로 변모되고 음양으로 수렴된다(相克: 水火金木土).

12) 보편어. 서로 다른 모어(母語)를 사용하는 화자(話者)들이 의사소통을 위해 공통으로 사용하는 언어(구본권, 2015: 315).

디지털 컨버전스(digital convergence)는 디지털을 플랫폼으로 하여 수렴 현상이 나타나는 것을 말한다(이종관 외, 2009: 27).[13] 이는 매체 간의 융합과 그에 따른 기기, 문화 콘텐츠 더 나아가서 문화 콘텐츠 시장이 융합하는 것이다. [그림 10-4]에서 보면 인간과 자연, 사회와 문명이 디지털로 수렴하는 것이다. 디지털은 더욱 수렴하여 비트(bit)로 환원되고 종내는 융합의 카오스(chaos), 태극으로 전환된다.

디지털 컨버전스는 단순한 컴퓨터와 주변 기기의 통합에서, 통신망을 활용한 컴퓨터와 컴퓨터의 네트워크, 여기에 DB와 인간, 자연이 모두 융합하는 단계까지를 아우르는 말이다. 콘텐츠면에서는 단순한 텍스트와 문자를 중심으로 이루어지던 디지털화가 이제 여러 층위와 영역에 걸친 경계를 넘어 소리, 이미지, 인간 생명에 이르기까지 모두 융합하는 것이다(이종관 외, 2009: 28-29). 공간적인 측면에서는 모든 존재자(자연, 인간, 동물, 기계, 사물)가 디지털화되어 디지털 공간에서 존재성을 현실화하는 것이다. 모든 곳으로 숨어들어 존재하는 유비쿼티(ubiquity), 언제 어디서든 멈춤 없이 접속되는 모빌리티(mobility)의 실현 과정이다.

한국학에서 모든 인간과 자연, 정신과 육체를 음양 오행으로 설명하듯, 현대 과학의 세계에서는 디지털로 설명한다. 인간의 뇌와 기계가 디지털로 연결되고, 이성과 감성이 디지털로 표현된다. 인간의 존재 자체를 이제는 디지털로 설명할 수 있고, 창조할 수 있으며, 변형시킬 수 있게 되었다. 이제는 가장 인간적이라는 것까지도 디지털로 다루고 조작할 수 있게 되었다. 생명 공학에서는 인간 복제가 시도되고, 뇌 생리학에서는 인간의 마음, 인지, 감성을 조작할 수 있게 되었으며, 가상(假想, virtual images)과 진상(眞想, real images)이 혼화된 세상이 되었다.

이제 인성은 (1) 인간이 선천적으로 가지고 태어난 것, (2) 후천적으로 생성, 변화, 발전시켜온 경험, 지식, 정보, 가치관, 태도의 총합을 넘어, (3) 디지털화된 가상까지도 포함하게 되었다. 디지털화된 가상 속에는 다른 사람의 인성, 디지털로 조작된 인성, 다양한 형태로 창조된 인성까지 포함된다. 인성의 주재자인 자아(Ego)가 디지털 공간 속에 '풍덩 빠져든' 상태가 되었다. 자아(=나)와 타자(=남, 자연, 기계 등), Ego와 디지털 명령, Super-ego와 디지털 세계, id와 가상 현실이 모두 하나로 융합하고 있다. 게임을 예로 들면, 게임을 하는 사람은 게임 속 주인공이 되고, 게임

13) 컨버전스는 1) 수렴, 2) 상이한 것들의 공존(coexistance), 3) 혼종화(混種化. hybrid), 4) 융합(fusion), 5) 조합(combination), 6) 합성(combination) 등 다양한 현상을 말하는 것이다(이종관 외, 2009: 27).

공간이 바로 현실이며, 게임 과정에서 타자, 경제와 사회, 정치를 만난다. 전쟁이 게임처럼 이루어지고, 비행기나 기차의 운행이 게임처럼 전개되며, 인간의 삶이 게임처럼 이루어진다. 게임하는 사람의 인성은 본래 자기의 선천적 인성, 후천적 인성 총합, 게임 속 주인공의 인성을 동시에 포함한다.

V 과학과 인성

1. 과학 윤리

레스닉(Resnik, 2016)은 『과학의 윤리(*The Ethics of Science*)』에서 체계적으로 전문 직업으로서의 과학, 윤리적 과학 행위의 기준, 연구의 객관성, 과학 출판의 윤리 문제, 실험실의 윤리 문제, 사회 속의 과학자 등에 대해 상세하게 다루었다. 이런 내용은 모두 과학과 관련된 인성에 대한 것으로 볼 수 있다(<표 10-1> 참조).

표 10-1 과학의 윤리와 인성

구 분	항 목	인성 관련
윤리적 과학 행위의 기준	1) 정직성(honesty)	- 자료, 실험, 연구 결과를 위조하거나 잘못 전달해서는 안된다. - 연구 과정은 객관적이고 편견에 치우치지 않아야 한다.
	2) 신중성(carefulness)	- 연구상의 오류, 발표상 오류를 조심해야 한다(여파가 크다). - 인간적 실수를 최소화하고, 자기 기만과 편견, 이해 갈등을 피해야 한다.
	3) 개방성(openness)	- 자료, 결과, 방법, 사상, 기술, 도구 등을 공유해야 한다. - 다른 과학자의 검토, 비평, 의견 제공에 개방적이어야 한다.
	4) 자유(freedom)	- 과학자는 어떤 문제나 가설에 대해서도 연구를 수행할 수 있어야 한다.
	5) 공로(credit)	- 과학자의 연구 수행, 그 결과에 대해 공로를 인정해야 한다.
	6) 교육(education)	- 역량 있는 후배 과학자를 교육하고, 배울 수 있게 해야 한다. - 대중에게 과학을 교육하고 정보를 제공할 의무가 있다.
	7) 사회적 책임(social responsibility)	- 사회에 해를 끼치지 않고, 유익한 산출물을 내야 한다. - 자신의 연구 결과를 사회에 알리고, 책임을 져야 한다.
	8) 합법성(legality)	- 연구에 적용되는 법을 지켜야 한다.

	9) 기회 균등(opportunity)	– 과학적 자원을 사용하거나 과학 분야의 진보를 이룰 기회를 부당하게 거부당해서는 안된다.
	10) 상호 존중 (mutual respect)	– 과학자는 동료를 존경으로써 대해야 한다. 사생활을 보호하고, 연구나 연구 결과를 훼손당해서는 안된다.
	11) 효율성(efficiency)	– 과학자는 자원을 효율적으로 사용해야 한다.
	12) 실험 대상 존중	– 인체를 대상으로 실험할 때는 인권을 존중해야 한다. – 동식물을 대상으로 할 때도 적절한 존중과 돌봄이 필요하다.
연구의 객관성 (정직성, 신중성, 개방성 관련)	1) 정직성	– 자료 수집상 부정직, 결과 발표 시 위조(꾸밈), 변조(바꿈) 금지
	2) 부정 행위	– 통계의 오용, 노동력 착취, 주요 기록의 보존 실패 등 방지 – 개인적 괴롭힘, 연구비 오용, 정부 규정 위반, 야만 행위 등 금지
	3) 자기 기만의 오류	– 잘못된 가정, 부적절한 추론, 통계의 오용, 빈약한 실험 설계, 기타 정교한 어리석음으로 인한 오류의 방지
	4) 편견(bias)	– 편견은 연구에서 조직적인 결함을 유발하는데, 개인적, 정치적, 경제적, 사회적인 요인에 의해 영향을 받지 않아야 함
	5) 이해 갈등	– 개인적 이해 관계, 역할 등에 따른 갈등이 없어야 함
	6) 개방성	– 연구(방법, 결과), 연구비 개방성 확보, 동료 평가에 개방 (다만, 연구의 일시적 비밀 유지, 국가 안보상 기밀 유지 가능)
	7) 자료 보관	– 자료 보관 필요
과학 출판의 문제	1) 출판의 객관성	– 논문, 책, 기타 연구물들은 정직하고 객관적이며 신중하게 작성되고, 심사되며, 편집되고, 출판되어야 함
	2) 출판상의 문제들	– 독창성 있는 연구의 출판 촉진, 단순히 편수를 늘리는 식의 질 낮은 출판 자제, 과거 연구물의 지속 연구 유도 등
	3) 적절한 공로 인정	– 공동 저자의 문제, 표절 방지
	4) 지적 재산권	– 저작권, 인접권, 특허권, 영업비밀 유지권 등의 보장
	5) 언론과 대중	– 과학적 연구 및 결과에 대한 언론 보도의 문제 – 대중의 과학 수용, 활용의 문제
실험실의 윤리 문제	1) 멘토와 멘티 사이의 윤리	– 멘토(mento)의 멘티 착취 금지 – 학생, 제자에 대한 멘토링 충실
	2) 추행	– 모욕, 협박, 야만 행위, 성추행, 절도, 폭력 등 금지
	3) 부정 행위 보고	– 부정 행위 보고 의무와 내부 고발자 보호
	4) 강의와 연구	– 강의와 연구의 조화
	5) 모집, 고용에서 윤리	– 모집, 고용에서 차별, 편견, 고정 관념 등 탈피
	6) 자원의 분배와 보전	– 과학 자원, 자료, 장비, 장치, 연구 장소, 인적 자원, 연구비 등의 학제 간, 국제 간 협력 필요
	7) 인간 대상 연구	– 충분한 설명에 근거한 동의, 사회적 가치, 과학적 타당성, 악행 금지, (자유로운) 실험 중단(Nuremburg Code, 1949) – 사생활 보호, 약자 보호, 공정성, 감시 필요
	8) 동물 실험	– 동물의 복리에 대한 사려 깊은 배려, 대체 방법 강구

사회 속의 과학자	1) 사회적 책임	- 과학자로서의 역할과 개인으로서의 역할 구분
	2) 전문가로 법정 증언	- 정직하고 개방적이며 객관적이어야 함
	3) 산업 과학	- 산업적 이익 추구, 국가 안보 기여 등에서 윤리 문제
	4) 군사적 과학	- 군사 기밀 보호, 전쟁 기여 등의 문제
	5) 공공 연구비 지원	- 정치, 경제, 사회적 적당성, 연구비 지원의 타당성 확보
	6) 정치, 사회, 도덕 문제	- 연구의 제한, 인종 차별 문제, 종교 문제, 인간 가치 문제 등

출처: Resnik(2016).

이런 과학의 윤리는 연구를 담당하는 과학자의 인성과 관련이 있다. 더 나아가서 과학 연구를 지원하고 이익을 추구하는 과학 산업 종사자의 인성, 과학 기술자의 인성, 과학 기술 사용자의 인성과 관련이 있다. 각각에 대해 간단하게 살펴보자.

2. 과학자

과학자는 인류 문명 발전의 첨단에 서서 활동한다. 자연과 인간, 사물에 관한 문제 해결이나 창의적 연구 주제 탐구를 위해 노력한다. 과학자는 특정 주제를 향해 꼼꼼하게 사고하고, 추론하며, 실험을 시도한다. 과학자는 사회 현상을 다루는 학자에 비해 치밀하고, 계산적이며, 정확한 답을 찾고자 노력한다. '대충대충하고, 이렇게 저렇게 융통이 많은 것을 싫어한다.'

과학자의 연구 활동 전체는 정직하고 바람직하게 이루어져야 한다. 연구 주제 선정, 연구 활동, 연구 결과 발표에 바람직한 인성을 보여야 한다. 어느 한 단계라도 부정직하고, 비윤리적이면 문제가 된다.

연구 주제 선정에서는 첫째, 인류 발전에 긍정적 효과를 가져올 수 있는 것이어야 한다. 전쟁을 위한 원자탄 개발, 살생(殺生)을 목적으로 하는 바이러스 병원균 개발은 연구 주제가 되어서는 안된다. 둘째, 인간을 과학 활동의 대상으로 하고자 할 때는 더욱 신중해야 한다. 질병 치료와 의학 발전, 문명화에 획기적인 기여를 할 수 있는 경우가 아니면 정당성을 인정받기가 어렵다. 생체 실험, 유전자 조작, 복제 연구 등은 사회 윤리와 법이 인정하는 범위 내에서 이루어져야 한다. 셋째, 잘못된 가정이나 부적절한 추론을 전제로 한 연구는 자칫 큰 폐해를 유발할 수 있다. 연구 수행 전에 충분히 선행 연구를 조사하고, 다른 과학자와 더불어 신중한 검토가 이루어져야 한다. 연구 활동에서는 첫째, 자료, 실험, 분석과 해석, 결과 추출, 결과 발표에 신중하고 정직해야 한다. 의도적 은폐나 조작(造作), 변형이 시도되어서는 안된다. 둘째, 특허 출연이나 지적 재산권 인정 등에 필요한 최소한의 비밀은 유지하되 기본적으로는 외부 과학 세계에 개방되어야 한다. 활동 전반에 대한 공개를 통해 자유로운 토론과 비판이 이루어지도록 해야 한다. 셋째, 연구 과정에서 연구원에 대한 정신적, 육체적, 경제적 착취, 폭력 행사, 괴롭힘이 있어서는 안된다. 연구 참여자의 인권이 잘 지켜져야 한다. 넷째, 연구 과정에서 발생할 수 있는 환경 오염에 유의하고 적절히 대처해야 한다. 약품에 의한 수질 오염, 대기 오염에 특히 유의해야 한다. 다섯째, 연구 과정에서 연구자나 실험 대상에게 일어날 수 있는 정신적 피해, 오염, 유전자 변형 등에 유의해야 한다. 여섯째, 연구비를 절약하고, 낭비하지 말아야 하며, 영수증 조작 등이 없어야 한다.

연구 결과 발표에서는 첫째, 정직하게 자료와 연구 과정, 결과가 공개되어야 한다. 이는 과학 활동의 발전 과정에서 매우 중요한 일이다. 둘째, 다른 연구물을 인용했을 경우에는 출처를 확실하게 밝혀서 표절(剽竊)이 없어야 한다. 자기 연구물을 다시 인용하는 경우에도 출처를 정확히 밝혀야 한다. 셋째, 특허 출연이나 지적 재산권 취득과 관련해서 참여자, 연구비 지원자의 지분(持分)을 공정하게 배분해야 한다. 연구 책임자가 소속 연구원의 지분을 착취해서는 안된다. 대학이나 연구 기관과 연구자의 기여도에 따라 지분 비율을 정해야 한다. 넷째, 특허 선점을 위해, 또는 연구비 수혜를 위해 허위로 언론 보도를 하는 등의 행위는 자제해야 한다.

3. 과학 산업 종사자

과학을 산업적으로 이용하여 경제적 이익을 추구하는 사람에게 요구되는 도덕과 윤리가 있다. 이들도 바람직한 인성을 소유해야 하고 이들의 산업 활동도 국가 사회와 인류 발전, 과학의 문명화에 기여할 수 있어야 한다. 일반적으로 기업에게 요구되는 윤리나 도덕에 더하여 '과학'과 관련하여 요구되는 도덕과 윤리가 있다. 과학 상품의 생산, 유통에 관여하는 종사자의 인성은 어떠해야 할까?

상품 생산, 유통에 있어서 첫째, 인류의 문명화에 기여하는 상품 생산이어야 한다. 문명 쇠퇴나 파괴를 꾀하는 상품 생산은 곤란하다. 둘째, 과학자의 특허권이나 지적 재산권을 부당하게 침해하거나 변경해서는 안된다. 반드시 사용 권한을 획득하여 상품 생산에 임해야 한다. 셋째, 과학 상품 생산, 유통 과정에서 일반적인 근로 조건, 기업가 윤리, 상도덕(商道德)을 충실히 지켜야만 한다. 넷째, 과학 상품 생산, 유통 과정에서 환경 오염이나 파괴가 일어나지 않게 조심해야 한다. 사전에 철저히 대비책을 강구하고 예상치 못한 환경 오염 등에는 정직하게 최선을 다해 대처해야 한다.

4. 과학 기술자

과학 기술자는 과학자의 연구를 토대로 삶에 필요한 기술을 개발하고 활용하는 사람이다. 과학 기술자는 특정 과학 기술의 전문가다. 원자력, 위성, 자동차, 의료, 생화학, ICT, 컴퓨터, 로봇 등 다양한 분야에 걸쳐 활동하고 있다. 과학 기술자의 인성과 관련하여 다음과 같은 면이 고려되어야 한다.

- 자신의 위치와 역할에 맞는 과학 기술 영역에서 최고의 권위와 전문성을 갖추어야 한다.
- 과학 기술을 활용하여 인류 발전에 기여하여야 한다.
- 전문가로서 비전문가를 차별하거나 멸시해서는 안된다.
- 일반 국민, 비전문가가 과학 기술을 원만하게 이용할 수 있도록 지원해야 한다.
- 과학 기술 발전을 위해 끊임없이 노력하고, 과학자와 협력할 수 있어야 한다.
- 과학자와 다른 연관 과학 기술자의 권리를 함부로 침해해서는 안된다.

5. 과학 기술 이용자

과학 기술 이용자는 과학 기술을 일상 생활이나 연관 산업에 활용하는 사람이다. 이용자는 과학 기술 개발에 기여한 과학자, 과학 기술자를 존중할 수 있어야 한다. 연구와 기술 개발에 들인 노력을 칭찬하고, 문명화에 기여한 공로를 인정해야 한다.

과학 기술 이용 과정에서 사용 경험이나 새로운 기술 개발 필요성을 과학자, 기술자에게 전달하는 것도 필요하다.

과학 기술 이용자는 우수한 과학 기술을 나쁜 목적으로 사용해서는 안된다. 자신의 행복한 삶은 물론 인류 발전을 위해서 바람직하게 사용해야 한다.

■'일본판 황우석 사건' 또 발생?… 도쿄대 본격 조사 착수

– 전직 대학병원장 등 유명 연구자, 논문 22편 조작 의혹 –

'일본판 황우석 사건'이 또 드러나나?

일본 도쿄(東京)대학교 소속 유명 연구자들이 지난 10여 년 동안 국제 학술지에 발표한 22개 논문의 실험 결과 등이 조작된 것이라는 의혹이 제기되었다. 21일 과학전문지 『사이언스(*Science*)』 등에 따르면, 도쿄대학은 이 대학 의학부 및 분자생물학과 등의 교수 6명이 각각 이끈 연구팀의 논문 내용 조작 및 변조 의혹과 관련해 본격 조사에 착수키로 했다고 20일 발표했다.

도쿄대학은 지난달 자신을 '평범한 연구자들(Ordinary_researchers)'이라고 밝힌 사람으로부터 익명의 제보를 받았다. 제보자는 논문 내용은 물론 그래프와 이미지 등의 데이터에도 부자연스럽고 변조된 흔적이 많아 실제 실험 결과가 있는지 의심된다며 100여 쪽에 걸쳐 그 근거들을 제시하고 자세하게 설명했다. 연구자금 사용 내역도 포함된 문서를 두 차례로 나눠 도쿄대학은 물론 교육과 보건 관련 부처, 학회, 언론사 등에도 보냈다.

도쿄대학은 그동안 예비 조사를 한 결과 외부 전문가를 포함한 조사위원회를 구성해 혐의 내용을 본격 조사할 필요가 있다고 판단했으며 6개월 이내에 결과를 발표키로 했다. 이 가운데 7개 논문의 교신 저자로 올라 있는 가도와키 다카시(門脇孝) 교수가 가장 주목받고 있다. 그는 도쿄대 부속병원장과 당뇨병학회장 등을 지낸 유명 의사다. 가도와키 교수는 『사이언스』에 보낸 이메일 답변에서 "얼굴도 없는 고발인의 주장은 전혀 근거 없는 허위"라며 "우리 팀은 우리가 발표한 모든 데이터를 절대 확신한다"고 말했다.

앞서 지난 2013년 일본의 대표적 분자생물학자인 가토 시게아키(加藤茂明) 도쿄대 교수팀이 16년 간 발표한 논문이 대거 조작된 것으로 드러나 충격을 준 바 있다. 당시 도쿄대 조사위는 '데이터 가공 의혹이 있다'는 외부 제보에 따라 165개 논문에 대해 1년 간 예비조사와 본조사를 한 결과 상당수 논문에서 실험 결과를 보여주는 화상을 복제하거나 합성하는 등의 조작 · 날조가 발견되었다고 발표했다. 이 가운데 43개 논문은 아예 철회되었다. 가토 교수는 당시 "연구실 멤버들을 믿었다. 논문에 부정이 있었던 것은 틀림없다"면서 감독을 잘못한 자신의 책임이 크다고 말했다.

(출처: 연합뉴스. 최병국 기자. 2016.09.21. 내용을 축약함)

〈생각해 볼 문제〉

– 연구 논문 내용 조작은 왜 발생할까?

– 연구 내용 조작 사실은 어떻게 밝혀지는가?

– 잘못된 연구, 조작된 연구 결과를 만들어내는 과학자의 인성에 대해 논의해 보자.

■ **프랑스 원전 폭발 '원전 공포 확산'… 네티즌 다음은 어디?**

프랑스에서 원자력 발전소가 폭발해 5명의 사상자가 발생한 것으로 알려졌다. 프랑스 현지 언론에 따르면 프랑스 남쪽 마쿨 지역에 있는 원자력 발전소에서 폭발 사고가 일어나 최소 1명이 숨진 것으로 전했다.

이번 폭발 사고는 프랑스의 국영 전력공급사인 EDF가 보유한 핵폐기물 재처리 시설에서 일어난 것으로 현지 언론들은 전하고 있다. 가장 우려되는 것은 방사능의 유출 여부이다.

이와 관련해 원자력안전청(ASN) 측은 원자로가 아닌 방사능 폐기물 처리시설이 들어서 있기 때문에 방사성 물질 누출 위험은 없다고 밝혔다.

하지만, 폭발 사고가 얼마나 심각한지 정확하게 확인되지 않고 있어 향후 추이를 지켜봐야 할 것으로 보인다. 한편, 일본 후쿠시마 원전 폭발에 이은 프랑스 원전 폭발로 원전의 안전성에 대한 논란이 더욱 고조될 것으로 보인다. 이번 사고 이후 인터넷상에서는 '미국, 소련, 일본, 프랑스, 다음은 중국? 한국? 무섭다'라는 루머가 확산되고 있다.

(출처: KNS뉴스통신. 김영호 기자. 2011.09.12.)

〈생각해 볼 문제〉

- 원전은 꼭 필요한가?
- 원전과 원전 폐기물 처리장 주변에 사는 사람은 어떤 인성을 가지고 있을까?

용 어

과학, 경험주의, 합리주의, 반증 가능성, 과학 기술, 문명, 소셜 네트워크, 네트워크 사회, 웹사이트, 소셜 네트워크 시스템, 네트워크화된 개인주의, 생명공학, 유전자 변형, 유전자 변형 농산물(식품), 생명 의학, 인간 복제, 로봇, 저자 인간, 인공 지능, 디지털 컨버전스, 과학 윤리, 과학자, 과학 산업 종사자, 과학 기술자, 과학 기술 이용자

요 약

- 과학: (1) 학문하는 방법 중 하나로서, 경험적 사실에 근거하여 진리를 찾는 행위, (2)물리, 화학, 생물, 지리와 같은 자연 현상을 연구하는 학문, (3)기술과 문명의 발전 자체, (4)인간이 발견한 지식 자체
- 과학 활동의 대상: 자연, 인간, 역사 모두가 포함
- 과학의 방법: 귀납과 연역, 경험주의와 합리주의
- 경험주의: 사실의 세계를 토대로 관찰과 경험, 실험을 통해 귀납적 과학 활동을 주로 하는 입장
- 합리주의: 명확한 전제로부터 이성적, 논리적, 연역적 추론을 이끌어내는 입장
- 과학 지식의 반증 가능성: 과학 지식은 새로운 증거에 의해 언제라도 '잘못된 진리'로 판명될 수 있어야 한다는 주장
- 과학 기술: 과학 활동을 통해 발견한 지식을, 인간의 삶에 필요한 도구나 수단으로 활용하는 것이 기술. 과학과 기술을 합쳐서 과학 기술이라고 부름
- 문명: 과학 기술을 통해 인간의 삶이 좋아지고 풍요로워진 상태
- 소셜 네트워크, 네트워크 사회: 각종 소셜 미디어 기기와 인터넷망으로 연결된 웹사이트를 기반으로 사용자들이 의사소통, 정보의 생산과 공유, 자유로운 삶을 영위하는 가상 공간 또는 공동체
- 웹사이트: 홈페이지. 소셜 네트워킹 서비스가 이루어지는 모든 가상 공간, 온라인 플랫폼
- 소셜 네트워크 시스템: 다양한 소셜 네트워크 서비스가 이루어지는 사회 운영 시스템. 멀티유저, 멀티 태스킹, 멀티 스레딩 특성
- 네트워크화된 개인주의: 인간 활동이 네트워크상에서 자유롭게 이루어지는 것. 네트워크로 묶여져 있는 것 같지만 모든 사용자들이 자유롭다는 것을 의미
- 생명 공학: 생명체를 활용하여 인간에 필요한 정보, 물질과 서비스를 창출하는 학문 또는 기술
- 유전자 변형: 생물의 유전자를 인위적으로 조작하여 변형시키는 유전 공학
- 유전자 변형 농산물(식품): 유전자 재조합 기술이나 식물 분류학상 과(科) 이상의 원연 간 세포 융합을 통해 육성된 식물과 미생물에서 얻어지는 농산물(식품)

- 생명 의학: 생물 바이오, 유전자 연구, 나노 기술의 도움을 받아 인간의 질병을 치료하는 의학
- 인간 복제: 생식 세포나 체세포 복제를 통하여 똑같은 인간을 만들어내는 생명 유전 공학
- 로봇: 인간과 비슷한 기능을 가지고 인간 노동을 대체하는 기계
- 전자 인간: 인공 지능을 탑재한 로봇. 지능형 로봇
- 인공 지능: 사람이 인위적으로 만들어낸 지능
- 디지털 컨버전스: 디지털을 플랫폼으로 하여 수렴 현상이 나타나는 것. 매체 간의 융합과 그에 따른 기기, 문화 콘텐츠 더 나아가서 문화 콘텐츠 시장이 융합하는 것
- 과학 윤리: 과학 관련 활동자의 윤리. 과학 연구자, 과학 연구를 지원하고 이익을 추구하는 과학 산업 종사자, 과학 기술자, 과학 기술 사용자가 지켜야 할 윤리
- 과학자: 과학 연구 활동을 하는 사람
- 과학 산업 종사자: 과학을 산업적으로 이용하여 경제적 이익을 추구하는 사람
- 과학 기술자: 과학자의 연구를 토대로 삶에 필요한 기술을 개발하고 활용하는 사람
- 과학 기술 이용자: 과학 기술을 일상 생활이나 연관 산업에 활용하는 사람

[인성의 덕목 9] 소 통

<table>
<tr><td>1) 개념 정의</td><td>■ 소통(疏通): 막힘없이 오고감
– (疎: 트임, 막힘이 없음). (通: 오고감)
– 교통(交通): 사귀어 통함, 서로 오고가면서 통함</td></tr>
<tr><td>2) 개념 해석, 뜻풀이</td><td>■ 소통의 주체: 인간과 인간
■ 소통의 내용:
– 마음 소통: 인간 속마음이 서로 전이됨
– 생각(사고)이나 감정 소통: 소통 당사자 사이에 생각이나 감정이 막힘없이 오고감
– 인적 자원, 물질, 자본, 노동의 소통: 인적 가원, 물질, 자본, 노동력이 소통 당사자 사이에서 원활하게 교류됨
– (소통의 방법) 몸짓, 언어, 음악, 미술, 연극 등을 통해 소통이 이루어짐
– (소통의 수단 매체) 몸짓, 언어, 방송 미디어, 인터넷, SNS, 각종 커뮤니케이션 매체, 자동차, 기차, 비행기 등</td></tr>
<tr><td>3) 관련 이론</td><td>■ 통신론(communication theory): 발신자로부터 메시지가 발송되고, 수신자가 이를 받아들여, 해독하여 인식한다.[14)]
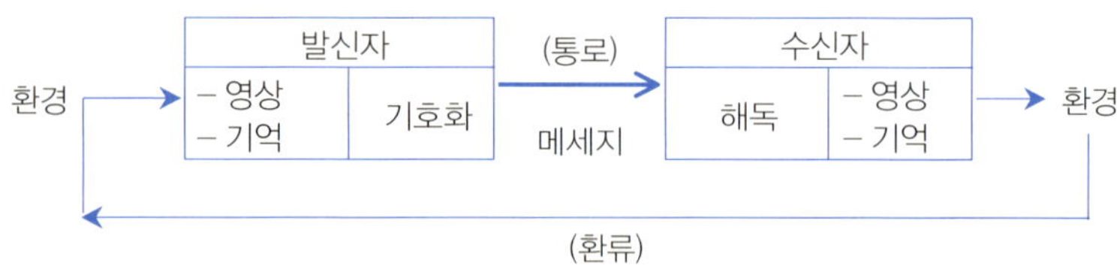

■ 『서경(書經)』
– 위에 있으면서는 아랫사람을 잘 헤아리고 아래에 있어서는 윗사람을 잘 모셔야 한다. 다른 사람과 더불어 사귐에 (억지로) 구하지 않아도 (서로 상대방을 접어 생각하여) 잘 임해야 한다.[15)]
– 뜻을 전할 때는 합리적이고 마땅한 이치대로 해야만 편안하고, 말을 할 때도 이치에 맞게 잘 해야만 망발을 하지 않게 된다.[16)]
– 동료를 조심해서 가리되, 말만 번드러지게 하며 실상이 없는 것, 얼굴빛을 교묘하게 하여 속이는 것, 자기 좋은 것만 챙기고 싫은 것은 외면하는 것, 간사하고 아첨하는 사람과 사귀는 것이 없게 해야만 한다.[17)]
■ 『논어(論語)』
– 붕우와 교류하는 데는 말과 행동에 신뢰가 중요하다(與朋友交 言而有信).
– (사람을 대할 때는) 온(溫: 온화하고 도타움), 량(良: 곧고 반듯함), 공(恭: 참으로 공손함), 검(儉: 절제함), 양(讓: 겸손히 사양함)이 있어야 한다. (학이편) 그러나 온화</td></tr>
</table>

14) 강신택(1983: 290). 『사회과학연구의 논리』. 박영사.
15) 居上克明, 爲下克忠; 與人不求備. (서경, 이훈편)
16) 志以道寧, 言以道接. (서경, 여오편)
17) 愼簡乃僚, 無以巧言令色, 便辟側媚, 其惟吉士. (서경, 경명편)

<table>
<tr><td></td><td colspan="3">하면서도 엄숙함이 필요하고, 위엄을 보여야 하지만 사나워서는 안되고, 공손함이 (억지로가 아니라) 편안히 나타나야 한다.18)
– 남이 나를 잘 알아주지 않는다고 고민하지 말고, 내가 상대방을 잘 모르는 것이 아닐까 걱정해야 한다.19)
– (사람을 대할 때) 행동은 사납거나 거만하게 하지 않고, 얼굴색은 편안히 하여 믿음을 주며, 말할 때는 촌스럽거나 더럽지 않아야 한다.20)
– 훌륭한 사람은 (모든 일의 원인을) 자기에게서 찾지만, 못난이는 남에게서 찾는다.21)

■『맹자(孟子)』
– 사람을 친하려고 하는데도 가까워지지 않으면 자기가 펼치는 사랑에 문제가 없는가 돌아보고, 예로 대했는데도 불구하고 응대가 좋지 않으면 나의 존경심에 문제가 있나 돌아봐야 한다.22)
– 예의(禮義)와 폐백(幣帛)으로 교제(交際)할 때는 공손함(恭)이 관건이다.</td></tr>
<tr><td rowspan="12">4) 소통 실천 지표</td><td rowspan="4">(1) 감성 소통</td><td>나의 감성 이해하기</td><td>나의 감성 내력을 파악함</td></tr>
<tr><td>감성 표현, 전달하기</td><td>감성을 적절히 표현하여 전달함</td></tr>
<tr><td>상대 감성 수용하기</td><td>상대의 감성을 받아들여 수용함</td></tr>
<tr><td>상대 감성 이해하기</td><td>수용한 상대방의 감성을 이해함</td></tr>
<tr><td rowspan="4">(2) 지적 소통</td><td>전달 메시지 챙기기</td><td>전달하고자 하는 메시지, 정보 내용 챙기기</td></tr>
<tr><td>전달 방법, 매체 고르기</td><td>메시지 전달 방법을 선택함</td></tr>
<tr><td>메시지 전달하기</td><td>메시지를 적절히 전달함</td></tr>
<tr><td>상대 메시지 수용하기</td><td>수용한 메시지를 이해함</td></tr>
<tr><td rowspan="4">(3) 물질 소통</td><td>전달 물질 선택하기</td><td>전달할 물질 챙기기</td></tr>
<tr><td>전달 방법, 매체 고르기</td><td>전달할 방법, 수단을 고름</td></tr>
<tr><td>물질 전달하기</td><td>적절하게 물질을 전달함</td></tr>
<tr><td>전달된 물질 수용하기</td><td>물질을 내 것으로 만듦</td></tr>
<tr><td>5) 소통 가르치기</td><td colspan="3">■ 가족 내 교육
– 부모 교육: 말하기, 감정 표현하기, 대화 방법 등을 자녀에게 교육
– 가족 끼리, 물질을 주고받으며 공유하는 생활 습관 기르기
– 가족 내에서, 부모-자식 간, 형제-자매 간 소통하는 법 가르치기
■ 학교 교육
– 자기 마음 표현하는 방법, 정보나 메시지 전달하는 방법 가르치기
– 감성 소통, 지적 소통, 물질 소통 방법과 매체의 특성 교육
■ 직장, 단체 교육
– 직장 내 상하, 전후 좌우 직원 사이의 소통 방법 교육
– 소통 방법, 매체 특성 교육</td></tr>
</table>

6) 소통 배우기	■ 가정에서 – 가족 내 소통 경험을 통해 배우기 – 부모-형제 간 소통 방법 따라 배우기 ■ 학교에서 – 도덕, 윤리 교과를 통해 배우기 – 동료 학생을 통해 경험하면서 배우기 ■ 직장, 단체 교육을 통해 배우기 – 직장 교육, 단체 교육을 통해 소통 방법 배우기
7) 소통 실행하기	
■ 가정에서	– 가족들 사이의 원만한 감성소통, 의사소통, 물질소통 – 불통(不通) 원인 파악, 새로운 소통 방법 개발 – 가족 구성원 중 소통에 어려움을 겪는 사람 도와주기
■ 학교에서	– 교사와 학생, 학생 동료 간 원활한 소통하기 – 학생 수준에서의 소통 방법, 매체 활용하기
■ 사회에서	– 이웃과 친하게 지내기 – 일반 공중, 대중 속에서의 감성소통, 지적소통, 물질소통 잘하기 – 불통의 상대방 이해하고 지원하기 – 공동체 사회를 위해 헌신적으로 소통에 앞장서기

18) 子溫而厲, 威而不猛 恭而安. (논어, 술이편)
19) 不患人之不己知, 患不知人也. (논어, 학이편)
20) 動容貌, 斯遠暴慢矣; 正顔色, 斯近信矣; 出辭氣, 斯遠鄙倍矣. (논어, 태백편)
21) 君子求諸己, 小人求諸人. (논어, 위영공편)
22) 愛人不親, 反其仁; 治人不治, 反其智; 禮人不答, 反其敬。行有不得者, 皆反求諸己。其身正而天下歸之. (맹자, 이루 상편)

Chapter 11

인성과 이상 심리

인성의 주재자인 마음을 중심으로 인성 구성 요소 중 어느 한 가지라도 이상이 생긴다면 어떻게 될까? 결코 정상적이고 바람직한 인성을 유지하기 어려워진다. 특히, 인성의 소재지인 두뇌에 이상이 생겼을 때는 심각한 문제에 봉착한다. 자아의 구성 요소인 이성과 감성, 본능, 가치관과 태도에 이상이 생겨도 인성에 탈이 생긴다.

이상 심리가 발생하면 그 원인이 정확히 무엇인가 정확히 파악해야만 한다. 원인을 알면 향후 전개 과정에 대해서도 파악할 수 있고, 당사자의 인성 상태와 작용도 이해할 수 있다. 정신은 물론 육체적 이상에 의해서도 이상 심리가 발생할 수 있다.

현대 과학 기술과 생명 공학, 두뇌 과학의 발전은 이상 심리에 대한 대처 가능성을 높여주고 있다. 이상 심리 상태 완화와 적절한 대응 차원을 넘어 근본적 치료까지도 가능한 경우가 많아졌다.

구체적으로 이상 심리에는 어떠한 유형이 있는가? 각 유형별로 인성에는 어떤 현상이 나타나는가? 이상 심리 상태에 있는 사람이 가족으로, 직장인으로 함께하고 있는 경우에 당사자는 어떠하고, 다른 구성원은 또 어떻게 살아가고 있는가?

I 이상 심리

보통 사람이라면 정도의 차이가 있겠지만 인간이 갖추고 있어야 할 자아, 이성과 감성, 가치관과 성격, 적절한 지혜를 가지고 있다. 성별, 연령, 경제 사회 여건, 자연환경 등에 따라 정신, 인성의 양상이 달라질 수 있지만 기본적인 여건은 모두 갖추고 있다. 인간의 자연스런 차이에 따른 인성 차이는 충분히 인정하고 받아들일 수 있다. 그런데 사람 중에는 비정상적인 인성을 가진 사람도 있다. 이는 바른 인성이 갖추고 있어야 할 요소 중 일부에 문제가 생김으로써 발생한다.

우리가 앞서 인성의 구성 요소를 들어보았는데, 이에 맞춰 문제 있는 인성에 대해 살펴보기로 한다. 다음 <표 11-1>을 보면 첫째, 마음에 병이 있을 경우다. 마음은 인성의 주재자이기 때문에 마음이 정상적이지 않으면 인성에 문제가 생긴다. 자아 결핍이나 성격 장애, 가치관 문제 등이 여기에 해당한다. 둘째, 두뇌에 문제가 있을 때다. 두뇌가 손상되었거나 특정 부위가 제대로 역할을 하지 못할 때 인성에 문제가 생긴다. 셋째, 지적 장애가 있는 경우다. 합리적 사고와 판단을 제대로 하지 못하면 인성에 문제가 발생할 수 있다. 넷째, 감성 장애가 있는 경우다. 정서 작용이 비정상정인 경우로서 인성에 문제가 생길 수 있다. 다섯째, 인간의 정보와 지식에 문제가 있을 때 인성에도 문제가 생겨날 수 있다.

표 11-1 인성의 구성 요소와 문제 있는 인성

구 분	인성의 구성 요소	문제 있는 인성
마음(心)	인성의 주재자	마음의 병, 화병
두뇌	인성의 소재지	뇌 손상
이성, 지성, 지혜	인성의 합리적 판단자	지적 장애
감성, 감정	인성의 정서적 판단자	감성 장애
자아(자기), 나	마음(心)의 핵심 주체	자아 결핍, 성격 장애
가치관, 태도	마음(心)의 성향	왜곡된 가치관, 성격 장애 이상 행동
정보, 지식	인성의 내용물	잘못된 인성

1. 이상 심리

이상 심리(異常心理)는 인간 심리에 이상이 생긴 상태를 말한다. 심리 장애(心理障礙), 정신 질환(精神疾患), 정신 장애(精神障礙)라고도 한다. 영어로는 psychiatric disorder, psychological disorder, mental disorder, mental illness 등으로 쓰인다. 인간 심리의 자아, 이성과 감성, 가치관과 성격, 이에 수반된 행동에 이상이 생긴 것이다. 정신의 소재지인 두뇌에 문제가 생겼거나 지적 판단이나 감성적 조절 장애, 왜곡된 가치관 등으로 인해 생겨난다.

이상 심리의 유형을 미국정신의학회(American Psychiatric Association)의 『이상 심리 진단 및 통계 편람(*Diagnostic and Statistical Manual of Mental Disorders*, Fifth Edition, DSM-5)』을 보면 다음과 같이 분류하고 있다.

- 신경 발달 장애(神經發達障礙, Neuro-developmental disorders)
- 조현 장애(調絃障礙, Schizophrenia spectrum and other psychotic disorders)
- 양극 장애(兩極障礙, Bipolar and related disorders)
- 우울 장애(憂鬱障礙, Depressive disorders)
- 불안 장애(不安障礙, Anxiety disorders)
- 강박 장애(强迫障礙, Obsessive-compulsive and related disorders)
- 외상 및 스트레스 관련 장애(外傷, Trauma-and stressor-related disorders)
- 해리 장애(解離障碍, Dissociative disorders)
- 신체 증상 장애(身體症狀障礙, Somatic symptom and related disorders)
- 거식, 폭식증(拒食暴食症, Feeding and eating disorders)
- 수면 각성 장애(睡眠覺醒障礙, Sleep-wake disorders)
- 성기능 장애(性機能障礙, Sexual dysfunctions)
- 이성 혐오증(異性嫌惡症, Gender dysphoria)
- 파괴적 충동 조절 장애(破壞的衝動調節障礙, Disruptive, impulse-control, and conduct disorders)
- 물질 중독 장애(物質中毒障礙, Substance-related and addictive disorders)
- 신경 인지 장애(神經認知障礙, Neurocognitive disorders)
- 변태 성욕 장애(變態性慾障礙, Paraphilic disorders)
- 성격 장애(性格障礙, Personality disorders)

위와 같은 정신 질환은 시대 발전에 따라 지속적으로 새롭게 규명된 것이다. 독특한 정신 질환이 새롭게 나타난 것도 있지만 기존의 여러 증성이 복합되어 나타나는 것도 있다.

2. 이상 심리의 원인

이상 심리, 정신 질환을 유발하는 원인이나 경과에 대한 연구는 심리학이나 의학, 정신 과학 분야에서 꾸준히 이루어지고 있다. 사회심리학적 관점에서는 보편적인 인간과 색다른 특성이 나타나면 이를 이상한 것으로 보고 있다. 의학적인 관점에서는 인간이 병적 증상을 보이거나 고통을 수반할 때 정상적이지 않고 이상한 상태로 본다. 또 범죄심리학에서는 남에게 해를 끼치는 정신 상태를 이상 심리로 본다. 이상 심리에서 '이상(異常)' 증세를 어떻게 보느냐에 따라 '질환(疾患)' 여부가 논의될 것이다. "난쟁이 나라에 가면 조금만 키가 커도 이상할 것이고, 키다리 나라에 가면 조금만 키가 작아도 이상할 것이다." 이처럼 이상 심리도 보는 관점에 따라 다양한 기준이 적용될 수 있다.

그동안 사회심리학이나 의학 분야에서 이상 심리의 요인으로 논의된 것을 간략히 살펴보기로 한다.

- 생물학적 요인(生物學的 要因, biological factors): 사람 신체의 한 부분, 즉 두뇌와 신경계, 육체, 호르몬, 유전자 등에 이상이 있을 때 정신 질환이 생길 수 있다. 정신 과학이나 의학, 약학, 생리 화학, 유전자학 등의 주요 관심 분야다. 유전자 및 유전, 태아 손상, 약물 중독, 뇌의 손상과 결함, 화학 물질의 불균형, 약물 남용 등으로 인해 발생하는 이상 심리와 관련이 있다.
- 심리적 요인(心理的 要因, psychological factors): 마음, 심(心)에 대한 연구가 진행되면서 이상 심리의 원인을 자아, 무의식, 본능 등에서 찾게 되었다. 프로이트(Sigmund Freud) 심리학이나 불교 유식론 등이 대표적이다. 욕구, 성격, 가치관, 태도의 이상 여부를 찾게 되는데 이런 부분은 외부 사회 환경과 밀접하게 관련되어 있다.
- 사회 경제적 요인(社會經濟的 要因, socio-economic factors): 인간이 사회와 상호작용하는 과정에서 심리 이상이 발생할 수 있다. 경제 사회 생활을 영위하는 과정에서 발생하는 작용-반작용, 자극과 반응, 역할-기대, 순응과 반발,

적응－부적응 등이 주요 관심사가 된다. 또 통계적 관점에서 보편적인 인간과 차이가 심하게 나타날 때 이상 심리로 발전할 수 있다. 가족과 집단, 사회 내에서 벌어지는 부부 폭력, 아동 학대, 물리적 학대, 정서적 학대, 약자 괴롭히기 등이 이상 심리를 낳을 수 있다. 지나친 가난으로 인한 폐해, 공포를 유발하거나 아주 나쁜 경험으로 인한 정신 피해도 이상 심리를 유발한다.

－문화적 요인(文化的 要因, cultural factors): 문화적 특성이 이상 심리를 유발하기도 한다. 자아가 외부의 문화나 도덕 가치를 받아들여 적절히 적응해 간다면 괜찮지만 지배적 정서를 제대로 받아들이지 못하거나, 언어 소통 불능, 극단적인 인종 차별, 이성 증오, 가치관 혼란, 가난과 실업으로 인한 정신 장애, 종교 갈등이 존재한다면 문제가 될 수 있다. 최근에 국제 교류가 증가하면서 이민자가 새로운 정착지의 문화에 제대로 적응치 못할 때 나타나는 수가 있다.

－복합적 요인(複合的 要因, multiplicative factors): 위에 열거한 여러 요인이 복합적으로 작용하여 다양한 이상 심리를 유발한다. 정신, 물질, 사회, 문화, 자연이 복합적으로 얽혀서 이상 심리를 만들어낸다. 현대 사회의 복잡성이 증대하면서, 또 과학 발전에 힘입어 이상 심리의 정확한 원인을 밝혀감에 따라 복합적 요인의 중요성이 대두되고 있다.

이번 장의 목표는 인성과 이상 심리의 관계에 대해 살펴보는 것이다. 이상 심리학에서 다루고 있는 구체적인 내용에 대한 것은 제외하고, 인성 측면에서 필요한 부분에 대해서만 간략하게 살펴보기로 한다. 즉, 신경생리학, 뇌과학의 전문적 내용은 다루지 않고 사회심리학적 측면에서 이상 심리를 다루되 꼭 필요한 내용만을 다루고자 한다.

Ⅱ 이상 심리와 인성

앞서 살펴본 이상 심리의 유형에 따라 심리 특성을 간단히 설명하고 관련된 인성에 대해 살펴보기로 한다.

1. 신경 발달 장애

신경 발달 장애는 인간 두뇌의 발달이 신체 성장에 비해 현저하게 늦거나 뇌가 손상되어 나타나는 장애를 말한다. 지적 장애, 의사소통 장애, 운동 장애, 주의력 결핍 장애, 자폐증 등이 신경 발달 장애로 나타나는 현상이다.

지적 장애(intellectual disability)는 정신 성장이 지체되고 지능이 매우 낮아서 정상적인 지적 판단, 사회 적응 기능을 할 수 없는 경우다. 정신 박약(精神薄弱, Mental deficiency), 정신 지체(精神遲滯, Mental retardation)로도 불린다. 지적 장애인은 지능 수준에 따라 등급 분류하고 있다. 지적 장애인은 지능 수준에 따라 지각 작용, 추리 능력, 문제 해결, 판단, 말하는 능력, 기억과 학습 능력 등에 장애를 겪는다. 당연히 자기 보호 능력이 떨어지고 주변 사람과 의사소통하거나 사회적 적응 활동을 하기가 어렵다.

사회적 의사소통 장애는 종종 자폐 증상(autism spectrum disorder)을 보이기도 한다. 대인 관계 능력이 떨어지다 보니 타인과 의사소통을 거부하고, 특정한 행동을 반복적으로 보이거나, 자기 내부의 작은 심리적 공간으로 빠져든다. 주의력 결핍(attention deficit)이나 충동적으로 과잉 행동(hyperactivity disorder) 증상을 보일 때도 있다. 지적 능력이 정상 수준에 가까운 데도 불구하고 특정한 부분에서 현저하게 학습 능력이 떨어지는 경우도 있다.

운동 장애(motor disorder)는 정상적인 사람에 비해 신체 활동이나 운동 능력이 현저하게 떨어지는 경우다. 틱 장애(tic disorders)나 뚜렛 장애(Tourette syndrome)처럼 얼굴 근육이나 신체 일부가 갑작스럽게 소리를 내며 반복적으로 이상 행동을 보이는 경우도 있다.

신경 발달 장애가 있는 사람의 경우에는 같은 연령대의 인성을 기대하기 어렵다. 지적 성장이 매우 낮은 수준에 멈춰 있는 경우에는 '몇 살짜리 어린 아이'로 보아야 할 것이다. 이런 사람에 대해서는 지속적인 관심과 함께 적절한 보호 조처가 필요하다. 의학적, 정신적 치료와 함께 지적 수준에 맞는 인성 교육이 필요하다. 최소한도 이상의 사회 생활이 가능하도록 언어 능력을 기르고, 의사소통을 유도하며, 사회 적응도를 높여가야 한다.

2. 조현 장애

조현 장애는 전에는 정신분열증(精神分裂症)이라고 부르던 것으로 현실을 제대로 인식하지 못하고 환각(hallucinations)이나 망상(delusions), 조리가 맞지 않는 말이나 행동(disorganized speech or behavior), 무욕증(無慾症, avolition), 부적절한 웃음이나 울음, 분노를 보이는 현상이다. 조현(調絃)이라는 말은 '거문고 줄을 잘 맞추는 것'을 뜻하는데, 정신분열증을 좀 더 긍정적인 의미로 이름붙인 것이다. 조현 장애는 환각이나 망상을 겪거나 말하며 부적절한 웃음이나 분노 등을 보이는 양성 증상(positive symptom)과 단조롭고 생기 없는 목소리, 무표정한 얼굴, 경직된 신체 특성을 보이는 음성 증상(negative symptom)으로 나눌 수 있다(Myers & DeWall, 2016: 398). 조현 장애를 가진 사람 중에는 매우 위험한 경우도 적지 않다. 행동을 예측하기 어려운 경우가 많기 때문이다.

심각한 조현 장애의 원인을 밝히고, 이를 치료하려는 노력이 지속되고 있다. 하지만, 아직도 원인을 밝혀내지 못하고 있다. 의학적 약물 치료와 함께 주변 사람의 관찰과 보호가 절대적으로 필요하다.

3. 우울 장애, 양극 장애

사람이 자기 기분을 상황에 맞게 적절히 조정하지 못하는 장애를 기분 장애(氣分障礙, mood disorder)라고 한다. 기분 장애에는 일주일 이상 기분이 비정상적으로 고양된 상태를 말하는 조증 상태(躁症狀態, manic episode)와 최소한 2주일 이상 현저하게 우울한 기분을 보이는 울증 상태(鬱症狀態, depressive episode)로 구분한다(한국심리학회, 2004: 550). 우울 장애는 조증 없이 울증 상태만 지속되는 것이고, 양극 장애는 조증과 울증 상태가 주기적으로 반복되는 장애다.

우울은 울적하고 슬프게 느껴지는 감정이다. 가벼운 우울은 무기력(無氣力), 패배감(敗北感), 의기소침(意氣銷沈), 실망(失望), 가벼운 슬픔 등이 복합되어 나타난다. 환희나 기쁨에 대비하여 부정적인 측면이 강하다. 하지만, 우울은 일종의 정신적 동면(冬眠)으로 삶의 페이스를 조절하게 만들고, 공격성을 완화시키며, 위험한 행동을 자제시키는 효과도 있다(Myers & DeWall, 2016: 387). 자신의 삶을 되돌아 평가해 보고, 희망적인 방향으로 전환하는 좋은 결정을 내릴 수도 있다. 하지만, 우울한 감정이 오래 지속되고 주기적으로 반복되면 우울병, 우울 장애로 발전한다. 우울 장애는 주의 집중과 의사 결정의 어려움, 비관적 감정, 낮은 자존감, 에너지 저하, 수면 조절의 어려움 중 두 가지 이상이 오래 지속될 경우에 나타난다(미국이상심리학회, DSM-5).

양극 장애는 조증과 울증이 반복적으로 나타나는 것인데, 조증 상태에서는 극단적인 행복감이나 환희, 만족감을 보이다가 갑자기 울증 상태로 전환되어 무력감이나 패배감에 휩싸이는 것이다. 조증 상태에 빠질 경우에 들뜨고, 과대 망상적이거나, 과민하고 흥분하기 쉽다(김이영 외, 2016: 322-323). 자신의 들뜬 기분이 방해를 받게 될 경우에는 쉽게 화를 내고 짜증을 낸다.

우울 장애를 겪고 있는 사람의 인성은 무기력하거나 패배감에 휩싸여 있으며, 시름에 빠져 있게 마련이다. 이런 사람은 부정적 생각이나 부정적 기분이 서로 상호작용하면서 좋지 않은 방향으로 발전할 수 있다(Myers & DeWall, 2016: 393-398). 우울증은 자신의 정체감을 와해시키고 인간으로서의 존재감을 무너뜨려 자살에 이르게도 할 수 있다. 양극 장애가 있을 경우에는 지나친 조증을 완화시키는 노력과 함께 지나친 울증을 극복하는 노력이 필요하다.

4. 불안 장애

불안(不安), 즉 걱정은 편안하지 않은 상태로서 우리 일상 생활 속에 상존한다. 운전을 하면서 불안을 느끼기 때문에 조심하고, 지진 발생을 두려워하여 대비책을 세우는 것은 아주 바람직한 불안 대처 방식이다. 그런데 정도 이상으로 불안감을 느낀다면 문제가 있다. 단단한 한강다리가 '성수대교처럼 또 끊어질까' 걱정이 되어 다리를 건너지 못한다면 문제가 있다. 북한에서 서울로 미사일을 발사할까 두려워서 직장 출근을 못한다면 문제가 있다. 불안 장애는 정도 이상으로 불안해하며 일상 생활을 제대로 하지 못하는 경우에 나타난다.

불안(anxiety)은 부정적인 감정, 신체적 긴장 상태, 미래에 대한 걱정으로 특징되는 기분 상태를 말한다(Barlow & Durand, 2001: 112-114). 이에 비해 공포(fear)는 외부 위험에 대한 즉각적인 경고 행위(=위험으로부터 도피하고자 하는 교감신경계의 반응을 수반하는 행위)를 말하고, 공황(panic attack)은 강력한 공포 경험 또는 치솟는 불안감을 유발하는 갑작스런 경험을 말한다. 공황 상태에서는 갑작스런 가슴

두근거림, 가슴 통증, 숨막힘, 현기증 등을 수반한다.

불안 장애에는 다음과 같은 종류가 있다(Myers & DeWall, 2016: 380–387). 첫째, 범 불안 장애(凡不安障礙, generalized anxiety disorder)인데 끊임없이 긴장하고 불안해하며 자율신경계가 각성된 상태에 있는 것이다. 항상 안절부절못하고, 근육 긴장과 심적 동요, 불면증에 시달린다. 이 걱정에서 저 걱정으로 떠돌면서 주의 집중을 하지 못한다. 둘째, 공황 장애(恐惶障礙, panic disorder)인데, 이는 불안이 갑자기 급상승하여 무시무시한 공포가 엄습하는 것이다. 가슴 통증이나 숨막힘 또는 다른 무시무시한 감각을 수반하는 공황 상태의 공포가 몇 분씩 지속된다. 셋째, 공포 장애(恐怖障礙, phobia)는 특정한 대상이나 상황에 대해 강렬하고 비합리적인 공포를 느끼는 것이다. 고소(高所) 공포증, 사회 공포증, 좁은 공간 공포증 등이 좋은 예다. 넷째, 강박 장애(强迫障礙, obsessive–compulsive disorder)는 어떤 생각이나 행동이 쓸데없이 반복되면서 일상 생활을 방해하고 고통을 유발하는 경우다. 결벽증이 있는 사람이 지나치게 자주 손을 씻는 경우, '뭔가 불길한 일이 생기지 않을까?'와 같은 생각을 지나치게 반복하는 경우가 그런 예다. 다섯째, 외상(外傷) 후 스트레스 장애(post–traumatic stress disorder)는 외상 경험 후에 4주 이상 맴도는 기억, 악몽, 위축, 급작스러운 불안, 불면증 등이 나타나는 경우다.

불안 장애를 가지고 있는 사람은 기본적으로 마음 속에 '불안'을 가지고 있다는 점에 유의해야 한다. 불안의 증상이나 원인은 개개 인간에 따라 천차만별하다. 이들의 인성을 정확히 파악하기 위해서는 이 불안의 원인과 상태를 면밀히 분석해야 한다.

정신분석학적 입장에서는 심리적 불안은 무의식에 억압된 충동이나 동기에 의해 불안 장애가 나타난다고 보고 있다(한국심리학회, 2004: 347). 무의식 속에 자리하고 있는 원초적 본능(id)이 자아(Ego)를 괴롭힐 때 불안 증상이 나타난다. 이에 비해 행동주의 이론에서는 불안도, 이상 행동도 학습을 통해 이루어진 것이다.

5. 신체 증상 장애, 해리 장애

신체 증상 장애는 특별한 원인도 없는데 신체적 통증을 느껴 정상적인 생활을 어렵게 하는 장애를 말한다. 신체의 외관이나 기능과 관련된 통증을 느끼지만 의학적으로는 아무런 신체적 문제가 없는 경우다(Barlow & Durand, 2001: 152–179). 하위 유형으로는 스스로 매우 아프거나 아플 것을 염려하는 건강 염려증(健康念慮症,

hypochondriasis), 뚜렷한 신체적 문제가 없는데도 불구하고 마비 현상처럼 신체적 기능 부전(physical mal-malfunctioning)이 일어나는 전환 장애(轉換障礙, conversion disorder), 심리적 요인 때문에 신체 일부의 통증이 나타나는 통증 장애(痛症障礙, pain disorder), 스스로 심각한 신체적 결함이 있다고 상상하는 신체 기형증 장애(身體奇形症障礙, body dysmorphic disorder)가 있다. 신체 증상 장애의 원인을 알 수 없지만, 걱정, 불안 장애와 밀접한 관련이 있다.

해리 장애는 사람의 자아, 의식, 기억, 지각과 인지가 급격하게 변화하여 정상적이지 않은 상태를 유발하는 장애를 말한다. 해리 장애는 스스로 자아로부터 분리되거나 세상과 격리된, 또 기억과 분리된 상태를 경험한다(Barlow & Durand, 2001: 178-179). 해리 장애가 나타나는 이유가 명확히 밝혀져 있지는 않지만 당사자가 트라우마를 일으켰던 사건 사고로부터 심리적으로 이탈하고자 할 때 나타날 수 있다.

해리 장애에는 첫째, 비인격 장애(非人格障礙, depersonalization disorder)로서 일시적으로 자기의 존재를 잃고, 실제 상황을 혼돈하는 경우를 말한다. 둘째, 기억 상실증(記憶喪失症, dissociative amnesia)으로서 중요한 개인 정보나 기억을 전혀 생각해 내지 못하는 장애를 말한다. 셋째, 해리성 둔주(解離性遁走, dissociative fugue)로서 기억 상실 상태에서 전혀 다른 사람처럼 배회하는 것을 말한다. 넷째, 극단적인 경우로서 자기 정체성 상실 장애(正體性 喪失障礙, dissociative identity disorder)가 있다. 자기를 전혀 다른 사람으로 인식하는 경우다. 다섯째, 해리성 최면 장애(解離性 催眠障礙, dissociative trance disorder)로서 몽환적인 정신 상태에 빠져드는 것을 말한다.

신체 증상 장애나 해리 장애의 원인이 정확히 밝혀져 있지 않다. 그런 만큼 이들의 인성을 파악할 때도 있는 그대로 상황을 정확히 이해해야만 한다. 불안을 완화시켜 주고, 트라우마를 일으켰던 사건, 사고를 최면 치료 등으로 극복하는 방법을 활용할 수 있다. 신체 장애의 경우에 성형 수술 등의 방법을 통해서도 일부 극복할 수 있는 방안이 있다.

6. 거식증, 폭식증

사람은 살기 위해 먹어야만 한다. 그런데 정상 수준 이상으로 너무 많이 먹고자 하는 폭식증(暴食症, bulimia nervosa), 음식을 지나치게 먹지 않으려고 하는 거식증

(拒食症, anorexia nervosa)은 심각한 문제를 유발한다. 음식물을 되새김하듯 반복적으로 씹어 먹는 반추 장애(反芻障碍, rumination disorder), 이상한 물체를 먹는 습관인 이식증(異食症, pica)도 먹는 습관과 관련이 있다. 이런 증상은 10대나 20대 소녀의 다이어트, 몸매 관리와 관련하여 많이 나타난다(Myers & DeWall, 2016: 408-410). 이런 증상처럼 젊은이의 근육질 몸매 만들기, 키 작은 사람의 열등감, 지나치게 마른 사람의 걱정 등도 지나치면 정신 장애로 발전할 수 있다.

이런 음식 장애가 있는 사람의 인성은 대개 낮은 자존감을 가지고 있고, 완벽주의를 추구하며, 기대에 미치지 못할 경우에 안달한다(Myers & DeWall, 2016: 409). 또 다른 사람이 자기를 어떻게 쳐다 볼 것인가에 대해 걱정을 한다. 이런 사람을 대할 때는 그가 결코 비정상적인 상태가 아니란 점을 잘 설명하고 지나친 집착 행위에서 벗어나도록 유도해야 한다.

7. 수면 각성 장애

수면 각성 장애는 정상적인 수면을 유지하기 못해 고통을 겪는 장애를 말한다. 수면 장애는 크게 두 가지 형태로 분류한다(Barlow & Durand, 2001: 248-263). 하나는 수면 이상(睡眠異常, dyssomnias)이고, 다른 하나는 사건 수면(事件睡眠, parasomnias)이다. 수면 이상은 충분한 수면을 취하지 못하거나 잠을 자더라도 기분이 상쾌해지지 않아 고통스런 장애를 말한다. 사건 수면은 잠자는 동안에 나타나는 비정상적인 행동(예, 몽유병)이나 생리적 사건(예, 악몽으로 고생)으로 고통을 겪는 것을 말한다.

수면 장애는 쉽게 잠을 이루지 못하거나 자주 깬 뒤, 다시 잠을 이루지 못하는 경우, 잠이 절대적으로 부족한 경우에 나타난다. 이에 비해 수면 과잉증(睡眠過剩症, hypersomnias)은 잠을 너무 많이 자는 경우를 말한다. 잠을 수시로 자는 경우도 해당된다. 문제는 이렇게 잠을 많이 자지만 여전히 피곤함을 느끼는 경우가 많다는 점이다.

수면 장애와 관련해서 여러 가지 유관 장애 증상이 있다(Barlow & Durand, 2001: 248-263). 첫째, 수면 무호흡증(睡眠無呼吸症, sleep apnea)은 수면 동안 숨을 쉬지 못하는 증상이다. 이는 호흡 관련 수면 장애(breathing-related sleep disorders)라고도 부르는데, 폐색성 수면 무호흡증 호흡 저하(obstructive sleep apnea hypopnea), 중심

수면 무호흡증(central sleep apnea), 폐포 저환기 증후군(肺胞低換氣症候群, sleep-related hypoventilation) 등이 있다(DSM-5). 둘째, 수면 발작증(睡眠發作症, narcolepsy)으로 분노나 기쁨 등 감정이 격해지는 순간에 얼굴 근육이 탈력 발작(脫力發作, cataplexy)을 일으키면서 잠에 빠져드는 것이다. 셋째, 24시간 주기 리듬 수면 장애(circadian rhythm sleep disorder)로서 밤과 낮, 잠을 자고 깨는 시간 등이 불규칙하거나 제대로 적응하지 못해 고통을 겪는 경우를 말한다. 넷째, 급속 눈운동 수면 행동 장애(rapid eye movement sleep behavior disorder), 하지 불안 증후군(下肢不安症候群, restless legs syndrome) 등도 수면 도중에 일어나는 장애 현상이다.

수면이 부족하여 일상 생활에 지장을 받는 사람이 의외로 적지 않다. 잠이 부족하면 의식이 몽롱한 상태에 빠져 들고 명쾌하게 지적 판단을 하기 어려워진다. 피곤을 느끼며 자꾸 쉬고 싶고 잠을 자고 싶어 안달을 한다. 이성적 판단이 어려운 만큼 인성도 밝고 건강하게 유지할 수 없다. 이런 사람에 대해서는 따뜻한 물 목욕, 최면 치유, 소량의 수면제 복용 등의 처방이 필요하다.

8. 성기능 장애

성기능 장애는 정상적인 성생활을 하지 못해 겪게 되는 장애를 말한다. 정상적인 부부 성생활이 불가능할 때 나타난다. 성과 관련된 몇 가지 장애 현상에 대해 살펴보기로 한다.

성동일성 장애(性同一性障碍, gender identity disorder)는 인간이 스스로 생각하는 성적 정체성과 신체적 특징이 다르다고 생각할 때 나타나는 장애다. 이런 사람은 자신이 잘못된 신체의 질곡에 빠져 있다고 생각한다. 이는 단순히 외모나 행태 수준의 문제가 아니라 근본적으로 다른 성으로 살고자 하는 정신 상태와 관련이 있다. 심리적으로 치료 가능한 경우도 있지만 대개는 성전환 수술을 통해 문제를 해결해야 한다.

성기능 장애는 남녀가 성행위를 하는 과정에서 나타나는 기능 장애를 말한다. 다음 <표 11-2>에 성행위 과정에서 나타날 수 있는 남자와 여자의 성기능 장애(性機能障碍, sexual dysfunction) 종류가 나타나 있다.

표 11-2 남자와 여자의 성기능 장애 유형

장애 종류	성기능 장애	
	남 자	여 자
욕구 (desire)	성욕 감퇴 장애(性慾減退障礙, hypoactive sexual desire disorder) 성욕 혐오 장애(性慾嫌惡障礙, sexual aversion disorder)	성욕 감퇴 장애(hypoactive sexual desire disorder) 성욕 혐오 장애(sexual aversion disorder)
흥분 (arousal)	남성 발기 장애(男性勃起障礙, male erectile disorder, impotence)	여성 성흥분 장애(女性性興奮障礙, female sexual arousal disorder)
오르가즘 (orgasm)	남성 오르가즘 장애(inhibited male orgasm) 조루증(早漏症, premature ejaculation) * 지루증(遲漏症, delayed ejaculation)	여성 오르가즘 장애(inhibited female orgasm)
통증(pain)	성교 통증(性交痛症, dyspareunia)	성교 통증(dyspareunia) 질 경련(膣痙攣, vaginismus)

출처: Wincze & Carey(1991); Barlow & Durand(2001: 308). * 내용 추가.

9. 성도착증

성도착증(性倒錯症, paraphilia, sexual perversion, sexual deviation)은 (정상적인 성 행위 대상이 아닌) 이상한(atypical) 물체나 상황, 사람에 대해 강렬한 성적 흥분을 일으키는 경험을 말한다(위키백과, paraphilia). 비정상적인 성행위 행태는 매우 다양하다. 즉, 사람이 아닌 동물이나 물체와 관련된 성적 흥분이나 행위, 자기 자신이나 파트너에게 고통을 주거나 참으며 하는 성행위, 아동 성학대(性虐待), 원하지 않는 사람을 대상으로 한 성행위 등이 모두 이에 해당한다. 첫째, 동성애(同性愛, homosexuality)는 오늘날 논란이 많은데 같은 성별끼리 성행위를 즐기는 것이다. 지역에 따라서 이를 인정하는 경우도 있지만 아직 전반적으로 비정상적인 것으로 간주하고 있다. 둘째, 성적 물신주의(性的 物神主義, sexual fetishism) 또는 성애적 물화(性愛的 物化, erotic fetishism)로서 생명체가 아닌 물체를 성적으로 숭상하고 즐기는 것이다. 셋째, 관음증(觀淫症, voyeurism)으로 이성의 벗은 모습이나 몸매, 다른 사람의 성행위 장면을 훔쳐보면서 즐기는 것이다. 넷째, 노출증(露出症, exhibitionism)으로 모르는 사람에게 자기의 성기를 노출시켜 성적 흥분을 일으키거나 만족감을 얻는 행위를 말한다(Barlow & Durand, 2001: 323-327). 다섯째, 복장 도착증(服裝倒

錯症, transvestic fetishism)은 다른 성별의 복장을 즐겨 하면서 만족해하는 것이다. 여섯째, 성적 피학 장애(性的被虐障礙, sexual masochism) 및 성적 가학 장애(性的加虐障礙, sexual sadism)로서 학대를 받으면서 성적 희열을 느끼는 것이나 상대를 가학하면서 희열을 느끼는 경우다. 일곱째, 어린이를 대상으로 성적 학대를 일삼는 소아 성애(小兒性愛, pedophilia)로서 최근에 보도되고 있는 아동 성범죄가 그것이다. 여덟째, 근친 상간(近親相姦, incest)은 가까운 가족 사이에 벌어지는 성범죄 행위를 말한다. 아홉째, 외설 언어증(猥褻言語症, pornographic language)으로서 언어를 통해 상대방을 자극하면서 스스로 성적 흥분을 하고 만족감을 느끼는 것이다. 열째, 수간(獸姦, bestiality, zooerastia)으로 동물과 성행위를 하는 것이다.

정상적인 인간이라면 부부 간에 정상적인 성행위가 이루어져야만 안정적인 생활을 유지할 수 있다. 그런데 앞서 살펴 본 바와 같이 부부 간에도 정상적인 성행위가 불가능한 경우가 적지 않다. 또 사람 중에는 성도착증을 가지고 있는 사람도 적지 않다.

인성 측면에서 살펴보면, 정식 결혼을 하지 않은 남녀 사이의 성행위는 비정상적이고 건전하지 않다. 학교 생활에 충실해야 할 청소년 시절의 부적절한 이성 접촉과 성행위는 매우 조심해야 한다. 청소년은 아직 독립적으로 가족을 구성할 역량이 되지 못하기 때문에 이성 교제는 여러 면에서 부모나 가족의 걱정을 유발하게 된다.

10. 파괴적 행동 장애

파괴적 행동 장애(disruptive behavior disorder)는 화나 분노를 폭발적으로 밖으로 표출하여 남을 공격하거나 물건을 파괴하는 행동 장애를 말한다. 그리고 충동 조절 장애(impulse control disorder)는 본능적 욕구가 갑작스럽게 분출하는 것을 제대로 조절하지 못하는 장애를 말한다. 자신은 물론 다른 사람에게 해를 끼칠 수 있는 심리적 충동(impulsivity)을 자아가 적절하게 조절하지 못하는 상태다. 또 품행 장애(品行障礙, conduct disorder)는 어린이나 청소년이 '나이에 적합한 사회 규범(age appropriateness)'을 반복적, 지속적으로 어기는 행동을 하는 것을 말한다. 반사회적 행동을 보이는 것이다.

파괴적, 충동 조절 불능, 품행 장애는 (비교적) 어린 청소년이 자기 연령대에 요구되는 사회적 규범을 제대로 지키지 못하고, 밖으로 분노를 표출하여 파괴적 행위를 일삼는 것을 말한다. 감성적, 행태적 조절 능력을 상실한 행동을 보인다. 남자의 경우에는 다른 사람에 대한 폭력 행위가 주를 이룬다.

청소년은 아직 자기 정체성이 완성되지 못했고, 사회적 규범에 대한 이해나 습득 정도가 낮으며, 자기 행동에 대한 책임감도 약한 상태에 있다. 또 자기 행동이 어떤 결과를 낳을 것인가에 대한 판단도 현명하지 못해 섣불리 반사회적 행동을 하기 쉽다.

11. 물질 중독 장애

물질 중독 장애는 술이나 담배, 마약 등에 포함되어 있는 알코올(alcohol), 니코틴(nicotine), 카페인(caffeine), 코카인(cocaine), 헤로인(heroin), LSD 등의 물질에 중독되어 인간으로서의 사고나 기억, 감정, 행동이 정상적으로 이루어지지 못하는 경우를 말한다. 이런 물질은 술이나 담배처럼 스트레스 해소나 일시적 기호품으로 사용되는 수도 있고, 마약처럼 특별히 통증 해소나 성적 흥분을 목적으로 사용되는 수도 있다. 이런 물질이 인간에게 해로운 것은 중독성(中毒性, toxicity, addictiveness)이 있어서 한번 빠져들면 쉽사리 벗어날 수 없기 때문이다.

중독성 물질에 빠진 사람은 스스로 중독 상태에서 벗어나기가 어려운데, 이는 그의 자아가 물질에 대한 욕구 본능을 이겨내지 못하기 때문이다. 물질 중독에 빠지면 의지력이 약해지고, 지속적으로 해당 물질을 원하게 되며, 심할 경우 반사회적 성격을 보일 수도 있다. 물질 중독에서 벗어나기 위해 이를 끊을 경우에는 금단 현상(禁斷現狀)이 발생하여 폭식을 하거나 불안, 초조, 심장 박동 증가, 땀 흘리기, 손발 떨림 현상 등이 나타날 수가 있다.

중독성 물질 중 가장 심각한 것은 '약물(藥物, drug)'로 표현되는 마약(痲藥)이다. 「마약류 관리에 관한 법률」 제2조를 보면, 마약류를 마약, 향정신성 의약품, 대마로 구분하고 있다.

첫째, 마약이란 다음 각 목의 어느 하나에 해당하는 것을 말한다: (1) 양귀비: 양귀비과(科)의 파파베르 솜니페룸 엘(Papaver somniferum L) 또는 파파베르 세티게름 디・시(Papaver setigerum D・C) (2) 아편: 양귀비의 액즙(液汁)이 응결(凝結)된 것과 이를 가공한 것. 다만, 의약품으로 가공한 것은 제외한다. (3) 코카 잎(葉), 코카 관목[(灌木), 에리드록시론속(屬)의 모든 식물을 말한다]의 잎. 다만, 엑고닌・코카인 및 엑고닌 알칼로이드 성분이 모두 제거된 잎은 제외한다. (4) 양귀비, 아편 또는 코카 잎에서 추출되는 모든 알칼로이드 및 그와 동일한 화학적 합성품으로서 대통령령으로 정하는 것[1)]

둘째, 향정신성 의약품(向精神性醫藥品)은 인간의 중추신경계에 작용하는 것으로서 이를 오용하거나 남용할 경우 인체에 심각한 위해가 있다고 인정되는 물질이다. 예를 들면, 오용하거나 남용할 우려가 심하고 의료용으로 쓰이지 아니하며 안전성이 결여되어 있는 것으로서 이를 오용하거나 남용할 경우 심한 신체적 또는 정신적 의존성을 일으키는 약물 또는 이를 함유하는 물질[2)]

셋째, 대마(大麻)는 대마초와 그 수지(樹脂), 이것을 원료로 하여 제조된 모든 제품 및 이것과 동일한 화학적 합성품, 혼합 물질 또는 혼합 제제[다만, 대마초 Cannabis sativa L의 종자(種子), 뿌리 및 성숙한 대마초의 줄기와 그 제품은 제외]를 말한다.

미국 이상심리학회의 DSM-5에서 약물 의존(substance dependencies) 장애 분류 목록을 보면 다음과 같다.

- Alcohol dependence
- Opioid dependence
- Sedative, hypnotic, or anxiolytic dependence
  (including benzodiazepine dependence and barbiturate dependence)
- Cocaine dependence
- Cannabis dependence
- Amphetamine dependence(or amphetamine-like)
- Hallucinogen dependence

---

1) 이에 더해서, 위에 규정된 것 외에 그와 동일하게 남용되거나 해독(害毒) 작용을 일으킬 우려가 있는 화학적 합성품으로서 대통령령으로 정하는 것, 위에 열거된 것을 함유하는 혼합 물질 또는 혼합 제제. 다만, 다른 약물이나 물질과 혼합되어 위에 열거된 것으로 다시 제조하거나 제제(製劑)할 수 없고, 그것에 의하여 신체적 또는 정신적 의존성을 일으키지 아니하는 것으로서 총리령으로 정하는 것(=한외마약, 限外麻藥)은 제외한다.

2) 이외에, 오용하거나 남용할 우려가 심하고 매우 제한된 의료용으로만 쓰이는 것으로서 이를 오용하거나 남용할 경우 심한 신체적 또는 정신적 의존성을 일으키는 약물 또는 이를 함유하는 물질, … 앞에 열거된 것을 함유하는 혼합 물질 또는 혼합 제제. 다만, 다른 약물 또는 물질과 혼합되어 위에 열거된 것으로 다시 제조하거나 제제할 수 없고, 그것에 의하여 신체적 또는 정신적 의존성을 일으키지 아니하는 것으로서 총리령으로 정하는 것은 제외한다.

–Inhalant dependence

–Polysubstance dependence

–Phencyclidine(or phencyclidine–like) dependence

–Other(or unknown) substance dependence

–Nicotine dependence

약물은 처음에 양귀비나 대마와 같은 식물에서 추출되고 비롯되었지만, 점차 똑같은 성분을 합성하거나 섞은 화학 약품으로 발전하였다. 이제는 화학적으로 조제한 약물이 다양하게 발전하였다. 대마나 양귀비 재배와 유통을 금지하는 것에서 더 나아가서 이제는 화학 약품을 이용한 마약 조제를 막아야 한다.

술을 먹음으로써 섭취되는 알코올은 감내할 수 있을 정도로 양이 적을 경우에는 사람의 기분을 좋게 하고 혈류를 촉진하며, 활력이 있게 해준다. 하지만, 알코올 섭취가 지속적으로 반복되거나 적정 수준을 넘어서면 혈관을 수축시키고 두뇌 활동을 저해한다. 알코올은 체내에 중성 지방이 쌓이게 만들고, 저혈당을 유발하며, 아미노산 흡수를 방해하고, 간 기능을 떨어지게 만든다. 술을 많이 먹으면 상대적으로 다른 음식물 섭취가 줄어들고 영양 불균형이 나타난다. 알코올 중독 수준에 도달하면 술을 먹지 않으면 불안하고, 손이 떨리며, 깊은 잠에 빠지는 등 금단 현상을 일으킨다. 알코올 중독은 지적 능력을 둔화시키고 정상적인 일상 생활을 어렵게 만든다. 알코올 중독과 관련하여 치명적인 것은 음주 운전으로 인한 사고다. 음주 운전 사고는 자신은 물론 다른 사람에게도 치명적인 피해를 입힌다.

만성적 흡연은 니코틴 중독을 유발한다. 니코틴 중독에 빠지면 흡연자 스스로 이를 극복하기가 쉽지 않다. 만성 흡연 관련 질환을 들어보면 악성 종양(암), 만성 폐쇄성 폐질환(COPD), 심근 경색, 불안정성 협심증 등의 허혈성 심 질환, 뇌혈관 질환(뇌출혈, 뇌경색 등), 말초 혈관 질환(버거씨 병, 하지 동맥 경화 및 폐쇄 등)을 일으킨다(한국건강증진개발원, 『2015년 보건소 금연클리닉 상담매뉴얼(개정판)』).

다음 [그림 11–1]을 보면 우리 국민의 흡연율은 아직도 매우 높다. 남자가 월등히 높지만 여성 흡연자도 적지 않다.

그림 11-1 2013년 현재 흡연율

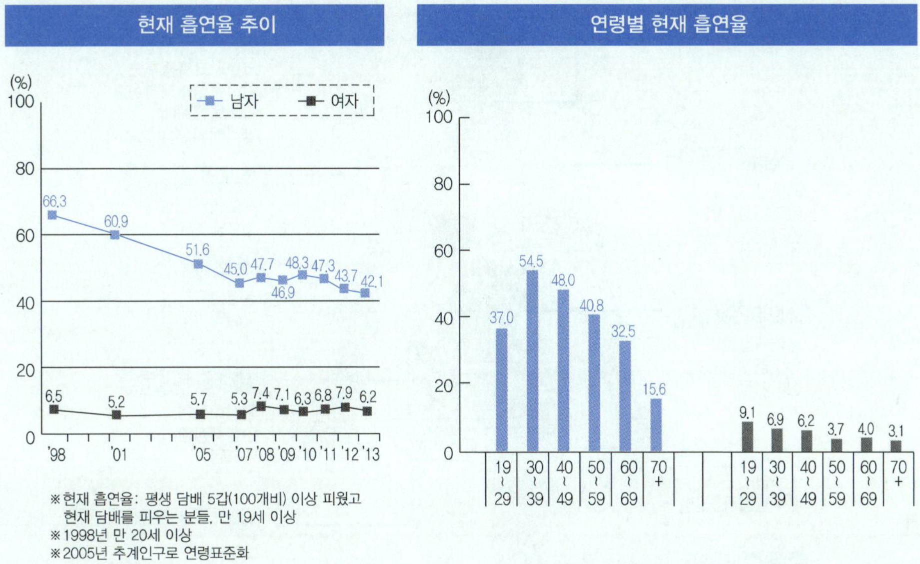

출처: 국민건강영양조사(2013).

그림 11-2 담배의 유해 성분

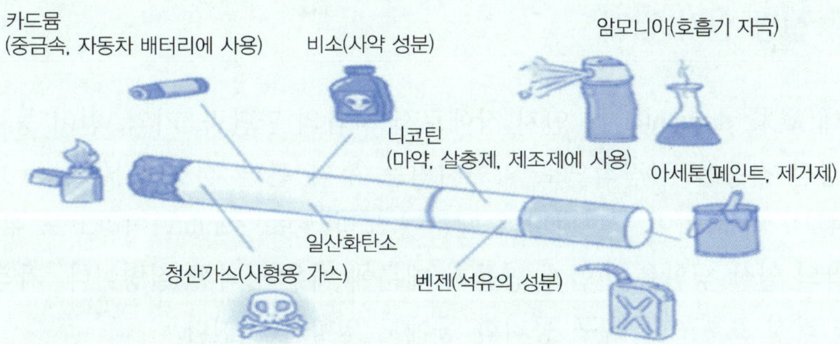

출처: 한국건강증진개발원. 『2015년 보건소 금연클리닉 상담매뉴얼(개정판)』.

그림 11-3 알코올 의존성이 신체에 미치는 영향

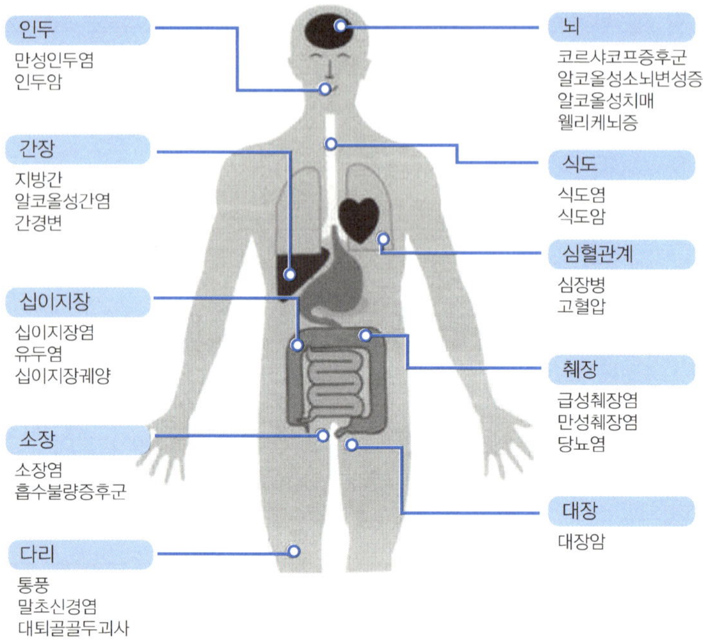

출처: 알코올 중독 상담 센터 홈페이지.

12. 신경 인지 장애

치매(癡呆, dementia)는 인지 장애로서 사람의 판단력, 기억, 언어 능력, 기타 고도의 정신 작용을 점진적으로 악화시키는 두뇌 관련 질병이다(Barlow & Durand, 2001: 471). 대개 늙어서 나타나기 때문에 노망(老妄, senility)이라고도 부른다. 치매는 사람의 일상 생활을 어렵게 만들기 때문에 매우 심각한 질병이다. 지적 능력뿐만 아니라 감정 표현이나 욕구 동기화 등에도 영향을 미친다.

치매의 원인과 관련하여 몇 가지 유형을 들어 보면, 첫째, 알츠하이머 치매(Alzheimer's dementia)로서 가장 많은 비중을 차지하고 있다. 이 병의 특징은 두뇌 속에 지적 능력과 관련된 해마(hippocampus), 두정엽(parietal lobe), 측두엽(temporal) 등의 세포가 많이 없어져서 기억력, 언어 능력이 크게 떨어진다. 두뇌 피질(cortical)에 문제가 생겨 발생하는 픽병(pick's disease)도 유사하다.

둘째, 혈관성 치매(血管性癡呆, Vascular dementia)로서 두뇌 혈관이 막히거나 손상되어 뇌세포에 산소와 영양분을 제대로 공급하지 못하기 때문에 발생한다. 뇌졸중(=중풍), 흡연이나 고혈압, 고콜레스테롤, 당뇨병, 심장 질환, 고지혈증, 흡연, 과음, 비만 등이 위험 요소이다.

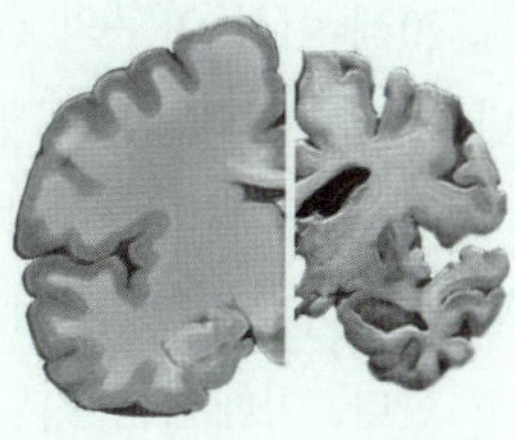

(출처: Wikipedia. Alzheimer's disease)

셋째, 두부 손상(頭部損傷, head trauma)으로 인해 인지 능력 장애(cognitive impairment)가 나타날 수 있다.

넷째, 파킨슨병(Parkinson's disease)이나 루이소체 치매(Dementia with Lewy bodies)로 인한 것이다. 파킨슨병은 퇴행성 뇌질환으로 몸이 굳고 동작이 어둔해지며, 손이 떨리고 말이 어눌해지는 증상을 보인다. 루이소체는 퇴화하는 뇌세포 속에서 발견되는 단백질 덩어리인데, 이것이 발견되는 사람은 알츠하이머 증상과 함께 환각 증세나 의식 장애를 보인다. 크루츠펠트-제이야콥병(Creutzfeldt-Jakob disease)은 뇌 속에 프라이온(prion) 단백질이 형성될 때 나타난다.

다섯째, 헌팅톤병(Huntington's disease)은 갑자기 제멋대로 몸이 떨리는 무도병(舞蹈病, chorea)인데, 운동 신경에 이상이 있는 유전자 질환(genetic disorder)이다. 이 병이 오래 지속되면 치매로 이어진다.

여섯째, 전두 측엽 치매(前頭側葉癡呆, Frontotemporal dementia)인데, 갑작스럽게 성격이 변하거나 언어 능력이 떨어지는 치매다. 성격이 갑자기 변해 경색된 사고를 하거나 별난 취향을 보이는 경우, 말할 때 적당한 단어를 찾지 못하거나 아주 단순한 말만 되풀이하는 경우다. 때로는 반사회적 성격으로 변하기도 한다.

일곱째, 섬망(譫妄, delirium, 헛소리)은 몇 시간이나 며칠 동안 자각이나 인지 장애(自覺認知障礙, impaired consciousness and cognition)가 일어나는 것이다. 헛소리를 하고 헤매는 현상이 나타난다.

인지 장애, 치매가 나타나면 삶이 어려워지고 다른 주변 사람의 삶을 힘들고 위험하게 만든다. 가족 중에 치매 노인 환자가 있으면 누군가는 옆에 붙어서 매일 행동을 지켜봐야만 한다. 치매에 걸린 사람은 '방안에서 책을 모아 불을 지피면서, 마치 겨울철 추운 얼음판 위에서 불을 피우는 것처럼' 착각하는 수가 있다. 참으로 위험천만이다. 길을 가다가 목적지를 잃어버리고 자기 집을 찾아갈 수가 없다. 이런 일이 수시로 벌어진다. 육체는 건강한데, 치매가 있는 경우에 특히 문제가 된다.

치매는 드러난 환자와 숨겨져 있는 환자를 만든다. 이는 치매 노인을 부양하는 가족이 제2의 환자를 만들기 때문이라는 것이다. 치매는 65세 이상 노인 인구의 5~10%, 70세 이상 인구의 15%, 85세 이상 노인의 25~45% 정도가 치매 환자라고 할 수 있다. 여러 가지 원인이 있지만 이 중 알츠하이머병 환자와 혈관성 치매가 가장 많다.

치매의 단계에서 정상 인지 기능과 정상적인 일상 생활 수행 능력의 상태와 가볍지만 명백하게 치매인 상태 사이를 경도 인지 장애(MCI: Mild Cognitive Impairment)라고 한다. 이때에는 기억력 장애를 호소하고 기억력 검사에서 저조한 수행을 보이지만 일상 생활 수행 능력은 정상이다. 그러므로 가족이 알아차리지 못할 수도 있다.

초기 단계에서는 최근 기억(recent memory)의 장애가 나타난다. 대화 도중에 같은 말이나 질문을 반복하기 때문에 가족이 대화 중 불편함을 겪을 수 있다. 이때에는 장보기나 돈 관리에서 계산하지 못하는 문제가 발생한다. 다양하던 표현력이 감소될 수 있고 집안일을 잘하지 못하며, 회상 능력에 미미한 장애를 보이고, 평소에 비해 무관심이 증가할 수 있다. 개인에 따라 다를 수 있으나 탈 억제, 초조, 안절부절하기도 하고 망상 증상 등 다양한 반응을 보인다. 가족과 대화할 때에 말하기나 상대방의 말을 이해하는 것은 정상적이지만 단어를 찾는 것이나 이름대기를 할 때 어려움을 보인다. 연속적인 사고나 추상적인 사고의 어려움이 나타나기도 한다. 이때 가족이 면박을 주거나 자존심을 상하게 하지 않도록 노력해야 하며 정서적으로 안심할 수 있도록 배려하는 것이 필요하다.

중기 단계에서는 돈 관리, 장보기, 교통 수단 이용 등 일상 생활을 보호자에게 의존해야 한다. 목욕, 옷 입고 벗기, 가전제품의 사용은 못하게 된다. 개인에 따라서 망상과 환각의 증세를 보이기도 한다. 방금 전의 일을 잊어버리기도 하고 실행증이 더욱 심해진다. 가족이 돌볼 수 없는 경우 시설에서의 요양 보호가 필요한 상태다. 이때는 가족의 돌봄에 대한 의논과 협력이 중요하다.

말기 단계에서는 24시간의 보호가 필요하며 가족에 대한 기억을 하기가 매우 어렵다. 자발적인 언어가 거의 없는 상태로 침묵하며, 대소변 보기에 절대적인 도움이 요구된다. 그러나 소수는 보호에 응하지 않고 저항하거나 폭력의 행동을 보이는 경우도 있다. 보행 장애, 균형 장애가 있을 때 낙상의 위험이 크기 때문에 보호자가 긴장할 수밖에 없다.

이처럼 치매 노인이 나타내는 증상은 다양하다. 초기에서부터 말기에 이르기까지 증상이 다르고, 살아온 생활 환경이나 개인의 정서나 성향에 따라서 다르다. 치매 노인이 나타내는 인지 기능의 장애와 함께 비인지적인 증상, 정서 장애, 행동 장애는 개인마다 다르다. 개인에 따라 우울, 불안, 초조, 무감정의 정서 장애가 차별적으로 나타난다.

13. 성격 장애

성격은 인간이 환경에 반응하는 독특한 심리 행동 체계다. 성격은 인간이 환경에 일관성 있고 안정적으로 대응하는 심리 체계다. 성격 장애는 인간이 외부 환경에 적절히 대응치 못할 때 생겨난다. 자아의 인지나 태도, 그로 인한 행동이 지속적으로 절적치 못한 부적응 상태를 유발할 때 성격 장애가 나타난다. 성격 장애는 정신 분열적이고, 융통성이 없으며, 사회적 배척 등 지속적으로 불안한 행동 패턴을 보인다(Myers & DeWall, 2016: 406).

성격 장애는 세 가지 군집으로 분류된다(Barlow & Durand, 2001: 374-403). A집단은 이상하고(odd) 괴짜 같은(eccentric) 성격 장애로서 편집성 성격 장애(偏執性, paranoid personality disorder, 특별한 이유없이 지나치게 사람을 믿지 않고 의심함), 분열성 성격 장애(分裂性, schizoid p.d. 사람들과 냉담하게, 홀로, 차갑고, 무감각하게 떨어져 삶), 분열형 성격 장애(分裂型, schizotypal p.d. 분열성 장애와 함께 비상식적인 행동을 함)가 여기에 속한다. B집단은 극적이고(dramatic) 감성적이며(emotional) 변덕스러운(erratic) 성격 장애로서 반사회적 성격 장애(反社會的, antisocial p.d. 사회 규범을 어기며 삶), 경계선 성격 장애(境界線, borderline p.d. 자아 이미지가 약하고, 매우 불안정한 정신 상태), 연기성 성격 장애(演技性, 히스테리, histrionic p.d. 드라마 연기하는 듯한 성격, 허영심 많고 사치스러운 행태), 자기애 성격 장애(自己愛, narcissistic p.d. 자기를 대단한 사람으로 여김)가 이에 속한다. C집단은 걱정스럽고(anxious) 공포스런(fearful) 성격 장애로서 회피성 성격 장애(回避性, avoidant p.d. 낮은 자존감, 다른 사람의 의견에 예민하게 반응하고 회피함), 의존성 성격 장애(依存性, dependent p.d. 다른 사람에게 크게 의존), 집착-강박성 성격 장애(執着强迫性, obsessive-compulsive p.d. 특정한 대상에 집착)가 여기에 속한다.

이 중에서 반사회적 성격 장애를 가진 사람은 대체로 남자이며, 15세 이전에 거짓말을 하거나 도둑질을 하며, 싸움을 하고, 무절제한 성행위를 하며, 양심을 상실하게 된다(Myers & DeWall, 2016: 406). 이런 10대의 절반 이상이 반사회적 어른이 되는데, 부모에게 책임감을 보이지 않고 폭력적이며, 범죄자가 된다. 이와 마찬가지로 다른 성격 장애도 그에 수반되는 부적절한 인성을 갖게 된다.

14. 게임 중독, 인터넷 중독

게임 중독(game addiction), 인터넷 중독(internet addiction)은 게임이나 인터넷에 너무 몰입하고 중독되어 정상적인 일상 생활을 어렵게 하는 장애를 말한다. 게임은 사람에게 정서적 만족과 함께 삶의 활력소를 제공한다. 게임을 통해 필요한 정보나 지식을 얻기도 하고, 적당한 경쟁을 통해 승패를 결정하기도 한다. 게임 자체는 적지 않은 긍정적 요소가 많이 있다. 마찬가지로 인터넷도 우리의 삶에 없어서는 안 될 필수적인 요인으로 자리 잡았다.

하지만, 게임 중에도 인성에 해가될 만한 사악하고 비인간적인 것이 많다. 이런 게임을 즐긴다는 것은 게임을 하는 당사자의 건전하고 바람직한 자아, 가치관, 인성을 좋지 않은 쪽으로 물들여갈 수 있다. 문제는 게임에 몰입하고 중독 증세를 보이는 경우다. 게임 내용이 어떻든 건전한 자아를 가진 사람이라면 절제할 줄 알고, 멈출 줄 알기 때문이다. 건전한 자아, 인성을 가진 사람이라면 게임 내용과 게임 자체에 대한 정제 기능을 가지고 있다. 문제는 게임 몰입이 너무 심해 스스로 절제할 수 있는 수준을 넘어서서 중독 수준에 도달하는 경우다, 아무리 건전하고 좋은 게임일지라도 중독 상태에 도달하면 문제가 심각해진다. 강압적인 게임 압박감, 사회적 고립, 기분이 극단적으로 양극을 오가는 양극 장애가 나타난다.

인터넷의 경우에도 마찬가지다. 인터넷은 이제 일상화된 삶의 일부가 되었지만, 인터넷을 활용하여 불건전한 게임, 인터넷 서핑(internet surfing), 음란물 시청, 무분별한 해킹(hacking) 등에 지속적으로 빠져들어 중독 증상을 보이면 문제가 심각해진다.

게임 중독이나 인터넷 중독의 경우에 '중독' 수준을 정하는 것이 매우 어렵다. 사용 시간이나 콘텐츠 내용, 일상 생활 불가능 정도, 범죄화 가능성 등을 복합적으로 고려하여 판단해야 한다. 게임이나 인터넷에 강박적으로 빠져드는 것과 함께, 내성(耐性)과 금단(禁斷) 증상이 나타나는가를 살펴야 한다(한국정보화진흥원, 스마트쉼터 홈페이지). 내성은 이전과 똑같은 만족을 얻기 위해서 게임이나 인터넷에 몰두하는 시간이 점차 늘어나고 내용도 더욱 자극적인 것을 찾아 나서는 것을 말한다. 금단은 게임이나 인터넷을 하지 않으면 불안, 우울, 초조감에 시달려 안절부절못하다가 게임이나 인터넷에 접속하는 순간 불안하고 초조한 현상이 사라지는 것을 말하며, 인터넷을 사용하지 않을 때에도 게임이나 채팅 등을 할 생각에 몰두하고 이로 인해 집중력이 떨어지는 상태를 말한다.

■ **미국 심리학회는 인터넷 게임 장애와 관련된 9가지 특성을 제시하고 있다**

(1) 집착(執着, pre-occupation): 인터넷 게임을 하고 있지 않을 때도 게임을 생각하고 있거나 다음 게임 계획을 세운다.

(2) 금단(禁斷, withdrawal): 게임 시간을 줄이거나 게임을 할 수 없을 때, 안절부절못하고, 짜증내며, 기분이 들뜨고, 화를 내거나 슬퍼한다.

(3) 내성(耐性, tolerance): 점점 더 많은 게임 시간, 높은 등급의 게임, 더욱 강력한 게임 도구를 요청한다.

(4) 축소/중단의 어려움(unable to reduce/stop): 게임 시간을 줄여야 한다고 생각하면서도 줄이거나 끊지 못한다.

(5) 다른 활동의 포기(give up other activities): 게임 때문에 다른 오락 활동(취미, 친구 만나기 등)의 참가에 흥미를 잃거나 활동이 줄어든다.

(6) 문제가 있음에도 지속(continue despite problems): 충분히 잠을 못 잔다거나, 학교/직장에 늦는다거나, 지출을 많이 한다거나, 다른 이들과 다툰다거나, 중요한 업무를 소홀히 하는 것과 같은 부정적인 결과가 있음을 알고 있으면서도 게임을 계속한다.

(7) 기만/은폐(欺瞞, 隱蔽, deceive, cover up): 가족이나 친구, 관계인들에게 게임을 하는 것을 속이거나 거짓말을 한다.

(8) 불편한 기분의 모면(escape adverse moods): 개인적인 문제로부터 탈피하거나 잊어버리기 위해서, 또 죄책감, 불안감, 무력감, 우울과 같은 불편한 감정을 완화시키기 위해 게임을 한다.

(9) 관계, 기회를 잃거나 위협(risk/lose relationships/opportunities): 게임 때문에 중요한 관계, 직업, 교육 또는 경력을 쌓을 기회를 잃거나 위험에 빠뜨린다.

(출처: American Psychiatric Association DSM－5. internet gaming disorder)

인터넷 중독과 게임 중독은 중독 정도에 따라 당사자의 인성에 다양한 형태로 영향을 끼친다.

Ⅲ 이상 심리자와 함께하는 인성

1. 신경 발달 장애인의 자서전: "나의 27년[3]"

나는 현재 만 27살의 청년이다. 현재 대학원생 신분이며, 그 과정의 끝자락에 서 있다.

내 인생의 출발은 다른 사람과 달랐다. 그래서 그런지 다른 사람은 내게 '대단함', '정상적인', '신사(=신체 사기꾼)'라고 한다. 마지막의 '신사'라는 별명의 이유는 나는 장애를 가진 사람이기 때문이다. 정확히 말하자면 일반인이 흔히 떠올리는 중증 장애 유형인 '뇌병변 장애 3급'이다. 이러한 조건에도 불구하고 감사하게도 남과 똑같이 축구, 농구, 자전거 라이딩 등 스포츠를 즐기고, 스릴 넘치는 행동에 정신을 못 차리고 덤빈다. 이런 활발함에 주변 사람은 '장애를 가지고 사기를 친다'고 장난 섞어 칭찬을 한다. 칭찬은 언제나 듣기 좋다. 내게는 경제적인 여건이나 능력을 떠나서 '삶을 잘못 살고 있는 것은 아니구나'라는 동기를 부여해준다. 물론 얼마 되지 않은 27년 중 처음부터 긍정적이고 일반인과 똑같은 사고 방식을 유지하며 성장하지는 않았다.

이런 긍정적인 삶을 이어나갈 수 있게 해주는 데에 다른 사람과 마찬가지로 가족과 주변 친구, 선·후배가 있었기 때문이다. 이들이 없었다면 안타까운 삶을 살아갔을 것이다.

■ 나와 장애의 관계

지금도 또렷하게 기억나는, 아마도 나의 장애로 인해 처음으로 차별 의식과 분노를 느끼게 된 사례가 있다.

초등학교 3학년 시절의 미술시간이었다. 그 시절 보통 나를 포함한 대개의 친구들은 36색 크레파스를 활용했다. 당시 반장이었던 친구는 72색 크레파스를 사용하고 있었는데, 어김없이 미술시간이 되자 친구들은 반장에게로 달려가 크레파스 한두 개를 빌려 사용하고 있었다. 나도 그 친구에게 다가가 크레파스를 빌리려 손을 내밀자

3) 이 글을 작성해준 Y님께 감사를 드립니다.

내 손을 탁 치며 "너는 장애인이잖아. 그러니까 손도 더럽고 내 크레파스도 더러워지니까 저리 가!"라며 화를 버럭 냈다. 그 말을 듣고 난 후, 나는 크레파스를 주먹으로 내리 찍으며 모두 부숴버렸다. 이때까지만 해도 사실 단순히 다른 친구들은 빌려주면서 나만 안 빌려준다는 것에 대한 분노였다고 기억한다. 하지만, 나의 장애로 인한 분노와 차별 의식은 친구와 싸운 후, 담임 선생님의 언행으로 인해 더욱 또렷해졌다. 그 이유는 분명 화를 낸 것에 대해 반성 요구와 함께 "몸도 불편한 놈이 어떻게 멀쩡한 애를 이겨보겠다고 바득바득 주먹질이니 한심하게. 얼른 사과해." 지금도 너무나 또렷하게 기억에 남는 내 몸에 대한 차별 의식과 분노를 일으킨 한마디였다. 물론 어린 마음에 큰 아픔 또는 차별과 같이 인지하진 못했지만 머릿속에서 지워지지 않은 기억 중 하나이다.

나의 유년기는 위의 사례 외에도 소소한 친구들과의 다툼과 화해, 골목대장 놀이 등의 반복이었다. 하지만, 내가 지금의 긍정적인 모습을 가질 수 있게 영향을 준, 중요한 시절이었다고 생각한다. 장애를 바라보는 주변인의 시선과 사고 방식에 대해 정확히 파악할 수 있었다. 그때까지는 물리적으로 장애를 가진 내가 스스로 나의 장애에 대해서 전혀 인지하지 못하고 살았었다. 친구와 자전거를 타고 옆 동네, 윗동네를 휩쓸고 다니며, 모조 장난감 총을 가지고 다니며 친구와 뛰어노는 등의 모든 활동에서 나와 가까이서 함께한 친구들 모두 내가 '장애가 있기 때문에~'라는 전제를 하지 않고 본인과 마찬가지로 대해 줬었다. 심지어 다투고 투닥거릴 때도 말이다. 내가 선천적으로 능동적인 성격을 타고났는지 모르지만, 그들의 의도된 배려(책가방 들기, 짐 나눠들기, 우유 박스 나르기 등)가 적었기 때문에 스스로 장애를 인지하지 못하고 학업과는 별개로 인간으로서의 자신감을 가질 수 있었다.

정상인도 장애인을 대할 때, 본인과 같이 동일시, 무관심이 오히려 장애인을 위한 도움이라고 생각한다. 흔히 그들로 하여금 자신감과 자존감을 높여준다고 알고 있다. 하지만, 효과를 경험한 장애인으로서 일반 사람이 상상하는 이상으로 다른 의미에서 그 효과는 굉장하다. 예를 들면, 일반인은 '내가 상대의 장애를 모르는 척 한다면 이들도 부담이 없을 거야'와 같이 이분법적으로 생각한다. 하지만, 그 효과는 다른 의미로 작용한다. 즉, 정작 장애인은 자신의 장애를 매순간 인지하며 살아가지 않는다. 그러므로 일반인이 보이는 배려(의도가 담긴 행동)의 효과라기보다 애초에 그 스스로는 정상인과 다를 바 없다고 인식하며 살아간다. 따라서 사실 능동적인 장애인이라면 배려를 먼저 필요로 하지 않으며, 오히려 '나를 위한 배려'라는 인식이 생기는 순간부터 자존감을 하락시키게 된다. 그 배려가 역으로 그들 스스로 장애인임을 심리적, 신체적으로 체감하게 만들기 때문이다. 물론 장애 유형과 성격에 따라 배려를 선행으로 생각하거나 필요로 하는 사람도 있다. 하지만, 그 또한 배려라는 일종의 맛을 보았기 때문에 자신 스스로 타협하는 것이다. 따라서 선한 마음에 의도된 배려가 무조건적으로 장애를 가진 사람에게 도움이 된다고 생각하지 않는다.

이러한 예는 두 번째 사례로 이해할 수 있다. 소개에 앞서 상황이 발생하기 전 간략한 흐름을 이야기한 후, 소개하겠다.

초등학교 시절 부모님의 교육 방침(?)의 일환으로 틈틈이 태권도 학원을 다녔다. 그럼에도 초등학교 시절 다른 친구에게 맞는 것이 싫었다. 중학교 입학하며 누군가에게 맞는 것이 싫어 본격적으로 여러 가지 운동을 배웠으며, 친구에게 맞는 아픔도 덜 수 있었다. 이는 대학교 3학년 시절까지 계속되었다. 고등학교 시절에도 마찬가지로 주변 사람의 인복과 도움으로 인해 장애인으로서가 아닌 함께 뛰어 노는 친구의 개념이었을 뿐이었다.

두 번째 사례는 대학교 첫 MT를 출발하는 과정이었다. 모두 알다시피 MT를 준비하다 보면 요리 재료, 물품 등이 담긴 큰 박스들이 여럿 있다. A교수님은 박스를 옮길 사람 중 나를 지목하여 옮기려 하다가, '○○아 미안하구나, ○○이는 손이 불편하니 △△가 와서 옮겨라'라고 말씀하셨다. 물론 배려이셨다. 차별과 악의가 아닌 순수한 배려였다. 하지만, 어느덧 생각의 폭이 넓어진 성인으로서의 나는 그 이후부터 '사회에서 바라보는 나는 장애인이었구나. 이제 나도 타협을 해야 되나 보다.'라는 의미와 스스로를 향한 질문에 갇히는 꼴이 되었다. 이처럼 선의의 배려가 한 명의 장애인에게 새로운 인식을 갖게 만들어준다.

같은 A교수는 무술 교과목을 담당했다. 교과목 특성상 1학년부터 4학년이 모이는 경우가 있었는데, 이때 공개적으로 언급하신 나에 대한 이야기는 지금까지도 최고의 감동과 변화를 꾀할 정도로 큰 효과와 의미가 있었다. 이는 "나는 가끔 ○○이가 장애가 있다는 것을 잃어버릴 때가 있어, 항상 너희보다 한 번 더 하려고 하거든." 언급할 상황이 아님에도 불구하고 모두를 모아놓고 공개적으로 언급한 이 한마디는 내가 흐트러지지 않고 중심을 잡을 수 있게 해주었고, 희열감마저 느끼도록 했다.

결론적으로 나와 장애의 관계에서 매개 역할을 하는 요인인 무관심과 의도되지 않은 배려가 실제로는 내게 매우 큰 효과를 가져다주었다. 이런 효과가 장애인으로

하여금 주눅 들지 않고 주체적인 삶을 살아가게 만드는 가장 직접적인 역할이며 조심스러운 방법이라고 생각한다.

▪가족과 장애

좁게는 부모님, 넓게는 가족과 장애를 가진 나의 삶은 동일한 상황의 양면성의 연속이다. 호천망극(昊天罔極)과 같고, 자식이 부모의 속뜻을 알아채기 어렵다고 한다. 그럼에도 여러 요인이 있지만 살아오며 느낀 부모님의 가정 교육 방식과 장애를 가진 자식으로서의 생활을 살펴보기로 한다.

장애를 가진 자식을 둔 부모 입장에서는 자녀가 어린 시절 약점으로 인해 약해지는 것을 방지하기 위해, 매우 강하게 키우려 하고, 때로는 더욱 엄하게 혼을 낸다. 그 점에 대해서는 일부 동의하며 그러한 부모님과 함께 살아가는 나 역시 감사드린다. 하지만, 첫 문장에서 말했듯 동일한 상황에서 장애를 가진 당사자는 부모의 뜻과는 반대의 감정 혹은 다른 의미로 받아들이는 수가 많다. 즉, 어느 정도의 비교할 수 있는 상황(예컨대, 함께 혼나던 정상적인 친구와 비교) 또는 대상이 생기면 그 이후로는 마찬가지로 섭섭함을 느낀다. 물론 이러한 훈육으로 인해 학창 시절의 자신감과 당당함을 가지고 대인 관계와 사회 생활에 초석을 다졌음에도 불구하고 생각외로 섭섭함은 다른 정상적인 친구와 크게 다르지 않다. 이 또한 특정 상황과 성격, 장애 유형에 따라 다르겠지만 나와 유사한 유형의 장애인은 공감할 것이다. 부모의 양육 방식과 직업, 성격 등 다양한 요인에 따라 훈육 방식은 다르다. 하지만, 정상적인 과정과 수준에서의 생각이 가능한 장애 당사자의 입장에서는 부모님의 좋은 의도로서의 교육 방식을 앎에도 불구하고 섭섭함을 감출 수 없는 상황적 양면성을 마주한다. 더욱이 어린 시절부터 이러한 교육 방식과 사고 방식을 지닌 장애인은 성인이 된 후 부모님의 교육 방식보다는 나를 일반인과 함께 대해주는 은사, 선배 등 가족 이외에 사람에게서 지혜를 배우는 것이 마음 편하고 배울 것이 많은 극단적인 인식을 보이기도 한다.

장애를 지닌 자식을 키우는 부모에게 감히 의견을 낸다면, 자식이 마주하게 될 타인은 생각보다 냉정하지 않다. 그러므로 마음 아픈 생각에 더욱 엄하고 강하게 키우는 것과 같은 극단적 방식은 생각보다 장애가 있는 자식에게 의미 있는 효과를 보여주지 못할 것이다. 가족 간의 대면, 특히 부모와의 대면은 장애가 있는 자식으로서는 부담스럽다. 엄격하게 그들의 자존감과 당당함을 키워주는 직접적인 훈육보다는 다양한 외부 활동을 통해 스스로 결정하고 결과를 도출할 수 있도록 도와주는 것이 좋다. 간접적으로 부드럽게, 장애자 본인 스스로 자신의 위치와 상황을 인지해 나가며 본인의 방식대로 사회 관계를 맺어갈 수 있도록 도와주는 것이 옳다고 생각한다.

〈생각해 볼 문제〉

– 내 주변에 장애를 겪고 있는 사람이 있는가?
– 나는 장애인을 어떻게, 얼마나 인식하고 있는가?
– 장애인을 도와주어야 하는가? 아니면 그냥 모른 체 해야 하나?
– 장애인이 있는 가족 구성원의 생활은 어떠할까?
– 나는 온전한 사람인가?

2. "우리 아버지가 치매에 걸렸다?"

지난해 가을 어느 날, 갑자기 80대 초반의 아버지께서 옛날 이야기를 하면서 이상한 행동을 하셨다. "영수야, 학교 가야지? 오늘 도시락 반찬은 깍두기다. 다른 애들은 달걀부침에 멸치조림 같은 반찬일 텐데, 미안하구나." 직장에 출근하는 나(55세, 직장인)를 붙들고 밥그릇을 내밀며 걱정이 많으셨다. 깜짝 놀라, "아버지, 왜 그러세요?" 하니, 그냥 멀뚱멀뚱하셨었다.

아내의 말을 들어보니 당시에 맥을 놓는 일이 많아지고, 엉뚱한 소리를 자꾸 지껄이셨단다. 대학에 다니는 딸도 할아버지가 이상하다고 말을 거들었다. 아버지께서 치매기가 있는 것 같아 부랴부랴 동네 의원을 찾아 진찰을 받고 검사를 했더니 초기 치매 상태라고 했다. 가슴이 '쿵!' 하는 느낌이었었다.

일단 본인과 가족에게 알리고 어머니께 한눈 팔지 마시고 꼭 지켜보라고 신신당부를 드렸다. 그렇지만, 어머니께서는 관절이 안 좋아 제대로 걷지를 못하셨다. 건강한 아버지를 따라 다닐 수가 없다. 아버지의 치매는 최근 들어 더 심해지는 것 같다. 밖에 나가셨다가 길을 잃는 일이 생기고, 헛소리가 점점 더 심해진다. 기억력이 감퇴해서 자주 깜빡깜빡하신다. 아버지 치매에 가족의 관심이 집중되어 어머니 허리와 관절 문제를 챙기지 못했더니, 어머니께서 집 밖을 나가시다가 발을 헛디뎌 앞으로 고꾸라지셨다. 병원 신세를 지지 않을 수 없게 되었다.

치매는 드러난 환자와 함께 숨겨져 있는 환자를 만든다. 이는 치매 노인을 부양하는 가족이 제2의 환자가 되는 수가 많다는 뜻이다. 치매 당사자의 정신 건강에만 신경쓰다 보니 간호하는 다른 가족이 건강을 돌보지 못해 병이 드는 것이다.

다른 치매 노인의 증상 중에는 '자신의 물건을 훔쳐갔다'고 주장하거나 '배우자나 며느리를 의심하는 것', '엉뚱한 행동을 하는 것' 등 다양하다. 점점 심해지면서 망상, 환시, 환청, 과도한 성적 행동, 공격 행동, 반복 행동(손뼉을 치거나 옷장이나 서랍을 열었다 닫았다 하는 행동) 등 이상 행동을 보인다. 당황한 가족은 대처 방법을 잘 모르고 유연하게 대응하지 못하는 수가 많다. 치매기가 없는 평상시에는 멀쩡하고, 예절도 바르며, 아버지로서의 권위도 보이는 수가 많기 때문에 갑작스러운 치매 행위에 가족은 혼란을 겪는다. 갑자기 나타나는 일탈 행위에 어찌 대응해야 할지 당황해하기 십상이다. 정상적이던 노인의 모습을 생각하면서, 현재 이상 행동을 하는 노인 모습을 보면 순간적으로 받아들이지 못하는 사례가 빈번하다. 이럴 때일수록 가족 간의 이해와 협력이 필요하다.

치매 노인을 부양하는 가족은 사회적 활동의 제한, 노인과 주부양자 관계의 부정적 변화, 가족 관계의 부정적 변화, 심리적 부담, 재정 및 경제 활동상의 어려움, 건강상의 지장 등의 부담을 겪을 가능성이 높다. 모두가 고통스러운 경험(distress)을 하게 된다.

치매 노인은 정신과 신체 기능이 저하됨으로 인하여 일상 생활의 자립도가 급격히 떨어진다. 대소변의 위생 관리 수발이 늘어나며, 문제 행동의 예방과 대처, 보호에 많은 시간이 소요된다. 이로 인해 치매 가족은 부양의 책임이 증가되고 장기적인 보호 과정에서 자아 상실이나 심한 심리적 갈등을 겪게 된다.

또한 치매 노인은 치매 초기에 심리적으로 자신이 쓸모없는 존재나 아무것도 할 수 없는 존재로 느끼며 부정적인 감정을 가질 가능성이 높아진다. 가족은 치매 노인 보호에 너무나 많은 시간과 노력을 쏟다가 오히려 자기 할 일을 제대로 못하고 갈등을 겪는 수가 많아진다. 적지 않은 심리적 갈등, 가족 사이의 갈등이 야기될 수 있다.

아버지의 치매로 시작된 부담은 어머니의 병원 신세와 병약화로 이어졌고, 며느리인 아내와 대학생 딸의 부담으로 이어졌다. 6개월 간의 간병에 지친 아내는 나의 다른 형제들에게 '돌려가면서 아버지 보살피기'를 제안하기에 이르렀다. 3남 3녀 여섯 자녀가 한자리에 모였다.

"장남이 모시고, 나머지 형제가 십시일반 비용 부담을 합시다."

"한 달씩 돌아가면서 모십시다."

"며느리보다는 딸이 나을 테니까, 큰 딸이 모시고 남자 형제들이 적극 지원합시다."

"에이 XX, 막내인 내가 모실 테니까 돈들이나 내요."

갑론을박 말들이 많다가, 막내가 나서니까 그리로 떠밀고, 한 달에 한두 번씩 찾아 뵙고, 몇 푼씩 돈내기로 결정하였다.

부양 부담으로 인한 심리적 스트레스가 가중되면 일상 생활에 흥미나 관심이 없어지고 우울감, 허무감, 죄책감, 불안감을 경험하게 된다. 주변 사람이나 타인과의 관계에서 이전에 비해 마음의 여유가 없거나 신경질적인 반응을 나타내는 수가 있다.

이러한 치매 가족의 어려움에 대해 2007년부터는 국가 차원에서 장기 요양 보험 제도를 도입하였다. 요양 등급을 정하고 노인 장기 요양 보험을 적용하여 국가가 80%, 가족이 20%를 부담하여, 치매 가족의 비용이 경감되었다. 그럼에도 불구하고 저소득층의 경우에는 요양 급여 외에 식비 부담이 별도로 부과되기 때문에 재정적인 부담이 추가된다. 등급 판정을 받지 못하는 경우에는 서비스 이용도 불가능하다.

막내의 치매 아버지 보살핌은 몇 달 가지 않을 것이다. 막내의 아내도 일을 하고 있고 중고등학교에 다니는 아들딸이 부담이 될 것이기 때문이다. 조만간 아버지는 치매 시설이나 장기 요양 보호 시설로 입원하게 될 것이다.

▪ 치매 시설 관계자

치매 시설에서 치매 노인을 돌보는 관계자는 어떤 역할을 해야 하는가? 시설의 직원으로서 어떻게 치매 노인에게 반응하고 보호하는 사람으로서 역할을 하는 것일까? 중증 단계에서는 철저한 보건 위생 관리, 식생활 보호에 주력하는 역할을 감당해야 한다. 그러나 따뜻한 눈 맞춤, 다정한 목소리와 손길은 누워 있는 와상 상태의 치매 노인에게 매우 귀중한 돌봄일 것이다.[4)]

치매 노인은 인지적, 정서적, 행동적으로 증상을 나타내지만 초기나 중기 단계에서는 홀로 서서 걸을 수 있는, 보행의 자립도가 유지될 경우 낮 보호 시설에서 서비스를 받을 수 있다. 이럴 때 중요한 사실은 치매 노인의 감정이 살아 있다는 점이다. '치매 순간'이 지나면 '자기가 무슨 일을 했는가'에 대한 사실(fact)에 대한 기억은 지워질지라도 감정만은 고스란히 간직된다.

치매 시설 현장에서 관계자가 경험하는 일상 속에서의 치매 노인을 살펴보면, 그

---

4) 이 부분은 치매 전공인 서수련 박사의 글이다.

들은 대부분 자신이 살아온 일생의 그림자를 안고 있었다. 인지 기능이 점차 소실되는 가운데에도 자기만의 정서, 감정이 살아 있다는 이야기다.

서비스를 제공하는 관계자는 치매 노인에게 유창한 말이 필요하지 않다. 따뜻한 손길과 함께 진심어린 목소리가 필요하다. 보살핌의 감정을 느끼게 되는 치매 노인은 안심하고 기뻐하며 순수한 감정을 드러내기도 하고 고마움의 감정을 드러내기도 한다. 치매 노인의 생생한 감정을 자주 체험할 수 있다. 예컨대, 변실금을 했을 때에도 자존심을 상하지 않도록 배려하면서 옷을 벗겨드리고 목욕을 시켜드리면 "내가 어떻게 하다가 이리 되었노? 미안해!"라고 말을 한다. 직원이 시설에서 일하다 넘어지는 것을 보는 순간에 "에구 어쩔거나! 에구, 아프겠다" 하고 말을 한다. 이런 반응은 그동안 치매 노인을 대해 온 직원의 서비스 매너에 대한 반응일 수 있다. 치매 노인을 위한 시설 관계자의 역할은 치매 노인 가족을 정서적으로 지원하는 한편, 치매 노인에게 따뜻하고 섬세한 관심과 존중을 표현하는 것이다. 더 나아가서 아직도 남아 있는 기능을 최대한 발현할 수 있도록 이끌어주는 역할도 필요하다. 치매 노인도 존중받아야 할 하나의 생명체이기 때문이다.

〈생각해 볼 문제〉

- 가족 중 치매 환자가 있는가?
- 치매의 원인과 증상은 어떠한가?
- 가벼운 치매 환자와 중증 치매 환자를 보살피는 방법을 알고 있는가?
- 내가 치매에 걸린다면?

3. "내 친구 멍달이는, 주의력 결핍, 과잉 행동 장애가 있어요."

내 친구 멍달이는 가만히 앉아 있지를 못한다. 수시로 부스럭거리며 몸을 뒤채고, 손으로는 책상을 두드리고 볼펜을 굴린다. 유달리 이웃 사람에게 관심이 많은 듯 흘겨보고 돌아보며 때로는 직신댄다. 그러다 어떤 순간에는 그냥 멍하니 창밖을 바라보기 일쑤다. 수업 시간에도 손발을 가만히 두지 못하고, 자꾸만 몸을 움직이며 산만해서 내가 공부에 집중할 수가 없다. 선생님의 지적을 받아 움찔하지만, 그것도 잠시 금새 원래 모습으로 돌아간다. 멍달이 성적은 반에서 꼴찌를 맴돈다.

얼마 전에 신문을 봤더니 이런 멍달이 행동을 '주의력 결핍 과잉 행동 증후군

(ADHD: Attention Deficit Hyperactivity Disorder)'이라고 한다. 주의가 산만하고, 오랜 시간 어떤 일을 하지 못하며, 이런저런 활동량이 많고, 갑자기 충동적인 행동을 하며, 학습 장애를 보이는 정신 장애다. 부모로부터 비슷한 증상을 유전 받았거나 후천적으로 심리적, 신경 생물학적, 두뇌 손상, 납과 같은 물질 중독 등에 의해 발생한다.

멍달이는 산만하고 주의력 결핍 증상만 있는 것이 아니다. 별일 아닌데도 불구하고 갑자기 화를 크게 내는 일도 여러 번 있었다. 옆에 있는 친구가 자기를 싫어해서 자꾸 쳐다보며 욕을 한다고 벌떡 일어나 밀쳐 다친 적도 있다. 왜 그럴까?

멍달이 같은 증상이 있는 사람은 주의력 결핍, 과잉 행동, 충동성의 문제가 있다고 한다. 주의력 결핍은 단순히 산만한 정도가 아니라 한 가지 일에 비교적 짧은 기간도 집중하지 못하는 경우를 말한다. 공부는 물론 자기가 좋아하는 게임이나 놀이 시간도 길게 끌지 못한다. 멍하니 공상에 빠지는 수가 많고, 실수가 잦으며, 물건을 잘 잃어버리기도 한다. 책상 위나 창틀에 수시로 올라가고 친구들을 툭툭 치면서 귀찮게 하는 일도 많다.

> "공기 중에 섞여 있는 프탈레이트를 들이 마시거나, 어린이들이 프탈레이트 제품(예, 플라스틱 장난감이나 착색제, 세제, 윤활유에서도 검출되고 일부 화장품과 가구)을 입으로 빨면 프탈레이트가 체내로 흡수된다. 프탈레이트가 어린이의 '주의력 결핍 과잉 행동 장애(ADHD)'와 두뇌 발달에 악영향을 미칠 수 있다. 서울대 김붕년 교수 연구팀은 프탈레이트의 여러 대사 물질이 모두 ADHD 아동에게서 더 높게 나왔다고 발표했다. 게다가 ADHD 어린이 중에서도 프탈레이트의 소변 농도가 짙을수록 ADHD 증상이 심한 것으로 나타났다. 프탈레이트 대사 물질의 검출 농도가 10배 높으면 ADHD 어린이의 행동 장애 수치는 7.5배 높아지는 것으로 나타났다. 특히, 프탈레이트가 ADHD의 여러 성향 중에서도 충동 조절을 못하게 하고 공격적인 행동을 강화시키는 데 영향을 주는 것으로 새롭게 밝혀졌다. 프탈레이트가 뇌를 직접 공격한다는 걸 뇌 MRI로 확인하였다." (SBS 뉴스. 조동찬 기자. 2014.11.25. 일부 발췌함)

멍달이 같은 주의력 결핍 현상은 어른이 되어서도 지속될 수 있다. 직장에 취업해서 일을 하지만 아무런 계획이나 목표 설정도 없이 막연히 일을 하거나, 집중력이 부족해 수시로 일어나 자리를 이동하는 행동을 반복한다. 과잉 행동 장애도 마찬가지로 차량 운전 중 과잉 행동, 수많은 군중 속에서 충동적 행동을 할 수 있다.

"ADHD 아동 50%가 성장 후에도 이 질환으로 고생한다. 순천향대 이소영 교수는 '전체 인구 중 2~4%가 성인 ADHD 환자라는 해외 연구가 있다'며 '아동 환자가 5~8%인 점을 고려하면 절반은 치료받지 못하는 셈'이라고 말했다. 이는 부모가 과잉 행동·부주의 등 ADHD를 겪는 자녀를 방치하거나 상태를 미처 파악하지 못했기 때문이다. 인식 부족이 주 원인이다. 한양대병원 안동현 교수는 '과거 아동 ADHD 환자들은 단순히 버릇없다고 지적받을 뿐 정상 치료를 못 받고 성인이 되어서야 본인 상태를 자각한다'고 말했다.

ADHD는 생물학적 원인이 크다. 대뇌·전두엽피질이 정상인보다 얇아 집중력·충동억제 기능이 부족해 아동기에 가만히 있지 못하고 산만해진다. 이 상태가 성인까지 이어지면 부주의한 실수가 잦거나 매사에 싫증을 느끼고 이로 인한 자신감 결여, 사회 적응 실패, 폭력성 등 2차 문제도 생긴다. 을지대 정성훈 교수는 '성인 환자는 쉽게 우울증에 시달리고 이것이 충동성과 합쳐지면 폭력 성향으로 나타난다'고 설명했다. 안동현 교수 역시 '성인 ADHD 환자는 정상인과 달리 외부 자극에 폭력적으로 대처한다'고 지적했다." (헬스경향. 신민우 기자. 2016.2.4.)

"아이든 어른이든 ADHD를 치료하는 가장 확실한 방법은 약물 치료다. 과잉 행동, 충동성, 주의력 결핍은 모두 뇌의 같은 부위(전전두엽)에 이상이 생겨 발생한다. ADHD 치료제는 이 부위에 신경 전달 물질(도파민, 노르에피네프린)을 보충한다. 약물 치료가 가장 기본적인 치료다. 행동 치료는 보조적으로 사용한다. 미국 국립보건원에 따르면 약물 치료의 치료율은 56%인 반면, 행동 치료는 35%에 불과하다. 둘을 병행했을 때 치료율은 68%까지 올라간다. 하지만, 실제 치료를 받는 사람은 그리 많지 않다. 소아청소년정신의학회가 진행한 조사에서 ADHD 환자 10명 가운데 2명은 약물 치료가 필요하다고 진단받았지만 치료하지 않은 것으로 나타났다. 약물 부작용을 우려(25%)하거나 필요성을 느끼지 못했다(34%)는 답변이 대부분이었다." (LA중앙일보. 김진구 기자. 2016.6.1. 미주판)

〈생각해 볼 문제〉

- 나에게는 주의력 결핍, 과잉 행동 증후군이 없는가?
- 주변 친구 중에 특별히 주의력 결핍 현상을 가지고 있는 사람이 있는가?
- 충동적 과잉 행동 증후군은 어떤 것인가?

–가족 중에 주의력 결핍, 과잉 행동 증후군을 가진 사람이 있다면 어떻게 할까?

4. 호기심과 중독: 약물, 담배, 술

호심이는 처음 맛본 엑스터시(ecstasy)의 황홀함을 잊을 수가 없다. 동남아 유학 시절에 현지인 친구, 코카가 담배 한 개비 빌려주듯 건네준 하얀 엑스터시를 불을 붙여 들여 마셨다. 순간 구름 위로 두둥실 떠오르듯 기분이 좋아지고, 편안해졌다. 영어 공부와 외지 생활의 고달픔이 눈 녹듯 사라졌다. 담배 맛보다 몇십 배 황홀했다. '이렇게 좋은 것을 왜 여태 몰랐을까?' 생각이 들었다.

호심이는 주변 친구도 가끔씩 이런 경험을 하고 있음을 알게 되었다. 엑스터시는 공공연하게 판매되고 있었고, 이것이 그토록 무서운 마약의 일종이라고는 생각하지 못했다. 담배 피우듯 가끔씩 즐기는 기호 식품이 되었다. 황홀한 경험이 여러 차례 반복되면서 호심이는 조금만 힘이 들거나 고민이 있을 때도 이것을 구해 피워대기 시작했다. 점점 더 취해 갔고 일상 생활이 되어 갔다. 집에서 붙여 오는 돈으로 학원비를 대는 대신에 엑스터시를 구했다.

코카는 대마초나 헤로인, 필로폰 등 언젠가 신문에서 들어 본 이름의 마약 종류를 많이도 알고 있었다. 그는 나의 친한 친구이면서, 약물 동료였고, 공급책이었다. 6개월 정도가 지나면서 호심이는 코카와 함께 마약 중독자가 되었다. 이제는 약물 복용을 하지 않으면 가슴이 두근거리고 몸이 덜덜 떨리며 무기력해졌다. 불안감이 엄습하고 눈이 흐리멍덩해졌다. 약물의 금단 증상이 나타났다. 금단 증상을 이겨보려고 술을 마시고 쓰러져 잠을 청하기 일쑤였다.

호심이 아버지나 삼촌은 술고래였다. 일주일에 서너 번은 저녁 술판이었고 곤드레만드레 취하는 것이 다반사인 사람들이었다. 그런 가정 환경 덕분에 호심이는 고등학교 때부터 이미 술대장이 되었다. 술꾼인 아버지는 취해서 술집에서 드러눕거나 다른 사람과 싸우는 일도 적지 않았다. 집에 들어와서도 어머니나 자식들에게 큰소리 치고 행패를 일삼았다. 한번 취하기 시작하면 끝없이 술을 찾고 식구를 괴롭혔다. '술꾼이 술꾼을 부른다'고, 아버지 주변에는 온통 술꾼만 있었고 선물도 술, 외식도 술과 함께하였다.

삼촌의 별명은 빼끔이였다. 어찌나 담배를 좋아하는지. 중학교 때부터 호기심으로 시작한 담배는 대학 시절에는 하루 한 갑이 되었고 지금은 두 갑도 모자란다. 손에서 담뱃불이 꺼지면 금방 한 개비를 다시 꺼내 불을 붙인다. 집에 어린 아이가 있을 때는 베란다로 나가 밖으로 내불며 피우고, 직장에서 금연으로 밀려나면 건물 뒤편 으슥한 곳으로 찾아간다. 담배꽁초를 길바닥에 버리고 발로 비벼 끄면서 가래침을 뱉는다. 삼촌 몸에서는 항상 담배 냄새가 진동했다. 쉬는 숨 속에서 담배 냄새가 역하게 나 사람들이 얼굴을 찡그리며 피한다.

돈이 떨어져 귀국한 호심이는 강남에서 어학원 강사 자리를 어렵게 구했다. 하지만, 이미 약물 중독이 되어버린 상황에서 영어 강의보다는 약물 구하는 데 더 신경을 쓰게 되었다. 유학생을 통해 어렵사리 필로폰을 구할 수 있었고 다시금 환각 상태로 빠져 들었다. 강의 시간을 놓치는 일이 다반사로 일어났고 몽롱한 채 수업에 들어 온 호심이의 상태를 학생들이 금방 눈치 채고 말았다. '끊어야 겠다'고 야무지게 다짐해보지만 그저 생각뿐이다.

호심이는 며칠 전 어머니의 간절한 요청에 따라 중독 재활 센터를 찾았다. 더 이상 혼자서는 중독 상태를 벗어날 수 없음을 깨달았기 때문이다. 그저 조그만 희망을 가져보기로 하였다.

Korean Association Against Drug Abuse

입소자격 및 조건

입소 대상
- 교도소를 출소하는 약물의존자
- 병원 입원 치료 후 의뢰된 약물의존자
- 약물의존자

입소 인원 12명 내외

입소 기간 최대 12개월

단계별 프로그램

단계	기간	프로그램 단계	비고
I	0주 - 1주	가입소 기간 / 평가	교육치료 훈련
	2주 - 4주	오리엔테이션 / 적응	교육치료 훈련
II	5주 - 12주	개입(재활교육)	교육치료 훈련
III	13주 - 17주	실천 준비	직업재활교육 훈련 준비
IV	18주~	실천 및 수확	직업재활교육 훈련

입소 절차

사전면접 > 평가 > 입소

비 용 입소자의 상황에 따라 무료부터 일정금액 부담

제반관련사항은 비밀보장 됩니다.

중독재활센터 프로그램

시간 \ 요일	월	화	수	목	금	토,일
6:30	기상					가정 복귀 • 등산 • 운동 • 종교
6:30~8:00	세면, 역할수행, 식사					
8:30~9:00	아침명상					
9:10~9:40	아침미팅					
10:00~12:00	재활교육 (명상, 스트레스관리, NA12단계, 사회기술훈련, 재발방지 등)					
12:00~14:00	점심식사					
14:00~16:00	재활교육(화 · 분노조절, 시청각교육 등) 참만남집단, 공동체 회의, 봉사활동					
16:30~18:00	운동(족구, 배드민턴 등)및 활동시간				생일파티 차모임	
18:00~19:00	식사 준비 및 식사					
19:00~20:00	저녁미팅 ★매주 화요일 7시~8시 NA모임★					
20:00~21:30	개인시간(독서, 교육내용 점검 및 과제, 목욕, 세탁, 운동 등)					
21:30~10:00	취침준비					
10:00	취침					

단약의 과정은 혼자만의 힘으로는 절대 이루어질 수 없습니다.

중독재활센터의 효과적이고 체계적인 협조가 필요합니다

출처: 한국마약퇴치운동본부 홈페이지(2017.3.1).

〈생각해 볼 문제〉

– 마약(약물)이 무엇인지 알고 있는가?
– 술 먹을 줄 아는가? 담배는?
– 술맛을 아는가? 담배맛은? 그렇다면, 마약의 맛은 짐작할 수 있는가?
– 가족 중에 약물, 술, 담배에 중독 증상을 보이는 사람이 있는가?
– 약물에 호기심을 보이는 사람이 있다면 어떻게 할 것인가?
– 알코올 중독자인 아버지를 어떻게 해야 할까?

5. "우리 동네에 미친 X이 살고 있다!"

'얼레꼴레'는 우리 동네에 사는 미친 X이다. 이름도 몰라 아이들이 그냥 얼레꼴레(=얼꼴)라고 부르는 중년의 여자다. 얼꼴은 봄철에도 두툼한 검정색 누비 등산복을 입고 다닌다. 옷은 물론 얼굴도 때가 꼬질꼬질하고 뒤죽박죽된 헝클어진 머리칼이 역겨움을 유발한다. 가까이하면 옷에 때가 묻을까 조심스러워 사람들은 알아서 피해 간다.

얼꼴은 천하태평이고 웃기를 잘한다. 누가 무슨 말을 해도 '헤에~' 하면서 웃는다. 초등학교 아이들이 나뭇가지를 들고 직신대며 놀리는데도 웃기만 한다. 말은 잘하지 않지만 아이들과 어울려 싸우듯 할 때는 목소리도 크고 성깔도 제법 부린다. 덜떨어진 듯하지만 때로는 차근차근 따질 줄도 안다.

얼꼴에게는 가족이 없다. 살기는 동네 뒤편 산아래 제 멋대로 얼기설기 꾸며 놓은 초막에서 산다. 먹는 것은 쓰레기통을 뒤져 주워 먹고, 아무 가게나 식당에 들어가 손 내밀고 막무가내로 집어다 먹는다. 야단치는 주인도 이제는 얼꼴이 불쌍하기도 하고 또 먹을 만큼만 요구하거나 가져가기 때문에 당연시 여긴다. 가게 주인이 컵라면이라도 가끔씩 건네주면 좋다고 받아간다. 사람들 사이에 얼꼴은 어릴 적에 큰 사고를 당한 충격으로 정신 이상이 생겼고 가족과도 헤어졌다고 한다. 아무도 챙겨주는 사람이 없이 홀로 떠돌며 살고 있다.

최근에 얼꼴에게는 친구가 생겼다. 철도길 아래, 역전에서 만난 노숙인들이다. 똑같은 거지꼴로 매일 소주병 나발을 불며 취해 사는 사람들이다. 먹을 것을 나눠 먹고, 술도 함께 취하곤 한다. 끌어안고 뽀뽀하며, 강아지처럼 엉켜 뒹굴기도 한다. 언젠가는 노숙인 남자와 뒤엉켜 더듬고 하다가 주민에게 혼이 난 적도 있다.

주민들은 얼꼴을 마냥 그대로 두고 볼 것인가에 대해 걱정을 하기 시작했다. 사람들이 제기하는 문제로는 첫째, 얼꼴 이미지가 동네 이미지 하락을 부채질하고 있다는 비난이다. 어느 곳이든, 아무 때나 출몰하면서 '더러운 인상'을 만들어내고 있다는 생각을 하는 사람이 많다. 거지꼴 노숙자를 동네로 불러들여 아무 곳에나 퍼질러 앉아 술 먹으며 놀곤 한다. 얼꼴로 인해 노숙자가 하루하루 늘어나고 있다. 둘째, 어린 아이에게 함부로 해서 걱정이 된다는 생각이다. 유치원 아이가 홀로 있으면 얼꼴이 다가와 함부로 장난을 친다. 종종 넘어뜨리고 울리곤 한다. 셋째, 풍기 문란 행위다. 언젠가 허름한 노숙자가 얼꼴 가슴을 더듬는 것을 본 적이 있다. 은근슬쩍 아랫도리도 더듬었다. 거지꼴 노숙인이 얼꼴을 향해 '고추 자랑'을 했다는 말도 여럿이 한다. 짓궂은 초중등 아이들이 얼꼴 몸에 손을 대고 성희롱을 하기도 한다.

시에서는 얼꼴이 살고 있는 초막을 없앤 적이 있다. 그리고 얼꼴을 노숙인 보호센터로 보내 의식주를 해결시켜 주었었다. 그렇지만, 얼꼴은 한 달을 넘기지도 못하고 이 동네로 돌아왔다. 노숙인처럼 살더니 다시금 초막을 꾸몄다.

〈생각해 볼 문제〉

- 내 주변에 정신 이상이 되어 떠도는 사람이 있는가? 거지처럼 지내는 노숙인은?
- 어쩌다 정신 이상이 생겼을까?
- 노숙인이 되는 이유는 무엇일까?
- 정신 이상 떠돌이나 노숙인에게 어떻게 배려를 할 것인가?
- 떠돌이나 노숙인 보호 시설의 현황은?

용 어

이상 심리, 신경 발달 장애, 지적 장애, 운동 장애, 조현 장애, 기분 장애, 조증 상태, 울증 상태, 우울 장애, 불안 장애, 범 불안 장애, 공황 쟁애, 공포 장애, 강박 장애, 외상 후 스트레스 장애, 신체 증상 장애, 해리 장애, 비인격 장애, 기억 상실증, 해리성 둔주, 자기 정체성 상실 장애, 해리성 최면 장애, 폭식증, 거식증, 수면 각성 장애, 성기능 장애, 성도착증, 파괴적 행동 장애, 충동 조절 장애, 물질 중독

요 약

- 이상 심리: 인간 심리에 이상이 생긴 상태. 심리 장애, 정신 질환, 정신 장애 인간 심리의 자아, 이성과 감성, 가치관과 성격, 이에 수반된 행동에 이상이 생긴 것. 정신의 소재지인 두뇌에 문제가 생겼거나 지적 판단이나 감성적 조절 장애, 왜곡된 가치관 등으로 인해 생겨남
- 이상 심리의 원인: 생물학적 요인, 심리적 요인, 사회 경제적 요인, 문화적 요인, 복합적 요인
- 신경 발달 장애: 인간 두뇌의 발달이 신체 성장에 비해 현저하게 늦거나 뇌가 손상되어 나타나는 장애. 지적 장애, 의사소통 장애, 운동 장애, 주의력 결핍 장애, 자폐증 등이 신경 발달 장애로 나타나는 현상
- 지적 장애: 정신 성장이 지체되고 지능이 매우 낮아서 정상적인 지적 판단, 사회 적응 기능을 할 수 없는 경우. 정신 박약, 정신 지체
- 운동 장애: 정상적인 사람에 비해 신체 활동이나 운동 능력이 현저하게 떨어지는 경우
- 조현 장애: 정신분열증. 현실을 제대로 인식하지 못하고 환각이나 망상, 조리가 맞지 않는 말이나 행동, 무욕증, 부적절한 웃음이나 울음, 분노를 보이는 현상
- 기분 장애: 사람이 자기 기분을 상황에 맞게 적절히 조정하지 못하는 장애
- 조증 상태: 일주일 이상 기분이 비정상적으로 고양된 상태
- 울증 상태: 최소한 2주일 이상 현저하게 우울한 기분을 보이는 상태
- 우울 장애: 조증 없이 울증 상태만 지속되는 것이고, 양극 장애는 조증과 울증 상태가 주기적으로 반복되는 장애
- 불안 장애: 부정적인 감정, 신체적 긴장 상태, 미래에 대한 걱정으로 특징되는 불안한 기분 상태
- 범 불안 장애: 끊임없이 긴장하고 불안해하며 자율신경계가 각성된 상태에 있는 것. 항상 안절부절 못하고, 근육 긴장과 심적 동요, 불면증에 시달림
- 공황 장애: 불안이 갑자기 급상승하여 무시무시한 공포가 엄습하는 것. 가슴 통증이나 숨막힘 또는 다른 무시무시한 감각을 수반하는 공황 상태의 공포가 몇 분씩 지속되는 것

- 공포 장애: 특정한 대상이나 상황에 대해 강렬하고 비합리적인 공포를 느끼는 것. 고소 공포증, 사회 공포증, 좁은 공간 공포증 등
- 강박 장애: 어떤 생각이나 행동이 쓸데없이 반복되면서 일상 생활을 방해하고 고통을 유발하는 경우
- 외상 후 스트레스 장애: 외상 경험 후에 4주 이상 맴도는 기억, 악몽, 위축, 급작스러운 불안, 불면증 등이 나타나는 경우
- 신체 증상 장애: 특별한 원인도 없는데 신체적 통증을 느껴 정상적인 생활을 어렵게 하는 장애. 건강 염려증, 전환 장애, 토증 장애, 신체 기형증 장애
- 해리 장애: 사람의 자아, 의식, 기억, 지각과 인지가 급격하게 변화하여 정상적이지 않은 상태를 유발하는 장애
- 비인격 장애: 일시적으로 자기의 존재를 잃고, 실제 상황을 혼돈하는 장애
- 기억 상실증: 중요한 개인 정보나 기억을 전혀 생각해 내지 못하는 장애
- 해리성 둔주: 기억 상실 상태에서 전혀 다른 사람처럼 배회하는 것
- 자기 정체성 상실 장애: 자기를 전혀 다른 사람으로 인식하는 장애
- 해리성 최면 장애: 몽환적인 정신 상태에 빠져드는 것
- 폭식증: 정상 수준 이상으로 너무 많이 먹고자 하는 증상
- 거식증: 음식을 지나치게 먹지 않으려고 하는 증상
- 수면 각성 장애: 정상적인 수면을 유지하기 못해 고통을 겪는 장애
- 성기능 장애: 정상적인 성생활을 하지 못해 겪게 되는 장애
- 성도착증: 이상한 물체나 상황, 사람에 대해 강렬한 성적 흥분을 일으키는 것
- 파괴적 행동 장애: 화나 분노를 폭발적으로 밖으로 표출하여 남을 공격하거나 물건을 파괴하는 행동 장애
- 충동 조절 장애: 본능적 욕구가 갑작스럽게 분출하는 것을 제대로 조절하지 못하는 장애
- 물질 중독 장애: 술이나 담배, 마약 등에 포함되어 있는 알코올, 니코틴, 카페인, 코카인, 헤로인, LSD 등의 물질에 중독되어 인간으로서의 사고나 기억, 감정, 행동이 정상적으로 이루어지지 못하는 장애
- 신경 인지 장애: 치매. 사람의 판단력, 기억, 언어 능력, 기타 고도의 정신 작용을 점진적으로 악화시키는 두뇌 관련 질병
- 성격 장애: 인간이 외부 환경에 적절히 대응치 못하는 장애. 자아의 인지나 태도, 그로 인한 행동이 지속적으로 절적치 못한 부적응 상태를 유발할 때 발생
- 게임 중독, 인터넷 중독: 게임이나 인터넷에 너무 몰입하고 중독되어 정상적인 일상 생활을 어렵게 하는 장애

[인성의 덕목 11] 배 려

1) 개념 정의	■ 배려(配慮): 이리저리 마음을 씀 – (인간 관계에서) 상대방을 위해 섬세하게 마음을 씀 – consideration, concern, care ■ 겸양(謙讓): 겸손하게 사양하는 마음 – 양보(讓步): 자기도 하고 싶은 (좋은) 일을 남에게 대신하게 함
2) 개념 해석, 뜻풀이	■ 배려의 주체: 인간 ■ 배려의 대상: 부모(자녀), 어른(젊은이), 상관(부하), 지도자(국민) ■ 배려의 내용 – 상대방의 마음, 입장을 고려한다(=恕). – 어떻게 하면 상대방을 편안하고 좋게 만들까 고민한다(=慮). – 상대방에게 도움이 되는 마음 씀씀이나 행동을 펼친다(=配). – (겸양) (나도 원하는 좋은 물건, 지위, 돈, 재산 등을) 남에게 점잖게 미뤄줌. 공손하게 진심으로 사양함. – 배려는 '자신 있고', '마음이 넓으며', '당당한' 사람이 할 수 있는 일이다(자신 없고, 못났으며, 재산이나 물질이 부족한 사람은 하기 어려움). – 진정한 배려는 마음 씀이나 행동 이후에 후회하지 않는다.
3) 관련 이론	■『서경(書經)』 – 아랫사람을 대할 때는 (번거롭지 않고) 간소하게 했으며, 무리를 이끌 때는 너그럽게 하였고, 허물을 용서하여 키우지 않았다.[5)] – 아주 부드럽고 공손한 태도로 아랫사람을 잘 감싸 안아야 한다. 특히, 어려운 사람에게는 삶에 활력을 주어야 한다.[6)] ■『논어(論語)』 – 남이 나를 잘 알아주지 않는다고 고민하지 말고, 내가 상대방을 잘 모르는 것이 아닐까 걱정해야 한다.[7)] – (나의 도는) 오직 충서(忠恕)뿐이다. (이인편) 충은 자기의 역량을 대상에 모두 쏟아붓는 것이고, 서는 자기를 미루어서 남을 생각하는 것이다. – 훌륭한 어진 사람은 자기가 서고 싶은 곳을 양보해 다른 사람이 서게 하고, 자기가 얻고자 하는 목표를 다른 사람에게 양보한다.[8)] – 유능하더라도 나보다 못한 사람에게 묻고, 지혜가 많더라도 나보다 적은 사람에게 물으며, 있어도 없는 듯 조심하고, 실상이 있지만 빈 듯 조심하고, 상대가 잘못해도 따지듯 하지 않아야 한다.[9)] – 자기를 반성할 때는 심하게 하고, 남을 책망할 때는 약하게 해야 한다.[10)]

5) 皋陶曰帝德罔愆, 臨下以簡, 御衆以寬; 罰弗及嗣, 賞延于世。宥過無大. (서전, 고요모편)
6) 徽柔懿恭, 懷保小民, 惠鮮鰥寡. (서경, 무일편)
7) 不患人之不己知, 患不知人也. (논어, 학이편)
8) 夫仁者, 己欲立而立人, 己欲達而達人. (논어, 옹야편)
9) 以能問於不能, 以多問於寡, 有若無, 實若虛, 犯而不校. (논어, 태백편)
10) 躬自厚, 而薄責於人, 則遠怨矣. (논어, 위영공편)

<table>
<tr><td></td><td colspan="3">■『맹자(孟子)』
– 모든 사람은 차마 어쩌지 못하는 측은지심을 가지고 있다.[11]
– 사람들로 하여금, 일할 사람 일하게 하고, 올 사람 오게 하며, 잘못된 것을 바로잡아 주고, 굽은 것을 펴주며, 도와서 채워주고, 잘할 수 있게 만들어 모두가 각자의 역할을 하게 한다.[12]
– 사람의 마음을 얻는 방법이 있으니, (상대방이) 하고자 하는 것을 더불어 모여하고, 싫어하는 것을 하지 말아야 한다.[13]</td></tr>
<tr><td rowspan="11">4) 배려 실천 지표</td><td rowspan="4">(1) 상대방 마음 이해하기(=恕)</td><td>상대방 위치, 입장되어 보기</td><td>상대방의 위치나 직책에서 필요로 하는 역할, 입장 이해</td></tr>
<tr><td>상대편에서 나를 보기</td><td>상대방 위치에서 나의 직책과 역할을 바라보기</td></tr>
<tr><td>상대방의 언어 이해하기</td><td>언어 분석</td></tr>
<tr><td>상대방의 행동 이해하기</td><td>행동 분석</td></tr>
<tr><td rowspan="3">(2) 상대방을 위하는 방법 찾기(=慮)</td><td>직접 물어보기</td><td>상대방의 의견 청취</td></tr>
<tr><td>다른 사람의 지원 요청</td><td>상대를 잘 아는 주변 사람에게 도움 요청</td></tr>
<tr><td>추론, 유추</td><td>논리적 추론, 다양한 방법으로 유추</td></tr>
<tr><td rowspan="3">(3) 배려하는 행동하기(=配)</td><td>정신적 배려, 동정</td><td>상대를 배려하는 마음 쓰기</td></tr>
<tr><td>따뜻한 말과 글로 배려</td><td>상대를 배려하는 언어 사용하기</td></tr>
<tr><td>물질적 지원</td><td>상대방이 필요로 하는 돈, 물질, 재산 제공</td></tr>
<tr><td colspan="3"></td></tr>
<tr><td>5) 배려 가르치기</td><td colspan="3">■ 가족 내 교육
– 부모 교육: 부모와 어른 배려 교육. 부모가 모범을 보임
– 가족 상호 배려를 생활화함
■ 학교 교육
– 도덕 생활 교육, 예절 교육
– 교사에 대한 배려, 동료 학생에 대한 배려 교육
■ 직장, 단체 교육
– 직장 내 예절 교육</td></tr>
<tr><td>6) 배려 배우기</td><td colspan="3">■ 가정에서
– 부모 형제 사이에 상호 배려하기
– 상대방을 배려하는 언어 쓰기, 행동하기</td></tr>
</table>

11) 人皆有不忍人之心… 皆有怵惕惻隱之心. (맹자, 공손추 상편).
12) 勞之來之, 匡之直之, 輔之翼之, 使自得之; 又從而振德之. (맹자, 등문공 상편)
13) 得其心有道 : 所欲, 與之聚之; 所惡, 勿施爾也. (맹자, 이루 상편)

	■ 학교에서 – 교사, 교수 배려하는 법 배우기 – 학생 동료를 배려하고 존중하기 ■ 직장, 단체 교육을 통해 배우기 – 직장 예절 교육을 통해 상관과 부하, 동료 사이의 상호 배려 익히기
7) 배려 실행하기	
■ 가정에서	– 가족 간에 서로 상대방 이해하기 – 가족 간에 서로 상대방을 위해 배려하는 마음 갖기 – 가족 간에 상대방을 배려하는 행동하기
■ 학교에서	– 교사는 학생, 학생을 교사를 배려하는 말과 행동하기 – 학교 생활, 친구 관계에서 예절을 지키고 상대를 배려하기
■ 사회에서	– 자기 스스로, '남을 배려할 줄 아는' 여유로운 마음 갖기 – 지인, 친척, 이웃을 챙겨주고 배려하기 – 상대방에게 양보하고 겸양하는 마음 갖기 – 양보하고 겸양한 뒤에 후회하지 않기

Chapter 12

인성과 범죄

인성론에서는 자유 의지를 가진 인간의 바른 인성을 목표로 논의한다. 그리고는 어진 성품, 자효, 정직, 예절을 말하고 좋은 교육을 이야기한다. 하지만, 현실 세계에서는 올바르지 않은 인성을 가진 사람이 많고 죄를 저지르는 사람도 많다. 인간은 태어날 때부터 순박하고 부모나 학교를 통해 좋은 교육을 받는 데도 불구하고 나쁜 사람이 적지 않다. 왜 그럴까?

자유 의지를 가진 바른 인성 소유자는 사회가 필요로 하는 예절을 잘 지켜낸다. 하지만, 그도 실수를 하고 '불가피하다는 핑계' 속에 예절을 어기고 제멋대로 하는 수가 많다. 사악하고 못된 인성을 소유한 사람은 더 말할 것도 없다. 그래서 엄격한 법규를 통해 처벌하고 제재하지 않으면 우리 사회는 살기 힘든 공간이 되기 십상이다.

성선설적 입장에서 인간 본성의 선함을 믿는 것도 좋겠지만, 한 사람의 나쁜 사람이 수백만 명의 사람을 공포로 몰아갈 수 있음을 고려해야 한다. 성악설적 입장, 범죄를 유발할 가능성이 있는 인성 소유자가 적지 않다는 입장을 세워볼 필요가 있다. 그리고 더욱 강력한 인성 교육, 범죄 원인에 대한 고려와 범죄 차단, 단순 실수나 범죄의 2차 강력 범죄화 방지 등의 노력을 할 필요가 있다.

범죄자와 범죄 피해자의 인성에 대한 관심이 더없이 필요한 시기가 되었다. 사람은 왜 범죄를 저지를까? 범죄자는 과연 어떤 인성을 가진 사람인가? 범죄 피해를 당한 사람의 상처 입은 인성은 어떻게 치유해야 할까?

I 범죄와 인간

1. 범 죄

범죄는 법의 규정을 어겨서 처벌을 받는 죄를 말한다. 범죄(犯罪)라는 말 속에는 법 규정을 어겨서(=犯), 죄(罪)가 되고, '처벌을 받는다'는 세 가지 요소가 결합되어 있다. 법은 국가와 사회의 공익과 개인의 바람직한 이익을 보호하기 위해 만들어진다. 법은 국가의 강제력에 의해 집행이 담보된다. 이것을 어기면 죄가 된다.[1) 법에 의해 보호되는 공익과 사익을 어길 경우에는 국가의 형법에 의해 처벌을 받는다. 범죄학적으로 처벌받는 범죄가 되기 위해서는 법적 구성 요건, 범죄자의 위법성, 범죄자의 책임성이 동시에 갖춰져야만 한다.

첫째, 법적 구성 요건이란 법에 위법 행위로 규정되어 있는 행위를 저지르는 일이 있어야 한다. 외적 행동(external physical act, actus reus)으로 옮겨지지 않은 내적 고민이나 범죄 욕구는 범죄가 아니다(Gardner & Anderson, 2000: 34). 정부의 각종 법에는 법 목적을 실현하기 위해 필요한 조항을 정해 두고 있고, 이를 어길 경우에 처벌 규정도 같은 법 속이나 형법, 민법 등에 마련해 두고 있다.

둘째, 범죄자의 범죄 의도가 있어야 한다. 범죄자에게 의도적으로 범죄를 저지르고자 하는 마음(criminal mind, mens rea)이 범죄 행위에 수반되어야 한다(Gardner & Anderson, 2000: 34-36). 죄의식(guilty mind)은 잘못된 위법 행동에 대해 사악한 의도, 범죄 목적, 지식을 가지고 있는 것이다. 범죄가 성립하기 위해서는 법 규정을 위반하여 법 질서를 어기고자 하는 나쁜 의도에 의한 위법성이 있어야 한다. 이런 위법성이 '처벌받는' 범죄의 주요 특성인데, '처벌받지 않는' 위법성도 있다. 이는 법을 어기기는 했지만 '처벌을 받지 않고', '범죄자가 되지 않는' 것이다. 이런 위법성(違法性) 조각 사유(阻却 事由)에는 법률이나 업무에 따른 정당 행위(형법 제20조), 정당방위(제21조), 긴급 피난(제22조), 자구 행위(제23조), 피해자의 승낙에 의한 행위(제24조)가 있다.

---

1) 죄는 원래 허물이나 과실(過失), 처벌을 받는 범죄 등을 모두 포함하는 말이다. 살인죄, 강도죄는 물론 어머니가 말썽쟁이 아들을 보며 '너를 낳은 내가 죄인이지!'라고 말하는 것까지 모두 포함한다.

셋째, 범죄자의 책임성이 있어야 한다. 이는 범죄자가 자신이 저지른 범죄에 대해 충분히 책임을 질만한 위치에 있어야 한다는 점이다. 14세 미만의 형사 미성년자(형법 제9조), 사물을 변별할 능력이 없거나 의사를 결정할 능력이 없는 심신 장애인(제10조), 강요된 행위를 한 사람(제12조), 범의(犯意)가 없는 자(제13조), 「형법」 제14조에 의한 과실로 죄를 범한 자, 정당한 착오에 의해 죄를 지은 자(제16조), 부작위범(제18조) 등은 처벌하지 않는다. 이를 책임성(責任性) 조각 사유라고 한다.

형법의 적용을 받는 범죄와는 달리 처벌을 받지는 않지만 사회적 비난을 받거나 자책감(自責感)을 유발하는 잘못, 과실로서의 죄도 있다. 예를 들면, 고위 공직자가 과도한 재산 축적을 하여 물의를 빚거나, 영화 스타가 성매매 행위를 하여 비난을 받는 경우, 검사가 피의자에게 모욕적인 말을 하여 자살에 이루게 한 경우 등은 비록 형법에 의해 처벌을 받지는 않지만 큰 잘못이고 죄가 될 수 있다. 또 14세 미만의 아주 어린 아이가 살인 행위를 저지르는 경우도 문제가 심각하다.

표 12-1 범죄 통계(2014년)

범죄 구분	범죄 내용	건수
전체	합계	1,933,835
형법범(소계)	소계	1,016,209
(재산 범죄: 소계 617,119) /절도 266,784 /장물 3,668 /사기 244,008 /횡령 38,646 /배임 5,819 /손괴 58,194		
(강력 범죄. 흉악: 소계 34,126) /살인 938 /강도 1,618 /방화 1,707 /성폭력 29,863		
(강력 범죄. 폭력: 소계 233,655) /폭행 146,625 /상해 65,840 /협박 9,205 /공갈 7,162 /약취와 유인 206 /체포와 감금 1,265 /폭력 행위등(손괴, 강요, 주거침입등) 2,140 /폭력 행위등(단체등의 구성, 활동) 1,212		
(위조 범죄: 소계 21,662) /통화 2,770 /유가증권인지우표 437 /문서 17,927 /인장 528		
(공무원 범죄: 소계 2,705) /직무유기 1,072 /직권남용 833 /수뢰 530 /증뢰 270		
(풍속 범죄: 소계 9,580) /도박과 복표 7,448 /신앙 268 /기타 음란행위 1,864		
(과실 범죄: 소계 7,092) /과실치사상 1,872 /업무상 과실치사상 3,150 /실화 2,070		
(기타 형법 범죄 소계 90,270) /명예 26,371 /권리행사방해 5,338 /신용업무경매 21,639 /주거침입 8,718 /비밀침해 73 /유기 157 /교통방해 1,713 /공무방해 15,464 /도주와 범인은닉 557 /위증과 증거인멸 3,447 /무고 4,859 /공안을 해하는죄 27 /내란의죄 4 /음용수에관한죄 17 /일수와수리에관한죄 3 기타 1,883		

(특별법 소계 917,626)
/ 가정폭력범죄의 처벌등에 관한특례법 184 / 가축분뇨의 관리및이용에 관한법률 888 / 감염병의 예방및관리에 관한법률 139 / 개발제한구역의 지정및관리에 관한특별조치법 1,127 / 개인정보보호법 1,332 / 건강기능식품에 관한법률 537 / 건설기계관리법 520
/ 건설산업기본법 692 / 건축법 5,333 / 게임산업진흥에 관한법률 5,640 / 결혼중개업의 관리에 관한법률 359 / 경범죄처벌법 4,481 / 고용보험법 339 / 공유수면관리 및 매립에 관한법률 817
/ 공유재산 및 물품관리법 1,864 / 공인중개사법 1,413 / 공중위생관리법 1,093 / 공직선거 및 선거부정 방지법 2,260 / 관세법 720 / 교통사고처리특례법 193,099 / 국가기술자격법 325
/ 국가보안법 94 / 국민체육진흥법 1,895 / 국토의 계획및이용에 관한법률 1,034 / 근로기준법 44,409 / 근로자퇴직급여보장법 13,551 / 낚시관리및육성법 297
/ 노동조합및노동관계조정법 526 / 농수산물유통 및가격안정에 관한법률 232 / 농수산물의 원산지표시에 관한법률 3,458 / 농지법 821 / 대기환경보전법 1,831 / 대부업 등의 등록 및금융이용자보호에 관한법률 1,565 / 도로교통법 14,988 / 도로교통법(무면허운전) 35,737
/ 도로교통법(사고후미조치) 86,561 / 도로교통법(음주운전) 219,392 / 도로교통법(음주측정 거부) 2,422 / 도로법 1,082 / 도시및주거환경정비법 351 / 독점규제및공정거래에관한법률 52
/ 디자인보호법 322 / 마약류관리에관한법률(대마) 778 / 마약류관리에관한법률(마약) 606
/ 마약류관리에관한법률(향정) 4,700 / 배타적경제수역의외국인어업등에관한법률 244
/ 범죄수익은닉의규제및처벌등에관한법률 204 / 변호사법 791 / 병역법 7,361 (이하는 생략함)

출처: 통계청 홈페이지.

형법상의 죄를 범한 10세 이상 14세 미만인 소년은 소년법에 따라 강제로 보호처분을 받는다. 하지만, 더 나이가 어린 아이에 의한 성범죄나 강도, 살인 등 범죄행위는 어떻게 되나?

<표 12-1>을 보면 형법상의 범죄와 함께 특별법에 의해 처벌을 받는 범죄가 헤아릴 수 없이 많다. 각종 특별 법규에 위반 행위를 규정해 놓고 이를 토대로 위반행위자에 대해 처벌하도록 하고 있다.

국회와 국회의원은 자신의 권한을 이용하여 '국민을 보호한다'는 명분 속에 끊임없이 새로운 법률을 만들어내고 있다. 그리고 이를 통해 온 국민을 옥죄며 처벌하려고 벼르고 있다. 선물로 주고받는 물품이나 식사, 축의금이나 조의금, 친구나 가족간의 부탁에 대해서도 '해서는 안된다'면서 엄격한 규정과 처벌을 하고 있다.

'과연 이래야만 우리가 살 수 있는 것일까?'

■ 법과 예절, 그리고 범죄

법(法)이 강력한 제재를 전제로 하는 강요된 질서를 추구하는데 비해, 예(禮)는 인간 스스로 자율적으로 지키는 질서를 추구한다. 법을 지키지 않고 위반하면 경찰에 의해 제재를 당하고 검찰에 의해 형을 살게 된다. 하지만, 예를 어기면(법에 의한 처벌을 받지 않고, 대신에) 다른 사람과 사회로부터 비난을 받거나 스스로 자책감에 빠질 수 있다.

예는 이성적 자아가 잘 발달하고, 스스로 합리적 판단을 할 수 있으며, 국가와 사회의 공익을 위해 자신의 사고와 행동을 잘 절제(節制)할 수 있는 사람에게서나 가능한 일이다. 그래서 예절(禮節)이라는 말로 사용된다. 예절은 인간 스스로 무엇이 바람직하고 옳은 일인가를 잘 알아, 절조 있게 행동하는 것이다. 예를 들면, '자식은 부모를 존중해야 한다', '공공 장소에서는 다른 사람을 툭툭 치지 말아야 하고 너무 큰 소리로 떠들지 말아야 한다'와 같은 것은 예절에 속한다. 부모를 존중하지 않는다고 해서 법적 처벌을 받지 않는다. 부모의 뜻을 어기고 공부를 잘하지 않는다거나 부모의 반대에도 불구하고 자기가 사랑하는 사람과 결혼을 한다고 해서 법을 어기는 것은 아니다. 하지만, 가족이나 이웃의 비난을 받는다. 공공 장소에서 지나가는 사람과 부딪쳤을 경우에도 대부분 법적 처벌을 받지 않는다.

예로부터 우리나라는 동방예의지국(東方禮儀之國)으로 불려 왔다. 삼강오륜(三綱五倫)이 잘 지켜지고 법이 없어도 평화롭게 잘 살아온 국민이다. 조선 시대의 국가기본법인 『경국대전』에는 굵직굵직하고 대략적인 형법 조항만이 있었을 뿐 매우 구체적으로 처벌을 전제로 한 규정이 없었다. 자존감 있고 지혜로운 '양반', '지식 엘리트'의 자발적인 예절이 큰 역할을 하였었다. 지역의 양반 사대부는 스스로 향약이라는 자치 규약을 정하고 적극적으로 실천에 나섰다.[2] 향약은 원래 주자의 증손 여씨향약(增損 呂氏鄕約)을 참조하여 덕업상권(德業相勸), 과실상규(過失相規), 예속상교(禮俗相交), 환난상휼(患難相恤)의 네 가지 덕목을 기본 강령으로 삼고 있다. 퇴계 이황은 명종 때(1556) 『예안향약』에서 양반 사대부가 지켜야 할 덕목과 관련하여 28개 벌칙을 제시하였다(퇴계선생문집 제42권, 序). 이는 기존에 있었던 이현보의 향약 내용을 다시 정비하여 세목화한 것이다.

2) 이 부분은 이대희 외(2015). 『한국의 지방행정사』. 대영문화사. 내용 중 조선 시대 부분 중 일부를 인용한 것임.

- 형제가 서로 싸우는 자: 형이 잘못하고 아우가 옳으면 균등하게 벌하고, 형이 옳고 아우가 잘못하였으면 아우만 벌하며, 잘못과 옳음이 서로 비슷하면 형은 가볍고 아우는 중하게 처벌한다.
- 망녕되이 위세를 부려 관을 흔들며 자기 마음대로 행하는 자
- 향장(鄕長)을 능욕하는 자
- 수절(守節)하는 상부(孀婦)를 유인하여 더럽히는 자
  이상은 극벌(極罰)에 해당한다(상 · 중 · 하의 구분이 있다).
- 친척과 화목하지 않는 자
- 본처[正妻]를 박대하는 자. 처에게 죄가 있는 경우는 감등한다.
- 이웃과 화합하지 않는 자
- 동무들과 서로 치고 싸우는 자
- 강(强)함을 믿고 약한 이를 능멸하고 침탈(侵奪)하여 다투는 자
- 무뢰배와 당을 만들어 횡포한 일을 많이 행하는 자
- 말을 만들고 거짓으로 사람을 죄에 빠뜨리게 하는 자
- 환란(患亂)을 보고 힘이 미치는 데도 가만히 보기만 하고 구하지 않는 자
  이상은 중벌(中罰)에 해당한다(상 · 중 · 하의 구분이 있다).

이때의 벌칙은 지역 내에서 자율적으로 시행한 것이다.

❖ 예절이 없어지면, 법이 판을 친다

가정 내에서의 가족 관계, 학교에서의 교사와 학생, 학생 사이의 관계, 직장 내에서의 인간 관계, 공공 장소에서의 인간 행동은 대부분 자발적인 예절 관계로 이루어지고 있다. 부모 자식 사이의 모든 관계를 법으로 정할 수 없다. 마찬가지로 학교나 공공 장소에서의 인간 관계도 대부분 예절로 이루어진다. 올바른 지성을 갖춘 인간에 의해, 자율적으로, 절제력 있게 사고하고 행동하는 질서가 형성되어 있다.

그런데 버릇없는 자식, 포악한 부모, 함부로 매질하는 교사, 제멋대로 남에게 피해를 주는 학생에게서는 올바르고 절제력 있는 예절을 기대하기 어렵다. 이들에게 자발적인 예절을 기대하기 어렵기 때문에 부모를 학대하는 자식에 대한 처벌 규정을 만들고 자식을 때리는 부모를 처벌하는 법규를 만들었다. 학교 폭력을 일삼는 학생을 처벌하고 소년법을 적용하게 되었다.

자율적이고 절제력 있는 예절이 사라진 곳에 강력한 법규와 처벌이 자리하게 되었다. 예절이 지켜지지 않으면 질서가 파괴되고 평화로운 사회가 사라진다. 법적 뒷

받침이 필요해진다. 점점 더 구체적으로 법 조항을 만들고 철저히 강제적으로 집행해야만 한다. 현대 사회는 예절보다도 법이 주도적 역할을 하는 시기다.

❖ 법이 판을 치면, 불법도 판을 친다

인간의 삶과 관련된 법이 많아지고, 조항이 구체화하면 할수록 법 적용에 한계가 생겨난다. 우선, 인간의 자연스러운 사고와 행동, 사회 생활, 조직 생활을 모두 법규로 구체적으로 정확하게 표현하기 어렵기 때문에 법규와 맞지 않는 행위가 나타날 수 있다.

무엇보다도 중요한 것은 수없이 많은 법규를 엄격히 집행할 수 있는 경찰력에 한계가 있다. '길거리에 침을 뱉으면 안된다'는 조항을 지키기 위해 전 국민을 감시할 수 없다. '운전 중 휴대전화를 사용하면 안된다'고 되어 있는데 모든 운전수를 어떻게 감시하고 적발할 것인가? 학교 주변의 음식점에서는 영수증을 주고받지 않는 게 다반사다. 이들의 탈세를 어떻게 잡아낼 것인가? 3만 원 식사 대접, 5만 원 선물, 10만 원 경조사비를 얼마나 철저히 규제할 수 있을까?

법이 지나치게 만연하다 보면 '지킬 수 없는 법규', '어기면 그만인 법규', '지키는 사람만 손해인 법'이 넘쳐나게 된다. '법이 없어도 살 수 있는' 예절 바른 사람은 처벌 법규가 없어도 올바른 사회 정의를 실천하고 있다. '엉덩이 뿔난 못된 녀석'은 예절은커녕 법규도 아랑곳하지 않는다. 언제나 규칙을 어기고 있다. 이들에게는 불법(不法), 탈법(脫法)이 당연하고 영웅적인 행동일 뿐이다. 만연하는 법규는 예절 바른 사람의 '실수'를 처벌하는 데 급급할 수 있다.

지켜지지 않는 법이 많다 보면 '법을 지키지 않는 것이 당연한' 사회가 된다. '있으나마나 한 법', '걸리는 사람만 억울한 법'이 넘쳐나게 된다.

■ 범죄의 상대성

범죄는 시대와 장소에 따라 상대적으로 적용된다. 강력 범죄는 물론 처벌을 전제로 하지 않는 자발적인 예절을 위반한 행위도 시대와 장소에 따라 '죄'가 되기도 하고 안되기도 한다. 똑같은 강력 범죄 행위에 대해서도 형법의 내용이 국가마다 서로 다르다. 같은 국가 내에서도 시대에 따라 처벌 여부와 강도가 달라진다. 마찬가지로 자발적인 예절, 관행적으로 여겨지는 행위도 시대와 장소에 따라 달라진다.

형법에 의해 처벌을 받는 범죄는 당연히 시대 상황에 맞춰 변모해 간다. 살인이나 강도, 폭력과 절도 등은 어느 시기나 대체로 처벌을 받는 범죄 행위다. 하지만, 일반 경제 사회 활동과 관련된 것들은 시대와 장소에 따라 꾸준히 변모해 간다.

우리가 알고 있는 개혁이나 혁신, innovation은 대부분 기존의 관행이나 관습을 깨뜨리는 행위로서 엄밀히 보면 범죄 행위다. 이 중에는 형법에 의해 처벌을 전제로 규정되어 있는 행위도 있고 관행이나 예절 차원의 것도 있다. 개혁이나 혁신은 기존의 시각에서 보면 일탈 행위이고 '나쁜 범죄 행위'일 수 있다.

'창조'라는 이름으로 옹호되는 여러 행위도 알고 보면 기존의 관행이나 예절, 질서를 깨뜨리는 '범죄적인 것'이 적지 않다. 20세기 후반에 유행했던 포스트모더니즘(post-modernism)도 결국 비슷한 관점에서 보면 '범죄적인 것'이다. 창의적인 만화나 영화, 게임 중에는 살인과 방화, 절도를 당연한 것으로 치부한 것도 많다.

우리가 교육을 통해 '창조적 행위'를 촉진하고, 정치권이나 정부 정책으로 '혁신'을 주장하는데, 자칫 조금만 정도를 벗어나도 일탈 행위, 범죄 행위를 유발할 수 있다. 가장 창의적인 생명 공학 연구를 통해 인간 복제, 유전자 조작처럼 엄청난 범죄 행위가 촉발될 수 있다.

창조나 혁신은 국민과 사회의 수용 가능성을 고려하면서 발전해 가야 한다. 기존 형법 체제의 안정성을 잘 유지하면서, 새로운 변화를 법 속에 반영하여야 하고 이와 동시에 국민 다수가 이를 잘 받아들여갈 수 있어야 한다. 마찬가지로 관행이나 예절 형태로 지켜지던 것에 대한 혁신도 사회적 변화에 발맞춰 속도 조절이 있어야 한다.

2. 범죄자는 특별한가?

범죄학 이론을 보면 '범죄를 유발하는 사람은 어떤 사람인가?'에 대한 연구가 있다. 범죄 원인에 대해 연구하면서 범죄를 일으키는 사람의 생물학적, 심리적, 경제 사회적 특징이 따로 있는가를 연구하는 것이다.

극단적으로 연쇄 살인을 저지르는 사람은 어떤 사람인가? 부정부패를 일삼는 공직자는 어떤 사람인가? 학교 폭력을 일삼는 학생은 어떤 종류의 학생이고, 그 부모는 어떤 사람인가? 어떤 사람이 도둑질을 즐기고, 어떤 사람이 성폭행을 자주 할까?

■ 착한 사람과 나쁜 놈

사람 중에는 법과 예절을 스스로 잘 지키면서 평화롭게 살아가는 사람이 있다.

이런 사람을 '착한 사람'이라고 한다. 이에 반해 법규나 예절을 어기고 지키지 않으며 남을 해코지하면서 살아가는 '나쁜 놈'도 있다. 성선설적 입장에서 보면 인간은 착하게 태어나는 것으로 되어 있는데 어찌하여 착한 사람과 나쁜 놈의 구별이 생겨날까?

❖ '악'은 존재하는가?

종교의 성경책에는 악(惡, evil)이란 말이 자주 나온다. 인간의 선한 본성과 대비되는 말이다. 성경책 속의 악은 살인과 같은 반인륜적 행위는 물론 우상 숭배, 이단적 종교 행위, 질투, 탐욕, 이기주의 등 '부정한', '나쁜' 행위를 모두 포함하고 있다(Stone, 2012: 10). 이런 식의 악의 심리는 인간에게 고유한 것으로 시대와 장소에 따라 상대적일 수 있다. 범죄와 관련시켜 보면 악은

- 기가 막힐 정도로 끔직하고 충격을 주는 것(사회적 충격성)
- 사전적으로 악의(惡意)나 계획이 행위에 앞서 존재해야 하며(사전 계획성)
- 피해자에게 주는 고통의 정도가 극도로 지나침이 있고(과도한 고통)
- 범행의 성질이 이해 불가능하고 당혹스러우며 보통 사람의 상상을 초월하는 수준(이해 불가능성)
- 습관적으로 — 비록 이중인격으로 행동하는 경우라도 — 범죄를 반복할 가능성이 있을 경우(범죄 가능성)

라는 요소를 지니고 있다(Stone, 2012: 28－31).

법규를 어기는 경우든, 예절을 어기는 경우든, 아니면 자연의 섭리를 어기는 경우든 보편적 다수가 '옳다'고 여기는 것을 어기는 행위, 진리라고 여기는 인간과 자연의 '바른 상태나 수준'을 그르치는 행위는 악한 것이다.

❖ 모든 인간은 죄를 지으며 살아간다!

기독교적인 원죄설(原罪說)을 들지 않더라도 인간은 살아가면서 의도적이든 의도적이지 않든, 수없이 법규나 사회 예절을 어기며 살아가게 된다. 어릴 적에 요나 이불에 오줌을 싸는 정도의 실수, 길거리에서 무심코 뱉는 침이나 쓰레기 버리기, 급할 때 노상 방뇨, 타인을 향한 욕설 등 하지 말아야 할 짓을 하면서 살아간다. 좀 더 나아가서 운전 중 신호나 속도 위반, 자신과 가족을 위한 청탁, 자잘한 생활 규칙 위반을 누구나 하게 된다. 경찰이나 법에 의해 적발되어 처벌을 받지 않지만 '해서는 안될 일', '하지 말라고 정해져 있는 일'을 수시로 저지르면서 살아간다. 형법이나 특

별법상 범죄뿐만 아니라 사회 통념상 지켜야 할 예절을 어기는 사람이 많다.

착한 사람과 나쁜 놈의 차이는 상대적이다. 일단 형법에 정해져 있는 살인, 강도, 폭력 등 강력 범죄를 저지르는 사람은 분명히 가장 나쁜 놈이다. 경찰과 사법 작용을 통해 반드시 처벌해야 하는 범죄자다. 각종 특별법에 의해 금지된 행위를 하는 사람도 처벌을 받아야 하는 범죄자다. 이때는 일탈 행위의 정도와 횟수, 금액, 영향 범위 등을 고려하여 처벌해야 한다.

사회 예절을 어기는 경우에도 일탈 행위의 심각성, 반복성, 반성 여부 등을 고려하여 '죄질(罪質)'을 판단해야 한다. 예를 들어, 부모에게 쌍스런 막말을 자주 퍼부어대는 청소년의 경우에는 법적 처벌은 아니더라도 가족이나 지역 사회, 학교 등 공공기관의 '경고', '교육 조치' 등이 있어야 한다.

개인 입장에서 보면 비록 법적 처벌이나 사회적 경고를 받지 않더라도 스스로 '범죄성'을 인식하고 반성할 수 있어야 한다. 반성을 한다는 것은 일탈 행위를 더 이상 하지 않으려는 '자존심'의 발로다. 바른 인격, 좋은 인성을 지닌 인간이라면 일탈 행위를 하지 않아야 하고, 자칫 실수로 하게 되었을 경우에는 두 번 다시 되풀이하지 않으려는 진지하고 강력한 반성이 있어야 한다.

3. 착한 사람 만들기

착하게 태어났지만 살아가는 과정에서 수시로 '나쁜 놈의 영역'으로 빠져 들게 되는 사람을 어떻게 착한 사람으로 만들 것인가?

첫째, 선한 인성을 유지하며 살아가고자 하는 사람의 자존심을 높여줄 필요가 있다. 자존심 강한 사람은 스스로 절제하며, 일탈 행위를 하지 않으려 노력하고, 한번 실수를 더 이상 반복하지 않는다. 이런 사람이 많아져야 한다.

둘째, 잘못을 인정하고 반성하는 사람의 진정성(眞情性)을 수용하고 북돋워주어야 한다. 비난만 해서도 안되고, 적당한 수준에서는 용서도 해줄 수 있어야 한다.

셋째, 법으로만 강요하지 말고, 자발적인 선의지(善意志)를 가진 사람에 대해서는 자율적 예절을 인정해야 한다. '법이 없어도 잘 살 수 있는 사람'에 대해서는 지나치게 법의 잣대를 들이대지 않는 것이 좋다.

넷째, 지속적으로 바른 예절과 인성 교육을 실시하여 자라나는 청소년이 무엇이 옳은 길인지를 알게 해야 한다. 이는 어른의 경우에도 마찬가지다. 아파트 생활, 자동차 운전, 식당이나 공공 장소 생활 등과 관련하여 새롭게 나타나는 예절을 깨달아 알게 해야 한다.

다섯째, 일탈 행위를 반복하면서 반성하지 않는 사람에 대해서는 강력한 처벌이 있어야 한다. 형법이나 특별법, 소년법 등을 통해 처벌해야 하고 가족과 지역 공동체가 연합하여 '향약(鄕約)'을 정해 놓고 죄를 물어야 한다.

여섯째, 범죄자나 일탈 행위에 대해서는 처벌과 함께 교정, 치유 교육이 동반되어야 한다. 청소년의 경우에는 범죄자로 처벌하기 이전에 교정과 치유를 통해 착한 사람으로 선도하는 것이 무엇보다도 중요하다.

Ⅱ 범죄자와 인성

1. 범죄자

죄와 범죄, 착한 사람과 나쁜 놈의 구분이 국가, 시대와 장소에 따라 상대적일 수 있다고 보았다. 똑같은 행위가 어떤 때는 죄가 되는데 어떤 때는 죄가 되지 않는다. 어느 나라에서는 처벌을 받는데 어느 나라에서는 처벌을 받지 않는다. 오히려 칭찬을 받기도 한다. 예를 들면, 어떤 나라에서는 길거리에 쓰레기를 버려도 처벌을 받지 않는다. 도시와 달리 시골에서는 길거리에 쓰레기를 버려도 쉽게 처벌받지 않는다. 싱가포르에서는 길거리에 껌만 뱉어도 죄가 된다. 살인 행위도 전쟁 중에는 용인되며 많은 사람을 해친 사람이 영웅으로 칭송을 받는다. 법과 윤리, 도덕의 기준이 상대적이기 때문이다.

그런데 어느 시대, 어느 장소이건 관계없이 범죄자가 될 가능성이 높은 사람이 있다. 일반적으로 다음과 같은 사람은 범죄자가 되기가 쉽다.

(1) 법규와 예절에 대한 지식이 없는 사람은 범죄자가 될 확률이 높다. '뭐가 뭔지' 모르는 사람, 법규 내용을 제대로 알지 못하는 사람은 별다른 죄의식 없이 제멋대로 행동하게 된다. 자기가 하는 행동이 예법을 어기거나 법규를 어긴다는 것을 모르는 사람은 쉽사리 범죄자가 될 수 있다. 어린 아이나 청소년은 법규나 예절에 대해 잘 모르기 때문에 이런 부류에 들기 쉽다. 그래서 법규나 예절을 어겼다고 함부

로 처벌해서는 안되는 것이다.

(2) 법규나 예절의 내용을 잘 알고 있지만, 일탈 행위를 하는 순간에 '참지 못하는' 사람은 범죄자가 되기 쉽다. 인간이 어떤 생각을 하고 이를 행동으로 옮기는 순간의 '참는 것'과 '참지 않는 것'의 시간 차이는 미세할 수 있다. 하지만, 행위의 결과는 엄청나게 달라진다. 모든 일에 있어서 참을성이 적은 사람은 범죄자가 될 가능성이 높다.[3] 다혈질이고, 쉽게 흥분하며, 이성적 절제력이 떨어지는 사람은 참을성이 없다. 차분히 이성적 사고와 행동을 하는 순간에는 괜찮다가도 술을 먹어 잠시 이성의 절제력이 떨어진 상태에서는 범죄를 저지르기 쉬워진다. 기분이 나쁘고 울적한 상태의 사람, 생리 기간 동안 여성 호르몬 작용에 의해 우울증을 느끼는 여성은 쉽게 범죄자가 될 수 있다.

(3) 범죄 행위를 일종의 '과시적이고, 우월한 행동'으로 여기는 사람의 경우에도 범죄자가 되기 쉽다. 속칭 '영웅 심리'에서 범죄를 저지르는 경우가 제법 있다. 학교 교칙을 어기면서 자랑하는 학생, 탈법이나 탈세를 자랑하는 사람, '민주 투사'라면서 기존 관행이나 법규를 위반하는 재야 인사, 자신의 권한을 과시하고 싶어하는 공직자 중에 범죄자가 많다. 기존 법규나 예절에 따분해 하며 반항하는 사람은 기본적으로 범죄 성향을 띠고 있다고 보아야 한다. 다만, 개혁이나 혁신, 창조적 일탈을 하는 경우는 제외시켜야 할 것이다.

(4) 정신적, 신체적 특성이나 장애로 인해 범죄자가 되는 수가 있다. 예를 들면, 덩치가 크고 힘이 센 남성은 길거리를 걷다가 노인이나 나약한 여성, 어린 아이와 부딪쳐 다치게 할 수 있다. 다치게 할 의도가 있었느냐 여부가 중요하지만, 당사자의 의도를 알기가 어렵다. 범죄성 기각 사유가 될 수 있는 정신 장애의 경우라면 어느 정도 정상 참작이 될 수 있을 것이지만, 다혈질, 분노 억지력 부족, 이중인격, 순간적으로 나타날 수 있는 정신 착란 등은 범죄를 유발하기 쉽다.

(5) '범죄 성향이 짙은', '나쁜 놈' 집단이나 조직에 속해 있는 사람은 선도자(예, 두목)의 지시, 동조(同調) 행위, 군중 심리(群衆心理)에 의해 쉽게 범죄자가 될 수 있

3) 우리가 알고 있는 참을 인(忍) 글자는 사실 칼(刀)을 들고서 남을 해코지하려고 하는 사람의 마음(心)을 나타내는 글자다. 이 긴박한 순간에 참을 것인가 아니면 참지 않고 남을 해코지할 것인가를 판단해야 한다. 그래서 이 글자는 참아서 죄를 짓지 않는 참을 인, 참지 않고 그예 남을 해코지하고 마는 잔인할 인이라는 뜻을 동시에 가지고 있다. 범죄자가 되느냐 아니면 참고 범죄자가 되지 않느냐는 '순간의 선택'이다. 참을성이 없는 사람은 후자의 잔인한 범죄자가 되고 만다.

다. 이런 성향의 조직은 폭력 성향의 리더가 조직원을 장악하고 범죄를 지시, 유도할 수 있다. 평소에는 이성적 자제력을 발휘하다가도 옆의 동료가 부추기거나 앞장서는 행동을 하면 쉽사리 동조하고 따라서 범죄를 저지를 수 있다. 심리적으로 적당히 흥분 상태에 있는 군중 무리 속의 사람은 한두 사람의 자극적 언행에 의해서도 쉽게 일탈 행위를 하게 된다.

(6) 스스로 '가진 것이 없다'고 생각하는 사람, '더 이상 잃을 것이 없다'고 생각하는 사람, 자포자기(自暴自棄)한 사람(the loser), '불리하게 피해를 당하고 있다'고 생각하는 사람 등의 경우에는 상대적으로 법규와 예절을 벗어나는 행동을 하기가 쉽다. 예로부터 예절은 '어느 정도 재산이 있는 사람이나 하는 것'으로 여겨져 왔다. 의식주 해결에 급급한 사람에게는 예절을 기대하기 어렵다고 보았다. 자포자기한 사람은 아무데서나, 자기마음대로 행동한다. 일탈 행위를 밥 먹듯 저지른다.

(7) 앞서 논의한 항목 중에 여러 분야에 관련되어 있는 사람이 바로 청소년이다. 청소년은 법규나 예절에 대한 지식이 부족하고, 절제력도 약하며, 군중 심리에 쉽게 동조하는 성향이 있다. 가진 것이 없어, 잃을 것도 적은 상태로서 앞일을 생각지 않고 일탈 행동을 하기 쉽다. 청소년은 아직 확고하게 자아가 형성되지 않은 상태에 있기 때문에 '뭐가 옳은지'를 잘 모르고 제멋대로 활동할 가능성이 높다.

청소년을 직장 취업 이전의 20대까지 포함할 때 이들은 가장 강력한 불만 세력이다. 20년 가까이 공부만 하고 있고, 돈도 없고, 자신의 뜻대로 할 수 있는 일이 별로 없다. 돈이나 직장은 기존 어른이 모두 차지하고 있다고 보아서 불만이 엄청나다. 증폭된 성적 욕구를 풀 방법이 없고, 세진 힘을 발산할 방법이 없다. 이런 불만이 범죄 행위로 연결된다. 청소년의 일탈 행동이나 (연령 제한으로 인해) 처벌받지 않는 범죄 행위, 형법상 범죄 행위까지를 총합하면 그 숫자는 엄청나다.

청소년은 불만이 많고, 범죄자가 될 가능성이 매우 높은 사람이다. 그래서 청소년은 범죄자가 되지 않도록 잘 교육되어야 하고 선도되어야 한다. 인성 교육 필요성이 가장 높은 집단이다.

<표 12-2>는 형법에 정한 강력 범죄를 저지르는 사람의 나이를 통계적으로 보여주고 있다. 가장 큰 비중을 보이는 연령대가 40~50대이다. 하지만, 이 통계에는 19세 이하 청소년의 (처벌 받지 않는) 범죄 행위에 대한 수치가 추가되어 있지 않다.

표 12-2 강력 범죄 시 연령(2015년)

	강력 범죄 시 연령(2015년)									
	소계	미성년	19세	20세	21~30세	31~40세	41~50세	51~60세	61~70세	71세 이상
소계	25,821	2,377	582	428	5,258	5,186	5,538	4,259	1,515	654
살인기수	389	7	3	2	52	75	106	87	28	29
살인미수 등	586	11	2	1	75	103	168	165	37	23
강도	1,999	441	98	61	415	438	307	191	36	11
강간	5,621	738	183	141	1,437	1,230	921	613	182	65
유사강간	535	90	20	19	106	97	104	66	22	11
강제추행	14,488	859	233	171	2,793	2,907	3,366	2,629	1,066	458
기타 강간 · 강제추행 등	686	135	20	19	152	129	95	83	39	13
방화	1,517	96	23	14	128	210	471	425	106	44

출처: 경찰청. 경찰청범죄통계.

▪범죄 생물학 이론

범죄 생물학 이론(the biological criminal trait theory)은 범죄자의 생물학적 특징이 범죄의 원인이 된다고 보는 이론이다. 범죄자가 지니고 있는 특정한 생물학적 특징이 다른 환경 여건, 매개 변수와 연결되어 범죄를 저지른다는 주장이다(최영인 · 염건령, 2005; 菊田幸一, 2010: 57–78).

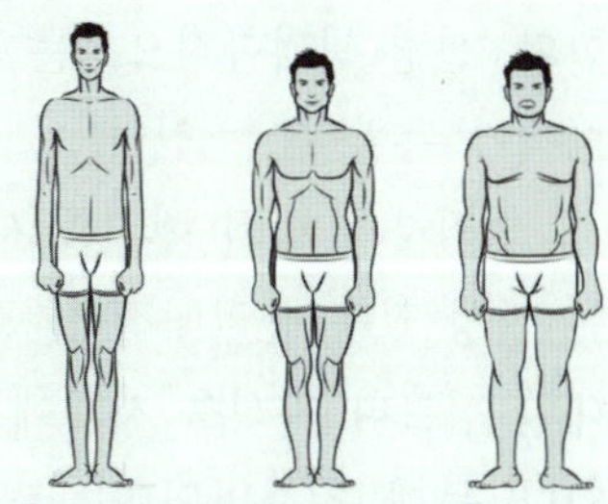

(출처: Wikipedia)

범죄 생물학은 범죄자의 유전자 연구, 쌍둥이 연구 등을 통해 범죄 경력이 부모 형제의 범죄 경력을 이어 받는가에 대한 연구로부터 출발한다. 첫째, 범죄 가족(犯罪家族, degenerate family)에 대한 연구인데 매춘부, 부랑자, 범죄자, 알코올 중독자 등은 가족 내에 같은 성향을 가진 사람이 지속적으로 배출된다고 보았다(菊田幸一, 2010: 57–63). 둘째, 셸던(W. H. Sheldon, 1898~1977)은 사람의 체형(Somatotype)을 세신형(細身型, Ectomorphic), 투사형(鬪士型, Mesomorphic), 비만형(肥滿型, Endomorphic)으로 분류하였다. 세신형, 즉 마른 체형은 홀로 고독과 자기만의 시간을 즐기고, 자세나 동작에 있어서 긴장하고 걱정이 많으며 절제한다.[4] 소극적이고 비밀스럽다. 비만형은 음식과 사람을 좋아하며 정이 많고, 반응이 둔하며 현실에 안주하는 성향이 있다. 투사형은 체격이 좋고 멋있으며 근육이 잘 발달해 있다. 열정적이고 투사형으로 위험 부담 있는 행동도 잘하는 사람이다. 범죄와 관련시켜 보면, 비만형은 누범성(累犯性)보다는 지발성(遲發性) 범죄가 많고 사기죄를 저지를 가능성이 높다(菊田幸一, 2010: 62-63). 세신형은 범죄 실현이 조발형(早發型)으로 나타나며 절도죄가 많고, 투사형은 폭력적 인신 범죄나 성범죄가 많다. 셋째, 이런 생물학적 이론은 우리의 관상학, 인상학 논의와도 맥을 같이한다. 눈이 삼백안(三白眼)인 사람은 뱀 눈으로서 사악한 성질을 가졌고, 광대뼈가 툭 튀어 나온 여성은 팔자가 세고 폭력적일 수 있다. 눈이 가늘고 쥐 눈을 가진 사람은 속이 어둡고 음흉하다(이대희, 1999: 144-153). 얼굴이 흉악하고 빈약한 완악한 상은 목소리도 짐승 같고 성품도 흉악하여 범죄형 인간이다.

범죄자의 신체적 특징이나 외모에 초점을 두던 범죄 생물학 이론은 점차 두뇌 기능이나 사고 작용, 심리학적 요인, 사회 경제적 요인 등에 관심을 갖기 시작했다. 최근에는 생화학적 조건, 신경 생리학적 조건, 유전자 등이 범죄와 관련이 있다고 한다(최영인·염건령, 2005). 생화학적 조건으로는 미네랄이나 비타민 등 영양 결핍이 우울증, 성적 충동, 인지 작용 장애, 마니아 성 촉발 등을 유발하여 범죄에 연결된다. 단백질 부족, 포도당 부족으로 인해 두뇌 활동이 비정상적으로 변모하여 범죄로 나타나기도 하고, 폭력성이 나타나는 수가 있다. 엔도르겐(androgen), 테스토스테론(testosterone) 등 남성 호르몬이 과다하게 분비되는 경우 폭력성이 증가하고, 여성의 생리 전후에 나타나는 스트레스와 여성 호르몬 증가로 인해 범죄가 촉발되기도 한다. 신경 생리학적으로는 뇌손상이나 뇌질환, 주의력 결핍, 과잉 행동 증상에 의해 범죄가 촉발될 수 있다.

범죄자의 범죄 행위를 사전에 막기 위해서, 또 범죄 이후에 재범을 막기 위해서는 인성 교육이 절대적이다. 그 이유는 앞서 살펴본 바와 같이 첫째, 법규나 예절에 대한 정보나 지식을 사전에 충분히 인지하게 교육함으로써 범죄 가능성을 줄일 수 있다. 둘째, 청소년의 인내력을 길러주는 것도 중요하다. 조그만 불만이나 촉발 행위에도 흥분하고 폭발하는 성격을 스스로 자제할 수 있는 능력을 길러주는 것이다. 법적인 처벌을 통해서도 범죄의 해악성을 인지시키고 절제력을 갖게 할 수 있겠지만 가상 체험이나 역할 연기, 심리 상담을 통해서도 인내력, 절제력을 키울 수 있다. 셋

4) Wikipedia, Somatotype and constitutional psychology(2016.8.4).

째, 자존감, 자존심을 키워줌으로써 자포자기 상태에서 일어날 수 있는 범죄를 막을 수 있다. 넷째, 군중 심리, 집단 동조의 특성을 잘 이해시키고, 이런 상태에서 저지를 수 있는 범죄를 자제토록 할 수 있다. '나쁜 놈'들의 모임을 멀리하도록 유도하는 것도 필요하다. 다섯째, 자신의 심리 상태, 자기가 처해 있는 사회 경제적 상황을 잘 이해하고 심리적 치유나 미래에 대한 희망을 갖게 함으로써 범죄를 미연에 막을 수 있다. 똑같은 상황을 '부정적으로 해석하고 이해'하지 않도록 하고, 밝고 긍정적인 미래를 꿈꾸는 사람이 되도록 만들 필요가 있다. 여섯째, 한번 일탈 행동을 하고 난 뒤에 또다시 거리낌없이 범죄적 일탈 행위를 하지 못하도록 할 필요가 있다. '깨진 유리창 이론'에서 말하는 것처럼 재범자, 영원한 범죄자가 되지 않도록 인성 교육, 지속적 선도, 필요할 경우 경찰과 법에 의한 방어 기재가 있어야 한다.

2. 범죄 원인

범죄의 종류가 다양하듯, 그 원인도 헤아릴 수 없이 많다. 범죄학자는 이론적으로 몇 가지 유형으로 나누어 살펴보고 있다. 전대양(2011)은 범죄 원인론과 관련하여 범죄 생물학, 범죄 심리학, 범죄 사회학 이론을 제시하고 있고, 이윤호(2007)도 마찬가지로 이 세 가지를 들고 있다. 菊田幸一(2010)은 신체적 생리적 요인, 개인 환경적 요인, 사회 환경적 요인으로 나누고 있다. 이는 범죄자 개인을 중심으로 신체 생리, 심리, 사회 환경으로 구분하는 것이다. 사회 환경을 좀 더 세분하여 개인의 가족과 경제 사회 환경, 국가 사회 환경으로 나누어 볼 수 있다.

범죄의 원인이 다양하듯 어떤 특정한 사람의 범죄 여부는 다음 <표 12-3>에서 보는 바와 같이 범죄 촉진 요인과 범죄 억제 요인의 상호작용에 달려 있다. 범죄 촉진 요인은 특정한 사람이 범죄 행위를 하도록 동기 유발을 하고 촉진하는 것이고, 억제 요인은 범죄 의도가 생기지 않게 하거나 범죄 실행을 막고 규제하는 것이다. 전자의 영향이 후자에 비해 크면 클수록 범죄 행위 가능성이 높아진다.

각 범죄 촉진 요인이 범죄 행위에 긍정적으로 작용하는 것을 잘 차단하고, 범죄 억제 요인을 잘 살려야만 해당되는 범죄를 줄일 수 있다. <표 12-3>에서는 범죄 촉진 요인에 대응하여 범죄 억제 요인이 나타나 있다.

표 12-3 범죄 촉진 요인과 억제 요인

개인 신체, 생리	
범죄 촉진	범죄 억제
* 건장한 체격과 폭력성	* 건전 체육, 스포츠에 열중
* 나약한 체격과 반발성, 극단성	* 자기 인정, 사회성 고양
* 청소년의 반발, 범죄성	* 청소년 정서 순화
* 남성 호르몬의 과격성	* 남성 호르몬 조절
* 여성 호르몬의 과다	* 여성 호르몬 조절
* 특정 영양 요소의 과다 또는 과소	* 영양 균형화
* 범죄성 있는 유전자(알코올 중독, 폭력, 정신 박약 등)	* 유전자 실상 파악, 치유

개인 심리	
범죄 촉진	범죄 억제
* 자아 발달의 부적절	* 정상적인 자아 발달
* 두뇌 기능의 약화, 문제성	* 두뇌 기능 촉진, 문제성 해결
* 극단적으로 높거나 낮은 지능지수	* 영재 관리, 저능아 관리
* 다혈질(多血質), 저혈질(低血質)	* '화', '낙담' 등에 대한 적절한 관리
* 정신 장애	* 정신 장애 치유와 관리
* '범죄적 행위'에 대한 선호	* '범죄적 행위'에 대한 경계, 완화
* '문제 있는' 가치관	* 가치관의 건전화

개인적 경제 사회 환경	
범죄 촉진	범죄 억제
* 문제 있는 가족(결손 가정, 부모 이혼, 가정 폭력, 잘못된 부모교육, 빈곤 가정 등)	* 가족의 정상화, 문제성 해결(부모 교육, 가정 폭력 방지, 가계 소득 보전, 이혼 상담, 결손 가정 지원)
* 실업, 빈곤	* 취직, 소득 보전
* 청소년(문제 학교: 학교 폭력, 인성 교육 부족 등)	* 학교의 정상화(학교 폭력 근절, 인성 교육 철저 등)
* 청소년 성적 갈등	* 자기 능력과 현실 인정
* 문제 있는 사회 관계(소통 부재, 사회성 결여, 이웃 갈등 등)	* 원활한 사회 관계 유지(소통, 좋은 이웃과 사회 관계 유지)

국가 사회 환경	
범죄 촉진	범죄 억제
* 국가 혼란, 전쟁	* 국가 체제 확립, 질서 유지
* 남한과 북한 갈등, 탈북자	* 남북한 평화 체제 구축, 탈북자 지원
* 경제 위기	* 경제 안정, 성장
* 빈부 격차	* 빈부 격차 해소, 부자의 약자 지원, 빈자의 인격성 회복

* 정치 갈등 심화	* 민주적 정치 갈등 해결
* 사회 혼란과 무질서	* 사회 질서 유지, 경찰력 증강
* 다문화 사회 갈등	* 다문화 사회 안정화
* 도시 우범 지역	* 환경 방범 설계, 경찰력 증강
* 국가 간 정치, 경제, 사회, 문화 갈등	* 국가 간 원활한 관계 유지
* 부적절한 법규(지나친 규제, 민의를 왜곡하는 법규 등)	* 법규 정비, 민의 존중
* 범죄를 촉발하는 언론 매체	* 언론 매체의 책임성 강화

자연 환경 및 기타	
범죄 촉진	범죄 억제
* 자연 환경 파괴, 오염	* 자연 환경 보호, 적절한 이용
* 천재지변(天災地變)	* 재난 대비 철저, 적절한 피해 복구
* 우연	* 범죄 개연성 차단, 사전 예방

1) 개인의 신체, 생리 원인

개인의 신체, 생리적 특성과 범죄 사이의 관계에 대해서는 앞서도 잠깐 논의한 바 있다. <표 12-3>을 중심으로 다시 간단히 논의해 보기로 한다. 건장한 체계의 소유자는 자기보다 약한 사람에 대해 이런저런 피해를 주기가 쉽다. 하지만, 문제가 심각한 것은 이런 사람이 자신의 신체적 장점을 악용하여 남에게 폭력을 행사하고 범죄 행위를 일삼는 경우다. 청소년들이 학교 내에서 신체적 약자를 괴롭히는 행위가 대표적이다. 반대로, 나약한 체격을 가진 사람이 자주 괴롭힘을 당하고 심한 열등감에 사로잡히게 된 경우에는 극단적 반발이나 자기 상해 등의 범죄 행위를 일으킬 수가 있다.

남성은 여성을 향해 성적, 신체적 폭력을 행사할 가능성을 지니고 있다. 남성 호르몬 자체에 그런 속성이 내재되어 있다. 물론 여성의 경우에는 여성 호르몬 작용에 의한 우울증, 일부 여성의 경우에 성매매 같은 범죄 행위를 할 수가 있다. 여성 범죄는 가시적이지 않아 은폐된 범죄가 많다(이윤호, 2007: 47). 여성 범죄의 대부분이 우발적이거나 상황적(situational) 범죄이며, 배후에서 공범으로 가담하는 경우가 많다. 여성 범죄자의 경우에 자신이 잘 알고 있는 사람을 대상으로 하고, 비신체적 범행 수법을 주로 활용하며, 경미한 범죄를 반복하는 경우가 많고, 여성의 성적 위기감이나 모성애의 발로로 인한 범죄가 많다(이윤호, 2007: 47-48).

연령을 고려하면 20세 전후의 젊은이는 시대, 장소, 성별, 국가, 종교 등과 관계

없이 사회적 일탈 행위와 범죄 행위가 많다. 청소년은 아직 자아 정체성이 완벽하지 않고, '잃을 것이 적으며', '욕구 불만이 충만한 상태'에 있기 때문이다. 기득권층이나 어른에 대한 경쟁심, 적개심이 개혁, 혁신, 반대, 극복, 변화를 넘어 범죄로 발현되고 있다. 분명한 것은 나이가 많아질수록 범죄율이 감소한다는 점이다. 그 원인으로는 성장 효과(maturation effect), 노쇠화(aging out), 정착 과정(setting down process)으로 인한 것이다(이윤호, 2007: 49).

청소년의 성범죄는 결혼을 통해 성적 욕구가 해소되면 줄어든다. '일부일처주의(一夫一妻主義)'를 신봉하는 가족주의 상태에서는 결혼이 성범죄 예방의 지름길이다. 그래서 조숙한 청소년, 나이든 미혼 남녀, 홀로된 과부나 홀아비는 '잠재적 성범죄자'가 될 수 있다. 청소년의 이런저런 욕구 불만은 취직을 하여 소득이 생기게 되면 줄어든다. 젊은층의 다양한 욕구 불만형의 범죄는 안정된 직장 취업과 함께 사라질 수 있다. 직장에 충실해야 되고, 봉급을 통해 많은 일을 할 수 있으며, '잃지 말아야 할 것'이 생기기 때문이다. 많은 봉급을 받을 수 있는, 좋은 직장을 갖기 위해서는 학생 신분일 때 열심히 공부해야 한다. 공부를 잘하고, 가능성이 높아지는 상태에 있는 젊은이는 상대적으로 범죄 가능성이 낮다.

한국의 많은 젊은 남성은 군대 입대와 함께 규칙적이고 절제된 생활을 하게 되면서 범죄적 일탈 행위를 하지 않게 된다. 군대의 규율이 젊은이의 법규 존중 의식을 키우고, 인간적 성장이 범죄 가능성을 낮춘다.

가족 내에 유전적으로 알코올 중독자가 많은 경우에는 자식도 그런 유전자를 소유하고 있을 가능성이 높고, 그로 인한 범죄 행위를 하기가 쉽다. 폭력이나 정신 박약 등도 마찬가지다. 하지만, 이런 유전적 요인을 설령 가지고 있더라도 가치관 형성, 인성 교육 등을 통해 범죄 행위를 하지 않을 가능성도 충분해질 수 있다.

2) 개인 심리 원인

개인의 자아가 건전하게 육성되고, 외부의 법규나 예절로 초자아(Super-ego)가 잘 형성되어 있는 경우에는 정상적인 인격체로 성장해 갈 수 있다. 하지만, 자아 발달이 부적절할 경우에는 초자아의 범죄 억제력이 떨어지고, 자아의 무분별한 작용으로 범죄가 촉발될 수 있다.

인간의 심리와 행동을 제어하는 두뇌에 문제가 있을 경우에 절제력을 상실하거나 발작 증세, 치매 증세 등을 유발할 수 있다. 정신 장애나 이상 심리도 범죄 행위와 연결되기 쉽다. 매우 높은 지능 지수를 가진 사람이 사기나 횡령과 같은 화이트 칼라 범죄를 유발할 가능성도 있고, 저능아가 범죄 행위를 유도하는 사람의 꼬임에 쉽게 빠져서 범죄를 저지르기도 한다.

성격적으로 다혈질인 사람은 흥분을 잘하고 극단적인 행동을 일삼기 쉽다. 그만큼 범죄 행위 가능성이 높다. 이와는 반대로 저혈질인 사람은 쉽게 낙담하고 자포자기에 빠져 극단적인 행동을 할 수가 있다. 살인 범죄의 경우에 '우발적 요인'이 가장 크게 나타나는 것은 이런 성향과 관련이 깊다. 다음 <표 12-4>는 살인 범죄자의 살인 동기를 나타내고 있다. 우발적인 살인이 38.8%로 가장 높고, 가정 불화가 7.9%로 나타났다. 금전 취득과 관련된 이욕, 현실 불만도 적지 않다.

표 12-4 범죄자의 살인 동기(2013년)

살인 범죄자 범행 동기	건수	비율(%)
우발적	407	38.9
가정 불화	83	7.9
이욕(利慾, 생활비, 유흥비, 도박비, 허영 사치, 치부 등)	62	5.9
현실 불만	48	4.6
보복	7	0.7
부주의	5	0.5
미상	161	15.4
기타	274	26.2
합계	1,047	100.1

출처: 범죄와 형사사법 통계정보(CCJS). http://www.crimestats.or.kr

성격적으로 범죄성 행위를 좋아하는 사람의 경우에는 범죄와 연결될 가능성이 높다. 평소에 화투나 내기성 게임을 즐겨하는 사람은 도박에 빠져들기 쉽고, 이로 인한 사기, 충동성 범죄, 횡령, 폭력 등을 행사할 가능성이 높다. 청소년 시절부터 폭력적 서클에 소속되어 집단 폭력을 자랑하고 즐기던 사람은 범죄자가 되기 쉽다.

성격이나 가치관에 법규 일탈 행위를 아무렇지 않게 생각하고, 즐기듯, 자랑하듯 하는 사람의 경우에는 범죄자가 될 가능성이 높다. 남을 괴롭히는 성격, 자기를 심하게 자학하는 성격, 실수나 빈틈이 많은 성격 등은 범죄 행위를 일으키기가 쉽다. 자발적 예절을 별것 아니라고 여기는 태도, '기존 법 체제는 기득권층을 옹호하는 것'이라는 편견 등도 범죄 행위를 촉진하기 쉽다.

3) 개인적 경제 사회 원인

개인적으로 가족에 문제가 있으면 범죄자가 될 가능성이 높다. 결손 가정, 즉 부모가 이혼했거나 부모가 없는 경우, 부모의 알코올 중독이나 폭력 행위, 빈곤 가정 출신의 청소년은 범죄적 일탈 행위를 하기가 쉽다. 어린 나이에 결손 가정의 나쁜 영향을 받은 사람일수록 성장 과정이나 성장 이후에도 범죄 행위에 빠져 들기 쉽다(물론 정상적으로 반듯한 자아, 인성, 가치관을 형성하여 소유한 사람의 경우에는 아무리 결손 가정이라도 범죄에 빠져 들지 않는다).

어릴 적 부모 교육은 매우 중요하다. 순진하게 태어난 어린 아이는 성장해 가면서 세상을 배우고 경험하며, 자아를 형성해 간다. 이 과정에서 부모를 통해 반듯한 인성, 자아를 형성해 가야만 한다. 하지만, 모든 부모가 가정 교육 능력을 가지고 있고 반듯한 인성을 소유한 사람이 아닐 수 있다. '문제 있는' 부모가 '문제 있는' 청소년을 만들기 쉽다. 폭력을 일삼는 부모 밑에서 성장한 아이는 폭력에 둔감하고 성장 이후에도 폭력을 행사할 가능성이 높아진다. 부모의 폭력에 의해 상처받은 사람은 '정상적인 인성'을 소유하지 못할 수가 있다.

청소년의 긴 학교 생활은 인성 형성에 큰 영향을 미칠 수 있다. 문제 있는 학교, 즉 학교 폭력, '왕따', 부적응 학생이 많은 학교에서는 바른 인성 교육을 기대하기 어렵다. 교육 과정의 획일화, 지루한 학교 공부, 입시 경쟁 과열 등은 공부를 싫어하거나 능력 부족한 학생의 일탈 행위를 촉진할 수 있다(법무부 범죄예방위원 전국연합회, 2005: 41). 학교 부적응 청소년은 일탈 행위에 빠져 들고, 경우에 따라서는 가출과 자퇴, 소년원 입교를 반복하게 된다.

일반인의 경우에는 실업이나 빈곤으로 인해 범죄에 빠져드는 경우가 많다. 도둑이나 강절도, 횡령, 탈세 등은 가난한 사람에게서 많이 발생한다. 가난한 사람의 부자에 대한 질투, 비난이 이들에 대한 증오 범죄로 발전할 수 있다. 노동자의 기업가, 사장에 대한 반발이 태업이나 파업으로 발전할 수 있다. '잃을 것이 적은' 가난한 사람이 '지킬 것이 많은' 부자에 비해 범죄 일탈 행위를 할 가능성이 높다.

사람 중에는 이웃이나 지역 사회와 원활한 사회 관계를 유지하지 못하는 사람이 적지 않다. 의사소통 능력이 부족하거나 이웃과 담을 쌓고 사는 사람 중에는 조그만 일을 가지고도 이웃과 갈등을 겪고, 다투는 경우가 있다. 이웃과 소외된 사람, 갈등을 수월하게 해결하지 못하는 사람 중에 극단적 범죄 행위, 일탈 행위를 하는 수가 있다.

4) 국가 사회 환경 요인

개인 차원을 넘어서 국가나 사회 차원의 환경이 범죄 원인으로 작용하는 수도 많이 있다. 이런 요인이 개인적 신체나 생리 요인, 개인적 경제 사회 요인과 융합하여 범죄를 유발하고, 촉진시킨다.

전쟁이나 내란, 국가 혼란의 상황에서는 법규 체제가 제대로 작동하지 않고 범죄 검거나 처벌도 잘 이루어지지 않아 범죄가 만연하기 쉽다. 평소에는 안정적이고 정직한 인성을 소유하고 있던 사람도 불안에 빠져들고 사회 혼란에 동반하여 일탈 행위를 일삼게 된다. 범죄 성향이 있는 사람의 경우에는 더욱더 적극적으로 범죄 행위를 하게 된다. 개인적으로 조직적으로 범죄 일탈 행위가 발생하게 된다. 물론 가장 큰 범죄 행위는 전쟁이다. 전쟁은 살인을 정당화하고 재물 약탈, 강제 동원, 법규 위반을 당연시한다.

현재 남한과 북한은 극단적으로 대치 상태에 있다. 북한의 김정은 정권은 핵 개발을 지속하고, 미사일을 쏘아 올리면서 한국을 자극하고 있다. 연평 해전과 천안함 폭침 등 전쟁 행위를 서슴지 않게 행하고 있다. 북한 체제로부터 탈출하는 북한 이탈 주민이 지속적으로 증가하고 있다. 이들은 국가의 보호를 받아 국내에 정착하고 있는데 문제는 한국 내 정착이 쉽지 않다는 점이다. 국내 정착을 제대로 하지 못한 북한 이탈 주민이 자칫 부적응자가 되고, 사회적 패배자로 전락할 가능성도 있다. 그렇게 되면 범죄적 일탈 행위에 빠져 들 수 있다.

국가의 경제 사정은 국민 개개인의 삶에 큰 영향을 미친다. 1997년 금융 위기로 인한 IMF 지원 체제는 수많은 실업자를 양산했고, 이로 인한 충격으로 자살 등 범죄 행위에 빠져 든 사람이 적지 않았다. 경제 위기는 경제 성장률을 둔화시키고 소득 감소, 실업자 양산, 기업 도산(倒産), 체납자 및 신용 불량자 양산을 가져오게 되어 있다. 이에 뒤따라 가정 파탄, 개인 파산, 질병과 사고, 가정 폭력, 이혼 등이 발생한다.

경제면에서 큰 빈부 격차는 사회 갈등을 유발하고 다방면으로 나쁜 영향을 미친다. 극빈자의 범죄적 일탈 행위는 전 세계 모든 나라의 두통거리다. 절대적 빈곤자는 빈곤의 악순환에 빠져 들어 종래는 다양한 형태의 범죄적 일탈 행위를 일삼게 되어 있다. 이와 함께 상대적 빈곤자도 불만이 많아져 부자, 기업가, 사장에게 불평불만을 늘어놓고 이들을 향해 저주의 목소리를 높이곤 한다. 마르크스－엥겔스(Marx－Engels)의 계급 갈등 이론은 가난한 사람에게 큰 힘이 되어 국가 체제에 위협 요인으로 작용한다.

정치 갈등과 사회 혼란은 범죄성 있는 사람의 범죄적 일탈 행위를 교묘하게 촉진하는 요인으로 작용한다. 1980년대 후반의 정치 민주화는 기존 법 질서를 유지하려는 여당과 집권 세력을 향해 '민주화 세력의 극단적인 저항'과 함께 이루어졌다. 이를 전후하여 '민주화'라는 이름으로 시도된 시위, 불법 행위가 만연했었다. 법을 어기는 불법 행위가 정당하고 바른 행위로 여겨졌다. 이런 전통이 지금까지도 '민주'를 외치는 사람에 의해 촉발되고 있다. '혁신'이라는 이름으로 시도된 많은 행동이 '불법 행위의 정당화'로 추진되곤 하였다.

한국 사회는 북한 이탈 주민, 동남아나 중국, 몽골 지역으로부터 유입되는 결혼이민, 노동자 유입 등으로 인해 빠르게 다민족 사회, 다문화 사회로 전환되고 있다. 한국 단일 민족에서 다민족 국가로 전환하고 있는 중이다. 다문화 사회는 민족 갈등과 문화 갈등을 촉발시킬 수 있다. 한국 문화에 쉽게 적응하지 못하는 이주민, 이주노동자, 이민자들은 의도적으로 또는 비의도적으로 범죄적 일탈 행위를 하게 될 수 있다. 언어 소통의 곤란, 사회적 빈곤층으로의 전락, 자녀의 학교 생활 부적응 등이 자칫 범죄 행위를 촉진할 수 있다.

다문화 이주민이 많이 모여 사는 곳, 상대적 빈곤자로 볼 수 있는 낮은 임금 노동자의 집단 거주지는 주거 여건이나 사회 문화 여건이 좋지 않은 경우가 많다. 미국 시카고나 디트로이트의 우범 지역이 그런 곳이다. 이런 지역에 살고 있는 사람은 실업, 빈곤, 노숙자, 좋지 않은 집, 나쁜 교육 여건 등으로 특징지어진다. 일명 '깨진 유리창 이론', '범죄 아노미 이론', '비행 하위 문화(非行 下位文化, delinquent subculture)'와 관련된 우범 지대다. 이런 지역에 사는 사람은 목적 달성의 실패, 기대와 성취 사이의 괴리, 긍정적 자극의 제거, 부정적 자극의 출현으로 인해 사회적 긴장이 높아져 있다(전대양, 2011: 341). 이는 뒤르켐(Durkheim, 1951)의 자살 연구, 머튼(Merton, 1938)의 아노미론에 근거한 것인데, 이런 긴장이 노여움, 좌절, 실망, 우울, 두려움 등을 유발하고 상대적 박탈감에 빠져들게 한다. 결과적으로 약물 남용, 폭력, 잦은 일탈 행동, 학교 부적응과 중퇴 등 반사회적 행동, 범죄 행동을 하게 된다(전대양, 2011: 341). 깨진 유리창 이론은 나쁜 환경, 좋지 않은 범죄 상황이 방치되고 지속될 경우에 끝내는 범죄에 도달하게 된다는 주장이다.

부적절한 법규나 예절도 국민 생활과 맞지 않고 민의(民意)를 왜곡함으로써 범죄적 일탈 행위를 유발할 수 있다. '자식은 부모에게 효도해야 한다', '부모는 자식에 대해 무한 책임을 져야만 한다'는 식의 전통 예절은 이제 시대 변화에 맞춰 변모되어야 한다. 효도의 정신은 계승하되 효도하는 방식을 달리 해야 한다. 마찬가지로 자식에 대한 사랑도 상황에 맞춰 달라져야만 한다. 전통 기준에 시각을 고정한 상태에서 현대의 효도와 자식 사랑을 보면 수없이 많은 사람들이 '잘못'하고 있는 게 될 수 있다. 마찬가지로 각종 형벌 법규, 정부의 정책과 관련된 특별 법규 등의 내용도 국민 감정, 국민 생활 환경에 맞춰 정비되어야 한다. 공직자 부정 청탁과 선물 수수를 막겠다고 학교 선생님과 교수, 언론 활동 종사자를 모두 적용 대상으로 하는 것이나 음식 값을 3만 원, 선물 비용을 5만 원 등으로 한정하는 것은 문제가 있다. 학부모가 자녀의 선생님에게 점심 식사, 칼국수 한 그릇만 대접해도 '부정 청탁'으로 몰아 처벌하는 것은 문제가 심각하다. 정부와 경찰, 검찰은 전 국민을 향해서 '감시의 눈초리'를 밝혀야 하고, 국민은 서로서로 감시하고 고발하는 노력을 기울여야만 한다. 세계 최고의 자유 민주주의 국가가 가장 극단적으로 경색된 북한 공산주의 감시 체제처럼 운용되게 되어 있다. '감시의 눈초리'를 피해 법규를 어기게 된 사람은 '부정직한 범법자' 신분으로 살아가야만 한다.

각종 언론 매체, 영화나 드라마는 전 국민을 향해 범죄 행위를 묘사하여 보여주고, 범죄 정보를 정확하게 밝혀내며, 국민의 범죄 경각심을 일깨우고 있다. 하지만, 이런 보도 내용은 국민의 범죄 가능성을 높여 주는 데 기여하기도 한다. 언론 보도 내용을 모방한 범죄가 곳곳에서 나타나고 있다. 범죄 의도가 없었고, 범죄 행위의 방법도 잘 모르던 사람이 '훌륭한 범죄자'로 변신하는 데 언론 매체가 큰 기여를 하고 있다. 순진한 사람을 범죄적 일탈 행위로 유도하는 언론 보도, 영화, 드라마에 대한 사회적 감시, 자정(自淨) 요구, 법적 규제 장치가 필요하다.

국가 간 정치, 경제, 사회, 문화 갈등으로 인해 범죄적 일탈 행위가 발생할 수도 있다. 최근에 IS(=Islam State, 자칭) 세력을 중심으로 벌어지고 있는 전 세계적 테러 행위가 좋은 예다. 종교 갈등이, 특정 국가의 정치 갈등이, 범죄 행위를 유발할 수 있다. 국가 간, 기업 간 경제 전쟁은 특허나 비밀 유출, 노동 쟁의, 전문가 두뇌 사냥 등의 범죄를 유발하곤 한다. 중국 어선의 한국 연해 침범, 기업 사냥이나 불법 자금 이동, 노동자 밀입국과 불법 체류, 한국 내 사드(THAAD) 배치 문제를 계기로 중국 진출 한국 연예인의 행사가 불법화되는 것 등이 좋은 예다.

5) 자연 환경 및 기타 원인

자연과 더불어 살아가는 인간은 자연 환경 파괴를 계기로 범죄와 연결되는 수가 적지 않다. 대기 오염의 증가로 오존층이 파괴되고 지구 온난화가 빨라진다. 지구가 더워지면 강물과 샘물이 말라 물 전쟁이 시작된다. 메콩강 상류에 댐을 건설하려는 중국과 라오스, 베트남, 캄보디아는 서로 생존 경쟁을 하게 되어 있다. 중국의 대기 오염과 미세 먼지는 한국 반도체 공장과 같은 산업 시설을 망가뜨릴 수 있다. 여름의 뜨거움을 견뎌내기 어려워하는 사람 중에는 신경질적으로 남을 향해 폭력을 행사하는 수가 있다.

아프리카 여러 나라는 물과 숲, 자연 자원을 차지하기 위해 전쟁을 일삼는다. 이들을 소유하고 있는 나라가 지나치게 자연 환경을 파손하면 이웃 나라는 더욱더 고통을 받는다. 우리의 경우에도 낙동강 상류의 공단에 의한 수질 오염은 하류 지역 주민에게 큰 피해를 주고 있다. 이를 계기로 이웃하는 지자체, 주민 간에 다툼이 생겨난다.

지진이나 화산 폭발, 태풍, 장마, 심한 가뭄 등 극심한 천재지변이 일어나면 국가 체제와 사회 질서가 파괴되고 범죄자가 등장한다. 혼란과 무질서를 최대한 활용하여 범죄를 저지르는 것이다.

앞서 살인을 저지르는 살인자 중에 우발적으로 범죄를 저지르는 경우가 매우 많다는 통계를 보았다. 범죄적 일탈 행위가 자아에 의해, 의도적으로, 특별한 목표를 위하여 일어나는 것이 아니라 전적으로 우연(偶然)하게 일어나는 경우가 적지 않다. 우연한 일탈 행위, 우연한 범죄 행위가 의외로 많다.

■ 범죄 원인론과 범죄 기회론

범죄 원인론(犯罪原因論)이 범죄의 원인이 무엇인가를 밝혀내는 이론이라면, 범죄 기회론(犯罪機會論)은 어떤 순간에 범죄가 발생하게 되는가에 대한 이론이다. 원인론이 범죄 발생 이후에 그 원인을 찾아내 대처하는 것에 관심을 두고 있다면, 기회론은 범죄가 발생하게 되는 기회를 사전에 예방하고자 하는 데 초점을 두고 있다(小官信夫, 2008: 31－32). 원인론 입장에서는 심리학의 추동 이론(推動理論)에서처럼 발생한 범죄의 근본 원인을 찾아들어 가는 데 관심이 많다. 이를 토대로 장기적이고 근본적인, 또 대규모적인 범죄 근절 대책을 추구하게 된다(小官信夫, 2008: 32). 이에 비해 기회론에서는 단기적, 즉응적, 단편적 범죄 대책을 통해 범죄 발생을 사전에 막는 데 주안점을 둔다.

앞서 논의한 바와 같이 범죄의 원인은 다양하고, 범죄자는 이런 여러 원인 중 몇 가지를 항시 지니고 있다. 하지만, 이런 원인이 복합되어 실제 범죄로 발현되는 것은 어느 한 순간에 '범죄 기회를 포착'하게 됨으로써 생겨난다. '화가 치밀어 살인을 하고 싶은' 범죄 성향의 사람 앞에, 때마침 아무도 없었다면 살인은 일어나지 않는다. 몹시 가난해서 돈을 훔치고 싶지만, 주변에 돈 없는 가난한 사람만 있다면 도둑질이 일어나지 않는다.

범죄의 발생은 범죄자가 범죄 행위에 소요되는 비용과 범죄를 통해 얻게 되는 이익을 고려하여, 이익이 비용보다 월등히 크다고 생각할 때 이루어진다. 범죄자는 범죄 기회를 이용하는 비용과 범죄 실행 사이에 적절한 균형점을 찾아 행동에 옮긴다. 이와 반대로 범죄 피해자가 범죄를 당할 기회를 얼마나 제공하는가 여부도 범죄자의 범행 의도 결정에 영향을 미친다. 범죄자의 범죄 기회 수요와 피해자의 기회 공급이 만나는 순간에 범죄가 발생한다. 범죄 기회 수요와 공급 관계를 그림으로 나타내면 [그림 12-1]과 같다(小官信夫, 2008: 35-38).

그림 12-1 범죄 기회의 수요-공급과 범죄의 발생

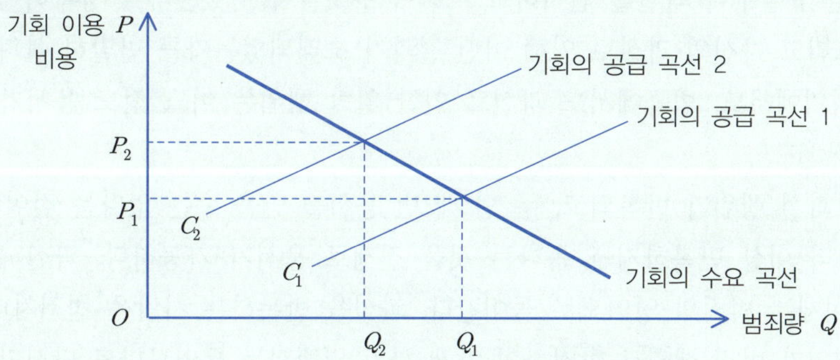

[그림 12-1]에서 보면 '기회의 수요 곡선'과 '기회의 공급 곡선 1'이 만나는 지점에서 범죄 $C_1(P_1,\ Q_1)$이 발생한다. 여기서 기회 이용 비용(P: 機會利用費用)이란 범죄자가 범죄를 이행하는 데 드는 기술 비용, 노력과 에너지 투입 비용, 검거될 경우

에 입게 될 위험 수당 등을 모두 합친 비용이고, 범죄량(Q: 犯罪量)은 범죄가 일어나는 빈도를 말한다. 이 비용과 범죄량을 고려하여 범죄자의 기회 수요 곡선이 그려지고, 범죄 피해자의 기회 공급 곡선이 만들어진다. 범죄 피해자가 사전에 조심하고, 위험 요소를 줄이면 범죄 피해자에 의해 형성되는 '기회의 공급 곡선 1'이 '기회의 공급 곡선 2'로 이동하게 된다. 그러면 균형점이 $C_2(P_2,\ Q_2)$로 이동하는데, 이때는 범죄자의 기회 이용 비용이 상승하여 상대적으로 범죄량은 줄어든다.

3. 범죄의 진행

범죄 발생 원인에 의해 범죄가 일단 일어나더라도 이를 더 이상 심화되지 않게 하거나 재범, 3범 식으로 반복되지 않게 해야만 한다. 범죄의 진행이 빠르지 않게 하고, 더 이상 악화되지 않게 하는 것이 중요하다. 1차 범죄가 2차 범죄, 3차 범죄로 확산되거나 악화되지 않게 하는 것이 중요하다.

1) (과실 행위) $\nRightarrow$ (범죄 행위)

사회 생활을 하는 과정에서 인간은 다양한 형태의 실수(失手)나 과실(過失)을 하게 되어 있다. 의도하지 않은 상태에서 예절을 어기고 법규를 어기는 것이다. 실수를 하지 않아야 하지만 순간적 방심이나 우연하게 일탈 행위를 하는 것이다. 이런 경우에는 빨리 실수나 과실을 인지하고 자신이 무엇을 잘못했는가를 정확히 인식해야 한다. 그리고 자신의 과실로 인해 어떤 결과가 초래되었는가를 면밀히 살펴야 한다. 예절 영역에서도, 법규에서도 과실로 인한 일탈 행위는 어느 정도 용서가 가능하다.

문제는 과실 행위가 반복되고, 두 번 세 번 용서를 받을 수는 없다는 점이다. 과실 행위는 더 이상 반복하지 않는다는 것을 전제로 용서가 가능하다. 과실 행위가 반복되면 이제는 범죄의 영역으로 들어간다. 과실을 반복하는 사람은 범죄자다.

과실 행위가 범죄 행위로 발전하지 않게 하기 위해서는 무엇보다도 당사자의 이를 악무는 수준의 인내력, 실수를 반복하지 않으려는 엄청난 주의력이 필요하다. 합리적 자아를 소유한 사람, 감성적 지성을 소유한 사람은 스스로 강력한 절제력을 발휘할 수 있어야 한다. 그런 다음에는 당사자 주변의 감시 장치, 지속적인 인성 교육이 병행되어야 한다.

2) (경미한 1차 범죄) ⇏ (흉악한 2차 강력 범죄)

경미한 1차 범죄가 흉악한 2차 범죄화하는 것을 잘 차단해야만 한다. 가장 많은 예가 무엇을 훔치러 들어갔다가 살인을 하는 경우, 여자에 대한 성폭행 이후에 강도, 폭력, 살인 등 흉악한 2차 강력 범죄로 발전하는 경우다. 강력 범죄는 법률 용어는 아닌데, 흉기나 폭력을 사용하여 심리적으로 또는 물리적으로 반항할 수 없게 만든 뒤 생명이나 신체, 재산에 큰 피해를 주는 범죄를 말한다. 대검찰청에서는 강력 범죄(흉악)과 강력 범죄(폭력)으로 분류하고 있다. 전자에는 살인, 강도, 방화, 성폭력이 포함되고, 후자에는 폭행, 상해, 협박, 공갈, 약취(掠取)와 유인(誘引), 체포와 감금이 포함된다.

경미한 1차 범죄가 흉악한 2차 강력 범죄로 전환하는 이유는(김태곤, 2016) 첫째, 완전 범죄나 증거 인멸을 위해서 강력 범죄를 시도하는 수가 있다. 둘째, 범죄자가 자신의 우월성을 과시하기 위하여 강력 범죄를 추가로 저지른다. 셋째, 범죄 중독성이 있어 일단 절도, 성범죄 등 경미한 범죄에 착수한 이상 강력 범죄로 옮겨가는 수가 있다. 넷째, 다다익선 이론에 따라 범죄자가 한꺼번에 여러 범죄를 동시 다발적으로 시도하는 것이다. 예를 들면, 주거침입 절도범이 물건을 훔치다가 여성을 발견한 후, 성범죄를 시도하고, 피해자의 반응에 따라 강력 범죄를 유발하는 것이다. 다섯째, 범죄자는 100% 완전 범죄를 꿈꾸므로, 완전 범죄가 가능하다고 생각되면 언제라도 증거 인멸을 위해서 강력 범죄로 나갈 수 있다. 여섯째, (금반언 원칙처럼[5]), 고분고분하던 피의자가 갑자기 반항하거나 거부할 경우에 강력 범죄화할 수 있다. 일곱째, '쉬운 먹이 이론'에 따라 피의자가 너무 쉽게 지배당하고 순종형이 될 경우에 오히려 더욱 강력한 범죄로 나아갈 수 있다. 여덟째, 작용–반작용 이론에 의하면 피의자의 강한 반응에 대한 반작용으로 더욱 강력한 범죄가 촉발될 수 있다.

인성 교육을 통해 범죄자가 1차 경미한 범죄 이후에 2차 강력 범죄화하지 않도록 만들어야 한다. 마찬가지로 피의자가 될 수 있는 일반 국민에게 이런 2차 범죄화

5) 금반언의 원칙(禁反言의 原則, estoppel)은 이미 표명한 자기의 언행에 대하여 이와 모순되는 행위를 할 수 없다는 원칙을 말한다. 모순된 선행 행위를 한 자는 그에 대한 책임을 부담하여야 한다는 의미이다(위키백과). 예컨대, 회사가 대표권이 없는 이사에게 대표이사나 이에 유사한 직함(사장・부사장・전무이사・상무이사 등)을 명시적으로 붙이고, 사용하는 것을 묵시적으로 승인하는 경우가 있다. 따라서 이것을 믿고 거래한 선의의 제3자에 대하여 회사는 책임을 져야 하는데 표현 대표이사 제도의 의의가 있다(상법 제395조). 그 밖에 부실의 등기(상법 제39조)・명의대여자의 책임(상법 제24조)・표현지배인(상법 제14조) 등의 규정이 있다(다음 백과).

맥락을 알려주고 비상시에 잘 대응토록 해야 한다.

3) 초범 ⇏ 재범 ⇏ 누범

처음 범죄를 저지른 사람으로 하여금 더 이상 범죄적 일탈 행위를 하지 못하게 하는 것이 중요하다. 초범자는 자신의 범죄에 대해 진정으로 반성하고 더 이상 범죄자의 길로 들어서지 않는 것이 필요하다. 범죄 행위를 상습적으로 저지르는 사람의 특성을 보면 다음과 같다(법무부, 2005: 204).

- 지능, 교육 정도가 낮고 통찰력이 결여되어 있다.
- 알코올 의존, 약물 의존, 신체상의 질환, 장애가 있는 경우가 많다.
- 주위의 환경에 좌우되기 쉬운 의지 박약자이다.
- 자기중심적이고, 자신을 실제 이상으로 으스대는 현시(顯示) 욕구, 허영심이 강대하고 기만적인 행동이 많다.
- 대인 관계가 좋지 않으며 사회성, 협조성이 부족하다.
- 참을성, 지속성이 없고 근로 의욕이 부족하다.

이런 속성에 더하여 재범과 누범을 촉진하는 범죄 환경이 잘 조성되어 있다. 자신이 전과자, 범죄자라는 사실을 강하게 의식하고, 이런 나쁜 상황에 대한 방어 수단으로 위협적 태도를 밖으로 표출하고 환경을 왜곡적으로 받아들이는 심리적 특성이 있다(법무부, 2005: 205).

청소년 초범에 대해 선도 유예를 하고, 보호 관찰을 시도하며, 갱생 보호를 시도하는 것은 초범의 누범화 방지에 큰 기여를 하고 있다. 선도 유예(善導猶豫)는 선도 조건부 기소 유예 제도인데, 초범자에 대해 (형벌 법규에 의한 처벌을 통해 낙인이 찍히는 것을 방지하기 위해) 범죄인의 사회 복귀와 재범 방지를 위하여 비공식적인 절차를 거쳐 범죄인을 사회로 되돌려 보내는 다이버전(diversion) 정책이다(법무부, 2005: 135). 「보호관찰 등에 관한 법률」의 제1조 (목적)을 보면 "죄를 지은 사람으로서 재범 방지를 위하여 보호 관찰, 사회 봉사, 수강(受講) 및 갱생 보호(更生保護) 등 체계적인 사회 내 처우가 필요하다고 인정되는 사람을 지도하고 보살피며 도움으로써 건전한 사회 복귀를 촉진하고, 효율적인 범죄 예방 활동을 전개함으로써 개인 및 공공의 복지를 증진함과 아울러 사회를 보호함을 목적으로 한다."고 되어 있다. 보호 관찰 대상자는 형법에 의해 보호 관찰자로 정해진 사람을 말한다. 또 갱생 보호 대상자는 형사 처분 또는 보호 처분을 받은 사람으로서 자립 갱생을 위한 숙식 제공, 주거 지원, 창업 지원, 직업 훈련 및 취업 지원 등 보호의 필요성이 인정되는 사람이다.

청소년의 재범 방지는 국가 정책적으로, 전 사회적으로 큰 관심사다. 청소년의 범죄적 일탈 행위는 나이를 먹고, 직업을 정하고, 소득이 발생하며, 결혼을 하고, 군대 생활을 하면서 점차 줄어들게 되어 있다. 모든 인간은 나이가 들어가면서 폭력성이 줄어들고 종국적으로는 범죄에서 탈피하게 되어 있다. 그래서 초범 청소년의 재범, 누범 방지는 매우 중요한 일이다.

4) (개인 범죄) ⇏ (조직 범죄)

개인 범죄는 범죄자가 같은 성향의 사람을 만나고, 동질감을 갖게 되면서, 또 범죄 대상을 더욱 확대하고자 하는 필요성에 의해 조직 범죄화하게 된다. 조직 범죄는 개인 범죄에 비해 더욱 폭력적이고 계획적이며 큰 범죄 이익을 추구한다.

범죄를 목적으로 조직된 단체가 범죄 조직(단체)이고 이에 의한 범죄가 조직 범죄다(형법 제114조 제1항). '범죄 단체란 특정 다수인이 특정한 범죄를 범할 공동 목적 하에서 이루어진 계속적인 결합체로서 그 단체를 주도하는 최소한의 통솔 체제를 갖춘 것'이다(대법원 판례 1976.4.13. 선고 76도 340 판결). 범죄 조직에 의한 조직 범죄의 특징을 들어보면 다음과 같다(전대양 · 송병호, 2004: 29).

- 조직 범죄의 목적은 범죄를 통한 이윤의 추구이다.
- 조직 범죄는 집단적으로 또는 상습적으로 폭력적 불법 행위를 행하거나 행할 우려가 있는 조직 또는 집단이 행하는 범죄이다.
- 조직 범죄는 조직성을 특징으로 하는데, 계층을 분류하고 규칙과 지시에 구성원이 복종하도록 하고, 경험 전수나 관습에 의하여 관계인 또는 피해자를 효과적으로 통제하며, 구성원을 훈련시켜 계속성을 갖는다.
- 조직은 개방 체제로서 주변의 또 다른 범죄인, 범죄 조직, 일반 정치, 경제, 사회, 문화 환경과 수시로 교류한다.

조직 범죄는 국가 사회에 큰 악영향을 미친다. 조직 보스에 대한 맹목적 충성과 못된 의리로 뭉친 범죄자는 불법, 폭력, 살인, 성폭력, 강도, 약탈을 일삼는다. 한번 조직에 몸담게 된 범죄자는 자기 의지로 자유롭게 벗어날 수 없다. 조직 범죄는 국가 사회의 암적 존재다.

개인 범죄자가 이런 범죄 집단에 가입하는 것을 철저히 막아야 한다. 특히, 청소년, 학생의 무분별한 가입은 철저히 경계해야 한다. 범죄 조직의 활동 억제, 해산은 국가에서 법적으로, 정책적으로 강력하게 추진되어야 한다.

5) (우연한 범죄) ⇏ (계획적 범죄)

과실에 의해 또는 우발적으로, 우연히 저지른 범죄가 범죄자에게 만족할 만한 효과를 가져다주는 경우가 있다. 범죄의 결과로 금전적 이익이나, 좋은 지위, 명예를 얻게 되는 것이다. 그리고 범죄 행위가 적발되지 않아 처벌을 면했거나 처벌을 받았더라도 범죄의 대가보다 작다고 판단될 경우에 추가 범죄에 대한 유혹이 생겨날 수 있다. 예를 들면, 라스베이거스 게임장에서 우연히 돈을 딴 여행객이 '다시 한 번 더 하면 더욱 큰돈을 딸 것 같은 느낌'이 들어 게임을 지속하는 경우를 생각해 볼 수 있다. 범죄를 통해 얻을 수 있다고 여겨지는 범죄 이익이, 들인 노력에 비해 월등히 크다고 생각하고, 범죄가 들통날 가능성이 없다고 생각할 때 계획 범죄가 이루어질 수 있다. 점점 더 치밀하게 범죄 계획을 세우고, 실행에 옮기려 한다.

라스베이거스 게임장에서의 성공, 즉 돈을 따는 경우는 사실 매우 적다. 결국은 돈을 모두 잃고 게임장을 나서는 사람이 대부분이다. 마찬가지로 범죄도 항상 성공을 보장하지 않는다. 검거되어 형사 처벌을 받거나 범죄 행위가 들통나서 창피를 당하거나 명예 훼손을 당하기 십상이다. 우연한 범죄는 그 한 번으로 마감되어야만 한다. 본인은 물론 주변인도 이 초범자의 재범화, 계획 범죄화를 막아야 한다.

6) (작은 범죄 피해) ⇏ (범죄 피해의 확산)

작은 범죄 피해가 큰 범죄 피해로 확산되는 것을 경계해야 한다. 범죄 피해의 확산은 첫째, 같은 유형의 범죄 행위가 재범, 누범화하면서 피해 범역이 기하급수적으로 확산되는 경우가 있다. 예를 들면, 공공기관 해킹 사이버 범죄가 처음에는 단일 기관을 대상으로 범죄가 이루어지다가 영향력이 큰 은행, 정부의 공공 전산망 등으로 확대되면서 엄청나게 큰 피해로 확대되는 경우를 생각할 수 있다. 둘째, 초기 범죄의 경우에는 범죄 수법이 조잡했고 그로 인해 피해도 그리 크지 않았지만 범죄 수법에 대한 학습이 진행되면서 피해 영역이 더욱더 확대되는 경우다. 셋째, 개인 차원에서 소규모로 이루어지던 범죄 행위가 집단화하고 조직화하여 범죄 피해 영역이

거대화하는 경우다. 모방 범죄로 인한 확산도 여기에 포함시킬 수 있다. 넷째, 초기 범죄가 연쇄적으로 2차 범죄, 3차 범죄의 연관 범죄로 이어질 수 있다. 범죄 대상, 범죄 방법과 기술에 대한 학습과 발전에 힘입어 새롭게 유사 범죄가 이어질 수 있다.

7) (자학적 범죄) ⇏ (타인 범죄)

범죄자가 자기 자신이나 가족, 조직 내, 모국을 대상으로 자학적 범죄를 수행할 경우에는 상대적으로 피해 영역이 한정될 수 있다. 하지만, 범죄 대상이 다른 사람, 가족 이외의 이웃이나 지역 사회, 국제적으로 확산되면 문제가 더욱 심각해진다. 자기 상해나 자살 등 자학적 범죄 수준에 머무르지 않고 타인 범죄로 확산되는 것을 경계해야 한다.

타인 범죄로의 확산을 막기 위해서는 우선적으로 자학적 범죄 행위를 막을 수 있어야 한다. 자학적 범죄의 원인이 범죄인 당사자에게 있는 것인지 아니면 외부의 어떤 대상과 관련 있는 것인지 잘 살펴야 한다.

4. 범죄 방지를 위한 노력

범죄는 발생 자체를 막는 것이 최우선이다. 인간이라면 누구나 범법 행위에 빠져들 가능성을 안은 채 살아가고 있다. 우연이나 과실로 인한 범죄를 최대한 경계하면서, 이에 수반하여 의도된, 계획적 범죄가 일어나지 않게 해야만 한다. 이를 위해서는 범법 가능성이 높은 사람을 대상으로 범죄의 심각성을 인식케 하고, 인간의 선한 측면을 활성화하도록 만들어야 한다. 비행(非行), 탈법(脫法) 가능성이 높은 사람으로 하여금 범죄 가능성에 가까이 가지 않도록 차단하고 예방 교육, 가족과 사회, 국가의 감시 체제를 강화하여 범죄 시도를 미리 막아야 한다.

■ 예절 교육, 준법 교육

예절 교육은 단순히 '부모에게 효도해야 한다'는 차원에서 진행되어서는 안된다. 예절이라는 것이 자유롭고, 자부심 있는 자아 소유자에 의한 자립적 질서임을 철저히 인식시키고, 스스로 이를 지키도록 유도하는 것이다.

청소년의 경우에는 학교에서 상급 학생을 존중하고, 교장과 교감의 행정권을 인정하며, 교사를 스승으로 존중하는 것이 매우 중요한 덕목이라는 것을 가르치는 것이다. 반대로, 상급생은 하급생을 잘 챙겨주고 아끼며, 교사는 학생이 자식과 같이 소중한 존재임을 전제로 하여 최선의 선도와 지식 교육, 인성 교육을 해야 한다. 동료 사이에 서로 존중하고, 대화와 소통은 어떻게 하며, 선의의 경쟁이 왜 필요한가에 대해 모두가 알아야 하는 것이다.

직장 생활을 하는 사람, 이웃과 함께 살아가는 사람, 국가를 위해 정부 기관이나 공공기관에서 일하는 사람 등 각자 위치에서 가장 적절한 예절이 무엇인가에 대해 교육되어야 한다. 학교 교육 과정을 끝낸 사람에 대해서도 지속적으로 평생 교육, 전문가 교육, 인성 교육, 예절 교육을 통해 무엇이 옳은 것인가에 대해 인지토록 해야만 한다.

범죄와 관련하여 예절 교육의 방향은 첫째, 범죄의 심각성, 죄악성에 대해 분명하게 알도록 교육해야 한다. 실수나 과실, 우연에 의한 범죄도 잘못된 것임을 분명하게 알게 해야 한다.

둘째, 범죄로 인한 피해, 피해자에 미치는 치명적 영향에 대해 확실하게 교육해야 한다. 별생각 없이 가볍게 이루어지는 범죄로 인해서도 피해자는 엄청난 고통을 받게 됨을 가르쳐야 한다. 남을 해코지하는 범죄는 '같은 인간으로서는 결코 해서는 안되는 행위'임을 인지케 해야 한다.

셋째, 범죄자 자신에게도 되돌릴 수 없는 치명적인 낙인(烙印)이 새겨진다는 점을 분명히 해야 한다. 한 번 찍힌 낙인은 쉽사리 지울 수 있는 것이 아니고 평생 심적 고통을 안고 살아가야 한다는 점을 명심하게 해야 한다.

넷째, 범죄 행위는 반드시 밝혀지게 되어 있고 언젠가는 처벌과 비난이 뒤따르게 됨을 알게 해야 한다. 일시적 모면이나 은닉이 가능할지 모르지만 현대 과학 기술의 발전에 힘입어 '모든 범죄자는 반드시 밝혀지고, 검거된다'는 사실을 가르쳐야 한다.

예절이 자발적인 질서라면 법규는 강제력이 뒤따르는 질서다. 국회와 정부는 국민 생활에 꼭 필요한 것을 자발적인 예절의 영역에 두지 않고 법규로 정해 놓고 있다. 법규는 이행을 강제할 수 있는 경찰과 검찰, 사법 기관의 뒷받침을 받고 있다. 법규를 어기면 곧바로 처벌을 받는다. 법규를 어기는 범죄는 형법이나 관련 특별법에 의해 강력히 처벌을 받는다. 그래서 예절보다도 더욱 엄중하다.

준법 교육은 첫째, 법규의 내용을 정확히 알게 하는 것으로부터 시작한다. 무엇이 법규로 정해져 있고, 이를 어기면 어떤 처벌을 받게 되는지를 알게 해야 한다. 둘째, 법규 종류별로 '계획적으로 법규를 어기는' 범죄 행위가 얼마나 엄청난 죄악을 만들어낼 수 있는가를 조목조목 알게 해야 한다. 셋째, 법을 지키는 것이 인간으로서 가장 바람직한 행동이고 국가, 사회 발전에 기여하는 것임을 알게 해야 한다.

■ 비행 방지 교육

범죄 가능성이 매우 높은 집단인 청소년에 대한 비행(非行) 방지 교육이 중요하다. 비행을 저지르기 이전에, 비행 중에, 회복과 재범 방지를 위해 철저한 교육이 필요하다. 적절한 시점에, 적절한 내용을, 적절한 방법으로 교육해야 한다.

(비행 예방 교육)

- 법규의 내용
- 법규 위반 행위의 내용과 유형
- 범죄가 되는 법규 위반 행위
- 범죄는 어떻게 진행되는가?
- 범죄의 결과
- 범죄 피해와 피해자
- 범죄로 인한 낙인 효과와 회복 불가능성

(비행 행위 중 교육)

- 비행 행위의 현장 인식
- 비행 행위가 범죄로 전이되며, 피해를 낳는 과정에 대한 객관적 인식 교육
- 범죄 피해의 간접 체험, 피해자 인식 교육
- 감정 조절, 완화 교육
- 긍정적 가치관, 세계관 함양
- 비행, 범죄 행위로부터 일탈 방법 교육

(회복과 재범 방지 교육)

- 비행, 범죄에 대한 심리 분석
- 비행, 범죄 행위의 원인, 경과 분석
- 범죄자 낙인 효과의 심각성 분석
- 비행과 범죄 원인에 대한 상담과 치유

이런 교육의 근본적 문제는 비행 청소년이 적극적으로 교육에 참여하고, 교육 내용을 잘 인지하며, 스스로 반성할 의도를 가지고 있어야만 효과가 있다는 점이다. 대체로 비행 청소년의 경우에는 부모나 교사의 가르침에 잘 따르지 않고, 일탈 행동을 하는 경우가 많기 때문이다.

Ⅲ 범죄 피해자와 인성

1. 범죄 피해와 범죄 피해자

범죄 피해(犯罪被害, criminal victim)는 범죄로 인해 해를 입은 상태를 말한다. 그리고 범죄 피해자는 범죄 피해를 당한 사람이다. 범죄 연구의 초기 단계에서는 주로 어떤 사람이 범인이 되기 쉽고, 어떤 원인에 의해 범죄가 발생하느냐에 관심이 많았었다. 범죄 피해에 대해서는 통계 수집 차원에서 범죄 유형별로 피해자 신분, 범죄 장소, 피해 정도 등을 파악하는 수준에 머물렀었다. 하지만, 현대에 와서는 범죄 피해자 자체에 많은 관심을 기울이고 있다. 그만큼 범죄 피해가 심각해졌기 때문이다.

범죄 피해의 내용은 다양한 형태로 분류해 볼 수 있다.

- 직접 피해와 간접 피해: 전자는 범죄 행위로 인해 직접적으로 입은 피해를 말하고, 후자는 범죄의 여파로 부수적으로 피해를 입는 경우다. 예를 들면, 깡패로부터 폭행을 당했다면 이는 직접 피해에 속하고, 이 장면을 보고 무서워서 도망가다가 넘어져 크게 다쳤다면 이는 간접 피해에 해당한다.
- 신체적 피해와 정신적 피해: 범죄 행위로 인해 몸이 크게 손상되었다면 이는 전자에 속하고, 정신적 충격을 받았다면 후자에 속한다. 신체적 피해 속에는 외상은 물론 내부적인 호흡 곤란이나 혈관계 질환, 호르몬 작용 등도 모두 포함된다. 정신적 피해에는 충격, 공포는 물론 무력감, 불신, 초조함, 불안 증세 등과 함께 가치관 혼란이나 정체성 상실, 심리적 외상 후 스트레스 장애(Post－Traumatic Stress Disorder) 등도 포함된다.
- 1차 피해와 2차, 3차 피해: 범죄로 인해 직접적으로 당한 신체적, 정신적 피해

가 1차 피해라면 2차, 3차는 그 이후에 진행되는 생활 곤란, 정보 노출 등으로 인한 피해, 추가적인 재산상 피해 등이 모두 포함된다.

- 경제적 피해와 사회적 피해: 범죄로 인해 돈이나 재산, 재물을 잃게 되는 경우가 전자에 속하고, 범죄 충격으로 인한 사회 부적응, 사회 혼란, 사회적 비용 증가 등이 후자에 속한다.
- 개별 범죄 피해와 총괄 범죄 피해: 전자는 범죄 피해를 피해자 개인에 초점을 맞추는 것인데 비해, 후자는 국가와 사회 전체에 미치는 피해를 말한다. 국가 정책 차원에서는 전자도 중요하지만 부수적으로 발생할 수 있는 후자에 더욱 초점을 두어야 할 것이다.

범죄 피해자도 이런 범죄 피해의 유형에 따라 분류될 수 있다. 즉, 직접 피해자와 간접 피해자, 1차 피해자와 2차 피해자 등으로 분류될 수 있다. 여기서는 이와는 달리 피해자의 유책성(有責性) 여부에 따라 유형을 분류해 보기로 한다(이성호 외, 2005: 50-55; Schafer, 1968).

- 아무 관련 없는 피해자(unrelated victims): 아무 관련 없이 우발적으로 범죄 피해를 당한 사람이다. 범죄자의 범죄 행위에 원인 제공을 하지 않았고 피해 책임도 전혀 없는 사람이다.
- 범죄 도발 피해자(provocative victims): 범죄자와 이해 관계로 다투거나 범죄를 직접적으로 촉발시키는 행위(예, 얼굴을 맞대고 심한 욕설)를 한 피해자이다. 범죄 행위에 범죄자와 함께 일부분 책임이 있다고 보는 피해자이다.
- 범죄 유인 제공 피해자(precipitative, predicted victims): 범죄를 일으킬 수 있는 여건을 조성함으로써 피해를 당하게 된 사람이다. 늦은 시간에 으슥한 골목길을 홀로 걷는 여성, 핸드백을 열어 놓고 방치하여 돈지갑을 집어가기 쉽게 한 사람, 한밤중에 대문을 열어 놓고 외출한 사람 등과 같은 경우다.
- 신체적 약자(biologically weak victims): 신체적으로 허약하여 범죄를 당한 사람이다. 연약한 어린이, 노인, 장애인, 여성 등은 아무런 관계 없이 '상대적으로' 강한 신체를 가진 폭력적인 사람에 의해 범죄 피해를 당하기 쉽다.
- 사회적 약자 피해자(socially weak victims): 사회적으로 소수 집단에 속한 사람이 당하는 범죄 피해와 관련이 있다. 소수 민족, 소수 종교 신봉자, 성적 소수자, 극빈자, 결손 가족 등에 속하는 사람 중에 범죄 피해를 당한 사람이 많다.

- 자의적 피해자(self-victimizing victims): 스스로 범죄자가 된 사람이다. 마약 중독자, 자살자, 도박 중독자, 매춘부 등이 이에 속한다.
- 공격적 피해자(aggressive victims): 범죄를 저지르다가, 상대방의 정당 방위에 의해 피해를 입은 사람이다. 전쟁을 시도했다가 오히려 패전을 한 사람도 여기에 속한다.

범죄 피해자 유형은 범죄 피해 가능성이 있는 일반 사람이 범죄 피해를 사전에 예방하는 데 활용될 수 있다. 남을 자극하는 말을 자주 하는 사람은 범죄 도발 피해자가 되는 것을 조심해야 하고, 신체적 약자나 사회적 약자는 자신이 언제라도 다수 집단에 의해 범죄 대상이 될 수 있음을 인지하고 미리 대처해야 한다. 아무 관계 없는 사람일지라도 언제라도 범죄 대상이 될 수 있음을 간과해서는 안된다. <표 12-5>는 범죄자와 범죄 피해자 사이의 관계를 보여주고 있다.

표 12-5 범죄자와 피해자와의 관계(2014년)

죄종별(1)	죄종별(2)	2014															
		계	국가	공무원	고용자	피고용자	직장동료	친구	애인	동거친족	기타친족	거래상대방	이웃	지인	타인	기타	미상
계	소계	1,712,435	#####	####	7,664	4,109	13,587	####	####	17,133	7,189	45,143	####	####	#####	#####	#####
강력범죄	소계	25,065	57	35	200	298	690	737	713	826	312	240	799	1,906	13,925	732	3,595
	살인기수	447	-	-	-	1	7	17	47	105	28	7	20	31	72	11	101
	살인미수등	575	-	-	5	1	36	19	61	80	23	2	30	76	156	16	70
	강도	2,078	-	1	7	5	17	39	32	4	12	38	22	89	1,592	43	177
	강간	5,517	-	1	24	61	150	318	338	185	63	25	123	712	2,060	176	1,281
	유사강간	389	-	-	1	2	9	30	17	10	5	-	9	57	180	15	54
	강제추행	13,400	-	7	138	214	444	243	82	212	116	138	402	773	8,642	326	1,663
	기타 강간·강제추행등	1,193	-	1	3	3	20	65	46	11	10	10	93	120	610	56	145
	방화	1,466	57	25	22	11	7	6	90	219	55	20	100	48	613	89	104
절도범죄	소계	95,645	212	46	1,712	548	770	1,335	650	164	274	1,197	1,175	2,260	75,549	2,362	7,391
폭력범죄	소계	358,275	321	411	838	899	8,570	9,259	7,828	13,801	4,326	4,943	####	####	#####	8,509	#####
	상해	66,885	-	55	212	274	3,894	2,949	2,270	3,730	1,312	1,051	3,922	5,915	34,453	1,623	5,225
	폭행	171,166	-	201	233	326	2,554	2,390	2,719	6,390	1,226	1,857	3,708	5,433	56,905	2,408	84,816
	체포·감금	1,118	-	2	7	13	11	9	177	58	25	19	11	54	201	24	507
	협박	5,160	7	11	22	19	60	76	201	219	117	120	209	248	1,408	163	2,280
	약취·유인	,252	-	-	4	11	-	-	5	11	28	2	1	4	109	4	73
	폭력행위	80,113	243	73	226	194	1,867	3,390	1,108	2,444	1,092	1,072	2,282	4,447	47,094	3,056	11,525

	공갈	3,674	22	8	25	20	22	210	79	6	20	142	58	254	1,770	189	849
	손괴	29,907	49	61	109	42	162	235	1,269	943	506	680	1,830	1,111	17,975	1,042	3,893
지능 범죄	소계	286,099	10,066	222	3,237	1,050	1,375	1,956	1,002	275	1,101	29,683	1,433	6,560	60,088	22,379	#####
	직무유기	801	83	1	–	–	–	–	–	–	–	–	1	–	35	24	657
	직권남용	595	17	1	1	–	2	–	–	–	–	5	–	–	50	26	493
	증수뢰	848	445	4	3	–	1	–	–	–	–	9	–	4	23	167	192
	통화	334	63	–	–	–	–	–	–	–	–	2	–	–	18	7	244
	문서 · 인장	19,460	3,246	108	87	45	126	165	71	206	397	1,034	98	371	2,664	1,685	9,157
	유가 증권인지	552	51	–	5	2	2	1	2	–	1	47	–	12	64	40	325
	사기	222,173	5,254	92	1,319	519	754	1,562	853	56	402	25,334	999	5,413	49,142	16,378	#####
	횡령	31,975	628	12	1,565	410	413	208	74	12	263	2,650	247	660	7,248	2,524	15,061
	배임	9,361	279	4	257	74	77	20	2	1	38	602	88	100	844	1,528	5,447
풍속 범죄	소계	41,694	17,094	24	19	24	307	248	279	669	92	163	234	923	12,187	5,370	4,061
	성풍속범죄	13,945	2,936	4	16	8	72	86	269	646	84	68	80	196	5,467	1,360	2,653
	도박	27,749	14,158	20	3	16	235	162	10	23	8	95	154	727	6,720	4,010	1,408

출처: 통계청 홈페이지.

범죄 피해를 당하게 되는 원인은 범죄 유형에 따라, 범죄 환경에 따라, 또 범죄 피해자 상황에 따라 달라질 수 있다. 범죄 장소, 그로 인한 범죄 피해 장소도 범죄 유형에 따라 달라진다. 다음 [그림 12-2]를 보면 범죄 유형에 따라 범죄가 많이 발생하는 장소가 나타나 있다.

그림 12-2 범죄 장소(2013년)

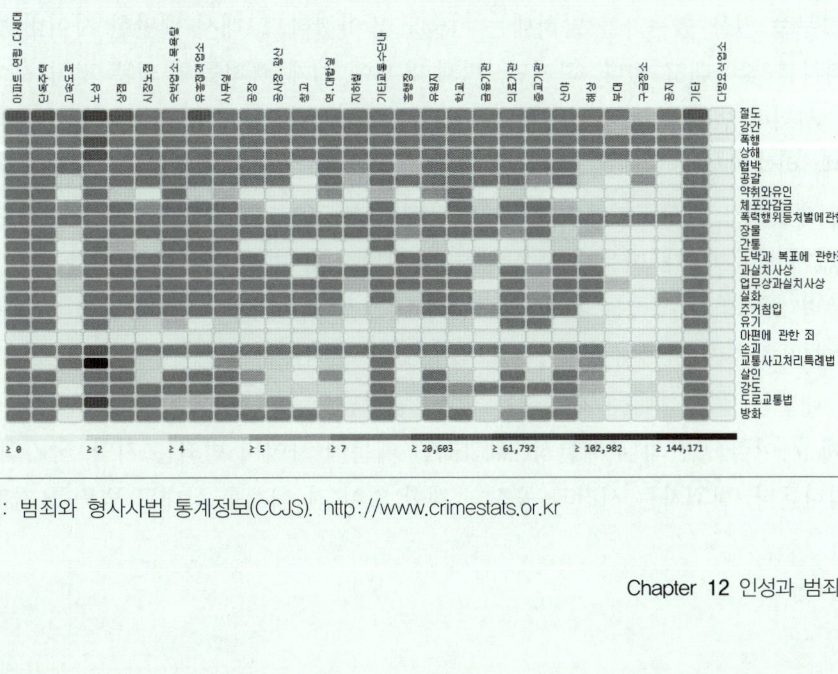

출처: 범죄와 형사사법 통계정보(CCJS). http://www.crimestats.or.kr

범죄 피해자를 중심으로 보면 범죄자와 피해자의 물리적 거리가 가깝거나 동일 집단 내에서 상호작용이 많은 경우에 범죄를 당하기 쉽다고 한다(이성호 외, 2005: 67). 성범죄의 경우에도 가까운 주변에 있는 지인에 의해 범죄 행위가 이루어지는 경우가 많다. 또 '깨진 유리창 이론'에서 주장하는 것처럼 우범 지역에서 범죄가 발생할 가능성이 높고, 하위 문화론에서 주장하는 것처럼 빈민촌이나 퇴색한 공장 지대에서 범죄가 발생할 가능성이 높다.

■ 사이버 범죄와 범죄 피해자

사이버 범죄(cyber criminals)는 컴퓨터와 인터넷, IT 기술을 활용하여 사이버 공간에서 일어나는 모든 범죄 현상을 말한다. 컴퓨터 범죄, 인터넷 범죄, 이것과 정보통신기술(ICT)이 결합되어 이루어지는 범죄 행위가 모두 사이버 범죄에 해당한다. 사이버 범죄에는 컴퓨터 해킹, 바이러스 감염, 컴퓨터 파괴, 인터넷 사기와 도박, 명예 훼손, 사이버 테러, 마약 거래, 성매매, 저작권 침해, 악성 댓글 등 여러 종류가 있다(이성식, 2011: 17-23).

사이버 범죄와 범죄 피해의 특징을 컴퓨터, 인터넷, ICT 특성을 고려하여 살펴보기로 한다.

첫째, 익명성(匿名性) 때문에 범죄 의식이 없이 비교적 쉽게 범죄 행위가 일어난다. '내가 나쁜 짓을 해도 남이 잘 모르겠지?' 하는 생각에, '장난하듯' 가벼운 마음으로 사이버 범죄를 저지른다. 물론 현대에는 인터넷 접속 ID가 검색 가능하고, 언제, 어디서, 무슨 일을 했는가를 밝혀내는 기술도 많아졌다. 그래서 웬만한 사이버 범죄는 범죄자를 찾아내고 있다. 하지만, 범죄 유혹에 쉽게 빠져들게 되는 것이 사이버 범죄다. 사이버 범죄 피해자는 전혀 알지도 못하는 사람으로부터 피해를 입게 된다.

둘째, 비대면성(非對面性) 때문에 직접 얼굴을 마주한 상태보다도 편하고, 거리낌없이, 제멋대로 의사소통에 나설 수 있다(이성식, 2011: 29). 상대의 반응을 제대로 알 수 없기 때문에 '내 마음대로' 상상하고, 판단하며, 범죄 행위를 저지를 수 있다. 일반 폭력 범죄의 경우에는 피해 상대방의 존재를 의식하기 때문에 말이나 행동을 절제해야만 하지만 사이버상에서는 그럴 필요가 없다. '악성(惡性)' 댓글을 보면 '제멋대로 내뱉는 말', '상대를 자극하는 말'이 넘쳐난다.

셋째, 사이버 공간의 무제한성(無制限性) 때문에 사이버 범죄는 지역, 국가의 경계를 넘나든다. 범죄자는 시간과 공간의 제한 없이 전 세계를 상대로 범죄를 저지를 수 있다. 한국의 금융 범죄를 보면 중국이나 필리핀 등 외국에 컴퓨터 서버를 두고, 한국 내에서 또는 전 세계 여러 나라에서 범죄 행위를 하고 있다. 이런 금융 범죄는 한국인은 물론 전 세계 모든 나라 사람에 의해 시도될 수 있다. 마약, 성매매, 돈 세탁, 내란 음모, 조직 폭력 등 모든 범죄가 공간 제약을 넘어 자유롭게 시도될 수 있는 곳이 바로 사이버 공간이다.

넷째, ICT 전문 기술 역량이 사이버 범죄의 수준을 결정한다. 아주 초보의 초등학생 수준에서는 악성 댓글을 다는 수준의 가해 행위를 하지만, 컴퓨터 소프트웨어 전문가나 인공 지능 전문가 수준에서는 심각한 금융 범죄, 해킹, 사이버 테러, 사이버 전쟁 수준의 사이버 범죄를 시도할 수 있다. 프로그램 변경, ID 도용, 비밀 번호 해킹, 전산망 파괴 등 엄청난 사이버 범죄가 이들에 의해 비롯될 수 있다.

다섯째, 범죄의 수월성 때문에 사이버 범죄가 많이 일어난다. 모든 사람이, 자신의 ICT 기술 수준에 맞춰, 언제, 어디서나, 비교적 자유롭게 범죄 행위를 할 수 있다. 비대면성, 익명성을 토대로 다양한 종류의 범죄 행위가 시도될 수 있다.

여섯째, 올바른 가치관이나 윤리 의식 부재 현상이 쉽게 일어날 수 있다. 감시자가 없고, 익명성이 보장되며, 피해자와 대면적 관계에 있지 않기 때문에 평소에 가지고 있던 올바른 가치관과 윤리 의식을 상실할 가능성이 높다. 재미, 호기심, 장난, 게임 놀이하듯 남을 괴롭히고 사이버 범죄를 저지른다.

사이버 공간은 청소년에게도 무한 공간으로 열려 있다. 아직 도덕적 가치관이 굳게 형성되어 있지 못한 상황에서 폭력물, 음란물, 범죄 행위를 자유롭게 보면서 즐기고 있다. 이들에 의한 사이버 범죄가 성인 못지않게 많아졌고 심각해졌다. 죄의식이 없는 청소년에 의한 범죄도 피해자에게는 엄청난 충격을 줄 수 있다.

청소년에게 컴퓨터나 인터넷의 유용성과 함께 위험성, 범죄 가능성, 사이버 범죄 피해자의 심각성에 대해 교육할 필요가 있다. 자신의 행위가 미칠 심각한 효과에 대해 잘 알게 해야 한다. 부모나 교육자, 관계자에 의한 선도와 감독이 지속적으로 이루어져야 한다.

2. 범죄 피해 예방

1) 안전 생활과 범죄 예방

우리의 삶은 항시 각종 위험에 노출되어 있다. 자연 재해는 물론 질병, 신체 장애, 자동차 사고, 생활 사고 등 우리의 안정을 위협하는 요소들이 산재해 있다. 그래서 우리는 항시 안전을 삶의 기본 여건으로 중요시하여야 한다. 건강에 관한 생활 수칙, 교통 안전 수칙, 물놀이 안전 수칙 등이 있듯이 범죄 안전 수칙도 필요하다. 여기서는 범죄와 관련된 안전 생활에 대해 살펴보고자 한다.

첫째, 범죄 가능성이 높은 지역에서는 범죄에 노출되지 않도록 주의해야 한다. 유흥가, 빈민촌, 폐가촌(廢家村), 복잡한 기차역, 사람이 북적대는 관광지는 각종 범죄가 발생할 가능성이 높다. 이런 지역을 통과할 때는 여럿이 함께 움직이고, 차량을 이용하여 빨리 빠져 나가야 한다. 유흥가나 빈민촌에서는 폭력이나 강도 범죄 가능성이 높고, 기차역이나 관광지에서는 절도, 강도를 당하기 쉽다. 최근에는 사람이 많이 모이는 곳에서 폭탄 테러가 자주 발생하기도 한다.

둘째, 범죄 발생 가능성이 높은 시간대에 호젓하게 활보하는 것도 조심해야 한다. 저녁 늦은 시간, 이른 새벽, 사람이 뜸한 일요일 등은 조심해야 한다. 도시 주변의 산책길을 이런 시간대에 활보하다가는 범죄를 당하기 쉽다. 이런 시간대에 홀로 차량을 운전하는 경우에도 범죄에 노출될 수 있다. 산행을 즐기는 사람이 단독으로 산에 오르는 것도 산행 안전은 물론 범죄 피해 측면에서도 매우 위험하다.

셋째, 학교나 직장, 주택에서 홀로 근무하거나 문단속을 소홀히 하지 않도록 주의해야 한다. 학교 등의 공공 시설은 의외로 빈 공간이 많고, 대중의 무관심이 자리하기가 쉽다. 여성 대상의 성범죄, 약한 사람을 대상으로 한 폭력 범죄 발생에 항시 대비해야 한다.

넷째, 다른 지역, 외국으로 여행을 하는 경우에는 특히 조심해야 한다. 현지 사정을 잘 모르고, 언어도 서투른 경우가 많으며, 의도적으로 관광객을 노린 범죄의 대상이 될 수 있다. 위기 시에 대처할 수 있는 방법(예, 경찰 도움 요청)도 모르는 경우가 많다. 여럿이 모여서 행동하고, 위기 시 탈출 방법, 도움 요청 방법, 현지 사회 문화의 특성 등을 미리 잘 알아두어야 한다.

다섯째, 여성이나 노약자의 경우에는 주변인에 대해 항시 신경을 쓰고 대비해야 한다. 극단적으로 말하면 집안에서도 어린 소녀의 경우에는 아버지, 삼촌, 오빠, 이웃집 남자를 모두 경계해야만 한다. 누구라도, '우발적으로' 범죄를 저지를 수 있기 때문이다. 길거리를 보행할 때도 건장한 체격의 젊은이와 부딪치지 않게 조심해야 한다.

여섯째, 자신의 위치를 함부로 노출시키지 않도록 유의해야 한다. Facebook, 카톡, e-mail 등에 자신의 일거수일투족을 알리고, 사진을 게재하는 경우, 범죄에 노출될 가능성이 높다. 예를 들어, 부부가 프랑스 여행지의 사진을 페이스북에 올리면서, '앞으로 일주일 동안 스위스를 더 여행할 예정'이라는 글을 남기는 수가 있다. 이는 '현재 우리 집은 비어 있다'고 소문을 내는 것이고, 범죄자에게 '우리집을 털어도 좋다'고 메시지를 보내는 것과 같다.

일곱째, 가족이나 가장 가까운 친지에게 자신의 현재 위치를 알려두는 것도 필요하다. 특히, 멀리 떨어진 곳으로, 오랫동안 집이나 직장을 비우게 될 때는 필수적이다. 이동하는 곳의 주소, 비상 연락망을 상세히 알려두어야 한다.

여덟째, 항시 비상 연락에 필요한 휴대전화를 지참하는 것이 좋다. 언제, 어떤 일을 당할지 알 수 없는 만큼 112, 119 등 비상 연락을 할 수 있는 수단을 가지고 있어야 한다. 어린 학생의 등하교 길에, 나이든 노인의 경우에 긴급 호출 연락 수단은 거의 생활 필수품이다.

아홉째, 접촉하는 상대방을 주의 깊게 관찰하며 상대하고, 자칫 자극적인 발언이나 행동을 하여 범죄를 촉발시키지 않도록 주의해야 한다. 또 술이 취하거나 들떠서 무의식중에 상대를 자극하거나 피해를 당하지 않도록 유의해야 한다. 길거리에서 귀에 이어폰을 꽂고 음악을 들으면서 다른 사람을 외면하는 행위, 자동차 운전 중에 '빵빵'거리거나 '번쩍'거리는 행위도 상대를 자극하는 일이다.

열째, 각종 범죄에 대한 정보나 지식을 알고 있는 것도 필요하다. 요즘에는 사이버 범죄가 기승을 부리는데, 통장 비밀 번호 유출, 금융 범죄 피해, 홈페이지나 인터넷 e-mail 비밀 번호 노출, 영업 비밀 범죄 등에 관한 정보를 잘 알고 있어야 한다. 각종 범죄에 대한 정보나 지식을 많이 알고 있으면 같은 유형의 범죄에 미리 대응할 수 있다.

범죄 안전 생활 자체가 바로 범죄 예방이다. 하지만, 각종 범죄 유형에 따라 더욱 구체적으로 실천해야 할 범죄 예방 수칙이 있다. 학교 폭력 방지 대책, 주택가 도둑 방지 요령, 성범죄 안전 수칙, 금융 범죄 예방 수칙, 사이버 범죄 방지 대책, 가정 폭력 방지 요령, 교통 안전 수칙, 국제 테러 방지 대책 등 상세한 범죄 예방 대책이 있다. 이런 내용은 관계자에게 지속적으로 교육되어야 하고, 당사자는 이를 잘 체득하여 실생활에 활용할 수 있어야 한다.

2) 방범 환경 설계

방범 환경 설계(Crime Prevention Through Environmental Design, CPTED)는 건축 환경(built environment) 설계를 이용하여 범죄를 사전에 예방하고자 하는 기법이다. 이는 범죄 행위를 인간과 환경 간의 상호작용에 의한 결과로 보고, 건축 계획 및 설계 단계에서부터 범죄를 일으킬 수 있는 환경을 근본적으로 제거함으로써 범죄를 효과적으로 예방하는 기법이다(심교준, 2009). 이런 물리적 환경 설계에서 더 나아가서 사회 문화적 요소까지도 범죄 안전을 지향해야 한다(최선우, 2016: 95-125). 공공 주택이 많아지는 요즈음 범죄가 자주 발생하는 지역을 들어보면 물리적 장벽(physical barrier)의 부재, 상징적 장벽(symbolic barrier)의 부재, 인공적 또는 자연적 감시 장치가 열악, 환경 이미지가 나쁜 곳이 많았다(dnjfwlrPxo, 2009: 33-34). 이런 범죄 현상은 공공 주택 단지를 좀 더 나은 방범 환경으로 만들면 방지할 수 있다.

최선우(2016)는 제프리(Jeffrey, 1971)의 CPTED 이론, 뉴만(Newman, 1972)의 방어 공간이론, 모팻(Moffat, 1983)의 방범 설계 이론을 토대로 6가지 주요 항목을 들고 있다. 첫째, 목표물 강화(target hardening)로 범죄 목표가 될 만한 목표물을 처음부터 범죄 실행이 불가능하게 만든다(예, 철조망 설치, 자물쇠나 CCTV 설치 등). 둘째, 접근 통제(access control)로서 허가받은 주민은 안전을 보장하면서 외부인에 대해서는 출입이 어렵고 불가능하게 만든다(예, 출입 차단장치, 일방 통행로 등). 셋째, 감시(surveillance)로서 외부 침입자의 행동을 쉽게 감시할 수 있게 만든다(시야 확보, 순찰로 등). 넷째, 영역성(territoriality)인데 이는 주민이 자신의 고유 영역으로 보호하고 보존하려는 의지가 강한 공간이다(예, '우리 마을' 공동체 의식, 주민센터 등). 다섯째, 이미지 유지 관리(image maintenance)로서 건축물이나 공간이 본래의 고유 기능을 잃지 않게 하여 일탈 행위가 일어나지 않게 한다(예, 집이 폐가가 되지 않게 하는 것, 자동차가 폐차되어 방치되지 않게 하는 것, 공원에 쓰레기가 쌓여 사람 통행이 어려워진 것 등). 여섯째, 활동 지원(activity support)으로 주민이 공공 장소를 자유롭게 활용토록 하여 자연 감시 기능을 살린다(예, 운동 기구 설치, 각종 행사 등). 여기에 사빌과 클리블랜드(Saville & Cleveland, 2013: 94-99)가 주장하는 사회 문화적 요소를 더하고 있다. 즉, 사회적 응집성(social cohesion: 지역 주민의 응집력), 연계성(connectivity: 지역 안전에 관해 지역 내·외부 관계 기관과의 네트워크), 지역 사회 문화(community culture: 공유하는 사회 문화의 활성화), 한계 수용량(threshold capacity: 인구나 공공시설 등의 적절성) 등이다.

방범 환경 설계는 지역 사회를 물리적으로 범죄 발생이 어려운 공간으로 만들고, 생활 속에서 자연스럽게 방범 활동이 이루어지도록 하는 것이다. 사람들이 이런 방범 환경을 만들기 위해서는 다음과 같은 마음가짐이 동반되어야 한다.

첫째, 모든 개인은 자신의 주거 여건과 생활 공간을 철저히 방범화하여야 한다. 문단속을 잘하고, 방범창을 설치하며, 수상한 외부인의 침입에 잘 대응하여야 한다. 교통 안전에 유의하고, 이웃과 다툼이 없어야 하며, 인적이 드문 시간대에 홀로 나다니지 않아야 한다. 생활 속에 항시 '안전 제일!'이라는 구호를 새기고 살아야 한다.

둘째, 개개인 차원에서 방범화에 힘쓰는 것도 필요하지만, 더욱 중요한 것은 일정한 생활 권역 전체의 방범 환경 설계가 잘 이루어져야만 한다. 교통망이 안전하게 설계되고, 생활 속에서 자연스럽게 감시 활동이 가능하도록 해야 하며, 취락 구조나 가로수, 공원 등의 범죄 안전성이 확보되어야 한다. 신규 주택 단지의 경우에는 설계 단계에서부터 방범화가 추진되어야 하고, 기존 주택가의 경우에는 새롭게 도로망 개선, 취락 구조 개선, CCTV 설치, 범죄 사각 지대 없애기 등의 작업이 이루어져야만 한다. 이런 방범화 작업은 정부와 지방자치단체, 주민의 공동 노력이 있어야만 한다.

셋째, 주민 공동체가 서로 화합하고 안전을 위해 긴밀하게 협력하는 문화가 형성되어 있어야 한다. 외부 수상한 사람의 진입을 서로 경계하고, 위험 상황에 공동 대처하며, 주기적인 순찰에도 적극 참여하여야 한다. 주민 갈등이 일어나지 않도록 유의하고 불가피하게 발생한 갈등에 대해서는 빠른 시간 내에 큰 불협화음 없이 해결토록 해야 한다. 아파트 단지처럼 개개인이 서로 분리되어 있어 서로 마주쳐도 누구인가를 잘 모르는 상황이라면 문제가 있다. 주민과 수상한 사람을 분간하기가 어렵기 때문이다. 일본의 경우에도 최근에 서구식 범죄가 많이 발생하는 원인 중 하나가 그동안 공고했던 집단주의 결속이 서구식 개인주의로 대체되면서 비롯되었다는 주장이 있다(小宮信夫, 2008: 20-26).

넷째, 주민은 이웃과 유사시 협력 관계를 유지하고, 방범과 관련 있는 경찰(112), 군, 주민센터, 의용 순찰대, 소방서(119), 병의원 등과 긴밀한 연락망을 구축하고, 잘 유지해야 한다. 방범 예방은 이런 안전망이 얼마나 잘 작동되고 있느냐와 관련이 깊다. 순찰이 강화되어 있고, 유사시 긴밀하게 연락되고 협조가 이루어져야 한다.

■ 범죄 예방의 3요소

범죄자의 범죄 기회를 줄이고 방범 기능을 강화하는 방법으로는 방범 환경 설계를 충실히 하고 이와 아울러 인적 환경을 개선하는 것이다. 범죄 기회와 관련하여 범죄 예방 3요소를 들어보면 다음 <표 12-6>과 같다(小宮信夫, 2008: 44-46). 범죄 발생에 관해 5W 1H 원칙을 적용해 보면 누가(Who?), 왜(Why?)는 범죄 원인론에 해당하고, 어디서(Where?), 언제(When?), 무엇을(What?)은 범죄 기회론과 관련이 있다.

표 12-6 범죄 예방의 3요소

범죄의 기회(상황)		방범 요소	하드웨어 요소	소프트웨어 요소
표적	사물(What) 사람(Whom)	저항성(범죄 표적의 범죄에 대한 반발성, 예방 역량)	항상성(저항 능력의 일정 불변함)	관리 의식(범죄 기회를 의식하면서 저항 능력 유지)
장소	곳(Where) 시간(When) 방법(How)	영역성(범죄자의 장소에 대한 심리적, 물리적 진입 장벽)	구획성(영역이 명확하게 나뉨)	강한 유대감(縄張意識, 침입을 허락지 않음)
		감시성(범죄자가 물리적, 심리적으로 노출되는 정도)	감시 장치(視認性)	당사자 의식(범죄 예방을 자신의 문제로 의식)

출처: 小宮信夫(2008: 44-46) 토대로 내용 수정.

범죄 예방을 위해서는 무엇보다도 표적의 저항성을 높이고, 장소의 영역성과 감시성을 높여야 한다. 그리고 이 3요소와 관련된 하드웨어와 소프트웨어 요소를 모두 강화시켜야 한다.

3) 순찰, 감시

경찰과 주민 자율 방범대의 주기적인 순찰과 주민의 자체 감시망은 범죄 예방에 매우 중요하다. 범죄자 또는 잠재적 범죄자는 경찰을 매우 두려워한다. 경찰의 존재 자체가 범죄 예방 효과가 있다. 경찰이 차량으로, 도보로, 자전거로 관할 구역 내를 주기적, 또는 불규칙적으로 순찰하면 웬만한 범죄자는 움츠러들고 범죄를 포기하게 된다. 경찰력에 한계가 있는 경우에는 주민 자율 방범대 또는 야간 순찰대를 만들어 주민 스스로 방범 활동에 나서야 한다. 아파트 단지에서 자체 경비원을 고용하여 순찰, 감시 기능을 수행하는 것이 좋은 예다.

주민 감시는 주민 모두가 외부 수상한 사람을 경계하고 감시하는 것이다. 수상한 차량이 진입할 때 번호를 적어두고, 사람일 경우에는 인상 착의를 살핀다. 하루의 시간 대부분을 주택가 근처에서 생활하고 있는 노인의 감시 활동도 매우 중요하다.

■ **자율 방범 '해병대 나가신다'**

– 부산시 동구 해병대전우회 부산 첫 순찰대 발대식(2013.1.16) –

부산광역시 동구 해병대전우회는 16일 오후 동구 부산진역 광장에서 150여 명의 해병 전우가 참석한 가운데 '자율 방범 순찰 발대식'을 가졌다. 해병대전우회가 자율 방범 순찰대를 조직한 것은 시내에서 처음 있는 일이다. 해병대전우회는 부산의 관문인 부산역 등지의 강력 범죄 예방, 서민 생활 침해범, 비행 청소년 선도, 노숙자, 주취자, 교통 무질서 등을 계도하게 된다.

해병대전우회의 자율 방범 순찰은 심야 시간대 5~7명이 한 팀이 되어 초량동 부산역 광장~상해거리, 초량6거리~부산고 일대, 부산진역~수정초등학교, 시민회관~자유시장 등 경찰의 순찰 취약지를 중심으로 이뤄진다. 또 원활한 업무 수행을 위해 부산역 광장에 이동식 해병전우회 방범초소를 신설할 계획이다.

(출처: 최세헌 기자. http://cafe.daum.net /rokmarinecorps/6bQK/496에서 인용하였음)

3. 범죄 피해 치유와 인성 회복

인성과 관련하여 범죄 피해자의 정신적 피해는 심각한 후유증을 유발할 수 있다. 신체적 피해는 치료가 가능하고 물질적 피해는 달리 보충할 방법이 있을 수 있다. 하지만, 정신적 피해는 피해자의 정상적인 생활에 치명적일 수 있다.

범죄 피해는 어떻게 피해자의 정신 상태에 영향을 미치는가? 범죄 피해는 피해자에게 정신적으로 강한 충격과 함께 상실감을 주고, 부수적인 2차 스트레스를 유발한다(少西聖子, 2010). 범죄에 의한 강한 충격은 생명 위협이나 살인과 같은 비참한 장면을 목도함으로써 발생하게 되는데, 정신적으로 심한 불안, 공포심, 또다시 같은 경험을 하게 될지도 모른다는 걱정, 회피하고 싶은 마음, 정신 마비, 지나친 깜짝 놀람 등을 겪게 된다. 가족이나 친구, 재산, 건강, 인간 관계 등에 대한 상실 체험은 비탄과 우울증, 신체 부조화 현상을 낳게 만든다. 범죄 이후에 경찰 사법 처리 과정

그림 12-3 범죄 피해가 정신에 미치는 영향

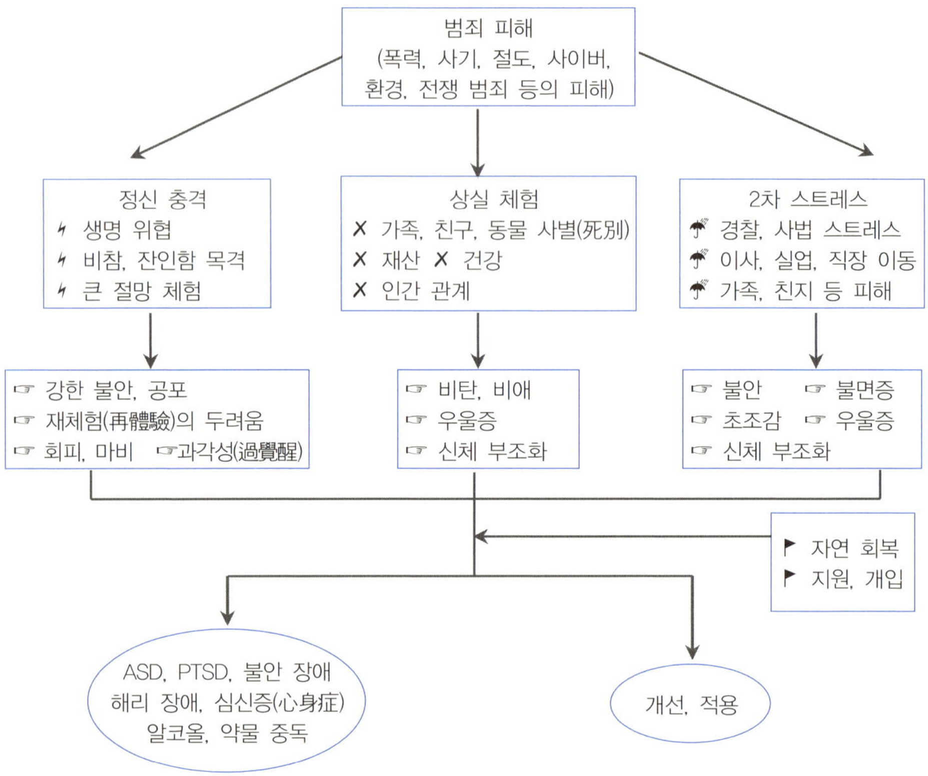

출처: 少西聖子(2010: 23).

이나 이사, 실업 등 2차적 피해로 인해 스트레스가 생겨나는데 이에 따라 정신적으로 불안, 불면증, 초조함, 신체 부조화 현상을 겪게 된다.

정신적 충격과 상실감, 2차적 스트레스로 인한 정신적 피해는 자연적으로 치유될 수도 있다. 하지만, 피해가 심하면 심리적 상담이나 교육, 행정적 지원이 있어야만 치유가 가능하다. 쉽사리 치유가 되지 않을 때는 ASD, PTSD, 불안 장애, 해리 장애, 심신증, 알코올이나 마약 중독에 빠져들 수 있다.

범죄 피해로 인한 정신적 피해는 범죄 피해 후 시간 경과에 따라 조금씩 다르게 나타난다(少西聖子, 2010: 24－29). (1) 피해 직후 충격기(immediately impact phase): 피해 직후 48시간 이내의 기간 동안에는 범죄 피해의 충격에서 벗어나지 못하는 경우가 많다. 공포감, 자신의 무력감에 대한 분노, 생리적 위기 반응(crisis response) —

땀, 사지나 혈관 수축, 수족 냉증 — 등이 나타나고, 주의력 산만이나 건망증과 같은 해리 장애(peritraumatic dissociation), 현실감 상실 등의 고통을 겪는다. (2) 급성기(急性期, acute phase): 범죄 피해 후 1개월까지 기간으로, 불면증과 식욕 저하, 주위 경계심이나 긴장이 과민 증상을 보인다. 감정 마비는 다소 풀렸으나 피해 당시의 공포감이 수시로 엄습하며, 주위 가족에게도 비탄함을 느끼게 한다. 급성 스트레스 장애(Acute Stress Disorder: ASD)가 이어져, PTSD를 다시 겪게 되거나 대인 기피증, 과민 반응, 해리성 장애가 지속될 수 있다. (3) 만성기(慢性期, chronic phase): 수개월이 지나면서 급성 스트레스가 서서히 풀리고 회복 국면으로 들어서는 시기다. 이때의 대표적인 질환이 외상 후 스트레스 증후군(PTSD: Post-Traumatic Stress Disorder)이다. 이외에도 각종 정신 질환을 겪고, 알코올이나 약물 중독에 빠지기 쉽다. 가족의 외상성 비탄(外傷性 悲嘆, traumatic grief), 복잡성 비탄(complicated grief)이 나타날 수 있고, 피해자의 자살 관련 활동도 발생한다. 무력감이나 굴욕감 등으로 인해 분노 조절 장애와 같은 증상이 나타날 수 있다.

■ 외상 후 스트레스 장애

외상 후 스트레스 장애는 범죄 피해를 겪은 사람이 범죄 행위 자체가 사라진 이후에도 정신적으로 스트레스에 시달리는 현상을 말한다. 두려움, 무력감, 공포를 유발했던 범죄 현장의 트라우마적 사건을 겪은 사람이 오랫동안 감성 장애(emotional disorder)를 겪는 현상이다(Barlow & Durand, 2001: 158). 갑작스럽게 사건이 떠오르면서 깜짝 놀라듯 당시 상황을 기억해내고, 공포에 떨게 된다. 증상으로는 참을 수 없는 분노 폭발, 집중력 부족, 지나친 경계심(hyper-vigilance), 악몽(惡夢), 불면증(不眠症), 편집증(偏執症, paranoia), 감정 결핍(emotional numbing),[6] 생존에 대한 죄의식, 고립, 사회 관계의 부적절, 사건에 대한 망각 등이 있다(Weiten, 1992: 482-483). 이런 사람은 만성적으로 과민 반응(overaroused), 쉽게 놀라거나 화를 내는 증상을 가지고 있다(Barlow & Durand, 2001: 159). 베트남 참전 군인이 제대한 뒤에도 살인 행위 등에 의한 정신 장애를 겪게 된 것을 연구하면서 등장한 개념이다. 이런 증상은 성폭행을 당한 경험이 있는 여성, 배우자 등 가족이나 친지의 죽음, 큰 사건 사고를 겪은 사람에게서도 동일하게 나타난다.

6) "The ICD-10 Classification of Mental and Behavioural Disorders"(PDF). World Health Organization. pp.120-121.

범죄 외상 후 스트레스 증후군을 앓고 있는 사람에 대해서는 전문적인 심리 치료가 필요하다. 인지 행동 치료(cognitive behavioral therapy), 스트레스의 안정적 관리, 최면 치유, 필요할 경우에는 수면제 등 의약품 복용이 필요하다.

■ 범죄 피해자 인성 회복

범죄 피해자의 정신적 충격은 범죄 유형과 범죄 피해의 정도에 따라 다르다. 부유한 기업체 사장이 돈 10만 원 정도를 도둑질당한 경우라면 정신적 충격은 그리 크지 않고 쉽게 범죄 피해 상황을 벗어날 수 있을 것이다. 하지만, 초등학생이 학교에 가는 도중에 10만 원 여행비를 중학교 폭력배에게 빼겼다면 충격이 매우 클 수 있다. 학교 공부가 안되고 죄책감에 갈팡질팡하면서 오랫동안 정신적 충격에 사로잡혀 있을 수 있다. 전자의 경우에도 70대 기업체 사장이 손자 같은 중학교 폭력배에게 무릎을 꿇리고 뺨을 맞아 가면서 10만 원을 뺏긴 경우라면 사정이 달라진다. 그는 인간적 모멸감을 심하게 느끼게 되고 창피함에 가족과 부하 직원을 볼 면목이 없어지게 된다. 자신이 옳다고 생각했던 인간에 대한 관점이 크게 변하고 인격적으로 무너져 내릴 수 있다.

범죄 피해자의 정신적 충격은 피해자의 인성 역량에 따라 회복력이 달라질 수 있다. 시간이 다소 걸리더라도 자연 치유가 가능한 사람에 대해서는 당사자의 회복 능력을 믿어야 한다. 이 과정에서 가족이나 이웃, 친지의 정신적, 물질적 지원이 있다면 훨씬 수월하게 인성 회복을 이룩할 수 있다. 정부나 지방자치단체에서도 범죄 피해자 보호 정책이나 제도를 통해 이를 지원할 수 있고, 민간 단체에서도 상담, 치유 등을 통해 인성 회복에 기여하는 수가 있다.

범죄 피해 후 외상이 심각하게 진행되고 있는 급성기(acute phase)에 심리적 응급 처치(psychological first aid)를 할 때 유의할 점을 들어보면(中島聰美, 2010: 64－81) 다음과 같다.

- 안전과 안심감의 제공: 범죄 피해자를 범죄 상황으로부터 탈출하게 하여 안전하게 만듦
- 안정화: 마음을 진정시켜 평온을 되찾게 함
- 현재 피해자가 원하는 욕구 파악
- 실질적 원조: 당장 시급히 필요한 구호, 물품 제공 등 시행
- 가족이나 친지, 가까운 공공기관의 지원을 받을 수 있게 함

- 피해 대책에 필요한 정보, 자료 제공
- 다른 지원 및 치유 전문 기관 소개

범죄 피해자가 비교적 심각한 외상 후 스트레스 장애를 만성적으로 앓고 있는 경우에는 다음과 같은 방식으로 인성 회복에 나서야 한다.

첫째, 치유자와 피해자의 만남이 진정으로 피해자의 장애를 극복하기 위한 것이라는 신뢰와 공감대가 확립되어야 한다. 치유자에게는 충분한 치유 능력이 있고, 피해자를 진정으로 사랑하고 안타까워하며, 인간적 신뢰가 있어야 한다. 피해자에게는 자신의 장애를 극복하고자 하는 절실함이 있고, 치유자에 대한 믿음이 있어야 한다.

둘째, 피해자가 겪은 외상, 즉 피해 경험의 내용과 정도, 이후의 전개 과정에 대해 정확히 파악해야 한다. 범죄자, 당시의 상황, 전개 과정, 범죄 이후의 경찰 사법 관계, 범죄자와 피해자에게 나타난 변화 등을 가능한 정확하게 파악해야 한다. 하지만, 피해자가 심한 장애를 겪고 있는 상황에서는 망각이나 두려움, 화가 난 상태에 있을 수 있기 때문에 정확하게 파악하기 어려울 수 있다.

셋째, 현재 피해자가 겪고 있는 장애의 실태를 정확히 파악해야 한다. 어떤 형태의 장애를, 어느 정도나 심하게 겪고 있는가를 잘 파악해야 한다. 정신적 측면에서 공포, 두려움, 수치심, 잔인함 등 어떤 감성 장애를 겪고 있는가를 파악하고, 신체 생리적 측면에서 신체 손상 장애, 수면 장애, 호흡 곤란, 신경 마비, 발작, 환각, 호르몬 부작용 등 구체적인 문제점을 찾아내야 한다. 이런 부분은 피해자의 솔직한 설명에 의해 알아낼 수 있기도 하지만 치유자가 전문가적 시각에서 판단할 필요가 있다. 전문 기관의 PTSD 진단 프로그램을 활용하는 것도 좋다.

넷째, 치유자 입장에서 어떤 형태의 치유가 바람직한가에 대해 판단해야 한다. 심리 상담이나 치유, 최면 치유, 음악이나 미술 치료, 산림 치유, 병원 처방을 통한 약물 치료 등 여러 방법을 고려하여 최적의 것을 찾아내야 한다. 치유자 입장에서 자신의 치유 능력이 부족하다고 생각할 경우에는 이를 솔직히 설명하고 다른 치유자나 기관에 의뢰해야 한다. 치료 방법은 여러 가지가 동시에, 또는 순차적으로 적용될 수 있다.

다섯째, 치유는 안전하고 평안한 상태에서 이루어져야 한다. 범죄 상황이 지속되고 있는 경우에는 범죄자가 가까이 있을 수 있고 피해자에게 위협을 가할 가능성도 있다. 또 형사 사법 처리 과정이 이어지고 있을 경우에도 범죄자와 맞닥뜨릴 가능성이 매우 높다. 이런 상태에서는 피해자가 불안하여 제대로 된 치유 프로그램을 운영하기 어렵다. 피해자의 심리적 안정은 물론 신체적 안전도 확보되어야 한다. 또 피해자의 피해 상태, 치유 과정 등은 철저히 비밀을 유지하는 것이 좋다.

여섯째, 피해자 치유, 인성 회복 과정은 장애의 정도에 비례하여 길어질 수 있다. 치유와 장애 완화, 정상적인 인성 회복까지는 시간이 오래 걸릴 수 있다. 어떤 경우에는 다소 완화는 될지라도 완치가 되기 어려울 수도 있다. 치유자는 물론 피해자도 조급해하지 말아야 한다.

일곱째, 2차적 피해로 전이되는 것을 조심해야 한다. 범죄 후유증으로 인한 신분 변화, 직장 이동, 가족이나 친지에게 추가적인 피해 발생 등에 유의해야 한다. 인성 회복이 이루어지기 전에 낙담, 우울, 피해 망상 등으로 가정 파탄, 폭력, 자살, 알코올 중독 등으로 전환되지 않게 조심해야 한다.

여덟째, 치유 기간 동안 발생하는 현실적 문제에도 신경을 써야 한다. 직장인의 경우에 휴직이나 조퇴, 업무 처리의 지연 등의 문제가 생길 수 있고, 가정적으로 생계비 문제, 가족의 정상 생활 지속의 문제, 신체 손상의 경우에는 병원 치료 문제 등이 존재할 수 있다.

아홉째, 치유에 도움이 될 수 있는 다른 전문가, 국가나 지방자치단체 등 공공기관의 법적, 재정적 지원 프로그램을 최대한 활용하는 것이 좋다. 범죄 피해의 심각성을 고려하여 법적으로 정부 기관의 지원을 의무화하고, 각종 기금 지원도 하고 있다.

Ⅳ 회복적 사법 제도와 인성

1. 회복적 사법 제도

회복적 사법(回復的司法, reconciliation justice) 제도란 범죄 피해자와 가해자, 더 나아가서 국가와 지역 공동체가 능동적으로 참여하여 피해자는 물론 가족과 사회의 손실을 복구하고 관련자들의 재통합을 이루고자 하는 사법 제도를 말한다(이성호 외, 2005: 234). 이는 범죄자 처벌 위주의 징벌적 형사 사법 제도에 대한 보완 대책으로 나타난 것이다. 범죄자와 피해자를 중심으로 관계자 모두의 화해를 촉구하면서 피해자의 복구, 정상적 생활화를 추구한다(石川正興, 2010).

가해자인 범죄자에 대해서는 초범자 감형, 각종 교정 치유 프로그램 등을 회복적 사법 제도의 일환으로 볼 수 있다. 비행 청소년이나 청소년 범죄자에 대한 보호 관찰 처분, 사회 봉사 명령, 경찰 단계의 다이버전(diversion) 절차, 검찰의 선도 조건부 기소 유예제도, 갱생 보호 등이 좋은 예다.

범죄 피해자에 대해서는 피해 내용을 최대한 복구하고 정상적인 생활을 할 수 있을 정도로 충분한 지원, 보상, 회복이 이루어져야 한다. 하지만, 현실적으로는 신체 피해에 대한 병원 치료, 재산이나 물적 피해에 대한 보험금 지급이나 지원금 제공 차원의 일부 보상, 생활비 일부 지원 정도에 머무르는 것이 현실이다. 범죄 경험에 의한 외상 후 스트레스 장애, 정상적 생활의 실패로 인한 물질적 피해나 사회 관계 단절 등에 대해서는 회복을 위한 보상이나 지원이 제대로 이루어지기 어렵다. 그래서 최선의 범죄 피해 보상은 범죄를 사전에 예방하여 범죄 피해를 당하지 않는 것이다.

■ **『범죄 피해자 보호법』(법률 제12883호)**

제1조(목적) 이 법은 범죄 피해자 보호 · 지원의 기본 정책 등을 정하고 타인의 범죄 행위로 인하여 생명 · 신체에 피해를 받은 사람을 구조(救助)함으로써 범죄 피해자의 복지 증진에 기여함을 목적으로 한다.

제2조(기본 이념)

① 범죄 피해자는 범죄 피해 상황에서 빨리 벗어나 인간의 존엄성을 보장받을 권리가 있다.

② 범죄 피해자의 명예와 사생활의 평온은 보호되어야 한다.

③ 범죄 피해자는 해당 사건과 관련하여 각종 법적 절차에 참여할 권리가 있다.

범죄가 만연하고 피해자가 속출하는 현대 상황에서 정부는 법적으로 범죄 피해자 보호를 위한 노력을 기울이고 있다. 「범죄 피해자 보호법」이 그것이다.

국가나 지방자치단체는 범죄 피해자 보호 · 지원의 기본 정책을 다음과 같이 추진해야만 한다(범죄 피해자 보호법 제7조).

① 국가 및 지방자치단체는 범죄 피해자의 피해 정도 및 보호 · 지원의 필요성

등에 따라 상담, 의료 제공(치료비 지원을 포함한다), 구조금 지급, 법률 구조, 취업 관련 지원, 주거 지원, 그 밖에 범죄 피해자의 보호에 필요한 대책을 마련하여야 한다.

② 국가는 범죄 피해자와 그 가족에게 신체적 · 정신적 안정을 제공하고 사회 복귀를 돕기 위하여 일시적 보호시설을 설치 · 운영하여야 한다. 이 경우 국가는 보호시설의 운영을 범죄 피해자 지원 법인, 「의료법」에 따른 종합병원, 「고등교육법」에 따른 학교를 설립 · 운영하는 학교 법인, 그 밖에 대통령령으로 정하는 기관 또는 단체에 위탁할 수 있다.

③ 국가는 범죄 피해자와 그 가족의 정신적 회복을 위한 상담 및 치료 프로그램을 운영하여야 한다.

필요에 따라 범죄 피해자 및 유족에게 다음과 같이 구조금을 지원할 수 있다(제17조). 구조금은 유족 구조금 · 장해 구조금 및 중상해 구조금으로 구분하며, 일시금으로 지급한다. 유족 구조금은 구조 피해자가 사망하였을 때 유족에게 지급한다. 유족 구조금은 구조 피해자의 사망 당시(신체에 손상을 입고 그로 인하여 사망한 경우에는 신체에 손상을 입은 당시를 말한다)의 월급액이나 월 실수입액 또는 평균 임금에 24개월 이상 48개월 이하의 범위에서 유족의 수와 연령 및 생계 유지 상황 등을 고려하여 대통령령으로 정하는 개월 수를 곱한 금액으로 한다(제22조).

2. 범죄 피해자에 대한 법적 지원

국가는 범죄 피해자 보호를 위해서 권리 장전 수준의 「범죄 피해자 기본법」을 제정하여 피해자 보상, 피해자 구제 프로그램 운영, 원상 복구를 위한 민사 재판과 손해 배상 청구권 부여, 피해자 소송 기록 열람 및 등사권 인정, 피해자에 대한 법원의 배상 명령, 형사 화해 및 조정 제도[7] 운영 등을 정하고 있다(이성호 외, 2005: 196-200).

7) 「형사소송법」 제41조의 형사 조정 제도도 범죄 피해자를 지원하는 제도 중 하나다. "검사는 피의자와 범죄 피해자 사이에 형사 분쟁을 공정하고 원만하게 해결하여 범죄 피해자가 입은 피해를 실질적으로 회복하는 데 필요하다고 인정하면 당사자의 신청 또는 직권으로 수사 중인 형사 사건을 형사 조정에 회부할 수 있다."

범죄 피해자에 대한 경찰, 사법 단계의 지원도 매우 중요하다. 범죄 피해가 극심할 경우에는 당사자가 안정적으로 경찰 단계와 사법 단계에서 가해자인 범죄자에 대응하기가 어렵다. 국선 변호인 제도가 있고 민간 차원의 법률 지원 복지 단체도 많이 있어 피해자를 돕고 있다. 형사 절차상 피해자의 절차 참여, 의견 진술권, 증인 보호를 위한 차폐 조치, 동영상 및 음향 송수신 장치에 의한 증인 신문, 증인의 보좌인 제도 등(이성호 외, 2005: 200－202)이 피해자 보호를 위해 필요하다.

「가정 폭력 범죄의 처벌 등에 관한 특례법」은 "가정 폭력 범죄의 형사 처벌 절차에 관한 특례를 정하고 가정 폭력 범죄를 범한 사람에 대하여 환경의 조정과 성행(性行)의 교정을 위한 보호 처분을 함으로써 가정 폭력 범죄로 파괴된 가정의 평화와 안정을 회복하고 건강한 가정을 가꾸며 피해자와 가족 구성원의 인권을 보호"를 목적으로 만들어진 법이다. 이 법에 따라 누구든지 가정 폭력 범죄를 알게 된 경우에는 수사 기관에 신고할 수 있다(제4조), 신고를 받은 사법 경찰 관리는 즉시 현장에 나가서 다음 각 호의 조치를 하여야 한다(제5조).

－폭력 행위의 제지, 가정 폭력 행위자 · 피해자의 분리 및 범죄 수사
－피해자를 가정 폭력 관련 상담소 또는 보호 시설로 인도
－긴급 치료가 필요한 피해자를 의료 기관으로 인도

이 법을 토대로 범죄 피해자를 지원하기 위해 「가정 폭력 방지 및 피해자 보호 등에 관한 법률」이 만들어졌다. 이 법을 통해 국가와 지자체의 가정 폭력 실태 조사, 예방 교육, 아동의 취학 지원, 피해자에 대한 불이익 처분의 금지, 긴급 전환 센터 운영, 상담소 설치 운영, 보호 시설 설치 운영, 치료 보호 등을 규정하고 있다.

용 어

범죄, 범죄자, 향약, 착한 사람, 나쁜 놈, 범죄자, 범죄 생물학, 범죄 촉진 요인, 범죄 억제 요인, 범죄 원인론, 범죄 기회론, 범죄 피해, 범죄 피해자, 사이버 범죄, 범죄 피해 예방, 방범 환경 설계, 범죄 피해 치유

요 약

- 범죄: 법의 규정을 어겨서 처벌을 받는 죄
- 처벌받는 범죄: 법적 구성 요건, 범죄자의 위법성, 범죄자의 책임성 동시 필요
- 법과 예절: 법이 강력한 제재를 전제로 하는 강요된 질서를 추구하는 데 비해, 예는 인간 스스로 자율적으로 지키는 질서를 추구
- 향약: 조선 시대 지역의 자치 규약. 덕업상권, 과실상규, 예속상규, 환난상휼
- 범죄의 상대성: 범죄는 시대와 장소에 따라 상대적으로 적용됨. 강력 범죄는 물론 처벌을 전제로 하지 않는 자발적인 예절을 위반한 행위도 시대와 장소에 따라 '죄'가 되기도 하고 안되기도 함. 똑같은 강력 범죄 행위에 대해서도 형법의 내용이 국가마다 서로 다름
- 착한 사람과 나쁜 놈: 사람 중에는 법과 예절을 스스로 잘 지키면서 평화롭게 살아가는 '착한 사람', 법규나 예절을 어기고 지키지 않으며 남을 해코지 하면서 살아가는 '나쁜 놈'
- 범죄자: 처벌받는 범죄를 저지른 사람
- 범죄자가 되기 쉬운 사람: (1) 법규와 예절에 대한 지식이 없는 사람, (2) 일탈 행위를 하는 순간에 '참지 못하는' 사람, (3) 범죄 행위를 일종의 '과시적이고, 우월한 행동'으로 여기는 사람, (4) 정신적, 신체적 특성이나 장애로 인해 범죄자가 되기 쉬운 사람, (5) '범죄 성향이 짙은', '나쁜 놈' 집단이나 조직에 속해 있는 사람, (6) 스스로 '가진 것이 없다'고 생각하는 사람, '더 이상 잃을 것이 없다'고 생각하는 사람, 자포자기한 사람, '불리하게 피해를 당하고 있다'고 생각하는 사람, (7) 청소년
- 범죄 생물학 이론: 범죄자의 생물학적 특징이 범죄의 원인이 된다고 보는 이론
- 범죄 원인: 신체적 생리적 요인, 개인 환경적 요인, 사회 환경적 요인(개인의 가족과 경제 사회 환경, 국가 사회 환경)
- 범죄 촉진 요인: 특정한 사람이 범죄 행위를 하도록 동기 유발을 하고 촉진하는 요인
- 범죄 억제 요인: 범죄 의도가 생기지 않게 하거나 범죄 실행을 막고 규제하는 요인
- 범죄 원인론: 범죄의 원인이 무엇인가를 밝혀내는 이론
- 범죄 기회론: 어떤 순간에 범죄가 발생하게 되는가에 대한 이론
- 범죄의 진행: 범죄가 일단 일어나더라도 이를 더 이상 심화되지 않게 하거나 재범, 3범 식으

로 반복되지 않게 해야만 함. 범죄의 진행이 빠르지 않게 하고, 더 이상 악화되지 않게 하는 것도 중요. 1차 범죄가 2차 범죄, 3차 범죄로 확산되거나 악화되지 않게 하는 것도 중요

- 범죄 방지를 위한 노력: 예절 교육, 준법 교육, 비행 방지 교육
- 범죄 피해: 범죄로 인해 해를 입은 상태
- 범죄 피해자: 범죄 피해를 당한 사람
- 사이버 범죄: 컴퓨터와 인터넷, IT 기술을 활용하여 사이버 공간에서 일어나는 모든 범죄 현상
- 범죄 피해 예방: 안전 생활과 함께 범죄 피해를 당하지 않게 사전 예방
- 방범 환경 설계: 건축 환경 설계를 이용하여 범죄를 사전에 예방하고자 하는 기법
- 범죄 예방의 3요소: 범죄자의 범죄 기회를 줄이고, 방범 기능을 강화하는 방법으로는 방범 환경 설계를 충실히 하고, 인적 환경을 개선하는 것
- 범죄 피해 치유: 범죄 피해자의 정신적 피해를 치유하는 것
- 외상 후 스트레스 장애: 범죄 피해를 겪은 사람이 범죄 행위 자체가 사라진 이후에도 정신적으로 스트레스에 시달리는 현상
- 회복적 사법 제도: 범죄 피해자와 가해자, 더 나아가서 국가와 지역 공동체가 능동적으로 참여하여 피해자는 물론 가족과 사회의 손실을 복구하고 관련자들의 재통합을 이루고자 하는 사법 제도

[인성의 덕목 12] 안 전

1) 개념 정의	■안전(安全): 평안하고 온전함. 온전함이 잘 유지됨 – 위험이나 일탈(逸脫) 또는 잘못이 없음 – 평안(平安): (억지로가 아닌) 자연스럽게 편안함 – 온전: 모두, 전체, 원래 모습을 유지함
2) 개념 해석, 뜻풀이	■안전의 주체: 인간 ■안전의 내용 – 온전한 모습이 잘 유지됨 – 위험이 없음. 일탈이 없음. 잘못이 없음 – 안전을 위협하는 요인으로부터 떨어져야 함 – 안전 위협을 받는 대상: 인간 정신과 육체, 의식주 생활, 직업 활동 등
3) 관련 이론	■분야별 안전 담당 조직 – 학교 생활 안전(교육부, 경찰) – 산업 안전(안전보건공단) – 공공 재난 안전(국민안전처) – 대학 실험실, 연구실 안전(미래창조과학부) – 의약 안전(식품의약품안전처) – 원자력 안전(원자력안전위원회) – 교통 안전(교통안전공단) – 해양 안전(국민안전처) – 범죄 안전(경찰, 검찰, 국방) ■지역 안전 지수(국민안전처): 재난 및 안전 관리 기본법 제66조의8 – 지역별 안전 수준과 안전 의식을 객관적으로 측정 – 7개 영역: 화재, 교통사고, 자연 재해, 범죄, 안전 사고, 자살, 감염병 ■범죄 생물학 이론(the biological criminal trait theory): 범죄자의 생물학적 특징이 범죄의 원인이 된다고 보는 이론. 범죄자가 지니고 있는 특정한 생물학적 특징이 다른 환경 여건, 매개 변수와 연결되어 범죄를 저지른다는 주장 – 범죄 원인: 신체적 생리적 요인, 개인 환경적 요인, 사회 환경적 요인 – '깨진 유리창 이론', '범죄 아노미 이론', '비행 하위 문화(非行 下位文化, delinquent subculture)' 이론 – 범죄 원인론(犯罪原因論)과 범죄 기회론: 전자는 범죄의 원인이 무엇인가를 밝혀내는 이론이라면, 후자는 어떤 순간에 범죄가 발생하게 되는가에 대한 이론 ■방범환경 설계(CPTED): 건축 환경(built environment) 설계를 이용하여 범죄를 사전에 예방하고자 하는 기법

4) 안전 실천 지표	(1) 정신 안전	정신적 이상 심리 존재 유무	각종 이상 심리의 존재 여부 판단. 사전 또는 진행 중 안전 대책
		화, 분노 조절 능력	안전을 해칠 수 있는 분노, 화 조절 능력 함양
		이성적 판단 능력	합리적 판단 능력 함양
		삶에 필요한 정보, 지식의 충분성	상황에 맞는 안전 정보, 지식을 평소에 함양하고, 활용

	(2) 육체 안전	두뇌, 혈관 등 건강	두뇌, 혈관 등 신체 내부 건강 확보
		싸움, 격렬한 운동 등으로 인한 육체 손상방지	싸움이나 심한 운동 등으로 인한 육체 손상 방지
		외부 환경에 의한 육체 손상 방지	교통 사고, 자연 재해, 폭력 등으로부터 신체 보호
	(3) 의식주 안전	음식, 먹거리 안전	상한 음식, 오염된 음식, 잘못된 식사, 유전자 변형 식품 등으로부터 안전
		주거, 주택 안전	주거 생활 중 안전
		영양 건강 안전	영양 부족 또는 과잉으로 인한 안전 위협
		의약품 안전	의약품 오용, 마약 등으로부터 안전 확보
	(4) 생활 안전	교통 안전	운전, 도보, 승차 중 안전 확보
		환경 오염과 안전	대기 오염, 수질 오염, 화학 물질 등으로부터 안전 확보
		과학 기술과 안전	과학 기술 개발, 사용 중 안전, 인터넷, 사이버 기술 등 관련 범죄나 재해로부터 안전
		자연 재해와 안전	홍수, 가뭄, 지진 등으로부터 안전 확보
		화재 안전	화재로부터 안전 확보
	(5) 직업 안전	학교 생활 안전	생활 중 안전 확보
		직장 내 안전	직장 생활 중 안전 확보
		직업 특성상 안전	직업 특성에 따른 안전 확보
	(6) 범죄 안전	방범 환경 설계	건축물과 시설의 방범성 확보
		강력 범죄 사전 예방	개인적, 가족적 안전 확보
		경제 범죄 예방	금융 범죄, 사기 범죄 등 예방
		사이버 범죄 예방	다양한 사이버 범죄 지식 확보, 범죄 피해 예방
		성 폭력 예방	성 폭력 피해 사전 예방
		가정 폭력 예방	가족 내 폭력 예방
	■ 가족 내 교육 – 부모 교육: 의식주 생활, 가정 내 활동 중 안전 생활화 교육 – 가족 끼리, 안전 정보와 경험을 대화하면서 교육 – 가족 전체의 안전을 위해 협동하는 방법 가르침		

5) 안전 가르치기	■ 학교 교육 – 안전에 대한 정보, 지식 교육 – 안전한 생활에 관한 가치관 확립, 태도 형성 교육 – 사회 생활 과정에서 필요한 각종 안전에 대한 교육 – 각종 안전 수칙, 대피 요령, 대응 방법 등 교육 ■ 직장, 단체 교육 – 직장 내 안전 수칙, 대피 요령 교육 – 담당 업무 특성과 관련된 안전 교육
6) 안전 배우기	■ 가정에서 – 가족 생활을 통해, 안전 생활 습관 체득하기 – 가족끼리, 안전 생활 지원하고 도우면서 배우기 – 생활 주변 불안전 시설, 환경 개선하면서 배우기 ■ 학교에서 – 안전 교육, 실습을 통해 안전 생활 배우기 – 일반 사회 생활에 필요한 안전 정보, 지식 습득하기 ■ 직장, 단체 교육을 통해 배우기 – 직장 내 안전 교육을 통해 배우기 – 담당 업무 수행과 관련된 안전 수칙, 안전 생활 체득하기
7) 안전 실행하기	
■ 가정에서	– 불안전 요소 개선하기 – 의식주 생활 안전 실천하기 – 일상 활동 중 안전 수칙 지키기
■ 학교에서	– 학교 생활 중 안전 수칙 지키기 – 등교, 하교 길에 안전 수칙 지키기
■ 사회에서	– 교통 안전, 환경 안전, 자연 재해 안전, 과학 기술 안전 등에 관한 정보와 지식을 잘 갖추고 안전 수칙 실천하기 – 경제 범죄, 사기, 사이버 범죄 등에 대한 정보를 잘 갖추고 안전 수칙 실천하기 – 경찰, 소방, 국군 등의 안전 활동 지원하고 돕기

참고 문헌

국내 문헌

강신택(1983). 『사회과학 연구의 논리』. 박영사.

강철 외(2016). 『생명과학』. 제7판. (주)라이프 사이언스.

구본권(2015). 『로봇 시대, 인간의 일』. 어크로스.

김경희(2004). 『정서심리학』. 박영사.

김문성(2015). 『아들러의 실전 심리학』. 스마트북.

김성봉(2006). 『인간주의 교육의 실천 방향』. 한국학술정보.

김성수(2015). 『윤리 경영론의 콘서트』. 탑북스.

김완수 · 윤가영 외(2015). 『운동전문가 안내서: 만성 질환 예방 및 관리 전략』. 한미의학.

김이영 · 배헌석 · 이우언(2016). 『인간 이해를 위한 심리학』. 양서원.

김인자(2015). 『인성 계발 원론』. 핵소피아.

김정환(1987). 『교육 철학』. 박영사.

______(1995). 『인간화 교육 어떻게 할 것인가?』. 내일을 여는 책.

김지수(2013). 교수-학습 이론. 박종철 외. 『현대 교육학 개론』. 학지사. 289-340.

김태곤(2016). 성범죄 후 강력 범죄를 유발하는 요인에 관한 연구. 광운대학교 범죄학 박사 학위 논문(심사용 원고).

김형태(1984). 프로이트의 업적과 정신 분석 입문. S. Freud. 『정신분석 입문』. 김형태 역. 삼성출판사.

김홍우(2002). 정치란 무엇인가? 서울대학교 정치학과 교수 공저. 『정치학의 이해』. 박영사. 3-13.

남승규 · 이재창 외(2015). 『심리학: 원리와 적용』. 학지사.

도미향 외(2014). 『가족정책론』. 신정.
박주현 · 최덕경(2016). 『가족과 젠더』. 장지사.
박희숙 · 강월숙 · 고선영(2014). 『가족복지론』. 공동체.
박희숙 외(2014). 『가족복지론』. 공동체.
법무부 범죄예방위원 전국위원회(2005). 『범죄 예방의 이론과 실제』.
변순용 외(2015). 『음식 윤리』. 어문학사.
송형석 외(2016). 『가족 심리 백과』. 시공사.
신상현(2016). 『글로벌 경영 윤리』. 리북.
심교준(2009). 防犯環境設計가 住民의 生活安全意識에 미치는 影響. 광운대학교 범죄학 박사 학위 논문.
양승무(1987). 주자의 격물치지론에 대한 연구. 유교학회. 『유교 사상 연구』, 2집: 51 – 104.
윤석철(2015). 『성공 창업과 기업가 정신』. 대경.
이극찬(1984). 『정치학』. 법문사.
이대희(1984). 민주자본주의와 정부의 역할. 『한국행정학보』, 18(2): 621 – 638.
______(1999). 『한국의 인식론』. 대영문화사.
______(2001). 『문화산업론』. 대영문화사.
______(2007). 『감성 정부: 감성적 지성의 행정』. 대영문화사.
______(2015). 열정의 리더십 특성에 관한 사례 연구: 정주영과 박태준. 『지방 정부 연구』, 19(1): 381 – 404.
______(2016). 『감성 혁명과 정부 재창조』. 조명문화사.
이대희 외(2015). 『행정』. 조명문화사.
이만(1999). 『유식학 개론』. 민족사.
이상안(2000). 『공직 윤리 봉사론』. 박영사.
이성식(2011). 『사이버 범죄학』. 도서출판 그린.
이성호 · 김상균 · 신석환(2005). 『범죄피해자학』. 21세기사.
이숙정(2014). 네트워크 사회, 네트워크화된 공중, 집단 지성. 『뉴 미디어 뉴 커뮤니케이션』. 이화 출판. 43 – 69.
이윤호(2007). 『범죄학』. 박영사.
이정화(2015). 『문화 소비』. 커뮤니케이션 북스.
이종관 외(2009). 『디지털 컨버전스 시대의 의식과 행동』. 정보통신정책연구원.
이창원 · 최창현(2006). 『새 조직론』. 대영문화사.
이훈구 외(2003). 『정서 심리학』. 법문사.
일본건축의학협회 편(2016). 『건축의학』. 이강춘 · 석종욱 옮김. 씨아이알.
임재현 · 김남영 · 배영훈(2013). 『현대인의 건강과 운동 이야기』. 대경북스.
전대양(2011). 『범죄 원인론: 유형과 이론』. 청송출판사.
전대양 · 송병호(2004). 『조직 범죄론』. 형설출판사.

조수선(2014). 미디어 이론의 재적용과 확장. 『뉴 미디어 뉴 커뮤니케이션』. 이화 출판. 17-41.

차두원 · 김서현(2016). 『잡 킬러』. 한스 미디어.

최명(2002). 정치 문화, 정치 사회화 및 정치적 인간. 서울대학교 정치학과 교수 공저. 『정치학의 이해』. 박영사. 81-116.

최병일 · 황인학 외(2013). 『기업가 정신』. 한국경제연구원.

최선우(2016). 도시발전 패러다임과 CPTED에 관한 연구. 『경찰학 논총』, 11(1): 95-125.

최영인 · 염건령(2005). 『범죄 생물학 이론과 범죄 심리학 이론』. 백산출판사.

한국건강증진개발원(2015). 『2015년 보건소 금연클리닉 상담매뉴얼(개정판)』.

한국심리학회(2004). 『현대 심리학의 이해』. 박영사.

______(2004). 『현대 심리학의 이해』. 학문사.

홍대식(1994). 『사회심리학』. 박영사.

홍성욱 · 서민우 외(2016). 『과학 기술과 사회』. 나무나무.

菊田幸一(2010). 『범죄학』. 성문당.

服部 正明(1993). 『인식과 초월』. 이만 옮김. 민족사.

石川正興(2010). 『犯罪學への アプローチ』. 成文堂.

小宮信夫(2008). 『犯罪は'この 場所'で起こる』. 光文社新書.

小西聖子(2010). 『犯罪 被害者の メンタルヘルス』. 誠信書房.

越智啓太(2005). 『범죄 심리학』. 조창서점.

中島聰美(2010). 犯罪 被害者 治療の 實踐的 組み立 てと連携. 小西聖子. 『犯罪 被害者の メンタルヘルス』. 誠信書房. 64-81.

中井久夫(2009). 『징후, 기억, 외상』. みすず書房.

横山 紘一(1989). 『유식 철학』. 묘주 역. 경서원.

국외 문헌

Adams, D., & Hamm, M.(2001). *Literacy in a multimedia age*. Norwood, MA: Christo-pherGordon Publishers.

Almond, Gabriel A. & Sidney Verba(1963). *The Civic Culture: Political Attitudes and Democracy in Five Nations*. Princeton: Princeton University Press.

American Psychiatric Association(2017). *Diagnostic and Statistical Manual of Mental Disorders*, Fifth Edition. DSM-5(2017.3.1.).

Aufderheide, P.(Ed.)(1993). *Media literacy: A report of the national leadership conference on media literacy*. Aspen, CO: Aspen Institute.

Barlow, David H. & V. Mark Durand(2001). *Abnormal Psychology: an integrative approach*. 2nd ed. United States: Wadsworth.

Bernstein, Richard J.(2016). *The Abuse of Evil: The Corruption of Political and Religion since 9/11*. 강동호 역. 『악의 남용』. 도서출판 울력.

Borch-Jacobsen, Mikkel(2013). 『의약에서 독약으로』. 전혜영 옮김. 율리시즈.

Bourdieu, P.(1979). *La distinction-critique sociale du udgement*. Les Editions de Minuit.

Braysich, J.(1979). *Body Language*. Singapore: Joseph Braysich& Associates.

Brehm, Sharon S., Saul M. Kassin & Steven Fein(2002). *Social Psychology*. 5th ed. Boston, MA: Houghton Mifflin Company.

Choi, Jung Min, Karen A. Callaghan & John W. Murphy(1995). *The Politics of Culture: race, violence, and democracy*. London: Praeger.

Colvin, Geoffrey(2015). *Humans are Underrated*. 신동숙 옮김. 『인간은 과소 평가되었다』. 한스 미디어.

Corbin, Charles B. & Ruth Lindsey(2009). *Fitness for Life*. 구교만 외 역. 『건강한 삶을 위한 운동』. 대한미디어.

Danl, Robert A.(1991). *Modern Political Analysis*. 5th ed. Englewood Cliffs, N.J.: Prentice-Hall.

Descartes, Rene(1984). 『방법서설, 성찰, 정념론, 철학의 원리 외』. 김형효 역. 삼성출판사.

Desjardins, Joseph(2015). *An Introduction to Business Ebtics*. 박명섭 옮김. 『비지니스 윤리』. 아카데미 프레스.

Dickey, Simon & Hogan Reece(2016). *Campbell Essential Biology with Physiology*. 윤치영 · 고상균 공역. 『캠벨 생명 과학』. (주)바이오사이언스 출판.

Eggen, Paul & Don Kauchak(2006). *Educational Psychology: Windows on Classrooms*. 신종호 외 옮김. 『교육심리학』. 학지사.

Feldman, Robert S.(2001). *Social Psychology* (3rd ed.). Upper Saddle River, New Jersey: Prentice Hall.

Fenwick, Tara(2006). Toward Enriched Conceptions of Work Learning: Participation, Expansion, and Translation Among Individuals With/In Activity. *Human Resource Development Review*, 5(3): 285-302.

Ferrari, Michel(2011). *The Pursuit of Excellence Through Education*. 이영만 옮김. 『수월성 교육』. 아카넷.

Freud, Sigmund(1984). 『정신분석 입문』. 김형태 역. 삼성출판사.

Gardner, Thomas J. & Terry M. Anderson(2000). *Criminal Law*. 7th ed. Singapore: Wadsworth.

Guirdham, M.(2002). *Interactive Behaviour at Work*. London: Prentice Hall.

Harari, Yuval Noah(2015). *Sapiens*. 조현욱 옮김. 김영사.

Hoeger, Werner W. K. & Sharon A. Hoeger(2005). *Fitness and Wellness*. 6th ed. Australia: Thomson, Wadsworth.

Jeffery, C. R.(1971). *Crime Prevention Through Environmental Design*. Beverly Hills, CA: Sage Pub.

Kant, Immanuel(1982). 『순수이성비판』. 전원배 역. 삼성출판사.

Lamont, Corliss(1975). *Humanism as a Philosophy*. 박영식 역. 『휴머니즘』. 정음사.

Le Bon, Gustave(2008). 『군중심리(*Psychologie des foules*)』. 김성균 역. 이레 미디어.

Lewens, Timothy(2015). *The Meaming of Science*. 김경숙 역. 『과학한다, 고로 철학한다』. MID.

Livemore, David(2016). The Cultural Intelligence: Difference. 홍종열 옮김. 『문화 지능 CQ: 글로벌 소통의 기술』. 꿈꿀 권리.

Lupton, Deborah(2015). *Food, the Body and the Self*. 박형신 옮김. 『음식과 먹기의 사회학』. 한울 아카데미.

Maslow, A.(1971). *Farther Reaches of Human Nature*. New York, N.Y.: McGraw-Hill.

______(1954). *Motivation and Personality*. New York: Harper & Brothers.

Moffat, R. E.(1983). Crime Prevention Through Environmental Design: A Management Perspective. *Canadian Journal of Criminology*, 25(4).

Moreno, Jacob Levy(1951). *Sociometry, Experimental Method and the Science of Society: An Approach to a New Political Orientation*. Beacon House.

Myers, David G.(2015). *Social Psychology*. 이종택 외 역. 한올.

Myers, David G. & DeWall, C. Nathan(2016). *Psychology*. 신현정 · 김비아 공역. 『심리학개론』. 시그마 프레스.

Newnam, O.(1972). *Defensible Space: Crime Prevention Through Urban Design*. N.Y.: Macmillan.

Novak, Mikel(1983). 『민주자본주의와 한국의 발전』. 김진현 역. 한국경제연구원.

Piaget, Jean(2015). *La Psychologie De L'Intelligence*. 김명자 역. 『지능의 심리학』. 양서원.

Potter, W. James(2004). *Theory of media literacy: a cognitive approach*. Thousand Oaks, Calif.: SAGE Publications.

______(2010). The State of Media Literacy. *Journal of Broadcasting & Electronic Media*, 54(4): 675-696.

______(2016). *Media Literacy*. 김대희 · 임윤경 역. 『미디어 리터러시』. 소통.

Rainie, Lee & Barry Wellman(2015). *The New Social Operating Systems*. 김수정 옮김. 『새로운 사회 운영 시스템』. 에이콘.

Resnik, David B.(2016). *The Ethics of Science: An Introduction*. 양재섭 · 구미정 옮김. 『과학의 윤리』. 나남.

Sargent, Lyman Tower(1975). *Contemporary Political Ideologies*. 3rd. Homewood: The Dorsey Press.

Saville, G. & G. Cleveland(2013). Second-Generation CPTED: rise and fall of opportunity theory. in Randall I. Atalas (ed.) *21st Centry Security and CPTED Design for Critical*

Infrastructure Protection and Crime Prevention. N.Y.: CRC Press. 94–99.

Schafer, Stephen(1968). *The Victim and his Criminal: a study in functional responsibility*. New York: Random House.

Schunk, Dale H., P. P. Pintrich & J. L. Meece(2013). *Motivation in Education* 3rd., 신종호 역. 『학습 동기: 이론, 연구 그리고 지원』. 학지사.

Seligman, Linda & L. W. Reichenberg(2014). *Theories of Counseling and Psychotherapy*. 김영혜 외 옮김. 『상담 및 심리 치료의 이론』. 시그마프레스.

Sharf, Richard(2013). *Theories of Psychotherapy and Counseling*. 천성문 외 옮김. 『심리 치료와 상담이론』. Seoul: Cengage Learning.

Shaw, William H. & Vincent Barry(1996). *Moral Issues in Business*. 5th ed. Belmont, CA: Wadsworth Publishing Company.

Shiota, Michelle N. & J. W. Kalat(2012). *Emotion*. 민경환 외 역. 『정서심리학』. Seoul: Cengage Learning.

Smith, Adams(1937). *An Inquiry into the Nature and Causes of the Wealth of the Nations*. New York: The Modern Library.

Sternberg, R. J.(1986). A Triangular Theory of Love. *Psychology Review*, 93: 119–135.

Stone, Michael H.(2012). *The Anatomy of Evil*. 허형은 옮김. 『범죄의 해부학』. 다산초당.

Talbot, Marianne(2016). *Bioethics: an Introduction*. 강철 외 옮김. 『생명윤리학』. 정담 미디어.

Weiten, Wayne(1992). *Psychology: Themes and Variations*, 2ed. Pacific Grove, CA: Brooks/Cole Publishing Company.

Wenk, Gary(2015). *Your Brain on Food*. 김윤경 옮김. 『감정의 식탁』. RHK 코리아.

Williams, Melvin H.(2008). *Nutrition for Health, Fitness & Sport*. 8th ed. 이명천 외 옮김. 『건강, 체력, 스포츠를 위한 운동 영양학』. 라이프 사이언스.

Wincze, John P. & Carey, Michael P.(1991). *Sexual dysfunction: a guide for assessment and treatment*. New York: The Guilford Publications.

Wolynn, Mark(2016). *It Didn't Start With You*. 정지인 옮김. 『트라우마는 어떻게 유전되는가?』. 심심.

Wringe, Colin(2013). *Understanding Educational Aims*. 김정래 역. 『교육목적론』. 학지사.

찾아보기

ㄱ

ㄴ

ㄷ

ㄹ

ㅁ

ㅂ

ㅅ

ㅇ

ㅈ

ㅊ

이 대 희(李 大 熙. Daehee Lee)

[약력]

- 아호(雅號): 늘보. 정이(精而). 이재(頤齋)
- 충북 진천에서. 1955년에 태어남
- 서울대학교 행정학 박사
- (현재) 광운대학교 교수. (사)한국산악문화협회 회장. 「감성과 문화 포럼」 대표. 행정사연구회 회장. 의정부시 행정혁신위원. 아시아행정포럼 대표 (사)한국체육문화인성협회 고문. 광운대 범죄연구소 소장
- (경력) 동양고전학회 회장. 한국행정학회 회장. 서울행정학회 회장. 유도회 이사. (재)한국녹색문화재단/(재)한국산림복지문화재단 이사장. 광운대학교 상담복지정책대학원 원장. 기획처장, 교무처장 역임
- (자문, 사회 활동) 교육부, 행정자치부(행정안전부), 문화관광부, 산림청, 진천군, 노원구 등 자문위원, 서울북부 경실련 공동대표 역임
- E-mail: nulbo@hanafos.com / nulbo2000@gmail.com

[저서]

『행정』(공저. 2015). 『감성 혁명과 정부 재창조』(2015). 『Korea Development Model』(2015). 『Emotional Revolution and Government Reinvention』(2015). 『한국 발전 모형』(2013). 『감성정부』(2007). 『정책가치론』(1991). 『문화산업론』(2001). 『한국의 행정사』(공저. 2014). 『한국의 인식론』(1999). 『이제는 벗자: 자기 부정의 한국인』(1998). 『한국 정부론』(공저. 2013). 『한국행정론』(공저. 1999). 『새 행정학』(공저. 2013) 외 다수 저서와 논문

인 성

-이론과 실제-

펴낸날 제1판 제1쇄 2017년 6월 30일
지은이 이 대 희
펴낸이 임 춘 환
펴낸곳 도서출판 대영문화사
주소 서울특별시 용산구 청파로 61길 5(청파동 1가) 제일빌딩 2층
등록 1975년 12월 26일 제3-16호
전화 (02)716-3883, (02)714-3062
팩스 (02)703-3839
홈페이지 http://www.dymbook.co.kr

ISBN 978-89-7644-593-3
값 32,000원